Felix Dahn, Friedel Dahn

Die Könige der Germanen

Das Wesen des ältesten Königthums der germanischen Stämme und seine

Geschichte bis auf die Feudalzeit

Felix Dahn, Friedel Dahn

Die Könige der Germanen
Das Wesen des ältesten Königthums der germanischen Stämme und seine Geschichte bis auf die Feudalzeit

ISBN/EAN: 9783743432253

Hergestellt in Europa, USA, Kanada, Australien, Japan

Cover: Foto ©ninafisch / pixelio.de

Weitere Bücher finden Sie auf **www.hansebooks.com**

Die Könige der Germanen.

Das Wesen
des ältesten Königthums der germanischen Stämme

und

seine Geschichte bis zur Auflösung des karolingischen Reiches.

Nach den Quellen dargestellt

von

Felix Dahn.

Achter Band.
Die Franken unter den Karolingen.

Erste Abtheilung.
Einleitung: Blick über die politische Geschichte des Frankenreichs
vom Jahre 613—843.

Leipzig,
Druck und Verlag von Breitkopf und Härtel.
1897.

Vorwort.

Die äußere Geschichte bis a. 813 ward anderwärts (Urgeschichte III.) ausführlich dargestellt (s. Vorwort zu VII. 1.); hier werden nur die Jahre 813—843 eingehender behandelt. Um die Anführung der Capitularien zu vereinfachen, wird einfürallemal bemerkt: Cap. I. 1 reicht von p. 1—259, I. 2 von p. 260—461, II. 1 von p. 1—192, II. 2 von p. 193—469. Hienach wird aus I. nur die Seitenzahl angeführt, nicht I. 1 oder I. 2: bei Anführungen aus II. wird II. und die Seitenzahl, aber nicht II. 1 und II. 2 gesetzt, die Capitelzahl nur bei vielen Capiteln auf Einer Seite.

Breslau, Pfingstsonntag 1897.

Felix Dahn.

Literatur.[1]

Die Annales Laur. major. sind in dem jüngeren Theil des Bandes als Annales regni Francorum bezeichnet nach der Ausgabe von Kurze, Scriptores 1895
Amari, storia dei Musulmanni di Sicilia I—IV. 1853—73.
v. Amira, Götting. gel. Anz. 1888. S. 41. 1896. S. 188.
Aschbach, Geschichte der Ommajaden in Spanien. I. II. 1829. 1830.

Barthausen, Einhard und die vita Caroli. Burgsteinfurter Programm. 1896.
Barsocchini, memorie di Lucca.
Baumgarten, Seneca und das Christenthum in der tiefgesunkenen antiken Weltzeit. 1895.
Bernheim, Einhards vita Caroli und die Annalen. Monatsblätter der Deutschen Zeitschrift für Geschichtswissenschaft. N. F. I. Nr. 6.
v. Bippen, die Hinrichtung der Sachsen durch Karl den Großen. D. Zeitschr. f. Geschichtswissenschaft. I. S. 75.
Bruckner, die Sprache der Langobarden, Quellen und Forschungen 75. 1895. (Dazu Wrede, D. Lit. Z. 1895. Nr. 52.)
— und von Grienberger. Z. f. D. Alterth. 41. 2. 1897.
Brunner, die uneheliche Vaterschaft in den älteren germanischen Rechten. Zeitschr. der Savigny-Stift. XVII. 1896.
Bünau, genaue und umständliche teutsche Kayser- und Reichshistorie. I—IV. 1728—1743.
Burchard, die Hegung der deutschen Gerichte im Mittelalter. 1893.

Carette, les assemblées provinciales de la Gaule romaine. 1895. (Dazu Liter. Centralblatt 1896. Nr. 37.)
Clerke, Wanderings of early irish saints on the continent. Dublin Review (April) 1896.

d'Achéry, spicilegium sive collectio veterum aliquot scriptorum ed. de la Barre. I—III. 1723.
Dagassan, du relèvement de l'autorité publique sous Charlemagne. 1895.
Dahn, Tassilo III., in „Baiern", Regensburg 1895.

---

[1] Vgl. VII. 1. p. IX—CLXX.

d'Arbois de Jubainville, deux manières d'écrire l'histoire. 1896. Kritik von Fustel de Coulange. (Dazu Erhard, Histor. Zeitschr. N. F. Bd. 42. 2. S. 267.)

Deloche, le port des anneaux dans l'antiquité romaine et dans les premiers siècles du moyen-age. Paris 1896.

Diehl, l'Afrique Byzantine. 1896.

Dippe, die fränkischen Trojaner-Sagen, ihr Ursprung und ihr Einfluß auf die Poesie und die Geschichtschreibung im Mittelalter. Wandsbecker Programm 1896.

Doren, Untersuchungen zur Geschichte der Kaufmannsgilden des Mittelalters. Schmoller, stats- und socialwissenschaftliche Forschungen. XII. 2. 1893. (Dazu Zeumer, Histor. Zeitschr. N. F. 42. 3. 1897. S. 495 f.)

Duchesne, les premiers temps de l'état pontifical. Revue historique et de littérature. I. 1896.

Eckert, der Fronbote im Mittelalter. (Mit geschichtlicher Einleitung.) 1897.

Eskuche, Heidenthum und Christenthum im Chatten-Lande. Programm des Realgymnasiums zu Siegen. 1896.

Ficker, die Heimat der Lex Ribuaria. Mittheil. d. Inst. f. österr. Geschichtsforsch. Ergänzungsheft. V. 1.

—, Untersuchungen zur Erbfolge der ostgermanischen Rechte. III. 1. 1896.

Föste, die Reception Pseudo-Isidors unter Nikolaus I. und Hadrian II. 1881.

Galante, il beneficio ecclesiastico. I. II. Milano 1895.

Gardthausen, Augustus und seine Zeit. I. II. 1896.

Gfrörer, Geschichte der ost- und westfränkischen Karolinger vom Tode Ludwigs des Frommen bis zum Tode Konrads I. 1. 2. 1858.

Giannoni. Paulinus III., Patriarch von Aquileja. 1896.

W. von Giesebrecht, die fränkischen Königsannalen. Münchener Historisches Jahrbuch 1865.

Golther, Handbuch der germanischen Mythologie. 1895.

von Grienberger, die germanischen Runen-Namen. I. (Paul und Braunes Beiträge. XXI.)

Grundriß der indo-arischen Philologie und Alterthumskunde, ed. Bühler. (II. 8. Jolly, Straßburg 1896.)

Gudenus, Codex diplomaticus anecdotorum res Moguntinas illustrantium. I—V. 1743. 1747—58.

Guiraud, les assemblées provinciales dans l'empire romain. 1877.

Halban-Blumenstock, Königsschutz und Fehde, Zeitschrift der Savigny-Stiftung, germanistische Abtheilung. XVII. 1896.

Hampe, Hadrians I. Bertheidigung der II. nicaenischen Synode gegen die Angriffe Karls des Großen. Neues Archiv. XXI. 1. 1895.

—, zur Datierung der Briefe des Bischofs Frothar von Toul. Neues Archiv. XXI.

—, zur Lebensgeschichte Einhards, ebenda.

v. Hase, Kirchengeschichte. I. II. 2. Aufl. ed. Krüger. 1895.
v. Heinemann, zur Entstehung der Stadtverfassung in Italien. 1896. (Dazu Salvemini, Archivio storico Italiano. V. 18. 1896.)
Hildebrand, Recht und Sitte auf verschiedenen wirthschaftlichen Culturstufen. I. 1896.
Hirt, die Stellung des Germanischen im Kreise der verwandten Sprachen. Zeitschrift für Deutsche Philologie. 29. 3. 1896.
His, die Domänen der römischen Kaiserzeit. 1896.
Hodgkin, Italy and her invaders. III. IV. 2. ed. 1896.
Huber, Geschichte Oesterreichs. I. 1885.
Hübner, der Immobiliarproceß der fränkischen Zeit. (Gierke's Untersuchungen. XLII. 1893.
Hümer, unverstandene Stellen in Frekulfs Chronicon (Serta Harteliana). 1896.

Jacobs, qua via et ratione Carolus Magnus imperium Romanum in occidente restituerit. 1859.
—, das Jahr 813. 1863.
Jadart, la vie de Saint Rémi dans la poésie populaire. Travaux de l'académie de Rheims. Vol. 97. 1894/95.
Imbart de la Tour, les paroisses rurales dans l'ancienne France. Revue historique. Vol. 62. 63. (II. époque carolingienne).
Immerwahr, die Verschweigung im deutschen Recht. Gierke. 48. 1895. (Dazu Heymann, Z. d. Savigny-Stift. XVII. 1896.)
Jullian, France. Travaux sur l'antiquité Romaine. (Mit reichen Literaturangaben auch für die nachrömische Zeit). Revue historique. LXIII. Mars—Avril 1897.
Jung, Organisationen Italiens von Augustus bis auf Karl den Großen. Mittheil. d. Instituts f. österr. Geschichtsforschung. Ergänzungsheft V. 1. 1896.

Kehr, über die Chronologie der Briefe Pabst Pauls I. im Codex Carolinus. Nachrichten der Göttinger Gesellschaft der Wissenschaften. 1896.
Klap, Agobard von Lyon. I. 1894.
Klein, Clovis, fondateur de la monarchie française. 1896.
Kneisel, Sturz des Tassilo. 1875.
Knoke, das Barus-Lager im Habichtswalde bei Stift Leeden. 1896.
Koppmann, die ältesten Urkunden des Erzbisthums Hamburg. Bremen. 1866.
Kossinna, die ethnologische Stellung der Ostgermanen. Indogermanische Forschungen. VII. 3. 4. 1896.
Kraus, Geschichte der christlichen Kunst. I. 1896.
Krumbacher, Geschichte der byzantinischen Literatur von Justinian bis zum Ende des oströmischen Reiches (a. 527—1453). 2. Aufl., bearbeitet unter Mitwirkung von Ehrhardt und Gelzer. 1896.
Kurth, Clovis. 1896. (Dazu Rozière, Journal des savants. 1896.)
Kurze, über die karolingischen Reichsannalen von 741—829. Neues Archiv. XXI. 1. 1895. (Vgl. Historische Zeitschrift. N. F. 78. 1897. 3. S. 566.)
Kurze, Einhards vita Caroli und die Annalen s. Bernheim.

Lagenpusch, das germanische Recht im Heliand. (Gierke 46.) 1894.
—, Walhallklänge im Heliand. (Festschrift für Schade.) 1896.
Lappenberg, Hamburgisches Urkundenbuch. I. 1842.
Lavisse et Rambaud, histoire générale du IV. siècle a nos jours. I—VI. 1896.
Lea, a history of oracular confession and indulgences in the latin church. Philadelphia 1896.
Leboeuf, dissertation sur le lieu où s'est donnée l'an 841 la bataille de Fontenoy. Recueil de divers écrits à l'histoire de France. I. p. 128 f.
Lecrivain, de agris publicis imperatoriisque. 1887.
Leichnam des Langobardenkönigs Liutprand 1896 in Ciel d'oro gefunden. H. J. R. F. 42. 1696. S. 162.
Lex Romana Visigotorum (Text aus dem VI. [?] Jahrhundert) ed. Acad. histor. Espagnola. 1896.
Lichtenberger, histoire de la langue Allemande. 1895. (Dazu Wilmans, J. f. D. Alterth. 41. 2. 1897.)
Liebenfels, Steiermark vom 8. bis 12. Jahrhundert. Beiträge zur Kunde Steiermärkischer Geschichtsquellen. IX. 1872.
Liebermann, Kesselfang bei den Westsachsen im VII. Jahrhundert. Sitzungsberichte der Berliner Akademie 1896. S. 829 f.
Lindner, zur Fabel von der Bestattung Karls des Großen. Zeitschrift des Aachener Geschichtsvereins. XVIII.
—, die sogenannten Schenkungen Pippins, Karls des Großen und Otto's I. an die Päbste. 1896. (Dazu Hahn, Deutsche Literatur-Zeitung 1896. 17.)
Lipp, die Marken des Frankenreichs unter Karl dem Großen. I. 1892. (Königsberger Doctorschrift.)
Richard Loewe, die Reste der Germanen am schwarzen Meer. 1896. (Dazu Tomaschek, J. f. D. Alterth. 41. 2.)
Luschin von Ebengreuth, Geschichte des ältesten Gerichtswesens in Oesterreich ober und unter der Enns. 1879.

Majochi, le ossa di Re Liutprando scoperte in San Pietro in Ciel d'Oro di Pavia. Archivio storico Lombardo. III. 11.
Marca, marca Hispanica. 1688.
Marquardt, die römischen Provincialconcilien. 1872.
Marucchi, le recenti scoperti nel duomo di Parenzo (Gebeine Liutprands). Nuovo Bulletino di archeologia cristiana. II. 3. 1896.
Mayr, Lehrbuch der Handelsgeschichte. Wien 1894.
Meitzen, Wanderungen, Anbau und Agrarrecht der Völker Europa's nördlich der Alpen. I—III. 1895. (IV.: Atlas zu Band III.) (Dazu: von Inama-Sternegg, Jahrbücher für Nationalökonomie und Statistik. Bd. 67. 5.)
Mercati, il catalogo Leonense dei re Longobardi e Franchi. Römische Quartalschrift IX.
R. M. Meyer, die urgermanischen Runen. Paul und Braunes Beiträge. XXI.
—, die Theilungen im Reich der Karolinger. I. a. 768—843. (Stettiner Programm.) 1897.
Mogk, Kelten und Nordgermanen im IX. und X. Jahrhundert. Leipziger Programm 1896. (Dazu Rödiger, D. Lit. Zeit. 1896. 17.)

Mommsen, saltus Burunitanus. Hermes. 1880.
—, Abriß des römischen Staatsrechts. I. 1893.
—, der Maximaltarif des Diocletian, erläutert von Blümner. Berlin 1893.
—, das Ronnenalter. Neues Archiv. XXII. 2. 1897. S. 545.
—, zur Weltchronik von a. 741. Ebenda S. 548.
Monod, du rôle de l'opposition des races et des nationalités dans la dissolution de l'empire carolingien. Annuaire de l'école prat. des hautes études. 1896.
Much, die Städte in der Germania des Ptolemäus. Z. f. D. Alterthum. 41. 2. 1897.
Mühlbacher, Deutsche Geschichte unter den Karolingern. 1896. (Dazu Hahn, Histor. Zeitschr. B. 77. 1896.)
Sophus Müller, nordische Alterthumskunde, deutsch durch Jiriczek. I. II. Straßburg 1896.

Neubauer, die Germanen nach der Völkerwanderung. Zeitschrift für geschichtlichen Unterricht. I. 1. 1897. S. 51.
Neugart, Codex diplomaticus Alamanniae et Burgundiae transjuranae infra fines dioecesis Constantiensis. I. II. 1791. 1795.
Nogara, il nome personale nella Lombardia durante la dominazione romana. 1895.
Nürnberger, die Namen Synfreth-Bonifatius. 1896.

Oberziner, le guerre germaniche di ... Giuliano. Rom 1896.
Oelsner, zur Einführung in die Lecture der Bonifazischen Briefe. Berichte des freien Deutschen Hochstifts. XII. 1. 1896.

Pagel, neue literarische Beiträge zur mittelalterlichen Medicin. 1896.
Pernice, Parerga. Z. d. Savigny-Stift. (Röm. Abtheil.) XVII. 1896.
Perroud, la chute du premier duché d'Aquitaine. Revue des Pyrénées. VI. 1896.
Pfeilschifter, der Ostgotenkönig Theodor der Große und die katholische Kirche. 1896.
Pick, aus Aachens Vergangenheit (auch vorkarolingisch). Aachen 1895.
Platz, die kirchliche Gesetzgebung Karls des Großen. Zeitschrift für den geschichtlichen Unterricht. I. 1. 2. 1897. S. 10 f.
Pollock and Maitland, the history of English Law before the time of Edward I. 1. 2. 1895.
Probst, die Liturgie der drei ersten christlichen Jahrhunderte. 1870.
—, die ältesten römischen Sacramentarien und ordines. 1892.
—, die Liturgie des IV. Jahrhunderts und deren Reform. 1893.
—, die abendländische Messe vom V—VIII. Jahrhundert. 1896.
Prou, le livre dit de Charlemagne. Mémoires de la société nationale des antiquaires de France. T. 54 (1896).

Rabanis, Les Mérovingiens d'Aquitaine. Essai historique et critique sur la charte d'Alaon. 2e édition. 1856.

Reeb, germanische Namen auf Rheinischen Inschriften. (Mainzer Programm.) 1895.
(Dazu von Grienberger, Z. f. D. Alterth. 41. 2. 1897.)
Reinaud, Invasions des Sarazins en France. 1836.
Rietschel, die Civitas auf Deutschem Boden bis zum Ausgange der Karolingerzeit. 1894.
U. Robert, Verzeichniß französischer Urkundenwerke bei Waitz. III. S. XIII.

Sauerland, das Testament der lothringischen Gräfin Erkanfrida (a. 853?.. Jahrbuch der Gesellschaft für lothringische Geschichts- und Alterthumskunde. VIII. 1.
Schäfer, die Hinrichtung der Sachsen durch Karl den Großen. Histor. Z. N. F. 42. 1896 (3. 1897. S. 567.)
von Schlosser, die Entstehung Venedigs. Münchener allgemeine Zeitung 1897. Nr. 6. 7. 8.
Schmidt, (Arthur), Medicinisches aus deutschen Rechtsquellen. 1896.
Johannes Schmidt, die Urheimath der Indogermanen. 1892.
Scholle, de Lotharii I. Imperatoris cum fratribus de monarchia facto certamine. 1855.
Schrader, Sprachvergleichung und Urgeschichte. 1893.
Schreiber, die Mark Michelstadt, Einhards Vermächtniß an das Kloster Lorsch. Schleusinger Programm. 1896.
Schreuer, die Behandlung der Verbrechensconcurrenz in den Volksrechten (in Gierke, Untersuchungen. 50). 1896. (Dazu Hübner, Z. d. Savigny-Stiftung XVII. 1896.)
Schröder, neuere Forschungen zur fränkischen Rechtsgeschichte. Histor. Zeitschr. Neue Folge. 42. B. 2. 1897. S. 193.
Schulten, die römischen Grund-Herrschaften. 1896.
—, die peregrinen Gaugemeinden. Rhein. Museum L. S. 524.
—, die Landgemeinden. Philologus LIII. S. 678.
—, der römische Colonat. Histor. Z. N. F. 42. 1896.
Schultze, Deutsche Geschichte. II. (unter den Merowingen). 1895.
E. O. Schulze, die Colonisierung und Germanisierung der Gebiete zwischen Saale und Elbe. 1890.
Schwarz, der Bruderkrieg der Söhne Ludwigs des Frommen. 1853.
Sdralek, Hinkmars von Rheims kanonistisches Gutachten über die Ehescheidung König Lothars II. 1881.
Seel, das deutsche Gefolgswesen auf römischem Boden. Zeitschrift der Savigny-Stiftung XVII. 1896.
Seeliger, die Capitularien der Karolinger. 1893.
Sepp, die Berechnungen des Todesjahres des heiligen Rupert (a. 715?). Oberbaier. Archiv für vaterländische Geschichte. 49. 2. 1896.
(Wilhelm) Sickel, Beiträge zur Deutschen Verfassungsgeschichte des Mittelalters. Mittheil. d. Instituts für österr. Geschichtsforschung. Ergänzungsband XIII. S. 451.
—, die Privatherrschaften im fränkischen Reiche. Westd. Zeitschr. XV. S. 111.
—, die Privatherrschaften im fränkischen Reiche. II. Westdeutsche Zeitschr. XVI. 1. 1897.
Silberschmidt, Entstehung der deutschen Handelsgerichte. 1895.

Sjögren, über die römische Conventionalstrafe und die Strafclauseln der fränkischen Urkunden. 1896. (Dazu Schulze, 3. d. Savigny-Stift. XVII. 1896.)
Stammler, Wirthschaft und Recht nach der materialistischen Geschichtsauffassung. 1896. (Dazu v. Below, H. 3. N. F. 42. 1896.)
Stutz, Geschichte des kirchlichen Beneficialwesens von seinen Anfängen bis auf die Zeit Alexanders III. I. 1. 1895. (Dazu Hinschius, 3. d. Savigny-Stiftung XVII. 1896.)

Tamassia, fonti gotiche della storia longobarda. Academia reale delle scienze di Torino. 1896/97. (1897.)
Theiner, disquisitiones criticae. Romae 1836.
v. Thudichum, Geschichte des deutschen Privatrechts. 1894. (Dazu Stutz, 3. d. Savigny-Stiftung XVII. 1896.)
Tiraboschi, storia dell' augusta badia di Nonantula. I. II. 1784.

Vignoli, liber pontificalis seu de gestis Romanorum pontificum. I.—III. 1724—35.
Voretzsch, über das Merovinger-Epos und die fränkische Heldensage, in: Philologische Studien. Halle 1896.

Waitz, Ueber den Beinamen der Hammer (seit dem X. Jahrh.). Forschungen z. D. G. III.
—, gesammelte Abhandlungen. I. Zur Deutschen Verfassungs- und Rechtsgeschichte ed. Zeumer. 1896.
Waltzing, étude historique sur les corporations professionelles chez les Romains. 1895. (Dazu Kornemann, D. Lit.-3. 1896. Nr. 51.
Wattenbach, über die Legende von den heiligen vier Gekrönten. Sitzungsberichte der Berliner Akademie der Wissenschaften 1896. Nr. 47.
Weber, römische Agrargeschichte. 1891.
Weil, Geschichte der islamitischen Völker. 1866.
Wenck, das fränkische Reich nach dem Vertrag von Verdun a. 843—861. 1851.
Weyl, Bemerkungen über das fränkische Patriciatsamt. Zeitschr. der Savigny-Stiftung XVII. 1896.
Wiart, le régime terrestre des terres du fisc au Bas-Empire. 1894.
Wittich, die Entstehung des Herzogthums Lothringen. 1862.
Georg Wolff, römische Straßen in der Wetterau. Westdeutsche Zeitschrift XVI. 1. 1897.
Wyß, Archiv für Schweizer Gesch. VII.

Ziegert, Bemerkungen über die Christengemeinden in Germanien vor der Völkerwanderung. Protestantische Kirchenzeitung 1896. Nr. 52.
Zöpfl, die Idee eines Main-Donau-Canals von Karl dem Großen bis auf Prinz Ludwig von Baiern. 1894.
Zschiesche, heidnische Culturstätten in Thüringen. Jahrbücher der Akademie zu Erfurt XXII. 1896.

Berichtigungen.

Seite 2 Zeile 13 von unten ließ: „veruneinigten" statt: vereinigten
„ 11 „ 21 „ oben „ „Gensimund" „ Geustmund
„ 37 „ 15 „ „ „ „sächsische" „ sächsischen.

I. Die Arnulfingen bis auf Pippin den Mittleren.
(a. 614—687.)

Wir haben dargewiesen[1], aus welchen Gründen, in welcher Weise, mit welchen Wirkungen das Geschlecht der Merovingen seit etwa 638 nieder und ihr Reich der Auflösung entgegen ging: der Zustand, in dem Pippin der Mittlere den Stat vorfand, schien hoffnungslos.

Das Gebiet, in dem der neustrische Meroving noch etwas zu sagen hatte, war ein gar schmaler Streif Landes: im Westen von Paris nur bis an die Loire: das Land jenseit der Loire, — Aquitanien, — durchaus romanisch, hatte sich, in scharfem Gegensatz zu den germanischen Franken, unter eingebornen Fürsten selbstständig gemacht. Im Osten trachtete schon die Paris so nahe Champagne unter Rheims sich zu einem Sondergebiet abzuschließen; ähnlich die keltischen Clane in der Bretagne unter ihren Häuptlingen. Im Südosten folgte Burgund einem von dem neustrischen verschiedenen Hausmeier oder — ohne solchen — den eigenen Großen. Im Nordosten standen bereits auf dem linken Rhein-Ufer Lothringen und Elsaß je unter eigenen duces, die Stammesherzoge rechts vom Rhein aber vollends, in Alamannien, Baiern, Thüringen gehorchten dem König (oder Hausmeier) von Neustrien gar nicht und dem von Austrasien herzlich wenig: ja, sie erklärten und begründeten in bezeichnender Weise ihre Unbotmäßigkeit damit, daß sie — wie ihre Ahnen — zwar den merovingischen Königen, nicht aber den Hausmeiern Treue schuldeten, die nunmehr an jener Stelle herrschten[2]. Im Norden schüttelten friesische und sächsische Gaue die immer nur locker gefügte Oberherrschaft ab: ungermanische Nachbarn im Osten: Wenden und Slovenen, drangen im Norden in Thüringen,

---

1) VII. 3. S. 579.
2) D. G. I b. S. 217.

im Süden im Pusterthal ein, avarische Raubreiter streiften bis an die Saale.

Und schlimmer noch sah es im Innern des merovingischen Reiches aus.

Weder die Könige noch die Hausmeier der Theilreiche herrschten in Wahrheit, fuhren auch letztere — wie Ebroin — zuweilen mit blutiger Gewalt über Recht und Unrecht dahin: die Macht übte der Dienstadel, jeder Leidenschaft fröhnend, der Krone trotzend, die Mittel- und Klein-Freien zu Hörigen oder Knechten herabdrückend, sich hitzige Gefechte liefernd mit gewaffneten Brödlingen.

Und die Kirche theilte so ganz den Verfall der Ordnungen, die Verwilderung der Zeit, daß unter den zahlreichen kleinen Gewaltherren, — »tyranni«, — die sich zu Herrschern in ihren Gebieten aufwarfen, Bischöfe nicht fehlten[1].

Vor Allem aber drohte die Gefahr, daß das Frankenreich seinen bisherigen Hauptvorzug einbüßte: die Verbindung romanischer Bildung im Südwesten und germanischer Waldesfrische im Nordosten: denn der schon seit Dagobert I. hervortretende Gegensatz zwischen Neustro-Burgund und Austrasien hatte sich bei dem Sinken der Reichsmacht dahin verschärft, daß Austrasien sich thatsächlich von jenem Südwesten völlig gelöst hatte.

Schon etwa a. 650 also stand bevor, was dann etwa a. 850 eintrat: die Scheidung des germanischen vom romanischen Theil des Frankenreichs.

Diese Scheidung würde aber, wenn schon a. 650—700 vollzogen, nicht nur die Anfänge höherer Bildung im Ostland vernichtet, sie würde auch den Sieg des Islam über die vereinigten Theilstaten, über die Kirche, ja auch über die romanische und germanische Volkseigenart herbeigeführt haben: hätten nicht Pippin der Mittlere und Karl der Hammer von a. 690—730 das auseinander gefallne Frankenreich wieder zusammengeschmiedet: — die Fluth der Araber, die das Romanenthum in Aquitanien bereits bis nach Poitiers überströmt hatte, wäre dann nicht vor Tours zurückgedämmt worden: die Schwerter der „Nordvölker" haben — nach dem Zeugniß eines Zeitgenossen — die Schlacht am Clain gewonnen[2].

Die Arnulfingen waren es, die an Stelle des zersplitterten und

---

[1] Urgeschichte III. S. 756.

[2] Urgesch. III. S. 705. D. G. I b. S. 229; vergl. zu der Einleitung überhaupt Urgesch. III. S. 595—1180. D. G. I. S. 169—398.

ohnmächtigen Königthums die einheitliche und kraftvolle Herrschaft ihres Hausmeierthums setzten, die losgerissenen Gebiete im Nordosten und Südwesten wieder heranzwangen, die kleinen „Gewaltherrn" niederwarfen, den Islam abwehrten, dann unter König Pippin das Land südwestlich der Loire wieder gewannen, damit ein „französisches" Volk ermöglichten und in Italien, dem Pabste gegen die Langobarden Hilfe leistend, die Bahn eröffneten, auf welcher fortschreitend der große Karl den Kaiserthron bestieg.

Das ist der Gipfel dieser großartig aufsteigenden Entwickelung. Und es ist nicht nur die Schwäche der Nachfolger Karls, was die gleich nach seinem Tod beginnende und in einem Menschenalter vollendete Auflösung des gewaltigen Reiches herbeigeführt hat, das von Benevent bis an das Danewirke, von der spanischen Mark bis in die Avarenringe gereicht hatte: — auch unter kräftigeren Herrschern, deren es doch den Karolingen nach Ludwig I. nicht völlig gebrach, wäre schwerlich zu verhüten gewesen diese Scheidung von Völkern, die, nur durch die Einheit des Herrscherhauses und durch das Christenthum verbunden, in Bildung, Wirthschaft, Stammeseigenart so weit von einander abstanden wie der Vascone vom Sachsen, der Langobarde vom Friesen; sie haßten sich freilich nicht, sie kannten sich ja gar nicht: nur im Heere trafen sich — selten! — die Massen, nur auf den Reichstagen einzelne Große: nur Karls gewaltige Faust hatte sie wie zusammengezwungen, so beisammen gehalten.

Er würde die Losreißung des austrasischen — später „deutschen" — Theiles vom fränkischen Gesammtstat — vom Augustinisch-theokratischen „Gottesreich" — auf das Aeußerste bekämpft haben: aber er selbst hatte sie — ohne wahrlich es zu ahnen — herbeigeführt oder doch ermöglicht: ihn ergriff die Nemesis an seinem eignen Blutwerk: ohne die Hereinzwingung des volkreichen Sachsenstammes wäre die spätere „deutsche", d. h. die nichtromanisirte Bevölkerung seines Reiches nicht stark genug gewesen, sich von der „französischen", d. h. romanischen loszureißen: was a. 650—690 gegen die Merovingen sonder Erfolg versucht worden, das gelang seit a. 850: das rechtsrheinische Volk war um den ganzen Sachsenstamm verstärkt, der denn auch alsbald an die Spitze des „deutschen" Reiches trat: und es kam nicht — wie damals — a. 690 — ein Geschlecht gleich den Arnulfingen, das mit überlegner Geistes-, Herrscher- und Waffen-Gewalt die auseinander strebenden Deutschen, Franzosen, Italiener zusammenzwang: endgültig trennten sich damals die drei Reiche.

Bei den Ereignissen, die im Jahre 613 Brunichildis und ihre Nachkommen vernichteten und den Sohn Fredigundens zum Ein-König des ganzen Frankenreiches erhoben[1]), hatten der ältere Pippin und Bischof Arnulf von Metz eine hervorragende, aber durchaus nicht eine schöne Rolle gespielt: der spätere Glanz ihrer durch Heirath verbundenen Häuser darf nicht auch uns noch hierüber blenden, wie er so lange Zeit die ganze Geschichtschreibung[2]) seit a. 700 geblendet hat: die Verherrlichung der späten Enkel entschuldigte mit rückwirkender Kraft auch das erste, Recht und Treue brechende Auftreten der Begründer des Geschlechtes: Arnulf und Pippin waren ohne Zweifel die Führer des austrasischen Adels, der wie der burgundische seine rechtmäßigen Herrscher — eine Greisin und ein par Knaben — an den König von Neustrien auf das schnödeste verrieth und in die Hände lieferte zu grausamer Ermordung.

Und man kann diese abscheulichen Mittel nicht etwa entschuldigen durch hohe Zwecke des Statswohls, denen sie dienen sollten. Weder die Kräftigung des Königthums gegenüber den Großen noch die Vereinung der hadernden Theilreiche in Einer Hand — beide wären freilich dringend nothwendig gewesen! — schwebten jenen beiden Führern als rechtfertigende Ziele vor: denn gerade sie sind es gewesen, die dem von ihnen erhobenen Chlothachar II. als Gegenleistung jene »Magna Charta« von a. 614 abnöthigten[3]), die den Adel noch mehr stärkte und die Krone empfindlich schwächte: und gerade sie sind es gewesen, die das kaum hergestellte Einheitsreich alsbald wieder in zwei, drei Theilreiche zerrissen, einen austrasischen Sonderkönig — Dagobert I. (a. 622 bis 638) — dem widerstrebenden Vater abzwangen (a. 622)[4]), einen Knaben, an dessen Statt ganz unverhüllt sie selbst herrschen wollten und lange Zeit[5]) herrschten. Sie nöthigten bald darauf (a. 625) Chlothachar II., — sehr gegen seinen Willen! — den alten Umfang von Austrasien, — das zusammenhängende Ostland, wie es Theuderich I. und

---

1) Urgesch. III. S. 597. D. G. Ib. S. 174.
2) Kurze, Ueber die karolingischen Reichsannalen von 741—829. Neues Archiv. XXI. 1. 1895.
3) Urgesch. III. S. 605. D. G. Ib. S. 175.
4) Urgesch. III. S. 607. D. G. Ib. S. 176.
5) Genaueres über die noch in die Merovingen-Zeit fallende Vorgeschichte Arnulfs, Pippins des Aelteren und der Arnulfingen: f. Urgesch. III. S. 597 und den Stammbaum im Anhang dieses (VIII.) Bandes.

Sigibert I. beherrscht¹) hatten, wieder her zu stellen; dazu gehörte auch die Champagne, ausgenommen Troyes, Sens und Langres, außerdem aber die ganze Südprovence mit Avignon, Ostaquitanien, die Auvergne, Cahors, Rhodes, Gevaudan, im Norden die Brie, die Beauce, die Touraine und das Poitou, also ein großes Stük des heutigen Frankreichs. Daß damals die dereinst von diesen beiden austrasischen Königen beherrschten Gebiete südwestlich der Loire²) nicht wieder mit dem Ostreich verbunden wurden, sollte von hoher weltgeschichtlicher Bedeutung werden: dadurch ward dies Ostreich ein in sich geschlossenes Gebiet der nicht romanischen, der späteren „deutschen" Stämme. Ob Arnulf und Pippin dies anstrebten oder ob sie nur nicht weitere Zugeständnisse von Chlothachar II. erzwingen konnten, bleibt unentscheidbar³).

Als Arnulf seinen Bischofstab und seine Machtstellung im Palatium zu Metz niederlegte und sich in klösterliche Einsamkeit zurückzog⁴), ward ein anderer Bischof, Kunibert von Köln (a. 623—663), neben Pippin der einflußreichste Mann im Stat Austrasien: — bezeichnend genug für die damals schon so innige Verquickung von Stat und Kirche, für die hohe Bedeutung des Episkopats im Reiche.

Die angeblich plötzliche Verschlimmerung des Königs Dagoberts I. durch seine Uebersiedelung von Metz nach Paris ist wenigstens zum Theil⁵) darauf zurückzuführen, daß die Schriftsteller der Folgezeit ganz und gar für die Arnulfingen eingenommen sind. Gerade damals nun aber, als Dagobert, vielleicht auch um sich der drückenden Leitung Pippins zu entziehen, seinen Sitz von Metz nach Paris verlegte und sich mehr dem Einfluß der neustrischen Großen hingab, gerade damals ward Pippins Machtstellung schwer erschüttert, ja sogar seine Freiheit beschränkt. Eine höchst lehrreiche Stelle Fredigars⁶) zeigt, daß von da ab der König „nicht mehr wie bisher Pippins klugen, vorsichtigen Rathschlägen folgte", daß die Eifersucht der Neustrier es war, die den bisherigen Einfluß des Austrasiers siegreich verdrängte, ja ein Todesurtheil bei dem König

---

1) Urgesch. III. S. 124.
2) D. G. I b. S. 111. 132.
3) Vgl. Urgesch. III. S. 611 f.
4) Urgesch. III. S. 619. a. 627; er starb a. 641.
5) Auch des Königs nun häufigere Eingriffe in das Kirchenvermögen schadeten seinem Leumund bei den Geistlichen, die damals allein Geschichte schrieben; Urgesch. III. S. 625.
6) c. 31; vgl. Urgesch. III. S. 627: durch die richtige Lesung Neustrasiorum statt Austrasiorum erhält sie erst Klarheit. Krusch, Fred. S. 578 hat seine frühere Erklärung p. 151 hienach berichtigt.

gegen ihn betrieb. Das Leben zwar rettete der Bedrohte, aber er verlor nicht nur alle Macht, er ward aus der Nähe Dagoberts entfernt, nach Aquitanien entsandt und mit andern austrasischen Vornehmen, offenbar seinen mächtigsten Anhängern, in Orléans eingebannt: sie durften, so lange Dagobert lebte, weder in dessen Palast zu Paris noch nach Austrasien zurückkehren, wo sie „die starken Wurzeln ihrer Kraft" hatten, d. h. großen weitgestreckten Grundbesitz mit zahlreichen waffenkundigen, blind ergebenen Abhängigen mannichfaltiger Art, mit welchen damals diese Großen ihre Fehden unter einander und ihre Empörungen wider die Krone durchfochten[1]).

Diese scharfe Maßregel Dagoberts gegen seinen Erzieher, den bisherigen Leiter Austrasiens, das Haupt des austrasischen Adels, setzt starkes Mißtrauen voraus: der König argwöhnte wohl den Plan voller Losreißung Austrasiens von Neustrien, von seinem Einfluß, etwa gar von dem Königshaus: kurz, er witterte mit der richtigen Ahnung des Königthums die Gefahr, die den Merovingen von diesem mächtigen austrasischen Adelsgeschlecht drohte: — Pläne, mit denen zwar Pippin sich — unseres Wissens — noch nicht trug, die aber sein Sohn wenige Jahre später mit kühnem, obzwar noch verfrühtem Statsstreich ins Werk zu setzen versuchte, und die hundert Jahre später ein anderer Pippin — des damaligen Ur-Ur-Enkel — erfolggekrönt durchführen sollte. Ja, so scharf war das Mißtrauen, so zählebig der Argwohn des offenbar gar nicht unbedeutenden Königs — des letzten Merovingen, der noch Spuren der ursprünglichen Begabung seines Hauses aufweist! — daß sogar, als nach geraumer Zeit (a. 632) eine theilweise Wiedereinsetzung der arnulfingischen Partei bewilligt ward, als außer Kunibert von Köln, der, durch seine Bischofsmitra geschützt, wohl sein Köln nie hatte verlassen müssen, auch Pippins Eidam, Arnulfs Sohn Ansigisil als major domus von Austrasien das Land wieder leiten durfte, doch Pippin selbst die Rückkehr nicht verstattet wurde: so zwar, daß es erst nach Dagoberts Tod (a. 638) gelang und einer „einstimmigen Abmachung" (conspiratio, nahezu Verschwörung) bedurfte, daß die bisher in Einbannung Zurückgehaltenen sich nach Austrasien aufmachten: es war nach des Königs Tod niemand mehr da, der sie zurückhalten konnte: der König von Austrasien, Sigibert III. (a. 632 bis 656 [?]) war damals noch ein achtjähriger Knabe und abhängig von seinem Hausmeier: — Pippins Eidam[2]).

---

1) Vgl. z. B. Urgesch. III. S. 409. 567.
2) Vergl. Urgesch. III. S. 626 f.

Die Zeit, da die beiden mächtigen Häuser Arnulfs und Pippins sich verschwägerten, indem Arnulfs Sohn Ansigisil[1]) Pippins Tochter Begga sich vermählte, läßt sich nur durch das Alter der Kinder und Enkel ungefähr auf a. 630 feststellen; denn wenn man sagt, Pippin werde diese Stütze gerade nach seinem Sturze gesucht haben, so fragt sich doch, ob man gerade in solcher Bedrängniß die gesuchte Stütze findet.

Bald darauf gewährte den Arnulfingen und dem austrasischen Adel insgesammt nicht nur Vorwand, guten Grund, wieder einen eigenen König für das Ostreich zu verlangen, die — wiederholte — Bedrängniß ihres Landes von Osten her und die — wiederholten — Mißerfolge Dagoberts in den Versuchen, von dem fernen Paris aus diese Marken zu schützen.

Von Böhmen her drangen die Slaven nicht nur in Raubfahrten, — in seßhafter Ansiedelung sich vorschiebend in Thüringen ein, und die Abwehr von Paris aus scheiterte, ebenso der auf Rath der Neustrier gemachte Versuch, die Vertheidigung Thüringens gegen die Slaven den nächsten Sachsengauen zu überlassen. So mußte sich der König bequemen zu einem ganz ähnlichen Zugeständniß, wie es im Jahre 622 Chlothachar hatte einräumen müssen: wie dieser damals Dagobert den Ersten, mußte nun Dagobert sein dreijähriges Söhnlein Sigibert den Dritten zum Sonderkönig von Austrasien bestellen, d. h. in Wahrheit die Regierung und Vertheidigung des Landes dem Arnulfingen Ansigisil und dessen Genossen, Kunibert von Köln, überlassen: das Kind ward nach Metz verbracht und dort diesen Leitern ausgeliefert. „Und von da ab haben wie bekannt die Austrasier mit ihrer eignen Eiserkraft die Mark und das Reich der Franken wider die Wenden tapfer vertheidigt", — sagt die eine arnulfingische Quelle, die für scheiternde Versuche und Feldzüge Dagoberts nachdrücklich neustrischen Rathschlägen die Schuld giebt.

Dieser starke Erfolg des Arnulfingen war doch nur möglich, weil sich die Erhaltung der Reichseinheit, die Vertheidigung des Landes von der Durance bis an die Saale durch einen Merovingen zu Paris,

---

[1]) Es ist nunmehr gezeigt von Krusch, Ser. Merov. I. p. 579, daß Ansigisil nicht, wie man nach Bonnel S. 102 annahm, mit Adalgisil Eins ist; f. übrigens den Stammbaum der Arnulfingen D. G. II. Anhang; auch Urgesch. III. S. 708 ist nun dahin zu berichtigen, daß Martinus des mittleren Pippin Vatersbruder ist, also Bruder von Chlodulf von Metz und Ansigisil. So ist auch der Stammbaum im Anhang von D. G. Ib. zu vervollständigen.

bei deren zunehmender Schwäche als unmöglich erwies und weil die seit c. a. 613 immer stärker hervortretende Lösung des nicht romanisirten Austrasiens von Neuster und Burgund[1]) darin Ausdruck fand. Die kurzsichtige, rein familienrechtliche Auffassung der Thronfolge seitens der Merovingen (die sich freilich noch bis Karl ganz ebenso findet) begünstigte diese Lösung: Dagobert sicherte seinem eben geborenen Knaben Chlodovech II. durch übereinstimmenden Beschluß der Großen seiner drei Reiche die Folge in Neuster-Burgund: die neustro-burgundischen Vornehmen wollten sich ebenso wenig von den Arnulfingen zu Metz, als diese von dem romanischen Hausmeier zu Paris beherrschen lassen: erst der mittlere Pippin und seine Nachkommen haben diese auseinander strebende Bewegung der Germanen und der Romanen überwunden und beide noch einmal auf anderthalb Jahrhunderte aneinander gefestigt.

Mit Befremden erfahren wir bei dieser Erbtheilung, daß Auster einerseits und Neustro-Burgund zusammen andrerseits nicht nur an Flächenraum, auch an Volkszahl als einander gleich erachtet wurden: ist letzteres schon unwahrscheinlich, so war doch ohne Zweifel das Südwestland ungleich reicher, steuerkräftiger und wohl um diesen Vorsprung aufzuheben geschah es, daß jetzt doch wieder jene Gebiete westlich des Rheins, ja südwestlich der Loire[2]) dem Reiche von Metz angehängt wurden, die weiland zu Sigiberts I. Erbtheil gehört hatten: Chlothachar I. hatte deren Herausgabe an Dagobert I. verweigert (oben S. 5); nun drängten sie die Arnulfingen Dagobert für Sigibert III. ab. Allein lange sollte die widernatürliche Verbindung nicht währen: allzu grell widersteht sie jenem starken Zuge nach Lösung des Romanischen vom Germanischen. Schon steigt aber auch die Gefahr herauf, die später in viel stärkerem Grad auch Austrasien auseinander zu reißen drohte, daß nämlich die Herzoge der einzelnen Stämme, zumal, wenn sie sich der äußeren Feinde aus eigener Kraft mit Erfolg erwehrten, dem König von Austrasien oder dessen Beherrscher unbotmäßig wurden: so Radulf der Herzog der Thüringe nach Abwehr der Wenden gegen Ansigifil[3]) und König Sigibert selbst.

Nach Dagoberts Tod (a. 638) erst gelang es also Pippin und

---

1) Diese Bewegung ward eingehend dargewiesen Urgesch. III. S. 526 f.
2) Urgesch. III. S. 124 und die Carten daselbst. D. G. Ib. S. 127.
3) Er heißt hier, Urgesch. III. S. 641, dux; aber dux welches Landes? Oder vielleicht nur Titular-dux? Vgl. VII. 2. S. 155.

den mit ihm in Südgallien eingebannten Vornehmen¹) Austrasiens, wieder zu ihrem König Sigibert zu entkommen und als dessen »major domus« — Ansigisil trat also aus dieser Stellung, die er seit a. 632 bekleidet, zurück — griff er mit Kunibert von Köln sofort entscheidend ein: er leitete die Auseinandersetzung mit dem Königsknaben Chlodovech II. (oben S. 8) oder vielmehr mit dessen major domus Aega und der Königin Wittwe Nantichild; zumal der hinterlassene Hort²) Dagoberts ward zwischen den Brüdern getheilt, der Sigibert treffende Theil nach Metz verbracht und dort verzeichnet: nicht ohne einen gewissen Druck auf die Neustrier ward dies erreicht: hatte doch Sigibert III. schon bei seiner Erhebung zum König von Dagobert einen Schatz, „wie er genügen mochte", erhalten. Jetzt beerbt er mit dem Bruder den Vater, ohne, wie es scheinen will, das früher Empfangene einwerfen zu müssen.

Es erfolgte nun die innigste Verbindung zwischen Pippin und Kunibert, wie früher zwischen Pippin und Arnulf: der Zweck war offenbar die Wahrung der Selbstständigkeit Austrasiens gegenüber Neustro-Burgund, dann aber auch die Herrschaft beider Männer an des jungen Sigibert III. statt in dem Lande: das Mittel aber war die Heranziehung aller austrasischen Großen zu eifrigstem Treuedienst. „Beide gewannen sämmtliche leudes³) der Austrasier mit Klugheit und mit süßer Güte für sich und durch wohlwollende Leitung versicherten sie sich ihrer Aller Freundschaft und bewahrten sie fort und fort." Gerade dieses Heranziehen (attrahere) aller austrasischen Großen an die beiden ohnehin schon so mächtigen Geschlechter hatte Dagobert, in richtiger Ahnung, verhüten wollen, nachdem er mit eignen Augen gesehen zu Metz (a. 622—629 und 632), wie gewaltig Pippin und Arnulf in dem Lande schalteten. Deßhalb die Einbannung fern von Austrasien, deßhalb vielleicht schon die Uebersiedelung von Metz hinweg nach Paris. Mag Pippin noch nicht geplant haben, was sein Sohn Grimoald versuchte und sein Nachkomme König Pippin erreichte, — gewiß richtig hat schon der Begründer der Deutschen Rechtsgeschichte⁴) den Statsstreich von 751 „eine längst und planmäßig vorbereitete Revolution" genannt. Daß ein weitblickender Meroving solchen Bestrebungen entgegentrat, war begreiflich. Die Meisten seiner Vorgänger

---

1) Duces: schwerlich doch „Herzoge", wohl doch nur „Führer", höchstens Titular-duces.
2) Ueber dessen hohe Wichtigkeit VII. 3. S. 86.
3) s. VII. 1. S. 191.
4) Karl Friedrich Eichhorn I. §. 127.

würden Pippin das Jahr 629, in welchem die Widerstandskraft (gegen die Uebersiedlung nach Paris) und die Macht des Mannes klar wurden, nicht haben überleben laſſen [1]): er begnügte ſich mit der Einbannung.

Als Pippin — ſchon a. 639 — ſtarb, finden wir nicht ſeinen Eidam Anſigiſil wieder in dem Majordomat, ſondern ſeinen Sohn Grimoald: doch zeigt der Feldzug von a. 640 gegen die Thüringe Anſtgiſil neben Grimoald und in Eintracht mit ihm im Heere.

Aber nicht ohne Neid, nicht ohne Widerſtand ſahen alle die andern auſtraſiſchen Großen den Sohn, das Geſchlecht Pippins in dem Beſitz des Amtes, das damals ſchon ſeit einem Menſchenalter das ſtatbeherrſchende war und nun ſich in dem Hauſe vererben zu ſollen ſchien: ſie wollten durchaus nicht ſtatt eines ſchwachen Meroving einen ſtarken Arnulfing zum Gebieter haben: eine mächtige Partei in dem Palaſt trat Grimoald entgegen, geführt von Otto, dem langjährigen Erzieher [2]) des jungen Königs: erſt nachdem Otto durch einen Anhänger Grimoalds erſchlagen war, gelangte dieſer, wie ſein Vater eng mit Kunibert von Köln verbündet, zum Majordomat. Vielleicht waren es die Gegner Grimoalds, jene „Heerführer" (Herzoge?), die durch ihre verrätheriſche Unthätigkeit im Jahre 640 den Sieg Radulfs von Thüringen an der Unſtrut über Sigibert III. herbei führten [3]): „wie ein König waltete nun der Thüring in ſeinem Lande, nur dem Namen nach noch der Merovingen Oberhoheit anerkennend", geſtützt auf das Bündniß mit den bisher bekämpften Reichsfeinden, den Wenden: — ein übles Beiſpiel, das ſpäter oft nachgeahmt werden ſollte! Erſt Pippin der Mittlere und ſeine Nachkommen, nicht mehr die Merovingen, ſollten die ſeit damals ſich vom Reiche löſenden Außenglieder wieder heran ziehen. Wie in Auſtraſien bekämpften ſich in Neuſtro-Burgund die mächtigſten Adelsgeſchlechter um den Beſitz des Majordomats, wie früher die merovingiſchen Theilkönige, in blutigen Ge-fechten ihrer Dienſtmannen.

Grimoald führte die Herrſchaft kräftig, wahrte auch den Biſchöfen gegenüber die Kirchenhoheit der Krone [4]), trat aber freilich in die innigſte Verbindung nicht nur mit der Perſon des Biſchofes von Köln, ſondern

---

1 Urgeſchichte III. S. 647.
2. Hofmeiſter, bajulus ſ. VII. 3. S. 445.
3. Urgeſch. III. S. 650. D. G. Ib. S. 200.
4 S. VII. 3. S. 230 den Brief an Deſiderius von Cahors, Urgeſch. III. S. 659.

mit der Kirche an sich, die er reich beschenkte: diese eifrigste Kirchenfreundlichkeit der Arnulfingen, — war doch ihr Stammvater selbst Bischof gewesen! — gewiß nicht aus Heuchelei erwachsen, aber neben der Frömmigkeit mit klarer Erkenntniß der unschätzbaren politischen Vortheile ununterbrochen gepflegt, — nur Karl der Hammer verfuhr, von der Noth der Zeit gedrängt, hart mit dem Kirchengut, auch mit feindlich gesinnten Bischöfen — hat zu dem siegreichen Aufsteigen des Geschlechts gewaltig beigetragen und ihm den Weg auf den Thron der Merovinge, dann nach Rom und auf den Kaiserthron geebnet: Karl der Große war auch hierin nur ein Vollender, nicht ein Beginner.

Grimoald, der wagende Mann, täuschte sich doch über den Grad der Befestigung der Macht seines Hauses und des Niedergangs des Ansehens des königlichen. Als Sigibert III., erst 26 Jahre alt, starb (a. 656?), der ihm seinen noch wehrunfähigen Knaben Dagobert II. besonders in den Treueschutz empfohlen hatte, versuchte Grimoald den verfrühten Sprung auf den Thron. Er schickte den ihm Anvertrauten in ein irisches Kloster und rief seinen Sohn, der den echt merovingischen Namen Childibert führte, zum König von Austrasien aus. Er scheiterte. Gar zu grell war der Bruch der Treue — solcher machte ehrlos —: die gotische Heldensage hatte das Umgekehrte verherrlicht, daß Held Geusimund den ihm vom Volk aufgedrungenen Königsstab zurückwies und ihn für den noch unmündigen Knaben des verstorbenen Königs verwahrte, bis er ihn dem herangereiften in die Hand legen konnte[1]). Wohl zu tief war die Ehrfurcht vor dem ruhmvollen Hause Chlodovechs gewurzelt. Freilich, vielleicht trat ein andrer, minder edler Beweggrund hinzu: wir sahen, es fehlte nicht an einer den gewaltig aufsteigenden Arnulfingen entgegenstrebenden Partei (oben S. 10) und der austrasische Adel, der zwar sich nicht gern von Paris aus regieren ließ, mochte doch einen schwachen Merovingen zu Paris der scharfen Herrschaft vorziehen, die im Namen seines Sohnes der gewaltthätige Grimoald zu Metz über ihn verhängen würde. Stand doch zu hoffen, daß alsbald wieder ein besondrer merovingischer Scheinkönig für Metz zu gewinnen sein werde: schon vier Jahre darauf ward dies von den austrasischen Großen durchgesetzt. Jetzt aber ward Grimoald von der Gegenpartei „nicht ohne Arglist" gefangen und dem Merovingen Chlodovech II. zu Paris ausgeliefert, der ihn hinrichten ließ. Des Sohnes, Childiberts, wird nicht mehr gedacht.

---

1) Könige II. S. 63. Urgesch. III. S. 661.

Durch diesen mißlungenen Statsstreich ward das Haus der Arnulfingen, das über vierzig Jahre in aufsteigender Herrschaft in Austrasien begriffen gewesen war, begreiflichermaßen tief herab geschleudert, vor allem wohl in seiner Macht geschwächt durch umfassende Gütereinziehung, die regelmäßige und sehr wirksame[1]) Begleitstrafe für infidelitas. Fast ein Menschenalter — 22 Jahre — währt es, daß das Geschlecht kundelos in den Hintergrund tritt: erst im Jahre 678 finden wir einen zweiten Pippin, des ersten und Arnulfs Enkel, wieder als Führer einer austrasischen Adelspartei.

---

1) VI. 2. S. 156. Westgotische Studien S. 174 f.

II. Pippin der Mittlere.
(a. 687—714.)

Ob die Stellung des Hauses auch in dieser Zeit ein wahres Herzogthum der Uferfranken war und blieb, ist doch sehr zweifelig: der bloße Name »dux« — ohne Beifügung des Landes — beweist gar nichts, da dux auch Heerführer oder einen bloßen Ehrentitel bezeichnen kann. Allerdings heißt schon der ältere Pippin dux[1], aber durchaus nicht von Auster: dorthin wird er vielmehr „geschickt"; dann Martinus, der Oheim[2] Pippins des Mittleren[3] einmal dux[4], dann Grimoald[5], ferner Pippin der Mittlere, dessen Sohn Drogo und Drogo's Sohn Arnulf[6]. Allein von Drogo steht fest, daß er nicht dux von Austrasien oder der Uferfranken war, sondern dux der Champagne, und die Urkunde Arnulfs[7], übrigens eine Fälschung, macht auch diesen Arnulf nicht zum dux von Austrasien oder Ribuarien, sondern, wie seinen Vater, irrig zum dux Burgundiae. Diese Beweise also zerfallen in Nichts; es ist wenig wahrscheinlich, daß sobald nach dem Sturze des Verräthers Grimoald sein Geschlecht das wichtigste fränkische Herzogthum sollte (wieder?) erlangt haben. Und daß gar nie das Land dieses arnulfingischen Herzogthums — Ribuarien — genannt wird, wiegt schwer. Vielmehr erscheint Pippin erst im Ringen nach einer bestimmten Machtstellung, wobei er zu Anfang scheitert:

---

1) Lib. hist. Fr. 41. 42.
2) Vgl. Krusch, Nachträge zu Fredigar Scr. rer. Merov. II. p. 579 aus einem Calendarium der Kirche zu Vienne bei Chevalier, Hagiologium Viennense, Documents inédits relatifs au Dauphiné 1868. II. p. 2.
3) Nicht des Aelteren, wie Brunner II. S. 158.
4) Fredig. contin. 3 (97).
5) Diplom. Nr. 29. a. 667.
6) l. c. Diplom. Arnulf. Nr. 6, 7.
7) Diplomata p. 214.

er ist — ohne Herzogsamt — Führer der Ebroin[1]) und der neustrischen Einherrschaft widerstrebenden Austrasier; nach seinem Sieg giebt er seinem Sohn Drogo das Herzogthum der Champagne, er selbst nennt sich niemals dux Austrasiae. Er nennt sich selbst in seinen Urkunden auch nie major domus: in Austrasien war er es vor seinem Siege nicht gewesen, ward es nicht nach seinem Siege und übertrug später nach diesem Sieg den Majordomat über Neustrien-Burgund seinem Sohne Grimoald[2]): allein es ist doch ein Irrthum[3]), daß Pippin gar nie Hausmeier von Neustro-Burgund gewesen: König Childibert III. nennt ihn so am 14. März 697[4]). Er gab das Amt aber bald seinem Sohn ab, weil ihn die Wiederheranzwingung der deutschen Stämme nach dem Osten zog, wie er die Champagne seinem Sohne Drogo unter dem Namen eines dux überwiesen und die thatsächliche Ueberwachung von Neustro-Burgund einem Getreuen, Nortbert, ohne Amts-Titel, übertragen hatte.

Man wird vermuthen dürfen — mehr soll nicht gesagt sein —, das Mittel, durch welches Pippin der Mittlere sich wieder an die Spitze einer starken Adelspartei zu bringen vermochte, war die Führung jener Bewegung in diesem Lande, die seit a. 622 zwei Menschenaltern die stärkste gewesen war: das Trachten der Losreißung von einer neustro-burgundischen Einherrschaft, das Verlangen nach einem austrasischen Sonderkönig zu Metz. Seit Sigiberts III. Tod (a. 656) hatte Chlodovech II. (bis a. 656), dann Chlothachar III. (a. 656—660) von Paris aus auch Austrasien beherrscht: aber im Jahre 660 schon setzte der austrasische Adel durch, daß dessen jüngerer Bruder, der Knabe Childerich II. (660—673) zum Sonderkönig von Austrasien in Metz bestellt wurde.

Es ist sehr bezeichnend, daß damals schon den Austrasiern entgegengesetzt werden nicht nur die Burgunden, auch die Neustrier unter dem Namen Franci[5]) — die späteren „Franzosen", obwohl doch die Ufer-Franken auch zu den Austrasiern zählten.

Der Vorgang war ein Erfolg des nun schon so lang und immer wieder hervortretenden Trachtens der weniger romanisirten Ufer-Franken und andern Germanen, sich von den romanisirten Neustro-

---

1) Urgesch. III. S. 709.
2) Dieser heißt so 27. Februar 702. D. Nr. 70.
3) Von Waitz III. 1. S. 10.
4) D. Nr. 70.
5) Hierüber unten „Volk".

Burgunden zu lösen: so stark war diese Bewegung, daß sogar der gewaltige Ebroin, der bisher als alleiniger Hausmeier der letzten beiden neustrischen Merovingen alle drei Reiche beherrscht hatte, gewiß sehr widerwillig, ihr nachgeben und als wirklichen Beherrscher Austrasiens einen besonderen austrasischen Hausmeier, Wulfoald, dulden mußte. Ja, als Chlothachar III. starb (a. 670), ward von einer neustro-burgundischen Adelspartei unter offenbarem Rechtsbruch der von Ebroin dem merovingischen Thronfolgerecht gemäß erhobene dritte Bruder, Theuderich III., sammt Ebroin gestürzt, in ein Kloster gesteckt und Childerich von Austrasien zum König auch von Neustro-Burgund erhoben, wobei freilich die Rechte des nun alleinigen Hausmeiers aller drei Reiche, Wulfoald, von dem Adel erheblich eingeschränkt wurden[1]. Ebendeßhalb erscheint der Sturz dieser von dem ebenso begabten wie ränkereichen Bischof Sanct Leodigar geführten Partei (a. 673) als ein Werk Wulfoalds. Allein noch im selben Jahr wird Childerich ermordet, Wulfoald nach Austrasien vertrieben, ein besondrer Hausmeier Leudesius für Neustro-Burgund bestellt. Jedoch auch Ebroin war damals aus seiner Klosterhaft entkommen und, nach mannichfachen Wirren, abermals zum Majordomat von Neustro-Burgund gelangt[2], während in Austrasien Wulfoald den Sohn Sigiberts III., Dagobert II., aus seinem irischen Kloster holte und zum König von Austrasien (a. 674—678) erhob. Aber Ebroin trachtete, nach Vernichtung seiner Gegner (Leodigar und Leudesius), im Namen seines Schattenkönigs Theuderich III. (a. 673—691) auch Austrasien zu beherrschen: er griff an und wohl auf sein Anstiften wurden während des Krieges Dagobert und Wulfoald von austrasischen Großen ermordet (a. 678). Allein Ebroin fand doch auch jetzt die Bahn zur Herrschaft in Austrasien nicht frei: sie ward ihm versperrt durch den mittleren Pippin, Sohn Ansigifils[3].

Pippins Jugendgeschichte ist sagenhaft[4]; die späten Berichte über diese Vorgänge sind erst entstanden, als die Karolingen höchste Macht- und Ruhmes-Stufen erstiegen hatten: der Glanz des großen Karl warf seine Strahlen zurück auf die Ahnen.

Nach zweifellosem merovingischem Thronrecht war, nach dem Erlöschen des austrasischen Zweiges des Königshauses, der neustro-bur-

---

1) Urgesch. III. S. 686.
2) Urgesch. III. S. 691.
3) S. oben S. 7, über Pippins bisherige Stellung oben S. 13).
4) Urgesch. III. S. 705.

gundische König Theuderich III. zugleich König von Austrasien geworden
und nur darum konnte es sich — rechtlich — handeln, ob, wie in Wulfoald
geschehen, ein besonderer Hausmeier für dieses Land bestellt werden oder
ob wie in früheren Jahren der neustro-burgundische — also Ebroin —
auch für das Ostreich dieses Amt bekleiden solle. Pippin (und neben
ihm sein Vaterbruder Martin) trat nun — wahrscheinlich ohne Her-
zogamt und jedenfalls ohne major domus von Austrasien zu sein —
an die Spitze derjenigen austrasischen Großen, die den Majordomat
Ebroins fernhalten wollten (auch der hatte eine Partei in diesem Lande),
während nicht erweislich, auch nicht wahrscheinlich ist, daß sie auch
das Königsrecht Theuderichs III. bestritten hätten. Vielmehr würde
Pippin nach einem Sieg und der Vernichtung Ebroins jenen Knaben
als König von Austrasien wohl anerkannt und sich nur den Majordomat d. h. die wirkliche Herrschaft gesichert haben: hatte Pippin doch
keinen Meroving zur Verfügung und ohne einen solchen Schatten-
König vermochte man damals noch nicht zu herrschen im Frankenreich,
wie Grimoalds Untergang blutig einschärfte.

Das erste Auftreten Pippins — wie später seines Sohnes Karl —
war unglücklich: er ward von dem starken Ebroin bei Laon geschlagen
(a. 678)[1]; dieser Ort des Zusammentreffens bekundet vielleicht die Absicht
der Austrasier, die Champagne, die, schon geraume Zeit zwischen beiden
Reichen schwankend, eine gewisse Selbstständigkeit anstrebte, an das Ostland zu binden, zu welchem diese Landschaft von je gehört hatte[2].
Pippins Oheim Martin fand nach der Niederlage durch Verrath den Tod.
Pippin entkam nach Austrasien. Ebroin sollte seinen Sieg nicht ausnutzen
können; er ward bald darauf (a. 681) ermordet. Den Mörder finden wir
in hohen Ehren bei Pippin. Immerhin ist durch den Sieg bei Laon
das Reich Theuderichs III. so überlegen, Pippin so erschüttert, daß
er mit Ebroins Nachfolger Waratto sich zu vergleichen sucht, wobei
er so sehr als der Schwächere erscheint, daß er Geiseln stellt, nur er,
ohne die sonst übliche Gegenseitigkeit: er erkannte offenbar jetzt, wenn
nicht schon bisher, Theuderich III. auch als König von Austrasien an,
ohne doch etwa dafür den austrasischen Majordomat zu erhalten:
das Zugeständniß Waratto's bestand wohl nur darin, daß er den Plan
Ebroins aufgab, unter Vernichtung Pippins auch in Austrasien als
Hausmeier wirklich zu herrschen: ob Waratto — dem Namen nach —

---

1) Urgesch. III. S. 109.
2) S. auch oben S. 1, 14.

als austrasischer Hausmeier galt oder dies Amt unbesetzt blieb, steht dahin. Waratto's Sohn Gislemar, der den Vater gestürzt hatte (a. 683), begann sofort wieder den Kampf gegen Pippin, wie es scheint, nicht ohne Erfolg. Nach seinem Tod (a. 684) erneute der wieder erhöhte Waratto den Frieden: aber nach dessen Tod (a. 686) gerieth sein Nachfolger und Eidam Berthari alsbald ebenfalls mit Pippin in Streit, wahrscheinlich, weil dieser die von dem Neustrier abgefallnen Großen, darunter den Bischof Reolus von Rheims, bei sich aufgenommen hatte: wer der Angreifer war, erhellt nicht; jene Flüchtlinge drängten vielleicht nur rascher zu einem Zusammenstoß, der doch wohl unausbleiblich war. Abermals zog Pippin (a. 687) den Feinden entgegen durch die Champagne, die, schon lange schwankend, mit ihren Streitkräften jetzt nach dem Uebertritt ihres Hauptes, des Bischofs von Rheims, zu Pippin, dessen Heer verstärkten, das von Norden her seinen Stoß auf Paris richtete: Berthari eilte herbei, ihm den Weg, — vielleicht den Uebergang über den Omignon zwischen Péronne und St. Quentin — zu verlegen: hier, bei Tertri geschlagen, ward er bald (a. 688) ermordet[1]). Nun verständigte sich Pippin mit der Mörderin, Berthari's Schwiegermutter, indem er später (a. 693 oder 696) seinen ältesten Sohn, Drogo, mit einer ihrer Töchter vermählte: schon jetzt aber ward er alleiniger Hausmeier Theuderichs III. über alle drei Theilreiche, (auch über Austrasien vermuthlich erst jetzt).

Ein merkwürdiger Gegensatz scheidet das Emporkommen der Merovingen und der Arnulfingen: damals war von „Neu-Westrien" (Neustrien) aus das Ostland: Uferfranken, Alamannien, später Thüringen und Baiern herangezogen worden: nun waren es die austrasischen Arnulfingen, die sich zu Hausmeiern auch für Neustro-Burgund aufschwangen und den von den Merovingen verlorenen Südwesten — Aquitanien — wieder gewannen.

Das merovingische Frankenreich war von den Saliern, im ziemlich romanisirten Westen, gegründet worden; es drohte ihm dringend der Zerfall: da ward es gerettet, man darf sagen: neu gegründet durch den mittleren Pippin und seine Nachkommen: diese Neugründung ging aus von den von seiner Romanisirung berührten Uferfranken des Ostlandes. Reizvoll ist es, wie die Fortdauer merovingischer Grundlagen so die Aufbauung arnulfingischer Neuerungen zu untersuchen.

So stand Pippin an dem Ziele, das Ebroin angestrebt hatte.

---

1) Urgesch. III. S. 713 f.

Nun galt es, zu erwarten, ob das Arnulfingenhaus die zahlreichen und schweren Aufgaben werde lösen können, welche die Lage des Reiches dessen Leitern stellte¹): Aufgaben der inneren und äußeren Politik. Zur letzteren mußte man schon fast zählen die Zurückführung der rechtsrheinischen Stämme und Aquitaniens zum Gehorsam, zur Wiedereinfügung in das Reich, von dem sie sich thatsächlich völlig gelöst hatten.

In harten, lange währenden, oft wiederholten Kämpfen haben Pippin und seine Nachfolger nicht nur diese Aufgabe bewältigt, sie haben, weit darüber hinausgreifend, germanische und ungermanische Nachbarn neu dem Reich einverleibt, ja den Frankenstat so gewaltig erweitert, daß er gelehrten Zeitgenossen als Erneuerung des römischen Weltreichs erschien.

Dagegen die Aufgabe der inneren Statskunst, das Königthum von der Dienstaristokratie dauernd unabhängig zu machen, hat auch der große Karl nicht gelöst: nicht lösen können, denn es fehlte im VIII. und IX. Jahrhundert noch mehr als im VI. und VII. an jener breiten Masse von mittelgroßen und kleinen gemeinfreien Grundeignern, auf die allein das Königthum gegenüber dem Adel sich hätte stützen mögen. Die Gründe des Niederganges der Gemeinfreien waren wirthschaftliche: sie konnten die stets wachsende Heer-, die mißbrauchte Gerichts-Last nicht mehr tragen. Dann aber auch geistige, sittliche: klar erkannte Karl die dem Königthum wie der Gesammtheit drohende Gefahr, auch die wirthschaftlichen Gründe dieser Erkrankung: sie suchte er zu bekämpfen, eifrig, kraftvoll, scharfsinnig, — aber ohne dauernden Erfolg, viel zu spät: das waren — damals! — bereits unüberwindliche Mächte geworden. Und die geistig-sittlichen Zustände, die zum Herabsinken der geringeren Stände führen mußten, erkannte Karl gar nicht als Gefahren: denn er stand selbst völlig unter dem Bann der lateinisch-kirchlichen Cultur, die begriffnothwendig alle nicht romanischen und nicht gebildeten Reichsangehörigen zu einer bedeutungslosen, dienenden Masse herab drückte.

Von der Eigenart Pippins und seiner Nachfolger — nur der große Karl macht eine Ausnahme — ein lebendiges Bild zu gewinnen, ist fast unmöglich, weil sie von der durchaus arnulfingischen Geschichtschreibung nur gelobt werden und zwar für Tugenden, die bei Helden und Statsmännern selbstverständlich sind: so wird bei allen Haus-

---

1) Vgl. für das Folgende Urgeschichte III. S. 715 f.

lungen Pippins in epischer Stäte wiederholt: »solita pietate«. Nur ihre Thaten also, nicht die Schilderungen der Quellen geben uns Aufschluß über diese Männer.

Es ist jenem Geschlecht eigen, daß ihm nicht, wie den Merovingen von Childirich bis auf Chlodovechs Söhne, Alles leicht — bei'm ersten Anlauf — gelingt: umgekehrt: ihre ersten Schritte führen nicht zum Ziel, nach anfänglichen Niederlagen erst — politischen und kriegerischen — arbeiten sie sich empor: es ist ein zähes Geschlecht von Helden, die unerschütterlich an sich, an ihre Zukunft glauben: der erste Pippin wird von der Höhe der Macht gestürzt, eingebannt, Grimoalds verfrühter Statsstreich scheitert, wirft sein Haus ein Menschenalter von der erklommenen Höhe herab, des mittleren Pippin erste Schlacht ist eine empfindliche Niederlage: sein Sohn liegt nach des Vaters Tod im Kerker und eine Niederlage ist auch seine erste Schlacht.

Zweierlei Aufgaben fand Pippin nach seinem Siege vor: eine seine Person zunächst angehende: zu verhüten, daß die Neustro-Burgunden abermals einen Sonder-Hausmeier aufstellten und sich des Merovingen bemächtigten; die andere, das Reich unmittelbar betreffende: die ostrheinischen Stämme wieder heranzuziehen. Es macht ihm Ehre, daß er vor Allem die Sorge um das Reich selbst übernahm: allerdings überwies er die Ueberwachung der Neustro-Burgunden und die des Merovingen einem völlig vertrauten Mann: daß damals schon der Meroving als echter »roi fainéant« in dem Gehöft Montmacq an der Oise (zwischen Noyon und Compiègne) in einer Art ehrdieniger Gefangenschaft gehalten, nur einmal im Jahr auf dem Märzfeld dem versammelten Heervolk gezeigt, dann wieder in Einsamkeit abgeführt worden sei, ist eine erst nach der Glanzentfaltung der Karolingen entstandene, für damals verfrühte, für alle Zeiten übertriebene sagenhafte Ausschmückung.

Pippin wandte sich nun also, vor Allem der Wiedergewinnung der ostrheinischen Stämme zu: daß er schon vor seiner Machterhöhung über das ganze Reich Feldzüge in solcher Absicht unternommen, ist späte Verherrlichung: dazu hätte ihm vor Allem die Macht gefehlt. Auch auf das Recht konnte er sich erst jetzt berufen, seit er Hausmeier des merovingischen Einkönigs über das ganze Frankenreich war: früher hatten die Herzoge der Thüringe, Alamannen, Baiern die Herrschaft dieses austrasischen Vornehmen abgelehnt, der nicht einmal Herzog von Austrasien, also ihnen gleichstehend, geschweige denn Hausmeier von Austrasien, also ihnen übergeordnet gewesen war. Den Friesen, die sich weit südöstlich von Utrecht in fränkisches Gebiet vorgeschoben, ward Westfriesland abgenommen[1]). Dagegen zeigt die nöthig werdende Wiederholung, daß Pippins Feldzug gegen die Alamannen dauernden Erfolg nicht hatte.

Von diesen Aufgaben rechts vom Rhein festgehalten, sicherte sich Pippin die Herrschaft über die Champagne durch seinen Sohn Drogo, die über Neustrien-Burgund und die Ueberwachung der rasch hinter einander folgenden und hinsterbenden merovingischen Königsknaben nach Nortberts Tod (a. 695) durch seinen Sohn Grimoald, der a. 792 als Hausmeier von Neustrien urkundet. Beide Söhne starben vor Pippin (a. 708 und 714): der etwa 80jährige Greis beging die schwer begreifliche Thorheit, seinen 23jährigen, wie der Erfolg lehren sollte, zur Herrschaft in Krieg und Frieden gebornen Sohn Karl — er war von einer Nebenfrau, Albhaid, (nicht Buhle), geboren —, zurückzusetzen hinter den sechsjährigen Knaben Grimoalds, den Sohn von Pippins kirchlich allein anerkannter Ehefrau Plektrud, unter dieser Großmutter Muntschaft.

Und dieses Kind bestellte er zum major domus, während doch die ganze Geschichte des Majordomats lehrte, daß die Hausmeier nur deshalb die Herrschaft gewannen, weil die merovingischen Königsknaben eines erwachsenen Vertreters als Regenten bedurften. Jetzt war der sechsjährige „Regent" Theudoald neun Jahre jünger als der Meroving Dagobert III. (a. 710—715), für den er „herrschen" sollte. In Wahrheit sollte und wollte die Großmutter Plektrudis herrschen — ein Weib für zwei Kinder! — unter Zurückdrängung der Nebenfrau und ihres Sohnes. Aber dieser — Karl der Hammer — war nicht von den Zurückzudrängenden: er drang zur Herrschaft empor, das Frankenreich, das Christenthum, die romanische Bildung, die germanische Volkseigenart zu retten vor dem Islam: dieser Karl steht in dem, was er verhütet, was er gerettet hat, dem völlig gleich, was sein Enkel Karl erbaut hat.

Wäre aber damals, da er, aufs Aeußerste bedrängt, schwer um sein Dasein kämpfte, da Bürgerkrieg, Hauskrieg, Neubildung des Gegensatzes von Neuster und Auster, Einwirkung der Nachbarn: Bündniß der christlichen Neustrier sogar mit den heidnischen Friesen, abermalige Losreißung der ostrheinischen Stämme sowie Aquitaniens die Kräfte des von Parteien zerrissenen Frankenreichs lähmten, — wäre damals

---

[1] a. 689, f. Band IX.

anstatt sechs Jahre später der Islam von den Pyrenäen herunter eingebrochen, — es ist nicht zu sagen, wie das Reich hätte widerstehen mögen.

Pippin hat also durch die eigendünkelige oder von der Ehefrau beherrschte Bestellung seines Nachfolgers schwere Gefährdung des States und seines Hauses herbeigeführt. Aber seine frühere statsmännische Arbeit ist sehr hoch anzuschlagen: König Pippin und der große Karl haben vielfach geerntet, was er gesäet: er hat das ganz herabgesunkene Arnulfingengeschlecht wieder gehoben, das in Auster und Neuster auseinander gebrochene Frankenreich wieder zusammen geschlossen, in wiederholtem schwerem Ringen den Kämpfen neustrischer, burgundischer, austrasischer Hausmeier ein Ende gemacht. Er erscheint im Verhältniß zu jenen beiden, zunächst rettend, in mühescherer Arbeit einend, erhaltend, ohne weitere nach Außen glänzende Erfolge, Heinrich dem Ersten ähnlich im Verhältniß zu Otto dem Großen.

III. Karl der Hammer.
(a. 714—741.)

Der durch Pippins letzte Verfügung herbeigeführte Zwiespalt in seinem Hause bedrohte nicht nur dieses mit dem Verlust seiner Machtstellung, — sie stellte auch dessen Errungenschaften für das Reich in Frage. Die Neustrier erhoben wieder einen besonderen Hausmeier, der die Herrschaft auch über Austrasien anstrebte und, um Plektrudis und ihren Enkelknaben zu vernichten, auch das Bündniß mit dem heidnischen Friesen Ratbod nicht verschmähte. Im Walde von Cuise schlugen die »Franci«, wie die späteren Franzosen d. h. eben die Neustrier bereits genannt wurden, die ihnen in der Richtung auf Paris entgegen ziehenden Scharen der Regentin (a. 715) und bedrängten diese hart in Köln.

Aeußerste Zerrüttung brach wieder aus im Frankenreich: die Sachsen heerten im Land der Hattuarier, sogar ein Bischof, Savarich von Auxerre, trachtete nach Herrschaft in der abermals nach Selbstständigkeit ringenden Champagne. Sehr ungünstig wirkte gegen das zwieträchtige Geschlecht der Arnulfingen, daß weder Plektrud noch Karl über einen merovingischen Scheinkönig verfügten, um in seinem Namen herrschen zu können, während die Neustrier nach dem Tode des Knaben Dagobert III. sofort einen andern Merovingen aus einem Kloster holten und als Chilperich II. (a. 713—729) zum König aller drei Reiche erhoben: die Arnulfingen hatten nun wieder — wie vor der Schlacht bei Tertri — keinen Rechtsboden für ihre Herrschaftsbestrebungen. Als im Jahre 716 abermals das Heer der Neustrier und Ratbod auszogen, sich vor Köln zu vereinen und gemeinsam diese letzte Zuflucht Plektrudens und Theudoalds zu belagern, eilte Karl, aus dem Kerker seiner Stiefmutter entsprungen, mit einer Schar von Anhängern herbei, die Friesen vor jener Vereinigung zurück zu treiben: aber er mußte, schwer geschlagen, weichen: Ratbod und der neustrische Hausmeier Raginfrid umschlossen nun Köln, die Regentin erkaufte ihren Abzug durch Ueberlassung eines Theiles ihres austrasischen Thesaurus und durch Wiederabtretung von Westfriesland an Ratbod.

Zähe Ausdauer und nach jedem Druck rasch wieder aufschnellende Sprungkraft eignet, wie gesagt, dem Heldengeschlecht der Arnulfingen bis herab auf den großen Karl: von a. 630—751 trachten sie nach der Herrschaft über Austrasien, bald auch über Neustro-Burgund. Viele Jahre hat König Pippin an die Eroberung Aquitaniens, noch mehr Karl an die Unterwerfung der Sachsen gewendet. Karl der Hammer richtet sich sofort nach seiner Niederlage wieder auf, überfällt die heimziehenden Neustrier bei Amblève und wirft sie in wilde Flucht. Früh im folgenden Jahr steht er abermals im Felde, schlägt sie (22. März a. 717) bei Vincy nahe der Grenze von Auster und Neuster und verfolgt sie bis gegen Paris hin; auf der Rückkehr gewinnt er die Hauptstadt der Champagne, Rheims, und in Austrasien die Zuflucht Plektrudens: Köln ergiebt sich, die Regentin und ihr Enkel bleiben unversehrt: in schönem Unterschied von den Merovingen zeigt die arnulfingische Hausgeschichte nur sehr wenige Blutflecken: von a. 613—716 findet keinerlei Spaltung unter ihren Gliedern statt, die erste Hinrichtung eines Arnulfingen durch einen andern begegnet a. 738[1]), dann keine mehr bis nach Karl dem Großen.

So war Karl thatsächlich Meister in Austrasien: indessen immer noch fehlte ihm, da er Chilperichs des II. auf der Verfolgung von Vincy gegen Paris nicht hatte habhaft werden können, ein Meroving, für den, in dessen Namen und Auftrag zu herrschen er hätte behaupten mögen: er holte sich daher einen solchen — irgendwoher — unbestimmbarer Verwandtschaft mit Chilperich — und erhob ihn — Chlothachar IV. (a. 717—719) — zum König von Austrasien: ob er auch für Neustrien-Burgund als König gelten solle, das mußten wohl erst die Waffen entscheiden: da Chilperich auch Austrasien in Anspruch nahm, war Chlothachars Erhebung auch in jener Beschränkung eine Empörung gegen ihn. Es ist sehr lehrreich, daß Karl es unterläßt, selbst den Thron von Austrasien zu besteigen. Statsmännische Weisheit und kluge Selbstbeherrschung leiteten hierbei wohl mehr noch als die Treue gegen das alte Königsgeschlecht, dessen Vertreter doch wohl Chilperich war.

---

[1] Urgesch. III. S. 814. Abt Wido von St. Vaft hatte eine Verschwörung gegen Karl ins Werk gesetzt. Urgesch. III. S. 615.

Man sieht, es wirkte der Untergang Grimoalds noch lange Zeit nach, so stark, daß, als ein Meroving ganz zu fehlen schien, doch nicht die günstige Gelegenheit einer solchen Lücke zu dem Schritt auf den — erledigten — Thron benutzt ward, vielmehr das statsrechtlich völlig Begriffswidrige geschah, daß ein major domus regiae ohne rex, also ein Königsbeamter ohne König das Frankenreich beherrschte, bis endlich der dux Pippin es wagt, sogar den Meroving von dem Thron, auf dem er sitzt, herab zu heben[1]).

Da die Neustrier, offenbar bei Vincy schwer getroffen, Karl zwei Jahre Ruhe ließen, zeigte er sofort, wie er nicht nur für sich und seine Machtstellung eiferte, sondern — im Sinne seines Vaters — für die Sicherung und Wiederherstellung der Grenzen des Reiches, zunächst Austrasiens. Er bestrafte (a. 718) jene sächsischen Gaue, die vor ein par Jahren die fränkischen Wirren zu einem Raubzug gegen die Hattuarier benutzt hatten, durch einen Feldzug, der ihn bis an die Weser führte und erwirkte die Rückgabe der an Ratbod abgetretenen westfriesischen Gebiete durch dessen christen- und also auch frankenfreundlichen Nachfolger Albgis II.[2]).

Aber seine neustro-burgundischen Gegner ruhten nicht.

Chilperich II. und sein Hausmeier Raginfrid erkauften die Waffenhilfe Südgalliens, "Aquitaniens", wie man jetzt alles Land von der Loire bis an die westgotische — bald arabische — Gränze nannte, durch die Anerkennung der thatsächlich ohnehin selbstständigen Herrschaft des dortigen Herzogthums, das während der Zeit der merovingischen Ohnmacht (a. 638—690) völlige Unabhängigkeit errungen hatte. Herzog Eudo zog also mit seinen Wasconen heran, verließ aber vor der Entscheidung, nach Paris zurückeilend, wieder das Land der Neustro-Burgunden, die nun (a. 719) von Karl bei Soissons auf's Haupt geschlagen wurden. Der Sieger trachtete vor Allem, den Meroving in seine Gewalt zu bringen. Den aber entführte — wie es scheint, wider seinen Willen — Eudo mit den neustrischen Schätzen aus Paris nach Aquitanien. Als nun der von Karl aufgestellte Gegenkönig Chlothachar IV. starb (a. 719), verständigte jener sich mit Eudo, der ihm seinen Gast (oder Gefangenen?) auslieferte. Chilperich ward nun von Karl als alleiniger König des ganzen Frankenreichs anerkannt (a. 720). Und als er schon bald darauf (December a. 720) starb,

---

[1] Vgl. Urgesch. III. S. 771.
[2] D. G. I b. S. 7. Könige VII. 1. S. 20.

holten die Franken, d. h. Karl einen siebenjährigen Knaben Dagoberts des Dritten, Theuderich IV., (December a. 720 [oder Januar 721?]—737) aus dem Kloster zu Chelles und setzten ihn auf den Thron.

Uns, die wir die furchtbare Gefahr kennen, die wenige Jahre später der Islam der spanischen Araber über das Frankenreich brachte, befremdet es, Karl in dieser Zeit (a. 720, 722, 723) weit ab von dem bedrohten Südfrankreich im Kampf gegen Sachsen (und Friesen?) und (a. 724, 728) in Baiern zu finden. In diesem Lande, das sich, wie die übrigen rechtsrheinischen Herzogthümer, von der fränkischen Oberherrschaft fast völlig getrennt hatte, stiftete er unter den hadernden Agilolfingen Frieden und verhütete, daß die Langobarden, deren Waffen einer der Streitenden bereits herbei gerufen hatte, hier zum Nachtheil der fränkischen Machtstellung festen Fuß faßten; a. 730 zwang er auch die Alamannen wieder zur Botmäßigkeit heran.

Als nun Karl sich endlich (a. 730—731) Südgallien zuwandte, bekämpfte er nicht die Araber, [die, schon a. 718 von den Pyrenäen herab hier eingebrochen, a. 720 die Hauptstadt des westgotischen Galliens, Narbonne, erobert und zum Hauptbollwerk ihrer Macht im Lande erhoben hatten — erst König Pippin gelang a. 759 die Gewinnung der wichtigen Stadt —], sondern in zwei Feldzügen den christlichen Herzog Eudo von Aquitanien, der die durch den Vertrag von a. 720 eingegangenen Verpflichtungen nicht mehr einhalten wollte. Aber alsbald wurden die beiden christlichen Gegner durch den wie mit Elementargewalt sie bedrohenden Angriff des Islams zur gemeinsamen Abwehr gezwungen.

Daß Karl so lange Zeit (von a. 718—732) diese Gefahr ganz unbeachtet gelassen, erklärt sich vielleicht daraus, daß er den mächtigen Aquitanierherzog für stark genug gehalten hatte, allein die Wacht an der Garonne zu halten in Gebieten, die man sich ohnehin gewöhnt hatte, nicht mehr wie früher (a. 507—638) als Theile des eigentlichen Frankenreichs anzusehen: hatte doch Eudo in der That im Jahre 721 bei Toulouse den ersten Angriff der Araber aus eigener Kraft sieghaft zurückgeschlagen [1]).

Allein jetzt erschien der arabische Statthalter in Spanien, Abdurrach-

---

[1]) Aber die Bedeutung des Sieges Eudo's bei Toulouse überschätzt Fauriel III. S. 76 f. 132. Die fabelhaft übertreibende Nachricht in der vita Gregorii Muratori III. p. 155 von 375,000 gefallenen Saracenen und nur 1500 Franken geht jedenfalls auf den Sieg Karls am Clain.

man, ein gewaltiger Kriegsheld, mit einem ungeheueren Heer in Südgallien und vernichtete Eudo's Scharen ~~in der~~ Schlacht an der Dronne
(Frühjahr a. 732). Es muthet wie Heldensage an, ist aber doch nur
der Ausdruck nüchterner Nothwendigkeit, daß Eudo sofort seine Zuflucht nimmt zu dem erst vor Kurzem bekämpften fränkischen Hausmeier, der denn auch, zu gemeinsamer Vertheidigung des romanischen
und germanischen Abendlandes wie des Christenthums, mit dem Heerbann des ganzen Reiches heranzieht.

Es ward anderwärts dargewiesen[1]), welchen Zweck einerseits die
Zugrichtung der Araber, welche strategische Bedeutung andererseits die
von Karl gewählte Vertheidigungsstellung am Flusse Clain bei Cenon
hatte: die Araber eilten von ihrem Siegesfeld an der Dronne geraden-
wegs nach Poitiers, wo sie die Basilika des heiligen Hilarius, des
zweitgrößten Heiligen des Frankenreichs, plünderten und verbrannten,
und von da trachteten sie nach Tours, um dort an der Basilika Sanct
Martins, des vornehmsten Schutzheiligen dieser Lande, dasselbe Werk
der frommen Glaubenswuth und der Beutegier zugleich zu verrichten.
Und zwar mußte sich Abdurrachman für seine gewaltige Heeresmasse
mit Nothwendigkeit der alten vortrefflichen Römerstraße bedienen, die
von Bordeaux über Poitiers und Tours nach Orléans, Paris und
Metz, den drei Hauptstädten des Frankenreichs, führte. Karl dagegen
mußte trachten, den Feinden diesen Weg so tief südlich als möglich
zu verlegen: und, traf er sie noch, wie es gelang, im Poitou, erst auf
dem Weg in die Touraine, so bot sich ihm von selbst die Vertheidigungsstellung am Flusse Clain bei Cenon: die Schlacht war der Kampf um
die Römerstraße und deren Ueberbrückung der Vienne. Sie ward gewonnen durch die Heldenschaft der „Nordvölker", d. h. der germanischen
Aufgebote, zumal der rechtsrheinischen, wie eine tief romanische gleich-
zeitige Aufzeichnung berichtet[2]). Der Sieg ist in weltgeschichtlicher Bedeutung den Tagen von Salamis, Châlons, Leipzig und Sedan gleich
zu stellen.

Karl konnte die Vertheidigung Aquitaniens nun wieder Eudo
überlassen: er bändigte zunächst die „Gewaltherren", die, geistliche

---

1) Und zwar überhaupt zum ersten Mal: Urgesch. III. S. 791 f.

2) Ueber die wahrscheinlich zu Grunde liegenden Lager-Dichtungen f. Urgesch.
III. S. 794; Professor Suchier hat dieser meiner Annahme zugestimmt. — Boretich,
Ueber das Merovingen-Epos und die fränkische Heldensage. Philologische Studien
1896.

wie weltliche Große, die Herrschaft in ihren Gebieten den Königsbeamten entwunden hatten und die kleinen Freien bedrückten: nicht um seiner Siege über die Araber, um der Zerschmetterung dieser »tyranni« willen hat Karl seinen Beinamen: „der Hammer"[1]) erhalten: und zwar, wie es scheinen will, zuerst in germanischer Zunge, denn das germanische Wort ward im Vulgärlatein zwiefach: mit »tundites« und »martellus« wiedergegeben[2]).

Danach betrieb er in mehreren Feldzügen die äußerst gewaltsame Bekehrung und Unterwerfung der dem fränkischen Westfriesland nächst gelegenen noch heidnischen Friesengaue, wobei der Angriff lediglich von fränkischer Seite ausging: das sollte nicht als Vertheidigung des übermächtigen Frankenreichs gegen die schwachen Gaue bemäntelt werden, was freilich die christlich-arnulfingisch-karolingische Geschichtschreibung von jeher gethan hat.

In Aquitanien mußte Karl die Söhne des (a. 735 verstorbenen) Herzogs Eudo mit Gewalt zur Botmäßigkeit zwingen und a. 737 mit den Arabern verbündete Vornehme hier bekämpfen; ein zweiter großer Sieg über den Islam (bei Narbonne) a. 737 am Flüßchen Berre hatte doch nicht die Wirkung nachhaltiger Abschreckung: als Karl a. 738 gegen die Sachsen im Felde lag, drangen die Araber wieder erfolgreich vor: da verwerthete Karl die schöne Freundschaft, die ihn mit dem trefflichen Langobardenkönig Liutprand[3]) verband, indem er ihn um Waffenhilfe wider die Saracenen anging, die ja auch in dem langobardischen Oberitalien übel gehaust hatten: das bloße Gerücht von dem Anrücken der Langobarden verscheuchte die Araber.

Es war daher eine seltsame, unschöne Zumuthung, als bald darauf Pabst Gregor III. (a. 731—741) von Karl verlangte, er solle ihm, der im Bunde mit empörten langobardischen Herzogen wider König Liutprand Krieg führte, gegen diesen, seinen bewährten Freund, zu Hilfe kommen!

Hier begegnet uns zum ersten Mal ein Versuch der päbstlichen Politik, die Arnulfingen- und die Frankenmacht gegen das Langobarden-

---

1) Einh. v. Karoli c. 2. Karolus ... tyrannos per totam Franciam dominatum sibi vindicantes oppressit.

2) Ueber den Namen Martellus-Tundites, nicht vor dem X. Jahrhundert nachweisbar, Waitz, Forsch. III. S. 148 f. Urgesch. III. S. 759.

3) S. Dahn, Allgemeine Deutsche Biographie. XIX. S. 6. 1884, und Band X: „Langobarden".

reich in's Feld zu führen, ein Versuch, der, gegenüber Karls Sohn und Enkel mit besserem Erfolg wiederholt, unter dem letzteren zu den großartigsten weltgeschichtlichen Ereignissen führen sollte: dem engsten Bündniß zwischen dem Pabstthum und den Karolingen, der Einverleibung des Langobardenreichs, der Uebertragung des erneuerten weströmischen Kaiserthums auf den Frankenkönig.

Um diese Fäden richtig zu entwirren und doch in ihrem Zusammenhang zu verfolgen, ist es erforderlich, hier schon[1]) die Verhältnisse, die Partei-Stellungen der in Italien mit einander ringenden Mächte seit der Einwanderung der Langobarden zu beleuchten.

Nach dem Untergang des ostgotischen Reiches (a. 555) hatte der byzantinische Exarch zu Ravenna als Statthalter des Imperators die Statsgewalt in ganz Italien ausgeübt, der römische Bischof war — ohne jeden Zweifel — Unterthan des Kaisers: daran konnten weder seine Ehrenrechte in der Stadt noch das rein privatrechtliche Grundeigen, das die Kirche Sanct Peters allmälig auf der Halbinsel vermehrte, das Geringste ändern.

Als nun die Langobarden (a. 568) in Norditalien einwanderten, traten sie, zum Theil Heiden, zum Theil arianische Ketzer, lediglich als Eroberer, nicht, wie weiland die Ostgoten, auf Grund von Verträgen mit dem Kaiser in's Land gekommen, wie gegen die Römer überhaupt so ganz besonders gegen die katholischen Kirchen und Geistlichen, mit schonungsloser Härte auf. Diese Härte verschwand zwar, als sie zu Ende des Jahrhunderts das katholische Bekenntniß annahmen, ja dem heiligen Vater begegneten ihre Könige mit demüthigster Ehrerbietung: allein der Glaubenswechsel konnte nicht einen Wechsel der Politik dieser Könige bewirken, die nach wie vor danach trachten mußten, wie die militärische Hauptstadt der Halbinsel: Ravenna, so die geschichtliche und geistliche: Rom, in ihre Gewalt zu bringen.

Allerdings müssen wir uns hüten, etwa im Sinne der nationalitalienischen Statskunst Cavours den Langobardenkönigen sämmtlich das zielbewußte und ununterbrochen fortgesetzte Streben beizumessen, die ganze Halbinsel zu erobern und von Rom aus zu beherrschen: ein solch planmäßiges, einheitliches Trachten fehlte offenbar: schon die starken und häufigen Abziehungen der Könige zu Ticinum durch innere Wirren, Thronstreitigkeiten und zumal Empörungen der unbotmäßigen großen

---

[1]) Genaueres f. unten: „Kaiserthum", und im X. Band: „Langobarden".

Herzoge mußten eine kraftvolle, gegen Ravenna und Rom gerichtete Bewegung gar oft hemmen: also immer nur stoßweise, mit langen Unterbrechungen, erfolgten jene Angriffe. Immerhin brachten sie dann die römischen Bischöfe meist in schwere Bedrängniß, in der sie, von dem Exarchen zu Ravenna selten und unnachhaltig unterstützt, auf die eigene geistige und geistliche Kraft, auf die alten festen Mauern und die von den Päbsten selbst angefeuerten Bürger der ewigen Stadt angewiesen waren: nur der grobe Unterlassungsfehler der Langobarden, sich nicht, wie weiland die Ostgoten, eine Kriegsflotte zu schaffen, mit der sie Rom und Ravenna von der See und der Zufuhr hätten abschneiden und die Städte aushungern mögen, hat den erfolgreichen Widerstand ermöglicht.

Man darf nicht einwenden, die langobardische Eroberung der Stadt würde den Päbsten nur geschadet haben, so lange diese Könige Arianer waren. Vielmehr würde auch ein katholischer Langobardenkönig in Rom nie haben aufsteigen lassen den weltgeschichtlichen Bau von hoher Bedeutung, an dem die Päbste gleich nach dem Untergang des Ostgotenreichs mit bewunderungswürdiger Klugheit, Zähigkeit und — Rücksichtslosigkeit zu arbeiten begonnen hatten: weltliche Herrschaft in der Stadt und ihrem Umkreis, unabhängig vom Kaiser und jedem andern Fürsten.

Kann man nun auch nicht nur (mit Macchiavelli) der Meinung sein, daß der Kirchenstat eine Haupturfache war des vielhundertjährigen Unheils in Italien, ein Haupthinderniß der nationalen Einigung, — wie er ohne Zweifel — seit dem XVI. Jahrhundert etwa — häufig der schlechtest regierte Stat Europa's war —, kann man sogar mit Fug behaupten, daß die Verquickung des Pabstthums mit weltlichen Strebungen der Kirche selbst ganz erheblich geschadet hat: — gleichwohl muß man einräumen, daß das Trachten der römischen Bischöfe nach Unabhängigkeit von einer Statsgewalt und nach Erlangung eigner Statshoheit in jenen Jahrhunderten — etwa vom VI. bis ins XIV. — ein wohlbegründetes und kluges war: oft genug hat ja die rohe Gewalt römischer Adelsparteien sogar unerachtet solcher Sicherung den Päbsten blutig mitgespielt.

Bei diesem Trachten zuerst nach Unabhängigkeit, bald nach Herrschaft, war es den Päbsten ungemein zu statten gekommen, daß nach dem Untergang des Ostgotenreiches der Souverain fern in Byzanz saß und dessen Statthalter in Ravenna: nur einmal in all' diesen Jahrhunderten ist ein Imperator aus Byzanz nach Italien gekommen: sein

Besuch war ohne Ruhm und ohne Dauer: der Exarch aber war seit dem Auftreten der Langobarden auf der Halbinsel durchaus nicht in der Lage, in der Stadt Rom zu gebieten und zu schalten.

So standen also in Italien die Byzantiner in Ravenna und in dem nicht langobardisch gewordenen Süden, der Pabst zu Rom, die langobardischen großen Gränzherzoge zu Friaul, Trient, Spoleto und Benevent und der König zu Ticinum als ringende Kräfte neben einander, wobei regelmäßig der letztere allein jenen dreien gegenübertrat. Allein nun war in Folge des Bilderstreits eine seltsame Schwenkung erfolgt: der Pabst und ein großer Theil der Italiener leisteten den bilderstürmenden Kaisern und deren Exarchen und Kriegern erbitterten bewaffneten Widerstand: so konnte jener den Exarchen nicht wider den Langobardenkönig anrufen, der — eben Liutprand — eine Zeit lang sogar mit dem römischen Bischof gegen die Byzantiner gehalten hatte.

Allein bald änderte sich dies widersinnige Verhältniß wieder: Gregor III. (a. 731—741) verbündete sich mit den aufrührerischen, eidbrüchigen Herzogen von Benevent und Spoleto gegen den König, der sich die Bändigung dieser reichsverderberischen Hochverräther als Hauptziel seiner kraftvollen Herrschaft vorgesteckt hatte. Der Pabst nahm den von dem König vertriebenen, sehr treulosen Herzog Trasamund von Spoleto, der „Sanct Peter" langobardisches Gebiet am Tiber geschenkt hatte, in Rom auf, weigerte die Auslieferung und rief die Byzantiner aus Ravenna zu Hilfe.

Mit Recht ergrimmte König Liutprand, der durch den Pabst das arbeitschwere Hauptwerk seines Lebens bedroht sah, und, während sein Neffe die Byzantiner züchtigte, belagerte er selbst Rom.

In dieser Lage also rief der Pabst die Waffen Karls wider dessen Freund Liutprand an: daß er lediglich selbst, durch Unterstützung schwurbrüchiger Aufrührer gegen deren rechtmäßigen König, sich in diese Drangsal gebracht hatte, verschwieg dabei der heilige Vater. — —

Und ebenso sittlich-verwerflich wie die Herbeiführung, der Grund seiner Noth war der Preis, den er Karl für die Hilfeleistung anbot: er versprach ihm, von seinem rechtmäßigen Herrscher, dem Imperator, abzufallen und Karl die Herrschaft über Rom zu übertragen.

Man sieht: hier zuerst tauchen in dem Geist eines Pabstes jene Pläne auf, die von nun ab nicht mehr ruhten, welche die nachfolgenden Päbste, von gleicher, oft auch selbstverschuldeter Noth bedrängt, Karls Nachfolgern immer wieder nahe legten, und auf welche diese Könige, noch viel mächtiger als Karl Martell geworden und mit den Langobarden nicht mehr befreundet, allmählich mehr und mehr eingingen, die Langobarden von Rom abwehrend, immer engere Bande mit den Päbsten knüpfend, bis sich die Lage dahin verschärfte, daß das Langobardenreich dem fränkischen einverleibt und der Frankenkönig als weströmischer Kaiser Herr von Rom wurde.

Päbstliche Gesandte — Geistliche —, auf dem von den Langobarden nicht gesperrten Seeweg aus der zu Lande belagerten Stadt entkommen, überbrachten Karl die goldnen Schlüssel zum Grabe des heiligen Petrus, hiermit in jener der Kirche so geläufigen mehrdeutigen Weise den „Besitz" — oder nur die „Schutzpflicht?" — übertragend, dann die Ketten des Apostels und reiche Geschenke unter der „vertragsmäßigen Beredung", daß „der Pabst sich vom Kaiser lossage und dem Fürsten Karl den römischen Consulat verleihe [1]". Es bedarf nicht der Ausführung, daß diese Handlung des Pabstes, der erste Schritt auf einem verhängnißreichen Wege, Hochverrath gegenüber dem Imperator war: der Pabst war zweifellos dessen Unterthan: thatsächlich wie rechtlich — thatsächlich damals (a. 738) noch enger gebunden als im Jahre 800! Rom war ein Bestandtheil der byzantinischen »provincia Italia«: der Bischof von Rom ward durchaus nicht von Geistlichkeit und Volk der Stadt gewählt, sondern der Exarch zu Ravenna bezeichnete, gemäß dem Willen des Kaisers, den auf den Stuhl Petri zu erhebenden: daher meist Griechen oder Syrer die Tiara empfingen (nur ausnahmsweise einmal ein Römer: Gregor II. [a. 715—731]). Gar demüthig hatten Geistliche und Bürger von Rom, unter Vermittlung und Fürsprache des Erzbischofs von Ravenna, die Genehmigung des Exarchen für ihre Vorschläge zu erbitten, die dieser „im Namen und Auftrag des Kaisers" ertheilen oder auch versagen mochte [2].

---

1) Fredeg. cont. c. 110 eo pacto patrato ut a partibus imperatoris recederet et Romanum consulatum principi Carolo sanciret; daß jene Schlüssel nicht bloße „Amulette" waren (wie v. Döllinger, das Kaiserthum Karls des Großen, Münchener histor. Jahrbuch 1865, S. 330), sondern wirkliche Schlüssel, die sinnbildlich den Besitz übertragen sollten, s. Urgesch. III. S. 821.

2) Ueber den angeblichen Beitritt von Adel und Volk von Rom zu den Anträgen des Pabstes an Karl Martell nach späten fränkischen (Chron. Moissiac. Scr. I, p. 201, decreta Romanorum principum: decreta heißen diese Wahlurkunden auch) — nicht römischen — Quellen s. Urgesch. III. S. 822. Dieser Beitritt war ebenso rechtsunwirksam wie die Ernennung durch den Pabst. Von dem angebotenen Lohn schweigt klüglich die päbstliche Ueberlieferung; war er doch ausgeschlagen worden!

In jenem Vorschlag lag ein Verlegenheits-Auskunftsmittel (wie später in der Anbietung des Titels patricius s. unten): consules hießen nämlich (häufig) die duces der byzantinischen ducatus, in die seit c. a. 570 das noch byzantinisch gebliebene Italien zerfiel, auch der dux des ducatus Romanus:[1] so sollte also Karl — unter der Hand — dux des ducatus Romanus werden: aber nicht vom Kaiser ernannt, sondern vom Pabst und unabhängig von dem Exarchen zu Ravenna, unter dem der rechtmäßige dux des ducatus Romanus stand. Der Pabst wollte dann statt unter dem Kaiser unter dem Franken-König als dem dux Romanus stehen.

Für Karl hätte die Gewährung der erbetenen Hilfe nichts geringeres bedeutet als einen Krieg gegen die Byzantiner und — ein undankbarer Vergelt für das Jahr 738! (oben S. 27) — gegen seinen Freund Liutprand, ferner die Fesselung der fränkischen Waffen in Italien, während diese Jahr für Jahr Südfrankreich gegen die Araber zu schützen hatten. Er lehnte die dreimaligen Anträge ab, obwohl sie mit allen Künsten altüberlieferter — bewunderungswürdiger! — Seelenbearbeitung vorgetragen wurden.

Karl hatte, als Theuderich IV. (a. 737) starb, das statsrechtlich Widersinnige durchgeführt, vier Jahre — bis an seinen Tod — als „major domus des Königs" zu herrschen, ohne daß ein König vorhanden war (oben S. 24): wir wissen nicht, aus welchen Gründen dieser bedenkliche Weg eingeschlagen ward: vielleicht war Childerich III. aus irgend einem Grund nicht genehm und ein andrer verfügbarer Meroving nicht vorhanden[2]. Karl zog jenes Widerbegriffliche doch dem von seinem Sohn gewagten Schritt auf den Thron vor; ja, auch für die Zeit nach seinem Tod traf er Maßregeln, die den Fortbestand des Bisherigen voraussetzten: er theilte zwar das Frankenreich unter seine Söhne Pippin (a. 741—(751)—768) und Karlmann (a. 741—747)[3], wie früher die Merovingen ihren Söhnen Theilreiche zuwandten, aber eben nur als Hausmeier, nicht als Könige, sollten sie, jener Neuster-Burgund und Provence, dieser Austrasien beherrschen[4].

Werfen wir nun einen Rückblick auf Karls Lebensarbeit, so finden wir gleich von Anbeginn seine jugendlichen Schultern mit schwersten

---

1) Breysig S. 97 sieht darin nur den Titel eines altrömischen Consuls.
2) S. unten.
3) S. unten die Reichstheilungen.
4) Fred. cont. c. 110. Urgesch. III. S. 628.

Aufgaben belastet: wahrhaft heldenmäßig hat er sie gelöst, sein Recht erstreitend gegen die Stiefmutter — die Sage[1] hat manchen Zug aus seiner Jugendgeschichte auf Karl den Großen übertragen —, gegen neustrische Nebenbuhler, gegen heidnische Nachbarn, losgerissene Stämme wieder heran zwingend und schließlich vor dem verödenden Islam nicht nur die Kirche, auch die Ueberlieferungen der griechisch-römischen Bildung, die Eigenart, die Seele des germanischen Volksthums und der werdenden romanischen Nationen gerettet. Wenn Gallien und Germanien nicht — wie etwa Kleinasien — der ertödtenden Umarmung des Islam erlag, so ist das dem Mann zu danken, der Karl der Hammer heißt, aber Karl der Retter heißen dürfte. Seit Armin die Römergefahr, seit die Sieger von Châlons die Hunnengefahr abgewendet haben, ist germanisches, romanisches und christliches Wesen von keiner Gefahr schärfer bedroht gewesen als von der, die a. 720—730 jene edeln Volksindividuen angriff und jene Bildungsgrundlagen, auf denen alle Geistesbildung und alle idealen Güter der Menschheit überhaupt beruhen. Der Retter aus dieser Gefahr war Karl Martell, der wundersame Mann, von dessen Eigenart wir uns kein Bild machen können, der nur in Thaten zu uns spricht, aber durch weltgeschichtliche, durch Heldenthaten.

Empfindlich geschadet hat seinem Andenken, daß er in einer wichtigsten Richtung sich anders als seine Sippe sonst stellte. Von Anbeginn hatten die Arnulfingen sich als eifrigst fromme Söhne der Kirche erwiesen, nicht aus Heuchelei[2], aber jedesfalles zu recht erheblicher Förderung ihrer Erfolge. Karl nun erwarb sich zwar das Verdienst, das große Bekehrungswerk des Bonifatius nicht nur zu unterstützen, überhaupt erst zu ermöglichen: allein er verfuhr äußerst rücksichtslos mit dem Kirchengut und setzte auch Bischöfe ein und ab mit schroffer Verletzung der kirchlichen Vorschriften und der bisherigen statlichen Rechtssätze[3].

In kühner Eigenart hat er, noch keineswegs Sieger (schon a. 717), abweichend von den allgemeinen Gepflogenheiten der Herrscher jener Zeit und zumal seines eigenen Hauses, für den Statszweck, wie Er ihn verstand, die schon allzumächtigen Bischöfe und Aebte nicht minder

---

1) Th. Dahn, Karl der Große und seine Paladine. 1887. S. 159.
2) S. oben S. 11.
3) VII. 3. S. 215 f.

als die weltlichen »tyranni«, gebändigt, gestraft, in weltlichen Dingen als seine Werkzeuge verwendet, oft, wie gesagt, mit scharfer Verletzung der kanonischen Vorschriften, was freilich auch schon merovingische Könige, sogar jener fromme Guntchramn, gethan hatten: ihn ließ die Kirche schon bei Lebzeiten wie einen Heiligen Wunder verrichten, Karl den Hammer hat ihre Legende in die Hölle verdammt, obwohl er sie — nebenbei! — gerettet und so seinen christlichen Sinn nicht blos durch die herkömmlichen Geschenke dargewiesen hat.

Uebrigens hat nicht Karl erst die Kirche verweltlicht, sie vielmehr in arger Verweltlichung vorgefunden. Wir sahen, wie ein Bischof selbst nach einer solchen tyrannis, einer unabhängigen Gebietsherrschaft zwischen Auster und Neuster, trachtete[1]): von seinem Nachfolger Hainmar heißt es: „seine weltliche Macht dehnte sich so aus, daß er zur herzoglichen Gewalt fast über ganz Burgund gelangte". Das eben war es! Weil Karl die Bischöfe und Aebte als Männer vorfand von gleicher weltlicher Macht wie Herzoge, hat er sie wie Herzoge eingesetzt, verwendet, abgesetzt, hat er ihm ergebenen, in weltlichen Geschäften geschickten Männern, ohne Rücksicht auf ihre kirchliche Geeignetheit, kirchliche Aemter übertragen. Es lag ähnlich wie im Investiturstreit des Mittelalters: so lang mit einem geistlichen Amt von Rechts wegen weltliche Hoheitsrechte verbunden waren, ja die wichtigsten Reichsämter: die drei Kanzlerwürden für Deutschland, Italien und Burgund, das Herzogthum in Ostfranken, in Sachsen, so lang bestand ein circulus inextricabilis: weder konnte der Pabst dulden, daß der König, ein Laie, einen Bischof ernannte, noch der König, daß der Pabst die wichtigsten Reichsämter besetzte. Unter Pabst Paschalis ward der Vorschlag gemacht, die Kirche solle alle diese „Regalien" herausgeben, dann wolle der König auf die Investitur verzichten: er ward mit Hohn zurückgewiesen, denn gerade um jener Regalien willen hatten gar viele der Bischöfe und Aebte die geistlichen Aemter angestrebt. Im VIII. Jahrhundert ward die Frage gar nicht aufgeworfen: aber sicher hätte auch damals die fränkische Kirche nicht daran gedacht, ihren ungeheuren Grundbesitz und die Immunitätsrechte, die sie seit zwei Jahrhunderten planmäßig angehäuft hatte, dem Stat oder den anderen Schenkern zurückzugeben. Die Zahl der Priester, die dem weltflüchtigen, weltverachtenden Zuge des Christenthums nachhingen, war allerdings nicht klein: aber diese entsagenden Schwärmer waren

---

1) S. oben S. 22.

wahrhaftig nicht in den reichen Bischof- und Abt-Stühlen zu finden! So hat denn Karl sich dieser Weltlinge auch weltlich bedient, wodurch er das Uebel freilich noch steigerte, und in der Noth seiner Kämpfe that er manchen Griff nach dem stets anschwellenden Kirchengut. Unter seinen Söhnen hat die Kirche dann selbst die Nothwendigkeit eingesehen, dem Stat, der sie gegen den Islam vertheidigte, von ihren Reichthümern eine Beihilfe zu leisten[1]).

---

1) Vgl. Urgesch. III. S. 768.

IV. Karlmann (a. 741—747) und Pippin (a. 741—768).

Zwei Jahre nach Karls Tod (a. 741) walteten die Brüder ebenfalls als Königsbeamte ohne König[1]): es entgeht uns, weßhalb sie a. 743 wieder einen Meroving, Childerich III. (a. 743—751), auf den Thron hoben, der jedesfalls auch a. 737 bereits zur Verfügung stand, da er a. 751 einen erwachsenen Sohn hat. Vielleicht ward die widersinnige Stellung der beiden Brüder als Grund oder doch Vorwand angeführt für drohende Bewegungen unter dem Adel, von denen uns in jenen Jahren berichtet wird: auch mochten die Herzoge in Thüringen, Alamannien, Baiern, wie schon gegenüber dem mittleren Pippin[2]), gegenüber den Brüdern geltend machen, daß sie nur einem merovingischen König, nicht einem austrasischen Hausmeier, der obendrein ohne König regierte, Gehorsam schuldeten.

Jedesfalles aber plante damals Pippin noch nicht, was er acht Jahre später ausführte: denn leichter war (a. 743) es doch, den leeren Thron zu besteigen als (a. 751) vorher den Meroving herabstoßen zu müssen. Dabei kommt in Betracht, daß bis a. 747 Karlmann gleichrechtig neben ihm stand: er hätte sich also mit dem Bruder nach merovingischem Vorgang in das Königthum über das Reich theilen oder ihn durch Kampf beseitigen müssen: erst dessen Weltentsagung (a. 747) vereinfachte die Sachlage. Bezeichnend ist für diese letzten Jahre des merovingischen Königthums, daß die erzählenden Quellen der kurzlebigen Zeit der Regierung Childerichs III. gar nicht gedenken. Fremde Quellen, die englischen Annalen, lassen Childerich III. mit seinen „Consuln" (Karlmann und Pippin) herrschen[3]). Die früheste Erwähnung Childerichs geschieht in den Urkunden des Königs selbst: so in der vom Juli 744,

---

1) Die Arnulfingen nennen sich seit c. a. 690 dux et princeps Francorum, aber es ist bezeichnend, daß als Hausmeier z. B. schon Karlmann (I.) a. 742 von ›regno meo‹ spricht. Cap. vom 21. IV. 742 p. 24.
2) Oben S. 1.
3) M. G. h. Scr. XVI. p. 480. 743.

in der er, kein echter Monarch kraft eignen Rechts, gar demüthig Karlmann den „Lenker unsres Palastes" nennt, „der uns auf den Thron gesetzt hat"; in der früheren (vom 23. IV. a. 743) findet sich wenigstens eine leise Andeutung der Einsetzung durch Gott und eine Erwähnung der merovingischen Vorfahren, aber nur ganz formelhaft und durchaus nicht mit absichtlicher Betonung des von Gott verliehenen oder erblichen Rechts[1]).

Bei jener Reichstheilung (oben S. 32) waren Baiern und Aquitanien außer Ansatz geblieben, da beide Provinzen nur mittelbar, nicht unmittelbar zum Reiche gehörten, d. h. ihre Herzoge sich thatsächlich unabhängig gemacht hatten. Gegen Aquitanien zogen beide Brüder schon a. 742, dann a. 744 zu Feld, ohne wesentlichen Erfolg; aber auch die Alamannen — und zwar sogar so weit westlich wie im Elsaß — mußten bekämpft werden (a. 742, 746), ebenso die Baiern und sächsischen Gaue (a. 744). Der Uebertritt Karlmanns aus der Weltlichkeit in das Kloster (Monte Casino a. 747) gab die Hausmeierschaft über das ganze Frankenreich in Pippins Hand. Ein par Jahre darauf aber wagte nun dieser den Schritt auf den Thron, den ein Jahrhundert vorher sein Ahn Grimoald verfrüht unternommen hatte[2]).

Die Kluft, die zwischen dem Recht und der thatsächlichen Herrschaft klaffte, ward überbrückt durch den Pabst, der sich hier in der That als echter Brückenschläger (pontifex) erwies. Auf das Sorgfältigste war in den letzten Jahren Alles vorbereitet worden, was das Ereignis zu sichern und zu rechtfertigen dienlich schien.

Bei unserer Gesammtauffassung finden wir darin nur einen folgestrengen Schluß aus Voraussetzungen, die bis auf die Taufe Chlodovechs zurückreichen.

Wir sahen, wie gewaltig die Macht des fränkischen Königthums gehoben worden war durch die eifrige innige Verknüpfung mit dem Episkopat. Was nun ursprünglich von den Merovingen begründet worden, kam jetzt ihren thatsächlichen Nachfolgern in der Herrschaft zu statten, den Arnulfingen, deren einer Stammvater ja nicht nur selbst ein heiliger Bischof, deren ganzes Geschlecht von seinem Anfang bis zu seinem Erlöschen — mit wenigen Ausnahmen — von eifrigster und werkthätigster Ergebung an die Kirche beseelt war, eine der wesentlichsten Ursachen seiner Erfolge[3]).

1 Urgesch. III. S. 842.
2 Oben S. 11.
3) S. oben S. 11.

Dazu traten nun aber seit Pippin dem Mittleren andere Gründe, die das Haus nicht nur auf die fränkischen Bischöfe, vor Allem auf den römischen Bischof als einen unentbehrlichen Helfer hinwiesen, andrerseits diesen zwangen, die Dienste der Arnulfingen durch Förderung ihrer Wünsche zu erkaufen. Ein Bündnis trägt nur dann die Gewähr der Dauer in sich, wenn dauernde gemeinsame Interessen die Verbündeten aneinander knüpfen.

Solche gemeinsame Ziele bestanden nun aber für die Päbste einerseits, die Arnulfingen andrerseits von den Tagen König Pippins, ja schon Karl Martells an, bis über den Tod Karls des Großen hinaus.

Schon in merovingischer Zeit hatte einmal ein Pabst, Martin V. (a. 649), den Versuch gemacht, in seinem Kampf gegen Ketzereien des byzantinischen Statskirchenthums das Gewicht des Frankenreichs zu seinen Gunsten in die Wagschale zu legen — allerdings sonder Erfolg [1]: wir sahen nun [2] den römischen Bischof bemüht, Karl den Hammer zum Schutz gegen die Langobarden zu gewinnen, ebenfalls vergebens.

Zur Zeit Pippins aber lagen die Verhältnisse anders: die Freundschaft mit dem Langobarden-König bestand nach Liutprands Tod (a. 744) nicht mehr, vielmehr war eher das alte Verhältnis zwischen Franken und Langobarden wieder eingetreten, das ein feindliches war: die letzteren hatten gleich nach ihrer Einwanderung in Italien muthwillige Raubfahrten nach Gallien unternommen [3], nicht etwa nothgedrungne Ausbreitungsversuche wegen Uebervölkerung, wie die germanischen Bewegungen vom III. bis in's V. Jahrhundert gewesen waren: — ihre geringe Zahl reichte ja nicht ein mal zur Besetzung der apenninischen Halbinsel aus — so daß — ausnahmsweise! — hier nicht die Franken als schuldig an dem Krieg mit diesen Nachbarn erscheinen: später hatten dann jene in begreiflicher Vergeltung gegen byzantinische Hilfsgelder wiederholt die Langobarden angegriffen [4]. So war es benn nahe liegend, daß der Pabst, vom Kaiser nicht ausreichend geschützt, in dem starken Frankenreich der Arnulfingen seinen natürlichen Helfer gegen die Langobarden erblickte: kam doch kein andrer christlicher Stat in Europa in Frage, denn auf die zwar eifrig frommen, aber fernen und wenig mächtigen Angelsachsen war ja nicht zu zählen.

---

1) Urgesch. III. S. 657.
2) Oben S. 28.
3) Urgesch. III. S. 149 f.
4) Urgesch. III. S. 465.

Und die Anträge, die Karl abgewiesen, — Pippin hatte alle Ursache sie anzunehmen, obzwar nicht in dem von den Päbsten gewünschten Umfang.

Vor Allem mußte er sich den guten Willen des Pabstes sichern für die kirchliche Rechtfertigung seines unrechtmäßigen Königthums und auch nachträglich seine Herrschaft durch das enge Bündniß mit der Kirche stützen.

Gemeinschaftliche Ziele hatten aber Päbste und Arnulfingen auch gegenüber den germanischen Stämmen auf dem rechten Rheinufer, deren Unterwerfung durch die Franken und Belehrung zum Christenthum Hand in Hand gehen mußten: der erfolgreichste dieser Belehrer, Sanct Bonifatius, hat selbst ausdrücklich erklärt, daß er ohne die Hilfe der Arnulfingen das Heidenthum zu bekämpfen außer Stande sei. Und andrerseits hatten diese längst erkannt, daß der Trotz der heidnischen Friesen und Sachsen nur zu überwinden war, wenn sie die alten Götter wie die alte Freiheit aufgaben und mit dem fränkischen Reich auch durch den gemeinschaftlichen Glauben vereint waren: von Anbeginn hatten schon der mittlere Pippin Willibrords, Karlmann und König Pippin des Bonifatius Belehrungsarbeit auf das Eifrigste unterstützt[1]).

Nachdem der Hausmeier sich unter der Hand der Zustimmung seiner Bischöfe und Weltgroßen versichert hatte, ließ er an Pabst Zacharias die berühmte Frage stellen, ob es nicht Gott wohlgefälliger sei, daß, wer die Bürde, auch die Würde des Königthums trage als daß der Eine König heiße, der andre die Königspflichten erfülle? Auf die so gestellte Frage gab es nur Eine Antwort: sie stand im Voraus fest. Als sie eingelaufen war, erfolgte auf dem Reichstag zu Soissons (November a. 751) die Absetzung des letzten Merovingen und die Erhebung Pippins auf den Königsthron der Franken[2]).

---

1) Urgesch. III. S. 748 f.
2) Ueber die staatsrechtliche, politische und sittliche Würdigung dieser Vorgänge, zumal auch die in der Salbung durch Bonifatius in Vertretung des Pabstes ausgedrückte Verleihung der Krone durch den Pabst s. die ausführliche Erörterung Urgesch. III. S. 861 f. Die spät geschriebenen Annales Regni Francorum sagen freilich (fälschlich zu a. 749): (Zacharias) *per auctoritatem apostolicam possit Pippinum regem fieri.* Vgl. über den Vorgang Löbell, de causis regni Francorum ab Merovingis ad Carolingos translati 1844. — Rettberg I. S. 384 gegen dessen Irrthum, Bonifatius habe bei dem Pabst gegen den Statsstreich gesprochen, s. Phillips, der Antheil des Bonifatius an dem Sturze der Merovinger,

Ohne Zweifel war der Sturz Childerichs ein Rechtsbruch: der Meroving und sein Sohn hatten ein unentziehbares Recht auf den Thron; Absetzung durch den Reichstag — oder nun gar durch den byzantinischen Bischof, der zu Rom saß — war unstatthaft. Auf die Absetzbarkeit eines alt germanischen Königs oder die Aechtung des Verräthers Theodahad[1]) kann man sich nicht berufen: aber es hat wohl kaum jemals eine Rechtsumwälzung gegeben, die statlich, geschichtlich, sittlich so gerechtfertigt erscheint wie diese[2]).

Pabst Stephan wiederholte ein par Jahre darauf (a. 754) die Salbung selbst und hob scharf hervor, „die Franken sollten das diesmal Geschehene nie noch einmal zu thun sich unterfangen" d. h. aus einem andern Geschlecht sich einen König zu wählen, „sondern nur aus dem Hause Pippins, den Gott erhöht hat und auf Fürbitte der heiligen Apostel durch die Hände ihres Stellvertreters, des Pabstes, zu bestätigen und zu weihen beschlossen hat"[3]).

Hier verräth sich die Besorgniß, den Arnulfingen könnte einmal geschehen, wie sie den Merovingen gethan: nachdrücklich hebt der Pabst hervor, daß nur Gottes und des Pabstes Eingreifen diesem Geschlecht das Recht verliehen habe, sich über das Merovingenhaus hinweg zu setzen.

Das altgermanische Königthum hatte im letzten Grunde beruht auf der alten Mythologie: auf der Abstammung der Könige von den Göttern[4]); auch noch von den Söhnen des Meerwichts hatte die Sage Aehnliches geflüstert: das neue Herrscherhaus ersetzte jene Weihe durch die neue Mythologie der Heiligen und die Weihung, die Salbung durch den Vertreter des Pabstes. So wenig ist es wahr, daß die Kirche stets das Recht, das legitime Königthum vertheidigt habe. Hier weiht, segnet und salbt sie die Revolution, den zweifellosen Rechtsbruch. Sie verfolgt stets nur ihren eigenen Zweck: daß sie es auch bei verwerflichen Mitteln ohne Zweifel in gutem Glauben thut, das macht sie um so viel großartiger, unüberwindlicher und gefährlicher[5]). Und wie sie den ersten karolingischen König eingesetzt hat, hat sie auch

---

Münchener gel. Anz. XXIV. 1847. — Waltz III. S. 60. — Barmann I. S. 231. — Hahn S. 146. — Fauriel III. S. 227.

1) II. S. 207.
2) Vgl. Urgesch. III. S. 858.
3) Urgesch. III. S. 862.
4) I. S. 28 f.
5) Urgesch. III. S. 861.

den erften Karolingen, der ebenfalls durch Rechtsbruch geſtürzt ward, abgeſetzt: Ludwig I. auf dem Lügenfelde zu Kolmar (a. 835, ſ. unten).

In ſpäteren Tagen ſollten die beiden Vor-Beiſpiele von a. 751 und von a. 800 den Päbſten in dem Kampfe gegen die Kaiſer furchtbare Waffen in die Hände legen: denn hier ſchien ja wirklich die Abſetzung und Einſetzung von Königen und Kaiſern von ihnen als ein von dieſen und den Völkern anerkanntes Recht ausgeübt worden zu ſein.

Leiſer Tadel der Mißregierung der Merovingen wird bei den Arnulfingen nur laut, wo ſie des Verfalls des kirchlichen Lebens unter den früheren Herrſchern gedenken[1]).

Die Folgen aus dem engen Bündniß zwiſchen König und Pabſt wurden alsbald gezogen: jener bekämpfte heidniſche Sachſen und förderte die Unterwerfung deutſcher Kirchen zu Utrecht und Fulda unter Rom, dieſer verwerthete die Stütze des Frankenreichs ſehr klug und erfolgreich gegen die Langobarden.

Er beſtellte ſich eine Einladung zu einem Beſuch im Frankenreich, der er dann eilig Folge leiſtete. Dieſer Beſuch eröffnet weiten Ausblick: auf die Errichtung des Kirchenſtats, die Einverleibung des Langobardenreiches, die Vorbereitung des karolingiſchen Kaiſerthums: ſo ungeſtüm drängten die Geſchicke vorwärts, ſo raſch wurden die Bande zwiſchen Pabſtthum und Arnulfingen enger und enger geſchürzt durch gemeinſame Strebungen gegen Langobarden und heidniſche Frieſen und Sachſen und gegen byzantiniſche Anſprüche, ſo ſchnell wurde der neue König zum Gegendienſt herangezogen für die päbſtliche Weihung ſeiner Krone! Bis zum Jahre 774 hatten die Arnulfingen nur zu eiſten für die päbſtliche Hilfe von a. 751: erſt die Einverleibung des Langobardenreiches war eine Vergütung, die ſich aber der Franken-König ſelbſt nahm. Und die zweite großartige Vergütung: die Kaiſerkrone von a. 800, die dieſer ſich hatte nehmen wollen, verſtand die unerreichte Klugheit der Curie ſo zu geſtalten, daß ſie ſtatt einer genommenen Selbſtbelohnung eine auf das Tiefſte verpflichtende, neue, unermeßliche „Wohlthat" (»beneficium«) des Pabſtes und der handgreifliche Beweis der Ueberordnung der Kirche über alle irdiſchen Gewalten wurde[2]).

---

1) Karlmann a. 742 Cap. I. p. 25 ecclesiastica relegio (sic), quae in diebus praeteritorum principum dissipata corruit.

2) Urgeſch. III. S. 866.

Pabst Stephan II. (a. 752—757), von dem Langobardenkönig Aistulf bedrängt, von seinem Souverain, dem Kaiser, wie gewöhnlich, im Stich gelassen, wandte sich an Pippin als seinen natürlichen, ja allein möglichen Helfer. Aistulf trachtete zielbewußter als seine meisten Vorgänger nach der Eroberung von ganz Italien, vor Allem von Rom: ward aber Rom die Hauptstadt des Langobardenkönigs, der römische Bischof ein langobardischer Landesbischof etwa wie der von Mailand, dann war es nicht nur mit den Anfängen des Kirchenstats, dann war es höchst wahrscheinlich mit dem beginnenden Primat des Pabstes im Abendland vorbei: das Werk des Bonifatius, die römische Kirche in Germanien, war aufgelöst: die Könige der Franken und der Angelsachsen konnten einen langobardischen Unterthan als Haupt ihrer Landeskirchen sich nicht gefallen lassen. Letztere Erwägung mußte auch Pippin bewegen, Stephan zu gewähren, was sein Vater Gregor III. verweigert hatte. Die Verhältnisse hatten sich wie oben erwähnt[1]), erheblich geändert: Freundschaft und Dankespflicht band nicht Pippin an Aistulf wie Karl an Liutprand: Rom hatte nicht für Karl gethan, was nun für Pippin, und damals — a. 738 — bestand noch nicht das Werk des Bonifatius, jene römische Kirche in Germanien, das Hauptmittel, heidnische Friesen und Sachsen unter das Frankenreich herein zu zwingen.

Stephan bestellte sich nun also heimlich bei Pippin jene Einladung zum Besuch im Frankenreich: ein Meisterstreich von Statskunst! Denn nun mußte Pippin den Langobarden nöthigenfalls durch Krieg zwingen, den Eingeladenen nach dem Frankenreich reisen zu lassen, wobei der Zweck: — dringendste und wirksamste Anrufung der fränkischen Waffen gegen die Langobarden — doch klar war. Der Pabst besuchte zuerst, „einem Befehle des Kaisers (den er hiebei als seinen Souverain ohne irgend welche Anzweifelung anerkennt)[2]), gemäß" Aistulf in dessen Hauptstadt Pavia, und — ging dann zu Pippin in das Frankenreich, wo er auf dem Reichstag zu Saint Denis die Salbung Pippins und seiner Söhne, Karl und Karlmann, wiederholte. Vorher schon erfolgte das Schenkungsversprechen Pippins, dessen Erfüllung die Grundlage des

---

1) S. 38.
2) Der Pabst wie jeder Unterthan von Byzanz rechnet nach den Regierungsjahren seines Imperators. Jaffé III. p. 183 a. 747 imperante domino piissimo augusto Constantino a Deo coronato magno imperatore anno XXVIII.

Kirchenstats werden sollte. Den Gegenstand der Schenkung[1]) bildeten: I.) Gebiete und Gerechtsame, (— nicht nur privatrechtliche, auch statsrechtliche Hoheitsrechte, z. B. Steuern, Gerichtsbarkeit, entsprechend den positiven Rechten der fränkischen Immunitäten[2]), — welche die Langobarden Sanct Peter entrissen hatten — II.) langobardische Gebiete und Hoheitsrechte, III.) ehemals byzantinische, von Aistulf eroberte Gebiete: unter der Bedingung, daß diese drei Arten von Beute den Langobarden wirklich erst abgenommen waren.

Der Pabst, ohne Zweifel Unterthan des Kaisers — so eben hatte er dessen „Befehl" angenommen und ausgeführt — entblödete sich also nicht, seinem Herrn gehöriges Gut, sobald es dem Räuber abgejagt war, als Geschenk anzunehmen[3])!

Am Besten kommen bei der rechtlichen, sittlichen und politischen Würdigung aller dabei Betheiligten die Franken fort.

Der Kaiser und die Langobarden werden von einem Stärkeren beraubt, von einem unvergleichlich Klügeren überlistet, dieser Klügere erreicht seine Zwecke nur durch offnen Rechtsbruch. Der Frankenkönig aber erfüllt seine „Christenpflicht" des Schutzes Sanct Peters, begeht keinerlei Unrecht gegen Byzantiner und Langobarden und gewinnt, unter Mehrung von Macht und Ruhm, in der Gründung des Kirchenstats den Vortheil, Byzantiner und Langobarden zu schwächen und als Schirmherr Sanct Peters sich die einflußreichste Stellung in Italien zu schaffen.

Zur Entschuldigung des Pabstes in seinem Treubruch muß man allerdings anführen die andauernde Ketzerei der bilderstürmenden Kaiser und ihre Ohnmacht, ihn zu schützen. Und bei der Vorstellungsweise jener Zeit und der Kirche ist anzunehmen, daß die Päbste, indem sie die denkbar listigste, Kaisern und Königen weit überlegene Statskunst trieben, zugleich ohne Heuchelei in gutem Glauben nach dem Willen Gottes zu handeln wähnten, indem sie „den Vortheil Sanct Peters" — so drücken sie sich aus — verfolgen. Uns ist diese Verquickung von Arglist und frommen Redensarten, die Vermengung von Politik und heiligem Geist anwidernd: aber mit Unrecht: sie geschah damals in gutem Glauben.

---

1) Lindner, die sogenannten Schenkungen Pippins, Karls des Großen und Ottos I. an die Päbste. 1896.

2) VII. 3. S. 537.

3) Vgl. die ausführliche Darstellung und Beurtheilung der Vorgänge: Urgeschichte III. S. 875.

In zwei Feldzügen (a. 754 und a. 756) leistete Pippin die dem Pabst versprochene Hilfe gegen Aistulf und erfüllte sein Schenkungsversprechen. Es ist dabei höchst auffallend, daß der König, der sich beidemale nur ein par Tagemärsche von Rom fern befand, die heilige Stadt nicht aufsuchte, die doch von Pilgern und Fürsten aus dem fernen Brittannien besucht wurde: Gründe der Frömmigkeit wie der Statskunst mußten ihm doch diesen Gang selbstverständlich erscheinen lassen. Allein die fränkischen Großen hatten durchaus keine Freude an dem Eingreifen des Reiches in Italien, während daheim in Aquitanien, in Baiern, in Sachsen dringende Aufgaben zu lösen waren: hatten sie Pippin doch anfänglich für den Fall, daß er den Langobardenkrieg beschließe, offen mit Abfall gedroht! —

Diese Gründe genügen, die Abneigung der fränkischen Großen gegen Feldzüge in Italien zu erklären: schwerlich doch ahnten sie[1]) die dadurch später herbeigeführte Aenderung in der Stellung der Könige.

Pippin hat sich doch viel enthaltender[2]) gezeigt, als der Pabst wünschte. Er wollte offenbar vermeiden, durch einen Besuch in Rom noch stärker in das Netz päbstlicher, kaiserlicher — denn auch gegen die Byzantiner rief der Pabst später seine Hilfe an —, langobardischer Wirren eingeflochten und so von Vollendung eines großen Werkes abgezogen zu werden, das er sich — in hoher Einsicht — als letztes Ziel gesteckt hatte.

Der Pabst aber war bei seiner Rückkehr in Rom mit lautem Jubel empfangen worden: verdientermaßen! Denn als ein Triumphator kehrte er zurück: hohe, von seinen Vorgängern lange vergeblich angestrebte Ziele hatte er erreicht: er kam als Sieger über die gehaßten Langobarden, als weltlicher Fürst des neugeschaffnen Kirchenstats und als mehr denn ebenbürtiger Bundesgenoß, ja als Besieger auch des Frankenkönigs, wenn anders es der Sieg echter Statskunst ist, ohne Waffengewalt mehr zu erlangen, als man dem Verbündeten leistet[3]).

Jenes große Werk, an das Pippin nun heranschritt, war die Wiedergewinnung Aquitaniens und Wasconiens für das Frankenreich.

Diese reichen, schönen Lande westlich der Loire bis an die ehemals gotischen, jetzt arabischen Gebiete, in denen von a. 507 bis 613 die Franken ganz wie im Osten der Loire geherrscht hatten, waren schon

---

1) Wie Waitz III. S. 91 meint.
2) Anders Waitz a. a. O.
3) Urgesch. III. S. 892.

seit Dagoberts I. Tod (a. 638) unter einheimischen Fürsten vollständig von dem Merovingen zu Paris gelöst[1]). Nur vorübergehend hatte Karl Martell die Anerkennung fränkischer Oberhoheit dem Herzog von Aquitanien abgezwungen[2]). Das Land, nur wenig von Franken besiedelt, hatte seine fast ausschließend römische Eigenart völlig bewahrt, und die „Römer" hier — wie sie hießen[3]) — stießen die „Franken" d. h. die Germanen überhaupt von sich. Das Wesen und mancher Vorzug des Frankenreiches hatte nun aber gerade in der Verbindung stark romanisirter mit germanischen Gebieten bestanden: die Losreißung des reichen und hoch cultivirten Südens mußte den Nordosten des States erheblich schwächen[4]).

So war es echte statsmännische Weisheit, daß Pippin die Wiederheranziehung Aquitaniens in Angriff nahm[5]) und mit zäher Ausdauer, in nicht weniger als neun Feldzügen, unter erheblichen Anstrengungen und nicht ohne Wechselfälle durchführte. Der nationale Gegensatz kam in diesen Kämpfen lebhaft zum Ausdruck: erst mit dem Tode des heimischen Fürsten Waifar erlosch der Widerstand der „Römer". Pippin hat durch diese Wiedergewinnung des Südens die Entstehung des so glänzend begabten Mischvolks der Franzosen ermöglicht: andernfalls wären die Südfranzosen den Italienern und Spaniern noch ähnlicher als sie ohnehin sind und im Nordosten Frankreichs wäre die Beimischung des Romanischen geringer geworden.

Aber auch noch eine andere Landschaft im Westen Galliens, schon

---

1) Daß Eudo und Waifar nicht von einer merovingischen Seitenlinie, jenem Charibert II. von a. 630, stammten, darüber s. Urgesch. III. S. 773. Rabanis, les Mérovingiens d'Aquitaine. Essai historique et critique sur la charte d'Alaon. 2e édit. 1856.
2) Fauriel III. S. 134 f. 144 f. Breyslg S. 74 f. Urgesch. III. S. 777.
3) Daher sagt Fred. cont. 111 a. 742 von der Niederwerfung der Aquitanier Romanus proterunt (Pippin und Karlmann).
4) Oben S. 2.
5) Waitz III. S. 92 hebt hervor, wie Pippin seine angeblichen Forderungen erst allmählig zu dem Verlangen steigerte, das Land ohne Herzog unmittelbar zu beherrschen. Er verlangte Anerkennung der Immunität fränkischer Kirchen auch in jenem Lande (hierüber vgl. Urgesch. III. S. 921; Pippin trat hier wie gegen den Langobarden als Schirmer der Kirchen auf, dann Wergeld für erschlagene Goten (es ward nachgewiesen [Urgesch. III. S. 920], daß es sich hier um Anstiftung zum Morde handeln mußte, wobei nach Gotenrecht [Dahn, westgotische Studien S. 174] allein [abgesehen von Tödtung durch Thiere u. s. w.] noch ein Wergeld vorkam) fränkischer Reichsangehörigkeit, Auslieferung von Flüchtlingen (vielleicht Anhänger Grifo's, der zu Herzog Waifar geflüchtet war).

von Chlodovech erworben[1]), noch von Chilperich (obzwar unter Kämpfen) in Abhängigkeit gehalten, aber seit Anfang des VII. Jahrhunderts ziemlich völlig von Neustrien gelöst, die keltische Bretagne, brachte Pippin durch die Eroberung von Vannes wieder zur Unterwerfung a. 753[2]). Die Selbstständigkeit der keltischen Clan-Häuptlinge ward beseitigt wie das Herzogthum in Aquitanien[3]): offenbar lag dem planmäßiges Vorgehen zu Grunde und offenbar war Tassilo von Baiern das Gleiche zugedacht.

Auch die Eigenart König Pippins ist den Quellen nicht zu entnehmen aus den oben (S. 19) erörterten Gründen: seine Thaten bezeugen jedoch die echt arnulfingische Unermüdlichkeit: in siebenundzwanzig Regierungsjahren ist er zwanzig Mal zu Felde gezogen, gegen Waifar von Aquitanien neunmal mit der Zähigkeit seines Geschlechts. Seine Frömmigkeit und Kirchlichkeit hat man höher geachtet als die seines Vaters[4]): er habe den Kirchen wieder gegeben, was dieser ihnen geraubt: beides ist — so allgemein — nicht richtig. Sein Einschreiten für den Pabst und gegen die Langobarden hatte nicht minder politische als religiöse Gründe (s. oben S. 42 f.), die frommen „Arengen" d. h. Eingangsformeln der Urkunden seiner Schenkungen an die Kirchen sind — wie diese Schenkungen selbst — die herkömmlichen: aber die machtvolle Unterstützung der Kirchenreform des Bonifatius war allerdings eine hervorragende, außergewöhnliche Leistung: freilich auch nicht ohne politische Nebengründe. Die Rechte der Krone gegenüber der Kirche hat er in vollem Maß geübt und kräftig gewahrt: er berief Synoden, bestätigte deren Beschlüsse, setzte Bischöfe ein, verfügte viel freier als das Kirchenrecht gut hieß über das Kirchenvermögen und als einmal bei dem Feldzug von a. 743 gegen Oatilo von Baiern der Legat des Pabstes ihm in den kriegerischen Arm fallen wollte, wies er ihn — wenigstens der Sage nach — mit überlegnem Spott zurück. Er hat mehreren Empörern großmütig verziehen, sogar wiederholt denselben[5]): aber Waifar von Aquitanien hat er erbarmungslos

---

1) D. G. Ib. S. 69.
2) Annal. Mett. ad h. a.
3) Urgesch. III. S. 437.
4) Den Beinamen Pius (Waitz III. S. 92) ertheilten ihm aber erst spätere Quellen (Ademar, gestorben 1029).
5) Ueber die Erhebungen des Halbbruders Grifo s. Annal. Mett., Annal. Einh. ad h. a. Annales Regni Francorum. 742. Urgesch. III. S. 839; jene Annalen sind parteiisch: vielleicht ward Grifo zuerst aus einem ihm vom Vater

zu Tode gehetzt: allerdings aus zwingender „Statsraison": sollte die Wiedergewinnung dieser Südwestmark gelingen, mußte der Führer der „Römer" fallen. Den Schritt auf den Thron, den sein vielleicht noch heldenhafterer Vater unterließ, hat er gethan, aber erst nach klügster umsichtigster Vorbereitung: er ließ sich vor dem Wageschritt die Brücke über die Kluft zwischen Macht und Recht von der Kirche schlagen oder richtiger weihen, segnen, festzaubern.

An Muth des Geistes seinem Vater und seinem Sohne kaum völlig gleich, aber vielleicht mehr in Selbstzucht zusammengenommen — wir hören nicht soviel von seiner Sinnlichkeit wie von den beiden Karlen — maßvoller als sein Sohn, folgte er nicht der Versuchung, von Pavia nach Rom zu ziehen.

Die Wiederunterwerfung Baierns war die einzige unerläßliche Aufgabe, die Pippin ungelöst seinen Söhnen zurückließ, daher dies Land bei der Erbtheilung zwischen seinen Söhnen Karl und Karlmann, die durch den Reichstag zu St. Denis kurz vor seinem Tod zum Reichsgesetz erhoben ward, unerwähnt blieb: aber dieser schon seit c. 550 dem Reich eingefügte Stamm durfte nicht fehlen: wohl nur der Tod — er überraschte ihn schon im 54. Jahre, gleich nach der Eroberung Aquitaniens — hat ihn abgehalten, sie noch selbst in Angriff zu nehmen: beide Kriege zugleich zu führen, dazu war, zumal bei der Entfernung der beiden Kriegsschauplätze von einander — von den Pyrenäen bis nach Ungarn hinein — die Heeresmacht des Reiches — eben ohne Aquitanier und Baiern! — zu schwach.

Die Einmischung in die italienischen Dinge, — die sein Vater abgelehnt —, die Errichtung des Kirchenstats halten wir — freilich in wohlfeiler Weisheit, durch den Erfolg belehrt! — für schwere Fehler: sie haben zwar die Einverleibung des Langobartenreiches und die Errichtung des Kaiserthums schon vorgebaut, ja entschieden: allein beide brachten mehr Glanz als Glück: die Langobarden lösten sich schon nach hundert Jahren wieder von dem Karolingenhaus und das unselige theokratische Kaiserthum ward die Ursache unsäglichen Unheils für Deutschland und Italien, ja oft auch für die Kirche: beides freilich nicht Pippins, sondern Karls That und Verantwortung.

So kann sich Pippins Lebenswerk neben dem seines Sohnes sehr wohl sehen lassen.

---

zugedachten Erbtheil verdrängt, gleichwohl ist er später wenigstens unzweifelhaft im Unrecht.

Der große Karl entfaltet dann freilich eine Vielseitigkeit der Begabung, eine Begeisterung auch für Wissenschaft, Dichtung, Bau- und Bildkunst neben der für Religion und neben dem kriegerischen und statsmännischen Genie, die ihn als einen der großartigsten Menschen aller Zeiten erscheinen läßt: nicht umsonst hat daher um seine Schultern, obwohl er nur der Vollender war, nicht um die der vorhergehenden Anfänger, die Sage bei Romanen wie Germanen ihren dunkelrothen Kaisermantel geworfen.

V. Karl der Große (a. 768—814) und Karlmann (a. 768—771).

Die Reichstheilung von a. 768 ist, obzwar sie durch den frühen Tod Karlmanns bald praktische Bedeutung verlor, lehrreich: sie zeigt wie man die verschiedenen Ländermassen werthete — denn die beiden Erbtheile sollen völlig gleich sein — und sie bekundet vielleicht auch das Bestreben, das Auseinanderfallen des Reiches in seine südwestliche, romanische, und seine nordöstliche, germanische Hälfte dadurch zu verhüten, daß beide Brüder Gebiete in beiden Hälften erhielten[1]. Alle solche Mittel konnten doch nicht hindern, daß das Reich ein Jahrhundert später in seine drei großen Völkerglieder auseinanderbrach, wozu, was Ostfrancien und Westfrancien anlangt, schon seit a. 625 wachsende Neigung bestand: die Familienkriege der Karolingen seit Ludwig I. haben diese Entwickelung nicht herbeigeführt, nur begünstigt und beschleunigt.

Die Brüder Karl (a. 768—814) und Karlmann (a. 768—771) waren, scheint es, schon vor der Thronbesteigung gespannt: Karlmann wird vorgeworfen, er habe gleich im nächsten Jahre verweigert, dem Bruder Waffenhilfe gegen Aquitanien zu leisten, als dieser den empörten Herzog dieses Landes bekämpfen mußte und in seine Gewalt brachte: Karl duldete — wie später in Baiern — fortab keinen Herzog in Aquitanien mehr: der letzte Stammesherzog der Alamannen war schon a. 746 beseitigt, das Land unmittelbar unter den König gestellt worden.

Die Vermählung Karls mit der Tochter des Langobardenkönigs Desiderius schien — sehr zum Verdruß des leidenschaftlichen Pabstes Stephan IV. (a. 768—772)! — völlige Verschiebung in der Stellung des Frankenkönigs zu den italischen Parteien zu bedeuten: aber bald ward durch die Verstoßung der Unschuldigen von der Seite Karls die alte Feindschaft neu und heißer entfacht: auch gegenüber Karlmann steigerte

---

1) S. unten Reichstheilungen.

sich die kaum geminderte Spannung bis zu drohendem Kriege, als dieser starb (a. 771). Mit sehr zweifeligem Recht verdrängte Karl, rasch zugreifend, dessen Söhne aus ihrem Erbe, indem er sich allerdings auf die Zustimmung „aller Franken" berief, die ihn, nicht jene, zum Herrscher haben wollten: allein keineswegs alle Großen in Karlmanns Reich dachten so, manche flüchteten mit der Wittwe und den Waisen nach Italien zu dem grollenden Langobardenkönig. Dieser verlangte von dem neuen Pabst Hadrian (a. 772—795) die Krönung der Söhne Karlmanns zu Königen der Franken: aber Hadrian trat von Anfang an entschieden auf die Seite Karls. Dieser ward zwar zunächst durch den Anfang seiner großen Blutarbeit — der Bekehrung und Unterwerfung der Sachsen (s. unten) — beschäftigt; aber bald ward der Krieg gegen die Langobarden beschlossen und rasch beendet mit der Uebergabe der belagerten Hauptstadt Pavia und der Gefangennahme des Königshauses (a. 774).

Das Langobardenreich ward nicht dem Frankenreich voll einverleibt, wie etwa (a. 532) das Burgundenreich oder (a. 531) das thüringische: sondern Karl ward nur auch König der Langobarden: Verfassung und Recht blieben anfangs — der Regel nach — unverwandelt, Aenderungen bildeten — anfangs — die Ausnahme[1]); bloße Personalunion bestand freilich nicht, da Beschlüsse des fränkischen Reichstags, gleichviel, ob hier Langobarden erschienen oder nicht, auch in Italien Geltung hatten. Auch als bald darauf (a. 782) Karl seinen fünfjährigen Knaben Pippin zum König des Langobardenreiches erhob, behielt er die Oberleitung der Regierung. Die Eroberung des größten Theils der apenninischen Halbinsel ward als ein so wichtiges empfunden, daß Karl fortab seinen Titel »rex Francorum« erweiterte und beifügte »et Langobardorum«, was bei den früher erworbenen Königreichen nicht geschehen war. Die That von a. 774 war von höchster Bedeutung und war, wie die Dinge seit a. 754 nun einmal lagen, die politisch einzig richtige Lösung des Verhältnisses des Frankenreiches zu dem langobardischen: die entschlossene, kühne That ist die erste großartige Karls, die ihn über das Maß seiner Vorfahren emporhebt: — wir hatten bisher nichts dergleichen von ihm zu verzeichnen gehabt: die Verstoßung der Langobardin war ein zweifelloser

---

[1]) Jung, Organisationen Italiens von Augustus bis auf Karl den Großen. Mittheilungen des Instituts für österreichische Geschichtsforschung. V. 1. Ergänzungsheft. 1896.

Rechtsbruch und der Ausschluß seiner Neffen vom Thron rechtlich wenigstens sehr bedenklich gewesen.

Aber hier, in der Eroberung der Langobardenkrone, erweist sich das Eigenartige an Karl, was ihn überhaupt im Vergleich mit seinen Vorgängern auszeichnet: er ist zwar einerseits nur der Vollender des von den Ahnen Begonnenen: völlig neu ist weder sein Verhalten zu den Langobarden noch das zu dem Pabst, noch das zu dem Kaiser, noch das zu den Sachsen, Baiern, Avaren, Arabern: in der inneren Politik ist völlig neu weder das Institut der Sendboten noch der Gerichtsschöffen noch der Rügeschöffen noch das enge Bündniß mit der Kirche noch die Förderung des Bekehrungswesens: auch hohe römische Würden — Consulat und Patriciat — hatte bereits Großvater und Vater bekleidet. — Aber, wenn auch nur Vollender von Begonnenem ist Karl doch ein so genialer Vollender, daß die Großartigkeit des Stils in der Vollendung aus dem von Andern Begonnenen, dem Vorgefundenen etwas Neues, Karl Eigenartiges, Weltgeschichtliches macht, über die bisherigen fränkischen Ziele hinausgreifend in das Universale: daß der Frankenkönig römischer Kaiser des Abendlandes, oberster Schirmherr der abendländischen Christenheit ward, das ist nur der mächtigste Ausdruck, aber keineswegs die einzige Bethätigung dieser aus dem national Fränkischen heraus auf das Weltgeschichtliche gerichteten Denk- und Handlungsweise Karls, der, wenn je ein Herrscher, den Namen des Großen verdient: denn er ist großartig auch da, wo man ihm schwer Unrecht geben muß.

Aber die Weltgeschichte hat eine wunderbare Dialektik.

Karl, der Vollender, ward auch der Auflöser des Frankenreichs alten Stils: der Langobardenthron, die Kaiserkrone, die gewaltige Stärkung und Erweiterung Austrasiens durch Hinzufügung des Sachsenstammes (oben S. 3), — all dies hat das Auseinanderbrechen des alten Frankenstates vorbereitet.

Die seltsamste Dialektik aber trat hervor im Verhältniß zum Pabst: kaum war Karl Langobardenkönig, als er sofort die Ansprüche „Sanct Peters" zurückzuweisen hatte! So wenig war es, wie die Päbste oft gescholten, Bosheit und Teufelei der früheren Langobardenkönige gewesen, wenn sie fast immer im Widerstreit standen mit den Päbsten: so nothwendig lag dies in der Natur der Dinge, daß, nachdem der altüberlieferte Beschirmer Sanct Peters gegen die Langobarden, der gewiß bis zur

Verzückung fromme und pabstergebene Karl, selbst deren Krone trägt, er sofort in den gleichen Widerstand sich gestellt findet¹).

Schon im Jahre 773 war vielleicht im Stillen von Karl der Beschluß der völligen Unterwerfung und zugleich Belehrung aller Sachsen gefaßt worden: wenigstens ward schon dieser erste Streich mit voller Wucht geführt, die Eresburg gestürmt, die Irminsul gestürzt, die Weser überschritten.

Jetzt (a. 775) ward auf einem Tag zu Quiêrzy jener Beschluß feierlich ausgesprochen: „unabläſſige Bekämpfung der Sachſen bis zu ihrer gänzlichen Unterwerfung und Belehrung oder ihrer gänzlichen Ausrottung". Die Verwerfung dieser Scheußlichkeit vom religiöſen und ſittlichen und Rechtsſtandpunkt aus bedarf keiner Begründung; allein auch der Versuch, sie aus politischen²) Gründen zu rechtfertigen, der immer wieder auftaucht, muß auf das Schärfste zurückgewieſen werden. Es heißt die Thatsachen auf den Kopf stellen, läßt man den sächsischen Wolf dem fränkischen Lamm das Wasser trüben. Von irgend einer Gefahr für das an Kriegerzahl, Kriegskunst, Cultur- und Macht-Mitteln jeder Art ganz unvergleichlich überlegne Frankenreich durch sächsische Angriffe konnte gar nicht die Rede sein: machten die nächsten sächsischen Gaue, durch die unabläſſigen mit Gewalt unternommenen Belehrungsverſuche gereizt oder auch durch den blühenden Reichthum ihrer südwestlichen Nachbarn gelockt, räuberiſche Einfälle, so genügte zu ihrer Abwehr und Züchtigung das von Karl so häufig und so erfolgreich angewandte Mittel — gegen Araber in Spanien, gegen Avaren, gegen Dänen, gegen allerlei Slaven — einer in das Gränzland beherrschend vorgeschobenen „sächsischen Mark". Aber es handelte sich für Karl gar nicht in erster Reihe um Statliches, sondern um die Religion: er war — und das ist zugleich seine einzige Entschuldigung! — fest davon überzeugt, daß er von Gott dazu bestimmt und auserkoren sei, die Sachsen zu belehren oder auszurotten: es trat dann freilich seine Kriegsluſt, seine Eroberungs- und Machtgier hinzu³): aber ohne Heuchelei: er war sich wohl gar nicht bewußt, daß ſeine theo-

---

1) Vgl. Urgesch. III. S. 973 f.
2) z. B. wieder bei Arnold, Deutſche Geſchichte.
3) Die Behauptung Guizots, Histoire II. p. 277, Karl sei zu allen seinen Kriegen nur im Wege der Vertheidigung geführt worden, ist gegen alle Geschichte: die Langobarden? Und die Sachsen? Und die Mauren in Spanien? Er wird ja doch gelobt, daß er die Kirche nicht nur vertheidigt, — auch „ausbreitet". (Alcuin. epist. 111. defendere vel *propagare*.)

kratische Glaubenswuth durch diese Leidenschaften noch gesteigert wurde. Sieht man aber von der Abscheulichkeit, wie des Zweckes so der Mittel ab — »religionis erat tantum suadere malorum« —, so kann man Karl auch hier die Bewunderung der Großartigkeit nicht versagen, mit der er dreißig Jahre lang in 21 Feldzügen von 46 Regierungsjahren immer wieder sich abmühte, in jenen Urwäldern ein par arme Gehöfte seinem gewaltigen Kaiserreich einzuzwingen, lediglich um einer Idee willen.

Das Grauenhafteste unter den vielen Gräueln, unter denen den Sachsen die Religion der Liebe beigebracht wurde, — das Blutgericht zu Werden an der Aller (a. 738), da er an Einem Tage viertausend fünfhundert Gefangne enthaupten ließ[1], — kann bei einem Statsmann wie er nicht aus Jähzorn und darf bei einem so musterhaft frommen Christen — die Kirche hat ihn ja selig gesprochen und feiert seinen Tag am 28. Januar! — nicht aus Rachsucht erklärt werden: man wird die politische Absicht der Abschreckung vermuthen dürfen. Allein indem wir das sittliche und religiöse Urtheil über die Abschlachtung jenen überlassen, die[2] in dem Sieg des Christenthums überall den Sieg der Menschlichkeit, Liebe und Milde über die Barbarei des germanischen Heidenthums erblicken — von keinem germanischen Heiden ist auch nur annähernd jemals ähnlich Scheußliches überliefert —, stellen wir nur fest, daß das Gegentheil jenes Zweckes herbeigeführt ward: der Ingrimm über die Metzgerei war stärker als die Furcht vor dem Metzger: eine allgemeine Erhebung der Sachsen war die Folge jener That[3].

Besser fruchtete die planmäßig betriebene Entvölkerung des Sachsenlandes von seinen bisherigen Bewohnern und deren Ersetzung durch große Scharen von fränkischen und thüringischen Ansiedlern: seit den Tagen, da die Römer die Einwohner Rhätiens zu Hunderttausenden aus ihren Bergen in ferne Provinzen fort geführt, war dergleichen nicht mehr geschehen: so nahm er im Jahre 795 nicht weniger als 7070 Menschen, allein aus dem Bardengau, den dritten Theil seiner gesammten Bevölkerung: die so Ausgewurzelten wurden dann in weitentlegenen Gebieten des großen Reiches angesiedelt: so erklären

---

[1] Bon Bippen, die Hinrichtung der Sachsen durch Karl den Großen. Deutsche Zeitschrift für Geschichtswissenschaft I. S. 75. — Schäfer, die Hinrichtung der Sachsen durch Karl den Großen. Histor. Zeitschr. Neue Folge 42. 1896.
[2] Wie Arnold a. a. O.
[3] Urgesch. III. S. 993.

sich die häufigen mit „Sachsen" zusammengesetzten Ortsnamen fern von diesem Lande: „Sachsenkamp" in Baiern, „Sachsenhausen" bei Frankfurt und andere mehr.

Die eingezogenen Grundstücke der „Empörer" vergabte Karl mit vollen Händen an die Bisthümer und Klöster, die er in großer Zahl im Sachsenland errichtete: als geistliche Burgen und Markwehren, ein von Klugheit wie Frömmigkeit empfohlenes Verfahren: damals ward der Grund gelegt zu der Fülle von Macht und Reichthum, die später die Kirchen in diesem Land entfalteten.

Bei der geschichtlichen Würdigung der Zwangsbekehrung fällt nun aber schwer ins Gewicht, daß diese hastige Grausamkeit völlig überflüssig war. Denn es war ja doch nur eine Frage der Zeit, wann dieser ganz unvermeidliche Schritt erfolgen werde. Alle Religionen erlöschen, wenn die Voraussetzungen ihrer Entstehung und Verbreitung wegfallen: der Wotansglaube hätte sich neben der Cultur der Franken und der andern gechristneten Nachbarn doch keineswegs auf die Dauer behaupten können. Wie die Christianisierung der Goten nothwendige Folge ihrer römischen, die der Franken nothwendige Folge der romanisch-gallischen Cultur war, so hätten sich die Sachsen der friedlichen Bekehrung auf die Dauer gar nicht entziehen können: denn das Christenthum war ein Stück der Cultur aller ihrer Nachbarn geworden. Diese friedliche, freiwillige, allmählige Annahme der christlichen Lehren würde aber — abgesehen auch von der Ersparung der von Karl verübten Blutthaten — eine ganz andere Wirkung auf Religion und Sittlichkeit der Bekehrten ausgeübt haben als die mit dem Schwert den Verzweifelten aufgezwungene[1]).

Durch die Unterwerfung des Sachsenlandes ward das Frankenreich Nachbar von slavischen Völkerschaften, die Karl zum Theil (wie die Abodriten) als Meute bei seiner Jagd auf die Sachsen verwendete und unbedenklich mit ausgedehnten diesen abgenommenen Gebieten beschenkte, zum Theil (wie die Wilzen) abzuwehren hatte von den neuen Marken. Er hat nun also hier im Nordosten wie im Norden Dänen und im Südosten Avaren Feinde zurückgedämmt, die später auch das deutsche Reich bedrohten. Allein ihm deshalb „deutsche Politik" beimessen ist eine arge Geschichtswidrigkeit: es gab diesen Begriff noch gar nicht. Man darf ihm die Preisgebung weiten sächsischen Landes an die Slaven nicht als „undeutsche" Politik verübeln, aber man darf ihn

---

[1]) Vgl. Urgesch. III. S. 952.

auch wahrlich nicht wegen der Abwehr solcher Nachbarn um „deutsche Politik" loben¹).

Auf das Bestimmteste muß daher auch der Lehre²) widersprochen werden, daß Karl „dem Deutschen Volke eine große Zukunft bereitet habe". Sofern er das gethan, geschah es völlig ohne seinen Willen, ja gegen seinen Willen: er würde, hätte er die dem regnum Francorum und dem imperium Romanum drohende Gefahr der Entstehung eines deutschen Volkes überhaupt und dessen Lösung aus jenem Gesammtreich geahnt, sie mit noch blutigeren Mitteln, als bei der Sachsenbekehrung, ja mit jedem Mittel abzuwehren versucht haben: denn das regnum Francorum, später noch mehr die etwas nebelhafte Vorstellung der (abendländischen) Christenheit — das imperium Romanum gleich der ›civitas Dei‹ Augustins, — das waren die Kreise, in denen seine Gedanken sich bewegten.

Späterer „deutscher" Politik hat Karl allerdings in großartiger Weise vorgearbeitet durch die Ausbreitung der Baiern nach Osten auf Kosten der Avaren: dieses arge Räubervolk hatte wie schon im VI. Jahrhundert³) so neuerdings seine Westnachbarn durch Plünderungen heimgesucht. Karl beschloß, dem ein gründliches Ende zu machen durch Vorschiebung des baierischen Machtgebiets weit nach Osten.

Die Avarenkriege zählen zu den wichtigsten Verdiensten Karls um germanische Art und christliche Bildung, um Absteckung und Sicherung der Marken für die räumliche Ausbreitung und für das Aufleben der Kräfte, auf denen die europäische Cultur und Gesittung beruht bis heute. Hier handelte es sich wirklich um Zurückdämmung von Barbaren, die, so lange sie bestanden, nur zerstört, nichts aufgebaut haben: hier ward nicht — wie im Sachsenland — ein ebenbürtiger, bildungsfähiger, verwandter Stamm vergewaltigt. Die Jahrhunderte hindurch mit schönsten Erfolgen fortgesetzte Colonisirung der Donaulande bis tief in den Osten hinein, dieses große, in unsern Tagen oft unterschätzte Verdienst des baierischen Stammes, ist nur möglich geworden, weil Karl ihm die Wege gebrochen. Daß man in unserer Zeit in Ungarn, Böhmen, Mähren, Kärnten, Krain, Steiermark diese deutsche Culturarbeit auf das Frevelhafteste selbstmörderisch Preis giebt, kann jenes Verdienst nicht schmälern.

---

1) Wie Arnold D. G. II.; dagegen Bausteine VI. S. 253.
2) Von Waitz III. S. 101.
3) a. 562. Urgesch. III. S. 125. a. 596 S. 543.

An dem politischen Zweck Karls hiebei darf uns nicht irre machen, daß die Annalen nur die christlichen Beweggründe anführen. Mag die Verfolgung der Christen in den baierischen Ostgränzen den nächsten Anlaß geboten haben, — den Ausgangspunkt des Streites bildete doch eine von Karl verlangte, von den Avaren nicht bewilligte Anerkennung des Laufes jener Gränzen, d. h. eben eine Ausdehnung des baierischen Gebietes gegen Osten. Nun kamen Raubfahrten in diese Mark hinzu. Das Religiöse gab dem Kriegseifer nur höhere Weihe, wärmere Begeisterung; — in der zeitüblichen und Karl besonders geläufigen Selbsttäuschung (f. oben S. 52), daß man nur aus Christenpflicht so handle, so handeln müsse, jedesfalles aber ohne Heuchelei.

Auch bei diesem Krieg bewährte Karl seine geniale Feldherrnschaft: es lassen sich gewisse Züge seiner Strategie als stets wiederkehrend bei ihm nachweisen [1]).

Jene Erweiterung der baierischen Ostmark bedeutete aber zugleich eine Ausdehnung des unmittelbaren Reichsgebietes, da Baiern der Reichsgewalt unmittelbar unterstellt, der letzte agilolfingische Herzog Tassilo nach Beschluß des Reichstags zu Ingelheim (a. 788) abgesetzt und in ein Kloster verwiesen ward: er hatte es durch wiederholten Treubruch reichlich verdient [2]). Damit war das letzte jener Stammesherzogthümer beseitigt, die sich zur Zeit der Schwäche der Merovingen (a. 638—690) von dem Reichsverband geschieden hatten. Für Baiern ward verhängnißvoll, daß Karl damals (?) den Nordgau von dem Lande trennte: dadurch ward der Stamm von dem Zusammenhang mit Mitteldeutschland — Thüringen — losgerissen und ganz auf den Südosten des Reiches beschränkt.

Andere Erweiterungen des Reichsgebietes vollzogen sich im Osten gegenüber verschiedenen slavischen Stämmen [3]), denen freilich andrerseits Sachsenland überlassen ward (oben S. 54), und im Norden, gegenüber den Dänen [4]): schon unter Karl zeigten sich [5]) Raubschiffe der Nordleute an den Küsten Frieslands und machten die Errichtung

---

1) S. Dahn, Karl der Große als Feldherr. Münchener allgemeine Zeitung vom 22. III. 1897.

2) S. Dahn, Tassilo, in: Unter Baierns Panier. Regensburg 1895. Dann Band IX: Baiern. Urgesch. III. S. 1008 f.

3) Urgesch. III. S. 1111.

4) Urgesch. III. S. 1132.

5) Wie allerdings bereits einmal unter Chlodovechs Söhnen. Urgesch. III. S. 73.

von Wachtthürmen und andere Vorsichtsmaßregeln erforderlich (a. 800): die Sage hat Karl die bange Ahnung der von diesen Feinden seinen Nachfolgern drohenden Gefahren — nachträglich! — in den Mund gelegt.

Auch gegenüber den arabischen Nachbarn in Spanien führte er nur von dem Vater eingeleitete Anfänge fort — freilich auch wieder im größeren Maßstab: schon Pippin hatte sich die Wali von Barcelona und Gerona unterworfen[1]). Karl verfolgte auch nach dieser Richtung weiter ausblickende Pläne. Allein der einzige erfolglose Feldzug[2]), der sogar mit einer Schlappe abschloß, war der Krieg in Spanien gegen die Araber (a. 778): der Fehler war mehr ein politischer als ein strategischer gewesen: man hatte die Stärke und den Eifer der auf Karls Seite tretenden Mauren überschätzt, die ihn wider Abdurrachman von Córdova zu Hilfe gerufen hatten. Sogar das christliche Königreich Asturien stellte sich den Franken feindlich gegenüber, und jener Ueberfall der Nachhut — auf dem Rückzug — bei Ronceval, bei welchem Roland fiel, ging von christlichen Basken aus. Karl begnügte sich in der Folge, seine Gebiete an den Pyrenäen durch Errichtung einer spanischen Mark und Ansiedelung aus Spanien flüchtiger Christen zu sichern.

Karls Reich erstreckte sich nun zu Ende des VIII. Jahrhunderts vom Danevirke im Norden bis Benevent im Süden, von spanischen Gränzstätten im Westen bis tief nach Ungarn im Südosten.

Aber seine Gedanken blieben nicht auf das Abendland, nicht auf Europa beschränkt: er strebte Familienverbindung mit dem byzantinischen Kaiserhaus an. Wie früher (a. 766)[3]) Kaiser Constantin um Karls Schwester für seinen Sohn geworben, so warb jetzt (a. 781)[4]) ein Ehebündniß von Karls Tochter Rothtrud mit dem byzantinischen Thronerben geplant; — den politischen Zweck spricht Paulus Diakonus, der die Braut im Griechischen unterrichtete, offen aus: „die Kräfte des Reiches trachten durch die Königskinder bis nach Asien zu bringen"[5]): — ja, als dies gescheitert war, trug sich Karl — dreiundfunfzig Jahre alt — (a. 802)[6]) mit dem Gedanken, die Kaiserin Irene zu seiner Gemahlin und so sich zum Machtherrn auch im Ostreich zu erheben.

---

1) Chron. Moissiac. a. 750.
2) Urgesch. III. S. 983—986.
3) Urgesch. III. S. 931.
4) Urgesch. III. S. 991.
5) S. Dahn, Langobardische Studien S. 47.
6) Urgesch. III. S. 1101.

Wenn also auch hiebei Karl nicht einen ganz neuen Faden in das Gewebe karolingischer Statskunst einschlingt, so gilt das gleiche von seiner Beziehung zu dem Chalifen zu Bagdad: auch mit diesem hatte schon sein Vater Gesandtschaften getauscht (a. 766)¹): aber auch in diesen beiden Beziehungen faßt er Alles viel großartiger an: er will selbst herrschen in Byzanz wie in Rom und Aachen, und von seinem Freund Harun Alraschid läßt er sich ein christliches Spital und die Mitherrschaft oder doch den Mitschutz über das heilige Grab in Jerusalem einräumen (a. 799)²): daraus hat das Mittelalter den Kreuzzug Karls erdichtet.

Auch zur See erschien die fränkische Weltmacht mit Erfolg: im fernen Westen entriß sie räuberischen Arabern die Balearen und im Osten von Italien bekämpfte sie siegreich mit Flotte und Landheer Byzantiner und Venetianer³).

Also nicht nur in Europa, auch im Morgenland trat er als Schirmherr der Christenheit auf, an Stelle des nächst hiezu berufenen Byzanz. Und zwar übernahm er diese universal-christliche, wahrhaft kaiserliche Pflicht noch bevor er den Kaiser-Namen angenommen.

Aber diese Annahme lag schon geraume Zeit in der Luft, d. h. in den Gedanken seiner am Höchsten gebildeten Zeitgenossen und Unterthanen. Es ward eingehend dargewiesen⁴), wie diese nicht von Karl selbst ausging und noch viel weniger vom Pabst, der vielmehr durchaus wünschen mußte, nicht seinen weltlichen Souverain — und zwar einen solchen! — in erdrückende Nähe nach Rom übersiedeln zu sehen, womit nicht nur seine Herrschaft über den werdenden Kirchenstat, bei der allbeherrschenden Art dieses „Sohnes" und Schirmers auch sein Primat, seine Unabhängigkeit sogar in Fragen der Lehre⁵) schwer gefährdet war: sondern jener Gedanke ging aus von der „Akademie" Karls, zumal von Alkuin — von jenen Gelehrten seines Hofes, die ganz in theils anti-römischen, theils kirchlich-römischen, und theokratischen Vorstellungen lebten: der Kaisername war ja nur der rich-

---

1) Fred. contin. c. 134. Urgesch. III. S. 939.
2) Urgesch. III. S. 1067.
3) von Schlosser, Die Entstehung Benedigs. Münchener Allgemeine Zeitung 1897. Nr. 6—8.
4) Urgesch. III. S. 1075.
5) Urgesch. III. S. 1039; s. Kirchenhoheit.

tige Ausdruck für die wirkliche Machtstellung dieses universalen Herrschers: — ähnlich wie a. 751 der Königsname für Pippin nur der richtige Ausdruck für dessen Stellung gewesen war.

Es ward gezeigt[1]), daß schon mehrere Jahre vor a. 800 in Briefen Alkuins jener Gedanke klar hervortritt: der Pabst erfuhr von dem fest Beschlossenen wohl bei seinem Besuch in Paderborn und es gelang seiner höchst listigen, aber auch höchst undankbaren Statskunst in der Form des leider unabwendbaren Ereignisses noch so viel als irgend erreichbar Günstiges für „Sanct Peter" herauszuschlagen: das war — es giebt kein ander Wort dafür —: ein echter Pfaffenstreich: jene Verleihung der Kaiserkrone durch den Pabst sollte eine furchtbare Waffe der Curie werden in ihren späteren Kämpfen mit den römisch-deutschen Kaisern[2]). Unter Karl selbst freilich konnte kein römischer Bischof wagen, solche Folgerungen aus jener Ueberrumpelung zu ziehen, und offenbar geflissentlich haben Karl und seine Nachfolger in allen nächsten Fällen a. 813, 817, 823 jede Mitwirkung des Pabstes bei Ernennung der Söhne zum Mitkaiser ausgeschlossen: nur der fränkische Reichstag ward befragt und dem Pabst lange nachher die vollendete Thatsache angezeigt. Ebenso hatte Karl offenbar a. 800 die Kaiserkrone kraft des guten Rechts seiner Macht auf Beschluß des Reichstags und etwa des römischen Volkes nehmen, nicht sie als ein Geschenk des Pabstes empfangen wollen: — ein Geschenk, das einerseits nichtig, andererseits Hochverrath des Pabstes gegenüber seinem Souverain, dem Kaiser zu Byzanz, war, der denn auch erst nach 12 Jahren Karls Kaiserschaft anerkannte: Hochverrath, wie wenn der Fürstbischof von Breslau den Kaiser von Oesterreich zum deutschen Kaiser krönen wollte. Karl war durch die Ueberlistung so empört, daß er erklärte, er würde an jenem hohen Feiertag die Kirche nicht betreten haben, hätte er gewußt, was ihm bevorstand[3]).

Wie so völlig die theokratischen Wahnvorstellungen Karl zumal auch bezüglich seines Kaiserthums[4]) beherrschten, drückt sich scharf darin aus, daß er viele Jahre lang die Kaiserwürde mit seinem Leben erlöschend gedacht hat: war doch nur er persönlich von Gott zum Haupt der Kirche und des Reiches erkoren! Erst als nach dem Tode der

---

1) Urgesch. III. S. 1075. D. G. I b. S. 355.
2) Genaueres s. unten: Kaiserthum.
3) Urgesch. III. S. 1078.
4) Genaueres darüber unten „Kaiserthum", „Kaisereid".

andern Söhne Ludwig sein einziger Erbe war, beschloß er, ihn auch in die Kaiserwürde folgen zu lassen.

Auf die großartige, das Geringste wie das Wichtigste auf allen Lebensgebieten umfassende Thätigkeit Karls in der inneren Verwaltung des Reiches kann hier nur hingedeutet werden[1]). Es hat aber auch dieser große Statsmann noch den Gedanken der Einheit des States und der Statsgewalt nicht erfaßt: seine Reichstheilung von a. 806[2]) sollte das Weltreich, das kampferkaufte Werk seines Lebens, wie einen privatrechtlichen Nachlaß unter die drei Erben theilen.

Man muß Karls Leistungen als Feldherr, Verwalter, Diplomat und Gesetzgeber unterscheiden. Als Feldherr ist er (mit der einzigen Ausnahme des Feldzugs in Spanien von a. 778 s. oben S. 57) stets erfolgreich gewesen: einzelne Schlachten haben seine Unterführer, er selbst hat keine verloren. Er hat in glänzender strategischer Begabung den Gedanken des Angriffs von allen verfügbaren Seiten — meist drei, nur nicht von Osten her — so gegen Sachsen, Slaven, Tassilo und die Avaren — grundsätzlich, mit geschicktester Anpassung an die jedesmaligen Verhältnisse, zumal auch mit Verwerthung der Wasserstraßen für Angriff und Zufuhr, sieghaft durchgesetzt: als Feldherr hat er wohl das Größte geleistet. Dann als Regent, in unermüdlicher, wachsamer, kraftvoller Durchführung der Gesetze für Kirche, Recht und Cultur.

Als Diplomat ist er nicht von gleichem Erfolg, nicht von gleicher Geschicklichkeit. Leidenschaften, die mit der Statskunst nichts zu thun haben, verwirren seine Stellung zu den Langobarden in Widersprüche, vom heiligen Vater läßt er sich im Hauptwerk seines Lebens schnöde überlisten und überrumpeln, die Verhandlungen mit Byzanz um Ehe mit der Kaiser-Tochter, dann mit der übelen Kaiserin-Mutter, um den Kaisertitel, um die Anerkennung, die nur durch Herausgabe von werthvollen Eroberungen gewonnen wird, auch die Verhandlungen mit Venedig sind weder geschickt noch glücklich[3]). Was seine Gesetzgebung anlangte, so ist sie — abgesehen von einzelnen Mißgriffen: z. B. gegen die Sachsen — bewunderungswürdig. Könnte man die theokratischen Wahnvorstellungen und deren versuchte Verwirklichungen streichen: leider bilden

---

1) Vgl. unten „Verwaltung" und „fränkische Forschungen".
2) S. unten „Thronfolge" und „Reichstheilungen".
3) S. die Zusammenstellung der verschiedenen Beurtheilungen bei Waitz III.

sie mehr noch dem Geist als dem Umfang nach den wesentlichsten Gehalt seiner Capitularien.

Völlig Neues hat Karl¹), wie gesagt, fast nirgend geschaffen²): überall, in Kirche und Stat, in Italien, in Baiern führt er Strebungen seiner Vorfahren weiter: — nur die Unterwerfung und Bekehrung aller Sachsen war früher nicht geplant: aber er ist ein genialer Vollender: überall ins Großartige, Universale, oft ins Ungemeßne, Ueberschwängliche gerichtet. So steigert er die Schirmung Sanct Peters aus einem unklaren Patriciat zum Kaiserthum, so beschränkt er nicht, er beseitigt den Baiernherzog, er wehrt die Sachsen nicht nur ab, er unterwirft sie, er bekämpft die Araber nicht nur in Südfrankreich, er errichtet eine spanische Mark und entreißt ihnen ferne Eilande, er wechselt mit dem Chalifen nicht nur Briefe und Geschenke, er erwirbt die Schutzherrschaft in Jerusalem, er schützt nicht nur den Pabst, er richtet ihn, er schützt nicht nur die Kirche, er beherrscht sie, auch in Glaubenssachen gegen den Pabst entscheidend.

S. 333 f.: Montesquieu nur günstig, eher ungünstig Gibbon; Verherrlichung des Schützers der Freiheit bei Mably, Gaillard, Lezardière, dagegen der Ausbildung einer starken Regierungsgewalt Guizot, Martin, Warnkönig und Guérard, ungünstiger Michelet; nur bewundernd Dareste. Unter den Deutschen höchst ungerecht J. Schmidt, Gesch. d. Deutschen I. (1778), vgl. dagegen Johannes Müller, Dippold, Hegewisch, Wilken, Luden, Wirth, Schlosser, Leo, Eichhorn, v. Ranke, Dönniges, Arnd, v. Giesebrecht. Ficker, Bruce und v. Sybel finden allzu viel des Römischen an seiner Gesetzgebung (dagegen treffend v. Roth, Feud. S. 25;) v. Sybel hatte ja schon im Merovingenreich so viel des Römischen gesehen, S. VII. 3. S. 369. (Ueber das Kirchliche v. Döllinger, Kaiserthum Karls. 1864). Vom sehr ungenügenden Standpunkt des heutigen „Liberalismus" aus bekämpft Sugenheim den „Autokraten"; maßvoller hierin Souchay, Monarchie I. Alberdingh Thijm unterscheidet zu scharf die Zeit vor und nach der Kaiserkrönung: das Theokratische trat nicht erst 801 auf! Ausschließlich Lichtseiten erschaut Arnold, D. G. II.: über die Sachsenschlächtereien deckt er den bekannten blutbefleckten Mantel der „christlichen Liebe" in wahrhaft widergeschichtlicher Einseitigkeit — wie so viele Vorgänger. Unbefangen und allseitig würdigend Dümmler, D. Biographie XV. S. 127, und mit ihm übereinstimmend Waitz III. S. 327—331. — Mein Urtheil Urgesch. III. S. 1179. Als ich vor 15 Jahren Karl zu studiren begann, haßte ich ihn wegen seiner Sachsengräuel: bald lernte ich ihn bewundern und zuletzt sogar, ihn lieben. — Würdigung der Gesammtleistung Karls ist eine ebenso anziehende als schwierige Aufgabe.

1) Kaufmann II. S. 403 findet ihn als Feldherrn und Diplomat größer denn als Gesetzgeber: ersteres gewiß.

2 S. oben S. 51, 58.

Der Beiname des Großen ward ihm schon von den jüngeren Zeitgenossen ertheilt, obzwar nicht gleich als förmlicher Beiname, aber sein Sohn Ludwig sagt schon: „Karl, mit Recht der Große genannt", und sein wackrer Enkel Nithard († a. 858): „Karl, mit Recht von allen Völkern der große Kaiser genannt"[1]); auch der Gute und der Kluge ward er später genannt[2]).

---

1) I. l. p. 651.
2) S. die Belege bei Waitz III. S. 101: a. 784; Grabschrift bei Einhard v. C. c. 31.

VI. Ludwig I.

Wir werfen später einen raschen Blick auf die Geschicke der von inneren Aufständen und von feindlichen Nachbarn vielbedrohten Außenlande des Reiches und dessen Verhältnisse zu den andern Mächten: zunächst soll die Gesammtentwicklung des States und die traurige Geschichte seines Herrscherhauses im Zusammenhang dargestellt werden.

Es ist unersprießlich und unerfreulich, aber unerläßlich, die Familienkriege zwischen Ludwig, seinen Söhnen und diesen Brüdern bis a. 843 zu verfolgen.

Das verfassungsgeschichtliche Ergebniß ist das Erliegen des Gedankens der Reichseinheit, den eine Zeit lang, wie der hiezu nächst berufene Kaiser Lothar, auch die Kirche vertrat: bald aber, nachdem sie dies einmal als hoffnungslos erkannt, arbeitete sie auf die Abschüttelung der Kirchenhoheit des Stats überhaupt hin und auf völlige Aenderung des Verhältnisses der beiden Gewalten: das gelang in Rom dem Pabst, dessen Recht, die Kaiserkrone zu verleihen, nun wirklich von entarteten Nachkommen des großen Karl anerkannt wurde. Und es gelang dem Bischofthum in Frankreich: die wichtigsten Waffen in diesem Kampfe lieferten der Kirche die großen Fälschungen von Benedictus Levita und von Pseudo-Isidor; sie entstanden in der Mitte des IX. Jahrhunderts (gleichzeitig mit denen von Le Mans). Sie stellten alle damals zwischen Stat und Kirche streitigen Fragen als längst zu der Kirche Gunsten entschieden dar.

Das Lob Agobards[1], daß er seit der Zeit König Pippins die öffentliche Wohlfahrt nicht ruhmvoller gefördert gesehen habe als unter Ludwig dermalen, wiegt nicht schwer. Agobard war nicht nur ein Glied, sondern auch der kühnste Führer jener hohen geistlichen Aristokratie, die der Kirche damals eine viel freiere Stellung eroberte, ja den Vorrang der geistlichen vor der weltlichen Macht in Anspruch

---

[1] Opp. I. p. 269.

nahm, und gerade er hat wesentlich dem gewaltigen Umschwung der beiden Gewalten (im Laufe des IX. Jahrhunderts) vorgearbeitet¹).

Ein häßliches Licht wirft auf den Sohn, daß er gleich nach seinem Regierungsantritt die Männer ihrer Würden beraubte und in Klöster verbannte, die sein großer Vater mit seinem Vertrauen besonders beehrt, mit wichtigen Aufträgen und Aemtern betraut hatte: noch dazu Oheime Ludwigs, die Brüder Adalhard, Abt von Corbie, und Walah sowie Bernar, einen Stiefbruder des Königs Pippin²). Adalhard ward schon a. 815 unter Vermögensentziehung seiner Würden entkleidet und in dem Kloster des heiligen Philibert auf der Insel Her̄i (Noirmoutier) südlich der Loiremündung eingebannt³); ein Grund wird nicht angegeben: offenbar waren aber alle diese Geschwister bei Ludwig in den Verdacht des Hochverraths, der Verschwörung gegen ihn gerathen: Walah hatte sich in das Kloster seines Bruders, Corbie, zurückgezogen (a. 821); ein dritter Bruder ward verwiesen in das Kloster Lérin, sogar eine Schwester, Gundrada, in das Radegundenkloster zu Poitiers⁴).]

Allerdings wird jetzt viel häufiger denn unter Karl vom imperium als vom regnum gesprochen sowohl vom Kaiser selbst als von den Unterthanen⁵): allein dies ist durchaus nicht Ausdruck gesteigerten Machtgefühls oder Gehorsams, sondern einmal mußten schon seit a. 817 die Königreiche der Söhne vom Kaiserthum unterschieden werden, andrerseits betonte man — zumal die Kirche: Agobard und Genossen — die unitas imperii⁶), die Einheit und Untheilbarkeit des Kaiserthums gegenüber den Gefahren, die den kirchlichen Wünschen durch die Ausbildung von drei Nationalkönigreichen drohten⁷).

Uebel stimmt es zu dem gar bald nach Ludwigs Thronbesteigung fühlbar werdenden Sinken der Kronmacht gegenüber Kirche und Adel und der mit der Versorgung des nachgebornen Sohnes Karl drohenden

---

1. Sickel, Agobard, Allgem. D. Biographie I. S. 141. Später trat er schroff gegen Ludwig auf und betrieb dessen Absetzung a. 833.
2) Urgesch. III. S. 955, 963, 992.
3, v. Adalhardi c. 24. Simson, Ludwig I. S. 21.
4) Simson a. a. O.; auch seine eignen zwei echten und zwei Halbschwestern hatte Ludwig gleich nach des Vaters Tod aus dem Palast in Klöster geschickt. Nith. I. 2.
5) S. die Beläge bei Waitz III. S. 238.
6, Mansi XIV. p. 528. v. Walae p. 565 totius monarchiae imperium.
7. Das verkennt Waitz a. a. O.; es war doch nicht bloß Folge der geistlichen Schulung in römischen Statsideen, sondern diente recht praktischen kirchen-politischen Zwecken.

Bekämpfung der Karolinger untereinander und Auseinanderbrechung des Gesammtreiches, wenn gerade Ludwig mit einer seinem Vater fremden Ueberhebung von der „Ewigkeit" des ihnen von Gott verliehenen Reiches prahlt: nicht ein Menschenalter nach seinem Regierungsantritt hat dies Reich als eine Einheit bestanden. Daß die Ausdrücke imperium per immensum a deo nobis concessum und ähnliche in Ludwigs Urkunden — unter Karl begegnen sie nicht — von der Zeit, nicht vom Raume zu verstehen sind, ist einleuchtend[1]).

Das Erbe an Macht und Ansehen bei allen Völkern, das Karl hinterlassen, war so reich[2]), daß auch der kleine Nachfolger noch eine Zeit lang davon zehren und es nicht gleich verderben konnte. Allein sobald die eigne Thorheit schädigend wirken konnte, ging das Ererbte schleunig verloren: gegenüber dem Pabst, den fränkischen Bischöfen, dem Vassallenadel ward die stolze Herrscherstellung des Kaiserthums und Königthums aufgegeben und das waffengewaltige Frankenreich lag hilflos, wehrlos preisgegeben nordischen und saracenischen See- und Land-Räubern, die soweit südlich als Marseille heerten, ja Paris und Hamburg verbrannten.

Im Anfang zwar wirkte, wie gesagt, der ererbte Ruhm noch schützend nach.

Die Kaiserkrönung durch Leos III. Nachfolger, Stephan IV., a. 816 zu Rheims erhöhte demnächst den Glanz des Herrschers[3]). Und die Reichstheilung von a. 817 unter den drei Söhnen von Irmgard: Lothar, Pippin und Ludwig, die sich vielfach an ältere von 806, 768,

---

[1]) Gleichbedeutend steht in immensum conservandum: so richtig Waitz III. S. 205.

[2]) Man hat wohl behauptet, in den späteren Jahren Karls habe das Reich sowohl gegenüber dem Ausland an Glanz eingebüßt als im Inneren Spuren von Verfall aufgezeigt. Allein jenes ist unrichtig: a. 812 wird die Anerkennung der Kaiserschaft durch Byzanz erreicht (Urgesch. III. S. 1145). Und wenn allerdings in dem letzten Jahrzehnt Klagen des Kaisers über Mißbräuche in der Verwaltung häufiger werden, so ist doch zu erwägen, daß erst einige Zeit verlaufen mußte, bevor die zahlreichen seit a. 780 und zumal a. 800 neu geschaffenen Einrichtungen neben ihren guten ihre etwaigen schädlichen Wirkungen äußern konnten: z. B. die Verquickung von Stat und Kirche zumal seit a. 600 (Cap. a. 811. p. 161. c. 1. c. 6) und bis die Mißbräuche der Einrichtungen zur Kenntniß des Kaisers gelangten.

[3]) Thegan. c. 16. Annal. R. Fr. Vita Hlud. c. 26. Vita Stephani IV. c. 2, ed. Vignoli III. p. 317; der Pabst brachte dazu eine mit Edelsteinen besetzte Krone mit und ließ sich die früheren Schenkungsversprechen wiederholen.

741 schloß, war nicht unverständig¹): danach erhielt Lothar jetzt schon die Mitkaiserschaft, die beiden andern den Königstitel und — bei des Vaters Tod — Pippin Aquitanien, Wasconien, die Tolosanische Mark, außerdem Grafschaften in Septimanien und Burgund, Ludwig Baiern, Böhmen, Kärnten, Avarenmark, die Slaven östlich von Baiern. Das ganze übrige Frankreich und Burgund sowie Alamannien, Thüringen, Sachsen, Friesland war dem ältesten Sohne mit der alleinigen Kaiserwürde zugetheilt. Wiederholt mußten die Großen des Reiches eidlich die Gültigkeit des Theilungsgesetzes anerkennen (a. 821).

Bernhards und Italiens war nicht gedacht: er hatte gleich a. 814 den Treueid geleistet, empörte sich aber jetzt (a. 817), wahrscheinlich weil er in der Reichstheilung Italien für künftig Lothar zugedacht glaubte²). Von den Seinen verlassen, ergab er sich, ward zum Tode verurtheilt, zur Blendung begnadigt, starb aber zwei Tage nach der Blendung (17. IV. a. 818), der erste Fall seit a. 738, daß ein Arnulfing durch einen Arnulfingen den Tod fand³).

Die Sage hat Ludwigs Fehler stark übertrieben und sein Bild verzerrt, aber durchaus nicht völlig erfunden. Der mißtrauische und von Furcht heimgesuchte, weil der eignen Schwäche insgeheim bewußte Herrscher begnügte sich nicht mit der grausamen „Begnadigung" seines Neffen, auch seine drei Halbbrüder Drogo, Hugo und Theoderich⁴) entsetzte er ihrer Würden, ließ sie scheeren und zwang sie zum Eintritt in den geistlichen Stand (a. 818): er hielt sie für Mitschuldige Bernhards, wahrscheinlich ebenso grundlos wie er die Vettern verfolgt hatte⁵).

Und eine Saat des Verderbens wahrlich sollte werden Ludwigs

---

1) Annal. R. Fr. c. I. 2. p. 270. Agobard. flebil. epist. c. 4. Migne 104, p. 288. Meyer, die Reichstheilungen im Reiche der Karolinger. 1877. (Stettiner Programm.) Vita Walao II. 10.
2) Annal. R. Fr. Thegan. c. 17. 22. Vita Hlud. l. c. Chron. Moissac. Scr. I. p. 312. Hienach war der Grund die Erhebung Lothars zum Mitkaiser, die ihm freilich in Italien und Rom Rechte gab, die bis dahin Bernhard in Vertretung des Kaisers allein ausgeübt.
3) Andreas Bergam. Chron. c. 7. 8. Scr. rer. Langob. p. 224. Visio cujusdam pauperculae mulieris. Annal. R. Fr. Chron. Moissac. Vita Hlud. c. 30. Thegan. c. 23. 24. Sagen über Bernhards Untergang bei Wattenbach I. S. 277.
4) Urgesch. III. S. 1179.
5) Nith. I. 2. Thegan. c. 24. Annal. R. Fr. Chron. Moissac.

Vermählung nach dem Tode Irmingards (a. 818) mit Judith¹), der Tochter des schwäbischen Grafen Welf (a. 819), als diese für ihren Sohn Karl den Kahlen (geboren 13. VI. a. 823)²), unter Umstoßung der feierlich beschworenen Reichstheilung von a. 817, nicht nur was ihm zukam, noch viel darüber hinaus forderte und bei dem stark von ihr abhängigen Gatten durchsetzte (s. unten S. 69).

Und gleich darauf (a. 820) pochten zum ersten Mal an die Thore des Reichs unter Ludwigs Regierung die Normannen³). Schon a. 800 hatten sie gelandet⁴): aber Karl hatte durch seine Wachtthürme Ruhe geschafft für zwei Jahrzehnte: von jetzt aber sollten sie ein Jahrhundert lang furchtbare Plagen über Frankreich und Deutschland, wie über England und Italien verhängen.

Das Jahr 822 bezeichnet den ersten Schritt auf dem Niedergang, die erste Demüthigung zunächst der Person des Kaisers, die aber das Kaiserthum selbst traf und der noch so viele folgen sollten: Ludwig unterwarf sich auf dem Reichstag zu Attigny öffentlich „vor allem Volke" der Kirchenbuße, indem er eine ganze Reihe seiner Regierungshandlungen als ebenso viele Frevel und Sünden eingestand und Reue darüber erklärte; ja sogar seinen großen Vater unterwarf er dieser Schmach, „indem er, was der etwa Aehnliches gethan, ebenso zu sühnen mit größter Ergebung eiferte"⁵).

Wenn er sein Verfahren gegen Bernhard, seine Vettern und Halbbrüder bereute und nach Möglichkeit die geschlagnen Wunden heilen wollte, so war doch wahrlich eine solche öffentliche Selbstdemüthigung vor allem Volk nicht hiezu erforderlich! Aber freilich: gerade das hatte die Partei gewollt, die in diesen Jahren mit heißem

---

1) Annal. R. Fr. Vita Hlud. c. 32. Thegan. c. 26. Agobard. lit. apolog. c. 8 (Migne 104, p. 316) meint, er brauchte eine Helferin in der Leitung von Palast und Reich! Sie ward alsbald als Kaiserin gekrönt. Annal. Mett. a. 830.
2) Annal. Besuenses Scr. II. p. 248.
3) Annal. R. Fr. Annal. Einh. Vita Hlud. c. 33
4) Oben S. 56.
5) Annal. R. Fr. a. 822. p. 158. Imperator consilio cum episcopis et optimatibus suis habito fratribus suis, quos invitos tondere jussit, reconciliatus est et tam de hoc facto quam et de his que erga Bernhardum ... nec non et his quae circa Adalhardum abbatem et fratrem ejus Walahum gesta sunt, publicam confessionem fecit et paenitentiam egit, quod in eo conventu, quem eodem anno mense Augusto Attiniaci habuit, in praesentia totius populi sui peregit; in quo quicquid similium rerum vel *a se vel a patre suo* factum invenire potuit, summa devotione emendare curavit.

Eifer, mit allen Mitteln und mit nur zu glänzendem Erfolg die Beugung der Krone Karls unter ihre Macht anstrebte: die hierarchische. Jene Bischöfe, auf deren Rath Ludwig der öffentlichen Buße sich unterwarf[1]), waren offenbar die Führer dieser Partei, der sich auch manche Weltgroße anschlossen. Die Kirche triumphierte laut: denn durch diese Selbsterniedrigung hatte sich das Kaiserthum, welches unter Karl Pabst und Concilien kraftvoll beherrscht hatte[2]), der geistlichen Gewalt einfach unterworfen. Paschasius Radbertus frohlockt: „der Kaiser übernahm die Reuebuße für einige seiner Verschuldungen und ward der niedrigste von Allen: war er doch in Ueberhebung des Königthums sein schlimmster Berather gewesen: jetzt aber sollten die Augen derer durch die Buße des Königthums geheilt werden, die an seinem Verbrechen Anstoß genommen hatten[3])". Sogar die lobrednerische Vita Ludwigs, die ihn im Uebrigen durch reiche Almosen, das Gebet der Priester und diese Buße die Gnade Gottes wieder gewinnen läßt, spricht doch einen leisen Tadel dieser Selbsterniedrigung aus: „gleichsam als ob was über jeden nach dem Gesetz verhängt worden war, aus der Grausamkeit des Kaisers geschehen wäre"[4]). Angeblich wohnten auch päbstliche Gesandte dieser Demüthigung der Krone bei[5]). Jedenfalls trat aber im folgenden Jahr das Bestreben des Pabstes hervor, die Kaiserkrone als ein Geschenk Sanct Peters hinzustellen, die Folgerungen aus der Krönung von a. 800 zu ziehen[6]).

Schon jetzt — ein Jahrzehnt nach Karls Tod! — zeigten sich schlimme Zustände in gar vielen Provinzen des Reiches.

In dem Kirchenstat waren durch Schuld einzelner Päbste und der Beamten[7]), aber auch im langobardischen Reich arge Verhältnisse und

---

1) Die »spirituales viri« vita Hlud. 35. p. 104.

2) Urgesch. III. S. 1039. Sogar in Fragen der Lehre und des Gottesdienstes! Hampe, Hadrians I. Vertheidigung der II. nicänischen Synode gegen die Angriffe Karls des Großen, Neues Archiv XXI. 1. 1895. Ueber die Buße f. Annal. R. Fr. Vita Hlud. c. 35. Hincmar, de divortio Loth. II. Migne 125, p. 655.

3) Vita Adalhardi: Imperator publicam ex nonnullis suis reatibus paenitentiam suscipiens, factus est omnium humillimus, qui quasi regali elatione sibi pessimus persuasor fuerat, ut quorum oculi offenderant in delicto satisfactione regia sanarentur. Ueber Radbert f. Wattenbach I. S. 251. Dümmler, Allgem. D. Biographie XXVII. S. 109. Ebert II. S. 230.

4) c. 35. p. 104 quasi haec quae legaliter super unum quemque decucurrerant, sua gesta fuerint crudelitate.

5) Hincmar ed. Migne 125, p. 655, aber sonst nicht bezeugt.

6) S. unten Verhältniß zum Pabst.

7) S. unten.

Mißstände eingetreten, wie die Capitularien von Corte-Olona[1]) darthun.

Auch gegenüber den Nachbarn hatte das Reich wenig Erfolg: über gar viele Gränzen drangen die Feinde siegreich vor: die fränkischen Waffen hatten wiederholt Unglück gegen die Araber in Spanien, die Bulgaren in Pannonien[2]), die Dänen in der dänischen Mark, so daß im Jahre 828 beide Kaiser Bußen, Fasten und Gebete anordneten, den Zorn Gottes zu versöhnen: auch Hebung der Sittlichkeit durch neue Gesetze ward versprochen[3]). Außer den Siegen der Araber von a. 827 werden die Empörungen (der tyranni), Mißwachs, Hunger, Seuchen als himmlische Strafgerichte[4]) aufgefaßt.

Im folgenden Jahr (a. 829) geschah bereits auf dem Reichstag zu Worms die erste Ausstattung des erst sechsjährigen Knaben Karl mit Land und Leuten, der Anfang jener Theilungen, die alsbald den Krieg der Söhne gegen den Vater und der Brüder untereinander entzünden sollten, der von nun an fast ununterbrochen das nächste Menschenalter hindurch das unglückliche Reich zerrüttet hat. Kurz und schlagend sagt Leibnitz[5]) von Karls Geburt: „es erschien die Fackel, welche den Ruhm der Franken verbrannt hat". Es wird sich zeigen[6]), wie von da ab die ja schon von a. 828—829 ununterbrochnen inneren Wirren jede kräftige Abwehr der feindlichen Nachbarn, jede Geltendmachung des Reiches nach außen, bis über Ludwigs Tod hinaus unmöglich gemacht haben. Das waren die Tage, in denen die Annalisten[7]) klagten: „zu dieser Zeit ward das Frankenreich in seinem Innern gar arg verödet (desolatum) und das Unglück der Menschen wuchs täglich vielfach".

Die rechtliche Würdigung dieser Theilungen muß davon ausgehen, daß nach arnulfingischem (wie schon nach merovingischem Thronfolge- (d. h. Familien-Erb-) Recht der nachgeborne Sohn allerdings Anspruch auf einen Erbtheil an dem Reiche hatte, dem das vor seiner Geburt ergangene Reichstheilungsgesetz nicht entgegen erhalten werden

---

1) Cap. von Corte-Olona a. 826. p. 326—331.
2) S. unten.
3) Brief vom December a. 627 C. II. 1. p. 4.
4) Vgl. das Schreiben des Concils zu Paris an beide Kaiser von a. 829 l. c. p. 29.
5) I. p. 350.
6) S. unten.
7) Annal. Xantens. a. 834.

konnte. Allein daß das Kind schon jetzt — bei Lebzeiten des Vaters — Herrschaftsrechte erhielt, war im Recht nicht begründet und politisch betrachtet eine Thorheit, die der allzustarke Einfluß der Kaiserin herbeiführte ¹). Die dem Knaben überwiesenen Gebiete — Alamannien sammt dem Elsaß, Currhätien und einem Theile von Burgund — waren a. 817 Lothar zugetheilt worden ²), der freilich nach der Geburt des Stiefbruders, den er aus der Taufe hob, eidlich den Aeltern gelobt hatte, der Vater solle dem Knaben einen beliebigen Theil des Reiches geben dürfen und Lothar werde des Kindes Schirmer und Vertheidiger wider alle seine Feinde sein ³). Allein nun reute ihn dies Versprechen, angeblich unter dem Einfluß seines Schwiegervaters, des Grafen Hugo von Tours, und er suchte Wege, es rückgängig zu machen. Auch Ludwig und Pippin waren über den Schritt des Kaisers entrüstet: Lothar ward, vielleicht auch, um die Spannung zu lösen, nach Italien geschickt. Und als Gegengewicht wider Lothar, als Stütze für den Kaiser und die Kaiserin, ward Markgraf Bernhard von Septimanien, der Sohn des von Legende und Sage ⁴) gefeierten „Wilhelm von Orange" (von Toulouse), an den Hof berufen ⁵), mit dem wichtigen Amt des Kämmerers und mit dem Schutze des Knaben Karl (an Lothars Stelle) betraut und zum ersten Mann im Reiche nach dem Kaiser erhoben. „Aber dies hat die Zwietracht nicht erstickt, sondern gemehrt" ⁶). Im folgenden Jahr (a. 830) brach eine Empörung aus: sie galt der verhaßten Regierung und Partei der Kaiserin und Bernhards: dieses letzteren Schuld oder Unschuld bleibt schwer fest zu stellen: aber zu erwägen ist, daß nur seine Feinde seine Geschichte und Beurtheilung geschrieben haben. Den nächsten Anstoß zum Ausbruch der schon lange gährenden Unzufriedenheit gab eine von Bernhard angeordnete, für zwecklos erachtete Heerfahrt gegen die Bretonen, zumal die Wahl der Fastenzeit hiefür erbitterte (s. unten zu a. 833). Die Bewegung ging aus von einer Adelspartei, die aber auch das unzufriedene Volksheer erregte und wohl von Anfang auf den Groll der älteren Söhne gerechnet hatte. Das gegen die Bretonen aufgebotne Heer machte Halt bei Paris und nöthigte Lothar

---

1) Vita Hlud. c. 43. Thegan. c. 35. Annal. Xantens. Nith. I. 3.
2) Oben S. 66.
3) Nithard I. 3.
4) Th. Dahn, Karl und seine Paladine. 1887. S. 241, 465.
5) Annal. R. Fr.
6) Nithard l. c. Vita Hlud. c. 43.

aus Italien und Pippin aus Aquitanien herbei, um den Vater vom Thron zu stürzen, Judith, die des Ehebruchs mit Bernhard beschuldigt ward, zu vernichten, diesen zu tödten. Er entfloh — mit Bewilligung des Kaisers — nach Barcelona. Judith ward von Pippin, der zuerst zur Stelle war, in das Sanct Radegundenkloster zu Poitiers gesteckt. Lothar aber übernahm nach seinem Eintreffen die Leitung der Dinge: er ließ den Vater auf einem Reichstag zwar nicht absetzen[1], aber tief demüthigen: Ludwig mußte Judith für schuldig erklären und zur Klosterhaft verurtheilen, er und der Knabe Karl wurden in ehrenvoller Ueberwachung gehalten: Lothar herrschte thatsächlich an seiner Statt[2].

Allein alsbald — in wenigen Monaten — erfolgte einer jener von nun ab so häufigen und so häßlichen Umschläge in der Haltung der Brüder untereinander und gegenüber dem Vater, die in ihren inneren Beweggründen gar nicht oder fast nur sehr unschön zu erklären sind. Nicht Mitleid mit dem Vater, Neid auf des Bruders überragende Stellung bewog Pippin und Ludwig von Baiern, gegen diesen aufzutreten: die Geistlichen ließen sich heimlich vom Kaiser für seine Wiedereinsetzung Allerlei für die Kirche geloben: er versprach auch in versteckten Verhandlungen jenen beiden die Erbtheile auf Kosten Lothars zu erweitern: im October auf einem Reichstag zu Nimwegen — der Kaiser stützte sich gegen die romanisirten Westfranken und Burgunden auf die „Germanen"[3] d. h. die Ostfranken und rechtsrheinischen Stämme —, ward er in die Reichsgewalt wieder eingesetzt, die Kaiserin wieder zurückberufen[4].

Aber diese Vorgänge hatten noch tiefer als die von a. 522 das Ansehen der Krone und ihres Trägers herabgezogen[5].

Hatte doch der Kaiser erklären müssen: „Ich habe zugelassen und begangen, was vor mir kein König. Ich danke Gott dafür, daß er so drohendes Unheil zu so friedlichem Ausgang geführt. Ich gelobe, fortab nichts dergleichen ohne ihren (der Großen) Rath zu thun und

---

1) Thegan. c. 36. Ludwig von Baiern soll das verhindert haben.
2) Annal. Bertin. Mettens. Nith. I. 3. Thegan. c. 36. Exauctoratio Ludov. (s. unten) c. 3. Vita Walae II. 9. 10. Hludov. c. 44. 45. Epistola Einh. 7. 9. 10. ed. Jaffé IV. p. 448.
3) Diffidens quidem Francis magisque se credens Germanis. Vita Hlud. c. 45, unten „Bolt".
4) Vita Hlud. c. 45. 46. Nith. I. 3. Thegan. c. 37.
5) Nithard I. 3. res autem publica, quoniam quisque cupiditate illectus sua quaerebat, cotidie deterius ibat.

will und beschließe, daß das Reich so, wie es weiland (a. 817) von mir mit euch zusammen geordnet ist (d. h. die Theilung unter die drei Söhne), so bleibe. (Also Ausschluß des Knaben Karl). Jenem Weib aber, das ihr gerichtet habt, schenke ich, weil ihre Bestrafung (wegen Ehebruchs) nach dem gemeinen Recht mir zusteht, schenke ich, da ihr Fürbitte einlegt, das Leben, aber nur unter der Auflage, daß sie fortab unter dem Schleier lebe und Buße thue"[1]. So sprach der Sohn des großen Karl, sechzehn Jahre nach dessen Tod! Und ein par Monate darauf nahm er die so von ihm selbst Gebrandmarkte wieder als seine Gattin auf[2]!

Im folgenden Jahre wurden auf einem Reichstag zu Aachen die Empörer des Vorjahrs — auch von den drei Söhnen, zumal von Lothar — zum Tode verurtheilt, vom Kaiser zur Einbannung und Gütereinziehung begnadigt. Gegen die Kaiserin, die sich zur Reinigung (durch Eid) erbot, ward keine Anklage mehr erhoben. Lothar ward, in Umstoßung des Gesetzes von a. 817, auf Italien beschränkt, seine Mitregierung aufgehoben — die Kaiserurkunden führen fortab seinen Namen nicht mehr: — der Kaiser behielt sich offenbar vor, aus den übrigen ihm a. 817 zugesprochenen Landen die beiden andern Brüder — und Karl — zu bedenken. Auch mußte Lothar geloben, ohne die Zustimmung des Vaters nichts im Reich mehr zu unternehmen. Seine Anhänger klagten über die Verletzung des Eides von a. 817. Auf einem Reichstag zu Diedenhofen reinigte sich Bernhard von der Anklage wegen Ehebruchs durch Erbietung zum Zweikampf und, da sich kein kampfslicher Gegner meldete, durch Eid[3].

Damals (Februar a. 831) wahrscheinlich, obzwar es nicht sicher ist, ward auch eine neue Reichs- (Erb-) Theilung vorgenommen, die, in Erfüllung der väterlichen Versprechungen von a. 830, Pippin und Ludwig Erweiterungen ihrer Reiche gewährte und Karl weiter ausstattete, — alles auf Kosten Lothars, dessen und Italiens, das ihm allein verbleiben sollte, dabei gar nicht gedacht ward[4]. Diese Theilung ist eine durchgängig wörtliche[5] Wiederholung der Theilung von a. 806:

---

1) Paschasius Radb. v. Walae II. 9. 10.
2) Annal. Mett. Vita Hlud. c. 46.
3) Annal. Bertin. Nith. I. 3. 4. Vita Hlud. c. 46. Thegan. c. 37. 38. Vita Walae II. 10. 11. 12. 16. Annal. Enh. Fuld. Agob. lib. apolog. ed. Migne 104, p. 316.
4) C. II. 1. p. 20.
5) So sehr, daß in c. 10 auch das Gottesurtheil des Kreuzes aus c. 12 jener

in beiden Fällen handelte es sich, da a. 831 Lothar ausschied, um drei Erben. Nur an zwei Stellen finden sich Zusätze, die sehr bezeichnend sind: einmal wird den drei Brüdern verboten, sich von einem homo des Vaters oder eines der beiden Brüder den Treueid schwören zu lassen und ihn dadurch seinem bisherigen Herren abspänstig zu machen[1]): man sieht, welche Erfahrungen der Kaiser gemacht hatte! Ferner behielt sich dieser vor[2]), zu Gunsten eines Sohnes, der sich durch besonderen Gehorsam und guten Wandel auszeichnen werde, dessen Erbtheil auf Kosten eines Bruders, der sich um die Gunst des Vaters weniger bemüht, zu erweitern: offenbar eine Warnung an Pippin und Ludwig und ein Vorbehalt zu Gunsten Karls. Für diese Vergrößerung der Reiche der drei Brüder ward nun alles bisher Lothar zugetheilte Land (abgesehen von Italien) verwendet:

Und zwar erhielt Pippin (zu Aquitanien hinzu) das Land zwischen Loire und Seine und jenseit der Seine eine Anzahl[3]) von Gauen, nämlich Châlons, Meldun, Amiens, Ponthien.

Ludwig (zu Baiern hinzu) Thüringen, Ripuarien, Geldern, Sachsenland, Friesland, die Ardennen, Haspengau (um Leyden), Brabant, Binnen- und Küsten-Flandern, Menin, Hennegau, Osterland (um Arras), Artois, Thérouanne, Boulogne-sur-mer, Quentovic (bei Saint-Josse-sur-mer)[4]), Cambrai und Vermandois.

Die stärkste Bereicherung seines Besitzes — Alamannien (s. oben S. 69) — erhielt begreiflichermaßen Karl: nämlich ganz Burgund (mit Ausnahme der Gaue Pippins, oben Anmerk. 3), die ganze Provence, ganz Gotien und in Mittelfrancia den warensischen Gau rechts von der Maas, das Gebiet von Verdun und Trier, den ungensischen: rechts von der Aisne bis Attigny, Mézières, Porcien (östlich von Laon), Laon, Rheims und den Moselgau mit Trier[5]).

Aber Ruhe und Eintracht ward hiedurch nicht hergestellt. Pippin

---

divisio aufgenommen wurde, obwohl Ludwig dies bei Karl sehr beliebte Beweismittel aus religiösen Gründen verboten hatte. Cap. ecclesiasticum a. 818/819. c. 27. p. 279. Man hat um deßwillen die Echtheit der divisio von a. 831 angezweifelt: allein solche Nachlässigkeiten bei Wiederholungen älterer Erlasse sind nicht selten.

1) c. 4. l. c.
2) c. 10. l. c.
3) p. 24. l. c. Die Zahl 28 ist verschrieben oder soll die sämmtlichen neu hinzugefügten Gaue bezeichnen, so Krause l. c.
4) Ich folge hier Krause a. a. O. und Longnon, Atlas historique p. 125 f.
5) Longnon l. c. p. 114. 119.

ward kühl empfangen, als er, auf wiederholte Mahnungen, endlich in Aachen erschien. Heimlich floh er nach Aquitanien zurück (a. 832): selbstverständlich nicht blos „wegen wenig ehrenvoller Aufnahme¹)", diese war nur der Ausdruck des Umschwungs am Hofe: vermuthlich aus dem gleichen Grunde gefährdet; vielleicht war er auch durch jene Theilung nicht befriedigt. Nach Judiths²) Rückkehr bedrohte gleichzeitig Ludwig von Baiern mit Heeresmacht Alamannien, Karls Erbtheil: ob im Einvernehmen mit Pippin, erhellt nicht. Der Kaiser bietet gegen ihn die Ost- und West-Franken und die Sachsen auf (Sammelort Mainz am 18. April). Ludwig weicht vor diesem Heere nach Baiern zurück und unterwirft sich gegen Verzeihung in einer Zwiesprach zu Augsburg³) (Mai a. 832). Nun wendet sich der Kaiser gegen Pippin: auch dieser unterwirft sich zu Jouac (Iucundiacum), wird aber behufs Einbannung nach Trier geschickt und Aquitanien wird Karl gegeben⁴). Unterwegs jedoch — zu Doué — entsprang Pippin seinen Begleitern und entfloh nach Aquitanien, wohin der Kaiser nun einen — ganz erfolglosen — Feldzug unternahm⁵). Befremdlicherweise ward Bernhard vom Kaiser beargwohnt, mit Pippin im geheimen Einverständniß zu stehen: wieder erbot sich der Beschuldigte zum Zweikampf und wieder fand sich kein Gegner: der Kaiser entsetzte ihn aber seiner Würden⁶).

Lothar war aus Italien an den Hof entboten worden: nach Pippins Flucht schien er dem Kaiser wieder näher getreten, der sogar eine neue Theilung zwischen diesem und Karl plante, wohl auf Kosten der beiden andern Brüder. Aber alsbald empört er sich im Bunde mit diesen abermals (a. 833) gegen den Vater. Gründe werden gar nicht angegeben: es waren wohl die alten: Haß gegen Judith und Mißgunst gegen Karl und dessen Erbansprüche.

Lothar verstand mit arger Schlauheit⁷) sich einen Verbündeten

---

1) Annal. Bertin.
2) Ihr giebt die Schuld an den nun folgenden Wirren Agobard, Migne 104, p. 311 cujus instigationibus mutata est mens rectoris et coepit duris cornibus ventilare filios et conturbare populos.
3) Augustburg super Lech. Annal. Bert. a. 832. Thegan. c. 39.
4) Nith. I. 4. Annal. Bertin. Agob. lib. apolog. ed. Migne 104, p. 311. Vita Hlud. c. 47. Thegan. c. 39. 40. 41. 47.
5) Vita Hlud. c. 47: der Rückzug geschah minus honeste quam decuit.
6) Annal. Bertin.
7) Er wird auch beschuldigt, die Dänen zu Angriffen auf die friesischen Gestade aufgefordert zu haben, um die Streitkräfte des Vaters dorthin abzuziehen: auch die Erhebung Ludwigs von Baiern soll er angestiftet haben: beides bleibt

zu verschaffen, dessen unvergleichliches Ansehen die ungerechteste Sache den Menschen jener Tage heiligen mußte: den Pabst. Er stellte ihm vor, wie es seine seelenhirtliche Pflicht sei, die Theilung von a. 817, die so vielfach beschworen und von Pabst Paschalis durch Lothars Krönung (a. 833, s. unten) bekräftigt sei, aufrecht zu halten in dem Gewissen des Kaisers. Und wirklich gelang es ihm, Gregor IV. (a. 827[?]—841) zu bewegen, mit ihm aus Italien nach Frankreich zu gehen und in solchem Sinne zu wirken[1]. Der Pabst wollte die Theilung von a. 817 unter Aufhebung der Zuwendungen an Karl hergestellt wissen: so schreibt er an die fränkischen Bischöfe, ihre Behauptung, die Anordnung von a. 817 sei angemessen den Verhältnissen (juxta rerum opportunitatem) geändert worden, sei unwahr: vielmehr seien die Veränderungen des Kaisers hieran die Ursachen der Wirren, des Streites, der Erschütterung, der Plünderungen und aller Uebel, abgesehen von den unzähligen Eidbrüchen und der Verjagung von Treue und Frieden[2].

Diese Auffassung verkennt das zweifellose Recht Karls auf einen Erb-Antheil am Reich, dem, wie bemerkt, durch eine vor seiner Geburt beschloßne Theilung nicht vergeben werden konnte[3]. Der Pabst war unter dem Vorgeben[4] zu der Reise bewogen worden, nur er könne den Vater und die drei Brüder versöhnen. In Wahrheit hielt aber Lothar, der eigentliche Leiter all' dieser Umtriebe, den Pabst von dem Kaiser, trotz dessen Einladungen, fern: man verbreitete, Gregor werde den Kaiser und die zu ihm stehenden Bischöfe excommuniciren, wenn sie nicht nach dem Willen der Söhne thäten. Zwar erklärten diese Bischöfe anfangs unerschrocken: „wenn der Pabst kommt, zu ex-

---

unerweislich. Annal. Bert. Xant. Scr. II. p. 225. Nith. I. 4. Vita Walae II. 17. 18. Hludov. c. 48.

1) Nith. I. 4. Gregorium .. pontificem, ut sua auctoritate liberius quod cupiebant perficere possent .. magnis precibus in supplementum suae voluntatis assumunt. Vita Hlud. c. 48. Gregorium papam (advocabant) sub ornatu (d. h. unter dem Vorwand) quasi qui patri solus filios reconciliare deberet et posset, rei tamen veritas postea claruit.

2) Ep. Gregor. Migne 104, p. 301, causa et origo conturbationis et dissensionis, commotionis et depraedationis et omnium malorum .. extra perjuria innumera et fidei ac pacis expulsiones; das Gleiche schreibt über des Pabstes Vorhaben Agobard an den Kaiser de comparat. reg. c. 4. Migne 104. p. 291.

3) S. oben S. 69.
4) sub ornatu v. Hlud. c. 48.

communiciren, wird er selbst excommunicirt" (von den Bischöfen) von hinnen gehn, denn anders (als der Pabst handle) entscheide die Autorität der alten Canones¹). Auf dem (nach dem nun erfolgenden schmählichen Abfall so benannten) „Lügenfelde" (Campus-mentitus)²) bei Colmar standen sich am 24. Juni (a. 833) die Heere des Vaters und der drei Söhne in Schlachtordnung gegenüber: da schritt aus den Reihen der Söhne der Pabst auf den Kaiser zu: der empfing ihn in der Schlachtreihe und hielt ihm vor, daß der Pabst selbst sich diese Art des Empfangs bereitet habe durch die ungebräuchliche Art seines Kommens, offenbar in Erinnerung der Besuche früherer Päbste unter Pippin, Karl und Ludwig selbst. In des Kaisers Zelt geleitet erklärte Gregor, er habe die müheschwere Reise nur deßhalb auf sich genommen, weil ihm gesagt worden, der Vater beharre in unerbittlicher Feindschaft gegen die Söhne: der Pabst wolle sie versöhnen. Er weilte nun mehrere Tage bei dem Kaiser und ging zurück zu den Söhnen behufs Vermittelung, ward aber von diesen nicht wieder, wie vereinbart war, zum Kaiser zurück gelassen. Einstweilen hatten die Söhne — vorab Lothar — das Heer des Vaters durch Geschenke, Versprechungen und Drohungen³) der Art bearbeitet, daß mit sehr wenigen Ausnahmen Alle von ihm abfielen und zu den Söhnen übergingen. Viele flohen auch aus seinem Lager in die Ferne⁴). Ja, am 30. Juni drohten die Gemeinfreien (plebeji) im Heere, über den Kaiser herzufallen⁵). Wie hatten sich die Dinge in's Widernatürliche verkehrt seit den Tagen, da Karl gerade die Gemeinfreien schützte gegen die Vornehmen und sie in ihm ihren Vater erblickten! Der Kaiser forderte die Söhne auf, ihn doch nicht der Ausraubung durch das Volk Preis zu geben: sie ließen

---

1) Vita Hlud. l. c.
2) Bei Sigolsheim, nordwestlich von Colmar, Siguvaldi mons. Nith. I. 4. Vgl. Dümmler I. S. 78. Simon II. S. 43, daselbst die Literatur. Vita Hlud. c. 48, in locum qui ab eo quod ibi gestum est perpetua est ignominia nominis notatus, ut vocetur: »Campus-mentitus«, quia enim hi qui imperatori fidem promittebant, mentiti sunt, locus in quo id contigit testis nequitiae in suo nomine remansit. Thegan. c. 42. Campus-mendacii ubi plurimorum fidelitas extincta est.
3) So schrieb Karl später an Pabst Nikolaus. Bouquet VII. p. 557.
4) Die Letzten soll er dann selbst ermahnt haben, zu den Söhnen zu gehen: er wolle nicht, daß jemand um seinetwillen Leben oder Güter verliere. Thegan. c. 42.
5) Ut plebeji contra imperatorem .. inruptionem facere minarentur; vita Hlud. c. 48.

ihm sagen, er möge zu ihnen kommen. Sie trafen sich, einander entgegen kommend: vergeblich mahnte der Vater sie, ihre früheren Versprechungen an ihn, Judith und Karl zu halten: auf gleißnerische Worte hin, küßte er sie und ging mit ihnen in ihr Lager.

Dort wurde sofort Judith von ihm getrennt und in Ludwigs Lager verbracht, er aber mit Karl von Lothar in einem hiefür bestimmten Zelt in Gewahrsam gehalten. Hierauf ward alles Volk für die drei Brüder vereidigt, die nun das ganze Reich mit Ausschluß Karls unter sich theilten. Ludwig von Baiern erhielt alles Land rechts vom Rhein, Pippin behielt Aquitanien, erweitert durch das Anjou und vielleicht die Küsten zwischen Loire und Seine[1]. Judith ward nach Italien gebracht und in Tortona eingebannt. Der Pabst, der längst seine Reise bereute, kehrte, traurig über das Erlebte und die Rolle, die Lothar ihn hatte spielen lassen, nach Rom zurück[2].

Lothar ergriff nun die Alleinherrschaft als Kaiser; dies war das wesentlich Neue. Ludwig galt als unter Zustimmung der Heere (?) entthront[3]: er urkundet ohne Erwähnung des Vaters (a. 833, anno imperii in Francia primo), ebenso Ludwig von Baiern (anni regni .. in orientali Francia); nur Pippin nennt noch des Vaters Namen[4]. Lothar entließ die Brüder in ihre Reiche und führte den Vater und Karl gefangen mit sich fort nach Soissons, wo Ludwig im Medardus-Kloster in enger Haft[5] gehalten wurde: Karl ward im Kloster Prüm eingebannt, aber nicht als Mönch[6].

Auf der nun von Lothar auf den 1. Oktober nach Compiegne berufenen Reichsversammlung regte sich nun aber doch bei Allen, ausgenommen den Anstiftern der Dinge auf dem „Lügenfeld", solches Mitleid mit dem gestürzten Vater und solche Erschütterung durch den jähen Schicksalswechsel, daß Lothar und seine Gehilfen erschraken und die Nothwendigkeit erkannten, den Entthronten durch weitere Selbst-

---

1) Simson II. S. 58. Meyer, Theilungen S. 33 f.

2) Nith. I. 4. Papa, itineris poenitudine correptus, tardius quam vellet Romam revertitur. Vita Hlud. c. 48 Papa .. talia cernens cum maximo moerore Romam regreditur; sehr unwahrscheinlich ist die Nachricht, er habe der Entthronung Ludwigs zugestimmt.

3) Annal. Bertin. arrepta potestate (regia: soll heißen imperiali, solus rex war er und Mitkaiser schon seit 817). Vgl. v. Walao II. 18. Simson II. S. 54—56.

4) Böhmer-Mühlbacher, 690d. 1002a.

5) sub arcta custodia Annal. Bertin. v. Hlud. l. c.

6) l. c. und Brief Karls an Pabst Nikolaus Bouquet l. c.

demüthigungen sich der Herrschaft vollends unwürdig und unfähig erweisen zu lassen¹). Es ward nun von dem ungewöhnlich ruchlosen Sohn eine bösartige Schändlichkeit in's Werk gesetzt „durch Hilfe der heiligen Kirche" d. h. der größten Zahl der fränkischen Bischöfe: die heilige Kirche, die den Arnulfingen Alles verdankte, ergriff eifrig die Gelegenheit, die Unterwerfung des Kaiserthums, der Statsgewalt überhaupt unter das ministerium sacerdotale in so glänzendem Triumph zur allgemeinen Empfindung zu bringen, wie es ihr ja seither noch oft gelungen ist: Lothar merkte das nicht oder nahm es hin als biensames Mittel zu seinem Zweck.

Der Leiter dieses bischöflichen Mänlespiels war Bischof Ebo von Rheims: „unmenschlich"²) bedrängte er den Kaiser durch erdichtete Anschuldigungen³). Sie zwangen ihn abermals, wie vor elf Jahren, öffentlich Kirchenbuße zu thun, aber in noch viel empfindlicher demüthigender Weise. Der Zweck, den die Bischöfe hiebei verfolgten, war — ganz ausgesprochenermaßen (s. Anm. 5) — die Unterwerfung der Statsgewalt unter den Krummstab. Die Bischöfe bildeten für sich allein eine Art geistlicher Kammer, ein Concil: dies faßte Beschlüsse, die in dem „Bericht der Bischöfe über die Absetzung des Kaisers Ludwig" zusammengefaßt und veröffentlicht wurden⁴). „Wir sorgten dafür, Kaiser Lothar und seinen Großen (illius optimatibus) und der Gesammtheit des Volkes klar zu machen, wie groß die Kraft und Macht und das Amt der Bischöfe ist und zu welcher Strafe derjenige verurtheilt zu werden verdient, der den bischöflichen Mahnungen nicht gehorchen will⁵).

---

1) Vita Hlud. c. 49. Miseratio tamen hujusce rei et talis rerum permutatio exceptis auctoribus omnes habebat, unde verentes sceleris conspiratores, ... ne versa vice relapsa ferrentur, quae gesta erant, callido ... cum aliquibus episcoporum utuntur argumento, ut pro his, de quibus jam poenitudinem gesserat imperator, iterum publica poenitentia armis depositis irrevocabiliter ... ecclesiae satisfacere judicaretur. (Allein auch Geschehnisse nach a. 822 wurden ihm vorgehalten.) Fast niemand erhob Widerspruch, die Meisten stimmten aus Furcht vor den »primores« wörtlich bei.

2) Annal. Bertin.
3) Annal. Bertin.
4) Cap. II. 1. p. 51.
5) l. c. Et hoc quidem illi (Lothario) sive optimatibus illius seu omni generalitati populi .. manifestare .. curavimus, qualis sit vigor et potestas sive ministerium sacerdotale et quali mereatur damnari sententia qui monitis sacerdotalibus obedire noluerit.

„Alle Christen müssen wissen, was das Amt des Bischofs sei (ministerium episcoporum), welche Wachsamkeit und Fürsorge sie auf das Heil Aller anwenden, sie, die Stellvertreter (vicarii) Christi, die da die Schlüssel führen (clavigeros) zum Reiche der Himmel, denen Christus die Macht zu binden und zu lösen gegeben hat auf Erden wie im Himmel": davon — wiederholt beruft man sich darauf! — machen sie nun einen löblichen Gebrauch: „denn ihnen steht das Recht der öffentlichen Züchtigung (publica correptio) zu". Sonst wird das Obige nur von dem Pabst behauptet.

Es wird nun ausgeführt, wie das Reich unter Karl und auch noch unter Ludwig „so lange er Gott diente" geblüht habe, wie er aber dann durch seine Unvorsicht und Nachlässigkeit[1]) in solche Schande und Niedrigkeit gerathen sei, daß es den Freunden zur Trauer, den Feinden zum Hohnlachen geworden. Es folgt die freche Gotteslästerung: „deßhalb sei Ludwig durch göttliches (und gerechtes) Gericht (divino justoque judicio) — der Treubruch auf dem Lügenfeld! — die kaiserliche Macht entrissen worden und zwar durch Gottes Rathschluß und die Autorität der Kirche"[2]).

Sie forderten nun Ludwig auf, für sein Seelenheil zu sorgen; er erbat sich Bedenkfrist bis zu einem bestimmten Tag: an diesem zog die ganze „heilige Versammlung" (sacer conventus) in das Medarduskloster zu Soissons, wo Ludwig versprach, sich allen Geboten der Bischöfe zu unterwerfen. Sie legten ihm nun öffentliche Kirchenbuße auf in der Mutter-Gottes-Kirche zu Soissons; vor den Bischöfen, vielen andern Geistlichen, Lothar, dessen Großen (proceres) und allem Volk, so viel die Kirche faßte, warf er sich im Bußgürtel[3]) vor dem Altar nieder und bekannte vor Allen, des ihm anvertrauten Amtes (ministerium) gar unwürdig gewaltet, dadurch Gott vielfach beleidigt, der Kirche Aergerniß gegeben und das Volk durch seine Nachlässigkeit in mannichfaltige Wirrniß gestürzt zu haben. Er erbitte zur Sühne solcher Verbrechen die Auferlegung öffentlicher Kirchenbuße. Die Bischöfe verlangen nun von ihm ein volles Bekenntniß seiner Schuld: — er solle nicht wieder arglistig das Wichtigste verschweigen wie a. 822! — er gesteht, gerade in den Dingen gefehlt zu haben, vor denen sie ihn gewarnt hätten. Darauf über-

---

1) Agobard l. c. p. 57 fügt bei Feigheit, ignavies des »venerandus« Imperator!, die Versammlung nennt ihn venerabilis vir.
2) l. c. *Juxta divinum consilium et ecclesiasticam auctoritatem!*
3) cilicium.

reichen sie ihm eine Zusammenstellung (cartulam) seiner Frevel: darin begegnet »sacrilegium«: die Nichterfüllung seiner dem Vater (a. 813) vor dem Altar (deßhalb »sacrilegium«) geleisteten Versprechungen[1]), die Verklosterung seiner Gesippen a. 814[2]), homicidium, Mord, (a. 818): wegen der Tödtung Bernhards[3]), perjurium, Eidbruch: wegen Verletzung des von ihm und seinen Großen beschwornen Theilungsvertrages von a. 817[4]) durch die Zuwendungen an Karl (a. 829, 831)[5]). Daran reihen sich Anklagen wegen jüngerer — nach der Buße von a. 822 — Thaten: so über zwecklose, erfolglose Feldzüge, zumal den von a. 830 gegen die Bretonen[6]) — und zwar zur Fastenzeit! —, über Abhaltung eines Reichstags am Osterfest[7]), über die häufig wiederholten Reichstheilungen (d. h. zumal zu Gunsten Karls a. 829), ungerechte Urtheile, falsche Zeugnisse und Eide, die er geduldet und veranlaßt (a. 831?). Ja, jüngst habe er — als Gipfel des Elends — sein ganzes Volk an den Rand des Verderbens gezerrt: — gemeint ist offenbar der Heereszug auf das Lügenfeld!

Weinend bekannte sich Ludwig all' dieser Frevel schuldig und verlangte wiederholt, öffentlich Buße thun zu dürfen, gab den Bischöfen das Sündenregister zurück, die es auf den Altar legten, gürtete den Wehrgurt (cingulum militiae) ab, legte ihn auf den Altar, zog die weltliche Gewandung aus[8]) und that ein Büßerkleid an[9]). „auf daß er — wie ausdrücklich gesagt wird —, nach einer solchen und so schweren Bußeleistung niemals mehr in weltliche Amtverrichtung zurückkehren könne"[10]). Darauf überreichte neben dem Gesammtprotokoll jeder der Bischöfe Lothar eine Urkunde über den Vorgang: die Agobards von Lyon ist uns erhalten[11]).

---

1) Thegan. c. 6.
2) Oben S. 64.
3) Oben S. 66.
4) Oben S. 66.
5) Oben S. 69, 72.
6) S. diese unten Annal. Bertin. Mettens. a. 830. Ann. R. Fr. a. 829.
7) Zu Rennes a. 830 Annal. Mett.
8) Also kann cilicium eben nicht „Mönchsgewand" heißen, wie sonst wohl; Du Cange II. p. 327.
9) habitum poenitentis. Ueber diese poenitentes VI². S. 408—410.
10) C. l. c. ut post tantam talemque poenitentiam nemo ultra ad militiam secularem redeat. Vgl. König Wamba's Geschic. V. S. 215.
11) C. l. c. p. 56; aber nicht, was die Versammlung — nach Agobard — sonst noch, abgesehen von der Entthronung, beschloß.

Lothar hielt nun den Vater in einem Hause des Medardus-Klosters zu Soissons, später, aus Furcht, er könne hieraus von seinen Anhängern befreit werden, troß Ludwigs Sträuben in Compiègne, in engster Gefangenschaft[1]), abgeschlossen von Allen. Dann führte er ihn ebenso mit sich (Ende November) nach Aachen.

Vergebens bat Ludwig von Baiern Lothar bei einer Zusammenkunft zu Mainz (Dezember), milder mit dem Vater zu verfahren und ihn nicht in gar so strenger Haft zu halten. Lothar wies das wie schon eine frühere Mahnung durch Boten des Bruders schroff ab[2]). Traurig schied König Ludwig und plante fortab mit den Seinen, den Vater aus dieser Haft zu befreien. Unablässig und grausam wütheten in Aachen gegen den alten Kaiser seine Feinde weiter, Tag und Nacht ihn durch Kränkungen so mürbe zu machen, daß er freiwillig der Welt entsage und als Mönch in ein Kloster trete. Allein beharrlich weigerte er sich, ein Gelübde abzulegen, so lang er nicht frei über sich verfügen könne.

Bei der Entthronung Ludwigs hatte sich gezeigt, daß die Kirche Kronen ebenso zu entreißen als — wie a. 751 und a. 800 — zu verleihen versteht: — beides, wie sie behauptete »juxta ecclesiasticam auctoritatem« mit dem gleichen Recht: freilich in Wahrheit mit dem gleichen Mangel an Recht.

Diese schmählichen Vorgänge[3]) riefen nun aber doch nicht nur bei König Ludwig und Pippin, deren Beweggrund schwerlich kindliche Liebe allein, wohl auch Neid und Mißtrauen gegen Lothar[4]) war, auch vielfach im Volk Mitleid und Entrüstung hervor.

Im Laufe des Winters scharten sich die Leute in „Francien" wie

---

1) Vita Hlud. c. 49 sub eadem excommunicatione; schon zu Soissons wagte niemand als die dazu Bestellten, mit ihm zu sprechen. Annal. Bert.
2) Annal. Bert. Thegan. c. 45, 46; die Anhänger Lothars waren sämmtlich gegen, die Ludwigs für den Gefangenen. Lothar ließ die vom Bruder an den Vater Gesandten gar nicht zu diesem.
3) S. deren Würdigung bei v. Ranke VI. 1. S. 77. Dümmler I. S. 85 f. Simson II. S. 73.
4) So sagt Nithard I. 4 Videntes quod Lotharius universum imperium sibi vindicare illosque deteriores efficere vellet, graviter ferebant. Dazu kam, daß Lothars einflußreichste Rathgeber, unter einander eifersüchtig und selbstsüchtig hadernd, das Wohl des Ganzen vernachlässigten, was das Volk ergrimmte. Endlich aber nennt er freilich auch die Scham und Reue, welche die Söhne und das ganze Volk wegen der zweimaligen (a. 822 und a. 833) Entthronung und Preisgebung ergriffen.

Burgund, in Aquitanien wie in Germanien und klagten bitter über das Unglück des Kaisers. Der Graf des Haspengaues (um Lüttich) und der comes stabuli Wilhelm leiteten die Bewegung in Francien, in Burgund der ehemalige Kämmerer Bernhard[1]) und Graf Werin von Macon; König Ludwig forderte durch Gesandte Pippin in Aquitanien auf, mit ihm zusammen, eingedenk der Liebe und Verehrung für den Vater, diesen solchen Leiden zu entreißen. Pippin, erst jetzt voll hievon unterrichtet, bot sofort die Aquitanier und die Leute westlich der Seine auf, Ludwig seine Baiern, Austrasier, d. h. Uferfranken links vom Rhein diesseit des Kohlenwalds (ein Theil der Ardennen)[2]), Sachsen, Alamannen und die Franken und zog auf Aachen[3]). Auf diese Nachricht eilte Lothar (Anfang Februar) mit seinem Gefangnen nach Paris, wohin er alle seine Anhänger berief und auch Karl aus Prüm bringen ließ[4]): er traf hier bereits auf Pippin und dessen Heer, den aber eine Ueberschwemmung an Ueberschreitung der Seine hinderte. Auch die Burgunden unter jenen beiden Grafen waren schon bis Bonneuil-sur-Marne (südöstlich von Paris) vorgerückt: sie forderten durch Gesandte die Auslieferung des Gefangnen: gleißnerisch verhandelte mit ihnen Lothar, offenbar nur um Zeit zu gewinnen: niemand bedauere mehr als er des Vaters Mißgeschick oder freue sich herzlicher über sein Wohlergehen: er sei nicht Schuld, daß man ihm die (alleinige) Kaiserschaft (senioratus: auffallend!) übertragen: denn jene hätten ja selbst den Vater verlassen und verrathen: auch der Vorwurf der Einkerkerung treffe ihn nicht, diese beruhe ja auf dem Spruch der Bischöfe[5]). Aber auf die Kunde, daß nun auch Ludwig mit seinem starken Heere heranrücke, verzagte er — wie schon oft! —: auch eine große Menge des Volkes zu Paris wollte mit Gewalt den Gefangenen befreien[6]): — er floh (28. Februar) mit den Seinen nach Burgund, wo er zu Vienne ein Standlager errichten wollte: seine beiden Gefangnen ließ er im Kloster Saint Denis zurück[7]). Die in Paris und Saint Denis anwesenden Bischöfe und viele Geistliche und das Volk führten nun den Befreiten in die Kirche zu Saint-Denis; die Bischöfe — es

---

1) S. oben S. 70.
2) D. G. I b. S. 420.
3) v. Hlud. c. 49. c. 50. Annal. Bert. a. 834.
4) Nith. II. 4.
5) v. Hlud. c. 51.
6) Nith. I. 4.
7) Annal. Bertin. Vita Hlud. c. 51. Nithard I. 4.

werden wohl gar manche vom Lügenfeld darunter gewesen sein! — „versöhnten" ihn (reconciliaverunt eum) und legten ihm wieder königliche Gewande und die Waffen an¹). Der Befreite ging nun nach Quierzy, wo er seine beiden Söhne erwartete. Nach ihrem Eintreffen dankte er ihnen (15. März), entließ Pippin nach Aquitanien und ging mit Ludwig nach Aachen²). Nach Ostern (3. April) berieth er mit seinen Vornehmen die Versöhnung mit Lothar und forderte diesen durch Boten auf, zu ihm zurückzukehren unter völliger Vergebung des Begangenen. Aber Lothar verschmähte das trotzig und blieb in Vienne³). Nun verkündete der Kaiser im ganzen Reich durch Boten seine Wiedereinsetzung, erinnerte Alle an den ihm geschworenen Treueid und gewährte Allen, die von ihm abgefallen, Verzeihung⁴). Gleichzeitig ward die Kaiserin Judith, deren Leben als bedroht galt — doch wohl durch Lothar, der sie gewiß nicht, „von Reue ergriffen", selbst befreite!⁵), — durch Gesippen und Freunde⁶) oder durch Boten des Kaisers diesem aus Tortona wieder zugeführt⁷).

Allein kaum hatten einige Grafen (so die von Orléans, von Blois) des Kaisers auf einem Zuge gegen Lothars Anhänger in Neustrien eine Niederlage erlitten⁸), als dieser von Vienne aus wieder zum Angriff überging, Châlons-sur-Saône einnahm und verbrannte, drei dort gefangene Grafen tödtete, eine Nonne, Gerberga, die Schwester Bernhards⁹), in einem Weinfaß in der Saône ertränken¹⁰), auch dessen Bruder Gauzhelm tödten ließ: Lothar ist der Bösartigste der Arnulfingen und Karolingen. Nach diesen beiden Erfolgen hoffte Lothar, sich sehr leicht wieder des ganzen Reiches zu bemächtigen. Ueber Autun zog er auf Orléans. Hier trat ihm der Kaiser mit

---

1) Sonntag den 1. März, v. Hlud. l. c., krönten ihn auch nochmal nach Nith. I. 4.
2) v. Hlud. c. 52. Annal. Bertin. Thegan. c. 48.
3) Annal. Bertin.
4. Annal. Bertin. Nach Thegan aber nur den gezwungen von ihm gewichenen.
5) Wie Andreas Bergam. c. 6. Scr. rer. Langob. p. 22.
6) Annal. Bert.
7) Thegan. c. 51. Nach Nith. I. 4 mußte sie sich vor ihrer Wiedereinsetzung (abermals?) eidlich reinigen.
8) Anfang Juni 834. Annal. Bert. v. Hlud. c. 52.
9) S. oben S. 82. 70.
10, In cupa, Annal. Bert. In vaso vinatico Thegan. c. 52 More maleficorum Nith. I. 5. Tanquam venefica v. Hlud. c. 52.

seinem Sohn Ludwig, von Langres über Troyes, Chartres und das
Dunois heranziehend, entgegen (August a. 834). Lothar hoffte abermals,
wie auf dem Lügenfeld, die Scharen des Vaters zum Abfall zu ver-
locken¹). Vier Tage lang lagerten die beiden Heere unter Verhand-
lungen²) einander gegenüber bei Montaille. Dann wich Lothar bis an die
Loire bei Blois zurück, der Vater folgte, auch Pippin stieß hier zu ihm.
Wieder versuchte Lothar seine Verlockungskünste: aber „die Franken³)
(d. h. alle Krieger des Kaisers) bereuten, ihn zweimal verlassen zu haben,
erachteten es schimpflich, dergleichen nochmal zu thun und verschmähten
die Verleitung zum Abfall"⁴). Da that Lothar, nachdem er abermals
Gesandte des Vaters, die ihm und den Seinen volle Verzeihung anboten,
zuerst schroff abgewiesen, was er schon oft gethan: weder schlagen konnte
er, noch entkommen: so unterwarf er sich, versprach, binnen bestimmter
Zeit über die Alpen nach Italien zu gehen, ohne des Vaters Befehl
„Francia", d. h. das Reich nordöstlich der Alpen, nie wieder zu betreten und ohne des Vaters Willen in dessen Reich (wohl in dem
gleichen Sinn) nichts zu unternehmen: dies beschwor er und die
Seinen⁵). Dabei erfolgte eine Art Gegenstück zu dem Lügenfeld: der
Kaiser saß in seinem offenen Zelt, Allen sichtbar, auf weitem Felde,
Ludwig und Pippin standen neben ihm, Lothar und seine vornehmsten
Anhänger warfen sich ihm zu Füßen und bekannten, schwer gefehlt zu
haben. Sie beschworen Treue und Gehorsam. Der Kaiser verzieh
dann Allen und beließ ihnen auch ihr Vermögen, ausgenommen, was
er selbst ihnen eigenhändig geschenkt hatte. Nachdem Lothar und seine
schlimmsten Berather die Alpenpässe überschritten hatten, wurden diese
gesperrt, ihnen die Rückkehr abzuschneiden⁶). Seine Gewalt ward nun
wieder auf Italien beschränkt. Gleichwohl trachtete im folgenden Jahre
der Vater abermals, das Verhältniß zu jenem besser zu gestalten⁷).

Vor Allem aber ward nun die Entthronung auf dem Lügenfeld
durch eine feierliche Gegen-Handlung aufgehoben: auf einer großen
Versammlung zu Diedenhofen von (44) Bischöfen⁸) und vielen Aebten

---

1) Bert. a. 834. Eadem spe qua Francos abducere consuerat, animatus.
2. Villa Matualis. v. Hlud. c. 53. Simson II. S. 108.
3) S. unten Franken, Volk.
4) Annal. Bert.
5) Vita Hlud. c. 53. Annal. Bert.
6) Annal. Bert. Vita Hlud. l. c. Thegan. c. 53.
7) Vita Hlud. c. 54. Annal. Bertin. a. 836.
8) Hinkmar, ed. Migne 125, p. 390.

wurde erklärt: der Kaiser sei durch Ränke böswilliger und gottesfeindlicher Menschen ungerecht abgesetzt, des Vaterlandes und der Ehre und des Namens des Herrschers beraubt worden. Nun aber wird er verdientermaßen in die ererbte Würde und Herrscherehre wieder eingesetzt und fortab soll er von Allen mit treuestem Gehorsam als Kaiser und Herr gehalten werden¹).

Darauf folgte (28. Februar) eine ebenso feierliche²) Wieder-Krönung zu Metz durch sieben Erzbischöfe, welche die Krone vom Altar erhoben³); Ebo von Rheims, neben Lothar der schlimmste Schmied der Ränke vom Lügenfeld, mußte in derselben Stephansbasilika von erhöhtem Orte vor Allen feierlich das Bischofsamt als ein Unwürdiger niederlegen, da der Kaiser ungerecht abgesetzt, Alles gegen ihn Geschehene widerrechtlich geschehen und er nun mit Recht und verdientermaßen wieder auf den Thron gehoben sei; auch andere Bischöfe, so Agobard von Lyon, wurden abgesetzt, Ebo ward in Haft, später in Aufsicht genommen⁴).

In den folgenden Jahren (836, 837) ward eine geplante Rückkehr Lothars zu dem Vater und dessen Reise zu dem Sohn nach Italien durch Erkrankung Lothars (a. 836) und Normannen-Einfälle (a. 837) verhindert⁵). In diesem Jahre (a. 837) gab der Kaiser unter Zustimmung seiner Söhne Ludwig und Pippin auf einem Reichstag zu Aachen abermals sehr erhebliche Lande in Belgien, Holland, Neustrien (Mittelfrankreich), Burgund⁶), ja wie eine Quelle meint⁷), „den besten Theil des Reiches des Franken", Karl, der jetzt 15 Jahre, also wehrfähig ward.

Obwohl nun Ludwig von Baiern zugestimmt hatte, scheint ihn doch diese abermalige Bevorzugung des Halbbruders derart gekränkt zu haben⁸), daß er sich — Lothar näherte und mit ihm an der Gränze ihrer beiden Reiche (zu Trient) im folgenden Jahre (a. 838, vor

---

1) 2. Febr. a. 835. Annal. Bertin. Die hierüber errichtete Urkunde, das Gegenstück zu a. 833, ist nicht erhalten.
2) Die zu St. Denis (oben S. 83) war, wenn sie überhaupt stattfand, offenbar sehr formlos geschehen.
3) Annal. Bertin. Vita Hlud. c. 54. Brief Karls an Pabst Nikolaus. Bouquet VII. p. 557.
4) l. c.
5) Annal. Bertin. Vita Hlud. c. 55.
6) Annal. Bert. Nith. I. 6. Vita Hlud. c. 59.
7) Annal. Enh. Fuld. Vgl. aber Wattenbach I. S. 226.
8) Nith. I. 6.

dem 21. März) eine Zusammenkunft hatte¹). Die Beweggründe, die seelischen Vorgänge in dem Vater und den Söhnen entziehen sich oft jeder Erklärung: Schwankungen und Mißtrauen sind ununterbrochen. So begreift man weder die Versöhnung der beiden sich noch jüngst so hart befehdenden Brüder Ludwig und Lothar, noch den Groll des Vaters über solche Versöhnung Ludwigs mit Lothar, die er ja doch selbst unablässig suchte. Allein das Mißtrauen wegen jener Zusammenkunft zu Trient, geschürt durch bittre Feinde²) Ludwigs von Baiern, zumal durch Judith³), führte zu dessen Ladung vor den Vater auf dem Reichstag zu Nimwegen (Juni a. 838), einem heftigen Wortwechsel dortselbst und schließlich zur Beschränkung des Sohnes auf Baiern: Elsaß, Alamannien, Ostfranken, Thüringen und Sachsen wurden ihm entzogen⁴). Auf einem Reichstag zu Quierzy (September 838) ward Karl noch ein Stück von Neustrien überwiesen, er ward gekrönt und mit dem anwesenden und zustimmenden Pippin völlig versöhnt: bald darauf (13. Dezember 838) starb dieser⁵).

Inzwischen hatte aber Ludwig von Baiern, jene Beschränkung zu verhüten, sich abermals in Waffen gegen den Kaiser erhoben. Er lagerte bei Frankfurt⁶), wo der Vater überwintern wollte, und suchte ihm die Ueberschreitung des Rheins zu verwehren. Als dieser gleichwohl unterhalb Mainz übersetzte (7. Januar a. 839) und die hier lagernden Sachsen für sich gewann, wich der Sohn mit seinen Baiern, Ostfranken, Thüringen, Alamannen zurück nach Baiern⁷). Der Kaiser zog nun nach Frankfurt, dann (Anfang März) nach Alamannien an den Bodensee. Im April nach „Francia" zurückgekehrt⁸), versöhnte er sich (Ende Mai) auf dem Reichstag zu Worms völlig mit Lothar und theilte, unter Beschränkung Ludwigs auf Baiern, das ganze übrige Erbe des Reiches zwischen Lothar und Karl⁹).

---

1) Nith. I. 66. Annal. Bert. Vita Hlud. c. 59.
2) Nith. II. 7.
3) Vita Hlud. c. 59.
4) Annal. Bert. Vita Hlud. l. c.
5) Annal. Bertin. Nith. I. 6. Vita Hlud. c. 59. Ruod. Fuld. Von den drei älteren Söhnen hat er sich am Wenigsten gegen den Vater verfehlt; späte Berichte (Regino von Prüm, gest. 915) lassen ihn aus Völlerei in Wahnsinn fallen und so sterben.
6) Annal. Bert. Ruod. Fuld. Nith. I. 6.
7) Noreja, quae nunc Bajoaria dicitur. Ann. Bert. — Ruod. Fuld. Nith. I. 6.
8) Annal. Bertin.
9) Annal. Bertin.

Diese überraschende Wendung ward besonders herbeigeführt durch die Kaiserin, die doch mit ihrem Sohn von niemand so bitter befeindet worden war als von Lothar. Allein sie erwog, daß der Kaiser, alt und schwach, demnächst sterben könne und dann seine beiden älteren Söhne sie und Karl bis zur Vernichtung bekämpfen würden, wenn nicht vorher wenigstens Einer von ihnen für sie gewonnen wäre[1]). Da nun Ludwig noch im Kriege gegen den Vater begriffen war, fiel die Wahl auf Lothar: sonderbarer Weise erwartete man auch, daß er sich an seine so oft gebrochenen Eide von a. 823, Karl als Pathe zu schützen, gebunden fühlen werde![2]) Er ward aus Italien herbeigerufen, kniefällig erbat und erhielt er — nach abermaligem Bekenntniß seiner Verschuldungen — des Vaters Verzeihung[3]). Der Kaiser theilte nun (mit Ausnahme von Baiern, das allein Ludwig verblieb) das ganze Reich in zwei Theile, durch die Maas geschieden. Lothar wählte (außer Italien, das er behielt) alles Land östlich der Maas, so daß für Karl das Land westlich der Maas verblieb. Nach vielen Versprechungen, Karl zu schützen, ward Lothar — so wie der Vater die Augen geschlossen hatte, brach er sie! — nach Italien entlassen. Aber in Aquitanien erhob sich gegen die Ueberlassung des Landes an Karl des verstorbenen Pippin gleichnamiger Sohn und fand viel Anhang[4]).

Ein Feldzug des Kaisers dorthin hatte wenig Erfolg[5]). Im folgenden Jahre noch (a. 839) zog sein Sohn Ludwig — vom Kaiser[6]) mit ihm angeknüpfte Verhandlungen scheiterten — abermals in Waffen gegen den Rhein, um die ihm entzogenen Gebiete in Anspruch zu nehmen: er gelangte durch Alamannien bis Frankfurt. Aber am 28. März überschritt der Kaiser mit einem starken Heere den Strom und zwang abermals den Sohn zur Rückkehr nach Baiern. Auf dem Heimweg ward der Kaiser zu Frankfurt von einer Krankheit ergriffen: er ward auf eine Rheininsel bei Ingelheim gebracht und starb dort am 20. Juni, zwei und sechzig Jahr alt[7]).

---

1) Nith. I. 5.
2) Nith. I. 6. 7. Hienach vita Hlud. c. 59. 60.
3) Nith. I. 7. Annal. Ruod. Fuld.
4) Annal. Bert. Vita Hlud. c. 61. Nith. I. 7. 8.
5) Nith. I. 8. Vita Hlud. c. 61. Annal. Bertin.
6) a. 840.
7) Annal. Bertin. Nith. I. 8 (danach Vita Hlud. c. 62, aber selbstständig c. 63. 64). Annal. Ruod. Fuld.

Zu Ludwigs Lob ist wahrlich wenig zu sagen.

Die Frömmigkeit, die ihm seinen Beinamen gegeben, — er warf sich jeden Morgen beim Kirchenbesuch mit der Stirn auf die Erde[1]), — überstieg zwar sogar das Zeitübliche: allein das Großartige, That= kräftige, das den Vater auch in seiner Frömmigkeit beseelt hatte, fehlte — wie alles Große — dem Sohn durchaus, dessen Verhältniß zum Vater nicht ein erfreuliches gewesen war[2]). Jene Art von Frömmig= keit führte ihn denn auch dazu, nicht nur die heidnischen Sänge, die er in der Jugend gelernt hatte, später zu verwerfen, — sie durften weder gelesen noch gehört noch gelehrt oder gelernt werden — er ließ auch die von seinem Vater (trotz dessen Glaubenswüthigkeit) geliebten und gesammelten alten germanischen Heldensagen in's Feuer werfen, wodurch er sein Gedächtniß gebrandmarkt hat für alle Zeit. In Aquitanien aufgewachsen, ist er verwälscht, germanischer Art entfremdet worden. „Er konnte nicht lachen"[3]): man glaubt es: sein Weinen ist häufig bezeugt. Seine Trägheit hing mit Schwäche, Wankelmuth und allzu weitgehender Abhängigkeit von seinen Berathern[4]), zumal auch seiner zweiten Gattin, zusammen: zu viel Zeit verlor er mit Psal= modiren und Predigten. Er demüthigte sich selbst ohne Noth und ließ die schimpflichsten Demüthigungen über sich ergehen. Daß er gegen= über dem argen Ränkespiel und der Treulosigkeit seiner drei älteren Söhne, zumal des gewissenlosen Lothar, selbst wankelmüthig handelte, kann ihm nicht allzu schwer verdacht werden. Wohl hat er diesen Söhnen, zumal eben Lothar, immer wieder verziehen: aber wenn dies auch auf christlicher Gesinnung — sie hielt ihn nicht ab von der Blen= dung Bernhards! — beruhte, — es frägt sich doch, ob diese Milde des Vaters nicht Schwäche war, die viel zu weit ging, zumal gegen= über Lothar, zum schweren Schaden des Reiches.

Diese Schwäche verleitete ihn ferner, massenhaft Krongüter (villas), die sein Vater, Großvater, Urgroßvater besessen, zu ewigem Eigen — also als Allod — zu verschenken: eine in den Verhältnissen seines Reiches sehr arge Thorheit, die freilich wieder nur der Ausdruck war der Nothwendigkeit, sich den guten Willen der Bischöfe und Vassallen, den man nicht mehr erzwingen konnte, zu erkaufen!

---

1) Thegan. c. 19.
2) Vgl. Simson I. S. 3.
3) Thegan. l. c. Nunquam in risum exaltavit vocem suam.
4) Thegan. c. 20. Consiliariis suis magis credidit quam opus esset.

Im Gegensatz zu dem heldenhaften Ungestüm des Vaters eignete ihm zaudernde Vorsicht, die sich allzu leicht in Verzagtheit einschüchtern ließ.

Die Klagen der Zeitgenossen über die Schutzlosigkeit und Schmach des Reiches, über das Sinken seines Ansehens im Ausland, über den innern Verfall, die Auflösung aller Ordnung, die unablässigen Hauskriege sind geradezu verzweifelt.

So rasch kann ein Reich, das gewaltige Männer erbaut, durch einen unfähigen Nachfolger zerrüttet werden! — — —

VII. Von Ludwigs I. Tod bis zum Vertrag von Verdun.
(a. 840—843.)

Ruhe ward auch durch den Tod des Vaters mit nichten unter den Söhnen hergestellt[1].

Mit erschütternder Wahrheit nennt ein Enkel des großen Karl, der wackere Nithard, bei dem Vergleich der Zeiten des Ahnherrn mit denen des Sohnes und der Enkel am Schlusse seines Geschichtswerks als Ursache des gränzenlosen Verfalles und Elends des Reiches die Selbstsucht, die jeden nur den Weg des eigenen Vortheils verfolgen läßt: „weil zu Zeiten des großen Karl das Volk einen und denselben rechten Weg — den gemeinsamen des Herrn — wandelte, waltete überall Friede und Eintracht, jetzt dagegen verfolgt jeder den Pfad, der ihm behagt und Streit und Zwiespalt sind die Folgen".

Der Herrschgierigste und Ränkereichste der Brüder, Lothar, erhob, in scheuloser Umstoßung des Gesetzes von a. 817, das er angeblich all' diese Jahre gegen den Vater und Karl vertheidigt hatte, und in schnödem Bruch seiner im Vorjahr auf's Neue übernommenen Pflicht, Karl zu schützen, nicht nur den Anspruch auf die alleinige Kaiserschaft, er wollte auch Ludwig das diesem gerade durch jenes Gesetz, wie Karl das durch den Vertrag vom Vorjahr gesicherte Erbe entreißen[2]. Er zog wider ihn gen Mainz und überschritt den Rhein; durch Drohungen und Versprechungen hatte er viele Anhänger gewonnen, aber

---

[1] IV. 7. Schwarz, der Bruderkrieg der Söhne Ludwig des Frommen. 1853. Scholle, de Lotharii imperatoris cum fratribus de monarchia facto certamine. 1855.

[2] Ruod. Fuld. a. 840 (Hlotharius) sibi monarchiam vindicabat. Adonis chron. Scr. II. p. 322 totum imperium arripere molitur; meisterhaft verstand er es, durch Versprechungen und Gaben die Vasallen seines Bruders an sich zu locken, spe viribusque magnanimus effectus, quibus artibus universum imperium invadere posset deliberare coepit. Nith. II. 1.

vor dem Heerbann des Bruders verlor er den Muth und schloß, die Schlacht vermeidend, Waffenstillstand bis zum 11. November: sollte bis dahin der Friede nicht vereinbart sein, so wollten beide an derselben Stelle sich zur entscheidenden Schlacht einfinden¹). Lothar beschloß nun, sich auf Karl zu stürzen, den er einstweilen durch trügerische Versprechungen hingehalten hatte. Aber auch jetzt mied er die Waffenentscheidung: bis Orléans vorgedrungen, schloß er, nachdem ihm die Abspänstigmachung der Vassallen Karls mißlungen, einen Vertrag ab²), wonach dieser — bis zu einer auf den 8. Mai des nächsten Jahres anberaumten Zusammenkunft der drei Brüder zu Attigny — Aquitanien, Septimanien, Provence und 10 Grafschaften zwischen Seine und Loire behalten sollte³). Unablässig war er einstweilen — gegen den Vertrag — bemüht, Karls Vassallen durch Ränke auf seine Seite zu ziehen.

Treffend heißt es von ihm: „er rüstete sich feindlich gegen jeden der Brüder und griff bald den Einen, bald den Andern an, aber beide wenig glücklich. Gemäß seiner Ueberhebung (insolentia) ließ er von jedem unter gewissen Beredungen ab, hörte aber nicht auf, gegen jeden die Bosheit seiner Habgier und Grausamkeit zu betreiben"⁴).

Nun (a. 841) wandte er sich wieder gegen Ludwig, die für den November getroffne Vereinbarung brechend und auch dessen Vassallen mit den alten Künsten gewinnend. So überschritt er mit listigen Mitteln den Rhein⁵). Ludwig wich nach Baiern, schlug aber am 3. Mai a. 841 Lothars Feldherrn, den Grafen Adalbert von Metz, einen seiner heftigsten Gegner, im schwäbischen Ries an der Wörnitz. Darauf drang er in Eilmärschen gen Westen, sich mit Karl, der nun wieder, obwohl er sich — trotz aller Ränke — vertragsgemäß in Attigny gefunden hatte, von Lothar angefallen wurde, zu vereinigen. Dies gelang zu Châlons-sur-Marne.

Vergeblich boten beide Brüder nochmal Lothar die Hand zur Verständigung: abgewiesen⁶) folgten sie mit ihren Heeren seinem Zug zu Pippin, dem Sohn des a. 838 verstorbnen Pippin, der in Aqui-

---

1) Nith. II. 1.
2) Nith. II. 2. Nithard selbst war einer der Bevollmächtigten Karls.
3) Nith. II. 4.
4) Annal. Bertin.
5) Annal. Bertin. Ruod. Fuld. Nith. II. 7. Anfang April.
6) Nithard. II. 9.

tanien eine Partei für sich hatte¹) und sich, obwohl a. 840 von Karl geschlagen, behauptete: er war von Anfang an auf Lothars Seite. Bei Auxerre holten die Brüder Lothar ein und begannen nochmals Verhandlungen, in denen sie zuletzt sogar auf erhebliche Gebiete der ihnen vom Vater zugetheilten Reiche zu Lothars Gunsten verzichteten. Arglistig hielt sie dieser hin — unter falschem Eid —, nur um Zeit zu gewinnen, bis Pippin eingetroffen. Als dieser seine Scharen herangeführt hatte (24. Juni), wies Lothar alle Vorschläge ab. Er berief sich dabei auf die hohe Würde seiner Kaiserschaft, deren Pflichten gewaltige Machtmittel erheischten: worauf seine Brüder die bevorstehende Schlacht als ein Urtheil Gottes ankündigten²). Lothar ward auf's Haupt geschlagen bei Fontenoy am 25. Juni a. 841; die Verluste auf beiden Seiten waren ganz außerordentlich schwer³), so daß man später die Unfähigkeit der fränkischen Waffen, die Gränzen zu vertheidigen, geschweige auszudehnen, auf diesen blutigen Tag zurückführte, allerdings übertreibend⁴) der Einen Schlacht zuschreibend, was aus den Wirren vieler Jahrzehnte sich ergab⁵).

Nun ging aber die Selbstsucht des Besiegten so weit, daß er, der Enkel Karls, das Frankenreich der Gefahr aussetzte, den Sachsenstamm zu verlieren, indem er die kleinen Freien und die Lazzen dort im Lande zur Erhebung gegen die nunmehr den Reichsgedanken tragenden Edelinge aufhetzte, die in großer Zahl zur Flucht aus dem Lande gezwungen wurden: sie hielten zu Ludwig, die Empörer zu Lothar: Ludwigs Streitkräfte sollten durch die Bekämpfung dieses

---

1) Oben S. 87.
2) Nith. II. 9. 10: ad omnipotentis Dei judicium .. esse venturos (Ruod. Fuld. ferro decernendum et Dei judicio decreverunt) quae L. solito more insolenter sprevit. Nach dem Sieg sprechen auch die Bischöfe der Sieger von einem judicium Dei. Uebrigens wird von jenem Angilbert, der auf Lothars Seite kämpfte (Anm. 3), dessen Tapferkeit gerühmt; sonst aber wich er gern der Waffenentscheidung aus; s. oben S. 91, 84, 82, 93.
3) Ergreifend das Gedicht Angilberts, s. die Schulausgabe von Nithard, Wattenbach I. S. 216.
4) So sollen auf Lothars Seite allein 40000 gefallen sein.
5) Annales Fuld. 841. Proelium ingens et tanta caedes ex utraque parte, ut nunquam aetas praesens tantam stragem in gentem Francorum factam antea meminerit. Regino Ser. I. p. 508. Inque pugna ita Francorum vires attenuatae sunt ac famosa virtus inclinata, ut non modo ad amplificandos regni terminos verum etiam nec ad proprios tuendos in posterum sufficerent. Die Ansichten über die Lage von Fontenoy sind sehr abweichend, s. Dümmler I. S. 155: F. en Puisage, südwestlich von Auxerre.

Bundes der Stellinga¹) abgezogen werden. Doch gelang es Ludwig im folgenden Jahr (a. 842), den gefährlichen Aufstand niederzuwerfen, der die slavischen Nachbarn in's Land zu rufen und das Christenthum hier schwer zu gefährden gedroht hatte²). Zugleich (a. 841) räumte Lothar den furchtbaren Heimsuchern seines Reiches, den Normannen, friesische Küstenstriche ein, causa subsidii, d. h. um ihrer Waffenhilfe willen, wenn er auch schwerlich ihnen ausdrücklich verstattet hat, die Nachbargebiete zu verheeren³). Dem Dänen Harald gab er die Insel Walchern und einige Küstenorte als Beneficien⁴), alsbald (a. 842) rief er seinen Beistand gegen die Brüder an. Ein Feldzug Lothars gegen Ludwig endete⁵) ebenso erfolglos⁶) wie ein späterer gegen Karl⁷); auch sein arglistiger Versuch, Karl von Ludwig zu sich herüberzuziehen — unter Preisgebung Pippins! — scheiterte: er hatte erst Ludwig, dann Karl verderben wollen. Vielmehr schlossen sich Ludwig und Karl im folgenden Jahr zu Straßburg auf das Engste zusammen: die berühmten Eide von Straßburg (a. 842)⁸) sind für die Geschichte der Sprache, — denn um sich beiden versammelten Heeren verständlich zu machen, leistete Karl den Eid in deutscher Sprache (teudisca lingua), Ludwig in romanischer Sprache⁹), — des Verfassungsrechts und der sittlich-religiösen Anschauungen der Zeit von gleicher Wichtigkeit; mit Recht ward darin die Falschheit, Unversöhnlichkeit, Hab- und Herrsch-Gier Lothars gebrandmarkt. Sie forderten ihn nochmals zu friedlicher Verständigung auf: abgewiesen drangen sie (17. III. 842) mit drei Heeren — das dritte (Baiern und Alamannen) führte Ludwigs ältester Sohn — gegen ihn vor: er flüchtete bis Lyon.

Nunmehr planten sie eine Theilung von Lothars außeritalischen

---

1) VII. 3. S. 214; s. Sachsen Bd. IX.

2) Annal. Ruod. Fuld. Prudentius Annal. Bertin. a. 841. Nithard IV. 2. 4. 16. S. Sachsen. — Derichsweiler, der Stellinga-Bund. 1868. (Kölner Gymnasialprogramm.) Ueber den Namen (er fehlt bei Schade) s. die Literatur bei Dümmler I. S. 215.

3) Nith. IV. 2.

4) Annal. Bertin. a. 841.

5) August a. 841.

6) Annal. Ruod. Fuld.

7) September (a. 841). Nith. III. 3.

6) In civitate quae olim Argentaria vocabatur, nunc autem Strazburg vulgo dicitur. Nithard III. 4.

9) S. Nithard III. 4. v. Ranke VI. 1. S. 104. 14. II. a. 842.

Gebieten¹), die aber nicht zur Ausführung gelangte, da er nun seinerseits Anträge auf Verhandlungen stellte²), welche die Brüder annahmen: vor Allem, weil ihre Großen einem nochmaligen Blutvergießen, wie das von Fontenoy gewesen, widerstrebten³).

Die drei Brüder hielten nun (15. Juni a. 842) eine Zusammenkunft auf der Rhone-Insel Ansilla bei Macon und bestellten Vertreter, die in Coblenz verhandelten. Später ward dies in Diedenhofen (November a. 842), vielleicht von den Brüdern selbst, fortgeführt. Das Ergebniß war ein Waffenstillstand bis zum 13. Juli a. 843 und ein inzwischen ausgearbeiteter Theilungs-Entwurf, der im folgenden Jahr (Anfang August a. 843) von den drei Brüdern zu Verdun genehmigt, beschworen und als „Gesetz" veröffentlicht ward⁴).

Hiernach erhielt Ludwig alles Land rechts vom Rhein ausgenommen Friesland, dazu links vom Rhein „wegen der Fülle des Weins⁵)" die Gebiete von Speier, Worms und Mainz: „Ostfrancien".

Lothar (außer der Kaiserwürde) Italien und das später nach ihm benannte⁶) „Lotharingien"⁷) d. h. einen Streifen Landes von den

---

1) Nith. IV. 1.
2) Schwerlich — sein folgendes Verhalten zeigt es — war es ihm Ernst mit der Erklärung, er erkenne, daß er gegen Gott und die Brüder gefehlt und wolle keinen Hader mehr mit ihnen und dem christlichen Volk. Sie möchten ihm um seines Kaiser-Namens willen etwas mehr als ein Drittel des Reiches (abgesehen von Langobardien, Baiern und Aquitanien), im Nothfall aber auch nur gerade ein Drittel zutheilen; gleichwohl machte er später wieder Schwierigkeiten und überlistete die Bevollmächtigten der Brüder.
3) Außer dem bevorstehenden Winter und der Hungersnoth war entscheidend diese Weigerung des Vassallenadels: (Nith. IV. 6, quod primores populi, degustato semel periculo, iterum proelium nolebant) ein zweites Fontenoy zu schlagen. Vassallen und Heerleute waren durch die zweijährigen Feldzüge verarmt. Epist. Lupi Bouquet VII. p. 482. Die Noth durch Mißwachs auf den unbestellten Feldern und die Verheerungen des Krieges stieg so hoch, daß, während die Rosse der Räuber und Sieger das Getreide verzehrten, die Menschen in Gallien Erde aßen, der ein klein wenig Mehl beigemischt war. Prudentius Annal. Bertin. a. 842.
4) Als Friedensvertrag. Jaffé, Regesta Pontificum a. 926. Brief Karls an Pabst Nikolaus l. c.
5) Annal. a. 843: Bertin. Ruod. Fuld. Regino (a. 842). Waitz IV. S. 696 Dümmler I. S. 194 f. Meyer, Theilungen S. 50. v. Ranke VI. 1. S. 112 Meyer von Knonau S. 148.
6) Regino a. 842.
7) Regino a. 841. Wittich, die Entstehung des Herzogthums Lothringen. 1862.

Rhein-Mündungen im Norden bis an die Rhone-Mündung im Süden, zwischen Schelde und Maas, im Westen Saône und Rhone, im Süden dem Rhein, im Osten Ripuarien und auch rechts vom Rhein Friesland.

Karl alles Land westlich von Schelde, Maas, Saône und Rhone: „Westfrancien" [1]). Allerdings ward auch durch den Vertrag von Verdun nicht auf die Dauer der Friede unter den drei Brüdern und ihren Nachfolgern gesichert [2]): aber immerhin blieben seither die drei damals gebildeten Reiche: Italien, Frankreich und Deutschland getrennt bestehen [3]); (Lothringen ward nach dem Tode Lothars II., des Sohnes Lothars I., der es von dessen Abdankung (a. 855) an beherrscht hatte, a. 870 (II. Tag zu Mersen) zwischen Deutschland und Frankreich getheilt); nur auf kurze Zeit vereinte alle drei Reiche noch einmal Karl der Dicke als Kaiser (a. 884—887).

Es ist bestritten, in wie fern die Auflösung des Gesammtreiches in drei, vier Theile eine Folge des Gegensatzes der Nationalitäten gewesen sei. Dieser früher herrschenden Annahme hat man [4]) neuerdings scharf widersprochen. Und es ist ja richtig, daß die Theilung von a. 843, wie schon die Schaffung Lotharingiens und dessen Verbindung mit Italien beweist, nicht nach Nationalitäten erfolgte. Allein wir haben seit c. a. 630 das immer wiederholte Bestreben der germanischen Ostlande nach einer Lösung von Neuster-Burgund, nach einem austrasischen Sonderkönig, verfolgt: wir haben gesehen, wie die ostrheinischen Herzogthümer von a. 638—700 sich völlig vom Merovingenreich getrennt halten: diese Bewegung ward von a. 687—814 gehemmt, nicht ganz erstickt (Aufstände in Baiern, Thüringen). Und wenn auch der Plan von a. 842 und die Ausführung von a. 843 nicht die Scheidung nach Nationen „zu Grunde legte", so ging sie doch

---

1) Pippin ward übergangen. Seine wechselnden Schicksale gehören nicht hieher. Ueber sein Ende s. Hinkmar, Annal. a. 864. Regino a. 863. Wenn Karl der Große erlebt hätte, daß sein Enkel sich heidnischen Normannen verbünden und unter Abfall vom Christenthum deren Glauben annehmen würde!

2) Aber auch nicht unter den Brüdern gegenüber ihren Söhnen! Vielmehr sollten Ludwig und Karl dasselbe an ihren Söhnen erleben, was sie ihrem Vater angethan: auch ihre Söhne empörten sich wider sie (a. 861, 862, 863, 864, 866), und die Söhne Lothars geriethen unter einander in Streit (a. 859), wie weiland die drei Söhne Ludwigs I.

3) Wenck, das fränkische Reich nach dem Vertrag von Verdun (a. 843—861) 1851.

4) Dümmler I. S. 197 und Andre.

im bewußten Gegensatz¹) zu älteren arnulfingischen und merovingischen Theilungen aus von der Gränznachbarschaft, der räumlichen Zusammengehörigkeit; dies aber wirkte selbstverständlich thatsächlich ebenso wie eine Theilung nach Nationalitäten, denn es beließ die stammverwandten Bevölkerungen (ausgenommen das nicht lang bestehende Lotharingien) beisammen: sodaß denn doch thatsächlich die gar nicht romanisirten Deutschen, die halb romanisirten Franzosen, die völlig romanisirten Italiener je unter einander zusammengeschlossen wurden und dauernd vereint blieben, sodaß immerhin durch jenen Vertrag jene schon zwei Jahrhunderte früher begonnene, dann gehemmte Bewegung zur Trennung zum Siege gelangte: der Vertrag bewirkte nicht erst, aber er sicherte die Scheidung von drei Nationen.

Und so mag der Vertrag von Verdun füglich den Abschluß bilden einer Darstellung, die „das altgermanische Königthum bis auf die Feudalzeit"²) verfolgen wollte: seit Mitte des IX. Jahrhunderts tritt der altgermanische Statsgedanke hinter die Vassallität und das nun mit dieser begrifflich verbundene Beneficialwesen zurück: ausdrücklich wird das dadurch anerkannt, daß bei Widerstreit zwischen Unterthanentreue und Vassallentreue diese vorgeht³).

Nicht mehr der Unterthanenverband war jetzt thatsächlich die Grundlage des Reiches und der wirklichen Macht des Herrschers, sondern die Vassallität, in die sich alle Großen des Reiches dem Herrscher gegenüber commendirt hatten: kraft dieser Vassallität und um ihrer Beneficien willen vor Allem schulden sie die Heerfahrt und die sonstigen Treuepflichten, die freilich noch immer in dem allgemeinen Treueid beschworen werden: aber die Hauptsache war jetzt der Seniorat des Herrschers über die Vassallen geworden, und so ist es höchst bezeichnend, daß schon a. 834 die Kaiserschaft geradezu senioratus genannt wird⁴).

---

1) Nithard IV. 1.
2) Könige I. S. 1.
3) C. II. 1. p. 71. Conventus Francorum primus apud Marsnam (Merſen) Februar a. 847; adnuntiatio Caroli C. 5. volumus ut cujuscumque nostrum homo, *in cujuscumque regno sit cum seniore suo* (also nicht cum rege suo) in hostem vel aliis suis utilitatibus pergat.
3) Oben S. 82. Vita Hlud. c. 51.

VIII. Die Verhältnisse zu anderen Mächten.

In Aquitanien ward schon a. 814 Pippin zum Verwalter bestellt[1]). Einfälle der Araber (Saracenen) aus Spanien waren hier häufig und nicht selten siegreich. Früh ertönten die Klagen der in Septimanien aufgenommenen Spanier und Goten über Bedrückung durch die fränkischen Grafen: die Abhilfe (a. 815)[2]) scheint nicht dauernd gewirkt zu haben, denn a. 826 erhob sich hier ein Gote Aizo[3]), unterstützt von den spanischen Saracenen, mit solchem Erfolg, daß das entsandte fränkische Heer in der spanischen Mark nichts auszurichten vermochte.

Schon a. 815 brach der Krieg mit el Hakem (Abul Aas)[4]) wieder aus. Feldzüge von a. 820 und 822 hatten wenig[5]) Wirkung[6]); in der Schlucht von Roncesvalles wurden abermals[7]) auf einem Rückzugsgefecht fränkische Scharen schwer getroffen (a. 824)[8]). Geringes richteten die Gränzgrafen und auch stärkere Aufgebote gegen die spanischen Araber[9]) und empörten Christen in Septimanien aus (a. 827, 828). Sehr wenig berechtigt bei so viel dringenderen Aufgaben war es daher, daß a. 828 der Markgraf Bonifatius von Tuscien über Corsica und Sardinien hin einen Angriff auf die Araber in Nordafrica unternahm, in dem er zwar wiederholt Siege, aber selbstverständlich keine dauernden Vortheile erfocht: wie flüchtig auch die

---

1) Annal. Laur. min.
2) C. I. 2. p. 263.
3) Ann. R. Fr.
4) Urgesch. III. S. 1162.
5) Annal. R. Fr.
6) l. c.
7) Urgesch. III. S. 985.
8) Annal. R. Fr. l. c.
9) l. c. Aschbach, Geschichte der Ommajaden in Spanien I. 1829. Weil, Geschichte der islamitischen Völker. 1866.

angeblich den Saracenen eingeflößte Furcht¹) war, sollte sich bald zeigen.

Im Jahre 838 landeten saracenische Seeräuber in solcher Masse bei Marseille, daß sie die Stadt erobern konnten: sie schleppten die große Zahl der dortigen Nonnen, die Geistlichen, viele Laien, die Schätze der Kirchen auf ihre Schiffe und verwüsteten die ganze Stadt²). Der Kaiser hatte damals seinen Sohn Ludwig, der Frankfurt belagerte, abzuwehren! —

Im Jahre 842 gelangten maurische Seeräuber, den Rhone zu Berg segelnd, bis Arles und kehrten ungestraft mit ihrer Beute heim³). Gleichzeitig riefen in Benevent um das Fürstenthum streitende Parteien, die eine aus Afrika, dann die andere aus Spanien, Saracenen zu Hilfe: die ersteren brannten und plünderten auf eigne Faust Capua und viele andere Städte, schlugen die Venetianer wiederholt und drangen mit ihren Raubschiffen bis an die Mündungen des Po⁴): das Gerücht von den Bruderkriegen im Frankenreich lockte die Feinde auf allen Seiten in die schutzlosen Lande.

Aufstände der Basken wurden gedämpft (a. 818, 819)⁵), ebenso der Bretonen⁶). Aber Ludwigs Söhne hatten viele und oft erfolglose Anstrengungen zu machen, die keltischen duces dort zum Gehorsam zu bringen: so Nominoi, der Lothar I. die Huldigung hochfahrend verweigerte⁷).

Auch gegenüber den nördlichen Nachbarn ward nicht eben viel erreicht. Ein vertriebener Dänenkönig Harald commendirte sich allerdings in Ludwigs Hände (a. 814)⁸), aber ein Versuch, ihn durch das Aufgebot der Sachsen und Abodriten in sein Reich zu führen, scheiterte a. 815⁹). Im Jahre 819 kehrte Harald nach Dänemark zurück¹⁰). Alsbald beginnt die Bekehrungsarbeit unter den Dänen durch Bischof Ebo

---

1) Annal. R. Fr.
2) Annal. Bert.
3) Nithard IV. 2. 3.
4) Annal. Bertin. Ruod. Fuld. a. 843. Nithard IV. 6. Chron. St. Benedicti e. 8. Scr. rer. Langob. p. 471. Erchanp. c. 14 seq. l. c. p. 240. Amari, storia dei Musulmanni di Sicilia. I. 1853.
5) Ann. R. Fr.
6) (a. 818, 824) Unterwerfung und Huldigung (a. 825, 826, 837). l. c.
7) Nithard III. 3. 4.
8) Annal. Regn. Fr.
9) Annal. Regn. Fr.
10) l. c.

von Rheims (a. 823). Später empfing Harald zu Mainz die Taufe und (a. 826) nahm zur Förderung des Bekehrungswerkes den Korveyer Mönch Ansgar mit, welcher der Bonifatius des Nordens werden sollte. Aber Harald ward schon a. 828 abermals von den Söhnen Göttriks (Gottfrids)¹), den Vorkämpfern der den Franken feindlichen Partei, vertrieben.

Wenig bedeutete es dem gegenüber für die wirkliche Macht des Reiches an der Nordgränze, daß im Jahre 829 auf dem Reichstag zu Worms²) schwedische Gesandte um Zusendung von Priestern baten, die, unter der versprochenen Verstattung des Königs Björn, das Christenthum im Lande verbreiten sollten. Ansgar übernahm diesen Auftrag. Dagegen von weittragender Bedeutung ward es, daß a. 831 in Hamburg ein Erzbisthum errichtet und Ansgar zum Erzbischof erhoben ward³).

Aber bald kamen Nordleute häufiger und zahlreicher in's Frankenreich als Franken zu den Nordleuten!

Die erste Heerung der normannischen See- und Land-Räuber⁴) traf schon a. 828 Flandern, die Seinemündung und mit mehr Erfolg die Küsten von Aquitanien⁵). Das Verfahren dieser Plagegeister war sehr einfach: häufiger noch als sie die doch meist stark befestigten Küstenstädte angriffen, fuhren sie die Ströme Rhone, Loire, Seine, Maas, Rhein zu Berg, landeten und schickten ihre plündernden Scharen weit in's Innere, während eine Nachhut die Schiffe mit einem mitgeführten Balkengehege (Wik, daher Wikinge) umgab, für den Fall, daß die Ausgesandten zurück flüchten mußten, die Schiffe, das einzige Rettungsmittel, vor unmittelbarer Gefährdung zu schützen. Das erste Mal hatten die von Karl angeordneten Wachtthürme und Wächterscharen wenigstens im Norden die Abwehr ermöglicht. Aber in den Jahren der Wirren waren offenbar auch diese Einrichtungen verrottet. Und von a. 834 ab suchten sie zwei Jahrzehnte⁶) lang jedes Jahr die

---

1) S. Urgesch. III. S. 1148.
2) Dümmler, I. S. 261.
3) Vita St. Anskarii c. 12.
4) Depping, histoire des expéditions maritimes des Normans et de leur établissement en France. 2e éd. I. II. 1843.
5) Annal. R. Fr.
6) Ruod. Fuld. a. 854. Nordmanni .. continuis viginti annis regni Francorum fines per loca navibus accessibilia caedibus et incendiis atque rapinis crudeliter devastabant.

Küsten des Reiches heim mit immer zunehmender Keckheit, weil immer leichterem Erfolg: so a. 834 (Juni) Friesland, Utrecht, Dursteve, die Insel Hermoutier¹). Im nächsten Jahre verheeren sie wieder Dursteve und die Insel Hermoutier²) (a. 835), im Jahre 836 abermals Dursteve und Friesland, sie verbrennen Antwerpen und legen den Friesen eine Schatzung auf³). Große Frechheit und arge Demüthigung des Reiches lag auch in dem Ansinnen des Dänen-Königs Horich, der Kaiser solle für gefangene Seeräuber, die er hatte hinrichten lassen, das Wergeld bezahlen⁴)! Im folgenden Jahr (a. 837) ward der Kaiser von dem Besuche Roms abgehalten durch abermalige Heerungen in Friesland, auf der Insel Walchern, wo die Wächter nicht bereit waren, und in Dursteve. Abermals erhoben sie Schatzung von den Friesen⁵). Und das Reich des großen Karl ließ seine Unterthanen schutzlos und heidnischen Seeräubern tributpflichtig werden! Spät hinkten (a. 838) Maßregeln zum Schirm der Küsten nach: das Beste that für sie ein Sturm, der die abermals heransegelnden Drachenschiffe zerstreute. Wie tief das Reich in der Würdigung des Auslandes gesunken war, zeigt die maßlos dreiste Forderung desselben Dänenkönigs Horich, Ludwig solle ihm die Herrschaft nicht nur über die slavischen Abobriten, auch über den rein germanischen Stamm der Friesen abtreten (a. 838)⁶). Im folgenden Jahr (a. 839) heerten die Normannen wieder in Friesland, im gleichen Jahre ward eine Gesandtschaft Horichs vom Kaiser „heiter empfangen und beschenkt" ⁷)! Im Jahre 842 heerten sie wieder bei Quentavich. In den folgenden Jahrzehnten steigerten sich noch die Bedrängnisse durch die Normannen: a. 845 zerstörten sie Hamburg⁸), dreimal — a. 845, 857, 861 — plünderten sie Paris⁹). Karl erkaufte ihren Abzug durch Tributzahlung.

Auch gegen die empörten Bretonen kämpfte er unglücklich: nach

---

1) Annal. Bertin.
2) Annal. Bertin.
3) l. c.
4) l. c.
5) l. c.
6) l. c.
7) l. c.
8) Annal. Ruod. Fuld.
9) Annal. Bertin. Aimoin, miracula sancti Germani Acta Sanct. ed. Boll. Mai. VI. p. 796.

einer Niederlage bei Ballon (22. XI. 845) mußte er Friede schließen mit ihrem „Herzog" Nominoi, der aber alsbald diesen Frieden brach und siegreich vordrang (a. 849, 850); nach neuen Mißerfolgen schloß Karl mit dem Nachfolger Erispoi unter schimpflichen Abtretungen (von Rennes, Nantes und Retz)[1] abermals Frieden (a. 851).

Nur selten noch erfochten die Waffen des Reiches Siege: auch gegen verschiedene Slavenvölkerschaften; so wurden a. 816 die Sorben wieder unterworfen[2], der Häuptling Tunglo ward a. 826 vor den Reichstag geladen[3], der empörte Abotritenhäuptling[4] Slawomir gefangen und ersetzt durch Ceabrag (a. 818)[5], der aber auch wiederholt zur Verantwortung gezogen werden mußte (a. 823, 826)[6]. Streitigkeiten über die Rechte der Häuptlinge der Wilzen[7] werden von Kaiser und Reichstag entschieden (a. 823)[8]. Allein a. 839 wurden neue Feldzüge gegen die empörten Sorben, Wilzen, Abobriten, Linonen und Colodizer erforderlich[9].

Neben dem Slovenen Liudevit schickt auch der Groß-Zupan der Kroaten Gesandte (a. 818)[10]: aber ersterer muß alsbald bekämpft werden (a. 819, 820, 822)[11].

Noch ferner wohnende Barbaren: Bulgaren, „neue, unerhörte" Nachbarn, die das ehemals avarische Gebiet zwischen Theiß und Donau besetzt und gegen Byzanz behauptet hatten, schickten Gesandte behufs Feststellung der Gränzen mit dem Reich (a. 824)[12]; aber Ludwig, mit Byzanz in gutem Einvernehmen, wies die Gesandten des Chans ab (a. 826)[13]. Die Folge war ein Einbruch der Bulgaren in Pannonien und die Vertreibung der den Franken untergebenen slavischen Häupt-

---

1) Annal. Bertin. Chron. Fontanell. Annal. Engolism. Scr. XVI. p. 485 f. Regino (a. 860).
2) Annal. R. Fr.
3) l. c.
4) Urgesch. III. S. 1131.
5) l. c.
6) l. c.
7) Urgesch. III. S. 1131.
8) l. c.
9) Nith. I. 7. Annal. Bertin.
10) Ann. R. Fr. Dümmler, südöstl. Marken S. 25; älteste Geschichte der Slaven in Dalmatien S. 365.
11) Ann. R. Fr.
12) Ann. R. Fr.
13) l. c.

linge (a. 827)¹). Ein Feldzug Ludwigs des Sohnes wider sie (a. 828)²) hatte offenbar keinen Erfolg; im folgenden Jahr (a. 829) erneuten sie ihre Einfälle³).

Ein Freundschaftsvertrag mit Byzanz⁴) ward erneuert und wiederholt bekräftigt⁵) (824): Byzanz verlangte Mitwirkung zur Bekämpfung der Bulgaren⁶).

Es kann daher nicht als beleidigende Anfechtung der schon a. 812 zugestandenen Kaiserwürde gemeint sein, spricht der Brief Kaiser Michaels II. und seines Sohnes Theophilos⁷) von „dem König der Franken und Langobarden, der deren Kaiser genannt wird"⁸): — also nicht auch der Römer. Die a. 833 an Ludwig gerichtete Gesandtschaft fand an des Gestürzten Statt Lothar als Herrscher⁹). Kaiser Basilius freilich wagte es, Kaiser Ludwig II. die Anmaßung des Kaisertitels vorzuwerfen, wogegen dieser Nachfolger des großen Karl sich nur auf die Verleihung der Krone durch den Pabst zu berufen verstand¹⁰)! —

Im Anfang waren auch in Rom und dem Pabst gegenüber noch die kaiserlichen Rechte gewahrt worden: da Pabst Leo Verschwörer wider sein Leben eigenmächtig — ohne Zuziehung Ludwigs — hinrichtete, ließ der Kaiser durch König Bernhard, den er nach Rom schickte, die Vorgänge untersuchen: der Pabst mußte sich durch Gesandte rechtfertigen (a. 815). Andrerseits ward die Schutzpflicht gegen Sanct Peter erfüllt durch Niederwerfung eines Aufstandes der Campagnolen gegen den Pabst (a. 815)¹¹). Leo III. hatte die Ueberordnung der beiden Kaiser nur widerstrebend ertragen: sein Nachfolger Stephan IV. (a. 816—817) gehörte der fränkisch gesinnten Partei an: er erbat durch Gesandte bei Ludwig die Bestätigung seiner Wahl, ließ „die Römer", d. h. die Unterthanen des Kirchenstates den Treueid schwören

---

1) l. c.
2) l. c.
3) Annal. Enh. Fuld.
4) Urgesch. III. S. 1145.
5) Annal. R. Fr.
6) Die ihrerseits Anlehnung an das Frankenreich suchten. l. c. a. 823, 824. a. 817 eine Verhandlung wegen der Gränzen von Dalmatien.
7) Vom 10. IV. Mansi XIV. p. 414.
8) vocato imperatori eorum.
9) Annal. Bertin.
10) S. unten.
11) Annal. R. Fr. v. Hlud. c. 25.

und bat um eine Zusammenkunft in Frankreich: sie geschah zu Rheims, wo der Pabst Ludwig und seine Gattin Irmingard krönte (a. 816)¹).

Aber schon a. 817 starb Stephan und sein Nachfolger, Paschalis I. (a. 817—824), war minder gefügig. Zwar zeigte er alsbald dem Kaiser durch eine Gesandtschaft seine Wahl an und erneute durch eine zweite das a. 816 von Stephan abgeschlossene Freundschaftsbündniß²): allein die Bestätigung seiner Wahl erbat er nicht, wie Stephan gethan. Gleichwohl hatte auch damals der Kaiser über eine zweifelhafte Wahl — und solche Zweifel konnte auch er erheben, nicht nur eine Minderheit der römischen Wähler — als Schutzherr Sanct Peters zu entscheiden gehabt.

Paschalis versuchte nun aber, aus dem Vorgang bei der Krönung von a. 800 Vortheil zu ziehen: als Lothar a. 823 von seinem Vater „um der Rechtspflege willen" (justitias facere) nach Italien gesandt worden war, lud ihn, der schon die Heimreise rüstete, der Pabst zum Osterfest nach Rom, um ihn zum Kaiser zu krönen. Durchaus nicht zu diesem Zweck hatte Ludwig Lothar entsendet: es ist aber doch kaum anzunehmen, daß Paschalis und Lothar den Schritt gewagt hätten, ohne vorher Ludwigs Zustimmung einzuholen. Der Pabst wollte offenbar dadurch, daß Er die Aufforderung erließ, im Sinne Leo's III. den Anschein wieder beleben, als ob nur der vom Pabst Gekrönte das Vollrecht auf die Kaiserkrone habe: — ein Anspruch, den, wie wir sahen³), Karl a. 813 und Ludwig a. 817 geflissentlich auf das Wirksamste zerstört hatten, indem sie, ohne jede Heranziehung des Pabstes, die Kaiserkrone ihren Söhnen verliehen hatten: Ludwig nannte sich urkundlich Kaiser keineswegs erst seit seiner Krönung durch den Pabst (a. 816), sondern schon vom Tode Karls an, und das Gleiche thun sogar auch die päbstlichen Urkunden. Auch Lothar rechnet keineswegs erst von seiner Krönung⁴), sondern schon von seinem Eintritt in Italien⁵). Auch tritt er, wie Karl und Ludwig, alsbald als Richter auf in einem Rechtsstreit zwischen dem Pabst und Kloster Farfa,

---

[1] Vita Leonis c. 113. Stephani c. 1. Hlud. c. 26. Thegan. c. 16. 17. Annal. R. Fr.

[2] Ann. R. Fr.

[3] Oben, und s. unten: Kaiserkrönung.

[4] 5. April a. 823 im Sanct Peter. Annal. R. Fr. v. Hlud. c. 36; daß auch eine Salbung erfolgte, sagt nur die Francorum regum historia a. 840—869 Scr. II. p. 324: s. darüber Ebert II. S. 384, Wattenbach I. S. 219.

[5] Böhmer-Mühlbacher a. 737. 745. 982 f.

wobei der Abt obsiegt. Die wahre Absicht des Pabstes verräth aber die Fortsetzung des Paulus Diaconus, wonach Paschalis Lothar jene Gewalt, „welche die altrömischen Imperatoren gehabt über das römische Volk, einräumte"¹). Das war die Willensmeinung Leo's bei jener Ueberrumpelung gewesen: aber noch drang diese Lehre nicht durch: auch so eifrige Vorfechter der Hierarchie wie Agobert von Lyon mußten sich damit begnügen, die Kaiserkrone (auf Lothar) übergehen zu lassen: „durch Euren (Ludwigs) Willen und Eure Macht unter Zustimmung Eures ganzen Reiches und später ist es in (von) dem apostolischen Stuhl bekräftigt worden"²). Und als Paschalis zwei vornehme Römer blenden und hinrichten läßt, wie man behauptete, nur „wegen allzu großer Treue gegen Lothar", also Führer der fränkischen, kaiserlichen Partei, übt der Kaiser durch Gesandte sein Richteramt: er läßt die Vorgänge untersuchen, der Pabst reinigt sich durch Eid mit vielen Bischöfen und Diakonen (a. 823)³). Als Paschalis I. starb und Eugen II. (a. 824—827) zu seinem Nachfolger gewählt war⁴), entschloß sich der Kaiser — mit anerkennungswerther Kraft — zu durchgreifender Sicherstellung seiner Rechte in Rom: er sandte Lothar dorthin, an seiner Statt (vice sua) diese Rechte zu üben. Bei der Untersuchung der römischen Verhältnisse stellte sich heraus, daß durch die Mißregierung des Pabstes oder sogar mehrerer Päbste⁵) und ihrer Beamten sehr arge Uebelstände (offenbar die Unterdrückung der fränkisch gesinnten Partei durch Hinrichtungen und Gütereinziehungen) und starke Unzufriedenheit geschaffen waren. Unter Mithilfe Eugens stellte Lothar diese Dinge ab, indem zumal für die „Zukunft wieder ‚nach alter Sitte' (juxta antiquum morem) an Stelle der vom Pabst ernannten" Beamten vom Kaiser aus dem Palatium (ex latere imperatoris) entsendete Richter die Rechtsprechung übernehmen sollten. Indessen geht dieser Ausdruck⁶) zu weit. Aus dem uns erhaltenen,

---

1) Ser. rer. Lang. p. 203 potestatem quam prisci imperatores habuerunt ei super populum romanum *concessit*.

2) De comparat. utriusque regiminis c. 4. Opp. II. p. 51 quod vestra voluntate et potestate cum consensu totius vestri imperii factum est et postea in sede apostolica roboratum; ähnlich v. Walae II. 17 ad confirmandum in me, quicquid dignatio vestra decreverat.

3) Annal. R. Fr.

4) V. Eugenii c. 1.

5) Vita Hlud. c. 38 quorundam pontificum vel ignorantia vel desidia, sed et judicum.

6) Der vita Hlud. c. 38.

damals zwischen dem Pabst und Lothar geschlossenen Vertrag, der sogenannten Constitutio Romana[1]), erhellt, daß die päbstlichen Beamten fortfuhren zu richten: nur sollten jährlich kaiserliche missi ihre Rechtspflege prüfen, Mißgriffe selbst abstellen oder an den Kaiser berichten; endlich sollten die vom Pabst ernannten Richter oder doch die obersten sich persönlich dem Kaiser vorstellen, er wolle sie kennen [und offenbar gegebenen Falles ablehnen][2]). Außerdem aber ward zwar einerseits das Recht der Römer, den Pabst frei zu wählen, gegen jeden Versuch von Gewalt gesichert, aber andrerseits wurden die Römer eidlich nicht nur zur Treue gegen beide Kaiser verpflichtet, auch dazu, daß der Gewählte nicht consecrirt werden dürfe, bevor er vor einem kaiserlichen missus mit dem Volke den gleichen Eid geleistet habe, wie ihn Eugenius schriftlich dem Kaiser geschworen habe: zweifellos hatte er Unterthanen-Treue und die Anerkennung der kaiserlichen Rechte über den Kirchenstat beschworen. Darin lag wenigstens mittelbar die Anerkennung des kaiserlichen Rechts, die Wahl zu überwachen, wenn auch nicht unmittelbar zu bestätigen[3]). Mit Unrecht hat man dieses »juramentum Romanum« bestritten. Auch als im gleichen Jahr der Bilderstreit[4]) wieder ausbrach[5]), stellten sich die beiden Kaiser auch in dieser dogmatisch-liturgischen Frage keineswegs auf Seite des Pabstes, sondern versuchten, ihn für die Auffassung zu gewinnen — allerdings in frommer und ehrbietiger Sprache —, die weiland Karl[6]) und sein Reichstag von a. 794 vertreten und nun die Beschlüsse eines Concils zu Paris (a. 827) aufrecht erhalten hatten[7]). Als Eugen II. (August a. 827) starb, setzten sich die Römer — nach ihrer alten Sitte — über ihren Eid hinweg und consecrirten den als Nachfolger gewählten Valentin, ohne die kaiserliche Bestätigung einzuholen[8]): vielleicht ein Erfolg der frankenfeindlichen Partei. Ein Zusammenstoß ward durch den baldigen Tod Valentins (September 827) verhütet: der nun gewählte Gregor IV. (a. 827—844) ward nicht

---

1) C. L 2. p. 322. a. 824. c. 4.
2) C. 8. professiones juris wurden angeordnet VII. 2. S. 16—17, aber nicht erst hiedurch das Personalitätsprincip in Rom eingeführt.
3) l. c. p. 324.
4) Oben S. 30. Urgesch. III. S. 1041.
5) Annal. R. Fr.
6) Urgesch. III. S. 1041.
7) Mansi XIV. p. 421. XV. 2. p. 435 seq.
8) v. Valentini, v. Gregorii IV. ed. Vignoli III. p. 7. 10.

eher ordinirt, bis ein Gesandter des Kaisers nach Rom kam, die Giltigkeit der Wahl prüfte (und sie bestätigte)¹). Gregor leistete dem Kaiser den Unterthaneneid der Treue²). Und so wenig im Uebrigen Lothar seine Herrscher- und Schutz-Pflichten wie anderwärts so in Italien erfüllte³), — afrikanische Saracenen konnten a. 846 in Ostia landen, zwar Rom nicht erstürmen, aber Sanct Peter und Sanct Paul plündern!⁴) — als der Nachfolger Gregors IV., Sergius II. (a. 844—847), mit Verletzung der erst vor kurzem (a. 827) erneuerten Verpflichtungen ohne seine Genehmigung geweiht worden war, schickte er doch alsbald seinen Sohn Ludwig, den spätern Kaiser (a. 850—875), nach Rom um einzuschreiten: abermals übernahmen die Römer die Verpflichtung, den Gewählten nicht vor der Erlaubniß des Kaisers und nicht in Abwesenheit seiner missi zu weihen⁵). Ludwig ward damals als König des Langobardenreichs (nicht als Kaiser) gesalbt und gekrönt: der Pabst leistete Lothar den Treueid als Unterthan, die römischen Großen dem eben gekrönten König Ludwig⁶). Zwar ward des Sergius Nachfolger, Leo IV. (a. 847—855), wieder consecrirt ohne Genehmigung Lothars⁷). Allein Lothar veranlaßte den Pabst nachträglich zu einem Vertrag (pactum), in welchem dieser versprechen mußte, daß fortab Wahl und Weihe nur »juste et canonice« geschehen solle, was offenbar eine Anerkennung und Erneuerung der a. 824 übernommenen Verpflichtungen der Curie war⁸).

Die Wahl von Leos Nachfolger Benedict III.⁹) (a. 855—858) ward demgemäß, „wie die alte Gewohnheit erheischt" (consuetudo prisca ut poscit) König Ludwig (nicht auch, wie beschlossen war, Lothar) vor der Weihung zur Genehmigung angezeigt¹⁰); die seines gewaltigen Nachfolgers Nikolaus I. (a. 858—867) geschah in Gegenwart und

---

1) Annal. R. Fr. a. 827 non prius ordinatus est quam legatus imperatoris Romam venit et electionem populi, qualis esset, examinavit.
2) Agobard. Migne 104. p. 297.
3) S. oben S. 98.
4) Annal. Bertin. v. Sergii c. 44—47.
5) Annal. Bertin. v. Sergii c. 5—9.
6) Vita Sergii II. c. 14. 15.
7) Annal. Bertin. v. Leonis IV. c. 8 ed. Vignoli III. p. 70.
8) Jaffé, Regesta Nr. 2652. 2643. Böhmer-Mühlbacher Nr. 1096.
9) Denn seine angebliche Nachfolgerin, die „Päbstin Johanna", ist eine Erdichtung.
10) Vita Benedicti III. c. 6 ed. Vignoli III. p. 147.

auf Wunsch Kaiser Ludwigs II.¹); ihm, einem der größten Männer auf Sanct Peters Stuhle, war es vorbehalten, der erste Pabst zu werden, der das fränkische Königthum tief demüthigte: der schmachvolle Wandel und Ehehandel (seit a. 857) König Lothars II., des zweiten Sohnes Lothars I. (seit 855 Beherrscher von Friesland, dann, nach der Thronentsagung des Vaters, König von Lothringen [855—869]) gab dazu Anlaß. Der Pabst setzte auf einem römischen Concil (a. 863) die Erzbischöfe von Köln und Trier ab und erklärte die Beschlüsse eines Concils zu Metz, die kürzlich Lothars Ehe getrennt hatten²), für nichtig: Lothar, mit der Excommunication bedroht, blieb nur die völlige Unterwerfung³).

Mit Recht haben jüngere Zeitgenossen diesen Pabst den größten seit dem „großen Gregor" genannt und von ihm gesagt: „Königen wie Anmaßern hat er geboten und sie wie der Herr des Erdkreises unter seine Macht gebeugt"⁴), ein „zweiter Elias" schien dieser Feuergeist. Bei der Wahl seines Nachfolgers Hadrian II. (a. 867—872) wurden die Gesandten Kaiser Ludwigs II., obwohl in Rom anwesend, nicht zugezogen: auf ihre Beschwerde entschuldigte man sich mit der Dringlichkeit der Wahl für den regelmäßigen Fall, daß kaiserliche Gesandte nicht in Rom weilten und holte vor der Weihe Ludwigs Genehmigung ein⁵). Allein die gewaltige Hebung des päbstlichen Ansehens und die tiefe Demüthigung, die das Königthum und Kaiserthum unter Ludwig I. und dessen Nachfolgern erlitten: — Demüthigungen durch die Söhne und Brüder, durch den geistlichen und weltlichen Adel, durch straflos plündernde Räuber an allen Gränzen, — zuletzt durch das Pabstthum selbst! — fand nun doch bezeichnenden Ausdruck.

Während bisher, um jede Folgerung aus der Ueberrumpelung von a. 800 auszuschließen, mit unverkennbarer Geflissentlichkeit a. 813, 817, 850 der Vater den Sohn, alleinhandelnd, nur durch Reichsgesetz, unter Ausschluß jeder Mitwirkung des Pabstes, zum Kaiser erhoben hatte — nachträglich durfte der Pabst ihn krönen a. 816, 823,

---

1) Annal. Bertin. Vita Nicol. c. 5—10.
2) Sdralek, Hinkmars von Rheims canonistisches Gutachten über die Ehescheidung König Lothars II. 1881.
3) Annal. Bertin. Fuld. Jaffé Reg. Nr. 2749. 2751.
4) Regino a. 868 († 915) Regibus ac tyrannis imperavit eisque ac si dominus orbis terrarum auctoritate praefuit.
5) Vita Hadriani II. c. 5 ed. Vignoli III. p. 225.

850 (n a ch Verleihung des Kaisernamens durch Lothar) —, hatte Kaiser Ludwig II. die Schwäche, auf den vom byzantinischen Imperator Basilius erhobenen Vorwurf der Anmaßung des Kaisernamens nichts andres zu erwidern als die Verleihung der Kaiserkrone durch den Pabst a. 800[1]). Karl habe damals das Kaiserthum erworben „nach dem Urtheilsspruch der Kirche und durch die Hand des Pabstes: durch Aufsetzung der Krone und Salbung". Da war es denn nur folgerichtig, daß bald darauf die Kaiserkrone wirklich zum ersten Mal unter Zustimmung des zu Krönenden vom Pabst verliehen ward: von Johann VIII. an Karl III.[2]). So ward denn nun, nach arger Schwächung des Kaiserthums und Versinken des karolingischen Geschlechts, nach 80 Jahren vom Pabstthum geärntet, was es a. 800 gesäet hatte. Von da ab ward die Verleihung der Kaiserkrone durch den Pabst als alleiniger rechtmäßiger Erwerbstitel anerkannt. Pabst Johann erdreistete sich in einem maßlosen Schreiben[3]) Karl zu verbieten, das Gebiet des Kirchenstats — unzweifelhaft ein Theil des Kaiserreiches! — zu betreten, bevor er alle Forderungen Sanct Peters erfüllt habe. Karl III. fügte sich und bewilligte Alles. — —

---

1) Epistola Ludov. II. Baronius Annal. 871.
2) Erchanp. contin. Ser. II. p. 240. Regino a. 881.
3) Vom 25. I. 881 ed. Migne 126, 919. Jaffé Nr. 3333.

Die Könige der Germanen.

Das Wesen
des ältesten Königthums der germanischen Stämme

und

seine Geschichte bis zur Auflösung des Karolingischen Reiches.

Nach den Quellen dargestellt

von

Felix Dahn.

Achter Band.
Die Franken unter den Karolingen.

Zweite Abtheilung.

Leipzig,
Druck und Verlag von Breitkopf und Härtel.
1899.

Inhalts-Verzeichniß.

I. Die Grundlagen des Karolingischen Reiches S. 1—55.
   A. Das Land S. 1—35.
      1. Allgemeines S. 1—10.
      2. Provinzen, Landschaften S. 10—12.
      3. Marken S. 12—14.
      4. Gau, Grafschaft, Vicaria S. 14—19.
      5. Städte S. 19—22.
      6. Castellum S. 22—23.
      7. Hundertschaft. Andere Gliederung des Gaues S. 23—25.
      8. Dorfgemeinde, vicus. Frohnhof, villa S. 25—28.
         a) Dorf, vicus S. 26.
         b) Hof, Landgut und Landhaus, villa, locus, cella S. 26—28.
      9. Die Agrarverhältnisse S. 28—35.
   B. Das Volk S. 35—55.
      1. Allgemeines. Die Nationen S. 35—46.
      2. Insbesondere die Franken S. 46—55.
         a) Allgemeines. Namen. Francia, Franci S. 40—50.
         b) Rechtliche Gleichstellung und thatsächlicher Vorzug S. 50—52.
         c) Francus = frei S. 52—53.
         d) Franci auf dem Reichstag: alle Freien hier, überhaupt das Gesammtvolk des Frankenreiches S. 53—55.

II. Die Stände S. 56—235.
   A. Allgemeines. Reich und Arm S. 56—61.
   B. Der Adel S. 61—74.
      1. Allgemeines. Namen. Arten S. 61—69.
      2. Macht und Machtmißbrauch S. 69—74.
   C. Die Gemeinfreien S. 74—87.
      1. Allgemeines. Namen. Rechte S. 74—80.
      2. Reiche und Arme bei den Gemeinfreien insbesondere S. 80—87.
   D. Die Abhängigen S. 87—204.
      1. Allgemeines. Arten. Anknüpfung an die merovingische Zeit. Uebersicht über den Verlauf der Entwickelung S. 87—98.
      2. Insbesondere Beneficien.
         a) Die sogenannten Saecularisationen und deren Rückgabe S. 98—116.
         b) Die merovingischen Landschenkungen und die karolingischen Landleihen S. 116—117.

c) Die Namen S. 117—119.
d) Die Träger der Beneficien S. 119—122.
e) Erwerb der Beneficien. Vertrag. Aprisio S. 122—125.
f) Gegenstand der Beneficien S. 125—130.
g) Pflichten und Rechte der Beneficiare S. 130—133.
h) Dauer, Vererbung, Verlust der Beneficien S. 133—139.
i) Arten der Beneficia S. 139—147.
 α) Beneficia oblata. Afterbeneficien S. 139—142.
 β) Theilbeneficia S. 142.
 γ) Kirchenbeneficien S. 142—144.
 δ) Kronbeneficien S. 145—147.
k) Andere Arten der Landleihe S. 147—151.
3. Abhängigkeit auf Grund persönlicher Verhältnisse. Vassallität und Verwandtes S. 151—204.
 a) Entstehung der Vassallität. Ueberblick S. 151—168.
 b) Allgemeines. Die Namen S. 168—171.
 c) Die Begründung der Vassallität. Commendation S. 171—176.
 d) Pflichten und Rechte des Seniors und des Vassallen S. 176—185.
 e) Dauer. Beendigung S. 185—187.
 f) Aftervassallen S. 187—188.
 g) Kronvassallen S. 188—194.
 h) Verbindung von Beneficien mit Vassallität. Schlußbetrachtung S. 194—204.
  α) Verbindung von Beneficium und Vassallität S. 194—197.
  β) Schlußbetrachtung S. 197—204.
E. Die Halbfreien S. 204—213.
 1. Allgemeines. Die Namen S. 204—207.
 2. Die Freigelaßnen S. 207—212.
 3. Die Leten S. 212—213.
F. Die Unfreien S. 213—236.
 1. Die Namen S. 213—217.
 2. Entstehung der Unfreiheit S. 217—220.
 3. Rechtsstellung S. 220—228.
  a) Im Allgemeinen S. 220—225.
  b) Die Unfreien vor Gericht S. 225—228.
 4. Die Kirchenknechte S. 228—229.
 5. Die Kronknechte S. 229—235.
III. Die Sippe S. 236—240.
IV. Die Fremden. Die Juden S. 240—250.
 1. Die Fremden S. 240—243.
 2. Die Juden S. 243—250.
Anhänge S. 251—265.
 I. Anhang. Literatur zu I. A. das Land und I. B. 1. Die Nationen S. 251—255.
 II. Anhang. Excurs zu II. D. 2. a. die Saecularisationen S. 255—262.
 III. Anhang. Excurs zu II. D. 2. b. die merovingischen Landschenkungen und die karolingischen Landleihen S. 262—265.

Quellen und Literatur.

A. Quellen.

Adémar de Chabannes, Chronique, éd. Chavanon, Collection de textes pour servir à l'étude et à l'enseignement d'histoire. Nr. 200. 1897.
Arnobius, septem libri adversus nationes ed. Migne, cursus patrologiae V.
— — Augustini (auctore Possidio) ed. Migne, cursus patrologiae XXXII.
Codex diplomaticus Rheno-Mosellanus ed. Günther. I—V. 1822—1826.
Codex diplomaticus dominii temporalis St. sedis. I—III. 1861—1862 ed. Theiner.
Corpus scriptorum ecclesiasticorum latinorum editum consilio et impensis Academiae litterarum Vindobonensis. I—XIX. XIX: Sancti Pontii Meropii Paulini Nolani epistulae ed. de Martel. 1894.
(Thascius Caecilius) Cyprianus, opera ed. Migne, cursus patrologiae III. 1844.
Dionis Cassii Cocceiani historia Romana ed. Melber. I. II. 1894.
Ennodii opera ed. Vogel. Mon. Germ. hist. Auctor. antiquiss. VII. 1885.
Hincmarus, de ordine palatii ed. Krause. Monum. Germ. hist. (in usum scholarum) 1894.
Hinkmar de ordine palatii, jetzt im Schlußband der Capitularien in den Monum. 1898.
Marius Mercator, opera ed. Migne, cursus patrologiae XLVIII.
Poetae Latini aevi Carolini. I—III. 1880—1896. ed. Dümmler et Traube.
Regesta episcoporum Constantiensium von a. 517—1490 ed. die badische historische Commission I. (Ladewig) 1894.
Translatio s. Liborii. Monumenta Germaniae historica. Scriptor. IV.
Zonaras (I. II. ed. Pinder) III. ed. Büttner-Wobst. 1897.

B. Literatur.

Albert, Geschichte der Stadt Radolfzell. 1897.
von Amira, Recht. Sonderabdruck aus Pauls Grundriß. 2. Auflage. 1897.
Arnold, Arles, Avitus, Caesarius von Arles. Realencyclopädie für protestantische Theologie und Kirche. III. Auflage. 1898.
Avenay, St. Remis de Reims. 1896.

Bachmann, zu Jordanis Getica I, 6—7. Neues Archiv. 23, I.
Barthélémy, manuel. (anno?) (Münzen.)

Bernheim, das Verhältniß der Vita Caroli Magni zu den sogenannten Annales Einhardi. Historische Vierteljahresschrift 1898. II.
—, historische Aufsätze, dem Andenken an Georg Waitz gewidmet. 1886.
—, Lehrbuch der historischen Methode. 2. Aufl. 1897.
Biondelli, sulle monete auree dei Goti in Italia. Milano 1861.
Bluhme, die Bekräftigungsformeln für Rechtsgeschäfte. Jahrb. d. gem. R. III. S. 197.
Blumenstock, Entstehung des deutschen Immobiliareigenthums. 1894.
a Boenninghausen, tractatus juridic. canonicus de irregularitatibus.
Boos, Geschichte der rheinischen Städtecultur von ihren Anfängen bis zur Gegenwart mit besonderer Berücksichtigung der Stadt Worms I. 1897.
Braumann, die principes der Gallier und Germanen bei Cäsar und Tacitus. (Berliner Programm.) 1883.
Braun, Geschichte der Heranbildung des Klerus in der Diöcese Würzburg seit ihrer Gründung bis zur Gegenwart. I. II. 1886. 1897.
Braungart, uralter Ackerbau im Alpenlande. Landwirthsch. Jahrbuch XXVI.
Bruel, Cluny (Urkunden). Waitz IV. S. 102.

Calisse, Besprechung von Robocanachi (s. diesen) Archivio storico Italiano, Serie V. Tom. XIV. 3. 1894. p. 175.
Cappe, die Münzen der deutschen Könige und Kaiser II. 1. (Nachträge 1850.)
Cartier, Revue numismatique 1857. (Karolingische Goldprägung.)
Cassani, sull' origine del poter temporale dei Papi. Rassegna Nazionale 16. VII. 93.
Cavedoni, »pondus Caroli« (falsche Gewichte mit dieser Inschrift) in Atti e memorie delle provincie Modenesi e Parmesani II. 1864. p. 264.
Cheetham, a history of the christian church during the first six centuries. 1894.
Ciccaglione, il diritto successorio nella storia del diritto italiano. 1891.
Conrad, der Novellenauszug »de ordine ecclesiastico«, eine Quelle des Benedict Levita. Neues Archiv. 1898.
—, über eine Quelle der römisch rechtlichen Texte bei Hinkmar von Rheims, ebenda.
Coster, Revue de numismatique Belge. 1859.
Crome, die partiarischen Rechtsgeschäfte nach römischem und heutigem Recht. 1897.

Dannenberg, die deutschen Münzen. (Anno?)
d'Arbois de Jubainville, les premiers habitants de l'Europe, d'après les écrivains de l'antiquité et les travaux des linguistes. 2. édition. I. 1889. II. 1894 (Les Indo-Européens: Ligures, Hellènes, Italiotes, Coltes).
—, notice sur un texte concernant l'histoire de la Gaule au Ve. siècle. (Wohnsitze der Burgunder.) Bibliothèque de l'école des chartes 58, 4. 1897.
Dehaisnes, dissertation sur la donation promise par Charlemagne au St. siège. 1862.
Des Marez, über Stadtrecht. Deutsche Literatur-Zeitung. 1897. S. 1220.
Déthier, bajuvarische Fürsten in Constantinopel im IV. V. und VI. Jahrhundert(??). Allgemeine Zeitung 1876. Nr. 302.
Detlefsen, zur Kenntniß der Alten von der Nordsee. Hermes XXXII.

Doublet, histoire de St. Denis. (anno?)
Duchesne, la passion de St. Florian. Bulletin critique 1897. Nr. 20.
Düntzelmann, Neues Archiv. II. 1877 (über Einhard).
von Duhn, die Benutzung der Alpenpässe im Mittelalter. Neue Heidelberger Jahrbücher. II. S. 55.
Durrwächter, die gesta Caroli Magni der Regensburger Schottenlegende. 1897.

Ebner, der liber vitae und die Nekrologien von Remiremont in der bibliotheca angelica zu Rom. Neues Archiv. XIX. 3. 1894.
Edert, der Fronbote im Mittelalter nach dem Sachsenspiegel. 1897.
Engels, Friedr., der Ursprung der Familie, des Privateigentums und des Stats. Zürich 1884.
—, die Mark, in: Die Entw. des Sozialism. 3. A. 1883.
Erhardt, Stat und Wirthschaft der Germanen zur Zeit Caesars. Histor. Z. LXXIX.
Erman, servus, vicarius. L'esclave de l'esclave Romain. 1896. Dazu Krüger in b. Z. f. b. Privat- und öffentl. R. b. Gegenwart. XXIV. 2. 1897.
Espinas, über Stadtrecht. Moyen Age. 1897. 11, I. II.

Fabre, une ville de Paul Diacre. Mélanges d'archéologie et d'histoire. XIII. Nr. 5. 6. 1893.
Faugeron, de fraternitate seu conloquiis inter filios et nepotes Hludovici Pii. 1869.
Fillon, lettres sur quelques monnaies françaises (anno?).
von Fischer-Benzon, Altdeutsche Gartenflora. Untersuchungen über die Nutzpflanzen des deutschen Mittelalters, ihre Wanderung und ihre Vorgeschichte im classischen Alterthum. 1894. Dazu Ernst Krause in der Zeitschrift für deutsche Philologie. XXVII. 3. 1894. S. 416.
Flegler, zur Geschichte der Posten. 18?
Foß, Ludwig der Fromme vor seiner Thronbesteigung. 1838. (Dazu Bausteine II. 1869.)
—, Leben und Schriften Agobards, Erzbischofs von Lyon. Beiträge zur Förder. christl. Theologie. I. 1897.
Fossati, de ratione nummorum, ponderum et mensurarum in Galliis sub primae et secundae stirpis regibus. Memorie della reale Accademia di Torino. Ser. II. Vol. 5. p. 101.
Fougères et Conbrouse, description des monnaies de la deuxième race. 1837.
Fournier, la propriété des églises dans les premiers siècles du moyen âge. Nouvelle Revue historique de droit. Juli, August 1897.
Freystedt, Studien zu Gottschalks Leben und Lehre. Z. f. Kirchengesch. XVIII.
Friedländer (Ludwig), das Nachleben der Antike im Mittelalter. Deutsche Rundschau. XI. XII. 1897.
Fritz, Deutsche Stadtanlagen. Straßburger Programm. 1894.
Funk, Kirchengeschichtliche Abhandlungen und Untersuchungen. I. 1897.

von Gagern, Karl der Große. 1845.
Gaillard, histoire de Charlemagne. I—IV. 1872.
Garreis, Oberpfälzisches aus der Karolingerzeit. Forsch. zur Gesch. Baierns. VI.

Gareis, die Landgüterordnung Kaiser Karls des Großen. Textausgabe mit Einleitung und Anmerkungen. 1895.

Gariel, les monnaies françaises de France sous la race Carolingienne. Revue numismatique. 1883. Introduction. (Ist mehr erschienen?)

Gasquet, de translatione imperii ab imperatoribus Byzantinis ad reges Francorum. 1879.

Germain, le titre archevêque porté par St. Chrodegang. Journal de la société d'archéol. Lorraine XLV.

Gnecchi, appunti di numismatica Romana. XXXIV. Medaglione d'oro di Teoderico Re. Milano 1895.

Görres, die Einführung des Christenthums in den Rheinlanden. I. Rheinische Geschichtsblätter. I. 1894.

—, König Retarech der Katholische und das Judenthum. Z. f. wissensch. Theol. XL.

Golther, Handbuch der germanischen Mythologie. 1895.

Gothein, Beitrag zur Gesch. der Familie im Gebiet des alamannischen und fränkischen Rechts. 1897.

Groag, Tacitus' Quellen in den Historien. Hister. Vierteljahrschrift. III. 2. 1898.

Grotefend, Imperium Romanum tributim descriptum. 1863.

—, Zeitrechnung des deutschen Mittelalters und der Neuzeit. I. II. 1898.

Guadet, Annuaire historique 1841. (Aufzählung der namentlich bekannten fränkischen Krongüter.)

Guérard, Cartulaire de St. Victor.

Gundlach, Besprechung von Könige VII. 1. Literarisches Centralblatt vom 21. Juli 1894.

Haiblen, Hochverrath und Landesverrath nach altdeutschem Recht. 1896.

Halban-Blumenstock, Königsschutz und Fehde. Zeitschrift der Savigny-Stiftung. XVII. 1896.

Hallier, de sacris electionibus et ordinationibus. 1636.

Hampe, zur Erklärung eines Briefes Pabst Hadrians I. an den Abt von St. Denis. N. Archiv. XII. 3. 1897.

—, ungedruckte Vision aus karolingischer Zeit. Neues Archiv. XXII.

—, zum Streite Hinkmars von Rheims mit seinem Vorgänger Ebo und dessen Anhängern. Neues Archiv. XXIII. 1. 1897.

L. M. Hartmann, zur Geschichte der antiken Sklaverei. Deutsche Zeitschrift für Geschichts-Wissenschaft. XI. 1. 1894. (1).

—, das italienische Königreich (der Ostgoten). Geschichte Italiens im Mittelalter. I. 1897.

von Hauser, die alte Geschichte Kärnthens von der Urzeit bis zu Kaiser Karl dem Großen. 1893.

Heck, die altfriesische Gerichtsverfassung. Mit einer sprachlichen Beilage von Siebs. 1894.

Hegel, die Entstehung des deutschen Städtewesens. 1898.

Hehn, Hausthiere und Culturpflanzen. 6. Auflage: durch Schrader und Engler. 1894.

Heinsch, die Reiche der Angelsachsen zur Zeit Karls des Großen. 1875. (Dazu Bausteine II. 1890. S. 350.)

Heister, über Postgeschichte. Z. f. westfäl. Gesch. XVII. S. 328.
Hénaux, Charlemagne d'après les traditions Liégeoises. 0. éd. 1888.
Hettner, die römischen Steindenkmäler des Provincial-Museums zu Trier mit Anschluß der Neumagener Monumente; mit einem Beitag von Lehner. 1893.
Heyck, die Umgestaltung der Arnold'schen Ortsnamentheorie.
Heyd, Bibliographie der württembergischen Geschichte. I. II. 1895. 1896.
Heyer, de intestinis sub Ludovico Pio ejusque filiis in Francorum regno certaminibus. 1858.
Hilbebrand (Richard), Recht und Sitte auf den verschiedenen wirtschaftlichen Culturstufen. I. 1896.
Hilbebrand, primitivster Ackerbau. Die Germanen des Caesar und Tacitus in Hilbebrand, Recht und Sitte.
Himly, Wala et Louis le Débonnaire. 1849.
(Otto Hirschfeld, zur Geschichte des Christenthums in Lugdunum vor Constantin. Sitz.-Ber. d. K. pr. Akademie d. W. XIX. 1895.
Hodgkin, Charles the great. (Foreign Statesmen) 1897. Dazu Haim, D. Lit.-Zeit. 1898. Nr. 11. (18. III.)
von Hoensbroech (Graf), Entstehung des Kirchenstaats. Stimmen aus Maria Lach. 37. 1889.
Holder-Egger, zum Texte von Hinkmars Schrift de villa Noviliaco. Neues Archiv XXIII. 1. 1897.
Horten, die langobardische Schulbverpflichtung. 1893. 1897.
E. Huber, die Bedeutung der Gewere im deutschen Sachenrecht. 1894.
Hübbe, Beiträge zur Geschichte der Stadt Hamburg. 1897.
Hübner, der Immobiliarproceß der fränkischen Zeit. Götting. gel. Anz. 1894. Nr. 6.
G. Hüffer, die Entwickelung der karolingischen Königsherrschaft zum Kaiserthum. Jahresbericht der Görresgesellschaft für 1882. 1883.
Huvelin, essai historique sur le droit des marchés et des foires. 1897.

Jacobi, das Römercastell Saalburg bei Homburg vor der Höhe. 1897.
Ideler, Leben und Wandel Karls des Großen. I. II. 1839.
Iiriczek, die ältesten Zeugnisse der nordischen Mythologie und der Theorieen Bugges. Münchener Allgemeine Zeitung 6. Nr. 1894.
Imbart de la Tour, les paroisses rurales dans l'ancienne France. I—III. Revue historique. B. 67. 1896.
von Inama-Sternegg, deutsche Wirthschaftsgeschichte. II. 1891.
—, Wirthschaft, Pauls Grundriß. 2. Aufl. III. S. 1—50.
Joachim, Geschichte der teutschen Reichstage. I. (S. 10 Uebersicht der auf den karolingischen verhandelten Gegenstände.)
Jost, Geschichte der Juden. I—VI.

Kämmel, Werdegang des deutschen Volkes. I. Das Mittelalter. 1896.
Kampers, mittelalterliche Sagen vom Paradiese und vom Holze des Kreuzes Christi. 1897.
Kauffmann, der Arianismus des Wulfila. Z. f. D. Philol. XXX.
Keutgen, Untersuchungen über den Ursprung der deutschen Stadtverfassung. 1895.

Knoke, die Kriegszüge des Germanicus in Deutschland. II. Nachtrag 1897.
Koch, de oorlogen door Keizer Julianus den Afvalligen in de Nederlanden gevoert. Bijdrag. v vaderl. geschieden. X. 1897.
Könen, über christlich-römische Fundstücke im Rheinlande. Rheinische Geschichtsblätter. I. 1894.
Kötzschke, die Gliederung der Gesellschaft bei den alten Deutschen. Deutsche Zeitschrift für Geschichtswissenschaft. II. 1897/98.
Ernst Krause, Besprechung von v. Fischer-Benzon (f. diesen) in: Zeitschrift für Deutsche Philologie XXVII. 3. 1894. S. 416.
Krauß, Im Kerker vor und nach Christus. 1896. (Geschichte der Freiheitsstrafe.)
Kregber, prophetische Gestalten aus der Völkerwanderung (Severinus, Benedictus, Orosius, Salvian). Allgem. conservative Monatsschrift. September 1897.
Krusch, über d. sogenannten Annalen Einhards. Neues Archiv. XIX. XX. XXI.
—, das Alter der vita Genovefae. Neues Archiv. XIX. 3. 1894.
—, die Zusätze zu den Chroniken Isidors. Mittheil. d. Inst. f. österr. Gesch. XVIII.
Kuntzemüller, Althard und sein Geschichtswerk. 1873.
Kurth, Sainte Clotilde. 2. éd. 1897.
Kurz, Oesterreichs Handel.
Kurze, die karolingischen Reichsannalen von a. 741—829 und ihre Ueberarbeitung. I. Die handschriftliche Ueberlieferung. Neues Archiv. XIX. 3. 1894.

Lancizolle, die Bedeutung der römisch-deutschen Kaiserwürde. 1856.
Lappenberg, Geschichte von England. I. 1834.
Lauffer, Landschaftsbild Deutschlands im Zeitalter der Karolinger. Götting. Diss. 1896.
Lavisse et Rambaud, histoire générale du IV. siècle à nos jours. I. a. 395—1095. 1893.
Lecoy de la Marche, la fondation de la France du IV. au VI. siècle. 1893.
Le Moyne de la Borderie, histoire de Bretagne. I. 1897.
Leva, Lezione sulla dominazione franca in Italia. 1889.
Liebermann, zur Lex Anglorum. Z². f. R.-G. XV. 2. 1894.
—, die Gesetze der Angelsachsen. I. 1. 1898.
Liesegang, über Stadtrecht. Schmollers Jahrbuch. 1897.
Lièvre, le lieu de la rencontre des Francs et des Wisigoths sur les bords du Clain en a. 507. Revue historique. T. 66. I. 1898. (Daselbst S. 93 fünfzehn französische Abhandlungen über diese Frage.)
Löhren, Beiträge zur Geschichte des gesandtschaftlichen Verkehrs im Mittelalter. 1. Die Zeit vom IV. bis zum Ende des IX. Jahrhunderts.
Loewe, die Reste der Germanen am schwarzen Meer. 1896. (Dazu Henning, Histor. Zeitschr. N. F. 43. 1. 1897 und Literar. Centralblatt. 1897. Nr. 51. 52.)
Longpérier, Collection Rousseau. 1847 (Silbermünzen).
—, annuaire historique 1841 (Hof-Münze).
Lütolf, Fridolin, der Apostel Alamanniens. Kathol. Schweizerblätter. 1896.

M. (Marx?), die Alpenstraßen im Alterthum. Münchener Allgemeine Zeitung. 1898. Nr. 123.
Magliari, del patriciato romano dal secolo IV. al secolo VIII. Studj e documenti di storia e diritto. XVIII. 3. 4. 1897.

Manitius, zu Dynamius von Massilia. Mittheil. b. Justit. f. österr. Gesch. XVIII.
D. Manuel Fernandez y Lopez, el Tesoro Visigotico de la Capilla. Sevilla. Imprenta „el porvenir". 1895. Dazu E. Hübner, D. Literatur.-3. 1897. Nr. 13.
Martens, Beleuchtung der neuesten Controversen über die römische Frage unter Pippin und Karl dem Großen. 1897.
Marx, die Beziehungen der classischen Völker des Alterthums zu dem keltisch-germanischen Norden. Münchener Allgemeine Zeitung Nr. 162. 163. 1897.
Maschke, S. 24 und 26 der Lex Chamavorum, ein Beitrag zur Geschichte des Strafrechts. 1898.
Meitzen, der Boden des preuß. Staats. 4 Bde. 1868.
—, deutsche Dörfer. Zeitschrift für Ethnologie. Jahrg. IV (1872). Heft 3.
—, Wanderungen, Anbau und Agrarrecht der Völker Europas nördlich der Alpen. I—III. 1895.
(Edmund) Meyer, Untersuchungen über die Schlacht im Teutoburger Walde. 1893.
Meynial, le mariage après les invasions. Nouvelle Revue histor. de droit. XX. XXI.
Michel, histoire des races maudites de la France. 1847.
Miscellanea di storia Italiana, ed. la Reale deputazione sovra gli studi di storia patria per le antiche provincie e la Lombardia. Terza Serie. Tomo III. 1897.
Mombert, Charles the great. 1888.
Mommsen, die Bewirthschaftung der Küchengärten unter Gregor I. Zeitschr. für K. Geschichte. I. 1893.
Mortillet, formation de la nation française (Bibliothèque scientifique internationale). 1897.
Much, der germanische Himmelsgott (Aus den Festgaben für Richard Heinzel). 1898.
Mühlbacher, die Datierung der Urkunden Lothars (I.). Wiener Sitz.-Ber. B. 85 S. 540.
von Mueller, deutsche Erbfehler und ihr Einfluß auf die Geschicke des deutschen Volkes. 1. 1897.

Nehalennia, die batavische Göttin. Beilage zur Münchener Allgem. Zeitung 1897. Nr. 157.
Niese, keltische Wanderungen. Z. für deutsches Alterthum. B. 42. 2. 1898.
Nissen, die Regelung des Klosterwesens im Rhomaeer Reiche. Hamburger Programm (Johanneum). 1897.
Nürnberger, die römische Synode vom Jahre 743. 1898.

Oberziner, le guerre germaniche di Giuliano. 1896.
Oelsner, der Name des heiligen Bonifatius. Bericht des freien D. Hochstifts. Neue Folge. XIII.
Opet, zur Frage der fränkischen Geschlechtsvormundschaft. Sonderabdruck aus Ergänzungsheft des Instituts der Mittheilungen für österreichische Geschichtsforschung. V. 2. 1898.

Ottolenghi, della dignità imperiale di Carlo Magno. 1897. (Dazu W. Sickel, Götting. Gel. Anz. 1898. Nr. 11.)

(Gaston) Paris, histoire poétique de Charlemagne. 1865.

—, la légende de Pepin le Bref. Extrait des Mélanges Julien Havet. 1895. p. 603.

Partsch, Josef, Alpen, in Pauly-Wissowas Realencyclopädie der klassischen Alterthumswissenschaften. I. S. 1604.

Pasquale del Giudice, sulla questione della proprietà delle terre in Germania secondo Cesare e Tacito. 1866.

—, la vendetta nel diritto longobardo. 1876.

—, lo storico dei Longobardi e la critica odierna. 1880.

—, le tracce di diritto romano nelle leggi longobardi. 1885—87.

Peter, die geschichtliche Litteratur über die römische Kaiserzeit bis Theodosius I. und ihre Quellen. I. 1897.

Petersdorff, übereinstimmende Nachrichten über die alten Griechen und Germanen aus Homer und Tacitus. Strehlener Programm. 1897.

Pétigny, Revue numismatique 1854. (Selten werden des Goldes seit c. a. 700.)

Pio Rajna, la cronaca della Novalesa e l'epopea Carolingica. Romania 89. IV.

Pirenne, villes, marchés et marchands au moyen âge. Revue historique. B. 67.

—, sur l'origine des constitutions urbaines au moyen âge. Ebenda B. 57.

Ponschab, das Pontificalbuch Gundekar II. und der selige Utto von Metten. Studien und Mittheilungen aus dem Benedictiner- und Cistercienser-Orden. XVIII.

Pritz, Geschichte des Landes ob der Enns. I.

Probst, die abendländische Messe vom V. bis zum VIII. Jahrhundert. 1896.

Prosographia imperii Romani sacr. I. II. III. ed. Academia scientiar. reg. Boruss. I. II. 1897.

Prou, la Gaule mérovingienne. 1897.

Pückert, über die kleine Lorscher Frankenchronik. Berichte über die Verhandlungen der K. sächsischen Gesellschaft der Wissenschaften zu Leipzig. 1884. Philos.-histor. Classe. 36. S. 140.

Ramorino, Cornelio Tacito nella storia della coltura. 1898.

Ramsay, the church in the Roman empire before a. d. 170. I—III. 1893.

Raßmann, die deutsche Heldensage. 2. Ausgabe. I. II. 1863.

Ratzinger, Geschichte der kirchlichen Armenpflege. 1868.

Rauschen, die Legende Karls des Großen. Gesellsch. für Rheinische Geschichtskunde. VII. 1890.

—, Jahrbücher der christlichen Kirche unter dem Kaiser Theodosius dem Großen. 1897.

Redin, die Mosaiken der Kirchen von Ravenna. 1896.

Riese, zur Geschichte des Göttercults im rheinischen Germanien. Westdeutsche Zeitschrift für Geschichte und Kunst. XVII. 1. 1898.

Rietschel, die Civitas auf deutschem Boden bis zum Ausgange der Karolingerzeit. Leipzig 1894.

—, Markt und Stadt in ihrem rechtlichen Verhältniß. 1897.

Riffel, geschichtliche Darstellung des Verhältnisses zwischen Kirche und Stat. 1836.
Robert, histoire de Languedoc. Nouvelle édition.
—, considérations sur la monnaie à l'époque Romane (nicht romaine!). Anno?
v. Rockinger, Quellen zur deutschen und baierischen Geschichte. VII. (Formel-Sammlungen.)
Rodocanachi, les corporations ouvrières à Rome depuis la chute de l'empire romain. I. II. 1894.
Rolando, della dignità imperiale di Carlomagno. 1873.
de Rossi, Inscriptiones christianae urbis Romae. I. 1861.
(Karl) Roth, Verzeichniß der Freisinger Urkunden von Corbinian bis Egilbert. 1855.
Rousset, le roi Chilpéric. Annales de l'Est. XI.
Ruppersberg, Zeit und Ort von Chlodwigs Alamannen-Sieg. Bonner Jahrb. 101. 1897.

Sarrazin, der Ursprung der Siegfriedsage. 1897.
Sauley, Revue numismatique. 1837 (Münzfunde).
Schaube, zur Verständigung über das Schenkungsversprechen von Kiersy und Rom v. Sybels histor. Zeitschr. N. F. XXXVI. 2. 1894.
Schiber, die Ortsnamen des Metzer Landes und ihre geschichtliche und ethnographische Bedeutung. Jahrb. d. Gesellsch. für lothringische Alterthumskunde. IX. 1899.
Schirren, Besprechung von Mommsens Cassiodor-Ausgabe. Deutsche Literaturzeitung. 1894. Nr. 37.
Schliep, das kleine Walserthal und seine Bewohner. Eine Burgunder-Niederlassung. 1891.
Schneege, Theoderich der Große in der kirchlichen Tradition des Mittelalters und in der deutschen Heldensage. Deutsche Zeitschrift für Geschichtswissenschaft. XI. 1. 1894. (1).
Schreuer, die Behandlung der Verbrechensconcurrenz in den Volksrechten. (Gierkes Untersuch. 50.) 1896.
Schröder, Geschichte Karls des Großen. 3. Aufl. 1863.
— (Richard), neuere Forschungen zur fränkischen Rechtsgeschichte. Hiſtor. Z. LXXIX.
A. Schultze, die langobardische Treuhand und ihre Umbildung zur Testamentsvollstreckung. 1896.
(Walther) Schultze, die Gaugrafschaften des alamannischen Badens. 1896.
—, die fränkischen Gaue Badens. 1896.
—, die fränkischen Gaugrafschaften Rhein-Baierns, Rheinhessens, Starkenburgs und des Königreichs Württemberg. 1897.
—, Principat, Comitat, Nobilität im XIII. Capitel der Germania des Tacitus. D. Z. f. Gesch. W. Neue Folge. II.
—, Deutsche Geschichte von der Urzeit bis zu den Karolingern. I. II. 1896.
P. Schulz, zur Glaubwürdigkeit der Chronik des Abtes Regino von Prüm. Hamburger Programm. 1897.
Schumacher, auf römischer Straße vom Oberrhein an den Neckar. Münchener Allgem. Zeit. Beilage. 1898. Nr. 204.
Schwappach, Handbuch der Forst- und Jagd-Geschichte Deutschlands. 1886.

Seeck, die älteste Cultur der Deutschen. Preußische Jahrbücher. 1894 (4).
—, Geschichte des Untergangs der antiken Welt. I². 1897. Anhang². 1898.
Seeliger, Mittheilungen aus einer Münchener Handschrift der Capitularien.
Serrure, traité de numismatique du moyen âge. I. 1897 (?).
Sesselberg, die frühmittelalterliche Kunst der germanischen Völker. 1897.
Seyler, Geschichte der Sigel. 1895.
Th. v. Sickel, Neuausfertigung oder apennis? Mittheil. d. Instit. f. österr. Gesch. Forsch. I. S. 246. Z. f. R.-G.² I. German. Abtheil. S. 115.
W. Sickel, die Verträge der Päbste mit den Karolingern. Quidbes Z. f. G.-W. 1894. II.
—, Besprechung von Ottolenghi (s. diesen). Götting. gel. Anzeigen. 159. Jahrgang. 1898. Nr. 11.
—, Besprechung von Ottolenghi (s. diesen). Göttinger gelehrte Anzeigen. Nr. 11.
Siecke, die Urreligion der Indogermanen. 1897.
Sievers, Runen und Runen-Inschriften. Pauls Grundriß. 2. Auflage.
Silbermann, die Seide, ihre Geschichte, Gewinnung und Verarbeitung. I. 1897.
Simson, Jahrbücher des fränkischen Reiches unter Karl dem Großen und Ludwig dem Frommen. I. 1874. 1875. II. (a. 789—814.) 1883.
(v.) Simson, zu Jordanis. Neues Archiv. XXII. 3. 1897.
Sommerlad, die Rheinzölle im Mittelalter. Halle 1894.
Stephan, Geschichte des mittelalterlichen Verkehrswesens. 1890.
—, kritische Untersuchungen zur Geschichte der Westgoten. I. 1889. II. 1896. (Kölner Programm.)
Stouff, étude sur le principe de la personnalité des lois depuis les invasions des barbares jusqu'au XII siècle.
Stralosch-Graßmann, Geschichte der Deutschen in Oesterreich-Ungarn. I. 1895.
Strnat, die Unechtheit der Passion des heil. Florian. Beilage zur Münchener Allgem. Z. 1897. Nr. 202.
Stubbs, Registrum sacrum Anglicanum. 2. edit. 1897.
Stutz, Geschichte des kirchlichen Beneficialwesens von seinen Anfängen bis auf die Zeit Alexanders III. — I. 1. 1896.
—, Besprechung von Weyl, die Beziehungen des Pabstthums zum fränkischen Staats- und Kirchen-Recht unter den Karolingern. Z.² f. R.-G. XV. 2. 1894.
Suchier, Chlothars II. Sachsenkrieg und die Anfänge des französischen Volks-Epos. Zeitschrift für romanische Philologie herausgegeben von Gröber. 1894.

Tamassia, Bologna e le scuole imperiali di diritto. 1888.
—, römisches und westgotisches Recht in Grimoalds und Liutprands Gesetzgebung. Z. d. Savigny-Stiftung XVIII. 1897. (German. Abtheil.)
—, Fonti dell' editto di Rotari. 1889.
—, le alienazioni degli immobili e gli eredi . . secondo il diritto longobardo. 1805.
—, Longobardi, Franchi e Chiesa romana fino a' tempi di re Liutprando. 1888.
Tebner, Geschichte der deutschen Bildung und Jugend-Erziehung von der Urzeit bis zur Errichtung von Stadtschulen. 1897.
(Alberdingk) Thijm, Karel de Groote. 1867.

Thomas, das kanonische Testament (auch im VI.—IX. Jahrhundert). (Erlanger Doctorschrift) 1897.
Thomassin, vetus et nova ecclesiae disciplina.
von Thubichum, Sala. Sala-Gau. Lex Salica. 1895.
Tobler, das germanische Heidenthum und das Christenthum. Kleine Schriften. 1897.

Vacandard, la scola du palais mérovingien. Revue des questions historiques. XXXII. LXI. LXII.
Vanderkindere, le Capitulaire de Servais et les origines du comté de Flandre. Compte rendu des séances de la commission royale d'histoire de l'Académie de Belgique. V. Série. Tom. VII. 1897.
—, les tributaires ou serfs d'église en Belgique au moyen âge. Bulletin de l'académie des sciences en Belgique. 1897. 8.
Varges, Stadtrecht und Marktrecht. Jahrbücher für Nationalökonomie und Statistik. 1892.
Vétault, Charlemagne. Introduction par Gautier. 2 éd. 1880.
Vidier, Répertoire méthodique du moyen âge français. 1896.
Vogel, (Chlodwigs Alamannensieg). Histor. Z. B. 56.
—, chronologische Untersuchungen zu Ennodius. Neues Archiv. XXIII. 1. 1897.
Vogelstein und Rieger, Geschichte der Juden in Rom. I. II. 1897.
Voretsch, das Merovinger-Epos und die fränkische Heldensage. 1896.
—, Märchen, Sage, Epos. Münchener Allgem. Zeit. Nr. 234. (16. Oct.). 1897.

Waitz, über die Münzverhältnisse in den älteren Rechtsbüchern des fränkischen Reiches. Abhandl. d. k. Gesellsch. d. W. zu Göttingen. 1861.
—, über das Verhältniß der Annales Mettenses zu anderen Annalen. Forsch. z. d. G. XX. S. 385.
—, über die Annales Laurissenses minores.
—, über die Gründung des Deutschen Reiches durch den Vertrag von Verdun Programm von 1813.
Wasserschleben, Bußordnungen.
Weber (Max), Geschichte der Handelsgesellschaften. 1891.
— —, Römische Agrargeschichte. 1891.
Wegmann, der Titel der Germania. Deutsche Zeitschrift für Geschichtswissenschaft. XI. 1. 1894. (1.)
Wehrmann, Karl der Große und die Wilzen. Monatsblätter der Gesellsch. für Pommer'sche Gesch. XI.
Wiegand, das Homiliarium Karls des Großen. Studien zur Geschichte der Theologie und der Kirche I. 2. 1897.
Willmann, Geschichte des Idealismus. I. Vorgeschichte und Geschichte des antiken Idealismus. 1894. II. Der Idealismus der Kirchenväter und der Realismus der Scholastiker. 1896.
v. Winterfeld, zu karolingischen Dichtern. N. Archiv. XXII. 3. 1897.
Witte, das deutsche Sprachgebiet in Elsaß-Lothringen. Allgem. Z. 1894. Nr. 243. 244 und Jahrbücher der Gesellschaft für lothringische Geschichte und Alterthumskunde. IX. 1898.

Witte, zur Geschichte des Deutschthums im Elsaß und im Vogesengebiet. (Kirchhoff, Forsch. z. d. Landes- und Volks-Kunde. X. 4.) 1897.
Wittich, die wirthschaftliche Cultur der Deutschen zur Zeit Caesars. Histor. Z. LXXIX.
—, die Grundherrschaft in Nordwestdeutschland. 1896. Dazu Meitzen, D. Lit.-Zeit. 1897. Nr. 49.
Wolf, die Stadt Köln von ihrer Gründung bis an die Frankenzeit. 1897.
Wolff, der römische Wall. Correspondenzblatt des Gesammtvereins. (4.) 1894.
—, Kritische Beiträge zur Geschichte Karls des Großen. 1872.
Wolfram, Besprechung von Witte, Geschichte des Deutschthums im Elsaß. D. Literatur-Zeit. 1898. Nr. 18.
Wurm, der Vertrag von Verdun. Deutsche Vierteljahrsschrift. 1843.
von Wyß, Alamannische Formeln und Briefe. Mittheilungen der antiquarischen Gesellschaft in Zürich. VII.

Zeumer, zwei neu entdeckte westgotische Gesetze. Neues Archiv. 23, 1. 1897.
—, zur Geschichte der westgotischen Gesetzgebung. I. II. Ebenda. 24.
Zschiesche, heidnische Cultusstätten in Thüringen. 1897.

Berichtigung.

Seite 113 Zeile 2 des Textes von unten lies: (statt: als Besitzer, der) „als Besitzer dem, der".

I. Die Grundlagen des Karolingischen Reiches.

A. Das Land.[1)]

1. Allgemeines.

Die Erweiterungen des Frankenreiches der Merovingen durch die Arnulfingen zerfallen in zwei Gruppen: der mittlere Pippin und seine Nachfolger bis einschließlich des Königs Pippin (also a. 689—768) haben zahlreiche Gebiete, die früher schon zum Reiche gehört, aber sich seit ca. a. 638 davon gelöst hatten, wieder zum Gehorsam herangezogen: so friesische Gaue im Nordwesten (auch wohl einzelne sächsische wurden wieder schatzungspflichtig), dann Thüringen (seit a. 640 unabhängig), Alamannien, Baiern: dies Herzogthum, von Karl Martell heran gezwungen, hatte sich freilich seit a. 763 wieder getrennt: König Pippin unterwarf auch das seit ca. a. 638 selbstständige Aquitanien wieder.

Karl aber vereinte nicht nur Baiern, zuerst vermittelt durch Tassilo's Vassallenschaft, dann seit a. 787 unmittelbar ohne Herzog mit dem Reich: — er unterwarf weite Gebiete, die niemals vor ihm zum Reiche gehört hatten[2)].

Er unterwarf im Norden bisher noch unabhängige Friesen und die vier sächsischen Gruppen, auch die Nordalbinger bis an das Danewirke, im Süden das langobardische Italien sowie erhebliche byzantinische Gebiete und beherrschte in Ueberordnung über den Pabst dessen Kirchenstat (auch Corsica ward besetzt); im Südwesten errichtete er jenseit der Pyrenäen die spanische Mark, deren wichtigste Vesten Pampelona, Urgel und Gerunda waren. Außerdem hat er aber fast auf allen

---

[1)] Vgl. VII. 1. S. 69 f.
[2)] Vgl. die Karte Urgesch. III. S. 965, die das Frankenreich von a. 768 und das von a. 814 darstellt; dort hätte jedoch der Kirchenstat als ebenfalls unter des Kaisers Oberhoheit stehend gefärbt werden müssen.

Seiten solche äußerste Gränzstreifen, die immer oder doch seit a. 638 in nur sehr loser Abhängigkeit vom Reich gestanden, straffer zur Unterwerfung gebracht, ja darüber hinaus Marken[1]) in Feindesland vorgeschoben: so gegen die Main-Slaven, die Czechen in Böhmen, die Avaren östlich der großen baierischen Ostmark, im Süden der Provence in „Gotien", gegenüber den Wasconen und im Westen gegenüber keltischen Clanen, die sich schon unter und seit Chlodovechs Enkeln gar oft unabhängig gemacht hatten.

Bei der Gliederung des Gesammtreiches gehen die Quellen meist von den Stämmen aus, die ja nun ihre Sitze schon lange nicht mehr veränderten. Die letzten Wanderungen und Verschiebungen waren gewesen die der Langobarden und Sachsen nach Italien a. 568[2]), die Einschiebung der Nordschwaben in dieser Sachsen Sitze[3]), die Rückwanderung dieser Sachsen[4]), das Vordringen der Sachsen nach Nordthüringen[5]), die Ausbreitung der Baiern in die Ostmark[6]). Bezeichnend ist es für Karl, der die Verwerthung der Wasserstraßen in seiner Kriegführung liebte[7]), daß er die Landschaften gern nach Flußläufen gliedert und zwar nicht nur in Heerbannsachen[8]). Daher begegnen auch Namen wie Ultrasequanensis[9]).

Am häufigsten werden die drei großen, zugleich geographischen und ethnographischen Gebiete unterschieden, in die das Reich zuletzt auseinanderbrach: Italien, Gallien, Germanien[10]).

Germanien ist dann alles Land rechts vom Rhein[11]). Das schließt sich an den römischen Sprachgebrauch: und deßhalb wird Baiern, das ja römisch nicht zu Germania, sondern zu Noricum gehörte, manchmal

---

1) Ueber diese Marken s. unten „Amtshoheit", „Markgrafen", und die Abhandlung in den „Fränkischen Forschungen".
2) S. Langobarden.
3) Urgesch. III. S. 529.
4) A. a. O. S. 529.
5) A. a. O. III. S. 77.
6) S. Baiern. Urgesch. III. S. 131. D. G. I. S. 65.
7) Dahn, Karl als Feldherr, Münchener Allgem. 3. 22. III. 1887.
8) Bouquet V. p. 727 a. 775. tam ultra quam citra Renum, Rodanum vel Ligerim. a. 775 praeceptum für Angilramn von Metz. l. c. p. 742 a. 779 tam citra quam ultra Ligerim (für St. Germain).
9) Annal. Bert. a. 834.
10) Annal. Lauresb. a. 800 per Italiam seu Galliam necnon et Germaniam.
11) Annal. Bertin. a. 840 Germaniam transposito Rheno ingreditur. So auch Pabst Zacharias, Jaffé, ep. 36.

ausgeschieden, auch in Zeiten strenger Reichsangehörigkeit, zumal aber bei deren Lockerung.

Zuweilen werden freilich auch wohl die „Germanen" (Franken) in Gallien mit den ostrheinischen zusammen den romanischen Arvernern oder Aquitaniern entgegengestellt.

Die Päbste und die kirchlichen Quellen überhaupt lieben archaisirend altrömische Bezeichnungen z. B. Gallia, Belgica, Bructeri[1]), Norica für Baiern (s. unten).

Sehr wechselnde Bedeutung hat Francia[2]).

Wie Italia wird zuweilen neben Francia noch „Aquitania"[3]), auch „Provincia"[4]) besonders genannt, zuweilen Septimania[5]). Auch die merovingische Gliederung in Auster, Neuster und Burgund[6]) erscheint noch[7]) und unter Ludwig häufig „Hispania" d. h. die spanische Mark.

Am Wichtigsten sind die amtlichen, reichsgesetzlichen Ausdrücke in den Theilungsurkunden, die von Karl Martell a. 741, Pippin a. 768 und zumal die Karls von a. 806, welche im Wesentlichen die Grundlage der von a. 817 und allen folgenden ward.

Karl Martell[8]) giebt dem älteren Sohn Karlmann „Auster" d. h. das östliche Gallien bis etwa Rheims, die Ostfranken rechts vom Rhein, „Suavien, was dermalen Alamannien genannt wird", und Thüringen: zu diesem Auster zählten auch die etwa unterworfenen oder doch schatzungspflichtigen Gaue der Friesen und Sachsen. Pippin erhält Burgund, Neuster d. h. Frankreich westlich von Rheims und Provence. Aquitanien und Baiern bleiben, weil unter eignen Herzogen stehend, unerwähnt.

---

1) VII. 3. S. 357. Dahin gehört auch die auch sonst häufige Mehrzahl Galliae, Pippins Urkunde für St. Denis a. 768. V. p. 710.

2) S. unten „Volk", „Franken".

3) Ordinatio von a. 817 c. 11, daneben noch die andern regiones ac provinciae huic imperio subjectae. Da die Aquitanier in schroffem Gegensatz zu den Franken stehen, ist, wie Waitz III. S. 352 hervorhebt, sehr auffallend, daß a. 783 einmal gesagt wird Urf. bei Baffette II² p. 52 (ich entnehme dies Waitz) regni Francorum id est Aquitanorum.

4) Annal. Laur. Francof. a. 794 p. 73.

5) Annal. Regni Francorum a. 778.

6) VII. 1. S. 70.

7) Urk. Karls a. 782 für St. Mart. von Tours V. p. 747 in regna .. nostra Austria, Neustria, Burgundia, Aquitania vel (= et) Provincia.

8) Urgesch. III. S. 828.

Ein ganz anderes Bild gewährt die Reichstheilung von a. 768[1]). Hier erhält der ältere Sohn, Karl, Austrasien (ohne Elsaß und Alamannien), ferner Neuster und Westaquitanien, Karlmann Elsaß und Alamannien, Burgund, Provence, Gotien, Ostaquitanien. Wem Thüringen, Hessen und die friesischen und sächsischen Streifen zufielen, ist zweifelig.

Die Reichstheilung von a. 806[2]) mußte von beiden früheren abweichen, da das Erbe so gewaltig gewachsen, andrerseits eine Dreizahl zu versorgen war. Ludwig erhielt Aquitanien, das er schon als König beherrschte, und Wasconien (ausgenommen den Gau von Tours und was von da nach Westen liegt bis nach Spanien hinein), Stadt und Gau von Nevers, Avalon, das Auxois, Stadt und Gau von Châlonsur-Saône, von Mâcon und Lyon, ferner Savoien, Maurienne, Tarantaise, Mont Cenis, das Thal von Susa bis zu den Clusen und von da über die Marken der italischen Berge bis ans Meer, Provence, Septimanien, Gotien, die spanische Mark.

Pippin empfing Italien, Baiern (von dem aber der Nordgau und darin die Höfe Ingolstadt und Lauterhofen getrennt waren), Ost-Alamannien (östlich der Donau), dann das von Avaren und Slaven bewohnte Südostland, Istrien, Venetien, Dalmatien, Churwalchen und den Thurgau.

Karl erhielt „den Rest unseres Reiches": Francien d. h. Frankreich (Neustrien) und Burgund (abgesehen von Ludwigs Antheil), West-Alamannien, Austrasien und Thüringen, Sachsen, Friesland und den ehemals baierischen Nordgau.

Die späteren Theilungen[3]) wiederholen diese Bezeichnungen, indem sie nur etwa einzelne Gebiete noch besonders namhaft machen, so die von a. 817[4]) die Ostnachbarn Baierns: Karantanen, Avaren, Czechen, Slaven[5]).

Baiern wird wie gesagt bald unter Germania einbegriffen[6]), bald wie Gallia, Aquitania, Italia davon getrennt[7]); (mit Saxonia) von

---

1) Urgesch. III. S. 949.
2) Urgesch. III. S. 1116.
3) S. unten „Thronfolge", „Reichstheilungen".
4) c. 2.
5) Ueber die Namen der Herzogthümer s. „Amtshoheit", „Herzog".
6) V. St. Altonis c. 1. Mabillon III. p. 217. Bavaria intra australem plagam Germania(ae).
7) Annal. Max. a. 794.

Francia = Germania¹); alterthümelnd nennt man es auch wohl noch Noricum, Noreia²).

Die Mainwenden³) waren schon früher — ihr Land gehörte zum alten Thüringreich — den Franken unterthan: nun wurden hier funfzehn Kirchen gegründet⁴).

Uebertreibend rühmt Einhard, alle Völkerschaften in „Germanien", zwischen Rhein und Weichsel (!), Nordsee und Donau habe Karl schatzpflichtig gemacht⁵), zumal Wilzen, Abodriten, Serben und Böhmen, die andern noch viel zahlreicheren zur Ergebung gebracht.

Die Abodriten waren aber Verbündete⁶), was nicht ausschließt, daß einer ihrer Häuptlinge, »rex« Wizzin, Karl's Vassus ward⁷) oder Karl ihnen einmal einen solchen »rex« bestellte⁸). Die Abodriten, schon früher wohl mit den Sachsen in Hader, erhielten als Lohn ihrer Waffenhilfe gegen diese ausgedehnte Gebiete, aus welchen die Sachsen ausgewurzelt wurden⁹).

Dagegen feindlich gegen die Franken stellten sich die Wilzen: nach ihrer Unterwerfung ergaben sie unter Geiselstellung und Treueschwur ihr Land und sich selbst Karl, der einen gefangenen Häuptling (regem) gegen Treueschwur zum Oberhäuptling bestellte, den die übrigen Ersten (primores) und Häuptlinge (reguli) der Wilzen anerkannten¹⁰).

Die Sorben, obwohl einmal gegen die Wilzen Waffenhilfe leistend¹¹), mußten wiederholt bekämpft werden¹²); ebenso die Czechen: diese unterstützten ein Heer auf dem Zug durch ihr Land gegen die

---

1) l. c. a. 805.
2) V. Sturmi c. 2. Norica regio; Ann. Bert. a. 839 Noreiam quam nunc Bajoaria dicitur; auch Trad. Frising. 484. 532 sogar nationis Noricorum et Paguariorum.
3) Dove, von dem Sendrechte der Main- und Rednitz-Wenden. Z. f. D. R. XIX. S. 327—394; über sie und die Rednitz-Redanz-Slaven Meitzen II. S. 407.
4) Bouquet VI. p. 633. (a.?)
5) V. C. c. 15 ut .. tributarias efficeret, caeteras .. in deditionem suscepit.
6) auxiliatores .. in societatem recepti. Annal. Einh. a. 79 a. v. Car. c. 12 foederati.
7) Annal. Lauresh. a. 795.
8) Thrasico Annal. Mett. p. 191.
9) Urgesch. III. S. 1108.
10) Annal. Lauresh. Nazar. Laur. maj. Einh. a. 789. Urgesch. III. S. 1019.
11) Urgesch. S. 1019. a. 789.
12) Ueber Karls limes Sorabicus Meitzen I. S. 39. II. S. 368. Annal. Einh. 803. 806. 809—812. D. G. 1 b. S. 379.

Avaren¹). In der Reichstheilung von a. 817 werden (neben den Carantani) auch die Beheimi als Ludwig dem Deutschen zugehörig, also als Unterthanen des Frankenreiches behandelt²).

Schatzung und Waffenhilfe ward aber nur einzelnen dieser Slaven-Horden und auch diesen nicht dauernd auferlegt und alle behielten ihre einheimischen Häuptlinge, auch wenn solche gelegentlich vom Reich eingesetzt oder zu Vasallen gemacht wurden.

Die slavischen Karantanen waren von den Agilolfingen zu großem Theil bekehrt und unterworfen worden³). Nach Beseitigung des baierischen Herzogthums traten ihre heimischen Häuptlinge unmittelbar unter den König und die Grafen der angränzenden baierischen Gaue: schon unter Pippin war ein bekannter Häuptling Kataz zum Herzog, dux, der Kärntner bestellt worden⁴).

Mit der unmittelbaren Beherrschung Baierns übernahm Karl auch die Abwehr der schlimmen Ostnachbaren des Herzogthums, der Avaren⁵), und deren Bekehrung. Nach drei Feldzügen von a. 791, a. 795, a. 796 war die Unterwerfung vollendet. Der Oberhäuptling, der Chakan, und die Unterhäuptlinge, die Tarchane, leisten zum Theil in Aachen den Treueschwur⁶). Das Gedicht über Pippins Avarensieg⁷) nennt den Chakan rex; vielleicht ist es avarisches Rechtssymbol, daß er sein regnum Karl übergiebt cum (festucis et) foliis, mit Blattgewinden. Spätere Erhebungen scheitern⁸). Die Macht des wilden Räubervolkes blieb gebrochen: solange noch ein Chakan begegnet, steht er in voller Unterthänigkeit⁹), aber bald verschwinden ihre Horden völlig unter den slavischen Nachbarn, die, bisher von ihnen abhängig, nun gelöst hiervon, unter eigenen Fürsten unmittelbar unter fränkische Oberhoheit

---

1) a. 791 Annal. R. Fr. Dümmler, de Bohemiae conditione Carolis imperantibus p. 10 seq. D. G. I b. S. 326.
2, c. 2. p. 198.
3) Urgesch. IV. S. 158.
4 Conventus Carantan. c. 4. 7. 10. Dümmler, südöstliche Marken, S. 10 f. Urgesch. IV. S. 958. Ueber die slavische Supanverfassung in Krain Meitzen II. S. 393. III. 397.
5) Einh. Annal. a. 605. Alcuin. epist. 56. 67. S. Zeuß, S. 727. Dahn, in der Deutschen Encyclopädie I. Büdinger I. S. 133. Rümmel, Anfänge S. 206. Urgesch. III. S. 1025.
6) Ann. Einh. 796.
7) Poetae Carol. l. p. 117.
8) Annal. Laur. a. 803.
9 Dümmler, südöstl. Marken, S. 6—9.

treten¹), so daß man später sagte von einem spurlos Verschwundenen: „er ist verschwunden wie der Awar, nicht Bruder, nicht Neffe ist von ihm übrig"²).

Die hohe Bedeutung der Wiedergewinnung Aquitaniens durch Pippin ward³) hervorgehoben⁴). Der letzte Versuch, wieder einen Herzog von Aquitanien zu erheben, vielleicht von Waifars Vater, Hunald, gewagt, ward sofort vereitelt⁵).

Wie Langobardien⁶) unter dem Sohne Pippin und gleichzeitig ward Aquitanien unter Ludwig zu einem Königthum erhoben: er heißt (wie jener rex Langobardorum) rex Aquitanorum, rex Aquitaniae⁷). Von ihm sind auch Urkunden aus jener Zeit erhalten⁸). Er hielt Hof (oft zu Toulouse) und empfing hier Gesandtschaften. Er schaltet ziemlich selbstständig, aber doch stets unter der Oberhoheit des Vaters, der z. B. einen Feldzug nach Spanien oder doch Ludwigs persönliche Betheiligung daran verbietet⁹). Und bei der Reichstheilung von a. 806 wird den königlichen Söhnen die Pflicht des Gehorsams gegen den Kaiser eingeschärft¹⁰).

Die Basken, früher stets mit den Aquitaniern genannt, mußten jetzt (a. 769) den zu ihnen geflüchteten Hunald ausliefern und sich unterwerfen; jene Basken, die später (a. 778) Roland bei Ronceval erschlagen, sind viel weiter westlich in Spanien wohnende¹¹). Gegen Ludwig erhoben sich freilich auch die von Karl Unterworfenen wieder¹²). Die Basken behielten zum Theil die stammthümlichen Fürsten: aber ein Name

---

1) Dümmler, älteste Geschichte der Slaven in Dalmatien, S. 32 f.
2) Dahn, Deutsche Encyclopädie I. Mühlbacher, R. S. 166.
3) Oben, Einleitung S. 45.
4) Vgl. Rabanis, les Mérovingiens d'Aquitanie (2 éd. 1856). — Perroud, les origines du duché d'Aquitanie (1882. — Waifar hatte geheißen dux, auch princeps Aquitaniae, Chron. Moissiac. I. p. 294.
5) Urgesch. III. S. 957.
6) S. diese. Italia, quae dicitur Langobardia Bouquet V. p. 731 a. 775. Romania ist der Kirchenstat.
7) Bouquet VI. p. 452. 453. a. 793—807.
8) Böhmer-Mühlbacher S. 212.
9) Vita Hlud. c. 1. a. 810.
10) Divisio c. 20. oboedientes habeamus filios nostros .. cum omni subjectione quae patri a filiis .. exhibetur.
11) Anders Waitz III. S. 102. S. die Quellen Urgesch. III. S. 965. v. Ranke S. 9 und andere benutzen die falsche Urkunde von Alaon für diese Verhältnisse; s. aber oben Anm. 4 Rabanis.
12) V. Hlud. c. 5. c. 18. p. 609. 616.

wie Sigiwin läßt keinen Basken vermuthen. Er war zum Grafen von Bordeaux bestellt[1]), anderwärts[2]) heißt er daher nur Comes, er war der Sohn des a. 812 getödteten Adalrich und diesem in den ducatus Vasconiae gefolgt mit Lupus, dem Sohne seines Bruders Centullus[3]). Allein Karl sorgte dafür, daß diese Herzöge weder in Krieg noch Frieden irgend ähnliche Machtstellung einnahmen, wie die beseitigten der Alamannen und Baiern[4]).

Auch in der Bretagne bestanden wie in der merovingischen Zeit die einheimischen Clan-Häuptlinge fort, hießen aber jetzt nicht mehr reges, wie jener Judicail[5]), sondern wie unter Chlodovech wieder duces. Auch hier ward eine Mark errichtet, deren Graffschaft Roland inne hatte[6]). Im Jahre 799 ward das Land umfassender als je zuvor unterworfen: der Markgraf Wido durchzog mit seinen (Nachbar-)Grafen das ganze Keltengebiet, nahm dessen Ergebung entgegen und überbrachte dem König die Waffen der einzelnen duces, die sich ergeben hatten, mit ihren darin eingeschriebenen Namen[7]). „Denn durch diese hat jeder von ihnen sein Land und Volk übergeben und die ganze Provinz Brittania war den Franken unterworfen, was nie zuvor geschehen war"[8]).

Zweifelig ist, wie weit die spanische Mark jenseit der Pyrenäen ausgedehnt, zumal aber wie lang diese Ausdehnung behauptet ward[9]): Huesca, Barcelona, Gerunda sollen a. 778 Geiseln gestellt haben[10]). Saragossa blieb unbezwungen, wenn auch während der Belagerung saracenische Häuptlinge Geiseln stellten. Auch Navarra ward nicht dauernd unterworfen[11]), Pampelona wurde erobert, aber auf dem Rückzug geschleift, man hoffte also nicht, es behaupten zu können. Der spanische war der einzige Feldzug Karls, der scheiterte, er war politisch nicht sicher genug vorbereitet: verwundersamer Weise nahm der kleine Theil der christlichen Asturier (Goto-Romanen) durchaus nicht, wie

---

1) Simson, Ludwig I S. 65.
2) Vita Hlud. c. 26.
3) l. c. Bouquet VI. p. 99. a. 816.
4) S. Heerbann.
5) Urgesch. III. S. 186.
6) Urgesch. III. S. 985. 999. 1068.
7) Entlehnt aus Tacitus' Annalen II. 15?
8) So die Annales regni Francorum = Annal. Laur. maj. a. 799. p. 108. S. aber Urgesch. III. S. 186.
9) Annal. Petav. nach Annal. R. Fr.
10) Einh. v. Car. c. 9.
11) A. M. Waitz III. S. 176.

man hätte glauben mögen, den machtvollen Frankenkönig als willkommenen Helfer gegen den Islam auf, trat ihm vielmehr höchst feindlich entgegen: wie die Hauptveste Pampelona erstürmt werden mußte, haben christliche Basken, Unterthanen des Königs Alfons, der fränkischen Nachhut auf ihrem Rückzug die Schlappe von Ronceval beigebracht¹). Später ward eine spanische Mark bis an den Ebro ausgedehnt²). Lange Jahre nach dem spanischen Feldzug von a. 778 trat König Alfons von Asturien in enge Freundschaftsbeziehungen zu Karl (a. 798), er nannte sich „Karls eigen"³) und schickte ihm den Mauren abgenommene Siegesbeute als Geschenk⁴).

Der Inbegriff der in Italien von Karl unmittelbar als Langobardenkönig oder als Eroberer byzantinischer Gebiete, oder mittelbar — durch den Pabst — beherrschten Lande heißt „Italien": — so rechnet er seit 801 nach seiner Regierung in Italia⁵), — obwohl er niemals die ganze apenninische Halbinsel den Byzantinern entrissen hat. Wohl ward ihnen Istrien abgenommen, Venetien und Dalmatien lösten sich von Byzanz und schlossen sich dem Frankenreich an: doch der Friede von a. 811 gab die beiden letzteren dem Ostreich zurück⁶). Wie im Kirchenstat wurden bei der Eroberung die meisten Einrichtungen beibehalten, ja Bevorzugungen — Wahl der weltlichen wie kirchlichen Oberen — gewährt⁷).

Auch in Rhätien bestanden von der allgemeinen Aemterverfassung verschiedene Einrichtungen⁸). Neben dem Bischof von Cur als „Rector" der Provinz begegnet⁹) für das Ostgebiet ein Graf, der auch dux heißt, aber bloßer Titulardux ist¹⁰).

---

1) S. oben S. 7 und Urgesch. III. S. 955.

2) Aber wie lange behauptet? Foß, Ludwig S. 3. Funck, Ludwig S. 20. Mühlbacher, K. S. 148.

3) Einh. v. C. c. 16. adeo .. Hadefonsum sibi devinxit, ut is, cum ad eum vel litteras vel legatos mitteret, non aliter se apud illum quam proprium suum appellari juberet.

4) Annal. R. Fr. Einh. 798.

5) Th. v. Sickel p. 265.

6) Ann. Einh. 806. Chron. Venet. Scr. VII. p. 14. Harnack, die Beziehungen des fränkisch-italischen zum byzantinischen Reich. Simson, Karl, S. 288, 334 f. Urgesch. III. S. 1145. Ueber die Neuerdnung Italiens durch Karl Mühlbacher, K. S. 95.

7) S. „Amtshoheit" und „Schranken des Königthums".

8) S. „Amtshoheit". Capitula Remedii Legg. V. Dazu Wyß, Anz. f. Schweizer. Gesch. VII. S. 207.

9) Divisio inter episcopatum et comitatum, Mohr p. 27. S. „Alamannen".

10) Thegan. c. 30. Vita Hlud. c. 26.

Die Balearen, Corsica, Sardinien wurden den Arabern entrissen, aber sehr zweifelhaft ist, wie lange sie behauptet wurden.

Was nun die Eintheilungen der einzelnen Landschaften sowie deren Benennungen anlangt, so bestand das Merovingische[1]) im Wesentlichen fort[2]).

Regnum[3]) wird nicht nur für die Theilreiche[4]), auch für größere Stücke des Gesammtreiches oder der Theilreiche gebraucht: so für Austrasien, Baiern[5]), auch Sachsen[6]), die sonst auch ducatus heißen[7]). Ganz gleichbedeutend steht provincia. Aber während regelmäßig das regnum in provinciae oder regiones[8]) und die provincia in pagi, Gaue, zerfallen, kann Austrasien bald regnum, bald pagus genannt werden[9]), ebenso heißt Alamannia pagus[10]), ja ganz Baiern mag „Gerichtsprengel" heißen, »judiciaria«[11]); umgekehrt steht auch wohl provincia für pagus, einmal auch regnum Saxoniae = provincia[12]).

2. Provinzen, Landschaften.

Die merovingische Eintheilung in provinciae[13]) besteht regelmäßig fort und wird auch wohl auf die seit dem VIII. Jahrhundert neu erworbenen Lande ausgedehnt[14]): provincia ist der allgemeinste Ausdruck für die größeren Gebietstheile des Reiches[15]). (Provincia be-

---

1) VII. 1. S. 69 f.
2) Ueber Imperium s. unten „Kaiserthum", über ducatus s. „Amtshoheit", dux.
3) VII. 1. S. 69.
4) Besonders seit a. 817 und a. 829. Nun wird auch gesprochen von einem regnum Alisaciaae et Coriae et partem Burgundiae, d. h. das Reich Karls des Kahlen. Annal. Xanten. a. 629. Francorum per regna Ermold. Nigell. II. v. 177.
5) Annal. Lauresh. a. 768.
6) Annal. Bert. a. 839.
7) s. „Herzog".
8) Hinkmar c. 18.
9) Wenck II. p. 10.
10) Traditiones Sangall. Nr. 26.
11) Trad. Frising. 369.
12) Annal. Bert. a. 839.
13) VII. 1. S. 72.
14) Ueber die Eintheilung des Reiches Eichhorn § 82, über provinciae Schröder S. 120. Karl Kohler, die Reichseintheilung, Handb. d. D. Gesch. I. 1891. S. 230. Mühlbacher, K. S. 271.
15) Hinkmar de o. p. c. 5 in quacunque provincia degentes.

deutet aber oft auch ein viel kleineres Gebiet¹).) Provincia²) bezeichnet weitere Gebiete, auch wenn sie nicht provinciae eines dux, nicht ducatus sind: zum Beispiel ganz Sachsenland³).

Bei der Reichstheilung von a. 806 ward der Ausdruck provincia vermieden und pagus, suburbana, civitas, comitatus, terminus, marca = vallis, ducatus genannt⁴). Gleichbedeutend mit provincia steht terra, provincia karantana = terra⁵), terra = patria⁶). Aber auch patria ist = provincia, Saxoniae patriae marchio⁷) = terra⁵); patria ganz allgemein „Die Lande"⁹); ebenso steht statt provincia pars¹⁰). Desgleichen ist provincia = regio. Ganz Baiern heißt Baioaria regio¹¹). Selten ist die Landgliederung in ducatus¹²), häufiger in provinciae¹³). Aber auch das alte bara hat sich erhalten: die Bertholdisbara in Alamannien zählt mehrere Grafschaften¹⁴). Auch Italien zerfällt nach der Eroberung in provinciae¹⁵). Werden einmal Austria, Neustria, Emilia und „Tustia" (Tuscia) sowie die Meeresküsten (Italiens) neben einander gestellt, so beruht das darauf, daß gerade hier die flüchtigen Unfreien sich verborgen hielten¹⁶). Kurzlebig war die Eintheilung der provinciae in missatica, legationes¹⁷).

---

1) z. B. Aurelianensis, Wasatensis, Adrevald. Mir. St. Bened. Bouquet VI. p. 313.
2) VII. 1. S. 72.
3) Annal. Lauresh. 780.
4) Cap. p. 130.
5) Iuvavia p. 97.
6) Brunetti II. p. 305 (a. 805) denarios, quales .. per ista patria (Langobardia) ierint. C. Nium. a. 806. c. 9 mendici qui per patrias discurrunt.
7) Bouq. VI. p. 617. a. 836.
8) Cap. a. 758—768 p. 41, c. 14, vgl. VII. 1. S. 72 f.
9) Daher episcopi ambulantes per patrias C. Vermer. (a. 759—768?) p. 41. c. 14.
10) per omnes provincias regni Form. imper. N. 14 p. 296 = partibus Borgundiae hac (l. ac) Septimaniae. Champollion, documents inédits III. p. 413 = Annal. Einh. a. 814 in omnes regni partes.
11) Annal. Bert. a. 834 Tricassinorum (Troyes) et Carnotum (Chartres) atque Dunensium (Le Dunois) regiones. Indiculus Arnonis VIII. 8.
12) So Cap. I. p. 41.
13) So ebenda patria = terra, ohne Betracht von Statsgränzen ebenda.
14) Zwei davon hat Ein Graf M. B. XXXI. 1. p. 60 duobus comitatibus Ottonis qui sunt in Bertholdesbara.
15) C. I. p. 204 per provincias Italiae (a. 801).
16) C. I. p. 193. (a. 782—786.)
17) f. unten „Amtsboheit", „Königsboten".

3. Marken.

Nur eine Art der Grafschaften, nicht etwa rechtlich dem Herzogthum gleich stehend, ist die Markgrafschaft¹).

---

¹) S. „Amtshoheit", „Graf" und „Markgraf", dann „Fränkische Forschungen" und an Literatur:
Eichhorn § 135.
Palacky, Geschichte von Böhmen. (Deutsch 1836.)
Dümmler, über die südöstlichen Marken des fränkischen Reiches unter den Karolingen. Archiv für österreichische Geschichte X. 1853. — Ueber die älteste Geschichte der Slaven in Dalmatien. Sitzungsberichte der Wiener Akademie der W., Philolog.-histor. Cl. XX. S. 384.
Dorr, de bellis Francorum cum Arabibus gestis. 1861.
Hilgers, Karl der Große und die natürlichen Gränzen Frankreichs. 1867.
von Hammerstein-Loxten, der Bardengau. 1869.
(Konrad von) Hofmann, Caroli expeditio hispanica, Münchener Sitz.-Ber. 1871. S. 328.
Szaraniewicz, kritische Blicke in die Geschichte der Karpathenvölker. 1871.
Jireček, österreichische Geschichte. Aelteste christliche Reiche (a. 500—1000). 1862.
— Das Recht in Böhmen und Mähren. I. 1: von den ersten Nachrichten bis zum Ende des X. Jahrhunderts. — Geschichte der Bulgaren. 1876.
Krones Ritter von Marchland, zur Geschichte des Deutschen Volksthums im Karpathenlande. 1878.
Blochwitz, die Verhältnisse an der deutschen Ostgränze zwischen Elbe und Donau zur Zeit der ersten Karolinger. 1872.
Böttger, die Diöcesan- und Gau-Gränzen Norddeutschlands. I—IV. 1878.
Beyer, der limes Saxoniae Karls des Großen. 1877.
von Borch, das Schloß der Karolinger an der Elbe. 1882 (dagegen Zarncke, Centralblatt 1882 Nr. 42).
Koppmann, Karl der Große und die Dänen (a. 813). Jahrbücher für Landeskunde der Herzogthümer Schleswig-Holstein und Lauenburg. X.
Jansen, limes Saxoniae, Z. f. Gesch. d. Herzogthümer Schleswig, Holstein und Lauenburg. XVI.
Lippert, die Anfänge der Statenbildung in Böhmen, Mittheil. d. Vereins für d. Geschichte Böhmens. — Germanen und Slaven. Die geschichtliche Entwickelung der Gegensätze ihres Volkswesens. Samml. gemeinnütlicher Vorträge. Nr. 100. 1885.
Dahn, Avaren, Deutsche Encyclopädie I. 1886.
Schäfer, die statsrechtlichen Beziehungen Böhmens zum Reich von der Zeit Karls des Großen bis a. 1212. 1886.
v. Sybel, Karls spanischer Feldzug. Histor. Z. 1889.
Lipp, das fränkische Gränzsystem unter Karl dem Großen. Gierke's Untersuchungen XLI. 1892.
v. Amira² S. 77.

Die Mark steht unter dem nächsten Gränzgrafen, der als solcher dann eben Markgraf, marchio, marchisus, praefectus, custos limitis, auch wohl dux oder comes heißt¹).

Die Markgrafschaften, größer als die Binnengrafschaften, hatten meist eine vorgelagerte Militärgränze²), d. h. aus strategischen Gründen legte man in das feindliche Gebiet vorspringende Befestigungen, Thürme, Castelle an und belegte sie mit Besatzung, während das umliegende Land unbewohnt oder auch von unterworfenen Anwohnern besiedelt blieb.

„Die Mark war ein den Feinden abgewonnenes, durch Burgen geschütztes und mit Militärposten besetztes Vorland, in welchem die ordentlichen Einrichtungen der fränkischen Verwaltung nicht durchgeführt waren, und wurde daher nicht als ein eigentlicher Bestandtheil, sondern als ein Zubehör des Reiches angesehen"³). Ob in der fränkischen Zeit schon der König als Eigenthümer des ganzen Markbodens als solchen galt⁴), ist doch zweifelig: die Verfügung zu Zwecken der Besiedelung und Vertheidigung erklärt sich aus dem Eigenthum an dem vielen herrenlosen, also königlichen Boden: daneben erwarben aber doch wohl die Angesiedelten Eigenthum an den ihnen zugewiesenen Grundstücken⁵).

Ueber Eroberung und Germanisirung der Ostmark durch die Baiern Riezler I. S. 175 f. 184; Meitzen II. S. 366. 375—382; über den Nordgau gegen die Czechen S. 186.

Ueber die Ansiedlung der Slaven und Avaren, dann die germanische Colonisation im IX. Jahrhundert s. Kämmel, die Anfänge deutschen Lebens in Oesterreich bis zum Ausgang der Karolingerzeit. 1879. S. 142.

Ueber die Ausbreitung der Baiern über die Ostmark, Belehrung der Slaven, Unterwerfung von Kärnten, Abwehr der Slaven s. Kämmel, Entstehung des österreichischen Deutschthums I. S. 238—297. Stratosch-Graßmann I. S. 404—430.

1) S. unten „Amtshoheit".
2) So treffend Brunner II. S. 146.
3) Brunner II. S. 171. Man könnte das nicht besser sagen; doch entbehrten die dem Binnenland nächsten Theile der Mark nicht der Bebauer neben den Kriegern der Burgen.
4) S. Brunner a. a. O.
5) Vgl. Graf Hundt, über die Avaren-Mark, Abh. der Münchener Akad. XIII b; über die spanische Brunner II. S. 256, und Marca, Marca hispanica. Ueber die Dänenmark und das Danewirke Einh. Annal. a. 808, 611, Waitz III. S. 369, Jahrb. d. D. Reiches unter Heinrich I., 15. Excurs, Schleswig-Holsteins Gesch. I. S. 24.

Die Markgrafen erhielten häufig, um stärkere Macht in ihre Hand zu legen, mehr als je Eine Grafschaft, was sonst nur ausnahmsweise vorkam[1]).

Die Marca wird von anderen Gebieten infra regna unterschieden, z. B. bei der Einbannung zur Strafe[2]), hier vielleicht als Erschwerung der Strafe und auch behufs Sicherung.

Den Schutz der Marken, die Beobachtung der Reichsnachbarn, den Besuch des Mark-Dings, die Auslieferung flüchtiger homines an ihre seniores haben die missi zu bewirken. Freilich klagen die Markgrafen, daß sie keine Vassen (homines) zum Schutze der Marken gewinnen können, wenn sie strenge Zucht halten[3]). Naiv ist die Klage: „die Reichsnachbarn hegen immer Haß jenen, die den Feinden Hinterhalt zu legen und unsere Mark zu erweitern beflissen sind"[4]). Zum Schutz der Mark hat jeder Wehrfähige — zuletzt, wie es scheint, auch der Unfreie — herbei zu eilen[5]).

Die Mark (der Baiern) wird von den missi mit der Mark-Wache, scaritus, (s. Heerbann) behütet[6]).

4. Gau, Grafschaft*), Vicaria.

Die Haupteintheilung des Landes (der provinciae) blieb[7]) die in Gaue, Grafschaften, mit der civitas als Amtssitz[8]).

---

1) Monachus Sangall. I. 13. M. G. Scr. II p. 736 Providentissimus Carolus nulli comitum nisi his, qui in confinio vel contermino barbarorum constituti erant, plus quam unum comitatum aliquando concessit.
2) C. Sax. a. 797 c. 10.
3) C. I. p. 116. 207. a. 803. 800—810. (?)
4) l. c. 208. a. 790—810. (?)
5) Schutz der Marken C. I. p. 139. c. 1. a. 808. de marcha ad praevidendum: unusquisque paratus sit illuc festinanter venire, quandocunque necessitas fuerit (also nicht nur Grundeigner, wie Waitz), s. unten „Heerbann".
6) C. I. p. 159. c. a. 810. (?)
7) VII. 1. S. 75, 2. S. 90.
8) S. unter „Amtshoheit", „Grafen". Ueber das Fortbestehen der Langobardischen Landeintheilung auch nach 774 s. Langobarden, über die baierischen Grafen nach a. 787 und über die fränkischen Grafen und den sächsischen go-greven s. Baiern und Sachsen. Daher in den Formeln stets: in pago illo, in villa illa. Form. imp. 55. In Italien (statt pagus) ducatus l. c. 16. Th. v. Sidel, Beitr. V. S. 72.
*) Eichhorn § 22.
Dumbeck, geographia pagorum vetustae Germaniae cisrhenanorum. 1818.
v. Lang, Baierns Gaue nach den drei Volksstämmen der Alamannen, Franken und Bajoaren. 1830.

Nur in Gallien haben sich — ohne künstliche Nachbildung, ganz von selbst, wie schon in der vorfränkischen Zeit — die Gebiete der Bischofstädte, die territoria civitatum, mit den nunmehrigen der Grafschaften und Gaue gedeckt[1]). Auf dem rechten Rheinufer aber haben die Bisthumsprengel gar viele Gaue umfaßt[2]), Gebiete verschiedener Stämme, alamannische und baierische, sächsische und friesische[3]), auch Gaue durchschnitten. Das Amtsgebiet des Grafen heißt[4]) althochd.

Landau, Beschreibung der Deutschen Gaue I. Wetterreiba. (vgl. Correspondenzblatt des D. Geschichts- und Altertums-Vereins 1834). II. Hessengau 1835..1857.

Lebebur, Land und Volk der Brukterer. 1827. — Die fünf münsterischen Gaue und die sieben Seelande Frieslands. 1836. — Blicke auf die Literatur des letzten Jahrzehnts zur Kenntniß Germanicus zwischen Rhein und Weser mit besonderer Rücksicht auf das Land und Volk der Brukterer. 1837.

(von) Wersebe, Beschreibung der Gaue zwischen Elbe, Saale, Unstrut, Weser und Werra. 1829. — Ueber die Vertheilung Thüringens unter den alten Sachsen und Franken. I. 1834. II. 1836.

Sachsse, observatio de territoriis civitatum ex regimine quod vocatur „Gauverfassung". 1834.

Wachter, Gau. Encycl. v. Ersch u. Gruber I. 26. S. 48.

Jacobs, le pagus aux différentes époques de notre histoire. 1859.

Wippermann, Geschichte des Bucki-Gaues. 1859.

Thudichum, die Gau- und Mark-Verfassung in Deutschland. 1860.

Kunstmann, Beiträge zur Geschichte des Würmthals. I. Abhandl. d. baier. Akad. 1866. II. 1868.

Stein, die ostfränkischen Gaue. Arch. d. histor. Vereins von Unterfranken und Aschaffenburg. XXVIII.

Longnon, étude sur les pagi de la Gaule. Bibliothèque de l'école des hautes études. II. 11.

W. Arnold, die Deutsche Gauverfassung in der Karolingischen Zeit mit besonderer Rücksichtnahme auf Hessen, Zwiedinec-Südenhorst, Z. f. Allgemeine Geschichte. I.

Baumann, die Gaugrafschaften im wirtembergischen Schwaben. 1880.

Schricker, älteste Gränzen und Gaue im Elsaß. Straßburger Studien II. 4. 1894.

Sohm S. 23.

Schröder S. 120.

v. Amira[2] S. 172. Jetzt besonders (Walther) Schultze, die Gaugrafschaften des alamannischen Badens. 1896; die fränkischen Gaue Badens. 1896; die fränkischen Gaue Rhein-Baierns, Rhein-Hessens, Starkenburgs und des Königreichs Württemberg. 1697.

1) S. die reiche Literatur über diese Streitfrage und die richtige Abwägung bei Waitz III. S. 439; lange Zeit hat bei Franzosen und Deutschen Ueberschätzung der Wirkung der kirchlichen Eintheilungen geherrscht.

2) So Würzburg nicht weniger als siebzehn, Stälin I. S. 312.

3) Waitz a. a. O.

4) Wie früher VII. 2. S. 90.

gràscaf¹), grasceffi, gra-schaft, comitatus, der Gau pagus. Regelmäßig fallen Eine Grafschaft und Ein Gau, eben der pagus civitatis²) in Gallien, zusammen³): die Capitularien sprechen häufiger von comitatus, die Urkunden von pagi: daher heißt der comes immer noch Gaugraf⁴), comes pagi, comes de pago, comes pagensis, comes civitatis, seine Amtspflichtigen heißen immer noch⁵) seine Gauleute, pagenses⁶). Oestlich vom Rhein hießen die Grafen in Ermangelung von Städten nach den Gauen⁷), doch begegnet dies zuweilen (unter Ludwig) auch in Gallien. Da die Grafschaften Einer Provinz die Provinz ausmachen, hießen sie zusammen die comites provinciales⁸). Grafen über eine ganze Provinz kommen nicht vor⁹). Und anderwärts wird in Ermangelung von Städten ein castrum Tornotrense, caput videlicet comitatus¹⁰), ja auch ein königlicher Landhof wird als Sitz des Grafenamtes bezeichnet¹¹).

Es ist sehr bezeichnend für die zunehmende Bedeutung der Grafen in deren Gauen — zumal seit a. 614¹²) — daß unter Karl zwar nur erst sehr selten, unter seinen Nachfolgern aber gar bald viel häufiger die Grafschaften nicht nur mehr nach civitates oder Gauen heißen, auch nach den Namen der Grafen¹³); oder auch es heißt, „die Brivaturische Grafschaft (Brioude), die wir unserem Getreuen, dem Grafen

---

1) Schade, S. 349.
2) Divisio a. 809. civitates cum suburbanis (Vorstädten) et territoriis atque (= sive) comitatibus quae ad ipsas pertinent.
3) Cc. v. 791. Redensem pagum quamdiu vocabulum suum idem comitatus retinet. Urkunde Ludwigs von a. 814. Bouquet V. p. 461 zuerst: pagus Tornotrensis — dann: castrum T., caput videlicet comitatus.
4) Vgl. VII. 2. 94 f. Oft bei Greger.
5) VII. 2. S. 90 f.
6) C. de part. Sax. c. 15. p. 69. a. 775—790.
7) S. Alamannen.
8) C. Aquisgr. a. 802 c. 1. C. I. 1. p. 92.
9) Unverständlich daher Mittelrhein. Urkundenbuch I. N. 60. a. 650 comes Franciae.
10) Urkunde Ludwigs für Bischof Betto von Langres, Bouquet VI p. 461. a. 814.
11) Mir. St. Vedasti c. 9. ed. Holder-Egger Scr. XV. von Haimin c. 650. (S. Wattenbach I. S. 297) sedes comitatus videbatur in dominica curte.
12) VII. 2. S. 105.
13) Der trübste Fall ist, von a. 611, in comitatu Wigbaldes in pago Wernigowe, s. Waitz III. S. 379, dann unter Ludwig dem Deutschen, Wilmans, Kaiserurk. I. 31.

Berengar gewährt haben¹)". Daß eine Grafschaft nur nach dem Grafen benannt wird, begegnet unter Karl soweit ich sehe nur einmal²).

Begreiflich, aber noch nicht beachtet ist, daß zufrühest östlich vom Rhein, wo Städte fehlten, die Grafschaften nach den Gaunamen, auch wohl daneben nach den Grafen, benannt wurden. Doch findet sich auch unter Ludwig schon der comitatus Viviariensis³).

Soll der Amtsbezirk, die Zugehörigkeit der Amtspflichtigen räumlich bezeichnet werden, so schreibt man ministerium⁴).

Verwirrend wirkt es, daß bald für Gau, pagus, ebenso Ausdrücke verwendet werden, die sonst viel größere Verbände bezeichnen (wie provincia) oder begrifflich andere (wie marca), bald pagus auf größere Gebiete als ein Gau (wie eine Provinz), bald auf kleinere (wie Hundertschaften) angewendet wird: es fehlte völlig an einem einheitlichen Sprachgebrauch und nicht einmal Karl wäre es beigekommen, hier einheitlich durchgreifen zu wollen. Beides am Häufigsten rechts vom Rhein: so heißen der Salgau, das Grabfeld bald pagus, bald provincia⁵), Hessenland bald marca, bald pagus, ganz Ripuarien pagus⁶).

Daraus erklärt sich denn auch, daß ein solcher pagus (= provincia) eine Mehrzahl von Grafschaften einschließen kann: so der pagus Ripuarien⁷), das sonst provincia oder ducatus heißt und fünf Grafschaften hat, darunter Bonn und Jülich⁸): diese comitatus heißen dann aber auch selbst pagi. Der Hassegau hat unter Karl zwei Grafen gleichzeitig⁹). Das Hamaland, der ducatus der lex Chamavorum, setzt drei Grafschaften voraus¹⁰). Nur in diesem Sinn kann man von Untergauen, Kleingauen innerhalb der Gaue, großen Gauen sprechen¹¹).

---

1) Bouquet VI. p. 547.
2) In Baiern M. B. XXVIII. 1. p. 6 in comitatu Adulfi.
3) Viviers, Ardèche a. 817. Bouquet VI. p. 503. (a. 617.)
4) C. Aquisgr. a. 807. c. 3 per singula ministeria = de singulis comitatibus. a. 808 c. 4. p. 137 quanta ministeria unusquisque comes habuerit. Darüber s. ausführlich unter „Amtshoheit".
5) S. die Belege bei Waltz III. S. 380.
6) So Einh. transl. st. Petri c. 65; ebenso ganz Elsaß. Bouquet V. p. 727. a. 774 und cft.
7) L. Rib. ed. Sohm 31 p. 41.
8) Divisio von a. 870 C. II. 2. p. 292.
9) Wend III. p. 13.
10) c. 44 ed. Sohm p. 122.
11) Anders Sohm S. 205.

Zuweilen werden eine oder mehrere Hundertschaften von dem Gau gelöst und unter besonderem Namen zu einem Gau zusammengefaßt[1]).

Gleichbedeutend mit all' diesen Ausdrücken steht auch terminus, fines[2]), confinium[3]). Das alte — bant (VII. 1. S. 80) erscheint jetzt im pagus Bragbant[4]).

Nur in Gallien begegnet für pagus oder comitatus zuweilen orbis: z. B. Lemovicinus, Caturcinus[5]).

Es fällt auf und ist schwer zu erklären, daß[6]) der Name ganzer alter Völkerschaften nur an Einem Gau haftet: Hasse-gau, Gau Westfala, Ostfala, pagus Thuringorum (Nord-thuringo): vielleicht galt der fragliche Gau zuweilen als der älteste, von dem die anderen sich erst abzweigten[7]). Wahrscheinlicher aber sind es Eingewanderte, die dann dem Gau in der Fremde ihren Namen gaben.

In Einem comitatus können auch mehrere pagi liegen[8]). Die Zugehörigkeit zu einer Grafschaft bezeichnet »ex«, »de«: villa, civitas, mansus, de, »ex« comitatu[9]).

Kaum kann man doch[10]) sagen, daß sich schon in Karolingischer Zeit die Grafschaften in ein erbliches Besitzthum verwandelt haben, dessen sämmtliche (?) Einkünfte dem Inhaber zuflossen. Wo das vorkam, war das damals noch Unrecht und Ausnahme, nicht Recht und Regel.

Der Gau und sein Graf gelten ganz allgemein als das ordentliche Gerichtsgebiet und als der ordentliche Richter[11]).

Nicht als logische Gliederung der Grafschaft, nur als Häufung

---

1) Besonders in Alamannien, s. diese.
2) Bouquet V. p. 722. a. 772 in pago Virdunensi in fine Vindemaca.
3) Waitz III. S. 360.
4) Bouquet V. p. 733. a. 775.
5) Du Cange VI. p. 55.
6) Wie Brunner II. S. 145 hervorhebt.
7) Initia gentis ... caput Sueborum sagt Tacitus von den Semnonen als Ursprung aller Sueben. Germ. c. 39.
8) Mittelrhein. Urkundenbuch I. Nr. 25. p. 131 in pago Meinifeld in comitatu comitis Megingos.
9) z. B. Massiliensi Cartulaire de St. Victor I. 10. aber dies kann auch andres bedeuten, s. „Amtsgehalt"; ebenso von einer Vicarie: terra de vicaria (?) Cartulaire de Brioude 100.
10) Mit Waitz IV. S. 173.
11) Si extra pagum fugerit .. si pago deffiniri non potest, infra pago justitiam nostram consequi non possumus (zu unsrem Rechte nicht gelangen) und Aehnliches sind ständige Ausdrücke.

von Landverleihungen und nutzbringenden, mit einem Grafenamt verbundenen Rechten ist aufzufassen die Nebeneinanderstellung von einem comitatus mit allen darin befindlichen königlichen fisci¹) und Villen und Abteien und allen irgendwie dazu gehörigen Dingen, ausgenommen das Episkopat²). Pagus, ganz wie französisch pays, ist der eigentliche Ausdruck für die Heimath, verschieden möglicherweise vom Wohnort, Aufenthalt³). Das Amtsgebiet (ministerium) des Grafen (s. diesen) umfaßt mehrere Münzplätze, meist civitates⁴).

Vicaria⁵) wird seltener als pagus zur Ortsangabe gebraucht⁶). Erst jetzt werden allgemein die Grafschaften in vicariae, zumal im Süden und Westen⁷), oder gleichbedeutende centenae⁸) gegliedert⁹).

5. Städte.*)

Von sehr unbestimmtem Sinn ist sedes: so heißt vor Allem Aachen, Rom, aber auch jede villa, jedes palatium¹⁰). Die Bedeutung von civitas, urbs, oppidum, vicus und villa¹¹) hat sich nicht geändert.

---

1) S. VII. 3. S. 89 f.
2) Annal. Bertin. a. 867. p. 88.
3) C. 157. c. 3 hominem cognoscat ... aut de quo pago est vel ubi manet (wohnt). Daher werden dem palatium die Gaue entgegengestellt: Rechtsstreite tam in pago quam in palatio Form. Mark. I. 21. 24 praeceptiones regales — cartas pagenses Mark. praefatio I. p. 37 negotia tam in palatio quam in pago.
4) C. p. 299. c. c. 5. a. 825. c. 20. (comites) in quorum *ministeriis* moneta percutitur: dasselbe sagt C. Pistoj. a. 864. c. 14 mit den Worten comes in cujus *comitatu* monetam esse jussimus.
5) VII. 2. S. 122.
6) Gallia Christiana II. p. 46 quicquid in ipsa vicaria in fressum (l. fiscum) habet.
7) Waitz III. S. 295.
8) VII. 1. S. 84.
9) S. unten „Amtshoheit", »vicarius«.
10) z. B. Salz, Poeta Saxo 803.
11) VII. 1. S. 97. 3. S. 89; sub urbe .. civitatis Bouquet V. p. 718. a. 769; sub oppidum urbis Cabillonensis l. c. p. 743. a. 779, auch Paris heißt oppidum l. c. p. 723. a. 772.

*) VII. 1. S. 93.
Degg. Korographie von Würzburg. 1808. — Eichhorn, Ursprung der städtischen Verfassung in Deutschland, Z. f. gesch. R. W. II.
Raynouard, histoire du droit municipal en France. 1829.

Die civitas ist der vorausgesetzte Amtssitz des Grafen, judex, auch in Italien[1]): sie und ihr Gebiet territorium[2]), campania, bilden sein Amtsgebiet: in „seiner Stadt" läßt er die Einwohner, aber auch die draußen in Höfen und Flecken wohnen, als Rügeschöffen eiden[3]). Zu dem Amtsgebiet gehören[4]) außerhalb der Stadt die Höfe (curtes) und kleinen Dörfer[5]), vicoria.

Schaab, Geschichte der Stadt Mainz. I—IV. 1841—45.
Ueber Städte, Municipalwesen im Süden Galliens Schäffner I. S. 92 f. (nimmt wohl zu lange Fortdauer an).
F. Kuhn, die städtische und bürgerliche Verfassung des römischen Reiches bis auf Justinian. I. II. 1864. 1865.
Better, über das römische Ansiedlungs- und Befestigungs-Wesen im Allgemeinen sowie über den Ursprung der Städte und Burgen und die Einführung des Christenthums im südwestlichen Deutschland. 1868.
Lappenberg, Hamburger Geschichtsquellen (Schmidts Zeitschr. f. Gesch. V.).
Wattenwyl von Diesbach, Geschichte der Stadt und Landschaft Bern. 1872.
Haagen, Geschichte Aachens von seinen Anfängen bis zur neusten Zeit. I. II. 1873. 1874.
(Graf) Walderdorff, Regensburg. 3. Auflage. 1873 (?).
Schäffler, Gründung und erste Entwicklung der Stadt Würzburg. 1876.
Westfahl, Geschichte der Stadt Metz. I. 1876.
Schreiber, Augsburg unter den Römern. Z. d. histor. Vereins für Schwaben und Neuburg. III. 1878.
Wiegand, Urkunden und Acten der Stadt Straßburg. I. 1879.
Ueber die Städte in Gallien und in den Donauländschaften Jung, die romanischen Landschaften des römischen Reiches. 1881. S. 190 f. 314 f.
Rathgen, die Entstehung der Märkte in Deutschland. 1891.
Zellner, Geschichte der Stadt Salzburg. I. II. 1885—91.
Sohm, die Entstehung des Deutschen Städtewesens. 1891.
Kuntze, die deutschen Stadtgründungen. 1891; s. dagegen Schulte, Götting. gel. Anz. 1891. S. 520; v. Amira[2] S. 70; Schröder[2] S. 123.
Boos, Geschichte der Rheinischen Städtecultur von ihren Anfängen bis zur Gegenwart mit besonderer Berücksichtigung von Worms. I. 1897.
Rietschel, Markt und Stadt in ihrem rechtlichen Verhältniß. 1897. — Ausführliches über das Städtewesen s. in den Fränkischen Forschungen, die Städte in Langobardien, Gallien und Germanien von a. 568 bis 900.

1) C. I. p. 192 (judex).
2) VII. 1. S. 93; pagus und civitas von Paris geschieden Bouquet V. p. 713. a. 769, territorium civitatis Form. imp. 5.
3) Pippin. C. Lang. a. 782—786 c. 8. p. 192 judex unusquisque per civitatem faciat jurare .. seu foris per curtes vel vicarias ibi mansuros, d. h. im territorium.
4) C. Pipp. Lang. a. 782—786 c. 8.
5) = viculi, von einem größeren, dem vicus, abhängig. Du Cange VIII. p. 321. 322.

Wie der Grafen wird auch der Erzbischöfe Zuständigkeit nach deren »civitates« gegliedert¹). Immer noch werden die Städte (links vom Rhein) als Mittelpunkt des Gaues angesehen²). Die civitas ist im Salierland mit ihrem »territorium«³) der pagus: daher in pago vel civitate⁴): »civitates, vici, villae« kehren oft als Gliederungen des Reichsgebietes (per omne regnum nostum) wieder⁵), die civitas Parisius in pago Parisiensi wird unterschieden von dem mercatus zu Saint Denis⁶). Für territorium einer Stadt, z. B. Friaul oder Treviso, steht auch finis oder partes⁷). Auch Städte als solche erhielten Befreiungen von manchen Lasten, z. B. der Verpflegung bei den Reisen des Königs⁸).

In einzelnen Städten ward (als Auszeichnung und Vortheil) eine königliche Münze errichtet⁹). Doch kann man kaum sagen, die Münzgebiete waren nach Städten gegliedert — auch kleine villae, Klöster, palatia hatten Münzen — und die Münze in der Stadt war nicht städtisch, sondern statlich, durfte die Stadt auch ihren Namen darauf prägen.

In Italien werden ein procurator und exactores in den Städten erwähnt: sie sollen die Straßen und Cloaken jährlich säubern lassen¹⁰); aber die exactores singularum civitatum¹¹) sind nicht Beamte der Städte, sondern königliche Beamte in den Städten¹²).

---

1) C. a. 825 c. 5 de propriis civitatibus.
2) Daher missi nostri *per singulas civitates* C. a. 818 819 c. 8, obwohl das missaticum auch das flache Land umfaßt.
3) VII. 1. S. 75. 93.
4) C. I. p. 114.
5) Edict. Pistoj. a. 864. c. 8.
6) Bouquet V. p. 699. a. 753. S. unten „Marktwesen".
7) Migne 98 p. 1448.
8) S. die Urkunde bei Waitz IV. S. 14.
9) C. de moneta p. 299 civitatis illius moneta .. publice fiat.
10) C. I. p. 216.
11) C. Langob. a. ? p. 216. c. 3.
12) Ueber die Curiales der Lex Rom. Utin. s. Alamannen: sie sind Finanzbeamte, welche die von den königlichen Gütern zu entrichtenden Zinse einheischen, werden aber nicht vom König ernannt, sondern gewählt: Stobbe S. 29 f. Mohr p. 10. (Zeugen des Testaments des Tello mit milites und judices). Ueber die städtischen Beamten s. unten „Amtshoheit".

6. Castellum.

Wie früher[1]) blieben die gallischen und italischen civitates, urbes, oppida — sie werden nicht etwa nach dem Umfang der Volkszahl[2]) unterschieden — ummauert oder zu ihrem Schutz dient neben der offenen Stadt eine Burg[3]). Nach Karl findet sich bereits das jus castellandi, jus murorum d. h. das ausschließende Recht des Landesherrn, Befestigungen offener Plätze zu errichten: Privaten muß es besonders verliehen werden: ein Beispiel ist das castrum im Privatbesitz von 851[4]). Der Vermuthung nach sind alle castra castra publica[5]). Ohne Verstattung angelegte Befestigungen, castella, fermitates, hajae[6]) mußten binnen vorgestreckter Frist niedergelegt werden[7]). Nach ertheilter Erlaubniß gilt die Vertheidigung solcher Befestigungen, wie der castra publica, als Ersatz der Landwehr im offenen Felde[8]).

So wird Freien und unfreien Klosterleuten die Vertheidigung des befestigten Klosters als Landwehr angerechnet: sie ersetzt andern Wehrdienst[9]). Anderwärts werden oppidum, castellum, locus wohl unterschieden: so von Bonifatius castellum Wirzaburg, oppidum Buraburg, locus Erphesfurt[10]). Blois heißt nur castellum[11]).

Neben civitates, castella stehen vici[12]) oder neben civitates, mercatus[13]), villae, vici, portus[14]), castellum und locus, Dorf, begegnen

---

1) VII. 1. S. 93.
2) Maastricht heißt, obwohl Bischofssitz, castellum, Jaffé III. p. 260, Wijt bi Duuersiede castrum, Fred. cont. c. 102. Die Eresburg dagegen wird urbs genannt. V. Sturmi c. 24.
3) Ein Beispiel castrum neben vicus bei Migne XCVI. p. 1556 (ich entnehme dies Waitz IV. S. 629).
4) Kindlinger, Münster. Beiträge II. p. 13.
5) Mittelrhein. Urk.-B. I. 79.
6) Du Cange VI. p. 156, Hag, Gehege, in den Cap. nur hier.
7) C. a. 864 Karl II. 2. p. 328 (heribergus ist auch eine Befestigung l. c. 327).
8) Edict. Pistoj. a. 867. c. 27.
9) Urk. Ludw. p. 564.
10) Epist. 42.
11) Annal. Bertin. a. 834.
12) Bouquet V. p. 730.
13) Märkte, s. „Verkehr".
14) Bouquet p. 732. Form. Marc. I. 40. F. imp. 22.

verbunden¹). Gehört zu einem castellum ein ganzer fiscus²), mit mehreren Höfen (curtes)³), so ist das zu dem castellum gehörige Gebiet, ähnlich der campania einer civitas⁴) gemeint. Auch in einem castrum kann ein mallus publicus sein und ein Königsbote dingen⁵).

Zum Schutz der Marken wurden neue castra, castella angelegt: von Pippin in Aquitanien, von Karl in Sachsen und gegen Dänen und Wenden⁶).

7. Hundertschaft. Andere Gliederungen des Gaues.⁷)

Die Hundertschaften bestehen als Gliederungen des Gaues der Grafschaft in den Gegenden, wo sie überhaupt vorkommen⁸), fort: in solchen Gegenden werden sie als fortbestehend vorausgesetzt⁹): in den einzelnen Centenen des comitatus sollen die Freien des ganzen comitatus gezählt werden¹⁰). Die Hundertschaft ist, wo sie vorkommt, wie früher, Unterabtheilung der Grafschaft, d. h. des Gaues¹¹). Aber zuweilen bezeichnet pagus auch die Hundertschaft, gleichbedeutend mit

---

1) l. c. V. a. 755. p. 702.
2) S. unten „Finanz".
3) Bodmann I. p. 110 (Ludwig) de fisco nostro quod (l. qui) est in castello P... curtem illam.. abstraximus.
4) VII. 1. S. 95.
5) Bruel, Cluny I. p. 6.
6) Annal. R. Fr. 708. 774. 776. Einh. a. 806. 808. Urgesch. III. S. 946. 1131; über die dem römischen limes nachgebildete Zoll- und Gränzlinie von Bardowik an der Elbe bis Regensburg (Lorch) an der Donau, die nur an gewissen (befestigten) Orten und nur bis zu einer gewissen Linie in das Innere von den Ausländern überschritten werden durfte, ganz wie weiland der limes von den Germanen und andern Barbaren, s. C. Theod. a. 505 c. 7 und unten „Zölle".
7) Lacomblet, die Hundertschaften am Nieder-Rhein, Archiv für d. Gesch. d. Nieder-Rheins I. v. Amira² S. 72. Schröder² S. 121. — Dahn, D. G. I. a. S. 169 f. b. S. 426. Könige VII. 2. S. 127. — Meitzen findet in der Hundertschaft je hundert „Weideberechtigte", d. h. wohl selbstständige Mark-Genossen: er stimmt hierin und in der Schätzung auf je tausend Köpfe mit mir D. G. I a. S. 428 völlig überein.
8) S. aber VII. 2. S. 127. Form. imper. 34 ist die Schreibung verderbt, so auch Zeumer.
9) C. leg. add. a. 818/819 c. 10. vicina centena.. comitatus.
10) C. missis dat. a. 829. c. 5.
11) C. leg. addend. a. 818/819. c. 10. si.. contentio in confinio duorum comitatum fuerit,.. liceat.. de vicina centena adjacentis comitatus.. testes habere.

situs, besonders in Alamannien¹). Schon a. 802 gehörten ganze Centenen Bischöfen, d. h. deren immunitates²).

Zuweilen wird das Land in Gerichtsgebiete gegliedert gedacht, die dann judiciariae heißen³). Bannus als Ortsbegriff, als Raumgliederung, wie später von Stadtbann, Marktbann gesprochen wird, ist der karolingischen und erst recht der merovingischen Zeit fremd⁴). Ganz gegen Ende der Karolingenzeit, unter Karl III., begegnet der Ausdruck districtus ein paar Mal so, daß man wohl eine Landgliederung darunter verstehen muß⁵), aber jedesfalls ist dieser Begriff erwachsen aus dem früher allein mit dem Wort verbundenen der gerichtlichen Zwangsgewalt⁶). Den Uebergang bildete offenbar das Gebiet dieser Gewalt. Denn so wenig wie bannus hat districtus ursprünglich räumliche Bedeutung: es bezeichnet, wie gesagt, die gerichtliche (auch wohl polizeiliche) Zwangsgewalt⁷), aber auch später ist es sehr zweifelhaft, ob districtus das Gebiet der Zwangsgewalt oder nur diese bezeichnet. Gewiß nur das Erstere unter Karl⁸). Erst Ende der Karolingerzeit heißt das Gebiet (früher territorium)⁹) districtus civitatis, civitas¹⁰).

Auch condita als Theil des Gaues erscheint noch, aber selten, z. B. in Le Mans¹¹). Die spät¹²) begegnende Amtsgebietsbezeich-

---

1) S. diese und einstweilen Trad. Sangall. N. 10. 11. 17. 39. 99. 100. Unklar sind die centeni, qui partibus fisci nostri deserviunt, Cap. de villis c. 62, vgl. Guérard p. 79; es sind Hundertschaften, die aus einem unbestimmbaren Grunde dem fiscus zinsen, vielleicht ist einfach an die Grundsteuer gedacht; daneben stehen die liberi homines; ganze Hundertschaften im Eigenthum des fiscus sind doch schwerlich anzunehmen und werden durch »deservire« nicht bewiesen.

2) C. I. p. 93. episcopi .. habeant centenarios legem scientes.

3) Trad. Fris. 369: in fine vel judiciaria Baioeariense; zumal in Langobardien, (s. diese) C. I. p. 202.

4) Irrig Jacobs, Géographie de Grégoire de Tours p. 31: die Franzosen leiden nicht selten an der Methodelosigkeit, Mittelalterliches in karolingische, Karolingisches in merovingische Zeiten zurück zu verlegen.

5) So districtus civitatis, Ughelli II. p. 145.

6) districtio, s. „Gerichtswesen"; vgl. oben S. 10 judiciaria.

7) districtio vel exactio, publica districtio Bouquet VI. p. 674.

8) p. 618 burgum, mercatum et districtum, mit Unrecht zweifelt Waitz IV. S. 318; andere Urkunden Karls mit districtus in diesem Sinn sind gefälscht, so Waitz selbst a. a. O.

9) S. VII. 1. S. 95.   10) Ughelli II. p. 145.

11) a. 752. Bouquet V. p. 698. Vgl. VII. 1. S. 90 condita Labrocinae; meist im keltischen Westen in pago Cenom. in condita Siliacense l. c. p. 724. a. 774.

12) Annal. Fuld. a. 852. Anders Gerold in Baiern, s. diese.

nung praefectura und vollends quaestura sind gelehrte, nicht im Leben gebräuchliche Ausdrücke.

8. Dorfgemeinde, vicus. Frohnhof, villa.

Die beiden uralten, schon vormerovingischen und heute noch bestehenden Formen germanischer Siedelung: Dorfsiedelung und Hofsiedelung [1]) bestanden selbstverständlich auch in der karolingischen Zeit nebeneinander [2]).

---

1) D. G. I a. S. 191. Könige VII. 1. S. 97; über germanische Siedelungsformen Meitzen II. S. 650.

2) von Leew, über die Markgenossenschaften. 1829.

Laboulaye, histoire du droit de propriété foncière. 1839.

Stüve, Wesen und Verfassung der Landgemeinden und des ländlichen Grundbesitzes in Niedersachsen und Westfalen. 1851.

Ludwig von Maurer, Einleitung zur Geschichte der Mark-, Hof-, Dorf- und Städteverfassung in Deutschland. 1854.

(Ludwig von) Maurer, Geschichte der Markverfassung in Deutschland. 1856.

Lauban, das Salgut. 1862.

Lewis, de origine facultatis heredibus in jure Germanico concessae prohibendi alienationes rerum immobilium. 1862.

Ludwig von Maurer, Geschichte der Frohnhöfe, Bauernhöfe und Hof-Verfassung in Deutschland. I—IV. 1862. 1863.

(Ludwig von) Maurer, Geschichte der Dorfverfassung in Deutschland. I. 1865. II. 1866.

Trenke, Geschichte des Frohnhofs Thiengen im Breisgau. 1871.

(von) Inama-Sternegg, die Ausbildung der großen Grundherrschaften in Deutschland während der Karolingerzeit. 1878.

Laveleye, les propriétés originaires. 1878.

Lamprecht, die ältesten Nachrichten über das Dorf- und Hof-System. Z. d. Bergischen Geschichtsvereins. XVI.

(R.) Meyer, die drei Zelgen. Ein Beitrag zur Geschichte des alten Landbaus. 1880.

Große Grundherrschaften der potentes v. Sybel S. 453.

Verdienstlich sind die Ausführungen v. Inama-Sterneggs I. S. 278. 281. 346, nur überschätzt er die positive Wirkung der Neu-Bildung dieser großen Grundherrschaften: wichtiger war die negative: die Aufsaugung der mittleren und kleinen; auch hat es schon in altgermanischer und in frühfränkischer Zeit Großgüter der Könige, des Volksadels und (in Gallien) der senatorischen Geschlechter gegeben (VI². S. 122. VII. 1. S. 145): neu war nur das Aufkommen von völlig grundbesitzlosen Freien, vgl. Schäffner I. S. 271.

Thévenin, les communia, Mélanges Rénier. 1886.

Langethal, Geschichte der Deutschen Landwirthschaft, 3. Auflage, durch Michelsen und Nebberich. 1890.

Glasson, les communaux et le domaine rurale pendant l'époque franque. 1890.

Platon, le droit de propriété dans la société franque et en Germanie. 1890.

a. Dorf, vicus.[1]

Es giebt vici des Königs — auf Domänen — und vici der Bischöfe auf geistlichen Immunitäten (schon a. 755)[2]. Auffallend heißt Aachen, der Herrschersitz, die sedes Karls, bei Einhard[3] vicus. Einmal[4] heißt der vicus einer Kirche vicus publicus (vel villula): vielleicht, weil der Herrscher sie einem Laien zu Beneficium gegeben, ein vicus privatus ist unbezeugt: es müßte ein ganzes Dorf von Unfreien im Eigenthum einer Kirche sein.

Umfang und Bevölkerung der Dörfer war offenbar sehr verschieden: aber Dörfer, die 110 wohlbewaffnete Reiter stellen konnten[5], bilden offenbar seltenste Ausnahme[6].

b. Hof, Landgut und Landhaus, villa, locus, cella.[7]

Villa ist ursprünglich ein einzelnes Landhaus mit dem zugehörigen Grundeigen, also insofern gleich curtis, Gehöft[8]. Allein villa ist nicht gleichbedeutend mit Hofsiedelung im Gegensatz zu Dorfsiedelung, vicus: denn im Unterschied von den Einöd-Höfen, Schwaigen[9] ist die villa, der Haupthof und häufiger Aufenthalt des Eigenthümers,

---

Meitzen, der älteste Anbau der Deutschen. Jahrb. f. National-Oeconomie. N. F. II. 1861. — Volkshufe und Königshufe in ihren alten Maßverhältnissen. 1889 (Festgabe für Hanßen).
Ueber die Grundherrschaften, ihre Entstehung Meitzen II. S. 570.
Ueber die fränkischen Einzelhöfe Meitzen I. S. 517: aber ausschließlich keltischer Ursprung ist ausgeschlossen durch die Hofsiedelung in Sachsen, Friesland, Skandinavien, wo von Kelten keine Rede sein kann.
Ueber Hofsiedelung Meitzen II. S. 602. Einödhöfe in der Ostmark S. 397.
Ueber Frohnhöfe Meitzen II. S. 588 ff.
1) v. Amira² S. 76; Schröder S. 123 und oben VII. 1. S. 97.
2) C. I. p. 36.
3) V. Car. c. 31, wie auch villa, s. unten.
4) Urkunde Karls p. 768. vici und villae, villulae auch sonst regelmäßig nebeneinander.
5) Mabillon IV. 1. p. 104 es gehört Kloster St. Riquier).
6) Ueber die Anlage der Dörfer Meitzen I. S. 47 f. Ueber Dorfmarken Meitzen I. S. 122; seine Untersuchungen über die Nutzungsrechte an der Allmände S. 129. 162 bestätigen vollständig meine Ausführungen schon im Grundriß des Deutschen Privatrechts. 1876. S. 127. und D. G. I. a. S. 169 f.
7) VII. 3. S. 89.
8) Zwischen villae und curtes wird kaum unterschieden. Nebeneinander Legg. I. p. 438. a. 856; dagegen villa = curtis Bouquet V. p. 701. a. 754.
9 Schmeller S. 627, meist Vieh-Hof.

meist in näherer oder fernerer Umgürtung umgeben von Häusern, Höfen, curtes, cellae, loca, in welchen die freien, halbfreien und unfreien Hintersassen des Haupthofes, der villa, sala, curtis dominica wohnen. Solche villae standen im Eigenthum von weltlichen Privaten, von Kirchen und Klöstern, vom König: über die königlichen villae, einen hochwichtigen Theil des Kronvermögens, wird in der Darstellung der Finanzhoheit ausführlich zu handeln sein. Aber auch zwischen villa (regia) und palatium wird nicht scharf geschieden: Aachen, der wichtigste Palast, heißt wie vicus[1]) so villa[2]). Gemeint sind die das palatium umgebenden Häuser, die aber wohl alle fiskalisch waren. So zahlreich erstreckten sich die königlichen Güter aus Frankreich bis Rom, daß Ludwig auf der Reise dorthin jede Nacht in einem solchen verbringen kann[3]). Selbstverständlich haben auch die Königsvillen ihre bestimmt bemessenen Gränzen[4]), aber terminus heißt auch Gebiet[5]).

Als Erträgnisse eines (zu beneficium gegebenen) Landgutes werden[6]) aufgezählt: Heu, Getreide (annonae), Wein[7]), Weiden und Weidegelder, Wiesen, junge Hühner, Eichellese[8]), Fischereien, Honig, Gartenfrüchte, Viehfutter, Käse aus den herrschaftlichen Kuhställen (vacaritiis) und alle Reichnisse an die Kirche, ausgenommen das »hostilense«, d. h. Rinder und Beiträge (redditiones) zur Herstellung von Wagen[9]). Eine villa hat manichfaltige Zubehörden: so eine bischöfliche Capelle, aber auch Rechte, z. B. die beiden Beneficial-Zehntel[10]), und wirthschaftlich höchst wichtige, daher bei Vergabungen genau aufgezählte Zubehörden einer villa konnten in verschiedenen Gauen liegen[11]); die Sachen und Rechte der Zubehörden sind ebenso benannt

---

1) Oben S. 19.
2) Annal. Einh. a. 828.
3) Vita Hlud. c. 55: denn hier ist wohl nicht an die Aufnahmepflicht der Unterthanen zu denken. S. „Finanzen", „Einnahmen".
4) Mittelrhein. Urk.-Buch I. 10. p. 13 (Pippin) infra terminos villarum nostrarum.
5) l. c. p. 119 terminos de eadem villa conjacentes ad ripam Rheni fluminis, s. unten „Krongüter".
6) Urk. Ludwigs, p. 586.
7) viverilium verschieden für vineritium, zunächst Frohn in Weinbergen, Du Cange VIII. p. 341; unerklärt bleibt daselbst VI. p. 263 aus den dort angeführten Stellen perdonatum.
8) pastionatici id est glandetici.
9) l. c.
10) Flodoard III. 20. Ser. XIII. p. 533, s. „Beneficialwesen".
11) Bouquet V. p. 697. a. 752.

wie früher¹). Zu einer als beneficium gegebenen villa werden villulae²) als Zubehörden in Anspruch genommen³). Werden villae neu angelegt — villas laborare — so ist darunter Rodung und auch Bau von Wohnhäusern zu verstehen⁴).

Völlig unbestimmt ist locus⁵). Offenbar konnte jeder aus irgend einem Grunde benannte Ort locus heißen, locellus ist wohl ein Gütlein⁶). Villae aut loca stehen ohne Unterschied, auch die loca gelten als bewohnt⁷). Eine (weltliche) cella ist ein kleines Bauernhöflein mit schmalem Grundbesitz: noch heute heißen die kleinsten Gütler in Baiern und Oesterreich „Söldner", Cellanarii. Immerhin mag auch eine cella so viel Land eignen, daß sie beneficia geben mag⁸). Unerklärt bleibt als Ortsbezeichnung Ruba⁹). Manche Kron-villae boten soviel Raum, daß in ihnen die große Reichsversammlung abgehalten werden mochte¹⁰).

9. Die Agrarverhältnisse.¹¹)

Nach ihren Eigenthümern oder Besitzern können alle Grundstücke eingetheilt werden in Land des Königs, der Kirche, der Vassallen und der Freien in den Grafschaften¹²).

---

1) Urgesch. III. S. 667 »rem inexquisitam«, »vinctis vel subvinctis« Bouquet V. p. 701. a. 754. Du Cange VII. p. 643; dahin zählt auch warinna (Fischgewässer mit Fangvorrichtung) fiscalis, per quam illa ruca (s. unten) consuetudo est trahere, quam ad ipsam villam Theudbertus habuit l. c. S. unten „Krongüter"; zu einem Hof, curtis, gehören casticia ibidem aedificata, s. Du Cange II. S. 211, und cummunii (Allmannbeantheile?), D. R. Perh, N. 57.

2) villolae C. I. p. 55. a. 789.   3) Urk. Ludwigs, p. 604.

4) So Bouquet V. p. 777 dicunt quod villas quas ipsi laboraverunt laboratas illis eis (l. eas) abstractas (entzogen) habeatis.

5) Was war der locus Staraefurt (Stassfurt an der Bode, südlich Magdeburg) im Jahre 811? C. I. p. 168.

6) D. R. Perh N. 57.   7) Bouquet VI. p. 404.

8) Lappenberg p. 14.

9) Du Cange VII. p. 228: will lesen ruga, ruca (s. oben Anm. 1), Straße, neufranzösisch rue (??).

10) Apud Tedoadum villam, Doué-de-la-Fontaine, v. Hlud. c. 20. a. 814.

11) VII. 2. S. 1—30. S. jetzt vor Allem Meitzens ausgezeichnetes Werk, Wanderungen, Anbau und Agrarrecht der Völker Europa's nördlich der Alpen. I—IV. 1895.

12) Edict. Pistoj. a. 864 c. 8. Irrig Waitz N. S. 165 „der Grafen"; de comitatibus heißt: in den Grafschaften, wozu freilich auch das Eigen der Grafen

Freie ohne Grundeigen hatte es ursprünglich nach der Ansiedelung überhaupt nicht gegeben[1]): es wird vorausgesetzt, daß jeder Uferfranke in seinem Gehöft geladen werden kann: wir sahen aber, daß und warum alsbald die kleinen Freien verarmten, oft alles Grundeigen einbüßten[2]). Jetzt bedeutet Allod manchmal nicht mehr wie früher Erbland[3]), im Gegensatz zu Errungenem, sondern Volleigen im Gegensatz zu Beneficium[4]); in gleichem Sinne werden unterschieden beneficium und res propria[5]) und beneficium und sua hereditas; dies ist nicht nur Erbgut, sondern alles Volleigen (an Liegenschaften) im Gegensatz zu beneficium, weil dieses (ursprünglich) nicht vererbte. Freie auf Königsland siedelnd können dabei doch Allod eignen[6]). Ererbtes und errungenes Gut werden aber doch noch vielfach unterschieden, letzteres heißt wie collaboratio, collaboratus auch ex studio[7]). Allod gegenüber beneficium heißt auch hereditas[8]) und zwar zumal Liegenschaften und was diesen gleich gilt[9]): proprius heres kann auch den Grundeigenthümer, muß nicht dessen Erben bezeichnen[10]): hereditas ist Grundeigen des Nachlasses im Unterschied von dessen Unfreien[11]).

Hereditas bedeutet also schon ganz wie später im Sachsenspiegel „Erbe" das Grundeigen[12]); ebenso materna hereditas, Grund-

---

selbst gehört; die Grafenamtsbeneficien sind auch Land von „Vassallen"; der Graf hat an dem Amtsgebiet als solchem weder schon Eigen noch Beneficialrecht (anders im Mittelalter).

1) VII. 1. S. 167; 2. S. 21.
2) Vgl. Gaupp S. 569.
3) VII. 2. S. 17. Aber meist noch: Form. Marc. II. 6. 9, 14 und oft.
4) C. Nium. c. 7: quod aliqui reddant *beneficium* nostrum ad alios homines in proprietatem et .. conparant ipsas res iterum sibi in alodium.
5) C. missor. a. 802. c. 6. proprietas, dagegen: beneficium C. I. p. 137. c. 5.
6) C. Wormat. a. 829. c. 6.
7) ex hereditate aut ex studio D. L. Pertz, N. 55:
8) C. I. p. 128.
9) C. I. p. 129 rerum immobilium, hoc est terrarum, vinearum atque silvarum servorumque qui jam casati sunt sive ceterarum rerum quae hereditatis nomine censeantur, z. B. reale radicirte Nutzungsrechte; — Alod gegenüber beneficium auch p. 131. C. a. 856. Legg. I. p. 449: honoribus (= beneficiis, f. diese) et alodiis vestris .. qui honores non habent, in suis alodibus consistant. Annal. Bertin. a. 839 proprietatibus, dagegen etiam beneficiariis honoribus. C. a. 602. c. 24.
10) C. Aquisgr. a. 812. c. 11. p. 177.
11) l. c. p. 171 decimum mancipium et decimam virgam hereditatis.
12) L. Sax. c. 64 hereditatem suam .. vendere.

eigen von der Mutterseite: nachdem ein Sachse, Anhänger Karls, sein
Ватererbe an die Heiden verloren, flüchtet er auf sein Muttererbe im
Gau Marstheim¹). Hereditas ist aber gelegentlich Erbschaft auch anderer
Vermögensrechte aus Eigenthum, z. B. Beneficialrecht²). Grundeigen
heißt auch proprium, im Unterschied von movile³). Noch immer
haben die nächsten Abkömmlinge ausschließendes Erbrecht auf das
Allod, letztwillige Verfügung ist Söhnen gegenüber ausgeschlossen.
Nur wer keine Söhne hat, darf einen Fremden zum Erben seines
Grundeigens machen: er muß aber vor König oder missus, vor Graf
und Schöffen die traditio vornehmen, d. h. jetzt schon Eigenthum
feierlich übertragen, nur etwa Besitz und Nießbrauch bis zum Tode
vorbehalten⁴). Denn Grundstücke und an sie geknüpfte Rechte werden
übertragen per wadium et festucam⁵).

Die Auflassung hat regelmäßig in dem Ding der belegenen Sache
zu geschehen vor den Gaugenossen: nur im Nothfall außerhalb der
Grafschaft, wenn der Auflasser im Palast, im Heerbann oder auch
sonst wo weilt: dann sollen aber Gau-, in deren Ermangelung
Stammes-Genossen und nur im Nothfall andere glaubhafte Zeugen
zugezogen werden⁶). Besitz und Eigenthum werden oft genau ge-
schieden⁷) — alsdann bedeutet investitura, wie später Gewere, meist
den Besitz⁸) — aber oft auch nicht getrennt oder geradezu verwechselt⁹).

Vestitura ist oft Besitz und auch Besitzrecht, jus possidendi,
und es soll bei der thatsächlichen Innehabung erforscht werden, ob sie
gerecht und rechtmäßig sei: nur dann darf sie vestitura genannt
werden¹⁰).

---

1) Jaffé III. p. 320.
2) Cc. Tur. a. 813. c. 51. Mansi XIV. p. 91.
3) Memorie di Lucca V. 2. p. 387: inter proprium et movilem amplius
habet quam 150 sol.
4) C. I. p. 118. ad Leg. Rib.
5) Bouquet V. p. 697. a. 752. Stobbe, die Auflassung des Deutschen Rechts
in v. Iherings Jahrb. XII. Sohm, zur Geschichte der Auflassung. Festgabe für Thöl.
1879. Schröder² S. 199. Ueber Beschränkungen des Grundeigens Eichhorn § 57.
6) C. leg. addend. a. 818/819. c. 6.
7) Urk. Ludwigs p. 627. cellula (nostri juris et) possessionis, non
solum proprietatis.
8) Urk. Karls p. 712 Pippinus in sua investitura tenuisse comprobatum est.
9) in fisco dominationis, Vaissette² I. p. 127. (l. in fisci dominatione?)
10) C. p. 296. c. 1. vestitura domini et genitoris nostri eo modo ...
teneatur ubicunque esse dicitur, ut prius diligentissima investigatione

Außer durch Auflassung (Königsschenkung) oder Erbgang konnte nun Grundeigen erworben werden durch auch rechtmäßige Bemächtigung, zumal Rodung, sei es von Gemeindewald unter (meist stillschweigend ertheilter) Verstattung der Gemeinde oder von herrenlos gewordenem, also königlichem Land unter Königs-Verstattung oder gar ausdrücklicher Einweisung in Königsland: aprisio, proprisio[1]). Es gab auch auf den Krongütern noch soviel Land zu roben, daß Wald zur Rodung, „zur Besserung unserer Erträgnisse (servitium) dazu tüchtigen Leuten überall überwiesen werden soll." Dadurch sollen Weinberge, Obsthage und Gärten, sowie Acker- und Weide-Land geschaffen werden[2]). Die aprisio z. B. der Spanier in Aquitanien ist keineswegs beneficium[3]), aber auch nicht thatsächlich (bloß) Rodung[4]), sondern „Bifang" d. h. Rechtserwerb (durch Rodung)[5]). Daß dies kein beneficium, sondern ein durch vorher oder nachträglich verstattete Rodung erworbenes, zumal durch besondere Treuepflicht beschwertes Eigenthum oder doch Ersitzungsbesitz (nach 30 Jahren) war[6]), erhellt aus dem Fehlen der Verleihung[7]). Andern eingewanderten, vor der „Tyrannei der Heiden" flüchtenden Spaniern wird ganz anderwärts und in andren Worten beneficium gegeben[8]). Die Spanier schulden für ihre aprisio Botendienste zu Pferd, cavalcate[9]). Durch adprisio kann aber auch ein Graf das Recht erwerben, daß die Bewohner eines Gutes ihm ad servitium regis exercendum leistungspflichtig werden[10]), hier ist adprisio wohl Ersitzung. Proprisio, proprendere steht auch für einfaches prendere[11]).

perquiratur. Et si invenitur esse justa atque legitima, tunc investitura dicatur: nam aliter ne (l. nec) vestitura nominari debet. In juris nostri vestituram res habere acceptam Mittelrhein. Urk.-B. I. 53. p. 39.

1) Ueber Ansiedelung und Rodung v. Inama-Sternegg I. S. 207 f.
2) C. I. p. 172 stirpare, Du Cange VII. p. 601.
3) Wie Lezardière II. S. 365.   4) Wie Waitz IV. S. 226.
5) Const. pro Hispanis C. I. p. 169.
6) Urkunde Karls p. 778, bestätigt von Ludwig und Karl dem Kahlen.
7) So Waitz schon Bassal. S. 29.
8) Bouquet VIII. p. 130, von Karl und von jenen Nachfolgern bestätigt. Bouquet VIII. p. 515 aprisiones, quas ex eremi vastitate traxerunt. Davon verschieden Früchte und Ausbau älteren Landbesitzes.
9) Baissette² II. p. 57. Auch commendatio und beneficium kamen hier häufig vor, Constit. pro Hispanis c. 6. p. 262.
10) Baluze II. p. 1497.
11) M. B. XXXI. 1. p. 48 quod quidam actor dominicus ex fisco nostro .. proprisset .. quasdam res.

Aber auch Erwerb durch Sichverschweigung des Klägers wird anerkannt. Grundbesitz, — denn darauf weist die investitura — der schon unter Pippin bestand (a. 708), soll nach a. 803 nicht mehr angefochten werden können[1]).

Der Unterschied von terrae indominicatae — vom Eigenthümer selbst bewirthschafteten — und anderen, d. h. Grundholden gegen Zins oder Dienst überlassenen besteht fort[2]). Er wiederholt sich bei den Kronbeneficiaren: indominicata sind die Güter, die sie selbst bewirthschaften im Unterschied von den als Afterbeneficien weiter Verliehenen[3]).

Ebenso besteht fort der Unterschied der mansi ingenuiles, lidiles, serviles[4]): nicht auf den Stand des jeweiligen Besitzers kam es dabei an, auf den des ursprünglichen: daher sind mansi serviles schwer belastet, auch wenn jetzt ein Freigeborener darauf sitzt[5]). Mansi ingenuiles zahlen je für eine Feuerstelle 12 sol. (neben 9 als carnaticum)[6]), mansi vestiti entrichten 2 Zugrinder oder 20 sol. hostititium und lösen einen Mann vom Heerdienst mit 3 sol.[7]); immer schwerer als die ingenuiles sind die serviles[8]) belastet.

Lehrreich für die Landwirthschaftszustände sind auch sonst die für Landleihe vereinbarten Zinse: z. B. 40 Rinderhäute; für ein anderes beneficium 3 sol.[9]) Leider fehlt oft die Angabe des Umfangs und fast immer des Werthes des verliehenen Landes: bald 1 sol., bald 20 solidi. Neben dem Zins oder statt des Zinses kann auch Frohn geleistet werden, oft hat der Pflichtige die Wahl, die Frohn um Geld abzulösen: für eine Kirche werden entrichtet von 2 mansi ¹/₃ des Ertrags (omnis agriculturae suae) und als Jahreszins 12 Schäffel Waizen, 12 Schäffel Hafer und zwei Frischlinge oder deren Geldwerth[10]).

---

1) C. I. p. 115, schwerlich römische Verjährung.
2) VII. 2. S. 14.
3) Bouquet V. p. 769. curtis .. casa indominicata C. I. p. 251. Die bona indominicata, quae nos habemus, d. h. bewirthschaften, wird c. a. entgegengesetzt denen, welche unsre Vassallen aus unsrem Allod als beneficia haben. Pérard p. 22. Urk. Ludwigs p. 580 terrae sive indominicatae sive in beneficio donatae; Meitzen II. S. 625.
4) VII. 1. S. 252.
5) D. G. I b. S. 295. Auch der Unterschied von mansi vestiti und mansi absi.
6) Irmino XXII. c. 97.
7) Polypt. Fossat. c. 6.
8) Pérard. p. 161.
9) Trad. Laur. 35. I. p. 71.
10) Trad. Frising. 212, p. 129.

Auf fremder Scholle in einem Wohnraum (casa) Angesiedelte heißen casati, sie können Vassallen¹) oder andre Abhängige, Beneficiarii, Freie oder Unfreie²) sein, [daneben aber andere casati³)]. Die Vassalli casati sind viel besser daran und vertrauenswürdiger, auch strenger als die andern von Statsdienst in Anspruch genommen: nur V. cas. des Grafen haben die Amtsdienste des abwesenden Grafen zu leisten⁴). Die servi casati gelten als Zubehörden der casa, des Hauses, und des Grundstücks, daher selbst als unbewegliche Sachen, ganz wie terrae, Acker- und Wiesen-Land, Wälder, Weinberge: aber auch noch Anderes wird als hereditas, d. h. Allod d. h. Unbewegliches bezeichnet: dabei ist wohl an zugehörige Realrechte gedacht: [als Fahrhabe werden angeführt Gold, Silber, Edelsteine, Waffen, Kleider, nicht haussässige Unfreie und Handelswaren⁵)]. Servi non casati sind bewegliche Sachen⁶).

Lehrreich ist die Gliederung des Landbesitzes eines Klosters⁷): er bestand aus cellulae, terrae, vineae, domus, loca ubique subjecta, termini, laterationes⁸), adjacentiae (sic), aspicientes (Zubehörden), agri, aprisiones (s. oben „Land"), davon unterschieden Erarbeitung (von Früchten im weitesten Sinn) aus älterem Eigen.

Dunkel bleiben die »communia loca«, in denen wie in publica, z. B. öffentlichen Straßen, und privata, z. B. des Klosters oder der Nachbarn, die Klosterleute von Aniana Frieden haben sollen⁹).

Ueber die Entwickelung der Landwirthschaft zu handeln ist hier weder genügender Raum noch tauglamer Ort¹⁰). Rechts vom Rhein erhielt sich die germanische Ackerbestellung noch lange Zeit, erst spät wurde sie und nur strichweise durch die römische verdrängt, früher und allgemeiner in Gallien¹¹).

---

1) C. Bonon. a. 811. c. 7 vasallos casatos.
2) Div. a. 806. c. 11 servorum casati .. mancipia non casati.
3) Gesta Aldrici p. 118; casati comitum homines C. a. 808. c. 4.
4) C. a. 808. c. 4. Gesta Aldrici p. 118.
5) S. „Unfreie"; species quae negotiatoribus pertinere noscuntur.
6) C. I. p. 129.
7) Bouquet VIII. p. 515.
8) Du Cange V. p. 35. Seitengränzen = terminus, marca.
9) Bouquet VIII. p. 526.
10) S. fränkische Forschungen.
11) Meitzen I. S. 272 f. Ueber Flurzwang und Aufeinanderfolge der Feldwirthschaftsarten I. S. 66 f., über die Gewannung S. 83.
Ueber die fränkische Landwirthschaft bis auf Karl Meitzen I. S. 598.

Der durch die unablässigen Schenkungen der Könige wie der Privaten gewaltig anwachsende Grundbesitz der Kirche war allerdings ein wirthschaftlicher Fortschritt: nicht nur, weil die Kirche die Trägerin der Bildung überhaupt und fast allein war, ganz besonders auch, weil die Wirthschaft, die Bodencultur, wie sie die Kirche handhabte, viel besser geordnet und schon vermöge ihres Reichthums, auch ihres Zusammenhanges mit Italien feiner, vorgeschrittener war als die Wirthschaft der kleinen, auch der großen Laien — selbst die königlichen Höfe standen wohl — vor Karl — kaum überall auf der Höhe der kirchlichen und insofern war diese Anhäufung von Kirchenland von günstigen Wirkungen gefolgt. Allein der wirthschaftliche Gesichtspunkt ist doch nicht der einzig maßgebende: politisch haben die großen Latifundien mit geradezu mörderischem Verderben gewirkt: sie haben die Vernichtung der Gemeinfreien, die Alleinherrschaft des Adels und damit die Verohnmachtung des Königthums herbeigeführt, des Königthums, das allein der Hort nicht nur des Staates, auch des Volkes war in den Reichen jener Jahrhunderte[1]). Spät, schüchtern, selten und unzureichend sind die Versuche, den unablässig rieselnden Guß der Vergabungen an die Kirche ein wenig zu hemmen: solche um der Seele willen sollen fortan nicht im Felde, sondern zu Hause vor gesetzlichen

---

Gegen die Feldgemeinschaft der Germanen (nur Feldmarkenwechsel) sehr treffend Meitzen I. S. 159, 473. II. S. 529, 599, 613. III. S. 543, 584.
Ueber Dreifelderwirthschaft Meitzen II. S. 592. Ueber Ackermaße Waitz, über die altdeutsche Hufe. Abh. d. Götting. Gesellsch. d. W. 1854.
Ackerland, die Maße Meitzen II. S. 560—568. Ueber mansus Meitzen I. S. 72 f. Ueber den Morgen S. 106.
Factus, factum ist ein auch von Du Cange III. p. 392 nicht bestimmtes Ackermaß. C. I. p. 81. a. 800.
Die Königshufe s. Meitzen S. 554—556; bei Merseburg c. a. 777. II. S. 331. III. S. 379; anderwärts II. S. 331. III. S. 557.
Ueber das fränkisch-alamannische und das rhätisch-alpine Haus Meitzen I. S. 453. III. S. 212. Ueber Ursprung und Ausbreitung des sächsischen und fränkischen Hauses II. S. 91. III. S. 280; Hausbau in Ober- und Nieder-Oesterreich II. S. 398. III. S. 406. Dahn, Bausteine VI. 1884. S. 267.
Ueber die landwirthschaftlichen Bauten der Römer in Germanien Meitzen I. S. 352. III. S. 147; über die romanischen Höfe Oberbaierns I. S. 449—451. III. S. 208—211; über den romanischen Dorfbau Mauer an Mauer Meitzen III. S. 126, 285.
Ueber romanischen Einfluß auf den Ackerbau Stralosch-Grassmann I. S. 389. Meitzen II. S. 536.

[1]) Vgl. Urgesch. III. S. 675.

Zeugen geschehen: die früher im Felde geschlossenen, die nicht sonst anfechtbar sind, bleiben gültig. Man sieht, zumal in Kriegsnoth, wurden solche „Seelgeräthe" häufig errichtet¹).

Manchfaltig, viel verschieden waren sie geeigenschaftet, die vielen und weiten Lande, die Karls Reich umschloß, von den Halligen in der Nordsee bis zu den Weinbergen von Benevent, von den Schroffen der Pyrenäen bis in die Steppen der Avaren. Und manchfaltig auch und viel verschieden nach Stamm, Glaube, Sitte, Wirthschaft, Reichthum, Armuth, Stand, üppigstem Lebensgenuß und verzehrender Armuth waren die Unterthanen, die zusammen das Volk dieses Reiches bildeten.

B. Das Volk.

1. Allgemeines. Die Nationen.

Wie aus der Betrachtung des Landes²) erhellt, war die Bevölkerung des weiten Reiches eine stark gemischte³). Leider ist es ganz unmöglich⁴), über die Einwohnerzahl im Ganzen und über die Stärke der Hauptnationen auch nur Muthmaßungen anzustellen. Die Zeitgenossen Karls unterschieden schon sehr wohl die drei großen Völker in Italien, Frankreich und Deutschland, d. h. die ganz Verrömerten, halb Verrömerten und gar nicht Verrömerten, in die bald nach seinem Tode das Reich auseinanderbrach⁵).

Man unterscheidet wohl am Besten:

I. Unromanisirte Germanen⁶) im ganzen Land östlich vom Rhein und westlich des Rheins in Friesland bis zur See, dann bis

---

1) C. I. p. 114. c. 6. a. 803.

2) Oben S. 1 f.

3) Ueber die Eigenart des Frankenreichs in seiner reicheren Mischung von Vollsarten und die darin liegenden Schwierigkeiten treffend Waitz III. 1 f.: jedoch verkennt er die in dieser Ergänzung von romanischer Bildung und wirthschaftlicher Reichthumsfülle durch germanische Frische begründete Ueberlegenheit (vgl. VII. 1. S. 64 f.), die schließlich die Vorherrschaft dieses Reiches herbeiführte.

4) Auch die Versuche Lehuëron's I. S. 116 sind unbefriedigend.

5) Alcuin nennt ihn rex Germaniae, Galliae atque Italiae p. 307. a. 796, also vor der Kaiserkrönung.

6) Der leidige Ausdruck „Deutsche" für Germanen bei Waitz hat hierbei III. S. 242 f. besonders verwirrt und geschadet, da er z. B. Ost- und West-Goten, Burgunden, Langobarden bald einschließt, bald ausschließt.

an und über die Schelde und Metz, auch wohl von Basel bis gegen Besançon hin.

II. Romanisirte Germanen: von Rheims, Metz, Besançon bis an die Loire, dazu die Burgunden im alten Burgundenreich, endlich die erheblich romanisirten Langobarden in Italien; die nicht zahlreichen Franken, die als Vassallen, Besatzungen, Beamte südwestlich der Loire saßen, wurden früh und stark romanisirt; ebenso die Reste der Westgoten wie in der spanischen Mark so in Septimanien; die allerdings noch im XIII. Jahrhundert nach Gotenrecht lebten, aber schon im IX. oder X. schwerlich mehr gotisch sprachen.

III. Romanen: in starker Beimischung zu den Germanen unter II; ferner fast ausschließlich südwestlich der Loire in ganz Aquitanien, Septimanien, Provence, Gotien, stark vertreten auch in Wasconien und der spanischen Mark, sowie im Osten der Bretagne bis über Rheims hinaus; endlich auch in der Schweiz, in Graubünden, Rhätien, Tirol[1]); endlich in ganz Italien.

IV. Byzantiner in Südtitalien.

V. Kelten in der Bretagne.

VI. Araber und Basken in der spanischen Mark und Wasconien wie in Navarra: die „Navarrer" sind nicht ein besonderer Stamm[2]), sondern Mischlinge von Basken und Westgoten.

VII. Slaven: in vielen Völkerschaften: Abotriten, Linonen, Wilzen, Main- und Rednitz-Slaven[3]), Sorben, Dalminzier, Czechen, Karantanen; Slaven in Istrien.

VIII. Avaren.

---

1) Ueber das Fortleben des Romanischen in Baiern, Tirol, Oesterreich Stralosch-Graßmann I. S. 377 ff., 391; freie und unfreie Romanen S. 381. Kulnigg, die Römer im Gebiet der heutigen österreichisch-ungarischen Monarchie. Mittheilungen des k. und k. Kriegsarchivs. Neue Folge IV.

2) Wie Waitz III. 342 zu meinen scheint.

3) Den zum Sprengel von Würzburg gehörigen erst unter Karl getauften Main- und Rednitz-Wenden waren fränkische Grafen als Beamte gegeben und 14 Kirchen erbaut, aber bis auf Ludwig a. 826—830 nicht dotirt worden. Ludwig schenkt nun (a. 826—828) auf Bitten des Bischofs Wolfger a. 810—832(?) jeder Kirche aus dem Krongut in jenem Gau — es ist nur Einer — zwei Hufen mit den darauf sitzenden Zinspflichtigen, die nun an die Kirche zinsen sollen. Form. imp. 40. s. oben S. 5.

Der angebliche Benedictus Levita[1]) zählt (in einem falschen Capitular Karls) auf: „alle mit Gottes Hilfe unsrer Herrschaft unterworfenen sowohl Römer als Franken, Alamannen, Bajowaren, Sachsen, Thüringe, Friesen, Gallier (?), Burgunden, Britonen (also verschieden von Galliern), Langobarden, Waskonen, Beneventaner, Goten, Spanier und alle übrigen uns unterworfenen".

Die ganz oder überwiegend romanisirten Landschaften nahmen nach der Eroberung Italiens den weitaus größeren Theil des Reiches ein und waren wie reicher, fruchtbarer, länger und besser angebaut, so stärker bevölkert, unerachtet der zahlreicheren geistlichen und weltlichen Großgrundherren: hier lebten aber sehr zahlreiche Abhängige verschiedener Rechtsformen auf jenen Großgütern der Kirchen und Seniores. Im Nordosten des Reiches unter den Germanen hatte sich eine größere Zahl gemeinfreier Grundeigner erhalten[2]).

Im Uebrigen ist zu unterscheiden zwischen den völlig, unmittelbar und allein vom Frankenkönig beherrschten (Gebieten und) Völkern einerseits wie Franken, Römer in Gallien, Burgunden, Thüringe u. s. w. und solchen Völkerschaften andrerseits, die, unter angestammten Fürsten stehend, nur mittelbar dem Frankenkönig untergeben waren. Die Stellung Baierns hat von a. 638, 763—787 wiederholt dem letzteren entsprochen mit bald stärkerer bald geringerer Abhängigkeit des Herzogs[3]), bis das Herzogthum a. 787 ganz beseitigt, durch eine »praefectura« ersetzt und das Land so in unmittelbare königliche Verwaltung genommen ward[4]). Ebenso Aquitanien[5]). Schatzungspflichtige Fürsten und Völker waren die Chane der Avaren[6]), die Häuptlinge der Slaven[7]), der Basken (und Navarrer) sowie der Bretonen; auch die Langobarden unter Pippin[8]) sowie eine Zeit lang die Beneventaner[9]).

Ein bestimmter Sprachgebrauch für alle Reichsangehörigen, dann für größere Stämme oder kleinere Völkerschaften, unmittelbar oder mittelbar beherrschte, läßt sich nicht nachweisen: wird einmal von dem

---

1) II. 366. Legg. II. 2. p. 91 f.
2) So richtig Waitz III. S. 343.
3) Urgesch. III. S. 935—1009.
4) Urgesch. III. S. 1009. S. VIII. Baiern.
5) S. Einleitung S. 45.
6) Urgesch. III. S. 1021, 1149.
7) Urgesch. III. S. 1147.
8) Urgesch. III. S. 905.
9) Urgesch. III. S. 991.

ganzen populus¹) der gentes und nationes, „die unter unsrer Kaiserschaft und Herrschaft stehen", gesprochen, so wird dieser populus als
»catholicus« bezeichnet: das war neben, ja vor der Reichsangehörigkeit das Vereinende, Gemeinsame²).

Für omnis populus gentis nostrae sollen die Mönche beten³).

Alle Unterthanen, die den Treueeid geschworen oder zu schwören
haben und dem Herrscher »fides« schulden⁴), heißen »fideles«⁵).
Zumal auch die Vassallen Privater müssen — aus guten Gründen:
sie sollten nicht gegen den König fechten, was sie oft genug z. B.
gegen Ludwig thaten — dem König den Treueeid schwören, auch die
der Vassallen von Ludwigs Söhnen schwören wie den Königen dem
Kaiser⁶).

Einmal sind die fideles die Beamten im Gegensatz zum Volk⁷);
ebenso heißen auch die Unterbeamten (Vassallen?) königlicher Villenverwalter judices regiarum villarum⁸), meist aber Unterthanen⁹),
auch alle auf dem Reichstag Erschienenen¹⁰), weil sie eben Unterthanen
sind; anders die fideles Dei, d. h. die Laienchristen neben den Bischöfen¹¹).

Die Unterthanen heißen ferner die populares¹²), auch — ohne

---

1) populus = die steuerpflichtigen Graffchaftsinfassen Mon. B. XXXI. 1. p. 60.
2) Divisio a. 831 (Febr. 1). C. II. p. 21 cuncto catholico populo: gen-
tium ac nationum quae sub imperio et regimine nostro constitutae sunt;
s. „Gesammtcharakter", „Theokratie".
3) Aber Bouquet V. p. 712. a. 779 ist omnibus *gentibus* nostris tam
praesentibus quam futuris verschrieben für agentibus.
4) VII. 1. S. 188.
5) S. unten „Gemeinfreie". Th. v. Sickel V. 56 nimmt an, daß einmal
statt fideles = Unterthanen a fidelibus nostris stehe a bonis nostris Karl d.
Kahle Urk. p. 555: allein das wäre der einzige Fall: vielmehr heißt hier a bonis
nostris (aedificata monasteria) soviel als ex *fundis* nostris.
6) C. a. 802. c. 2. Carisiac. a. 873. c. 6.
7) Walter III. p. 92. a. 858 quod comites et fideles vestri de Francis
accipiunt.
8) Hinkm. opp. II. p. 138.
9) Admon. c. 19 fideles nostri (sind verpflegungspflichtig), ebenso C. Niumw.
a. 806. c. 9, als Unterthan heißt auch ein Bischof so Flodoard. hist. Rhem.
III. 18. Form. imper. 14 aber besonders — wie früher die leudes D. G. I b.
S. 156 — die proceres.
10) C. a. 811. p. 126; ebenso C. a. p. 170 (wo Waitz III. S. 609 mit Unrecht auch an weitere Kreise denkt) und C. a. 769. p. 44.
11) Conv. Col. a. 843. Legg. I. p. 376. fideles ecclesiae christianae C.
p. 170.
12) Einh. a. 814.

verächtliche Nebenbedeutung — plebes¹). Leudes begegnet viel seltener als noch in Fredigar: wo es erscheint, bedeutet es wie früher Unterthanen im Allgemeinen²), zumal die Einflußreicheren und jetzt besonders die Vassallen³). Das Wort Karls für Stamm, wohl Volk überhaupt, ist natio⁴). Pagenses sind die Unterthanen draußen in den Provinzen im Unterschied von den am Hof Lebenden⁵).

Auch darin ist das arnulfingische eine Fortsetzung des merovingischen Königthums, daß Romanisches, Germanisches und — zur Weihe — Christliches sich darin durchdringen: unter dem Ueberwiegen bald des Einen, bald des Andern, doch tritt das Germanische stärker hervor als bis a. 689 und a. 751⁶). Pippin wird noch mehr in Neuster festgehalten, dort hält er fast alle Reichstage ab, anders wird das unter Karl, der mehr in Austrasien und östlich des Rheins weilt und zu thun hat.

Die seit dem VII. Jahrhundert spürbar zunehmende Neigung Austrasiens, sich von Neuster und Burgund zu lösen, nicht von Paris aus beherrschen, sondern sich einen Scheinkönig, womöglich noch einen Knaben, nach Metz setzen zu lassen, in dessen Namen dann austrasische Bischöfe und Hausmeier herrschen, die Chlothachar II. die Einsetzung Dagoberts I., diesem die Sigiberts III. abgedrungen hatte⁷), führte auch dazu, daß Chlothachar III. (650—670) schon nach vier Jahren der Herrschaft über das ganze Reich seinen Bruder Childerich II. (670—673) als König von Austrasien „auf den Rath der Großen", d. h. eben der austrasischen zulassen mußte: — gewiß nicht nach dem Wunsch Ebroins, der in der Folge seine Herrschaft auch über das Ostland mit den Waffen wieder zu erringen trachtete.

---

1) v. Hlud. c. 7; über die mendici, pauperes famelici s. „Armenpolizei".
2) So in Pippins Urkunden von a. 767, 768. Bouquet V. p. 708 seq. Karl p. 732. a. 775., zweifellos p. 741. a. 778 pro *quibuslibet* liudis nostris.
3) Beläge bei Th. v. Sickel, Beitr. III. S. 47. leudes nostri et equi (= equites) Form. August. 21.
4) C. I. p. 208 Römer, Langobarden, Franken, Alamannen aut alterius cujuslibet *nationis*.
5) Hinkm. d. o. c. 12. s. unten „Graf". Ueber die schwer erklärbare Stelle, da pagenses veräußert werden, s. unten „Beneficialwesen": es sind Afterbeneficiare im Gau: beneficialibus sive pagensibus Agob. Opp. I. p. 135.
6) Im Ganzen kann man der Abwägung bei Waitz III. S. 76 beipflichten, aber das Vassallen- und Beneficial-Wesen, das jetzt (s. unten) immer bedeutender wird, ist nicht zu dem „Deutschen" Bestandtheil zu rechnen.
7) Einleitung S. 4, 7.

Der — wohl meist unbewußt wirkende — Grund dieser Trennungs-
bestrebungen war das so verschiedene Maß der Romanisirung: die
späteren Franzosen im Süden und Westen Galliens, die Bulgär-Latein
sprachen, und schon die Alamannen im Elsaß, geschweige die Rechtsrheinischen verstanden sich ja gar nicht. Hierin liegt auch der noch
nicht entdeckte Grund der überhaupt kaum wahrgenommenen Bewegung
in der Champagne im VII. und VIII. Jahrhundert: diese Bevölkerung,
an der Gränze von Auster und Neuster, eine Zeit lang zu Auster gehörig — Rheims war vor Metz Hauptort des Ostlands gewesen —
stark romanisirt, trachtete, sich von dem rein germanischen Osten zu
lösen und entweder an Neustrien sich zu lehnen oder — was ehrgeizige
Bischöfe von Rheims und Herzöge der Champagne vorzogen — zwischen
Austrasien und Neustro-Burgund eine selbstständige Sonderstellung
einzunehmen: so a. 674 Herzog Waimar von Champagne[1]. Pippin
bestellte, solche Strebungen zu verhüten, seinen Sohn Drogo zum
Herzog der unsichern Landschaft (688)[2]. Bischof Reolus von Rheims
spielte eine selbstständige und sehr einflußstarke Rolle in den Tagen
von Tertri[3]. Karl Martell hatte seine liebe Noth mit dem neutral
bleiben wollenden Bischof Rigobert von Rheims 717[4].

Dieser Gegensatz der romanisirten Neustrier und Burgunder und
der rein germanischen Austrasier hatte ja seit Anfang des VII. Jahrhunderts wiederholt das Reich auseinander zu reißen gedroht: durch
das gewaltige Aufsteigen der Arnulfingen seit a. 689 ward dies zwar
für anderthalb Jahrhunderte verhütet[5], aber mit dem Sinken dieses
Geschlechts seit a. 814 trat diese Gefahr immer wieder stärker hervor
und zerstörte zuletzt die Einheit des States. Schon dies Endergebniß
zeigt, daß jener Gegensatz auch in der Zwischenzeit von a. 689 bis
a. 814 keineswegs verschwunden, nur zurückgedrängt war.

Daher scheitert jetzt — schon im VII. Jahrhundert — die im VI.
in mehreren Reichstheilungen durchgeführte Verbindung von Germanen
Austrasiens mit den südgallischen Gebieten: a. 625 wird sie gar nicht

---

1) Urgesch. III. S. 692—698, auch S. 708.
2) A. a. O. S. 721.
3) Urgesch. III. S. 713.
4) A. a. O. S. 767.
5) Die Wiederannäherung beider Gruppen war seit Bonifatius gefördert
worden durch seine das ganze Reich umfassende Vollmacht und Thätigkeit: es
wurden nun gemeinsame Concilien für Auster und Neuster berufen.

wieder versucht, a. 632 allerdings ertrotzt, aber schon a. 656 endgültig aufgegeben¹).

Die Entartung der Merovingen kann man doch nur zum Theil auf ihre Verrömerung zurückführen: so allerdings die frühe und arge Unkeuschheit²); wir finden z. B. unter den Frauen und Buhlinnen der Merovingen nur sehr selten Römerinnen, sicher nur Deuteria und Veneranda³), so daß also auch die Mischung mit römischem Blut fast gleich Nichts war.

Immer häufiger taucht jetzt — im VII. Jahrhundert schon — wie für das Land so zumal für die Volksgruppe der Name „Francia", „Franci" auf, leider beides mit schillernd wechselnden Bedeutungen⁴). Doch darf man den Gegensatz der andern germanischen Stämme zu den „Franci" nicht übertreiben.

So sollen Sachsen und Friesen in schroffer Trennung und entschiedener Feindschaft den im fränkischen Reich vereinigten Stämmen gegenüber stehen⁵). Allein dies ist nicht richtig. Diese Feindschaft galt doch wahrlich nicht z. B. den Alamannen oder Baiern, mit denen gar keine Berührung statt fand. Und der Gegensatz der Sachsen den Thüringen gegenüber gründete durchaus nicht in deren Zugehörigkeit zum Frankenreich, sondern auf den alten Gränzkriegen und der Eroberung Nordthüringens durch die Sachsen, die sogar im Bündniß mit den Franken erfolgt war⁶), wie später die Sachsen durch Vertrag die Vertheidigung Thüringens gegen die Slaven übernehmen⁷). So kann man von schroffer Trennung und entschiedener Feindschaft als dauerndem Verhältniß nicht sprechen. Sofern sie bestand, war sie zu weit geringerem Theile durch gelegentliche Raubfahrten der ärmeren Nachbarn in die reichen fränkischen Gränzlande herbeigeführt als durch die unablässigen Bemühungen des Frankenreichs, den alten Glauben und die alte Freiheit durch das Zwangschristenthum und die fränkische Herrschaft zu verdrängen: diesem fränkischen „Reich" — in seinem zwiefachen Angriffstrachten — galt jene Feindschaft.

---

1) Urgesch. III. S. 607, 637, 660.
2) Vgl. Urgesch. III. S. 78: zu sehr verallgemeinern dies Waitz III. 1. S. 6 und noch mehr Ozanam, la civilisation chrétienne chez les Francs p. 337.
3) S. den Stammbaum am Ende von VII. 3.
4) S. unten.
5) Waitz III. S. 5.
6) Urgesch. III. S. 77. D. G. I. b. S. 113.
7) Urgesch. a. a. O. S. 636. D. G. I. b. S. 190.

durchaus nicht — außer den Franken — den in jenem Reich ja selbst nur widerstrebend vereinten ostrheinischen Stämmen.

In den Zeiten des Verfalls nach a. 814 war der Sinn für das Reich bald so gesunken, daß nicht nur Unterthanen sich mit den äußern Feinden gegen das Reich verbanden: so der Gote Aizo in Septimanien mit spanischen Saracenen, — auch die Karolinger selbst verschmähten das nicht. Ludwig von Baiern führte a. 832 seine slavischen Nachbarn gegen Alamannien[1]), Lothar hetzte a. 833 die Dänen auf Friesland und Pippin II., der Enkel Karls, schloß sich heidnischen Normannen in Aquitanien an[2]).

Von germanischem oder gar „deutschem" Volksgefühl ist bei den Arnulfingen überhaupt keine Rede: wie Karl den Abodriten weite Lande sächsischer Bevölkerung Preis giebt[3]) und mit ihnen und andren Slaven die Sachsen bekämpft, überläßt sein dux in Istrien den Slaven von Langobarden und (meist) Römern bebaute Gebiete[4]).

Der Ausdruck der volksthümlichen Gegensätze, der in den Eiden von Straßburg[5]) so stark hervortritt, konnte selbstverständlich auch früher nicht fehlen. Selten sind in den merovingischen Quellen ein paar germanische Wörter. Aber schon a. 801 sagt Karl: „Heerflucht", was wir ›Teudisca lingua herisliz‹ nennen[6]), dann folgt a. 829 ›skaftlegi‹[7]). Die germanischen Mundarten heißen im Gegensatz zum Latein rusticus sermo, rustice loqui, aber so auch Bulgärlatein gegenüber dem Schriftlatein[8]), und gentilitia auch wohl keltisch, slavisch, avarisch und alles nicht Latein[9]) (von Griechisch war keine

---

1) Annal. Bertin. a. 832.
2) Annal. Bertin. a. 864.
3) Einleit. S. 54.
4) Plac. Riz. ed. Carli. l. c.
5) Einleitung S. 93.
6) C. Tricin. 801. c. 3. C. L p. 205; ebenso p. 166. a. 811. c. 14 quod Franci h. dicunt.
7) C. Wormat. c. 14 quod in lingua theudisca ›skaftlegi‹, id est armorum depositio vocatur; vgl. Ed. Pistoj. a. 864. c. 33 ›scastlegi‹.
8) So merkwürdig incolae qui *rustice* ›albani‹ vocantur Urk. Ludw. p. 554: wie albani und advenae zusammenhängen s. unten „Fremde" und Du Cange I. p. 162. Diez, W. B. II. c. p. 511 von alibi! nicht ali-bant; über -bant s. VII. 1. S. 60.
9) Wilmans K.-U. I. 30, 35 quos incolae hocas (Du Cange IV. p. 211?) vocant .. quae gentilicio nomine ab indigenis hocwar nuncupatur; über theotisce s. D. G. I. b. S. 49.

Rede). Bezeichnend ist aber, daß das Germanische tritus sermo heißt[1]).

Der Vorsprung, den selbstverständlich die Römer vor den Germanen im Anfang des Frankenreiches in den Beamtungen gehabt[2]), ist nun eingeholt: lehrreich sind hierin die Namen der Königsboten[3]): die germanischen scheinen zu überwiegen, sogar bei den Geistlichen.

Stärker, häufiger als früher treten jetzt, zumal unter Karl, die Germanen in allen wichtigen Verrichtungen hervor. Die Großen des Pfalzgerichts unter Pippin sind a. 753 sieben, a. 754 fünfzehn Germanen, kein Romane steht neben ihnen[4]), ebenso sechs Germanen, darunter mehrere der früher Genannten — wie der Pfalzgraf Wilbert — a. 759[5]). So sind a. 775 alle zwölf (genannten) Beisitzer des Königsgerichts zu Düren, darunter acht Grafen und der Pfalzgraf, Germanen[6]). Es hängt wohl auch damit zusammen, daß Karl viel häufiger im Nordosten als im Südwesten seines Reiches weilte.

Ebenso zwölf Beisitzer im Königsgericht von a. 781, darunter ein „Constabilis", ein andermal elf Germanen, darunter drei Grafen und als dreizehnter der Pfalzgraf Worald[7]). Ebenso sind a. 812 alle zwölf genannten Urtheiler und der Pfalzgraf Amalrich Germanen, darunter sieben Grafen[8]). In dem ganz römischen Aquitanien[9]), wo die Spanier angesiedelt worden, sind alle acht oder doch sieben Grafen Germanen[10]).

Wie schon in den späteren Merovingenzeiten[11]) finden wir jetzt in gesteigertem Maße Germanen auch auf den Bischofstühlen: so in

---

[1]) Miraeus I. p. 649 sub tuitione atque quem trito sermone »mundiburdo« vocant; beide werden gleichbedeutend ganz regelmäßig bei besonders verliehenem Schutz, der ja Römer (Kirchen) wie Germanen umfaßte, gebraucht. Auch sub nostro tuitionis mundiburdo.

[2]) Ueber Germanisirung der Romanen und Romanisirung der Germanen Schäffner I. S. 106. — Ueber das Verhältniß zwischen Römern und Germanen, Begriff des „Römers", Gaupp 206 f., 414. — Ueber die Stellung der Römer v. Bethmann-Hollweg I. S. 121 f., Schröder² S. 100.

[3]) S. diese unter „Amtshoheit".
[4]) Bouquet V. p. 699. 700.
[5]) l. c. 704.
[6]) Bouquet V. p. 735.
[7]) l. c. p. 746.
[8]) Bouquet V. p. 776.
[9]) Urgesch. III. S. 920.
[10]) C. I. p. 169.
[11]) VII. 3. S. 243—248.

der Seelmessenverbrüderung zu Attigny von a. 760—762¹) unter den 44 Namen nur zehn nicht germanische, darunter mehrere biblische, zwei Johannes, ein Manasse, oder von frommer Bedeutung, Eusebius, Remedius, die auch Germanen tragen mochten.

Es ist noch nicht bemerkt, daß auch die Namen der Unfreien und Colonen im Süden fast ausschließend römisch, in einzelnen Gauen auch Nordfrankreichs wie rechts vom Rhein in Westdeutschland fast ausschließend germanisch sind, während im alten Rhätien, Vindelicien, Noricum auffallend zahlreiche römische Unfreie verblieben sind; in Nordfrankreich und Westdeutschland sind wohl viele germanische Kleinfreie in Unfreiheit herabgesunken²).

Unter den 42 aufgenommenen Spaniern tragen zwei Presbyter (Martinus und Salomo) römisch-kirchliche Namen, außerdem siebzehn ungermanische (was aber, da sie meist fromme Bedeutung haben, Germanen als Träger nicht ausschließt, z. B. Christianus, Johannes (2), Stephanus, Homobei, Esperansdei, Pascalis, Salomo), ein Paar arabische (Soleiman, Zate [?]), dann sechzehn zweifellos germanische, neun zweifelhafte³).

Lehrreich ist für die weitgehende diesen gotisch-spanischen Ansiedlern gewährte Selbstständigkeit und Erhaltung ihrer Eigenart sogar in dem Aemterwesen, daß man ihnen die sonst nirgend im Frankenreich vorkommenden echt gotischen⁴) Sajonen beließ, die, ganz wie in den alten Gotenreichen, auch verwendet wurden, Leistungen einzutreiben, wie es vielleicht scheint, durch Zwangseinquartierung⁵).

Die Bevölkerung des Reiches ward fortwährend vermehrt auch durch Kriegsgefangene, also Unfreie. Bekanntlich wurden Slaven

---

1) C. I. p. 221.

2) Vorsicht bedarfs bei Schlüssen aus den Namen: manche germanische waren in gewissen Landschaften so beliebt, daß Eine Urkunde unter den Zeugen zwei und mehr Gleichnamige aufzählt: Römer führten germanische Namen nie, höchstens als (spöttische) Beinamen, aber viele Germanen führen biblische Namen — beider Testamente — oder fromme wie Theodor, Fidelis u. s. w. Germanen wie Godewin und Flodewin haben eine Schwester Damaskiana. Bouquet V. p. 746. a. 781. Der Sohn des Juden Laonoch heißt zwar Enoch und eine Tochter Noël, aber die andern Laonild, Justina, Milbis, ein Sohn Emenarich. Oder ist Emenarica zu lesen? Form. imp. 45.

3) C. I. p. 169. 4) III. S. 180. VI². S. 348.

5) superponere Karls Urk. Bouquet V. p. 777. Ueber beboraniae [„Finanz", „Naturalleistungen": dicunt etiam, quod aliquas villas quas ipsi laboraverunt laboratas illis eis (l. eas) abstractas habeatis et beboranias illis superponatis et sajones, qui per forcia super eos exactant.

verschiedenster Stämme in solcher Menge als Kriegsgefangene und Gränzräuber verknechtet, daß den Germanen die Ausdrücke Slave (Sclobene) und Unfreier (Sklave) in Eins zusammenflossen [1]).

Das Römische in dem Merovingenreiche wird seit dem Aufkommen der Arnulfingen überall vielfach durch Germanisches verdrängt oder es erlischt von selbst: so die römischen Steuern der Merovingenzeit [2]). Freilich das Kaiserthum Karls war das römische: allein auch dies ward durch die vorherrschend theokratische Auffassung doch ganz anders gefärbt als das etwa Diokletians.

In den Formeln ward manches längst verschwundene Römische fortgeschleppt. Andremale haben die römischen Ausdrücke ihre römische Bedeutung gewechselt. So sind auch testamenta meist nicht "Testamente", sondern Urkunden [3]).

In Karl findet sich auch nach a. 800 nicht eben viel Römisch-Imperatorisches: doch ist es römisch gedacht, wenn er in der Reichstheilung von a. 806 die deutschen Landschaften südlich der Donau — das alte "Vindelicien", "Rhätien", "Noricum" — zu Italien schlägt [4]).

Immer noch galt als ein Hauptgrundsatz der Freiheit, daß auf jeden nur seine lex, sein Stammesrecht, angewendet werden durfte [5]). Die ›lex loci vestri‹ ist zugleich das angeborne Stammesrecht der hier siedelnden Parteien, nicht etwa wird hier schon a. 692 das Personalitäts- durch das Territorial-Princip verdrängt [6]): Leute aus der Fremde, die ja selten vorkamen, lebten nicht nach der lex ihres vorübergehenten Aufenthalts.

Den Römern werden einmal [7]) die Salier entgegengestellt, aber nur als Beispiel: das Gleiche gilt von allen andern Stämmen im Grundsatz der persönlichen Rechte.

---

1) Die früheste mir bekannt gewordne Stelle in der Slave und Sclave, Unfreier, mit Einem Worte bezeichnet worden, steht in einer Urkunde Ludwigs, Urkundenbuch des Landes ob der Enns II. p. 11. quod *servi vel Scluvi* ejusdem monasterii ad censum tenuerunt qui ad partem cerintis solvebatur. Aber Mon. Boica XXVIII. 1. p. 46 Ludw. d. D. fällt doch tam Bajoarii quam Sclavi noch nicht zusammen mit dem folgenden liberi et servi: es gab auch unfreie Baiern und freie Slaven.
2) VII. 3. S. 96.
3) Bouquet V. p. 697 und oft. dagegen Erbeinsetzung Form. imper. 38.
4) Oben S. 2. Genaueres s. unten "Gesammtcharakter".
5) S. die Belege bei "Gesetzgebung" und "Gerichtshoheit".
6) D. R. Pertz N. 60.
7) C. I. p. 43.

2. Insbesondere die Franken.

a. Allgemeines. Namen.

Francia, Franci.

Große Schwierigkeiten bietet die Erklärung des Sprachgebrauchs von Francia, noch mehr von Franci[1]), er hat vielfach geschwankt, der Zeit, dem Raume, der Sinnesart der Schriftsteller nach. Ebenso führt die Untersuchung der Stellung der „Franken" zu den übrigen germanischen und den romanischen wie keltischen Unterthanen des Reichs nicht zu widerspruchslosem Ergebniß: die rechtliche Gleichstellung, welche die Regel bildet, wird nicht nur durch thatsächliche, moralische, politische Bevorzugung, zuweilen auch durch Vorrechte der Franken durchbrochen, die freilich mehr als Folgen der thatsächlichen denn als beabsichtigte Rechtsvorzüge erscheinen.

Francia ist bald = Germania[2]), bald überhaupt der Gegensatz zu Gallia[3]). Aber später (a. 830) werden die „Franci" (d. h. die Westfranken) den „Germani", d. h. den Ostfranken und (späteren) Deutschen geradezu entgegengestellt. So heißt es von Ludwig[4]): „mißtrauend den Franken und mehr den Germanen sich anvertrauend".

Sehr unwahrscheinlich ist, die Bevorzugung der Germanen vor den Franken durch (den ganz verwälschten) Ludwig habe den Anlaß zu den Erhebungen gegen ihn gegeben[5]); umgekehrt hat die arge Treulosigkeit der „Franken" (und Romanen) Ludwig allerdings dahin geführt, jenen zu mißtrauen und mehr den „Germanen" d. h. den Ueberrheinern zu vertrauen, die ihm ja auch wiederholt unter seinem Sohne Ludwig zu Hilfe kommen[6]).

Bei der zunehmenden Verrömerung der Franken in Mittel-, Süd- und West-Frankreich bis nach Lothringen hinein bildete sich allmälig

---

1) Ueber den merovingischen Sprachgebrauch VII. 3. S. 446.
2) Annal. Max. a. 605, auch Annal. Mett. p. 193. Guérard, du nom de France et des différents pays auxquels il fut appliqué. Annuaire historique 1869.
3) So St. Bonif. Jaffé ep. 39.
4) Vita Hl. c. 45. Bouquet V. p. 111 diffidens quidem Francis magisque se credens Germanis.
5) So Adrevald, Mir. St. Benedicti, Bouquet VI. p. 313.
6) Nach c. 24 soll er diese Ueberrheiner durch umfassende Rückgabe früher von Karl ihnen entzogenen Grundeigens gewonnen haben, post haec easdem gentes semper devotissimas sibi habuit.

ein scharfer Gegensatz zwischen diesen Franken und den Ueberrheinern aus, der sich ja in der Sprache¹) ausdrückt und zur Scheidung von Frankreich und Deutschland beigetragen hat²): unter Ludwig wußte man nicht mehr, daß die Franken auch „Germanen" waren und stellt den Franci (statt der Transrhenani) die Germani gegenüber³). Aber schon a. 660 werden in bezeichnender Weise den Austrasiern nicht nur die Neustrier, auch die Burgunden, beide zusammen unter dem Namen Franci entgegengestellt⁴): es sind eben die späteren „Franzosen".

Ebenso werden schon in der Schlacht im Wald von Cuise (a. 715) die „Franci" d. h. Neustrier und Burgunden entgegengestellt den austrasischen leudes Pippins und Grimoalds⁵). Es ist merkwürdig, wie bei diesen Geschichtschreibern die alte Scheidung von Saliern und Ripuariern, die in den Stammesrechten freilich noch fortbesteht, zurücktritt hinter der neuen geschichtlich wichtigen von Neustriern und Burgunden einerseits, Austrasiern andrerseits, die dann etwa wieder in „Ostfranken" im engern Sinn und die andern rechtsrheinischen (später „deutschen") Stämme gegliedert werden. Früher waren Salier und Ripuarier über Auster und Neuster insofern vertheilt gewesen, daß zwar Salier fast nur in Neuster, aber Ripuarier zwar überwiegend in Auster, aber doch auch in Neuster siedelten.

Francia steht jetzt auch für Neustria im Unterschied von Austria⁶). Aber auch das ganze Reichsgebiet nördlich der Alpen heißt wohl wie regnum Francorum⁷) so Francia. So sagt ausdrücklich der Mönch von Sanct Gallen⁸): „wenn ich zuweilen Francia sage, meine ich alle Provinzen diesseit der Alpen".

Ob Francia gelegentlich auch Italia einschloß, ist sehr zweifelhaft⁹). Schon der getrennte Titel rex Francorum et Langobardorum

---

1) S. die Eide von Straßburg VIII. 1. S. 93.
2) S. „Reichstheilungen" und „Auflösung des Reichs".
3) Vita Hlud. c. 45.
4) Vita St. Balthild. c. 5; ebenso sagen andere Heiligenleben jener Zeit statt Neustria Francia.
5) Gesta Franc. c. 51. Urgesch. III. S. 755.
6) Karl, Urk. für St. Germain a. 779. Bouquet V. p. 742. p. 747. a. 782.
7) Für das sollen dankbare Mönche beten Bouquet V. p. 730 und oft.
8) l. c. 10.
9) Nithard II. c. 10 universam Franciam .. dividerent. Dagegen Guérard a. a. O. p. 156. Dafür Waitz III. S. 352. Nach Francia schickt man Rosse aus Italien Plac. Rizianum ed. Carli. Aber vielleicht zählte Italien als schon Lothar gehörig nicht mit.

spricht dagegen, jedenfalls bis 801. Aber auch noch unter Ludwig werden so Francia und Italia geschieden[1]) (auch wohl Langobardia), nicht etwa nur das von Franken bewohnte (Gallien)[2]). Zuweilen ist Francia das Land links vom Rhein[3]), zuweilen aber Neustrien und Austrasien im Gegensatz zu Burgund und Aquitanien. Francia wird von dem Land nahe der Loire (diesseit wie jenseit derselben), von Provence, Burgund, aber auch von Austria unterschieden[4]), aber auch nebeneinander: Burguntia, Provincia, Francia, Austria[5]); Francia ꝛc. Italia (daneben besonders noch Tuscia), Rätia, Baioaria, Sclavinia[6]); statt Francia steht Neustria[7]).

So kehrt Lothar a. 842 von Tours „nach Francia zurück"[8]). Aachen heißt der erste Sitz „Francias"[9]). »Tota Francia« ist auch das ursprüngliche Gebiet der Franken in Nordgallien und dann Ripuarien[10]). Ludwig kehrt a. 832 aus Aquitanien zurück nach „Francia" (östlich der Loire) d. h. nach Le Mans[11]). So wird Francia unterschieden von Burgund, Aquitanien, Germanien: zu Francia gehört z. B. der Haspengau um Lüttich[12]). Aus Francia zieht Ludwig gegen Orléans[13]).

Die Ostfranken, Franci orientales, Austrasii sind meist[14]) die rechts vom Rhein[15]), erst unter Ludwig dem Deutschen werden alle

---

1) Vita Hlud. c. 53. — Vgl. Aldrevaldus, mirac. St. Benedicti, Bouquet V. p. 448. Muratori, Antiq. III. p. 781.
2) z. B. Regierung Karls in Francia, dagegen in Italia C. l. p. 204; Liten und zumal Kronknechte gab es im ganzen Reich nördlich der Alpen: in „Francia" l. c. p. 205.
3) Einh. v. K. c. 2.
4) Tardif p. 63.
5) p. 742. a. 779.
6) Form. imp. 37.
7) l. c. p. 747. a. 782. p. 763. a. 600(?), beide Male bei Gütern St. Martins von Tours.
8) Nach Sinzig. Nithard III. 5.
9) l. c. IV. 1.
10) Nith. II. 1. Meyer von Knonau S. 55. Waitz IV. S. 682.
11) v. Hlud. c. 47. Annal. Bert. a. 832.
12) v. Hlud. c. 49. c. 50. Simson II. S. 59.
13) Annal. Bert. a. 834.
14) Viele Belege Urgeschichte III. Ueber das Schwanken der Bedeutung s. Waitz IV. S. 677 und die Literatur daselbst. Francia im Gegensatz zu Aquitania Annal. Vedast. a. 892.
15) Annal. R. Fr. 787. Einh. a. 778. v. Car. c. 15.

Unterthanen seines Reiches: — also auch Thüringe, Sachsen, Friesen, Alamannen, Baiern — „Oſtfranken" genannt.

Die Annalen laſſen Karl aus Sachſen, Baiern u. ſ. w. nach „Francia" zurückkehren, d. h. in die (rechts- und links-)rheiniſchen Lande, aber auch aus Italien nach Gallien, d. h. dann Frankreich; auch das Maingebiet heißt jetzt Francia[1]. Franci ſteht aber oft auch für populus überhaupt, ohne Beſchränkung auf jenen Stamm[2]: ſo weit war — allerdings nach Mitte des 9. Jahrhunderts[3] — die Verſchmelzung in Gallien vorgeſchritten. Auch exercitus Francorum wird zuweilen (zumal von den Päbſten) ganz wie populus gebraucht, auch wo nicht (wie dann freilich die Regel) nur an das Frankenheer beſonders oder allein gedacht iſt[4].

Franci ſteht für das Geſammtreich ohne Beſchränkung auf die Franken[5]. So ſagt auch der Pabſt: „die Franken" haben ihr Wort nicht gehalten[6], d. h. ihr Stat.

Auch in den amtlichen Schreiben an den Pabſt grüßt Karl im Namen des populus »Francorum«: gewiß ſind doch die chriſtlichen Alamannen, Burgunden nicht ausgeſchloſſen: ſie gehören zum regnum und inſofern — gewiſſermaßen — auch zum populus des Franken reiches[7].

Zuweilen ſind, wo Franci und Sachſen erwähnt werden bei Geſetzen für Sachſen, unter Franci doch nicht blos fränkiſche, auch andere nicht-ſächſiſche Glieder des Reichstags, z. B. Römer zu verſtehen[8].

Dagegen nur fränkiſches Stammesrecht meint jus Francorum[9].

Einmal ſteht Franci, wo wohl nur an Franken — nicht an andre

---

1) Willibald. v. St. Bon. c. 10.

2) z. B. C. Mars. a. 847. Anmerk. C. II. 1. p. 68: pauperes Franci, d. h. pauperes in populo, für Römer galt nicht Anderes. Ebenſo die heribanni werden erhoben de omnibus Francis Annal. Bertin. a. 866, d. h. Wehrpflichtigen.

3) a. 858 Walter III. p. 92, ebenſo Pact. Tusiac. a. 865 paraveredos, quos Franci homines (= die Unterthanen) ad regiam potestatem persolvere debent.

4) Codex Carol. 9. p. 43 cuncto exercitui regni et provinciae Francorum.

5) Vita Hlud. c. 21 Francorum proceres; anders daſelbſt: secundum Francorum consuetudinem (se commendare).

6) Epist. 1. Mai a. 748. Jaffé III. p. 192.

7) C. I. p. 225. a. 785(?).

8) C. I. p. 72. a. 794.

9) Form. imp. 38.

Germanen — gedacht ist: bei dem Wort herisliz¹); dagegen skaftlegi heißt lingua thiutisca²).

b. Rechtliche Gleichstellung und thatsächlicher Vorzug.

Die Rechtsstellung aller Reichsangehörigen war, wie schon seit Chlodovech³) die gleiche: Römer und Germanen und früher (Alamannen, Thüringe) oder später (Langobarden, Sachsen) unterworfne Germanen waren statsrechtlich gleichrechtig und der höchste Werth ward, dem altgermanischen Grundsatz des Genossengerichts gemäß, gelegt auf die Wahrung des Stammesrechts im Privat- und Straf-Recht, im bürgerlichen und im Strafverfahren. Das lassen sich — wie in Merovingenzeit — die Stämme immer wieder zusichern: der Grundsatz der persönlichen Rechte⁴) galt (neben dem Ausschluß unfreiwilliger Schatzung) recht eigentlich als das Wesen und Palladium der Freiheit⁵).

Allein die Anerkennung der Gleichberechtigung der andern Stämme mit den Franken schließt keineswegs das stolze Selbstgefühl dieser als der Begründer und wichtigsten Träger der Reichsmacht aus⁶): so muß Tassilo Gehorsam in allen Stücken versprechen nicht nur Karl (und dessen Söhnen), auch dem „Volk der Franken"⁷). Gemeint ist wohl der Stat (der Franken), wie es anderwärts ausdrücklich heißt⁸).

Wie das gesammte Reich das „Reich der Franken" heißt⁹), äußert sich auch sonst das schon bald nach Chlodovech¹⁰) lebhafte Hochgefühl des herrschenden Stammes: auch die Sachsen schwören Treue wie dem

---

1) C. Bonon. a. 811. c. 4 quod Franci h. dicunt.
2) C. Wormat. a. 829. c. 14: war skaftlegi gemein-germanisch?
3) VII. 1. S. 114.
4) VII. 3. S. 1—10, gegen Brunner.
5) S. Ludwigs Brief an Merita unten „Gerichtshoheit".
6) Das Hervorragen der Franken als Gründer und wichtigste — obzwar nicht einzige — Träger des Reiches unterschätzt Waitz IV. S. 643. Die andern Völker gehorchen Karl nicht, „weil er an die Stelle der einheimischen Fürsten getreten ist" — und Sachsen und Friesen, die niemals Stammesherzöge hatten? — also etwa die Baiern als ihrem Herzog, sondern auch während Tassilos Herzogschaft als dem „König der Franken" (anders Waitz).
7) Annal. R. Fr. a. 787.
8) Constit. Olonn. c. 2. Legg. I. p. 250 rei publicae. S. unten „Gesammtcharakter".
9) S. „Gesammtcharakter" und oben S. 47.
10) Urgesch. III. S. 94.

König so „den Franken"¹): die Franken und die ihnen unterworfnen Völker werden wiederholt neben einander gestellt²).

In dieser Stellung des Frankenvolkes als Ausgangspunkt der Reichsmacht lag es begründet, daß bei Neuerwerbungen vor Allem Franken als Beamte, zumal auch als Vassallen in die zu sichernden, dem Gesammtreich anzupassenden Gebiete gesandt wurden. So that in Aquitanien gleich nach der Wiederunterwerfung Pippin³), dann Karl⁴): genannt werden hier als Grafen Humbert, dann Sturbi für Bourges, Abbo für Poitiers, Widbod für Périgeux, Iter für Arvern, Charso für Toulouse, Sigvin für Bordeaux, Haimon für Albi, Ratgar für Limoges: darunter nicht Ein Romane.

Ebenso sind alle acht Grafen in Septimanien, welchen die einwandernden Spanier empfohlen werden⁵), Germanen. Selbstverständlich schickte Karl aus guten Gründen auch in das neuunterworfne und stark entvölkerte Sachsenland in Menge geborne Franken als Geistliche, Beamte, Vassen und allodiale Ansiedler⁶).

In gefährdete Provinzen sendet man stets Grafen, Aebte, Kronvassallen „vom Stamm der Franken"⁷) als der reich-treusten Unterthanen. Zumal das Reichsheer heißt exercitus Francorum⁸), z. B. „Karl blieb zu Hause mit den Franken"⁹); das Heer bestand doch auch aus Romanen, Burgunden, abgesehen von den rechtsrheinischen Stämmen; die pagenses Franci, die Pferde haben, sollen als Reiter zu Felde ziehen¹⁰): nicht nur die fränkischen Abstammes. Franci bedeutet dann nicht die Franken allein, sondern alle wehrpflichtigen Gemein-

---

1) S. „Schranken des Königthums".
2) Ermold. Nigell. III. v. 257 Francos gentesque subactas IV. v. 149.
3) Fred. cont. c. 136. Urgesch. III. S. 947. Zum Jahre 767.
4) Vita Hlud. c. 3. a. 778: ordinavit per totam Aquitaniam comites abbatesque nec non alios plurimos quos vassos vulgo vocant *ex gente Francorum*, quorum prudentiae ac fortitudini nulla calliditate, nulla vi obviare fuerit tutum eisque commisit curam regni prout utile judicavit, finium tutamen villarumque regiarum ruralem provisionem.
5) C. I. 1. p. 109. a. 812.
6) S. „Sachsen".
7) de gente Francorum, vita Hlud. c. 3.
8) C. I. p. 52. (a. 780); für dies wird das Kirchengebet gehalten. S. oben S. 39.
9) Annal. R. Fr. a. 802.
10) Edict. Pistoj. a. 864. c. 26.

freien, im Gegensatz etwa zu den proceres [1]: daher auch Francorum
scara d. h. Kriegsschar [2]). In andern Fällen werden dann freilich
neben den Aufgeboten aus andern Stämmen die beigesellten — oft
nur wenigen — Franken ausdrücklich hervorgehoben: und scharfsinnig
hat man [3] bemerkt, daß dies am Häufigsten in den (fast) halbamtlichen
Annales Regni Francorum geschieht [4]).

Ein andermal werden aber neben dem Heer der Franken „auch
die der andern sehr vielen Völker" genannt, die im Reiche wohnen [5]).

Weil auf den Franken das Reich ruht, heißt der Hochverräther
infidelis noster et Francorum, nicht auch Burgundionum etc.;
freilich steht es für populi nostri [6]).

Auch in dem Titel des Königs drückt sich der Vorrang der Franken
aus; Pippin und Karl nennen sich nur rex Francorum, nicht etwa
auch Burgundionum, Alamannorum, Karl nimmt nur den Zusatz
et Langobardorum [7]) an: aber auch nach Tassilos Sturz heißt und
ist er nicht dux oder rex Bajuvariorum: sondern die Romanen in
Gallien und die von Merovingen und Arnulfingen in das Reich hinein-
gezogenen germanischen Stämme gelten als Unterthanen des Frankenreichs, daher des Frankenkönigs.

c. Francus = frei.

In andern Stellen bedeutet Francus gar nicht den Franken, sondern den (Gemein-)Freien [8]). So steht a. 757 Francus, Franca,
homo Francus für jeden (freien) Unterthan [9]).

---

1) Besonders häufig bei Fredig. cont. c. 130 cum Francis et proceribus
suis Camp. Martio tenens; c. 125 optimates Francorum .. pro utilitatem
Francorum tractandum, aber auch die Annalen brauchen das Wort im Sinne
von Reichsangehörigen überhaupt Annal. Lauresh. a. 777. a. 781.

2) S. unten „Heerbann", z. B. Annal. R. Fr. a. 766.

3) v. Ranke, zur Kritik der fr. Ann. S. 16.

4) Z. B. a. 788 Krieg zwischen Griechen und Langobarden: fuit missus .. una
cum paucis Francis, ebenso Schlacht zwischen Baiern und Avaren .. fuerunt ibi
missi .. regis cum aliquibus Francis, a. 789 Friesen cum quibusdam Francis, a. 791
Saxones cum quibus Francis et .. plurima Frixonum. S. unten „Heerbann".

5) Fred. cont. c. 131.

6) C. I. 156. Einmal auffallend: imperator ad *Francorum bannum*
concessit. C. I. p. 94.

7) C. I. p. 80.

8) S. diese unten. Hinkmar opp. I. p. 191 (si) Francam feminam opprimat
et sicut ancillam constringat.

9) C. I. p. 38.

Werden Franci d. h. Voll-Freie den ecclesiasticis entgegen gestellt, so sind letztere nicht Geistliche, sondern unfreie Kirchen-Knechte[1]) oder Kirchen-Coloni. Auf dem Gebiet eines Klosters wohnen sowohl „Franci" als ›ecclesiastici‹ [2]).

Die franci homines sind die Dingpflichtigen, — also Freien — die neben den Immunitätsvögten das Grafending zu suchen haben[3]). Den Gegensatz zu diesen Franci d. h. Freien bilden abermals die ecclesiastici[4]). Die Franci, die neben den Kronknechten auf Krongütern leben, sind Freie, müssen durchaus nicht Franken, können auch z. B. Römer, Burgunden sein[5]).

d. „Franci" auf dem Reichstag: alle Freien hier, überhaupt das Gesammtvolk des Frankenreiches.

Wenn es nun den Anschein hat — und zuweilen mehr als den Anschein — als ob die „Franken" auf dem Reichstag in Berathung, Gesetzgebung, Urtheilfindung, Entscheidung über Krieg und Frieden allein handeln, mit Ausschluß von Angehörigen anderer Stämme, so erklärt sich das manchmal wohl eben aus jener Bedeutung: die „Freien, die Gesammtheit des freien Volkes": gar oft ist schwer zu entscheiden, ob Franci diese Gesammtheit oder die Franken allein — in Bevorzugung — oder beides, zunächst die Franken als Gründer und Träger des Reiches, hinter ihnen aber auch die andern freien Reichsangehörigen bedeuten soll: diese Dinge flossen den Zeitgenossen ineinander. Thatsächlich waren die Franken im Reichstag bevorzugt, weil der Herrscher

---

1) VII. 1. S. 281. S. unten „Unfreie".

2) Karl, Mittelrhein. Urk. B. I. 29 super terram.. monasterii tam Franci quam ecclesiastici commanere videntur, Ludwig ebenda 57 Franci, ecclesiastici. servientes (das sind hier nicht unfreie Franken). Epist. Syn. Caris. Walter III. 92. a. 858.

3) Edict. Pistoj. a. 864. c. 32.

4) Karl, Mittelrhein. Urk. B. I. p. 34. Nicht etwa sind diese Priester im Gegensatz zu Laien. Franci — ingenui, liberi oft: Francos vel servos, servis (so ist wohl zu schreiben: anders Waitz), colonis seu Francois, Franci .. in fiscis aut villis nostris Cap. de villis a. 812 c. 4. C. I. p. 145 (a. 801—814) si servi Francas feminas accipiunt.

5) Secundum legem eorum C. de vill. p. 83. Aber der homo Francus Adrevald, Francus homo Hagadeus sind nicht Freie, sondern Franken: sie verschenken ein Kloster Bouquet V. p. 735 a. 775: ihre Freiheit zu betonen, war überflüssig. Franci, Romani, Burgundiones vel reliquae nationes in der Formel für Patriciat, Ducat, Comitat. Mark. I. 8.

meist Franken in seiner Umgebung hatte, also auch hier, weil er häufig Franken besonders zu dem Reichstag entbot, endlich weil der Reichstag oft in „Francia" gehalten, also von den Umwohnern am Leichtesten und Häufigsten besucht ward.

Das Bewußtsein, daß unerachtet der statsrechtlichen Gleichstellung der Romanen und der nichtfränkischen Germanen mit den Franken doch diese wie die Gründer, so die wichtigsten Stützen des Reiches sind, kommt auch darin zum Ausdruck, daß die Quellen vom Reichstag, wie vom Heer[1]), von dem Heil „der Franken" auch da sprechen, wo keineswegs nur an Franken als Glieder des Reichstags[2]), des Heeres, des Reiches[3]) zu denken ist.

So sind oft die Franci offenbar nur die auf dem Reichstag versammelten Großen[4]): so die Franci, nach deren Urtheilspruch Judith sich von allen Anklagen durch Eid reinigte[5]). Denn auch wohl alle Angehörigen des Reiches heißen Franci[6]). Der Reichstag heißt senatus populi Francorum, senatus Francorum[7]). In den wichtigsten Hochverrathsprocessen am Reichstag (und Reichsgericht) wird das Urtheil gefunden durch „die Franken" oder den „Adel der Franken"[8]). Gleichwohl nahmen an solchem Reichstag und Königsgericht[9]) keineswegs nur „Franken" im Sinne des Stammes Theil.

---

1) Fred. contin. c. 125 jubet ut omnes Francos (doch auch die wehrpflichtigen Romanen) hostiliter ad Ligerim venissent.

2) S. die Stellen unten beim „Maifeld" und oben S. 53.

3) Pro salutem patriae et utilitatem Francorum Fredig. cont. c. 125.

4) Annal. Laur. min. a. 814. Scr. I. p. 122, ebenso die omnes Franci Fred. cont. c. 117 von a. 750. V. St. Wilhelmi Mabillon A. IV. I. p. 452 omnis illa nobilium Francorum militia d. h. Statsbeamte (nobiles hier nicht Abel, sondern edelmüthig?).

5) Annal. Bertin. a. 831.

6) Annal. Bert. a. 834 Lotharius.. spe, qua Francos abducere consueverat, animatus, wo alle Krieger seines Baters gemeint sind; ebenso vita Hlud. c. 53 sed Franci.. ad defectionem impelli dedignati sunt. S. oben Einleitung.

7) Legg. I. p. 223. Annal. R. Fr. a. 767 synodum fecit cum omnibus Francis.

8) a. 789 Tassilo ad Francorum judicium Karl, Bouquet V. p. 758. Desiderius a. 714 Annal. Lauresh. Franci judicaverunt eum morte dignum Annal. Einh. a. 818. Bertin. a. 830 ab omnibus episcopis.. comitibus ac ceteris Francis judicatum est.. ut Francorum judicium subeant. 831 purificavit se secundum judicium Francorum. Urk. Ludwigs p. 655 juxta nobilitatis Francorum generale judicium.

9) S. beide unten.

Das Urtheil des Königsgerichts im Reichstag über Hochverräther heißt judicium Francorum, obwohl gewiß nicht nur Franken hier tagten¹).

Francorum judicium verurtheilt nach der lex Francorum den Hochverräther Wulfoald: derselbe war wohl selbst Franke und Franken waren schon damals²) meist, aber doch nicht ausschließlich³) die Glieder des Hofgerichts; per judicium Francorum trifft den Hochverräther Todesstrafe und Einziehung⁴). Fromme Gaben werden gespendet für das Seelenheil „der Franken"⁵), doch auch der Burgunden u. s. w. In andern Fällen sind aber allerdings nur die Stämme der Franken gemeint⁶). Karl unterscheidet die „Franken" in Italien von den dortigen Langobarden und Römern⁷): jene sind meist Franken, aber doch wohl auch andere aus den Landen nördlich der Alpen, aus „Francia" im obigen⁸) Sinne.

1) Bouquet V. p. 758 a. 796.
2) Unter Pippin, Bouquet V. p. 702. a. 755.
3) S. oben S. 53.
4) C. Aquisgr. a. 809. c. 1.
5) Bouquet V. p. 712.
6) So C. I. p. 156. Wenn der Angeschuldigte Franke ist, schwor er mit zwölf Franken: dagegen ebenda infidelis noster et *Francorum*.
7) Epist. p. 212. a. 806—810. aliqui ex nostris et vestris.
8) S. 46 f.

II. Die Stände.

A. Allgemeines. Reich und Arm.

Der Darstellung des Fortbestandes der aus merovingischer Zeit überkommenen Stände und deren Umgestaltungen, sowie der neu auftretenden Unterscheidungen ist in Kürze die Bemerkung voran zu stellen, daß das Altüberlieferte, auch wo es dem Namen nach fortbestand, thatsächlich zurückgedrängt wurde durch Neubildungen oder doch Fortbildungen der früheren Unterscheidungen: gewiß blieben Freiheit und Unfreiheit rechtlich die wichtigsten Unterschiede: allein im Leben mochten jetzt Unfreie, zumal der Krone und der Kirche, arme Freie gewaltig überragen, falls sie durch Gunst ihrer Herrn reichen — wenn auch nur geliehenen — Besitz erlangten, zumal in einer der jetzt alles verdrängenden Formen solcher Vergünstigung: Beneficium und Vassallität[1] die nun ganz regelmäßig verbunden werden: bei Pflichten und Rechten, die mit dem Grundbesitz verknüpft sind, wird jetzt zwischen Allod und Beneficium nicht mehr unterschieden und der Unfreie wird als Vassall und Beneficiar so gut wehrpflichtig wie der Freie.

Diese neuen oder zwar alten, aber jetzt viel häufiger und wichtiger gewordenen Verhältnisse haben auch völlig umgestaltet die Voraussetzungen des Adels der merovingischen Zeit, der auf Königsgefolgschaft, Königsamt, Königsland beruhte[2]. Die Gefolgschaft ist längst erloschen: Aemter werden meist den Vassallen, die zugleich Beneficiare sind, verliehen und andrerseits erhalten die Beamten ihren „Gehalt" in Beneficien.

---

[1] Eichhorn § 193 nennt die Karolingenzeit für die Ständeverhältnisse eine Uebergangszeit: mit Recht: zumal durch die wachsende und wechselnde Bedeutung der Vassallität (§ 47); vgl. Konrad von Maurer, Adel S. 40 f. v. Inama-Sternegg I. S. 225. Schröder² S. 211. v. Amira² S. 79. 81. Mühlbacher, K. S. 250.

[2] VII. 1. S. 147.

Endlich aber wird der Reichthum — vorab an Landbesitz — so bedeutsam, daß nicht nur die Kronvassallen, auch die Aftervassallen der Krone, d. h. die Vassallen (und Beneficiare) der Bischöfe, Aebte, Grafen und andern Kronvassallen (und Kronbeneficiare) diese neue Aristokratie ausmachen und in Pflichten wie Rechten den Kronbeamten, Kronvassallen, Kronbeneficiaren gleichgestellt werden.

Der neue Adel wird durch Reichthum, Landbesitz begründet und so löst sich der Stand noch mehr als in früherer Zeit bei Westgoten[1]) und Franken[2]) in die oberste Schicht der Vermöglichen auf, ohne Rücksicht gar oft auf freie Geburt, Freilassung, Unfreiheit.

Lehrreiche Abstufung der Stände giebt ein Capitular für Italien[3]): servi, aldiones, libellarii älteren oder jüngeren Vertrages, Freie, die commendirt sind oder Beneficium tragen, endlich Freie außerhalb beider Verhältnisse: danach ist auch ihre »lex« verschieden.

Das gesammte Strafrecht ist wie früher ständisch insofern gegliedert, als für Unfreie und Freie nothwendig — aber dann auch für Halbfreie — verschiedene Bestrafung gedroht wird[4]). Ausgegangen wird von den Gemeinfreien als Thätern und als Verletzten[5]).

Der Freie zahlt für Versäumung der Landwehr dem fiscus 10 sol., dem populus[6], 10 sol., der Lete 15 an das Volk, das Friedensgeld zahlt er „mit dem Rücken", der Unfreie zahlt 10 an's Volk, das Friedensgeld „mit dem Rücken" d. h. mit Geißelung[7]), ein bezeichnender Ausdruck! Dem Freien drohen auch sonst 15 sol. Strafe, dem Unfreien Geißelung[8]). Zu der Ehrenstrafe schimpflichen Tragens[9]) tritt für den Unfreien noch Geißelung auf dem Markte[10]).

Ebenso besteht Abstufung der Strafen für Blutschande: für arme Freie, dann reiche, dagegen Unfreie und Freigelassene[11]): Geldstrafe gegenüber Geißelung und Kerker. Aber auch auf Geistliche wird diese Unterscheidung von bonae personae und minores übertragen[12]).

---

1) VI². S. 89. 2) VII. 1. S. 176.
3) C. Mant. c. 5. p. 196.
4) Vgl. VI². S. 116. VII. 1. »majores«. Westgot. Stud. „Strafrecht".
5) C. I. p. 117. c. 1. 2.
6) S. oben S. 38.
7) C. missor. a. 802. c. 13 b.
8) C. I. p. 74. a. 794.
9) S. „Ehrenstrafen".
10) C. I. (a. 814?) p. 298.
11) S. C. I. p. 30.
12) C. I. 1. p. 31.

In Sachsen werden ganz regelmäßig nobiles, ingenui, liti unterschieden, z. B. auch in Abstufung der Geldstrafen[1]. Freie, Leten, Unfreie zahlen 20, 15, 10, daneben Geißelung des Unfreien[2]. Der Stand wie der Stamm bestimmt also verschiedenes Recht[3]. Die Geldstrafe des nobilis, ingenuus und litus verhält sich wie 60 zu 30 und 15[4].

Im Strafverfahren werden Freie bei derselben Beschuldigung zum Unschuldseid mit Eidhelfern zugelassen, nur in deren Ermangelung zahlen sie ihr Wergeld, dagegen Unfreie werden gegeißelt[5], was ihnen auch sonst viel häufiger droht. Neben den geistlichen und weltlichen Großen steht reliquus populus, universus coetus populi[6]. Die Gesetze werden eingeschärft „allen Ständen höheren oder niedrigeren Grades des Volkes"[7]. Viel seltener als von Geburtsständen ist (abgesehen von den Geistlichen) von Berufsständen die Rede: milites, negociantes, mercadantes[8], artifices.

Da der karolingische Dienstadel auf besonderem Verhältniß zum König beruht wie der merovingische (nur mit Verschwinden der Antrustionen)[9], so haben verdreifachtes Wergeld die Königsbeamten vom Grafen aufwärts, die Königsvassallen, die Königsschützlinge und — aus theokratischen Gründen — die Geistlichen. Auch das dreifache Wergeld des homo Francus bei den Chamaven steht nicht dem Gemeinfreien als solchem zu; — der heißt homo ingenuus[10] — sondern offenbar einem durch solch persönliches Verhältniß zum König Ausgezeichneten, und da doch nicht alle Chamaven Königsbeamte oder Königsschützlinge oder gar (nicht mehr vorkommende)

---

1) C. I. p. 71. 72. a. 797; Hermann, die Ständegliederung bei den alten Sachsen und Angelsachsen, Gierke's Untersuch. XVII.

2) C. I. p. 101.

3) C. Mant. c. 5. (p. 196) Secundum quod lex est juxta conditionem singularum personarum justitiam faciat (episcopus); in Straffachen unterschieben werden dabei die oben S. 56 f. angeführten: Unfreie, Aldionen, libellarii alten und neueren Vertragsverhältnisses, dann andere Freie, die commendirt sind oder beneficium haben.

4) C. I. p. 69. Genaueres f. unten „Gerichtsbebeit, Strafrecht".

5) C. Theod. a. 805. c. 10.

6) Auf den Reichstagen, f. diese.

7) Cap. p. 275 universis ordinibus superioris videlicet inferiorisque gradus imperii a. 819.

8) Urk. Pippins p. 700.

9) VII. 1. S. 151.

10) L. Cham. c. 4.

Antrustionen waren, ist wohl an Königsvassallen zu denken, wozu der »homo« paßt¹).

Ein alter Volksadel kann den Franken so wenig abgesprochen werden — schon bei den Batavern, einem Hauptbestandtheil der Salier, haben wir ihn nachgewiesen²) — wie ein merovingischer Dienstadel³); und verlangt man (— übrigens zu Unrecht —) Erblichkeit als Merkmal des Adels (— es giebt auch persönlichen —), so ist sowohl der merovingische Dienst- wie der karolingische Vassallenadel — auch er eine Art Dienstadel, wie die alten Antrustionen — gar bald thatsächlich erblich geworden⁴). Keineswegs also nur bei Sachsen und Friesen begegnet im Karolingenreich Adel: ebenso auch bei Bajuvaren und Alamannen⁵).

Bis auf Karl war aus dem persönlichen Dienstadel⁶) selbstverständlich schon lange wieder ein thatsächlich erblicher entstanden, indem Sohn und Enkel — wie die Vorfahren — Kronvassallen, Beneficienträger, Beamte wurden: daher kann man unter Karl nicht nur von potentiores, majores, auch wieder wie früher⁷) von boni generis homines sprechen, die geehrter, aber freilich auch gefährlicher und daher schärfer überwacht sind als Andere⁸). Wie von jeher gingen aus diesen Geschlechtern die meisten der höheren Beamten und Palatine hervor. Karl änderte das einigermaßen seit a. 781, 786, 792⁹). Allein diese Vererbung trat aus nahe liegenden Gründen doch immer wieder ein¹⁰).

---

1) Vgl. VII. 1. S. 142 gegen die Erklärung als antrustio bei Pertz, Lantenner Gaurecht S. 418, Waitz IV. S. 326, Brunner II. S. 259. Pertz findet sogar in dem wargangus c. 9 den antrustio! S. aber „Fremde"; daß dieser Königsschützling das gleiche Wergeld hat, spricht ebenfalls für homo = vassus.
2) Tac. Annal. II. 11 cecidit Chariovalda, dux Batavorum et multi nobilium circum. I. S. 73.
3) VII. 1. „Adel" gegen Waitz.
4) Dies gegen Waitz III. S. 146. IV. S. 324, der freilich die gar nicht juristisch gedachten Ausführungen von Phillips II. S. 372 mit Recht abweist.
5) Die Waitz a. a. O. ganz übergeht; was er S. 328 gegen diese Aristokratie als „Stand" vorbringt, ist durchaus nicht überzeugend: das häufige Aufsteigen neuer Glieder schließt den Begriff des Standes so wenig wie des Adels aus.
6) VII. 1. S. 174.
7) VII. 1. „Adel".
8) C. Aquisgr. c. 12. a. 801—813. p. 171, ähnlich schon C. Pippin. c. 7. p. 31; die major persona wird der Bestrafung des Königs selbst vorbehalten.
9) Adrevald. mir. St. Benedicti, Bouquet V. p. 448; s. unten „Grafen", „Sendboten".
10) S. unten „Gesammtcharakter", „Auflösung", „Schranken des Königthums".

Sehr mit Unrecht bestreitet man[1]) die Existenz, oder doch die Werthschätzung dieser — thatsächlichen — Erblichkeit: wie die merovingischen legen die karolingischen Schriftsteller, z. B. auch in den Heiligenleben[2]), aber auch die Annalen[3]) und ebenso Capitularien[4]) und Urkunden großes Gewicht auf die Abstammung[5]): nobilis et potens genere heißt es[6]): das Geschlecht, die Geburt gab also auch Macht.

Einmal begegnet gregarios, id est ignobiles milites[7]), aber nur von gewaffneten Begleitern eines Priesters.

Es ist auch durchaus unrichtig, daß der alte[8]) Ausdruck für auf Abstammung beruhenden Adel, nobiles, nobilitas, jetzt[9]) nur noch den Freigebornen im Unterschied vom Freigelaßnen bezeichnet — wir werden sehen, daß jetzt auch dieser ingenuus heißt — oder den größeren freien Grundeigner: beides kommt allerdings oft vor[10]), weil beider Zahl abgenommen hat, so daß sie als die oberste Schicht der Freien so ausgezeichnet werden: aber anderwärts wird geradezu von nobile genus gesprochen[11]); daher heißen auch die Glieder des Königshauses nobilissimi, mögen auch anderwärts hohes Amt oder großes Grundeigen so geehrt werden. Da thatsächlich Vassallität, Amt, Beneficium erblich geworden, versteht sich auch die thatsächliche Erblichkeit der hierauf gegründeten Vorzugsstellung von selbst.

Daß nobilitas (oft) nicht auf Amt oder Grundeigen beruht, beweist schlagend Thegan[12]), der sagt: „der König machte dich (Unfreien) frei, nicht zum nobilis, was unmöglich ist." Amt und Land konnte

---

1) Waitz IV. S. 329.
2) Translatio St. Germani c. 16.
3) Z. B. Einhards a. 789.
4) C. Aquisgr. c. 12 boni generis homines.
5) Obige Stellen muß Waitz selbst gelten lassen. Vgl. aber noch majores natu C. a. 789. c. 35. Francof. a. 794. c. 36 und bei Waitz selbst Ausdrücke wie alta prosapia, illustri prosapia.
6) Mabillon, Acta III. 2. p. 102.
7) Alkuin. epist. 174. S. p. 623.
8) Schon tacitische I. S. 73.
9) Wie Waitz IV. S. 329 behauptet.
10) Zumal in Baiern. Nicht mehr doch beweisen die Stellen bei Waitz IV. S. 330.
11) Cap. II. p. 235, und von nobiles feminas II. p. 42 matrona pernobilis Mirac. St. Walp. III. 5. Mabillon III. 2. p. 301. Einh. v. Caroli c. 18 praecipuae nobilitatis femina.
12) c. 44 fecit te liberum, non nobilem, quod impossibile est.

ter König doch aber geben¹)! Auch in den unbestimmten Ausdrücken der Annalen und Capitularien kann nobilitas Amt und Reichthum, aber auch edle Abstammung bedeuten: nur dieses das nobilis natu²). Nach Geburt, Amt und Landbesitz können die Vornehmen »nobiles« einer bestimmten Provinz sein³): dagegen begegnet nicht nobiles palatii oder regis wie proceres palatii, was bezeichnend ist, und Bischöfe und Aebte heißen nicht nobiles.

„Männer von gutem Geschlecht", die im Gau Unrecht thun, werden vor den König gestellt, der sie ausbannen oder einsperren kann, bis zu ihrer Besserung⁴). Mit geringer Gebornen springt der Graf ganz anders um; sie kommen gar nicht bis an den König!

Gewiß bedeutet nobilis oft (zumal in Baiern, s. unten „Adel, Namen") den freien Grundeigner: schon deßhalb, weil meist Freiheit und Grundeigen vererbt war, also gutes Geschlecht, Freiheit, Grundeigen meist zusammen fielen: es ist so zu einem Ehrennamen⁵) der freien Grundeigner geworden⁶), aber auch scharf unterschieden wird: liber, dann nobili prosapia genitus⁷): also macht die Freiheit die nobilitas nicht aus, erst das Geschlecht, die Abstammung giebt dem liber die nobilitas.

B. Adel.

1. Allgemeines. Namen. Arten.

Erhebliche Veränderungen der merovingischen Zustände finden sich bei dem Adel. Der auf dem Antrustionat⁸) beruhende Vorrang ist

---

1) Auch die Beläge bei Waitz IV. S. 329 beweisen nicht mehr.
2) Rhaban. bei Mabillon, Annal. II. p. 732. Nicht, wie Waitz will, nur den „freien Grundbesitzer".
3) Austriae: Annal. Lauresh. a. 786.
4) C. I. p. 171.
5) Vgl. unser „Hochwohlgeboren" auch für nicht Adelige höheren Bürgerstandes; ähnlich sind die nobiles d. h. freien parentes zu verstehen bei Waitz, die einem freigelassenen Klosterknecht die Tochter vermählen; ähnlich wohl werden die Zeugen — nur freie Grundeigner sind Vollzeugen — wie veraces so »nobiles« testes genannt mit ehrendem Beinamen. Treffend führt Waitz an joh frono joh friero Franchono erbi aus der Markverzeichnung von a. 779 bei Müllenhoff und Scherer S. 176.
6) So erklären sich die Stellen bei Waitz IV. S. 330.
7) Bouquet IX. p. 360.
8) VII. 1. S. 151.

mit diesem verschwunden: an seine Stelle tritt nun ungleich häufiger und belangreicher als früher[1]) die Vassallität[2]), die in Ehren, Pflichten und Rechten durchgängig dem Beamtenthum gleichgestellt und jetzt so gut wie ausnahmslos mit dem Beneficialwesen verbunden wird: gleich nach dem Tode Karls bildet neben dem Episkopat dieser Vassallenadel eine stets mehr einengende Beschränkung der Monarchie[3]). Die alten römischen „senatorischen" Geschlechter sind (im Süden) nicht ausgestorben, aber die Erinnerung an jenen Ursprung ihres Vorrangs ist erloschen: auch für sie sind jetzt Grundlagen des Hervorragens Königs-Amt, Königs-Vassallität mit Königsbeneficium und Reichthum an Grund-Eigen oder Grundleih-Besitz: romanische und germanische Abstammung, ohnehin in Nordost- und Mittelfrankreich stark vermischt, bewirken hierbei keinerlei Unterschied.

Wie schon in der Urzeit und in der merovingischen nicht der Geburtsstand allein das Wergeld bestimmte, so erhält jetzt der höhere Beamte (auch außer dem Grafen) und der Königsvassus ohne Rücksicht auf die Geburt ein höheres, während bei den Unterbeamten der Geburtsstand, ob frei oder freigelassen oder unfrei, einwirkt[4]).

Die beiden Hauptgruppen bilden der geistliche Adel der Bischöfe und Aebte und der weltliche der Beamten und ihnen jetzt gleich gestellten Königsvassallen. Eine der häufigsten Bezeichnungen[5]) für beide ist primates, primores, allerdings meist nur für die Laien, da die Bischöfe und Aebte in der Regel vorher besonders aufgeführt werden.

Neben den reverendissimi episcopi stehen die magnificentissimi viri illustres, die allerhöchsten Beamten, dann folgen erst die Aebte und die Grafen[6]). Aber einmal (a. 833) sind die primores die einflußreichsten Bischöfe des Reichstags[7]) im Unterschied von des Kaisers optimates oder proceres auf demselben, welche die »relatio episcoporum«[8]) nennt. Auch sonst zählen Bischöfe zu den primates[9]).

---

1) VII. 1. S. 209.
2) S. unten „Abhängigkeitsverhältnisse".
3) S. „Gesammtcharakter".
4) So die merkwürdige Stelle der sogen. Capitula Remedii c. 3.
5) Merovingische VII. 1. S. 143.
6) Agobard C. II. 1. p. 57.
7) Vita Hlud. c. 39.
8) C. II. 1. p. 51, primates p. 53, gleichbedeutend summates Ratpert. casus St. Galli c. 8.
9) Placitum Rizianum ed. Carli p. 5. a. 804.

In Italien (Istrien) stehen die primates, darunter der Patriarch und die Bischöfe, neben dem populus¹).

Als Erzbischof von Köln und Capellan zählt Hilduin zweifach zu den primates imperii²). Primates werden im Palatium, aber auch „in dieser Provinz" erwähnt³); gleichbedeutend primores⁴).

Je wichtiger die Vassallität wird, je mehr die Aemter mit Beneficien Vassallen gegeben werden, desto häufiger nimmt das Wort primores, primates die Bedeutung: Beamte und Vassallen an⁵). Aber vom Herrscher bestellte Befehlshaber der Kirchen-homines meint⁶) man unter den primores deputati.

Sehr farblos ist auch der Ausdruck priores⁷).

Häufig ist auch proceres⁸). Diese Vornehmheit der proceres beruht oft auf Amt⁹).

Patricius begegnet als Ehrentitel für hohe Beamte¹⁰) in Gallien noch unter Karls Enkeln¹¹), dagegen hat inlustris die alte Bedeutung¹²) verloren¹³). Die proceres werden den „Franci", d. h. den gemeinfreien Heermännern zur Seite gestellt¹⁴). Die proceres nostri = primores regni = nobilitas Francorum finden im Reichstag und Königsgericht die Urtheile¹⁵). Proceres et fideles nostri urtheilen im Pfalz-

---

1) l. c.

2) Transl. St. Sebast. Mabillon Acta IV. 1. p. 387.

3) Cart. de St. Bertin. p. 86 primatibus regalis palatii ebenso primates regis et hujus patriae.

4) Eiuh. v. Car. c. 3. 6.

5) So zumal seit a. 814 und 840 bei Nithard und Hinkmar.

6) Hinkmar opp. II. 160.

7) z. B. C. a. 802. c. 9 nach den missi sollen die priores im Ding durch Krankheit verhinderte Parteien vertreten, die „Angesehneren".

8) Mit Unrecht bestreitet Waitz IV. S. 327 den Capitularien den Ausdruck proceres: er findet sich oft II. p. 53, 265, 379, pr. mediantes I. 12, palacii I. p. 4, regis II. 35, regni II. p. 377 und sonst; nicht blos der König, auch ein Bischof hat proceres, Trad. Fris. ed. Hundt 45 (ich entnehme dies Waitz a. a. O.) und nicht nur der Hof proc. palatii (oft, auch ein pagus, vita Hlud. c. 50.

9) Viele Stellen bei Waitz IV. S. 329 comites .. centenarii — ceteri nobiles .. in populo suas dignitates cum consiliis regant et populo per justitiam praesint (Altuin).

10) VII. 2. S. 168.

11) S. Waitz IV. S. 184.

12) VII. 3. S. 479.

13) Vgl. Waitz IV. S. 329.

14) Fred. cont. c. 125 proceres cum Francis et proceribus suis.

15) Urk. Ludw. p. 655, Annal. Bertin. a. 864.

gericht, darunter der Pfalzgraf[1]); auch steht einfach magni für proceres[2]).

Auch optimates bezeichnet zuweilen die weltlichen im Gegensatz zu den geistlichen Großen, in andern Stellen umfaßt es beide[3]). Die optimates sind die in palatio regi famulantes[4]), Vornehme am Hof oder auswärts, Beamte oder nicht Beamte[5]). Auch gehäuft seniores optimates nostri[6]). Die optimates scheinen oft eine höhere Schicht der proceres[7]); es giebt auch optimates loci, nicht nur palatii.

Nobilitas beruhte früher[8]) auf der Geburt, jetzt oft auf Vassallität und reichen Beneficien, aber auch noch immer — oder vielmehr wieder[9]) — auf Abstammung[10]). Nobiliores personae als Beneficiare eines Klosters bilden den Gegensatz von tributarii[11]), den bloßen commanentes, Grundholden ohne Beneficialrecht[12]). Aber auch unter den Vassallen werden nobiles und inferioris conditionis unterschieden[13]). Die equites im Unterschied von den pagenses sind die zu Waffen- (Reiter-)dienst verpflichteten Vassallen[14]).

Allmälig hatte sich nach Untergang des alten Erbadels ein neuer Erbadel des thatsächlich erblich gewordenen Dienstadels[15]) wieder eingeführt, so daß man c. a. 850 Geburtsadel und hervorragende Lebensstellung ohne solchen Geburtsadel unterschied[16]).

---

1) Bouquet V. p. 697. a. 752.
2) Form. Andec. 7.
3) So C. 802 Eingang p. 91 elegit ex optimatibus suis .. tam archiepiscopis quam et reliqui (sic) episcopis et abbates ... laicosque religiosos. Einmal Cc. Paris. Mansi XIV. p. 570 praelati (Geistliche?), episcopi et *comites* et *ceteri* praelati.
4) G. Aldrici c. 1.
5) Einh. v. C. c. 3. c. 22 o. et amici (Caroli); palatii optimates Transl. s. Sebastiani c. 26.
6) Bouquet V. p. 740. a. 777.
7) Aber nicht immer, wie Waitz IV. 327.
8) VII. 1. S. 147.
9) VII. 1. „Adel".
10) So hat ein non ignobilis civium fein Beneficium Monach. Sangall. I. 20.
11) Urk. Ludwigs Mon. B. XXVIII. 1. p. 27.
12) recepti VII. 1. „Abhängige".
13) Wilmans Kaiser-Urk. II. 46.
14) Urk. a. 835; ich entnehme dies Waitz IV. S. 259.
15) VII. 1. S. 147.
16) Hrabanus Maurus Gest. a. 856. Mabillon, Annal. II. p. 732 inter suos nobilis natu atque honestus conversatione (Lebensverkehr).

Nobilis, nobilissimus geht aber jetzt oft nicht mehr nur auf Geburt, ebenso auf Amt¹). Die multi nobiles homines sind einmal Bischöfe und Grafen²). Denn nobiles sind auch blos Vornehme überhaupt³) durch Amt, Landbesitz: auch dies provinciell: es giebt nobiles Austriae⁴), nicht (soweit ich sehe) regis oder palatii.

Aber die nobiles civitatis, vor denen Landkäufe geschlossen werden sollen, sind doch wohl (neben den Beamten genannt) die Vornehmeren der Stadt: die Gemeinfreien sind enthalten in den idonei testes⁵). Nobiliores bezeichnet nicht eine höhere Stufe über den nobiles, weder bei den Sachsen⁶) noch auch bei den Franken⁷).

Lehrreich ist eine Aufzählung⁸) von geistlichen und weltlichen Großen, die nennt: Erzbischöfe, Bischöfe, Aebte, andre Geistliche, Grafen (illustres comites), Kronvasen und mehrere nobiles (während doch jene auch nobiles sind): die nobiles sind Vornehme, die zu jenen Classen nicht zählen, endlich „viele andere", d. h. Nicht-Vornehme, wie sonst alii fideles⁹).

Das Wort wird aber nicht wählerisch und nicht streng begrifflich angewendet: manchmal ist es nur ehrende Benennung von vollfreien¹⁰) freigebornen Grundeignern, zumal in ihrer Eigenschaft als Schöffen oder sonst Gerichtsfähige: sogar nobilissimi, b. h. Schöffen, wohl nicht gerade als solche¹¹). Auch die nobiles viri, die allein zeugnißfähig sind nach dem Recht der Mainwenden, sind nicht nur Edle,

---

1) n. dux et consul (= consiliarius) Martene I. p. 84.
2) Trad. Fris. 601. p. 309.
3) proceres seu .. nobilitas Francorum Form. imper. 8.
4) Annal. Laureshum a. 786 nobiles in drei Grafschaften; nobiles pagenses, nobiles in regione Grapfeld bei Waitz IV. p. 330.
5) C. a. 813. c. 22. p. 174.
6) Wilda S. 437, dagegen s. Richthofen L. Sax. p. 88.
7) Anders scheint es Waitz III. S. 149; den Gegensatz bilden servientes Pérard p. 26.
8) Martene I. p. 169.
9) z. B. Gesta Aldrici p. 117 cuncti circumstantes p. 138, cum proceribus vel fidelibus Pippini p. 637. Einmal seltsam: tam comitibus quam ceteris *nobilibus juris* Urk.-B. d. Landes ob der Enns I. p. 49.
10) Vgl. C. I. p. 172 *bene* ingenui.
11) Deloche p. 55 ante comitem vel ante alios nobilissimos viros; ähnlich praecelsi Pérard p. 34 cum plurimis scabineis et ceteris praecelsis personis. Nobiles testes, d. h. Angesehene C. I. p. 106.

sondern glaubhafte Freie (und wohl Grundeigner)¹). Nobiles sind in bairischen Urkunden meist freie Grundeigner, weil alle hervorragenden Freien Grund eigneten²). Nobiles homines, die in multitudine eine Gerichts-Versammlung suchen, sind so nur vollfreie Grundeigner³).

In diesem Sinne berührt sich nobiles mit boni homines⁴).

Boni homines hat seine merovingische Bedeutung nicht verändert, sich aber jetzt nicht so sehr auf den romanischen Süden beschränkt, vielmehr⁵) allgemeiner verbreitet⁶), oft — aber nicht immer — sind Schöffen⁷) gemeint: zumal voll Gerichtsfähige heißen so, so neben den Schöffen die Freien des Umstands⁸).

Die boni homines, liberi bonam famam habentes sind offenbar nicht Schöffen, sondern gut beleumundete wackere Männer (als Zeugen)⁹).

Die Begriffe der Urkundszeugen (boni homines) und der wohlwollenden Vermittler (boni homines) gehen ineinander über, da es oft die gleichen Personen sind¹⁰).

---

1) Z. f. D. R. XIX. p. 364 viris nobilibus tantum et numero testimonio congruentibus.

2) Stat. Salisb. c. 44. p. 430. Nobilis nur = liber Brev. notit. c. 14 vir nobilis dedit se ipsum et proprietatem, c. 11 et filium suum .. et totum quod habuit: doch wohl nicht in Knechtschaft, nur in Dienst (?)

3) Trad Fris. 269. presoles (l. praesules) et nobiles personae Coll. Flav. 43. Ueber Abalporo Indic. Arnon. (c. 7. p. 24 [fehlt bei Graff, Schmeller I. S. 26 kennt nur diese Stelle]) s. „Baiern".

4) VII. 1. S. 170.

5) Lex. Rhaet. Cur. l. c. = honesti, meliores, potentes gegen die minores, inferiores, pauperes Stobbe S. 40.

6) C. de latron. c. 4. p. 160. St. Emeramn. IX. p. 465.

7) Urtheiler, Baluze II. p. 1394. Schöffen, Form. Leg. Sal. Merkel. 18 ante comitem vel reliquis bonis ominibus. Früher Rachinburgen 27 l. c. cum pluris bonis ominibus rauneburgis.

8) Baluze II. p. 1394 missi et judices (Schöffen, schwerlich doch Grafen) vel plures bonis hominibus (Umstand, schwerlich doch Schöffen; Cartulaire de St. Victor I. p. 439. 780.

9) C. I. p. 181; ebenso Bouquet V. p. 724. a. 774 bonorum hominum manibus roboratae commutationes. Ebenso Form. imp. 3 boni homines = Urkundszeugen Form. Mark. II. 38, dagegen wohlwollende 41 ad consilium bonorum hominum gewährt man Verzeihung, wie vorher pro malorum hominum consilio gefrevelt wird; ebenso Urkundszeugen Form. Sen. rec. 1, Sal. Lindenbr. 1 und gar oft. Bitur. 1 aber auch (neben Kirchen) vertrauenswürdige Männer zur Wahl als Schirmherrn Carta Sen. 1.

10) Form. Andec. 5. 6.

Boni homines vermitteln neben Bischöfen bei Frauenraub¹).

Aber die boni homines²), die zusammen die Kirche ausmachen, sind nicht angesehene, sondern religiöse Männer, fromme Kirchenbeschenker³), wie sonst (oft) Deum timentes homines.

Ebenso sind die boni homines, die den Flüchtling aus der Zufluchtsstätte vor den Richter bringen, nicht Schöffen, nur verlässige Männer⁴).

Gleichbedeutend steht honorabiles, besonders friesisch⁵), verschieden von den (römischen) honorati⁶); jetzt sind honorati wohl nur ehrenwerthe Männer besserer Stellung⁷): „Honoratioren".

Auch die meliores sind oft nicht Vornehme, sondern glaubhaftere, tüchtigere, z. B. als Zeugen⁸); idonei homines sind oft zeugnissverlässige⁹).

Noch wie zur Zeit Gregors nannte man die romanischen Adelshäuser senatorische: so Sanct Bonitus¹⁰). Aber senatores Francorum¹¹) bezeichnet weder einen Stand noch ein besonderes „Collegium von Reichsständen", sondern lediglich (in untechnischer Weise) den Reichstag¹²) wie sonst conventus.

Man braucht auch wohl senatores und seniores als gleichbedeutend¹³).

Senior heißt aber jeder Vorgesetzte, Obere, nicht nur der Bene-

---

1) Form. Mark. I. 29 (neben amici), II. 16, ebenso 18 magnifici viri.
2) C. a. 801—812. p. 236.
3) Bouquet l. c.
4) C. I. p. 113.
5) Waitz IV. S. 332.
6) VII. 1. S. 178.
7) C. I. p. 129.
8) C. leg. add. a. 818/819 de aliis quales ibi meliores inveniri possint.
9) C. Mant. c. 2. p. 190 idoneos homines habeat qui hoc veraciter sciant.
10) C. a. 700 Vita St. Bon. Bouquet III. p. 623 ex senatu .. Romano, nicht aus dem Senat zu Rom.
11) Ermold. Nigell. II. v. 207. 283, auch sonst, zumal bei Dichtern. Senatores heißen ebenso untechnisch die proceres, zumal die consiliarii, s. unten „Beamte"; bei Hinkmar c. 35 proceres, quin et primi senatores regni: d. h. Berather.
12) S. diesen.
13) So die Vita Bonif. c. 6 und c. 8 senatores plebis totiusque populi principes, c. 8 ebenso seniores plebis t. q. p. p., ebenso steht seniores homines in ipsa loca manentes C. a. 802. c. 35, also keineswegs nur am Hof seniores terrae v. Walac II. 10.

ficienverleiher; oft sind freilich die geistlichen Oberen auch dieses, z. B. Bischof oder Abt gegenüber dem presbyter¹).

Farblos ist jetzt auch principes geworden²). Daß die älteren Karolinger ihren Vornehmen den Titel principes vorenthalten³), erklärt sich sehr gut daraus, daß diese Karolinger von a. 689 bis 751 jenen Namen selbst geführt hatten⁴): dux et princeps Francorum; es giebt neben den principes palatii auch principes in drei alamannischen Graffschaften⁵), nach dem Pabst⁶) im ganzen Reich (regio) der Franken.

Principes heißen die Könige und (im VIII. Jahrhundert) die Hausmeier. Die principes der Lex Romana Rhaetica Curiensis können nicht die einheimischen Edeln, müssen Karl Martell oder Pippin vor a. 751 oder Karlmann oder die Könige sein: denn die milites qui in obsequio pricipum sunt und die man unter Verschmähung der ordentlichen Richter in der Provinz zur Entscheidung von Rechtsstreiten anruft, können unmöglich Reisige jener heimischen Adeln, müssen vornehme Vassen der Krone sein⁷). Wie soll es ein sacrilegium sein, ein beneficium ohne Willen eines bloßen Grafen oder Vornehmen zu besitzen⁸)! Ludwig nennt seine königlichen Vorfahren Pippin und Karl principes⁹).

Selbstverständlich erhebt auch der höhere Dienst, im Palast, wenn auch nur vorübergehend, in diesen mehr thatsächlichen Adel.

Der Welt-Adel ist eben vielfach Palastadel: daher werden proceres und palatini verbunden: proceres palatini¹⁰).

Aber es giebt auch hier tenuiores palatii¹¹): es sind die ärmeren,

---

1) C. eccles. a. 819. c. 10.
2) comites vel hujus modi principes Hinkmar de ordine pal. c. 35.
3) Wie Waitz IV. S. 327 bemerkt; die von ihm angezweifelten beiden Urkunden sind gewiß interpolirt, wenn nicht falsch; zuerst in den Cap. a. 828.
4) VII. 2. S. 222.
5) Waitz a. a. O.
6) Cod. Carol. 3.
7) II. 1. 7, 9.
8) l. c. I. 6, 7, vgl. I. 2, 2, wo der princeps ganz genau dem X. 6, 1 genannten rex und fiscus entspricht; irrig Stobbe S. 33, aber auch noch Brunner, richtig Waitz und Zeumer: s. unten „Beneficien".
9) Form. imper. 18.
10) Vita Hlud. c. 21; aber auch Francorum proceres l. c.
11) l. c. 29.

die indigentes palatini¹). Auf die römischen und romanischen Gebiete beschränkt sich der Ausdruck capitanei²).

Ganz unbestimmt und farblos steht magnus: tam magnus quam minor (vir) kann homo werden, nicht etwa magnus homo³).

Auch leudes nostri sind alle unsere Unterthanen⁴), nicht blos unsere Vornehmen, für welche die Mönche beten sollen⁵), in der ganz entsprechenden Urkunde von a. 755 heißt es (statt leudes) Franci⁶).

Der Sprachgebrauch der Quellen ist selbstverständlich der gleiche auch für andere Völker: primores der Wilzen⁷), deren und der Abodriten⁸) Häuptlinge heißen auch wohl reges, unter denen reguli stehen, primates der Avaren d. h. deren Tarchane⁹).

2. Macht und Machtmißbrauch.

Die Vorherrschaft des geistlichen und weltlichen Adels¹⁰), wie sie seit a. 613, a. 638 bis a. 689 sich gewaltig und zum Schaden des Reiches gesteigert hatte, war durch die Arnulfingen gebrochen, freilich, indem eines der den Merovingen gefährlichsten seiner Geschlechter selbst den Thron bestieg.

Allerdings handeln auch die Arnulfingen in allen wichtigen Dingen nicht ohne Zuziehung der Bischöfe und Seniores. So lassen die Fortsetzer Fredigars fast immer neben dem Hausmeier oder Könige die Großen beschließen: schwerer wiegt, daß auch Auswärtige, wenn sie eine Handlung des fränkischen States wünschen oder sonst besprechen, an die Großen neben dem Hausmeier sich wenden oder von ihnen reden: so schreibt Pabst Zacharias (a. 747) nicht nur an Pippin, auch,

---

1) Mon. Sang. I. 31 die exigui palatini c. 31 gleich den pauperouli ex clericis.
2) = primates, Angesehene Du Cange II. p. 134: so für Istrien Plac. Ris. ed. Carli, l. c. p. 5. Capit. Remedii c. 3.
3) C. Ticin. a. 676. c. 13. majores C. a. 789. c. 62.
4) S. oben S. 39.
5) Bouquet V. p. 701. a. 754.
6) l. c. p. 703. Ueber potentes s. den folgenden Abschnitt.
7) S. diese, unter „Land".
8) S. diese, „Land".
9) Carmen de Pippini victoria p. 117.
10) Der potentes, potentiores VII. 1. „Stände". C. a. 810. c. 5. a. 805. c. 16; potestativi = potentes (nur?) in Baiern, Waitz IV. S. 332.

wie an die Bischöfe und Aebte, an alle Großen (principes) im Lande der „Franken"¹), Stephan III. a. 753 an alle »duces« der Franken, Pippin zur Hilfeleistung zu bewegen²), derselbe a. 756 zu gleichem Zweck an „alle duces, comites und das ganze Volksheer des Reiches³) und des Landes der Franken": die Schreiben Stephans sind freilich eine Art Hirtenbriefe oder Nothschreie an alle Christen im Reich.

Karl der Hammer hat die kleinen Gewaltherrn niedergeschlagen, Karl der Große keinerlei Vorherrschaft von geistlichem oder weltlichem Adel geduldet, dessen Verschwörungen blutig unterdrückt.

Bezeichnend ist, daß zu Maiern der Krongüter durchaus nicht potentiores homines bestellt werden sollen, sondern verläßige mediocres⁴): Karl hielt jene wohl für minder verläßig und gehorsam.

Erwägt man alle die zahlreichen und zum Theil scharfsinnigen, ja weisen Maßregeln Karls zur Erhaltung der kleinen und der mittleren freien Grundeigner⁵), wird man ihm eine „zielbewußte Socialpolitik" nicht⁶) absprechen dürfen.

Die Einführung der Königsboten⁷), Erleichterung der Ding- und der Wehr-Pflicht⁸), höchst zahlreiche Veränderungen in Verwaltung und Finanzwesen bezwecken vor Allem den Schutz der kleinen Freien gegen den Druck der potentiores d. h. der Reicheren⁹). Die Macht dieser Großen lag wie anderwärts¹⁰) und wie früher¹¹) in dem weiten und stets gemehrten Grundeigen und Grund-Leihbesitz, bevölkert von Abhängigen jeder Art. So wird bei sächsischen Edelingen vorausgesetzt, daß sie Liten unter sich haben¹²).

Allein auch Karl hat doch schon in vielen Dingen — wie unwillkürlich — die Ausnahmestellung der Großen anerkennen müssen.

---

1) Codex Carol. 3. p. 18.
2) l. c. 5. p. 33.
3) Exercitui regni et provincie Francorum, derselbe a. 756 auch an alle duces comites et cunctis generalibus exercitibus et populo Franciae commorantibus l. c. 8. 10. pp. 43. 55.
4) C. de vill. c. 60.
5) S. unten.
6) Mit v. Inama-Sternegg I. S. 230 und Waitz IV. S. 361.
7) S. unten „Amtswesen".
8) S. „Gerichtsboheit" und „Heerbann".
9) Potentiores = ditiores C. I. p. 197.
10) VI. 2. S. 90, 126.
11) VII. 1. S. 207 f.
12) L. Sax. 8.

Bezeichnend für deren Stellung auch unter Karl ist, daß sie jetzt für Verspätung beim Heerbann nur so viele Tage fasten d. h. Wein und Fleisch sich versagen müssen, als sie versäumt haben, während die Gemeinfreien schwere Strafen treffen [1]).

Und schon Karl muß unaufhörlich klagen und schelten über die mannichfaltigsten Formen, in welchen die Bedrückung auftritt.

Solche Mächtige erpressen von den Armen auch in der Weise Leistungen, daß sie vorgeben, (fromme wohl eher als Geschäfts-)Reisen nach Rom oder Tours zu machen [2]).

Die Vornehmen, gerade auch die Beamten [3]), bedrückten das Volk, ihre Schützlinge und Untergebenen und sogen sie durch Erpressungen maßlos aus: die Geschenke, die sie zur Gewinnung, oft zur Bestechung der Herrscher oder von deren Räthen an den Hof mitnahmen oder ihnen bei ihrem Erscheinen im Lande darbrachten — auch den Königsboten! — leisteten sie keineswegs aus eigenen Mitteln, sondern drangen sie dem Volk ab [4]). Oder sie reichten das vom Volk Aufgebrachte als **ihre** Gabe dar; ebenso erpreßten sie Gaben, wann öffentliche Freudenfeste verkündet wurden, wie die Thronbesteigung oder Hochzeit (oder erstmalige Bartabnahme) eines Königs (oder Königssohnes), wohl als Beiträge zu solchen Festen [5]).

Sogar ein Concil muß bekennen, daß man majores personae von störenden Besuchen der Klöster nicht abhalten kann [6]).

Gegen Ende seiner Regierung eifert Karl immer heftiger wider diese Mißbräuche, wodurch den berechtigten Erben ihr Erbrecht entrissen und Verarmung und Noth, ja unvermeidlich Raub und Diebstahl herbeigeführt werden [7]). Zumal die Beamten sollen nicht in schlimmem Anlaß oder mit Arglist die Sachen [8]) der Aermeren mit Gewalt oder unter einem Vorwand an sich reißen, sondern Landläufe sollen öffentlich geschlossen werden, in Gegenwart der Vornehmen der

---

1) C. Bonon. a. 811. c. 3.
2) Cc. Cabill. a. 813. c. 45. Mansi XIV. p. 103.
3) S. „Amtsmißbräuche".
4) Vgl. das Placitum Rizianum bei Waitz III. S. 490.
5) L. Rom. Utin. VIII. 4. Die zahlreichen andern gerade durch die Beamten ausgeübten Bedrückungen s. unten „Amtsmißbräuche".
6) C. I. p. 228. a. 799 nisi forte si majores personae fuerint, quod omnino vitare non possumus.
7) C. Aquisgr. a. 811 und die Cc. von a. 813.
8) Wohl eben Laub: arg. possessio.

Stadt oder des Grafen und der Richter — gegen die freilich die Maßregel gerichtet ist! — nach andern Stellen¹) vor dem Bischof²), tüchtigen Zeugen und cum rationibus (Rechnungstellung).

Vielleicht gehört auch in diesen Zusammenhang das Verbot der Lex Saxonum, das Landeigen (die hereditas) an andre als König, Kirche oder aus Hungersnoth an einen Andern, der dann die Unterhaltspflicht übernimmt, zu veräußern³).

Da aber die Verschenkung an die Kirche, besonders häufig, weil durch Frömmigkeit und weltlichen Nutzen meist empfohlen, und besonders schädlich, weil dann der „todten Hand" verfallen, unbeschränkter verblieb, hat die Maßregel die schlimmste Gefahr nicht bekämpft⁴).

Schwerlich aber gehört hieher⁵) die häufige Entziehung von Eigen und Freiheit, die Ludwigs erste Missi vorfanden: das war durch böse Beamte (ministri)⁶) wie Grafen und Ortsbehörden (loco positi) geschehen⁷): dazu stimmt, daß der Fiscus so oft unrechtmäßig Gut an sich riß⁸). Freilich zeigt die Klage über die „unzählbare Menge" der so Unterdrückten, wie wenig auch die Königsboten dem Mißbrauch der Amtsgewalt hatten wehren können. Dagegen ist aber bezeichnend, daß in jenen Oblationsurkunden vorsorglich des Falles gedacht wird, daß die Nachkommen der Schenker in Unfreiheit herabsinken⁹).

Und alsbald nach Karls Tode steigen bei der Schwäche und den Familienkriegen seiner Nachfolger Bischöfe und Weltgroße zu entscheidender Stellung wieder empor¹⁰).

Höchst bedeutsam erscheint es und bereits eine Vorstufe spät mittelalterlicher Erscheinungen, wenn seit a. 840 der Vasallenadel der drei hadernden Brüder in deren Statsleitung eingreift, sie zum Friedenhalten nöthigt und sich eidlich untereinander verpflichtet, sie zu friedlicher

---

1) Cc. Arel. a. 613. c. 23.
2) Waitz IV. S. 337.
3) L. Sax. 62 traditio: wohl meist schenkungsweise ut heredem suum exheredem faciat, nisi forte famis necessitate coactus ut ab illo, qui hoc acceperit, sustentetur: eines der frühesten Zeugnisse für das unentziehbare Erbrecht an Grundeigen.
4) So treffend Waitz IV. S. 338.
5) Wie Waitz IV. S. 338 meint.
6) Oder andere mali homines per forciam L. Rhaet. Cur. V, 1, 4.
7) Thegan. c. 13.
8) Wie Waitz selbst aus den Form. imp. S. 9 anführt.
9) So Waitz mit drei Stellen aus Sanct Gallen.
10) Einleitung S. 63 f. und unten „Schranken des Königthums".

Auseinandersetzung zu zwingen — offenbar durch Versagung der Wehrpflicht bei kriegerischem Vorgehen. So a. 842 zu Diedenhofen[1]; bei Straßburg leisten sogar die ganzen Heere Ludwigs und Karls solche Eide, die Wehrpflicht zu weigern[2].

Der Widerwille des Vasallenadels gegen ein zweites Fontenoy zwang a. 842 Karl und Ludwig, statt der Waffenentscheidung Verhandlungen mit Lothar zu versuchen[3]. Auch a. 840 beschworen die Vasallen Karls einen Freundschaftsvertrag mit Lothar, aber nur unter gewissen Bedingungen[4].

Auf die Willfährigkeit oder Abgunst dieses Vasallenadels kam jetzt wieder, wie seit a. 580 und a. 613 auf die des Dienstadels[5], Alles an: das besonders machte Lothar so gefährlich, daß er mit allen Künsten und Mitteln der Bestechung die »primores« der Brüder — allen geleisteten Eiden zum Hohn — zu sich herüber zu locken, die eigenen Anhänger fest zu halten verstand[6].

Ludwig verwaltete schon vor a. 814 sein Aquitanien nach dem Rath der proceres[7] und versprach zudem nach Karls Tod gar bald, nichts Wichtiges ohne des Adels Zustimmung beschließen zu wollen[8]. Zumal auch auf den Reichstagen und im Pfalzgericht tritt der entscheidende Einfluß der proceres immer schärfer hervor[9].

---

1) Nith. IV. 6.
2) l. c. III. 4.
3) Nithard IV. 6.
4) Nith. II. 2—4.
5) VII. 3. S. 530.
6) Hinkmar, Migne 125. p. 985 regni primores qui cum tribus fratribus erant, singillatim certare de honoribus coeperunt quique illorum unde majores et plures possent obtinere et parvi pendentes sacramenta de divisione regni (a. 817, 818) facta et plus certantes de illorum cupiditate quam de seniorum suorum et de sua salute et de sanctae ecclesiae et populi pace. Nith. II. 1 Lotharius promittens unicuique honores a patre concessos se concedere et eosdem augere velle. Dubios quoque fide sacramenti firmari praecepit, nolentibus capitale supplicium .. indixit .. Ergo cupiditate terroreque illecti undique ad illum confluunt.
7) v. Hlud. c. 5.
8) Vita Walae II. 10.
9) Die Mitschuldigen Bernhards von Italien werden verurtheilt (a. 821) juxta procerum nostrorum seu cunctae nobilitatis Francorum generale judicium, Form. imp. 8.

C. Die Gemeinfreien.

1. Allgemeines. Namen. Rechte.

Die Namen für die Gesammtheit des Volkes, zumal alle Freien ohne Unterscheidung, sind die alten[1]) geblieben. Plebes bedeutet bald die Amtseingesessenen, bald die Angehörigen Eines Kirchspiels[2]). Wie die Kirchengemeinde[3]), bezeichnet plebes aber auch — hier ohne jede verächtliche Nebenbedeutung — das Kriegsvolk, das Heer. So bei den Straßburger Eiden von a. 842[4]): die Unterthanen überhaupt, aber zumal das Kriegsvolk[5]). Plebeji sind auch die Gemeinfreien im Heer, im Unterschied von den nobiles und den Bischöfen[6]). Fideles sind die Unterthanen überhaupt[7]), aber, wie früher die leudes[8]), thatsächlich oft zumal die primores[9]). Die fideles, für die wie für den König gebetet werden soll, sind aber wohl vor allem seine Krieger[10]). Zumal auch im Unterschied von den Beamten heißen die amtspflichtigen Unterthanen pagenses[11]): es werden die einfachen pagenses den homines von seniores entgegen gesetzt; pagensales sind die im pagus Lebenden (und [oft] die hier geborenen)[12]).

Gleichbedeutend mit pagenses steht populares, die Amtsunter-

---

1) VII. 1. S. 166, 176; über populus christianus, populus Dei s. unten „Theokratie". — Leymarie, histoire des paysans en France I. 1849. de Lasteyrie, histoire de la liberté en France. I.

2) Anders legt Waitz III. S. 396 Hinkmar, opp. II. p. 227 vicarii in plebibus suis aus.

3) Auch Laienvolk des Bischofs ohne üble Neben- und ohne weitere Standesbedeutung C. I. p. 195 (für Italien); die zehntpflichtige Gemeinde C. I. p. 197 diversae plebes, die Gemeinden von Freien im Gau C. I. p. 211.

4) Nithard III. 4.

5) l. c. II. 7 pendulam plebem subducere (von Lothar).

6) v. Hlud. c. 48; ebenso das (geringe) Volk von Paris Nith. I. 4 plebs non modica jam jamque Lothario pro patre vim inferre volebat.

7) Pipp. Cap. Ital. p. 191 (abbates, comites) et reliqui fideles nostri Franci et Langobardi oben S. 38.

8) VII. 3. S. 392.

9) So heißen dieselben Männer bei Rud. Fuld. a. 842 primores, bei Nithard IV. 4 fideles.

10) C. I. p. 46. a. 769.

11) An die Grafen, omnes juniores (Unterbeamte) seu pagenses vestri Capit. a. 801—813. I. p. 184. c. 4.

12) C. I. p. 17. a. 780 oder 792.

gebenen des Grafen¹) (im Gegensatz zu dessen Unterbeamten, den juniores)²), zumal die geringeren, viel bedrückten³). Die Gemeinfreien heißen homines publici, weil sie dem »publicum«⁴) steuern und keinem Privaten unterthan sind⁵).

Zweifelhaft sind⁶) neben ingenui und servitores (= servi) genannte publici: etwa servi publici = fiscalini; Unterthanen, „dem Stat zugehörige", wie sonst wohl publicus, können es neben den ingenui nicht sein⁷), vielleicht, wie oft bei Langobarden, Beamte (scilicet judices [publici]?

Der Freigeborne heißt immer noch ingenuus. Gerade bei Hingabe der Freiheit heißt sie ingenuitas⁸), doch umfaßt das sehr oft auch den Freigelassenen⁹): se ingenuare heißt daher sich als Freien (nicht nothwendig als Freigebornen) geltend machen¹⁰), wie schon daraus erhellt, daß der ingenuus, wenn als Knecht in Anspruch genommen, vor Allem seinen Freilasser stellen soll. Der durch Schatzwurf Freigelassene heißt ingenuus, wird ihm nicht blos gleich gestellt¹¹).

---

1) Walafrid Strabo de exord. c. 31.

2) Tam vos ipsi (comites) quamque omnes juniores seu (= et) pagenses vestri C. 801—813. c. 1. p. 184, oben Anm. 11.

3) A. R. Fr. a. 814 ad oppressiones popularium relevandas.

4) d. h. aerarium. S. „Finanz".

5) Form. imper. N. 18. h. p. et tributariis in eadem valle manentibus, vgl. Mon. Patriae I. p. 44 liberi homines qui in ipsa valle commanere videbantur. Du Cange VI. p. 554 bringt nur die Eine Anwendung: publicus = judex. Ob z. B. Form. imp. 18 die neben den homines tributarii genannten h. publici Kronknechte oder vielmehr Freie sind, steht dahin: daß sie verschenkt werden, beweist nicht die Unfreiheit: wir sahen auch sonst werden Freie „verschenkt", d. h. mit ihren Leistungen überwiesen: es können aber neben den halbfreien tributarii servi fiscalini gemeint sein.

6) Muratori Antiq. II. p. 21.

7) Du Cange VI. p. 557 schweigt.

8) Form. Mark. I. 28 statum ingenuitatis obnoxiare.

9) S. unten. Ingenuus = libertus C. I. p. 215 si quis per cartam ingenuus dimissus fuerit. L. Cham. c. 13 qui *per cartam* est ingenuus: d. h. der per cartam freigelassene, cartularius; über das Verhältniß des ingenuus L. Cham. 10. 13. 21 zum *homo* Francus bei den Chamaven c. 3. 17—20. 42 f. oben S. 53 und unten: „Abhängigkeitsverhältnisse". Seltsam neben ingenui und servi ceteraeque »nationes« auf Klostergütern: Form. Mark. I. 3. 4 ingenuitas nationis (nativitatis?).

10) Cap. 185. c. 4.

11) S. unten „Freigelaßne".

Bene ingenui¹) ist nur eine schmückende Bezeichnung oder soviel als „zweifellos", nicht eine besondre Classe von Freigebornen, auch nicht etwa im Gegensatz zu Freigelassenen, wo dies nicht besonders gesagt wird. Der bene ingenuus (et in poleptico publico non censitus)²) erhält die Erlaubniß, in den geistlichen Stand zu treten, weil in diesem Fall der Stat durch dessen nun eintretende Freiheit von der Kopfsteuer nichts verliert³).

Exercitalis, wehrpflichtiger Laie, wird dem clericus entgegen gesetzt: Geistliche, die wie Laien leben und sich kleiden, verfallen der districtio des Grafen „wie andere exercitales" ⁴).

Auch francus bedeutet — wie oft den Gegensatz zum Römer u. s. w. — manchmal wohl auch alle Unterthanen des Frankenreichs, nicht selten aber, seinem ursprünglichen Wortsinn gemäß⁵), den Gemeinfreien⁶), eine nominatio a potiori, ohne die Nicht-Franken auszuschließen⁷). In Einer Formel⁸) steht Francus pater, Franca mater für frei, dann für (freie) Franken (Eidhelfer). Die Franci als Verkäufer und als Zeugen⁹) sind beides, freie und Franken.

Baro ist der freie Mann¹⁰): im Gegensatz zu Weibern: barones et mulieres¹¹), und zu Minderfreien¹²): sie stehen daher neben den illustres.

Zweifelig bleiben die bargilden und die barskalke¹³). Bargildi

---

1) Urk. Karls von a. 775. p. 728 heerbannpflichtige Freie auf einer Immunität: deßhalb auch »immunes«.
2) Hierüber VII. 3. S. 113.
3) Form. Mark. I. 19; s. unten „Finanz" und „Geistliche".
4) C. Langob. a. 782—786. c. 2. p. 191 comes destringat illos ... in omnibus sicut et alios exercitales; über langobardisch (h)arimanni s. diese und Urgesch. IV. S. 293.
5) D. G. I b. S. 5. Oben S. 49 f.
6) C. I. p. 145. c. 8 *servi* qui Francas feminas accipiunt, p. 292 si Francus homo alterius ancillam in conjugium acceperit und öfter: freilich zuweilen wohl auch „der Franke". S. oben S. 46 f.
7) Fred. cont. c. 125. 130. S. oben S. 47 f.
8) Senon. rec. 2.
9) l. c. 3.
10) J. Grimm, D. Gramm. I³. S. 298. Brunner I. S. 309. Schröder² S. 45, 433.
11) Annal. Sangall. a. 805.
12) C. a. 856. c. 3.
13) J. Grimm, R. A. S. 313; bei Schade fehlen beide; Schröder² S. 214. 217. 437. 441. 396. Stralosch-Graßmann I. S. 378. Ueber bargildi Waitz IV.

sind in Italien Freie von erster Vermögensreihe, hinter ihnen stehen die Freien zweiter Ordnung, die wegen Armuth nicht selbst zu Felde ziehen können¹). Auffällt die Verbindung der bargildi mit der Rechtspflege²): doch sind sie keineswegs um beßwillen und wegen später (spanischer) Stellen als Gerichtsdiener zu fassen.

Der Lehre und dem Rechte nach ruhte die Verfassung immer noch auf den Gemeinfreien, die das normale Maß von statsrechtlichen Befugnissen und Pflichten darstellten und auf dem Reichstag, in den Stammestagen, im Ding und im Heerbann übten und erfüllten. Allein in Wirklichkeit gingen die Rechte mehr und mehr auf die geistliche und weltliche Aristokratie über und der wirthschaftliche Niedergang der Gemeinfreien, ihr Verschwinden unter den Halbfreien und Unfreien war auch bei bestgemeinten Besserungen Karls nicht zu verhüten. Gar oft werden noch die liberi homines als die eigentlichen Träger des States bezeichnet: sie tragen das normale Maß von Recht und Freiheit, sie tragen die herkömmlichen Steuern³).

Daß auch Freie gefoltert wurden wie in den Zeiten Frebigundens⁴),

---

S. 332; f. eine Sonderabhandlung in den „Fränkischen Forschungen"; die bisherigen Erklärungen genügen nicht und die dort von mir versuchte wenig: es sind weder bierpflichtige noch Pfarrgilden (! v. Daniels I. S. 543), sondern doch wohl zinslose; anders ist das bar bei barskalki zu denken (f. Baiern), f. Waitz IV. S. 333; und mit baro Mann, Freier hat es wohl nichts zu thun; anders Waitz a. a. O. Es frägt sich, ob bar ledig, baro Träger, baro Mann zu Grunde liegt. Wahrscheinlich ist es der der Gilten ledige Gemeinfreie auf eigner Scholle. C. p. 183. c. 4 qui per ingenia vel injuste .. se ingenuare voluerunt et facere se bargildiones: (also waren diese ingenui) qui multo tempore fuerunt servi; f. zwei weitere Stellen bei Waitz S. 332, welche die Gleichung bargildus = liber barthun; so aber auch schon Walter § 447. Ueber die baierischen barskalki Waitz II. 1. S. 240. IV. S. 341. V. S. 262 (= tributales regis?); eine baierische Abgabe hengistfuoter f. bei Waitz III. S. 341, J. Grimm, R. A. S. 315; die sindmanni paraschalei Mon. B. XXVIII p. 1. R. A. 318 sind sendberechtigte, also wohl freie, f. „Baiern" und „Langobarden", Band IX und X.

1) C. de exped. Corsicana a. 825. c. 3.
2) Edict. Pistoj. a. 864. c. 32 comes sic mallum teneat, ut barigildi ejus et advocati qui in aliis comitatibus rationes (= causas = lites?) habent ad suum mallum occurrere possint.
3) Unklar sind die liberi homines et centeni qui partibus fisci nostri deserviunt: schwerlich doch gehörten ganze Hundertschaften Einem Krongut: wahrscheinlich sind es einzelne vertragsmäßige Verpflichtungen einer centena gegenüber einem Krongut, z. B. Schweinezehnt für Eichelmast in dem Kronwald. C. de vill. c. 62.
4) Urgesch. III. S. 307 f.

zeigen nicht nur ältere Formeln¹), auch geschichtliche Beispiele in karolingischer Zeit: darin lag also nicht eine Verschlimmerung ihrer Rechtsstellung. Immer noch unvergessen ist ihr alter Ehrenstand: zumal sofern sie Grundeigner sind: sogar nobiles heißen sie dann²), nur freie Grundeigner haben die wichtigsten Rechte und Pflichten im Gericht³). Daher wahrt auch der freigebige Schenker an die Heiligen sich soviel Grundeigen, als er für jene Rechte bedarf⁴). Auch bei der Geistlichen Wergeld und ihnen zu zahlender Buße wird noch zwischen frei und unfrei geborenen unterschieden⁵). Gemeinfreie zahlen einen andern Zoll (4 Denare) als Unfreie (und homines? 5 Denare)⁶). Freie kann auch der König nicht verschenken: begegnet dieser ungenaue, abkürzende Ausdruck, so bedeutet er nur, daß die ingenui ihre bisher dem Stat geschuldeten Leistungen fortab dem Beschenkten zu entrichten haben. Die Förster eines Kronwaldes, die sammt ihren Forsthufen verschenkt werden, sind Unfreie; andernfalls ist statt Schenkung bloße Ueberweisung der Leistungen anzunehmen⁷). Sie können nicht im Eigenthum stehen: nur die Verfügung über sie und ihre Arbeitskräfte kann ihr Gewaltherr übertragen⁸). Auch das Grundeigen von Freien, das innerhalb eines an die Kirche zu verschenkenden Gebietes liegt, kann nicht mit verschenkt werden⁹). Auch nicht (freie) Geistliche: werden daher Güter cum clericis qui ibi deservire videntur auf einem Landgebiet mit diesem verschenkt (donamus), so bedeutet das nur die Unterordnung unter das beschenkte Kloster¹⁰). Andere dies scheinbar besagende Stellen wollen nur die Uebertragung der in der positiven Immunität enthaltenen Rechte über solche Freie (und ihr Grundeigen) ausdrücken, die bisher nicht zu dem immunen Gebiet gehörten: dieselben Stellen (wie andere) wahren ihnen die Vollfreiheit¹¹), zumal auch die Gerichtsrechte¹²). Mit Recht

---

1) Andec. 3.   2) S. oben S. 65, 66.   3) S. „Gerichtshoheit".

4) Sehr lehrreich Homeyer, Heimath S. 47 nach Chabert IV. p. 4, allerdings späte Belege (X. Jahrh.).

5) C. I. p. 212.   6) Bouquet V. p. 700. u. 753.

7) Bouquet V. p. 707. u. 768.

8) So Pippin bei Bouquet VIII. p. 366: sie sind heerpflichtig, haben auch Botendienst, scara, zu leisten; Bouquet VI. p. 725.

9) Bouquet VI. p. 457. u. 814.

10) St. Denis, Bouquet V. p. 702. u. 755.

11) S. die Belege bei Waitz IV. S. 333 salva illarum .. libertate ne eorum ingenuitas vel nobilitas (= ingenuitas) vilescat (Lothar und Karl der Kahle).

12) Karl p. 723. Der Klostervogt vertritt nun auch sie vor Gericht.

bemerkt man[1]), daß gerade hier die stolzesten Ehrennamen der Freien gebraucht werden: exercitales, arimanni. Und auch nur Abtretung der über Freie zustehenden Rechte und Uebertragung der Schutzpflichten ihnen gegenüber kann es bedeuten, wenn, wie der König, Private — auch Laien — Freie „abtreten"[2]), „veräußern"; das Gleiche gilt von halbfreien, abhängigen tributarii: hier wird vor Allem das Recht auf den von ihnen zu zahlenden Zins abgetreten[3]). Es ist nur gemeint, daß der Berechtigte (z. B. die Krone) die Rechte jeder Art, die er gegen diese Freien hat: z. B. auf Zins, Frohn, einem Andern abtritt, z. B. einem Kloster schenkt oder vertauscht: aber auch öffentliche Ansprüche gegen Freie auf Friedensgelder, Zölle, Naturalleistungen kann z. B. die Krone einem Kloster, das Immunität hat oder nun erhält, überweisen. So hatten Pippin und Karl dem Kloster Hornbach Freie „geschenkt": Ludwig erläßt diesen die Leistungen an den Fiscus und überträgt das Recht darauf (bedingt) dem Kloster[4]).

Im Freiheitsproceß hat der Beklagte (durch festuca) zu geloben (adhramire), durch acht Gesippen von väterlicher und acht von mütterlicher Seite oder bei deren Ermangelung durch zwölf freie Franken seine freie Geburt im nächsten mallus nach vierzig Nächten beschwören zu lassen[5]). Ein andermal adhramiren die sieben Ueberführungszeugen gleich auf den folgenden Tag[6]).

Wird ein Freigelassener als Knecht in Anspruch genommen, soll er seinen Freilasser stellen, kann er das nicht, zwei boni homines (oben S. 67) als Zeugen bringen, kann er auch das nicht, seinen Freibrief vorlegen und dessen Echtheit durch Vergleich mit zwei andren Urkunden desselben den Gauleuten bekannten und glaubhaften Cancellars beweisen, kann er auch das nicht, muß der Kläger die Fälschung des Briefes beweisen: wird er abgewiesen, hat er die in dem Brief für die Anfechtung angedrohte Geldbuße zu entrichten[7]).

---

1) Waitz a. a. O.
2) S. Beläge bei Waitz II. 1. S. 251.
3) S. unten ›tributarii‹.
4) Monum. Boica XXXI. 1. p. 46.
5) Form. Sen. rec. 2; zu bannus resisus, d. h. ruhender Bann, Sohm I. S. 396 treffend gegen Zöpfl II. S. 199, Waitz IV. S. 465; über das Verfahren s. Zeumer l. c.
6) Form. Sen. rec. 3; dazu Brunner, Zeugen S. 57.
7) C. I. p. 215.

Scharf werden noch die Angehörigen eines Klosters geschieden: liber commendatus, servus[1]).

Gegen Ende der Karolingerzeit tritt allerdings thatsächlich der Unterschied zwischen Freiheit — zumal Freigeburt und Freilassung — und Unfreiheit allmälig hinter wichtiger gewordene Verhältnisse — zumal Vassallität, Beneficialwesen, Commendation, Schutz — mehr zurück, obzwar immer noch starke rechtliche Unterscheidungen — so im Strafrecht, im Verfahren vor Gericht, im Erbrecht — fort wirken.

Allein das thatsächlich, im Leben, Entscheidende wird jetzt der Unterschied von Reich und Arm[2]).

2. Reiche und Arme bei den Gemeinfreien insbesondere.

In altgermanischer Zeit hatte es ganz arme, d. h. völlig grundbesitzlose, Freie nicht gegeben und auch nicht bei der ersten Ausbreitung der Franken über Gallien: wohl aber im VI. Jahrhundert und seither in rascher Zunahme aus früher erörterten Ursachen. Unverändert blieben die Gründe, welche die Scheidung von Germanen wie Romanen in Reiche und Arme, Mächtige und Geringe früher schon in der Römer-, dann bald auch in der Merovingen-Zeit herbeigeführt hatten, unverändert auch die Wirkungen dieser Scheidung, unverändert die Namen[3]) und unverändert auch (großentheils) die Wirkungslosigkeit der Schutzgesetze dawider.

Auch in Benennung der majores und minores, Reichen und Armen, Großen und Geringen also hat sich nichts geändert. Wie in Merovingenzeit sind die minus potentes vor Allem die Armen: daher sie auch geradezu die pauperes heißen[4]). Daher findet sich der Unterschied auch bei den neuangesiedelten Spaniern, bei denen auch die minores und infirmiores von den majores und potentiores von der Scholle verdrängt oder verknechtet werden[5]). Aber auch solche minores haben

---

1) Böhmer-Mühlbacher 651; so, nicht: liber, commendatus, servus ist doch wohl zu unterscheiden: ein Freier konnte zwar z. B. Hinterlasse sein ohne sich zu commendiren, aber hier ist doch wohl der commendirte Freie gemeint.
2) Wie schon früher bei Westgoten VI². S. 168.
3) Vgl. VII. 1. S. 176 potentiores, majores, primi, proceres, nobiles, mediocres, ignobiles, plebeji, pauperes, pauperiores (et liberi) servi, coloni, inquilini, rustici, laboratores et etiam Judaei.
4) C. Baj. c. 3. p. 158 minus potentes = C. Aquisgr. a. 810. c. 19 pauperes.
5) C. L. 2. p. 263. a. 816.

noch homines unter sich, die für sie den Acker bauen¹). Freilich sind die majores auch wohl durch Amt, Königsvassallität, vornehme Geburt, nicht immer durch Reichthum oder nur durch Reichthum ausgezeichnet: meistens trafen aber alle oder doch viele dieser Vorzüge in Einer Person zusammen: die Edelgebornen und die Reichen erwarben leichter Aemter und Vassalität, Beamte und Vassallen leichter Reichthum, der sich mit der edlen Geburt vererbte. Die Gliederung in majores²), mediocres, minores³) wird wie auf alle Unterthanen, auch auf gewisse Classen derselben angewendet: so auf Bischöfe, Aebte, Grafen, auch Kronvassallen⁴). Einen Maßstab für die Leistung gewährt das Verhältniß von 1 Pfund Silber zu $1/2$ zu 5 solidi⁵), einen Maßstab für die Vermögensmasse das Verhältniß von 200 : 100 : 50 (oder 30) casatae: also $1 : 1/2 : 1/4$⁶).

Den Gegensatz der majores bilden also die pauperes⁷). Armuth ist aber ein sehr unbestimmter Begriff: so zählen auch kleine Grundeigner stets zu den pauperes⁸). Andererseits scheidet schon der Besitz von Rossen von den pauperes, die nicht in Person zu Feld ziehen müssen⁹). Arme sind Leute, die noch eine kleine Scholle eignen, aber, bedrängt, aufgeben¹⁰), zumal aber (pauperiores) solche, die keinen Besitz haben an Land¹¹). Als Arme sind auch zu denken Besitz- zumal Land-lose, die bei Andern wohnen, sich dem Grafengericht nicht stellen und, gestützt auf ihre Armuth d. h. Unfähigkeit, Buße, Bann und Wette zu zahlen, fortwährend Verbrechen begehen: die sie Hausenden (also Grundbesitzer) müssen sie vor Gericht stellen oder für sie leisten¹²). Auch kleine Grundeigner, deren Güter die Beamten oft an sich reißen¹³), oder die verschenkt werden aus Hungersnoth¹⁴), dafür Unterhalt durch

---

1) l. c.
2) = fortiores C. p. 52.
3) VII. 1. S. 188.
4) C. I. p. 52 (anno?).
5) = 60 Denare = $1/6$ Pfund Silber? (50 damals?)
6) l. c.
7) C. missor. a. 808. c. 4. p. 214.
8) C. I. p. 174: in späterer Zeit etwa alle, die nicht 4 Hufen besitzen.
9) Ed. Pistoj. a. 864. c. 26.
10) C. de rebus exercit. a. 811. c. 2.
11) C. (a. 807?) c. 2. p. 135.
12) C. Langob. c. 218: Zeit und Erlasser unbestimmbar.
13) C. a. 813. p. 174. c. 22.
14) L. Sax. 62 famis necessitate coactus.

ten Beschenkten zu erlangen, aber auch freie Franken auf Kirchengütern sind pauperiores[1]). Gerade die kleinen freien Grundeigner — nur sie sind ja neben den großen dingpflichtig — sind die pauperes, die Karl vor der Unterdrückung durch die Grafen schützen will[2]). Den pauperes werden oft die verwirkten Strafgelder erlassen: dann darf auch der Beamte nicht seinen Antheil hieran eintreiben[3]). Sehr wichtig wurde der Vergleich der Vermögensverhältnisse bei den Reformen Karls des Großen: pares sind die im Vermögen gleich Stehenden[4]).

In Italien werden einmal (a. 825) die Freien nach ihrem Vermögen in Freie erster, zweiter Ordnung (mediocres) und ganz Arme abgestuft — nach Würdigung des Grafen — bei der Wehrpflicht[5]). Die gewöhnlichen, bäuerlichen Zinsleute, tributarii, eines Klosters werden von den nobiliores personae, die beneficia vom Kloster tragen, scharf unterschieden: jene werden von der Wehrpflicht in einer (beschränkten) Immunität befreit, diese nicht[6]). Der Unterschied von melior (oder bona) und minor persona findet sich nicht nur bei Vollfreien, auch bei (halbfreien und unfreien) Kirchenleuten: der Besitz von beneficium oder Amt, auch wohl von coloni und servi, entscheidet hierfür[7]).

Den armen Geistlichen zur Seite werden gestellt mansuarii d. h. Hufner, die (wohl) nur Einen mansus bebauen: es sind Grundholden der unter dem königlichen Villenverwalter stehenden Beamten[8]). Schon heißen die pauperes auch viles. Viles personae sollen nicht als Ankläger zugelassen werden (gegen Geistliche), haben sie einmal ohne Grund angeklagt, werden sie (nur sie) nie mehr gehört[9]).

Viles et simili conditione obnoxii personae sollen nicht zu Priestern geweiht werden[10]). Lehrreich für die Würdigung der viles personae ist deren Aufzählung bei ihrem Ausschluß von dem Pfalzgericht

---

1) Walter III. p. 92. c. 4. a. 858.
2) C. p. 217. c. 3.
3) C. missor. a. 602. c. 29.
4) C. de exerc. promov. c. 2. p. 137; aber auch die Vertragsparteien ohne Rücksicht auf Stand oder Vermögen Cart. Sen. 5.
5) C. de exped. Corsicana a. 825. c. 3. p. 325.
6) Monum. Boica XXVIII. 1. p. 27.
7) Cap. Pipp. c. 3. p. 30.
8) fidelium vestrorum mansuarii Hinkm. opp. II. p. 138.
9) C. I. p. 57. a. 789.
10) Juvavia p. 79. Ludwig der Deutsche.

als Ankläger, Urtheiler, Zeugen¹): wir erfahren, daß solche gerade „um ihre Niedrigkeit zu bergen" gern den Würdigeren widersprachen. Der Unterschied der Stände im Strafverfahren²) ist durchaus beibehalten: z. B. der majores personae gefreit Gericht vor dem König³).

Minores droht bei unbefugter Anrufung des Pfalzgerichts stets Geißelung, über majores personae entscheidet dabei das Ermessen des Königs⁴).

Geringeren Querulanten droht Pippin (a. 754) Geißelung, der major persona willkürliche Strafe⁵). Armuth ist insofern thatsächlich ein Strafschärfungsgrund als der Arme, der die Loskaufsumme, z. B. von der Friedlosigkeit, nicht zahlen kann, dem Gefängniß verfällt⁶), eine Art Schuldhaft: denn erst durch Zahlung wird er frei.

Der potentiores Streitigkeiten unter einander werden vom König entschieden, damit die Gerichte nicht die Geringerer darüber liegen lassen⁷): — aber doch wohl auch, weil diese Streitigkeiten wichtiger, gefährlicher schienen und höhere Macht zur Durchführung des Urtheils erheischten. Andererseits sollen Rechtssachen der Armen vor allen andern und vor der Aerndtezeit erledigt sein⁸). Besonders erschwert war schon lange den Geringeren das Rechtsuchen und Rechtgeben⁹): sogar einer, der homines unter sich hat, erbittet sich wegen seiner Einfalt (propter simplicitatem suam) vom König einen Vertreter

---

1) Viles personae et infames histriones scilicet, nugatores, manseres (Du Cange V. p. 254, Dirnen-Söhne), scurrae, concubinarii neque ex turpium feminarum commixtione progeniti aut servi aut criminosi. C. I. 2. p. 334.

2) S. unten „Strafrecht".

3) Cap. I. p. 32. c. v. 754/5. c. 9 si major persona fuerit, in regis arbitrium erit. I. p. 171 homines boni generis, qui infra comitatum inique vel injuste agunt, in praesentia regis ducantur, dieser mag dann Einkerkerung oder Auskannung verfügen.

4) C. Pipp. c. 7. p. 31.

5) C. I. p. 32.

6) Cap. I. p. 31. C. 754/55.

7) C. de just. fac. (pauperum et minus potentium) a. 811—813. c. 2. p. 176.

8) C. I. p. 151 antequam fructum collegatur.

9) Daher schon früher mithio und sperantes VII. 1. S. 244, beide, ebenso gasindi und amici noch häufig in den Form. Mark. I. 20 seq. Ende der Merovingenzeit; vgl. Form. Tur. 3 ille per hoc mandatum ad me speravit, ut... deberem; auch gasindi und amici werden vor Gericht von dem senior vertreten Form. Mark. I. 22.

in allen seinen Rechtshändeln: der König bestellt dazu einen vir inluster — auf gegenseitige Kündigung[1]).

Bezeichnend für die wirthschaftliche Noth des Schwächeren ist, daß ein Gatte mit Zustimmung des Andern, um dessen Leben zu fristen, sich in das Eigenthum eines Herren verkaufte[2]). Dies traurige Rechtsgeschäft kam nicht selten vor[3]).

In Italien suchen Freie Kirchenland gegen Frohn und Zins zur Bebauung, nicht aus Arglist, sich dem Statsverband (de publico) zu entziehen, sondern aus eitel Armuth und Noth[4]): zumal die rechtswidrigen Frohnden und Zinse, die ihnen die Beamten aufzwingen, treiben die Kleingüter in die Flucht von der Scholle, die nun verödet. Bei den bona oblata, die der freie Grundeigner nun als beneficia oder sonstige Nießbrauchgüter zurückempfing, ward freilich die persönliche Freiheit oft ausdrücklich gewahrt[5]): sie heißen nach wie vor liberi, ingenui: allein mit Recht hat man[6]) hervorgehoben, wie doch auch hierbei die Belastung durch übernommenen Zins und Frohn, z. B. Wachszins, die Abhängigkeit der Freien durch Empfehlung in die Schutzgewalt des Beschenkten vermehrt, ihre Freiheit bedroht, oft im Lauf der Zeit in Unfreiheit verkehrt ward: zumal für die Nachkommen drohte diese Gefahr und auch die der Entziehung des versprochnen Nießbrauchs durch den Schützer[7]).

Schon unter Karl wurden zumal die Geistlichen solchen Landraubes an den Schenkern und deren Erben bezichtet und unter seinen Besserungsstrebungen finden sich auch Maßregeln hiegegen[8]). Daß oft nicht Frömmigkeit, sondern bittere Noth zu Erkaufung des Schutzes durch Hingabe des Allodes zwang, bezeugen viele Stellen[9]): wurden doch Formeln für dies Rechtsgeschäft wie für die Selbstverknechtung aufgestellt[10]).

---

1) Form. Mark. I. 21. Vgl. D. a. 666 Chlothachar III. Brunner, Zeugen S. 45. Z. f. vergl. R. W. I. S. 379.
2) C. I. p. 40 (758—768?).
3) Unter Pippin C. I. p. 40; s. unten „Unfreie".
4) C. I. p. 196. 197.
5) In andern Fällen bedeutet dagegen das tradere in servitium geradezu Unfreiheit, so Trad. Laures. II. p. 9. a. 639 nosmet ipsos tradimus ad serviendum in dominium St. Nazarii, aber oft nur „Dienst", s. oben »nobiles«.
6) S. die Belege bei Waitz IV. S. 335.
7) Waitz a. a. O.   8) C. Aquisgr. a. 811. c. 5.
9) Trad. Sangall. 284: „um Nahrung und Kleidung zu erlangen".
10) Form. Andecav. 19 (ed. Zeumer) pro necessitatibus temporum et vitae compendium me eciam sterilitas et inopie precinxit, ut in aliter transagere

Oder auch die Schenker und ihre Nachkommen haben sich zu wehren gegen die Versuche des Klosters, sie aus freien Colonen zu niedrigerem Knechtesdienst heran zu zwingen¹).

So muß der Stat nicht nur gegen die Beamten, auch gegen Bischöfe und Aebte die Armen und minder Mächtigen schützen²). Erschreckend ist die Schilderung der Mittel, durch welche gerade Aebte und Mönche, die der Welt entsagt, die kleinen Grundeigner zur Abtretung ihrer Scholle zwingen durch Bedrohung mit der Hölle (!), durch Bestechung von Zeugen, durch böse Vögte³). Noch a. 811 klagen die Armen, daß man ihre Gütlein entreiße und zwar ebenmäßig Bischöfe und Aebte wie Grafen und Centenare⁴). Noch immer — die Erleichterungen Karls hatten also nicht geholfen — mißbrauchen jene Geistlichen wie die Weltlichen die Aufbietung zum Heere, den Kleingütler zur Abtretung des Gutes zu zwingen und dadurch sich das Zuhausebleiben zu erkaufen⁵). Sie werden durch die Vorschrift öffentlichen Erwerbs (in publico placito) in Gegenwart des Bischofs geschützt gegen jene Abzwingung ihrer Scholle durch Graf, Vicar, Judex, Centenar⁶).

Aber auch gegen gewaltsame Freiheitsberaubung unter dem Vorwand der Pfändung muß geschützt werden. Wer einen Freien ergreift (ohne Beweis handhaften Diebstahls) wegen behaupteter Schädigung, muß ihn durch Kampf oder Kreuzprobe überführen: will er das nicht, schwört sich dieser mit seinen Eidhelfern frei. Der gepfändete Unfreie muß zum Kessel oder einem andern — einseitigen — Gottesurtheil schreiten. Wer Pferde wegen Satschädigung [vor Allem um des Beweises d. h. des Ausschlusses des Unschuldseides willen] gepfändet hat, wird bei (erfolgreichem) Widerspruch schwer gestraft: er verliert die Hand, die das Friedensgebot des Kaisers brach, zahlt dreifache

---

non possum, nisi ut integrum statum meum in vestrum debiam implecare servitium ... quicquid ab odierno die de metipso facere voluerís, sicut et de *reliqua mancipia* vestra .. in omnibus abentis potestatem faciendi.

1) Zwei lehrreiche Stellen bei Walz IV. S. 336 liberi coloni .. (monachus vult eos) in inferiorem servitium inclinare; in der zweiten Stelle von a. 845 werden den operae der liberi commendati entgegengestellt operae pro conditione (scilicet servili), f. über diese Bedeutung Du Cange II. p. 488.
2) C. I. p. 220.
3) C. I. p. 163.
4) l. c. p. 164.
5) l. c.
6) C. I. p. 174.

Buße und den Königsbann: statt des letzteren wird der Unfreie gegeißelt[1]).

In Italien unterwirft sich einmal der Emphyteuta für den Fall der Versäumung des Waffendienstes oder der Brückenbaufrohn der Privatpfändung des bischöflichen Gläubigers „ohne Anrufung der Staatsgewalt"[2]). Ebendort war — wohl im Zusammenhang mit den Feldzügen von a. 776 oder 781 — Hungersnoth entstanden: viele Kleingütler hatten ihre Scholle zu niedrig verkauft — aus Noth — und klagten nun. Da sollen die Parteien und Abschätzer (existimatores) den damals bezahlten Preis prüfen, ob er dem damaligen Werth — „bevor wir hier mit dem Heer erschienen" — entspreche: dann bleibt der Kauf bestehen. Kann aber der Verkäufer beweisen, daß er wegen Hungersnoth zu niedrig verkauft habe, soll die Verkaufsurkunde für nichtig erklärt, Preis und Gut zurückerstattet werden: der Käufer hat das jus tollendi für einstweilen aufgeführte Gebäude und Ersatz zu verlangen für Arbeit an dem Gut: doch nur der Verkäufer und sein Sohn, kein dritter Gesippe hat dies Anfechtungsrecht[3]); das gleiche gilt von aus Noth vorgenommenen Schenkungen gegen Launegild. Verkäufe und Schenkungen an Kirchen sollen aber einstweilen bestehen bleiben bis zur Entscheidung nach Berathung mit den Bischöfen und Grafen[4]). Sorgfältige Untersuchung nach Langobardenrecht soll überall statt finden, wo Karl oder sein Heer waren, (und die Noth herbeigeführt haben); die unter Desiderius unter solcher Noth ausgestellten Urkunden sollen nichtig sein. Es scheint ein Verbot der Gutsveräußerung ergangen zu sein, um jenen Bedrückungen zu wehren: denn erst vom 20. Februar ab soll man wieder gültig veräußern können, unter Einhaltung des Langobardenrechts[5]).

Die pauperes verloren die gerechtesten Ansprüche bei der häufigen Bestechung der Richter durch die Reichen[6]). Vielfach werden Kleinleute, die ihr Recht suchen, so ermüdet, »fatigati«, daß sie zuletzt ihren Anspruch gegen eine Kleinigkeit abtreten[7]), während der mächtigere Gegner einen viel größeren Theil erlangt.

---

1) C. I. p. 160 aus Ansigisus: beide Bestimmungen gelten nur für Sachsen.
2) Muratori Ant. V. p. 357.
3) C. I. p. 188.
4) l. c.   5) l. c.
6) Agobard. advers. leg. Gundob. p. 327 (ut) magis in judicio peccatum divitis quam pauperis veritas defendatur.
7) C. I. p. 132 per fidejussores tradere.

Karl hat um der pauperes willen seine ganze Erleichterung der Wehrpflicht und der Dingpflicht unternommen[1]). Er will sie dadurch vor der Strafe wegen Verletzung beider Pflichten schützen[2]). Er mahnt die Beamten, den Nothleidenden durch die Rechtsprechung „besseren Trost" als bisher zu schaffen[3]).

Wie wenig doch diese zahlreichen, weisen und gütevollen Maßregeln fruchteten, zeigen die Capitularien gerade aus dem letzten Jahrzehnt von Karls Regierung, die in grellen Farben die mannigfaltigsten Formen der Unterdrückung der Schwächeren durch die Mächtigeren malen: wie diese „durch Listmittel wider das Recht jenen die Abtretung ihrer Scholle abzwingen"[4]).

Und bald nach Karls Tod berichten die Sendboten — deren kraftvolle heilsame Wirkung übrigens auch bald erlahmte, seit Karls Geist diese seine Einrichtung nicht mehr beseelte — Ludwig von einer unzählbaren Menge von „Unterdrückten" (»oppressorum«), unterdrückt durch Raub ihres Gutes oder durch Verknechtung, „was schlimme Beamte, Grafen und Ortsbehörden aus böser Gesinnung verübten"[5]). Unter Ludwig wurde eine Formel verfaßt für Befreiung von unrechtmäßig Verknechteten oder Herausgabe des Freien geraubten Gutes[6]).

D. Die Abhängigen.

1. Allgemeines. Arten. Anknüpfung an die merovingische Zeit. Uebersicht über den Verlauf der Entwickelung.

Wir fassen hier die Fortbildung der merovingischen Abhängigkeitsverhältnisse[7]) zusammen, abgesehen von den Halbfreien und den Unfreien[8]). Manche jener Abhängigen nähern sich allerdings den Halbfreien —

---

1) Vgl. unten und einstweilen C. a. 802. c. 29. C. miss. spec. a. 802. c. 12. Theod. a. 805. c. 19. a. 807. p. 134. Bonon. a. 811. c. 2.

2) C. I. p. 207. c. 12. 13.

3) Qui necessitatem patiuntur, ut meliorem habeant consolationem ad eorum justitiam C. I. p. 207.

4) C. a. 805, 806, 811. I. p. 125. c. 16. p. 131. c. 8. p. 165. c. 2.

5) Theganus (—a. 835) c. 13. M. Scr. II. p. 593; vgl. Ebert II. S. 359. Simson, Forsch. X. S. 330.

6) Form. imp. 5. praeceptum de his, quibus proprium aut libertas injuste et per potentes ablata est.

7) VII. 1. S. 200—250.

8) S. beide unter E und F.

wenigstens in einzelnen Rechtsbeschränkungen — so stark, daß strenge Abgränzung nicht immer möglich ist.

Wie früher[1]) bildet einen Hauptunterschied die nur durch ein persönliches Verhältniß und die auf Grund von Landleihe bestehende Abhängigkeit: in beiden Fällen aber sind die Grade der Abhängigkeit, der Dienste und Sachleistungen der Abhängigen einerseits, die Pflichten und Rechte der Schutz- und Gewalt-Herrn andererseits, gar mannichfaltig. Leider lassen die zahlreichen Namen[2]) theils wegen Unbestimmtheit des Ausdrucks an sich, theils wegen schwankenden Sprachgebrauchs nur selten sichern Schluß auf die Art des Verhältnisses zu.

Die merovingischen Verhältnisse in diesen Instituten gestalteten sich nunmehr folgendermaßen[3]): wir geben zunächst eine von Einzelheiten nicht beschwerte Uebersicht der Gesammtentwickelung[4]).

---

1) VII. 1. S. 207—212.
2) VII. 1. S. 202. D. G. I b. S. 500.
3) VII. 1. S. 230 f.
4) Zachariä, über den Ursprung des Lehenrechts, Z. f. D. R. VII. 1.
Kühns, über den Ursprung und das Wesen des Feudalismus.
Secretan, essai sur la féodalité, Mémoires et documents publiés par la société d'histoire de la Suisse Romande. XVI. 1858.
Paul von Roth, die Krongutsverleihungen unter den Merovingern. 1848. — Die Säcularisation des Kirchenguts unter den Karolingern. 1864. — Eben hierüber Münchener historisches Jahrbuch 1865.
Laband, über Landleihe, Liter. Centralbl. 1863. Nr. 46.
Fustel de Coulanges, les origines du régime féodal, Revue des deux mondes 1873. — Le problème des origines du système féodal, Revue des questions historiques XLV, f. aber die Verwerfung der Methode dieses Schriftstellers durch Waitz, Hister. Z. XXXVII. S. 50, zumal auch seiner histoire des institutions de l'ancienne France I[3]. édition. 1888 (aus dem Nachlaß neu herausgegeben von Julian 1891).
Boutaric, des origines du régime féodal et particulièrement de l'immunité, Revue des questions historiques. 1875.
Heisterbergk, die Entstehung des Colonats. 1876.
Hertz, die Rechtsverhältnisse des freien Gesindes nach den deutschen Rechtsquellen des Mittelalters, Gierke's Untersuch. VI.
Garsonnet, la recommandation et les bénéfices à l'époque franque. Nouvelle Revue historique de droit français II. p. 443. — Histoire des locations perpétuelles et des baux à longue durée. 1879.
Brunner, die Erbpacht der Formelsammlungen von Angers und Tours, Z. f. R. G.[2] V. S. 09.
Esmein, les baux de cinq ans au droit Romain, Mélanges d'histoire du droit, Nouvelle Revue historique 1883.

Wir sahen, Beneficium und Vassallität waren geraume Zeit neben einander her gegangen, ohne sich anders als thatsächlich zu berühren: die Beneficien nur Eine unter den manchfachen Formen der Abhängigkeit durch Landleihe, die Vassallität nur Eine der verschiedenen Formen der rein persönlichen Abhängigkeit ohne Landleihe: wohl erhielt ein Vassall häufig ein frei werdendes Beneficium, ward ein Beneficiumträger häufig in das Vassaticum aufgenommen. Die Kirche verlieh ihre „Beneficien" ursprünglich auf fünf Jahre, (— die übliche Verpachtungsfrist der fiscalischen Güter, die ja anfangs [durch Schenkungen der Kaiser] den größten Theil der Kirchengrundstücke ausgemacht hatten —) später auf Lebenszeit des Empfängers: der Heimfall im „Herrenfall", „Thronfall", war ja hier ausgeschlossen, weil die juristische Person der Kirche nicht sterben konnte (ecclesia mori non videtur) und nur selten erlosch.

Ihre weltgeschichtliche Bedeutung erlangten beide Einrichtungen erst dadurch, daß erstens die Form der Vassallität allmälig alle andern Formen der rein persönlichen Abhängigkeit — der Häufigkeit, der Beliebtheit, der Ehre nach — verdrängte, daß zweitens ganz ebenso das Beneficium alle anderen Formen der Landleihe und auf dieser ruhenden Abhängigkeit der Häufigkeit nach verdrängte und daß endlich drittens die lange Zeit nur thatsächlich häufige Verbindung von Vassallität und Beneficium in Einer Person nunmehr begriffsnothwendige Regel ward[1]), wie das später im Lehenrecht die Rechtssprichwörter ausdrückten: „(nur) wer dient, soll Lehen haben und (nur) wer Lehen hat, soll dienen." „Kein Dienst ohne Lehen, kein Lehen ohne Dienst."

Aus welchen Gründen die Vassallität die andern rein persönlichen

---

Pasquale del Giudice, Feudo, origine e introduzione in Italia, Digesto Italiano XI. 2. 1883.
Menzel, Entstehung des Lehnwesens. 1890. (Dazu Georg Kaufmann, D. Liter.-Zeitung 1890.)

1) Ganz richtig daher Brunner III. S. 275: „nennen wir Lehn ein beneficium, das mit der Verpflichtung vassallitischer Treue und vassallitischer Dienste verliehen ist, so hat es Lehen schon im VIII. Jahrhundert gegeben." Aber die früheste Verbindung auch von Waffen- wie von sonstigen Amts-Diensten erscheint in den schon merovingischen beneficia officii D. G. Ib. S. 663. Richtig bemerkt Brunner a. a. O., daß in der karolingischen Zeit noch immer vassi ohne beneficia begegnen, langobardische Austaldi. Dagegen irrig hebt er das Erscheinen unfreier Vassen als Beweis gegen die Durchführung des Lehenwesens hervor: die Reichs- und Fürsten-Ministerialen noch des XIV. Jahrhunderts sind unfrei und doch echte Lehenvassallen.

Abhängigkeitsverhältniſſe verdrängte¹), wiſſen wir nicht. Vielleicht, weil ſich der König mit Vorliebe dieſer Form bediente und nun Kirchen und Weltgroße dieſe als die deßhalb ehrenvollſte ebenfalls bevorzugten. Freilich kehrt die Frage nach dem „warum" hier einfach wieder: warum bevorzugte der König dieſe Form? Vermuthlich empfahl ſie ſich dadurch, daß ſie durch die Art der Begründung des Dienſt- und Treue-Verhältniſſes — Ablegung eines Eides in die Hände des Königs — am Meiſten den Formen der alten ſo hoch ehrenden Gefolgſchaft ähnelte, die doch als ſolche in die neuen ſtark romaniſirten Hof- und Stats-Verhältniſſe nicht mehr paßte und früh verſchwand²). Wir nehmen alſo zwar durchaus nicht an³), die Vaſſallität ſei aus der Gefolgſchaft hervorgegangen⁴), ſondern nur: ſie iſt an die Stelle der verſchwindenden und verſchwundenen Gefolgſchaft getreten: die letzten — ausſterbenden! — Antruſtionen mögen freilich oft Vaſſallen geworden ſein, wie ſie gewiß auch Königsbeneficien wie früher Königslandſchenkungen zu vollem Eigen erhalten hatten⁵). Dagegen wiſſen wir nun⁶), aus welchen Gründen das Beneficium die andern Formen der Landleihe verdrängt hat.

Bald nach Vernichtung des Weſtgotenreiches in Spanien (a. 711) bedrohten die Araber wie das weſtgotiſche Septimanien ſo das ſüd-

---

1) S. die Zuſammenſtellung der älteren Literatur bis auf Paul von Roth bei dieſem, Ben. S. 210 f.; dann auch bei Waitz, Vaſſallit. Die Streitſchriften von Waitz und Roth ſ. VII. 1. S. 209 und S. 228. — Faugeron, les bénéfices et la vassallité au IX siecle, 1868, dazu Waitz, Götting. gel. Anz. 1868, Stück 34. — Arnold II. 2. S. 115 f.
2) Anders freilich Brunner S. 258 f.
3) Wie Brunner a. a. O.
4) S. die Ausführung im Anhang.
5) Vgl. VII. 1. S. 230 f.
6) Dank den Unterſuchungen Pauls von Roth und der zwiſchen ihm und Waitz geführten Fehde: keineswegs alle Sätze v. Roths ſind aufrecht zu halten, ſo zumal nicht ſeine Annahme einer wahren „Säculariſation", das heißt Einziehung des Eigenthums der Kirchen und zwar ſyſtematiſche Durchführung ſolcher Eigenthumsentziehung: immerhin hat er das bleibende Verdienſt, das praktiſche Bedürfniß aufgedeckt zu haben, das zu ſolcher Verwerthung des Kirchengutes zu Statszwecken nöthigte und ungleich ſchärfer als Waitz — eben in juriſtiſcher Denkweiſe — den Unterſchied der merovingiſchen Landſchenkungen von den karliſchen Landleihen dargewieſen zu haben: dem gegenüber hat nun aber wieder Brunner (ähnlich ſchon v. Daniels) dargethan, daß auch in merovingiſcher Zeit ſchon Verleihungen beſchränkten, unveräußerlichen, nicht oder nur an Abkömmlinge vererblichen Eigenthums vorkamen, zumal in Baiern, ſ. VII. 1. S. 230.

westliche Gallien überhaupt. Ihre Hauptwaffe war eine zwar leichte, aber ungemein zahlreiche Reiterei, die, von den Pässen der Pyrenäen in das Flachland hernieder brausend, sich eilig und unaufhaltbar gen Nordosten ergoß. Die befestigten Städte und die Burgen, in welche die Landbevölkerung flüchtete, ließen sie, etwa beobachtet, Ausfälle abzuwehren, liegen und trugen Mord, Brand und Plünderung weit ins Land: sind sie doch dabei wie nach Wallis in der Schweiz so bis Autun in Burgund gekommen! Bis der aquitanische, später der fränkische Heerbann, der fast ausschließend — damals noch — zu Fuß focht, zur Stelle erschien, waren diese flinken Reiterschwärme mit ihrer Beute und den zahllosen fortgeschleppten Gefangenen schon längst wieder in Sicherheit jenseit der Pyrenäen oder, nachdem sie wichtige Städte — so zumal die Hauptstadt Septimaniens, Narbonne — gewonnen, hinter den Mauern dieser Vesten. Einen der ersten Einfälle hatte Herzog Eudo mit seinen Aquitaniern wacker abgewehrt, aber seine fürchterliche Niederlage von a. 732 zeigte, daß Aquitanien allein stärkeren Angriffen nicht gewachsen, Rettung nur durch die Macht des gesammten Frankenreiches und den Hammer des eben noch bekämpften Karl möglich war[1]). Mit genauer Noth noch rechtzeitig, die Zerstörung von Tours — nach der von Poitiers — zu hindern und dem Islam den Weg nach Paris und Metz zu verlegen, erschien Karl Martell. Allein der schwer erkämpfte Sieg[2]) hatte die Geschlagenen mit nichten entmuthigt: immer neue Einfälle drohten, ein zweiter großer Sieg bei Narbonne (a. 737) ward erforderlich und auch jetzt gelang es noch nicht, dieses Bollwerk den Arabern zu entreißen, ein Ausfallthor, von dem sie stets Südgallien bedrohten.

Die einzige den arabischen Reitern entgegenzustellende Waffe war eine fränkische Reiterei, die durch Wucht der Rosse und Rüstung ersetzte, was ihr an Zahl gebrach.

Eine solche Reiterei bestand nicht: den unter der Last der Wehrpflicht versinkenden kleinen und mittleren Gemeinfreien auch noch die Bürde aufzulegen, Kriegsrosse und Reiterwaffen aufzubringen, war unmöglich.

In dieser „echten" Noth, die wahrlich kein Verbot kennen durfte, nahm Karl Martell das Geld, „wo er es fand."

Das war aber nicht zu finden in dem durch unaufhörliche Vergabungen schwacher Merovingen und Anhang werbender Hausmeier

---

1) S. Einleitung S. 25.
2) Urgeschichte III. S. 795.

völlig ausgeleerten Krongut, nicht in den Mitteln der Steuerpflichtigen: — die Kämpfe gegen Baiern, Alamannen, Friesen, Sachsen, Aquitanien, die Niederschlagung der kleinen »tyranni« hatten die Kriegsmittel des Reiches erschöpft. Da gedachte Karl der Macht, die allein etwa ein Drittel des ganzen Bodens von Gallien eignete: der Kirche, die diesen ungeheuren Grundbesitz meist durch Verleihung als „Beneficien" verwerthete.

Von dieser Macht eine Beisteuer zu erheben zur Abwehr des Islams war deßhalb voll berechtigt, weil durch dessen Sieg vor allem gerade sie vernichtet, ihres ganzen Grundeigens wie in andern vom Islam eroberten Ländern beraubt worden wäre, indeß die Sieger die einzelnen christlichen Grundbeigner gegen Bezahlung einer Schatzung unbehelligt ließen. Die Kirche selbst hat die Berechtigung dieser Auffassung nicht völlig bestreiten können, wenn sie auch gegen die dabei geübten Mißbräuche mit Grund eiferte.

Pabst Zacharias schreibt auf den Bericht des Bonifatius über nicht gerade reiche Zugeständnisse und Rückgaben der Söhne Karls: „du meldest, daß du von den Franken nicht mehr erreichen konntest als jährlich von je einem Ehepaar von Unfreien (das ist nicht genau = einer casata) einen solidus Zins: ich danke Gott, daß du soviel zu erreichen vermochtest"[1]).

So willigte das Concil von Estinnes a. 743/4 ausdrücklich darein, daß die der Kirche entrissenen Güter „vorläufig noch" als Precarien zur Hilfe für das Heer den Laien verbleiben, in »adjutorium exercitus nostri«: der Zweck der Entnahme ist also zweifellos: freilich ward aus der „vorläufigen" Belassung oft eine recht lange, ja endgültige: so beläßt es noch ein Capitular von a. 779[2]) bei dem bisherigen Laienbesitz[3]), sofern nicht[4]) der König ausdrücklich ihn der Kirche zurückgiebt, mit dem Doppelzehnten. Hier bildet also allerdings die Rückgabe die Ausnahme: gleichwohl ist auch das nicht endgültiger Verlust des Eigenthumes.

Ganz ebenso verfuhr Eudo von Aquitanien, wahrscheinlich von derselben Noth — ja schon früher und stärker — bedrängt: von der Form der Wegnahme erfahren wir hier nichts. Als König Pippin in

---

1) Bonif. Ep. ed. Jaffé. N. 51.
2) I. p. 179.
3) o. 18.
4) Sagt die langobardische Formel I. 50 die ich Brunner II. S. 250 entnehme).

Streit mit Eudo's Nachfolgern, zumal Waifar, gerieth, ward die Herausgabe in Aquitanien belegener Güter neustrischer Kirchen an diese durch die bisherigen (Laien-)Besitzer für den Ausbruch des freilich längst geplanten Krieges ein weiterer Grund — bei Pippins frommem Eifer nicht blos Vorwand: er trat hier wie gegen die Langobarden als Beschirmer der Kirche auf. Freilich mußte er nach seinem Siege doch auch hier manche Kirchengüter Laien lassen, vielleicht andern Laien geben [1]).

So geschah denn zweierlei. Einmal griff Karl selbst, von der Noth gedrängt, häufig gewaltsam zu und nahm der Kirche Grundeigen [2]), auch allerlei nutzbringende Rechte, und gab sie Weltgroßen zu Eigen oder als Kronbeneficien unter der Verpflichtung, dafür die heißbegehrten Reiter auszurüsten und zu stellen.

Ferner duldete Karl gar oft, daß Weltgroße Kirchengüter wegnahmen, von denen sie dann auch Reiter zu stellen hatten — als Gegenleistung für solche Duldung. Oder er ließ erledigte Bisthümer und Abteien unbesetzt und bezog einstweilen die Einkünfte. Endlich setzte er, in schroffer Verletzung der canones, „crasse Laien" in reiche Bisthümer und Abteien unter der gleichen Verpflichtung: solche alte Haudegen führten dann ihre Scharen wohl auch noch selbst ins Feld.

Allein all' das geschah, wenn auch nicht selten, doch vereinzelt, gleichsam tumultuarisch, wie Noth gebot und Gelegenheit gewährte: aber systematisch, planmäßig, geschweige durch gesetzliche Regelung ist der Kirche Eigenthum weder durch Karl noch durch seine Söhne entzogen worden.

Was diese systematisch, planmäßig thaten war ein ganz Anderes: nicht das Eigenthum am Boden wurde der Kirche genommen, sondern dem ihr erhaltenen Eigenthum wurden nur Lasten zum Vortheil des States auferlegt.

Und zwar in verschiedenen Formen.

---

[1]) C. I. p. 42 (a. 768); vgl. die ausführliche Darstellung Urgesch. III. S. 921, 947.

[2]) Uebrigens war das gar nichts Neues: schon zahlreiche merovingische Concilien (s. Fränkische Forschungen) bedrohn die mit Kirchengütern vom König Beschenkten und — versteckt! — auch den König (VII. 3. S. 297). Dagegen Chlothachars I. Maßregel (Greg. Tur. IV. 2. Urgesch. III. S. 99) griff nicht in das Capital der Kirchen, steigerte nur stark deren Einkommen-Steuer. Daß schon die Kaiser von verschenkten Gütern im Nothfall erhöhte Steuern erhoben, bemerkt Brunner II. S. 247; aber das wußten die Merovingen und Arnulfingen wohl nicht.

Einmal so, daß dem bäuerlichen Grundholden der Kirche sein beneficium verblieb, ihm aber neben dem alten, nach wie vor der Kirche zu entrichtenden Zehnten ein zweiter (decimas et nonas)[1]) auferlegt ward zu Gunsten des Fiscus oder eines Weltgroßen, der dafür Reiter ausrüstete. Die Kirchenbeneficiare zinsen zwei Zehntel: haben sie nur das Recht auf den halben Ertrag[2]), Ein Zehntel.

Unklar bleibt das Verhältniß dieses Doppelzehnten zu dem onus fabricae (restaurandae): das eine Zehntel war der gewöhnliche Kirchenzehnt: der weltliche Zehntherr schuldete aber, wie es scheinen will, von diesem Zehnt einen Beitrag zu dem Kirchen besserbau (nicht Neubau)[3]). Jeder Träger ursprünglich kirchlicher Güter, auch wenn vom König empfangen, war baupflichtig[4]).

Oder man verfuhr in der Weise, daß man die Kirche nöthigte, heimfallende Bauerngüter nicht wieder an Bauern, sondern an Weltgroße auszuthun, die dafür — neben einem etwaigen Doppelzins an die Kirche — Reiter für das Heer leisteten. Oder auch sogar noch nicht heimgefallene Bauerlehen wurden in gleicher Weise dem Besitzer entzogen und zu gleichem Zweck Weltgroßen verliehen[5]).

Beide Arten heißen nun precariae verbo regis, verbo dominico, verschieden von den freiwillig gegebenen Kirchenbeneficien: die precaria[6]) sollte von dem Bischof oder Abt, nicht vom König oder dessen Beamten, ausgestellt werden und jener Name das Eigenthum der Kirche wahren, auch nach dem Tod des Beliehenen das Gut an die Kirche zurückfallen, freilich nur bis bei erneuter Noth die abermalige Ausstellung eines Precariebriefes auf Befehl des Hausmeiers erfolgen muß[7]).

---

1) Wohl schon vor Karls des Großen Cap. I. p. 50 von a. 779 (vgl. Form. imper. N. 21). Waitz III. S. 38. Noch Ludwig I., wie schon Karl der Große, muß die Entrichtung wiederholt befehlen.

2) C. I. p. 179 qui tale beneficium habent, ut ad medietatem laborent.

3) C. I. p. 42 (a. 768). Die Stelle aus Bened. Levita (V. 13), die ich Brunner II. S. 249 entnehme, setzt freilich beide Zehntel in der Hand des Königsvassallen voraus und nimmt beide voll für die Baulast in Anspruch: hieran schloß sich wohl die Epistol. Carisiaca von a. 858 bei Brunner II. S. 250; über den Doppelzehnt von beneficia s. auch C. a. 819. p. 275.

4) Brunner a. a. O.

5) Ueber die von Bonifatius durchgesetzten Herausgaben — oder doch Versprechungen von solchen! — s. unten „Kirchenvermögen".

6) = Urkunde, VII. 2. S. 216.

7) C. p. 28 (a. 743), wiederholt in zahlreichen späteren Capitularien bis tief ins IX. Jahrhundert — zum Zeichen immer noch stockender Durchführung.

Da nun die Kirche, wie bemerkt, etwa ein Drittel des Grundes und Bodens in Gallien besaß, das meist von jeher als beneficium ausgethan war, und dieses Verfahren[1]) den größten Theil ihres Grundeigens betraf, da mit dem Reiterbeneficium fast ausnahmslos die Vassallität verbunden ward und zwar nach oben, dem König gegenüber, wohl nun immer, aber auch sehr oft im Verhältniß des Aftervassallen zu seinem senior, da ferner auch die Krone und der Weltadel[2]) bei ihren Landleihen sich nun dieser beiden Formen — und zwar[3]) in rechtsnothwendiger Verbindung — ganz regelmäßig bedienten, erklärt sich[4]) einmal die Verdrängung der übrigen Formen der beiden Arten von Abhängigkeit (oben S. 89) und eben die begriffliche Rechtsverknüpfung von beneficium und Vassallität.

Die vom König aus Krongut — nicht auch aus weggenommenem Kirchengut — verliehenen Beneficien gewährten außer Glanz und Ehre der Königsvassallität[5]) die drei auch vermögensrechtlich so wichtigen Vortheile des Königseigenthums (aus dem die Güter als Beneficien nun nicht mehr, wie die merovingischen Landschenkungen, schieden): des gesteigerten Friedensschutzes[6]), der Immunität[7]) und des Reclamationsrechts[8]).

---

1) Davon ist für das Ganze auszugeben VII. 1. S. 219 f., anders Brunner II. S. 251.

2) Viele Belege schon ver, dann zumal seit a. 741 bei v. Roth, Feud. S. 130. Erhielten die Weltgroßen umfassende Grundstücke als Beneficien, so zerschlugen sie solche in viele kleine und gaben sie als Afterlehen an zahlreiche ihrer homines (oder an andere Nachbarn) mit der Verpflichtung zum Reiterdienst für den König und später immer mehr für den senior selbst.

3) Auch diese heißen und sind beneficia und precariae, anders Brunner II. S. 251; f. aber Chron. Font. c. 17. Scr. II. p. 293 Ansigisus .. monasterium a Carolo in precarium recepit .. jure precarii et beneficii; ebenso von Bertha, Karls Schwester, dann noch spät — aus a. 698 — von einem Grafen, f. die Stellen bei v. Roth, Feud. S. 175; die Seltenheit schließt die Richtigkeit des Ausdrucks nicht aus; über den Unterschied von »beneficium« und »precarium« (jene Reiterlehen ohne wirthschaftliche Abhängigkeit vom Herrenhof?) f. Brunner a. a. O., aber vergl. dagegen auch VII. 3. S. 220 f.

4) Anders Brunner II. S. 250, der meint, nur die vom König verliehenen Kirchengüter hätten so gewirkt: er nimmt ja auch bei merovingischen Landschenkungen — trotz des Ausdrucks »proprietas«! — kein volles Eigenthum an: ohne Zweifel verlieh der Stat (Karl Martell) auch Statsgüter als beneficium.

5) S. oben S. 90.

6) VII. 3. S. 407.

7) VII. 3. S. 537. S. unten „Schranken des Königthums".

8) Wie Brunner II. S. 254 vortrefflich hervorhebt.

Das beneficiare d. h. Land nach den Grundsätzen der Kirchen-beneficien verleihen, ward von da ab auch für die Verleihung von Krongut die regelmäßige Rechtsform[1], nicht nur für Kirchengut, dessen Besitz und Nießbrauch der Herrscher vergabte: auch ursprüngliches Krongut ward nun nicht mehr, wie früher die Regel gewesen[2], zu Eigen, sondern nur zu Besitz und Nutzung und mit beschränkter Erblichkeit verliehen.

Den Gegenstand der Beneficia bildeten Grundstücke jeder Art: also ganze (z. B. bei königlichen) »fisci«[3] d. h. Landgüter, villae, mit allem Zubehör von Vorwerken, aber auch von Unfreien oder doch an die Scholle gebundenen, als Zubehörde geltenden Knechten und Mägden, sowie mit Rechten jeder Art, wie sie in den Schenkungsurkunden als Zubehörden aufgeführt zu werden pflegen[4]: ja andere Höfe konnten als abhängige des verliehenen Haupt-Beneficiums mit verliehen werden, so daß nun der Beliehene an des Verleihers Statt von jenen Höfen und deren Bebauern Zins und Frohn zu fordern hatte.

Waren früher nur Grundstücke Gegenstand der Beneficien gewesen, so wurden nun auch Kirchen und Klöster sammt den ihnen zustehenden Rechten als Beneficien gegeben und zwar Laien nicht minder als Geistlichen: ward nun auch der Laie nicht Bischof, Abt oder Pfarrer, so trat doch abermals das Kirchengebäude (wie seine Zubehör) in Nutzungs-recht von Privaten, wie früher in volles Eigenthum, was die Concilien mit Recht so lange bekämpft hatten[5]).

Verhängnißvoll ward aber für den Stat, daß allmälig auch die Statsämter: Herzogthum, Markgrafschaft, Grafschaft als Gegenstand von Beneficien behandelt wurden. Dazu trug gewiß bei der allgemeine Zug der Zeit, alle nutzbringenden Rechte also zu vergaben und das nun so häufige Zusammentreffen von Königsamt und Königsvassallen-schaft: — gleichviel, welches Verhältniß das frühere war oder ob etwa beide gleichzeitig begründet wurden. Allein schon lange vor dieser Stufe der Entwickelung, schon in merovingischen Tagen, waren Amts-beneficien[6]) aufgekommen, d. h. Beneficien, die dem Herkommen nach an Gehaltes Statt mit einem bestimmten Amt verknüpft waren: nicht

---

1) Das erkennt nun auch Waitz III. S. 19 an.
2) Das bestreiten freilich Waitz a. a. O. und Brunner, f. VII. 2. »beneficia«.
3) VII. 1. S. 235. 3. S. 69.
4) Beispiele Urgesch. III. S. 665 f.
5) VII. 3. S. 293.
6) VII. 2. S. 63.

jetzt erst¹) setzte diese Erscheinung ein. Und nun trat nur hinzu, daß nicht blos jenes Amtsgut, daß das Amt selbst als Gegenstand der Verleihung gedacht wurde, so daß der Ausdruck »honor«, ursprünglich = Amt, nun für beneficium gebraucht wird²). Der merovingische Beamte hatte die Beamtentreue geschuldet als Steigerung der allgemeinen Treuepflicht aller Unterthanen³): nun wird die Beamtentreue als Vassallentreue gedacht und jener mehr statsrechtlich gedachte tritt hinter den mehr persönlich und privatrechtlich gedachten Begriff eines besonderen individuellen Bandes zurück.

Noch in der karolingischen Zeit erfolgte dann ein weiterer Schritt auf der abschüssigen Bahn, auf welcher der statsrechtlich gedachte altgermanische Stat, im alten Frankenreiche durch Aufnahme einzelner römischer Gedanken noch schärfer statsrechtlich gefärbt, zu dem die Reichsgewalt auflösenden Lehenstat herab glitt: im XI. Jahrhundert, ja schon im X. gilt das Land des Herzogthums, der Markgrafschaft, Grafschaft, das doch ursprünglich nur das Amtsgebiet, die Wohnstätte der Amtspflichtigen gewesen war, als Gegenstand des Lehens ebenso wie das Amt: so daß also der Herzog von Sachsen, Baiern wie mit dem Amt (feudum officii) mit dem Lande Sachsen, Baiern belehnt gilt und „Untereigenthum" am Lande wie an allen Hoheitsrechten des Amtes erwirbt: das ward der Anfang vom Ende!

Man hat aber bisher alle diese Erscheinungen viel zu früh angesetzt. Wie man⁴) schon alte merovingische Landschenkungen für blose Landleihen ansah, hat man auch die Vassallität und das Beneficium viel zu früh mit Leistung von Kriegsdiensten als des Wesentlichsten in nothwendige Verbindung gebracht. Es war nun freilich der Vassall — wie jeder Schützling auch anderer Formen — vermöge der allgemeinen übernommenen und vom Vassallen beschworenen Treuepflicht gebunden, dem Senior Hilfe zu leisten, wenn dieser von Fehde oder sonst feindlichem Angriff kriegerisch bedroht war, aber doch nur ganz ebenso und nicht in höherem Maaß, als wenn etwa das Haus des Seniors von Feuer- oder Wasser-Gefahr bedrängt ward. Die Waffenhilfe — und zwar zu Pferd — und nicht blos in Fehdegang, im Heerbann, bei Aufbietung des Seniors durch den König, als wesent-

---

1) Anders Brunner II. S. 255.
2) Wie Waitz IV. S. 215 zuerst hervorhob; s. darüber unten.
3) VII. 2. S. 64, 81.
4) Waitz 1. Auflage.

lichste Pflicht des vassallitischen Beneficienträgers erscheint erst nach und in Folge der geschilderten Entwickelung.

Ebenso ist es eine Verfrühung, läßt man schon im VIII. oder vor Mitte und Ende des IX. Jahrhunderts das fränkische Heer sich aus einem Heerbann kraft allgemeiner Wehrpflicht in ein Vassallen-heer kraft besonders vertragener Lehen-Heerfahrt-Pflicht verwandeln: dies tritt erst zu Ende des IX. Jahrhunderts[1]) und der Karolinger Zeit und zwar in Westfrancien viel früher als im Ostland ein.

Die bezeichnenden Merkmale sind, daß

> erstens die Seniores nicht mehr blos als Immunitätsherrn Aufgebotsofficiere für ihre Vassallen werden,
>
> daß zweitens die Immunitätsherrn und anderen Seniores nicht mehr blos Aufgebotsofficiere sind, sondern auch nach Ueberschreitung der Immunitätsgränzen und Erreichung des vorgeschriebenen Sammelorts den Befehl über ihre Vassallen nicht an die Herzoge, missi, Grafen abgeben, sondern während des ganzen Feldzugs fortführen,
>
> daß drittens bei Widerstreit zwischen Unterthanen- und Lehenpflicht letztere vorgeht: daß also z. B. ein Senior, der Unterthan des ostfränkischen, aber Vassall des westfränkischen Königs ist, im Krieg zwischen beiden Königen für den westfränkischen zu kämpfen hat,
>
> und daß endlich viertens der Vassall die Buße für Nichterfüllung der Wehrpflicht, die Heerbannbuße, nicht mehr dem König, sondern seinem Senior zu entrichten hat:

zumal durch die letzten beiden Erscheinungen findet es schärfsten Ausdruck, daß kurz gesagt der Vassallendienst den Heerbanndienst verdrängt hat und der Vassall nicht mehr dem König, sondern seinem Senior den Waffendienst schuldet: ja auch bei dem Senior gegenüber den Königen geht der besondere Lehendienst der allgemeinen Unterthanenwehrpflicht vor.

---

1) Urkunden von a. 830 und a. 834, Böhmer-Mühlbacher Nr. 846 und 900, unterscheiden allerdings schon in der Wehrpflicht einerseits die persönlich befreiten tributarii von den nobiliores personae beneficia habentes, andrerseits Freie, unfreie homines, Grundholden (commanentes) und Beneficiare, allein das war eine Folge der Wehr-Erleichterungen Karls und hob die grundsätzliche Wehrpflicht aller Freien nicht auf.

2. Insbesondere Beneficium.

a. Die sogenannten Säcularisationen und deren Rückgabe.

Der ständige Ausdruck für solche Entziehungen von Kirchengut[1]) schon seit frühen Merovingenzeiten ist divisio, auch, wo eine „Theilung" nicht vorkommt, und ebenso noch viel später für Verwendung von Kirchengut zu Weltzwecken: z. B. die Erben eines Klostergründers („eines Klosters" sagt die Urkunde) entziehen dem in ihrem Privateigenthum stehenden Kloster so viele Güter, daß der Klosterzweck nicht mehr erreicht werden kann[2]).

Manchmal kommt es freilich zu einer wirklichen Theilung: so einer villa zwischen dem Erzbischof von Rheims und König Pippin: jener behielt die zur Villa (bei Laon) gehörigen Capellen und die zwei Zehntel[3]), das übrige nahm Karl selbst zu beneficium von der Kirche gegen einen Jahreszins von zwölf Pfund Silber für die Armen[4]).

Die »divisio« von Karl Martell[5]) und deren Ermäßigungen durch seine Söhne dauerten und wirkten fort noch unter und nach Karl[6])

---

1) Ueber die Krongutsverleihung unter den Merovingen und über die Säcularisation v. Roth, Feudalität S. 37, 71. Siegel S. 166.
Nitzsch I. ed. Matthäi 1883. S. 179.
Cauer, de Carolo Martello. 1846.
Brevsig, die Zeit Karl Martells (Jahrbücher des fränkischen Reiches a. 711—741) 1869.
Kaufmann, die Säcularisation des Kirchenguts durch die Söhne Karl Martells. Conrads Jahrbücher Bd. 22. S. 74.
Lamprecht II. S. 98 f. (s. v. Roth, im Literaturverzeichniß).
Ribbeck, die sogenannte divisio des fränkischen Kirchenguts. 1883.
Kirchliche Leihverhältnisse, Säcularisation, Beneficien Meitzen II. S. 278.
2) Ludwig, Mon. Boica XXXII p. 40.
3) Oben S. 94.
4) Flod. III. 20, Scr. XIII. p. 513. Nicht ganz klar ist C. I. p. 177. c. 11: dem König zinspflichtige Güter sind Kirchen übertragen: diese sollen den echten Erben (des Zinsmanns?) zurückgegeben werden oder der Inhaber soll den Zins zahlen (an wen?).
5) Aber ein Kloster verliert auch dadurch Güter, daß der eigene Abt sie seinem Sohn zu Beneficium giebt, der sie (Form. imp. 46) dann als königliche Beneficien behandelt. Ein Abt hat einem andern Abt einen mansus zu Beneficium gegeben Coll. St. Dion. 17.
6) Karl hatte Aubulf, dem hervorragenden Helden, nach Unterwerfung der Bretonen Beneficien eines Klosters zu Angers verliehen: diese waren aber weiter abhanden gekommen: nun giebt sie Ludwig zurück. Form. imp. 6.

dem Großen¹); auch der Ausdruck divisio lebt fort; später bedeutet divisio wohl auch²) die theilweise Rückgabe: jene erste divisio wird freilich als subreptio, subtractio, usurpatio, pervasio, praereptio bezeichnet. Ludwig³) fürchtet, seine Söhne könnten divisores (in diesem Sinn) und obpressores der Kirchen werden.

Erkannte nun auch die Kirche damals und später⁴) die Unvermeidlichkeit der Maßregeln Karls des Hammers und seiner Söhne an, die Klagen über manche damals und später damit verbundene Ungebühr und die übeln Nachwirkungen hörten nicht auf. Selten ist eine Beschönigung⁵), wonach die Entziehung erfolgt sei „vermöge Verstattung der Kirche" (per dispensationem ecclesiae): diese haben Karl Martell und seine Söhne theils gar nicht eingeholt, theils nachträglich der Widerstrebenden abgedrungen⁶).

Die Gewaltthat der Vertreibung des Abtes und Verleihung des Klosters an einen wehrpflichtigen Laien wirkte auch nach der Wiedereinsetzung des Abtes noch übel nach: denn der Fiscus verlangte nun von dem Abt die Leistung der Wehrpflicht wie aller andern bisher von jenem Laien getragenen Statslasten⁷).

Karlmanns Gebot, daß die den Kirchen entrissenen beneficia bei dem Tod ihrer dermaligen Inhaber an die Kirche heim fallen sollten, ward nur gar selten erfüllt. Lehrreich ist es, in viel späteren Zeugnissen noch die Spuren jener Entziehungen zu verfolgen. Eine solche Spur liegt wohl vor in der Urkunde Pippins, in der er St. Denis eine Villa an der Aisne zurückgiebt, die „aus ruchloser Gier von bösen Menschen" dem Kloster trotz wiederholter Bestätigung seines Rechts entzogen worden war; bisher besaß sie Graf Naucho „als unser Beneficium", so waren die bösen Menschen wohl Karlmanns oder Pippins Beamte selbst⁸). Ebenso giebt Karlmann villae, die schon

---

1) Belege aus der Zeit Lothars bei Waitz IV. S. 183.
2) Aber nicht immer. Vgl. v. Roth, Feud. S. 112; Waitz IV. S. 185.
3) Divisio a. 819. c. 10.
4) Noch a. 858 war es unvergessen, daß die Verleihung von Kirchengut an Laien zur Mehrung der Wehrkraft des Reiches geschehen war. Walter III. p. 85. Brief der Bischöfe an Ludwig den Deutschen.
5) Wie die hier begegnende. S. die vorige Anmerkung.
6) Als Gegenleistung verlangen sie nun (für andres Kirchengut) die Immunität.
7) S. Brunetti II. p. 397 ire in hoste, omnes paratas et conjectus facere, et datio ad palatio; ich entnehme dies Waitz a. a. O.
8) Bouquet V. p. 706. a. 766.

Pippin St. Denis geschenkt hatte, „die aber nun unser Vassall Audigar inne hatte", dem Kloster zurück¹).

Obwohl das hoch begünstigte Saint Denis schon unter Pippin manche „durch ruchlose Menschen" d. h. die Beamten und Vassen der Könige unter deren stillschweigender Duldung entrissene Güter wieder gefordert und erhalten hatte, muß Karl auf erneute Klagen erst noch Güter zurück geben, „die ein Vassus unsres Vaters inne hatte", oder doch die Rückgabe bestätigen. Auch ein anderes Gut von St. Denis „hatte Gabifrisus als Beneficium"²). Und a. 790 giebt Karl St. Denis die Güter im Breisgau zurück, die unter Pippin und Karlmann ihm von Laien entrissen und weiter verkauft worden waren³). Erst Ludwig giebt a. 814 eine villa einem Kloster bei Bordeaux zurück⁴).

Karl sorgte dann wohl einigermaßen für die Durchführung der Rückgabevorschriften seines Vaters⁵). Allein auch er bestimmte, daß die von den Herrschern Laien zu Beneficien gegebenen Kirchengüter den Laien verbleiben, wenn sie der König nicht den Kirchen zurückgiebt: der bisherige Zins, decimae und nonae, wird fortentrichtet⁶), außerdem sollen für je 50 casati (s. Unfreie, s. unten) 1 sol., für 30 ½ sol. für 20 1 tremisse⁷) entrichtet und alle Precarien verzeichnet werden⁸). Endlich wird scharf unterschieden zwischen den vom König (verbo dominico) den Laien gegebnen Precarien und den von den Bischöfen, Aebten und Aebtissinnen freiwillig gegebnen: nur letztere können sie beliebig zurückziehen⁹).

---

1) l. c. p. 721. a. 771.
2) Bouquet V. p. 733, 734. a. 795.
3) l. c. p. 753, und wörtlich ebenso für breisgauische Güter Sanct Martins von Tours p. 754, beides a. 790.
4) Bouquet VI. p. 458; schwerlich doch meint er Karl Martell oder dessen Söhne — seine Ahnen — mit den quondam quorundam principum tyrannica sacrilegaque temeritas atque inlicita praesumtio sine omnipotentis Dei respectu, die der Kirche von Langres viele Güter entrissen, die nun zurückgegeben sind p. 461, a. 814: die »principes« sind wohl schlimme Hausmeier wie Ebroin oder spätere Beamte.
5) C. I. p. 65. a. 789.
6) An die Kirchen, wie die langobardische Fassung zeigt.
7) S. VII. 3. S. 136 und unten „Münzwesen".
8) Wiederholt aus a. 743 und a. 768.
9) C. I. p. 50. a. 779.

Ja, wie unter Karl[1]) ist noch unter Lothar II. (a. 860—869) solche Beraubung der Kirchen vorgekommen[2]).

Wiederholt wird später nach dem Tag von Estinnes den Kirchen Schutz des ihnen verbliebenen Besitzstandes zugesichert[3]). Eingehalten wurden diese Vorschriften freilich in sehr vielen Fällen nicht: das Gut ward bei dem Tod des Inhabers oft nicht der Kirche zurückgegeben und wenn auch, so war abermalige Verleihung für den Fall des Bedürfnisses vorbehalten[4]) durch die Herrscher selbst etwa, die dann oft Grafen damit „beneficiren"[5]), oder durch Beamte, zumal Grafen[6]), die den Raub dann ihren Vassallen zu Beneficium gaben oder selbst behielten, auch wohl „Beneficirung" durch die Herrscher fälschlich behaupteten. Ein allgemeines Verbot Ludwigs[7]) fruchtete so wenig wie einzelne Wiederabnahmen des von den Söhnen Geraubten durch den Vater[8]).

Nach Karls Tod sind die Herrscher von ihren Vassallen bald so abhängig, daß sie, z. B. Lothar in Italien, den beraubten Kirchen ge-

---

1) Daß aber unter Karl (und Hadrian) abermals eine umfassende divisio der Kirche gedroht habe und zuletzt noch von Karl durch Gesetz abgewehrt werden sei, ist Erfindung. Daß Ansegis I. 77 aus Ludwigs Cap. eccles. von a. 818/9 genommen, nicht aus einem Gesetz Karls, haben nach Böhmer-Mühlbachers Beweis Mittheil. I. S. 608 (gegen v. Roth, Feud. S. 107) auch Waitz IV. S. 155 und Beretius p. 387 erkannt; ähnliche Besorgnisse erfüllten die Kirchen oft, vgl. vita Walae II. 4 voluerit, res ecclesiarum dividerentur tantumque remaneret ecclesiis, quantum ad modum sufficeret, cetera vero militiae seculi deservirent. Karl versprach der Kirche von Auxerre den Rückfall aller ihrer Güter nach dem Tod ihrer jetzigen Inhaber — wie schon der Beschluß zu Estinnes — und in zwei Jahren hatte der Tod all diese unrechtmäßigen Besitzer abgerufen(?) Hist. episc. Autissiodor. c. 32. Scr. XIII. p. 395. „Für die ältere Zeit unzuverlässig", Wattenbach I. S. 302, hierin legendenhaft.

2) Waitz a. a. O. (bona ex monasterio) subrepta a regali munificentia reipublicae administratoribus (d. h. Beamten) jure beneficiali concessa.

3) Pipp. Cap. Aquitan. c. 3. p. 43.

4) Et iterum si necessitas cogat ut princeps jubeat, precarium renovetur et rescribatur novum. v. Roth, Feud. S. 124 zeigt, daß später wenigstens in Italien (so Waitz IV. S. 184) gerade umgekehrt der Heimfall wegen Todes nur auf Gebot des Königs erfolgte; aber das c. 14 des Capitul. Harist. ist sehr undeutlich.

5) Bouquet VIII. p. 565. Urk. Ludwigs p. 639.

6) Belege bei Waitz a. a. O.

7) C. eccles. a. 818/819. c. 1.

8) Pippin vita Hlud. c. 33. 56, Lothar l. c. 55. Annal. Bert. a. 836; andere Belege bei Waitz IV. S. 186.

stehen, sie können jenen ihren Raub nicht wieder abnehmen¹), ja müssen ihn vermehren²). Und diese militia secularis³) war gar lüstern nach neuen »divisiones«. Es geht auch jetzt nebeneinander her Rückgabe der alten⁴) divisiones, Vorenthaltung dieser Rückgabe⁵), neue Wegnahme durch Herrscher⁶) oder Beamte, Rückgabe dieser jüngeren Wegnahmen. Oft nehmen die Beschenkten nach dem Tod des Schenkers auch noch (angebliche) Zubehörden des geschenkten Gutes in Anspruch⁷). Die Herrscher geben solch geraubtes Kirchengut immer noch meist zu Beneficium Anhängern, die schon ihre Vassallen sind oder es dabei werden sollen⁸). Wird gleich ein ganzes Kloster mit all seinem Vermögen Grafen zu Beneficium gegeben, so wird kein Abt bestellt oder der Graf selbst Abt: bei der (theilweisen) Wiedergabe der Güter wird dann auch wieder ein abbas regularis eingesetzt⁹). Aber auch bereits Zurückgegebnes wird den Kirchen wieder entrissen und abermals zu Beneficium gegeben¹⁰).

---

1) Vita Hlud. c. 55.
2) Bouquet VIII. p. 405. Lothar II.
3) v. Walae II. 4.
4) Noch unter Ludwig dem Deutschen. Bouquet VIII. p. 418.
5) Ludwigs Sohn Pippin meint freilich, wie alle seine Vorfahren, die früheren Herrscher, habe auch er den Heiligen ihr Eigen zurückgegeben (Mittelrhein. Urk.-Buch I. 78), aber daß es "Alle" thun müssen und noch er c. a. 830, zeigt, daß Keiner es vollständig gethan. Und noch Ludwig kann dem Kloster St. Maixent, "das mit all seinem Vermögen eine Zeit lang von unsern Vorgängern unsern Grafen gegeben war", noch immer nicht einen Theil des zu beneficium Gegebenen zurückerstatten: "wegen eines gewissen Bedürfnisses (utilitas) und wegen einer Noth unsrer Reiche, die jetzt gerade droht", Urk. Ludw. p. 553; ebenso noch Karl III., Waitz IV. p. 168, um nicht die Beamten seines States zu schädigen, ne suae reipublicae militiam defraudare videatur.
6) Mit der Noth der Zeit, dem "schmalen" Theilreich, dem Mangel an Mitteln, aus dem verkleinerten Reich die Fideles zu belohnen, werden von Ludwig a. 818/819, von seinen Söhnen a. 844, noch von Lothar II. abermalige Wegnahmen von Kirchengut entschuldigt. S. Waitz IV. S. 188.
7) Urk. Ludwigs p. 604.
8) l. c. und p. 639, wo aber distractae statt distructae zu lesen ist.
9) Urk. Ludwigs p. 553 für St. Maixent.
10) Gesta Aldrici c. 62 quod non recte factum cognoscentes, Lothar II. Bouquet VIII. p. 69; zweifelhaft, ob hierher gehört der Vorwurf des Concils von Beauvais von a. 844, was ich Waitz IV. S. 189 entnehme (praecepta illicita jure beneficiario de rebus ecclesiasticis facta), der richtig bemerkt, reddere bedeutet manchmal Anerkennung des Eigenthums der Kirche ohne Rückgabe des Besitzes oder doch unter Vorbehalt abermaliger Verleihung; ob aber alle Stellen

Im VIII. Jahrhundert klagt man (in Burgund), daß nach dem Tod geistlicher Aebte (episcoporum = abbatum) Laien deren Platz einnehmen, das den Armen zugedachte Vermögen mehr durch »gasindi« als durch Geistliche verbraucht wird unter Vernachläſſigung des kirchlichen Lebens, das zu geistlichen Zwecken Gestiftete an Jäger, Hunde und — was schlimmer — Dirnen vergeudet, das Mönchsleben durch Laien verstört wird[1]).

Noch Bischof Adventius von Metz (a. 858—878) kennt viele noch immer (adhuc) als Beneficien zurückbehaltene Güter seiner Kirche; man berief sich nach so langer Dauer auch wohl statt auf Vertrag auf consuetudo[2]).

Die schwere Noth der Zeiten nach a. 814 wird dadurch hell beleuchtet, daß die beraubten Kirchen selbst — wie etwa a. 730 — bei allem Schelten und Rechtsvorbehalten doch wiederholt das unabweisliche Bedürfniß des Stats anerkennen, wie ja auch Geistliche solche — wie freiwillig von der Kirche gegebne beneficia — gar oft nahmen[3]). Geistliche tragen Beneficia von der Kirche zu Le Mans[4]).

Die Verleihungen dieser der Kirche genommenen Güter geschehen nun bald in der Art, daß der Form und dem Schein nach die Kirche selbst — ohne Erwähnung des Herrschers — sie in der Verleihungsurkunde, precaria, praestaria, ausspricht, bald so, daß die Erlaubniß (per permissionem imperatoris), aber auch so, daß der Befehl des Königs erwähnt wird: letzteres heißt dann de ex verbo, per jussionem, per potestatem et per verbum regis[5]). Allein manchmal wird des Königs geschwiegen, wo doch sein Befehl zu Grunde liegt[6]), und andrerseits heißen auch die scheinbar freiwillig von der Kirche allein verliehenen beneficia königliche und ihre Träger königliche Vaſſallen, was sie freilich meist schon um früher empfangener und der commendatio willen waren[7]).

S. 189 so zu erklären sind, steht doch dahin; fenerare (statt dare) in beneficium haben, so weit ich sehe, nur baierische Urkunden; f. „Baiern".

1) Coll. Flav. 43.   2) S. Baehr S. 110. Neues Archiv IV. S. 526.

3) Pippin. Aquit. c. 11 omnes laici et clerici qui res ecclesiae tenent precarias inde accipiant.

4) Gesta epp. Cenoman. c. 17.

5) Beispiele all dieser Fälle bei Waitz IV. S. 169; ist per mundeburdam nostram p. 191 wirklich dasselbe? Dagegen v. Roth, Feud. S. 198.

6) Lehrreich Gesta Aldrici c. 70, 71, bei Waitz S. 190.

7) So in der Stelle aus Meidisse bei Waitz: vassus Karlomanni .. tenet beneficium St. Stephani (von Metz).

Daher befehlen die Herrscher oft, daß die Beneficienträger von den Kirchen die Leihurkunden (precarias) ausgestellt erhalten[1]). Aber auch das kam vor, daß Männer, die nur von der Kirche beneficia erhalten hatten und nicht Vassallen (homines) des Königs gewesen waren, dies jetzt wurden und dabei — wider Recht und Logik! — die von der Kirche schon empfangenen Beneficien sich nunmehr als Kronbeneficien vom König (nochmal) geben lassen. So thaten selbst geistliche wie weltliche Beneficienträger von Le Mans und Karl ging darauf ein „aus menschlicher Gewinnsucht": denn nun hatten sie ihm die Gegenleistungen[2]) zu entrichten, er ließ sie jene Güter nun „Kraft seiner Spendung" besitzen. Als es Karl später bereute, widerrief er öffentlich diese Verleihung und erklärte, jene sollten nur Kraft der Leihbriefe des Bischofs besitzen, ja er will dem Bischof einige der Beneficien zurückgeben. Als der aber ein par villae vorschlägt, erwidert Karl: „diese kann ich im Augenblick nicht zurückgeben: denn ihre Besitzer sind gerade von mir aufgeboten, mit nach Italien zu ziehen"[3]): man sieht, in wie engem Zusammenhang der Genuß der beneficia mit dem Waffendienst steht[4]). Karl verbietet streng, solche königliche Schenkung oder Bestätigung von Kirchengut gering zu achten (spernere); es werden auch wohl Herrscher und (vel = et) Kirche zusammen als Verleiher bezeichnet[5]).

Nicht immer gelang es den Kirchen, die von ihnen freiwillig gegebenen und die von den Königen aus Kirchengut verliehenen Beneficien und deren Vermischung mit seinem Fiscalgut säuberlich auseinander zu halten[6]). Ausdrücklich freilich hieß es: unterschieden werde zwischen Precarien nach unserem Befehl (de verbo nostro) und den von Kirchen

---

1) a. 768. a. 779. a. 600. Waitz IV. S. 190.

2) Bestechung Karls ist doch wohl nicht angedeutet durch das Gold und Silber, das sie mit zu Hofe führen, Gesta episcopor. Cenoman. c. 17.

3) c. 21. l. c.

4) Andere Beispiele der Verleihung von Klostergut durch den Herrscher (unter Verbot für den Abt, die Verleihung jemals anzufechten) oder von Bitten des Beneficiars an den Herrscher, den Widerruf einer äbtlichen Precarie nicht zu dulden, Waitz a. a. O. S. 191. 192.

5) Waitz a. a. O. quae dominicus vassus per regis potestate vel (= et) gubernatore (ecclesiae) Sanctae Mariae in beneficio habet.

6) Gesta Aldrici c. 70 beneficia regalia, tam de rebus ecclesiae quamque et de rebus reliquis. C. missor. c. 3 beneficium imperatoris et aecclesiarum.

freiwillig verliehenen¹), aber oft wird der Zins dem König und (vel = et, nicht = aut) dem Kloster entrichtet²).

Um die Schädigung der Kirche zu mindern, ward bei der Saecularisation der von dem bisherigen Besitzer ihr entrichtete Zins beibehalten oder dem neuen, vom Herrscher bestimmten ein neuer Zins an die Kirche auferlegt: so, wie wir sahen, von Pippin Ein solidus für den mansus oder die familia³). Statt dessen konnte auch ein Geldbetrag — ohne Rücksicht auf die Zahl der Hufen — vereinbart werden. Heißt dieser das Wintergeld, hibernaticum⁴), so bezieht sich das nur auf die Entrichtungszeit — Martinstag, 10. November — belanglos für den Betrag⁵): er war vielleicht, wo er in Geld besteht⁶), eine Ablösung der Pflugfrohn für Wintergetreide.

Jedoch ist bei diesen an die Kirchen von solchen (ihnen entzogenen) Gütern zu entrichtenden Zinsen manches höchst zweifelig. Mag wirklich⁷) erst Karl, nicht schon Pippin (und Karlmann), die zwei Zehntel (decimas et nonas) eingeführt haben, so bleibt doch ungewiß, ob daneben noch ein vertragsmäßiger Zins und außerdem noch der allgemeine Kirchenzehnt entrichtet werden mußte: letzteres wohl nicht, aber ersteres wenigstens zuweilen. Karl hat jedesfalls jene Doppelzehnten neu eingeführt da, wo sie bisher nicht bezahlt wurden, aber auch cum ipso censu (d. h. neben einem vertragsmäßigen); außerdem aber von 50 casati d. h. bewohnbaren Hufen) 1 sol., von 30 einen halben, von 20 aber 1/3⁸). Spätere Einschärfungen⁹) beweisen, daß die Verpflichtung gar nicht erfüllt ward und manche Verhältnisse bleiben hier dunkel¹⁰).

---

1) C. Haristal. a. 779. c. 13.
2) Urkunde von u. 770 bei Waitz IV. S. 194.   3) Oben S. 101.
4) Du Cange III. p. 737.
5) Einmal 20 solidi Gesta Aldrici 62; ich entnehme dies Waitz S. 193.
6) Beides begegnet: Gesta Aldrici c. 62 ad festivitatem st. Martini illam hibernaticam argento libra una transsolvere *aut* (= et?) decimam et nonam: aber auch *arare* ad hibernaticam, Polypt. Floriacense: unusquisque perticas 4 arant ad Hybernaticum perticas 4 bei Du Cange IV. p. 270; Wintergetreide (Roggen) heißt hibernagium.
7) Wie v. Roth, Feud. S. 126, Abel S. 262 und Waitz IV. S. 193 annehmen.
8) C. a. 779. c. 13.
9) Waitz IV. S. 194.
10) Auch die Annahmen von Waitz a. a. O. erklären nicht Alles und seine Auslegungen der zahlreichen Stellen sind nicht immer befriedigend; zumal ist oft

Oft werden die decimae et nonae oder alle anderen census den Kirchen entrichtet, deren Güter vom König oder auch von den Kirchen selbst als beneficia verliehen sind[1]). Nichtentrichtung wird außer mit dem Zwang zur Zahlung mit der Bannbuße und Verlust des Beneficiums bedroht[2]).

Die Doppelzehnten sollen von den Kirchenvorständen für die Armen[3]) und den Unterhalt der Geistlichen verwendet werden[4]); aber um sie den Kirchen zu entziehen, werden auch die Rechte auf diese Zehnten selbstständig als Beneficien verliehen[5]).

Zweifelhaft ist, ob die Entrichtung in Geld nach Uebereinkunft je für das einzelne Jahr oder[6]) für immer vereinbart werden kann[7]).

Bedeutsam, wie vorgreifend in viel spätere Zeit, wird einmal der Zins entrichtet pro investitura[8]). Wie später auf dem Patronatrecht und auf dem (Laien-)Zehnt, ruhte damals auf den Kirchenbeneficien die

---

nicht zu unterscheiden, ob freiwillige oder von den Königen erzwungene beneficia der Kirchen gemeint sind.

1) Cap. Francof. a. 794. c. 25 decimas et nonas sive census omnes .. donent qui debitores sunt ex beneficio .. ecclesiarum secundum priorum capitularium .. regis. Daß sie der Kirche zu entrichten sind, sagt ausdrücklich Epist. p. 203 nonas et decimas vel census de ecclesiis unde ipsa beneficia sunt abstrahere nitimini; ebenso C. Pippini a. 802. c. 6 quicumque de rebus aecclesiae beneficia habent .. nonas et decimas ad ipsas ecclesias donent. Ebenso viele Concilien bei Waitz S. 195.

2) C. Wormat. a. 829. c. 5. In vielen dieser Fälle wird königliche Verleihung der Kirchengüter erwähnt.

3) luminaria, darüber s. Urgesch. III an mehreren Orten und Du Cange.

4) Cc. Tur. a. 813. c. 46. Mansi XIV. p. 90.

5) So deutet Waitz IV. S. 195 wohl richtig Form. imper. 25. p. 304, der auch mit Recht annimmt, der eigentliche allgemeine Zehnt ist in jenem Doppelzehnt einbegriffen, so daß nicht $3/10$ des gesammten Rohertrags des Gutes (de omni conlaboratu, auch Wein und Heu, Ansigis. II. 21. p. 418, das ist das nutrimen animalium C. 818/19. c. 5) zu entrichten waren; daher wird zwischen jenen $2/10$ ex beneficio und $1/10$ ex proprio unterschieden, s. die Stelle aus dem Cc. Ling. bei v. Roth, Ben. S. 364, s. auch C. Francof. a. 794. c. 23 debitores ex beneficio zahlen $2/10$, dann .. ex sua proprietate decimam; wohl aber kommen daneben noch andere census, z. B. in Geld 1 Silber-, 3 Geld-Solidi Waitz IV. S. 197 vor.

6) Wie, so scheint es, Waitz will IV. S. 196.

7) Ansigis. II. 21.

8) Bouquet VIII. p. 553.

Baulast für Herstellung der besserungsbedürftigen Kirchen¹) bei Bischöfen und Aebten in erster Reihe²), dagegen erst nach diesen bei völligen Neubauten³).

Ludwig muß die Entrichtung der beiden Zehntel oder (und?) eines andern Zinses und Beitrags zur Baulast denjenigen einschärfen, die „durch unsere Spendung aus den Gütern der Kirche" Beneficien haben⁴).

Freiwillige Kirchenbeneficien werden nun oft auf Lebenszeit des Empfängers und etwa noch seines Sohnes verliehen⁵). Bei söhnelosem Tod oder (später) falls die Söhne nicht dem König als Vassallen commendirt sind, fallen die Güter an die Kirche zurück⁶).

Von der Kirche gehörigen, aber vom Herrscher verliehenen Gütern mochte man füglich sagen: „beneficium des Herrn Kaisers und der Kirchen Gottes⁷).

Das Verzwickte dieser vom König verliehenen Kirchengüter kommt in mancher Umschreibung zum Ausdruck⁸). Bezeichnend werden noch a. 806 die Kronbeneficien unterschieden, welche die Empfänger haben „aus Kirchengut oder anderswoher"⁹). Durch den Kanonikus einer Kirche werden vom König (spät, nach a. 817) deren villae und Zehntrechte geschenkt, die früher Kronvassallen besessen hatten, „vermöge königlicher Verleihung aus dem Vermögen der Kirche"¹⁰). Dieser Bestimmung — Unterhalt der Kanoniker — dürfen die Güter nie, etwa durch Verleihung als beneficia, entzogen werden.

---

1) S. oben. Nicht nur der Kirchendächer C. exc. a. 813. c. 24 ad tecta ecclesiae restauranda vel ipsas ecclesias.

2) C. Aquit. Pipp. c. 1.

3) S. die Stelle bei Waitz IV. S. 198. Eine Kirchen-Baufrohn von 20 Tagen legt allen Unfreien (servis) auf Kirchengütern auf ein späteres Concil, ebenda. Ueber die gewöhnlichen Zinse bei freiwillig von der Kirche verliehenen Gütern s. „Kirchenvermögen".

4) l. c. 22.

5) So Trad. Laur. 35. I. p. 71.

6) Urk. Karls p. 757.

7) C. I. p. 146. c. 3.

8) z. B. Hinkm. opp. II. 132 res de quibus vivunt clerici (das nicht Entrissene) et illae de quibus debent militare vassalli.

9) C. I. p. 132 beneficia regalia tam de rebus ecclesiae quamque et de reliquis.

10) Form. imp. 25 villas .. et nonas ac decimas, quas vassalli nostri de *ratione ipsius ecclesiae* per *nostrae* largitionis beneficium habuerant.

b. **Die merovingischen Landschenkungen und die karolingischen Beneficien.**

Daß die merovingischen Landgaben regelmäßig Schenkungen[1] zu unbeschränktem, frei veräußerlichem und vererblichem Eigenthum waren, wird dermalen nicht mehr bestritten[2].

Königsschenkung war ein so häufiger Erwerbstitel, daß er neben Erbgang und andern in den Formeln ganz regelmäßig angeführt wird: und zwar wird dabei stets freie Verfügung, auch durch Testament[3], vorausgesetzt.

Erlaubniß und Bestätigung von Landveräußerungen aus Königsschenkungen ward wohl zuweilen nachgesucht, so von der heiligen Radeguntis[4], die, ein Weib und ein Glied des Königshauses, wohl an solche Zustimmung gebunden war.

In andern Fällen geht die Erwähnung der schon bei der Schenkung ausdrücklich eingeräumten Veräußerung eben auf die angehängte Verfügungsclausel: ließ man doch in jener Zeit größerer Sicherung willen zweifellose Rechte sich — oft wiederholt — von den Königen bestätigen. Daß dies der römischen Bestätigung der »beneficia« durch den Nachfolger des Imperators von den Merovingen nachgeahmt wurde[5], ist wenig wahrscheinlich: allzulange Zwischenzeit trennte beides. Daß „im Zweifel" germanische Schenkungen Eigenthum nicht übertrugen, ist freilich dargethan[6]. Allein der Zweifel ist bei den merovingischen Landschenkungen meist ausgeschlossen, oft durch die Verfügungsclausel: »quicquid exinde facere volueris, liberam in omnibus habeas potestatem«[7].

Auch Unfreien wie freien Schützlingen (servo aut gasindo) wird Land geschenkt mit der Verfügungsclausel[8], die also sogar Vererbung durch letztwillige Verfügung — sofern solche überhaupt statthaft war —

---

[1] Ueber den Einfluß der fränkischen Herrschaft auf die Grundbesitzverhältnisse auch rechts vom Rhein Gaupp S. 564. Schäffner I. S. 92—108. — Ueber den Begriff der Beneficien v. Roth, Feudal. S. 128 f. — Karolingische Landvergabungen Meitzen II. S. 275.
[2] Auch nicht von Brunner II. S. 244, 252; anders noch Waitz.
[3] Form. Mark. II. 17.
[4] Greg. Tur. IX. 42.
[5] Brunner II. S. 246.
[6] Von Brunner, Berliner Sitz.-Ber. 1885. S. 1177; (irrig hiergegen Menzel, Lehnwesen S. 40 f.).
[7] z. B. Form. Mark. I. 14. 15. 17.
[8] Form. Mark. II. 36.

wie über anderes Eigenthum verstattete. Aber nicht ausschließlich durch diese Clausel und durch Wahl einer römischen Formula ward die Unbeschränktheit ausgedrückt.

Meint man, gerade die ausdrückliche Beifügung der Clausel beweise, daß ohne solche die Verfügung über Schenkgut beschränkt war[1], so läßt sich dagegen aus den Quellen darthun, daß ganz die gleiche Clausel auch bei andrer Erwerbsart des Eigenthumes, nicht nur bei Schenkung, beigesetzt wird: so bei dem Erwerb eines Privaten vom König durch Tausch[2]. Ja schlagend wird jene Annahme dadurch widerlegt, daß auch unter Privaten nicht bei Schenkung, sondern bei Kauf, nicht von Land, von Unfreien die wörtlich gleiche Verfügungsclausel beigefügt wird[3].

Auch bei Tausch und Tauschbestätigung[4] wird, wie gesagt, die ganz überflüssige Verfügungsclausel angefügt[5].

Auch bei Schenkung von Krongut an einen Weltgroßen[6] (mit Immunität) wird die Verfügungsclausel beigefügt[7], ebenso bei Bestätigung des Vermögensbestandes wegen Verbrennung der Urkunden[8], bei alltäglichen Käufen in der Uebergabserklärung[9] und oft bei einem Urtheil im Königsgericht nach Beweis des Verkaufs[10].

Andrerseits ist[11] einzuräumen, daß auch in merovingischer Zeit königliche Schenkungen erfolgten, die gar nicht oder doch nur auf Abkömmlinge oder nur innerhalb des Mannesstammes vererben sollten und deren Veräußerung der Zustimmung des Königs bedurfte[12], wenn auch

---

1) Brunner II. S. 245.
2) Arg. Form. Mark. I. 30. Vgl. Bouquet V. p. 674 (a. 600?), von Alod!
3) Rozière Form. I. 348 Et quicquid exinde facere volueris, liberam in omnibus habeas facultatem. Das war also nichts für Veräußerungs- und Vererbungs-Recht bei Königslandschenkungen besonderes, ward vielmehr — überflüssigerweise — auch bei andern Veräußerungen beigefügt.
4) Vgl. über Form. Mark. I. 30 Rozière I. p. 352 (nicht Tausch zwischen zwei Königen).
5) Zeumer I. p. 328; ebenso bei Commendatio Form. imp. 55, bei Anerkennung von Freiheit und Eigenthum 51, 50; ganz ebenso wie bei einer Königsschenkung 44, 49.
6) Wie an eine Kirche Form. Mark. 15.   7) Form. Mark. I. 14.
8) l. c. 33.   9) l. c. II. 19—24.
10) l. c. Suppl. 2.   11) Brunner II. S. 244.
12) Nach Brunner a. a. O. soll die schon in der Schenkungsformel, z. B. F. Mark. I. 14—17, — also im Voraus — gewährte Veräußerungsfreiheit beweisen, daß solche Freiheit regelmäßig nicht bestand(?); geschichtliche Beispiele bei Gregor. Tur. IX. 42, X. 11. 31. Urgesch. III. S. 462. 485.

das wohl nicht¹) für die Hauptmasse der Schenkungen an Laien galt. Und manchmal wird die Veräußerung nur deshalb verboten, weil das Schenkgut den Erben verbleiben soll²). Bei Kirchen verstand sich die Unveräußerlichkeit nach Kirchenrecht von selbst, die Königsurkunden³) bestätigen dies nur als auch dem Willen des Schenkers entsprechend. In der Verfügungsclausel steht oft seltsam pontificium für potestas⁴). Wird nur usus ad beneficium gewahrt, wird die Veräußerung ausdrücklich ausgeschlossen: negative Verfügungsclausel, Verfügungsverbot⁵).

Wird aber gelegentlich berichtet, daß bei dem Tod eines Beamten der Fiscus das ihm Geschenkte einzog, so folgt doch daraus keineswegs die Unvererblichkeit als Regel⁶). Wenn so z. B. bei dem Tode des Erziehers⁷) Childiberts II., Wandalen, Gregor von Tours⁸) das meldet, so können das im Einzelfall so bedingte oder mit dem Amt verbundene Beneficien⁹) gewesen sein. Oder es war auch wohl, wie in vielen anderen Fällen¹⁰), reine Willkür, ohne Berufung auf infidelitas¹¹). Und gleich darauf erzählt Gregor¹²), daß bei dem Tode des Herzogs Bodigisel nichts von seinem Vermögen — ohne Unterscheidung von Königsgeschenken und Andrem — seinen Kindern entzogen ward. Verfügt daher der König über Güter eines Lebenden oder Todten wieder, wobei die Ursache des Verlustes des Eigenthumes gar nicht angegeben wird, so muß einer der obigen Fälle angenommen werden: allgemeine Folge der Königsschenkungen kann dies Recht nicht sein¹³), da ja dabei zwischen Königsschenkung und andrem Eigenthum gar nicht unterschieden wird.

Andrerseits versteht sich, daß, da nach salischem Recht bis auf Chilperich Weiber Grundeigen nicht erbten, dies auch von geschenktem

---

1) Wie Brunner II. S. 243.
2) Form. Mark. I. 31.
3) Vgl. viele Beispiele bei Brunner a. a. O.
4) Form. Mark. II. 8, 9, 13 und oft. Du Cange VI. p. 409.
5) Taneten 9 eine positive.
6) Anders Brunner a. a. O.
7) nutritor VII. 2. S. „Hof-Beamte".
8) VIII. 22. Urgesch. III. S. 371.
9) VII. 2. S. „Amtsbeneficien".
10) v. Roth, Ben. S. 234.
11) Dies gegen Brunner II. S. 245.
12) l. c.
13) Wie Brunner II. S. 245 meint.

Königsland galt¹) und hiebei darf vermuthet werden²), daß dies nicht an die Nachbarn fiel, sondern zurück an den König.

Daß die Schenkungen der Könige im „Thronfall" zurückfielen, folgt durchaus nicht aus den häufig von den Nachfolgern erbetenen Bestätigungen, die auch in andern Rechtsverhältnissen „um der größeren Sicherung willen" gar oft erbeten wurden: häufig ward erst ein ganz später Nachfolger des Schenkers darum angegangen und doch war unzweifelhaft das Gut nicht in der Zwischenzeit heimgefallen, z. B. eine Bestätigung von a. 663³) für eine Schenkung Guntchramns (a. 593). Bestätigen die Könige doch auch Schenkungen Anderer⁴), sowie Urtheile des Pfalzgerichts früherer Könige⁵).

Gar oft lassen auch die Weltgroßen ihren ganzen Vermögensbestand vom König bestätigen, nicht nur das durch Königsgeschenk, sondern irgendwie anders Erworbene⁶), ebenso das ererbte „Allod"⁷).

In mehreren dieser Reiche⁸) gilt ganz allgemein, daß bei Schutz- und Dienstverhältnissen — auch zwischen Privaten — das vom Schutzherrn dem Dienstmann Verliehene, bei Aufhebung des Dienstes aus irgend einem Grunde, nicht nur wegen Treubruchs des Schützlings, an den Herrn oder dessen Erben zurückfällt: es ging also hier von vornherein, wenn überhaupt, Eigenthum nur befristet oder bedingt über: das kann auch bei Landschenkungen der Merovingen an Antrustionen, Vassallen, Beamte⁹) so beredet worden sein: aber daß das objectives Recht bei diesen Schenkungen war¹⁰), steht nicht zu erweisen.

Denn daß bei infidelitas das vom König Geschenkte eingezogen

---

1) So Brunner a. a. O.
2) So gewiß richtig Brunner II. S. 245.
3) D. N. 41.
4) Die frühesten Beispiele a. 625. 627. D. N. 10. 11.
5) a. 659. D. N. 35. 36.
6) Form. Mark. I. 31.
7) S. oben S. 9 und unten „Wirthschaft".
8) Ueber die Westgoten f. Könige VI.² S. 125. 133. Antiqua 310, Lex. Visig. V. 3, 1, über die Langobarden, f. diese.
9) Anders gedacht sind die Amtsbeneficien (oben S. 97).
10) Wie Brunner II. S. 145. Ueber Greg. Tur. VIII. 22 f. Urgesch. III. S. 369; IX. 35: die Stelle geht nicht auf Königsland, sondern, wie der Wortlaut deutlich (Urgesch. III. S. 451) zeigt, auf das ganze Vermögen des Erblassers Wabbo: der Sohn sichert sich durch königliche Bestätigung den gewöhnlichen Erbgang, der Einziehung wegen infidelitas, die bei dem blutigen Untergang Wabbo's sehr leicht hätte angenommen werden können, zuvor zu kommen.

wird, beweist hiefür gar nichts: in diesem Fall konnte ja das ganze Vermögen eingezogen werden und es ist eine theilweise Begnadigung, wird das auf solches Gut beschränkt, das ehemals zur Belohnung oder unter Voraussetzung besonderer Treue geschenkt worden war[1]). So wird einmal den Hochverräthern Sunigisil und Gallomagnus das Leben geschenkt, aber (unter Einbannung) alles Vermögen eingezogen, was sie vom Fiscus „verdient", d. h. erhalten hatten: auf Fürbitte der Bischöfe wird die Einbannung erlassen, aber bei der Einziehung bleibt es: nur was sie anderswoher erworben und zu eigen hatten, war nie eingezogen worden[2]). Daß man aus Gregors ungefügem Latein[3]) durchaus nicht herauslesen darf, Königsschenkungen hätten nicht Eigenthum übertragen, ward anderwärts[4]) gezeigt; jene Güter waren offenbar Amtsbeneficien[5]) (denn der eine war comes stabuli, der andere Referendarius) und diese wurden bei Verwirkung des Amtes selbstverständlich mit verwirkt.

Also ist es nichts besondres, daß bei infidelitas Königsschenkungen eingezogen wurden. Das Gleiche galt vom gesammten Vermögen des Verurtheilten ohne Unterscheidung der Herkunft.

Ausdrücklich wird unter Karl hervorgehoben, daß eines Hochverräthers ganzes Vermögen, nicht nur, was ihm die Könige geschenkt[6]), dem Fiscus verfällt.

Nicht nur beneficia, auch Allod (quod ad proprium habent) wird[7]) durch Untreue (perfidia) verwirkt und fällt secundum legem dem König anheim[8]).

Das vom merovingischen Fiscus Geschenkte heißt einfach Eigenthum, proprietas: das wiegt doch schwer: der Beschenkte ist jetzt Kläger der rei vindicatio und haftet mit dieser als Besitzer, der Eigenthum behauptet —, er, in beiden Fällen, nicht mehr der

---

1) Viele Beispiele Urgesch. III. a. a. O. folg.; falsch ist die Anführung bei Brunner II. S. 245, Greg. Tur. X. 31.
2) Greg. Tur. IX. 38. Urgesch. III. S. 455.
3) Privati a rebus quas a fisco meruerant, dagegen quibus nihil aliud est relictum, nisi quod habere *proprium* videbantur.
4) Urgesch. III. S. 455.
5) Daher »meruerant«.
6) Tam ex dono regum quam de comparato aut de quolibet adtracto Bouquet V. p. 738. a. 776; ebenso p. 758. a. 796 *tam ex hereditate parentum quam de qualibet (parte) attractum.*
7) Auch später (unter Ludwig).
8) Bobmann I. p. 110.

Schenker. Der Beschenkte überträgt das Eigenthum durch Auflassung weiter, nicht der Schenker: dieser hat nur, falls dies vorgesehen, zu der Veräußerung die Zustimmung zu ertheilen.

Seit c. a. 740 erlischt in Ermangelung anderer Beredung das Beneficium des Vassallen im Lehenfall und im Herrenfall[1]), allein schon die späteren Karolinger haben diese Rechte in beiden Fällen nicht mehr auszuüben vermocht: bei der Thronbesteigung werden — der Form nach — alle vom Vorgänger verliehenen Beneficien bestätigt und der Versuch, dem Sohn die Beneficien des verstorbenen Vaters zu nehmen, führt so regelmäßig zur Empörung, daß er nachgerade aufgegeben wird.

Scharf wird unterschieden, was jemand „lebenslänglich zu Nießbrauch und Verwaltung" — eben zu beneficium — und was er für immer zu besitzen und wem er will, zu übertragen hat[2]).

Aber alle anderen Folgerungen werden nun aus dem Begriff des Beneficiums als eines bloßen Leihguts, eines Rechts an fremder Sache, im Gegensatz zu der Eigenthum, proprietas, übertragenden merovingischen Landschenkung zuweilen gezogen: während die merovingischen der Beschenkte, ob zwar etwa zuweilen unter Zustimmung des Schenkers, vergabte, ist dies bei dem Beneficium ausgeschlossen[3]): nur der Verleiher kann, auch wenn der Beliehene etwa zustimmt, allein handelnd das Eigenthum übertragen: nothwendig ist die Zustimmung des Beliehenen selbstverständlich[4]) dann, wenn ihm sein wohlerworbenes Recht an der Sache: Besitz, Verwaltung, Nutzung entzogen und vom Verleiher auf einen Dritten — mit oder ohne Eigenthum — z. B. wieder als Beneficium — übertragen werden soll; es gelten also jetzt bei dem Beneficium bereits die späteren lehenrechtlichen Grundsätze[5]) und nur

---

[1]) Waitz IV. S. 221. Ueber die frühesten Fälle Brunner II. S. 253; aber das alte Amtsbeneficium war nicht im Thronfall erloschen, nur bei Verlust des Amtes durch Tod oder Entsetzung des Beamten.

[2]) Muratori Antiq. I. p. 559 quaedam quoad vixerit usufruendo et potestative ordinando, quaedam vero perpetualiter possidendo et cui voluerit dimittendo. p. 566 quae proprietario jure illi corroborata .. quae .. jure beneficiario collata sunt.

[3]) S. gegen Waitz IV. S. 210 mit Recht Brunner, Sitz.-Ber. 1885. S. 1186.

[4]) Daher sind die Beispiele bei v. Roth, Ben. S. 426 leicht zu mehren.

[5]) Ueber das Wort Lehen vgl. Schade S. 540, Weigand S. 1084, Grimm, W.-B. S. 537. Anders Brunner II. S. 246. Aber ist die Stelle in Legg. V. p. 277 die älteste? Daß Allod früher selbstverständlich nicht den Gegensatz zu dem (noch nicht vorhandenen) beneficium, feudum, Lehen, sondern Erbgut bedeutete

bis an die Schwelle der „Feudalzeit" verfolgt dies Werk die Entwicklung[1].

Allein schon seit c. a. 740 wird strenger als in merovingischen Abhängigkeitsverhältnissen, zumal auf Grund von bloßer Landleihe, die Treuepflicht des Beneficienträgers, der jetzt zugleich fast immer Vassall ist, eingeschärft[2]: der Begriff, ob auch noch nicht das Wort „Felonie", ist fertig. Im Raubbau erblickte man wohl von jeher auch eine Art der Untreue[3]: Man hebt hervor, daß dies[4] a. 812 ausdrücklich gesagt wird, die Sache findet sich schon seit a. 768, aber schon Jahrhunderte früher, in den canonischen Vorschriften über Verschlechterung von Kirchengut: nun wird das auf infidelitas zurückgeführt.

Ein höchst anziehender Uebergang aus dem Unterthanenverband d. h. der echt staterechtlichen Statsauffassung des altgermanischen, auch noch des fränkischen States bis Ende des IX. Jahrhunderts in die Anfänge des Vassallenstates zeigt sich schon unter Karl darin, daß die allgemeinen Unterthanpflichten durch die Vassallität als gesteigert gelten: allerdings war dies nichts neues: aber früher war das Band der Gefolgschaft, auch wohl die Amtspflicht, so aufgefaßt worden.

Jetzt wird den Königsvassallen gesagt, daß sie als solche die allgemeinen Unterthanenpflichten ganz besonders, in gesteigerter Ehrenschuld, zu leisten haben.

Man suchte nun die Treue neu im Reich Aufgenommener dadurch zu stärken, daß man sie sich den Grafen ihrer neuen Sitze commendiren ließ[5]. So die in Südfrankreich angesiedelten Spanier[6].

Daher werden die Weigerung der Rechtshilfe gegen Verbrecher[7] oder gar deren Vorenthaltung[8], Rechtsungehorsam[9], ungenügende Erfüllung der Wehrpflicht[10], ganz allgemein Nichtbefolgung königlichen Gebots[11],

---

(universi juris fundus) f. VII. 2. S. 21; auch jetzt noch oft so, aber allerdings auch — jedoch viel seltner — schon Gegensatz zu beneficium, f. unten und oben S. 29.

1) Vgl. I. S. 1 den Titel.
2) v. Roth, Feud. S. 49 f. Waitz IV. S. 206—234. S. oben S. 112.
3) Brunner II. S. 253.
4) In C. I. p. 93.
5) Capit. p. 263.
6) Oben S. 31.
7) C. I. p. 172. a. 801. 813.
8) C. I. p. 48 (a. 779).
9) C. I. p. 192 (a. 782—89).
10) I. p. 123 (a. 805).
11) I. p. 284 (a. 818).

Feigheit vor dem Feind¹), als Verletzung der dem Beneficium-Verleiher geschuldeten besonderen Treuepflicht mit Verlust des Beneficiums bedroht: selbstverständlich treten daneben die sonstigen, alle Unterthanen als solche treffenden Straffolgen ein: so für Heeresflitz die allgemeine Heerbannbuße und je nach Umständen die Einziehung auch des übrigen Vermögens²).

Nahe liegende Gründe führten schon früh zur thatsächlichen Erblichkeit der Beneficia, d. h. im Herrenfall wie im Mannfall (Veränderung — nicht nur durch Tod — in der Person des Seniors und des Vassallen) konnte der neue Senior von seinem Recht, das Beneficium einzuziehen, keinen Gebrauch mehr machen und ebenso wenig der bisherige Senior den Erben des Vassallen das Gut entziehen: gerade bei den vom König verliehenen Beneficien ward das am Frühesten — thatsächlich — undurchführbar: die Schwäche schon der Söhne, dann der späteren Nachkommen Ludwig I., ihr Bedürfniß nach Wehrdienst in den unaufhörlichen Hauskriegen machte sie von den großen Vassallen völlig abhängig³).

Uebrigens stehen neben beneficia immer noch Königsschenkungen von Eigenthum, nicht nur an Kirchen: so an den commendirten Johannes zur Vererbung an die Nachkommen — „ohne Zins und solange sie uns und unseren Söhnen treu bleiben": — denn bei infidelitas wird auch jetzt alles Vermögen, nicht nur beneficiales, eingezogen⁴).

Ludwig schenkt auch Laien volles Landeigenthum, nicht Beneficium⁵); auch tauscht er — also Eigenthum übertragend — Land mit einem Vassallen Lothars, der also neben dem zu vermuthenden beneficium Land zu Eigen hat⁶).

---

1) I. p. 167 (a. 811).
2) C. II. p. 96 (a. 866). Brunner II. S. 254 meint, grundsätzlich jede Verletzung der Wehrpflicht mit Einziehung des Beneficiums zu ahnden hätten die Karolinger vermieden, um sich dadurch nicht für immer eines Reiters zu berauben.
3) S. die Einleitung; vgl. die Betheuerungen und Bestätigungen von Lothar, Karl dem Kahlen, Ludwig dem Deutschen; a. 877 wird die Vererbung des Beneficiums vom Vater auf den Sohn als thatsächlich herkömmlich vorausgesetzt Legg. I. S. 42; aber schon unter Karl Martell beginnt dies.
4) Bouquet V. p. 193. a. 778.
5) Form. imp. 44.
6) 42. 2. a. 822.

c. Die Namen.

Der Sprachgebrauch ist: in beneficium, in, de, ex beneficio dare, tenere; beneficiare[1]); beneficium ist das gegebene Land und das Rechtsverhältniß wie das Rechtsgeschäft[2]); der Verleiher heißt als solcher senior, der Empfänger beneficiarius[3]). „Lehen" sollte man für diese Zeit noch nicht sagen: die Zeit der frühesten Anwendung des Worts (»lehan«) ist nicht zu bestimmen. Bei den Langobarden wurde der ähnliche contractus libellarius durch die das Frankenreich voll durchdringenden beneficia verdrängt[4]).

Der Streit über Einheit oder Verschiedenheit von precarium und beneficium in dieser Zeit[5]) ist wohl dahin zu entscheiden, daß nunmehr beide Ausdrücke zuweilen als gleichbedeutend gebraucht, zuweilen aber auch unterschieden werden[6]).

Die Dauer von 5 Jahren kommt bei beiden vor: bei beiden wird die ursprünglich vorgeschriebene[7]) Erneuerung nach fünf Jahren oft erlassen[8]) oder auch — ohne Erlaß — unterlassen.

Auch verbunden werden precarium und beneficium[9]). Precaria, praestaria bedeutet auch jetzt noch häufig[10]) nicht das Land, sondern

---

1) Aber auch statt *de nostro* beneficio *in nostrum* beneficium tenuit Form. Mark. Karol. 26, dazu v. Sickel, Beiträge V. S. 16; sub usu beneficii vestri will der Schenker sein früheres Eigen auf Lebenszeit besitzen Form. Tur. 16.

2) Beläge bei Waitz IV. S. 177, der aber diese Rechtsbegriffe nicht unterscheidet. Ueber vassus und homo für Beneficiar — in späterer Zeit — s. unten.

3) In der Glosse zu Legg. V. p. 277.

4) S. „Langobarden".

5) Ueber die römische und die merovingische „Precarie" s. VII. Eine villa als precaria unter Ebroin Bouquet V. p. 707. Aber die Urkunde zumal heißt precaria VII. 2. a. a. O.

6) Gesta abbat. Fontanell. c. 17. p. 293 jure precarii et beneficii; auch precario more jure beneficii, Martene Thesaur. I. p. 39. Oft rein tautologisch, zuweilen aber doch geschieden: nec praestet nec beneficiet, sowohl mit et als mit vel (beide oft gleichbedeutend) verbunden: beneficium vel praestariam (= precariam), dann aber auch aut in precario aut in beneficio, s. die Beläge bei von Roth, Feud. S. 142 f.

7) VII. a. a. O.

8) Mittelrh. Urk.-Buch I. p. 26. 27. 38.

9) Ebenso steht für Zinsgut prestaria Flodoard. III. 20, Scriptor. XIII. p. 513; praecaria = beneficium Form. Merkel 22. p. 248.

10) Vgl. VII. 1. S. 216.

die Urkunde. Also nicht terra, sondern charta, epistola, z. B. hanc precariam vobis conscribi jussimus[1]).

Die althertömmliche[2]) fünfjährige Erneuerung des Precarie-Briefes wird oft als Regel vorausgesetzt, aber fast immer erlassen[3]).

Lehrreich ist die Precarieformel[4]) eines Sohnes: er erneut die des Vaters, der vor ihm auf jener Scholle saß[5]). Weigert sich der Precarist, Aufträge, zumal Botendienste[6]), des Herrn oder der Actores zu erfüllen, oder bestreitet er das Eigenthum des Herrn, soll er sofort wegen pervasio streng nach den Gesetzen büßen und ohne Richterspruch abgemeiert werden; die Urkunde soll, wenn nicht (nach 5 Jahren) erneut, auf 30 Jahre gelten.

Bezeichnend ist die Geschichte des Wortes honor: ursprünglich bedeutete es nur Amt[7]), aber so regelmäßig erhielten nun Beamte Amts- und andere Beneficien, daß der Beamte als Beneficiar vorausgesetzt wird: er erhält und verliert oft zugleich Amt (honor = officium) und Beneficium (= honor). Allein das hat geschwankt: und schwierig ist es, das Verhältniß von honor und beneficium in allen Fällen fest zu stellen: ohne Zweifel ist honor auch jetzt noch zuweilen Amt ohne beneficium, zuweilen beneficium mit — und wohl auch ohne — Amt: »honorem perdere« ist oft Amts-, oft Beneficien-Verlust, oft beides. Es scheint, daß besonders — aber durchaus nicht ausschließend — honor die mit einem Amt verbundenen Amtsbeneficien[8]) hießen; daß aber dadurch die Gerichtsbarkeit aus einer öffentlichen zu einer privaten wurde[9]), ist (abgesehen von den Immunitäten) zu bestreiten für jene Zeit: es giebt damals über Freie nur staatliche oder Immunitätsgerichtsbarkeit.

Und da nun Beneficium meist Vassallität in sich schließt, ist honor auch Vassallenstellung, oder alle drei: beide gehen verloren, falls honor perdatur[10]).

---

1) Trad. Laur. 35. I. p. 71. 2) VII. 2. a. a. O.
3) Form. Mark. II. 30—40.
4) Form. Bitur. 2.
5) Genitor noster in re vestra manere denoscitur et precariam vobis fecit.
6) Ambastiae L. Sal. I. 14, s. unten „Frohnden".
7) VII. 2. S. 77.
8) VII. „Amtshoheit"; honor = caput = beneficium, d. h. ein Stück Land. C. I. p. 207. Secretan p. 80.
9) Wie Secretan l. c.
10) Cap. leg. add. a. 817. c. 10. Vgl. Mon. Sangall. II. 8 comites et abbates honoribus denudavit (Carolus). C. a. 779. c. 9 vassus .. beneficium

Honor ist also Amt, beneficium[1]) und, wie es scheint, auch Vassallität ohne beneficium; beneficia heißen aber auch „Vortheile", „Erträgnisse" z. B. mobilia beneficia aspicientia sind nicht Beneficien, sondern nutzbringende Zubehörden[2]): oft nur „Wohlthat"[3]), nicht Landleihe: so wenn Pippin Griffo zwölf Grafschaften giebt[4]): damals wurden so große beneficia als Aemter noch nicht verliehen. Nicht zu beneficium, als „Wohlthat" wird ein Pfund Silber zu Darlehen gegeben mit Verdoppelung bei Zahlungsverzug um Einen Tag, aber nicht mit weiterem Rutscherzins[5]).

Investitura im lehenrechtlichen Sinne begegnet noch nicht[6]).

Immer noch bedeutet Allod wie Volleigen gegenüber beneficium, so auch und zwar viel häufiger, ja fast immer Erbgut im Unterschied von Errungenem[7]).

d. Die Träger der Beneficien.

Die Fähigkeit, beneficia zu empfangen (die spätere passive Lehenfähigkeit) war unbeschränkt: wie der König auch Weiber[8]), juristische

et honorem perdat: das sind also doch zwei Dinge: et qui beneficium non habuerit; — gleichwohl kann er offenbar Vassall sein — bannum solvat. Beide stehen nebeneinander, nicht als gleichbedeutend, bei geistlichen Immunitätsherrn und bei Kronvassallen C. I. p. 48. a. 779, honor = Amt p. 49 comes honorem perdat. Aber honorem per cartam tradere Bouquet VI. p. 454. a. 807 heißt hier wohl nicht beneficium, sondern Ehrengeschenk: schwerlich doch wollte der fromme Mönch Wilhelm sein Kloster zu seiner Beneficiarin machen; hier ist übrigens statt Castra-pastura zu lesen: Castra, pastura ad pecora .. alenda, wie aus p. 457 erhellt.

1) D. K. Pertz N. 57. Urgesch. III. S. 727.
2) Form. Mark. II. 36.
3) So in den Urkunden Pippins Bouquet V. p. 698 seq., 714, 743. a. 779.
4) Tali beneficio non contentus Annal. Einh. a. 748.
5) Form. Mark. II. 25. 27. Cart. Senon. 3.
6) Revestire per wadium, exire per festucam Urkunde Pippins a. 752. p. 697. investitus esse heißt im rechtmäßigen Besitze sein l. c. oft, s. oben S. 30.
7) S. oben S. 29. Bouquet V. p. 722. a. 772 tam ex allode quam de comparato vel de quolibet attracto seu ex munere regum; ebenso p. 760. a. 799. Form. Andec. 1. p. 4 ex alode parentum. De Alodo parentum Form. Mark. I. 12; eine Erbtheilung heißt divisio vel exaequatio de alode 20; allod als Erbgut gegenüber Geschenktem oder sonst Errungenem 33. De alode parentum vel de quolibet adtractu Mark. Form. II. 6. Weiter unten: de hereditate parentum quam de comparatum. Söhne erstreiten die alodia ihrer verstorbenen Mutter l. c. 9.
8) Judith, s. unten.

Personen (Kirchen und Klöster)¹), Geistliche wie Laien (Tassilo), Halbfreie, Liten²), coloni³).

Es können auch Unfreie Beneficium erhalten: so sind die Leute »ex familia« des Kaisers, die Beneficium einer Kirche tragen, vermuthlich Unfreie⁴); fiscalini, ecclesiastici können auch Halbfreie⁵) sein; daneben aber servi⁶), manche Beneficien sollten nur Unfreien von Sanct Gallen gegeben werden⁷); am häufigsten freilich sind freie Männer Beneficiare⁸).

Ein Mann kann von mehreren Seniores beneficia erhalten⁹): von mehreren Königen, mehreren Privaten, einem König und einem oder mehreren Privaten. Ausnahmsweise hat Karl, Widerstreit der Pflichten zu verhindern, bei der Erbtheilung von a. 806 verboten, daß Vassallen (nicht einfache Unterthanen) Eines Königs in dem Theilreich eines Andern von dessen König oder von Andern Beneficien empfingen¹⁰).

Waren von Einem Beneficien von mehreren Seniores empfangen, konnte bei Gegensatz unter diesen Seniores Widerstreit der Pflichten des Beneficienträgers entstehen¹¹).

Ein solcher Fall wohl wird vorgesehen¹²): Beneficiare des Klosters, die (als Beneficiare? oder anderweitig?) auch vom Grafen abhängig sind, sollen bei Streit zwischen Beiden dem Kloster das Beneficium zurückgeben, da sie ihm dann ihre Dienstpflicht nicht leisten könnten.

Andererseits konnte das Recht am beneficium (also Besitz, Nieß-

---

1) Urk. Ludw. p. 615.
2) Lacomblet I. 4. p. 3.
3) C. a. 786. c. 7.
4) Bouquet VI. p. 392.
5) Colonen, Dronke p. 249.
6) C. a. 786. c. 7.
7) Trad. Sangall. Nr. 242; auch die beneficia ministerialia bei Waitz IV. S. 219 sind Unfreien gegeben.
8) Beispiele bei Waitz IV. S. 219, ein Patriarch, ein Erzbischof, Abt Fulrad von St. Denis von Pippin, ein sächsischer Priester von Karl in Baiern. Aber oft ist zweifelig, ob der Abt oder das Kloster, vertreten vom Abt, der Bedachte ist.
9) Ueber die Streitfrage, ob er auch mehrerer Seniores Vassall werden kann, s. unten „Vassallität".
10) Mehr ist a. 806. c. 9 nicht gesagt (ne forte scandalum aliquid possit accidere) und a. 817. c. 9. p. 272 mehr nicht wiederholt (propter discordias evitandas).
11) Aehnlich wie beim Vassallen mehrer Herrn, s. unten „Vassallität".
12) In dem Cartulaire de Redon ed. de Courson 86.

brauch, Verwaltung, eben das später sogenannte „Untereigenthum") auch zweien z. B. Brüdern gemeinschaftlich zustehen[1]).

Durchaus nicht mehr, wie unter Karl Martell und seinen Söhnen, war der kriegerische Zweck der vorherrschende bei Begründung des Rechtsverhältnisses. Daß jetzt (a. 813) das beneficium vor Allem den Unterhalt des Empfängers bezweckt, sagen viele Stellen[2]).

Daher finden wir jetzt auch häufiger Frauen im Besitz von Beneficien[3]), Töchter neben den Söhnen folgen in das Beneficium[4]).

Neben den von den Kirchen — unfreiwillig oder freiwillig — verliehenen beneficia stehen die von weltlichen Grundeignern verliehenen[5]); auch After-beneficia, wie später After-Lehen, finden sich häufig, indem das von König oder Kirche empfangene beneficium weiter zu beneficium gegeben wird[6]). Aber auch kleine Freie hatten Beneficiare und Afterbeneficiare[7]).

Diese, auch die mittleren und unteren Schichten durchdringende Bewegung konnten und wollten die Könige nicht aufhalten: hatte sie doch auch wohlthätige Wirkungen[8]): nur die Herabdrückung in Halbfreie oder gar Unfreie bekämpfte Karl — zu spät und ohne Erfolg[9]).

Wird umgekehrt einer Kirche ein beneficium gegeben, das früher ein Laie hatte, verwandelt sich die Lebenslänglichkeit in „Ewigkeit", weil die Kirche nicht stirbt[10]).

Beneficia zu nehmen und dafür zu zinsen verschmähten auch die Vornehmsten in Stat und Kirche nicht[11]).

---

1) Epist. Einh. 35 communiter illud beneficium totum habeant, „Theilbeneficium".

2) Cc. Tur. a. 813. c. 51. Mansi XIV. p. 91 beneficium unde se adjuvare ac sustentare possent.

3) Waitz IV. S. 210. Töchter Karls, Judith S. 214, Ingilberga 219, 220.

4) Mittelrhein. Urk.-B. I. 14; ebenso Trad. Sangall. II. 467, dagegen nur Männer a. 880. Muratori Antiq. I. p. 879.

5) beneficia oblata oder data, f. VII. 2. »beneficia« und unten.

6) S. unten.

7) Belege bei Waitz IV. S. 202; auch der Vater nimmt Beneficium von den Söhnen, ebenda.

8) Darüber vortrefflich Brunner II. S. 243, 273.

9) S. unten „Karls Reformen".

10) S. den Fall bei Waitz IV. S. 207, der ihn aber, scheint es, anders auffaßt.

11) Belege für Bischöfe, Pfalzgrafen, Seniskalke, Grafen bei Waitz IV. S. 201; der dort angeführte Fall, wo ein Abt von seinem eignen Kloster Beneficium nimmt propter servitium .. regis, ne vobis aliquam exinde inferrem molestiam, ist

Ja, wie im Mittelalter sogar der deutsche König die Grafschaft Wimpfen vom Bischof von Worms zu Lehen nahm[1]), nahm König Pippin, (ebenso später Karl von Rheims), eine villa des Bischofs von Laon gegen Zins zu beneficium: 12 Pfund Silber für die Armen[2]).

Aber die Könige nehmen Beneficien nur von Bischöfen oder Kirchen, sei es, sie als Afterbeneficien weiter zu vergeben, sei es, sie selbst zu genießen, in beiden Fällen gegen Zins an die Kirche[3]).

Ebenso Königssöhne: aber die Theilreiche werden a. 778, a. 806, a. 817 und später nicht als Beneficia vom Kaiser gegeben, wie früher Baiern Tassilo.

e. Erwerb der Beneficien. Vertrag. Aprisio.

Die Beneficienverleihung geschieht regelmäßig durch Vertrag[4]); daher ist willkürliche einseitige Entziehung (anders bei den alten echten precariae) selbstverständlich ausgeschlossen. Fälle der Art[5]) sind Rechtsbruch; erschlichene Verleihungen sind ungültig, hier ist die Entziehung nicht Rechtsbruch[6]).

Eine besondere Art der Vertragsschließung durch nachträgliche Genehmigung einer einseitigen Handlung des Vassallen durch den Senior liegt in der aprisio[7]): sie ist ein zwischen merovingischer Landschenkung und karolingischem Beneficium in der Mitte stehendes, aber mehr dieser zugewandtes Mischgebilde und bietet ein für die Weiterbildung des Merovingischen durch karolingische Bedürfnisse lehrreiches Beispiel[8]): d. h. eine merovingische Landschenkung mit Einflüssen karolingischer Beneficien. Christliche, gotische[9]), romanische Spanier hatten

wohl so zu verstehen, daß der Abt (als Gegenleistung) das servitium dem Kloster abnimmt, ihm hierfür nichts mehr zumuthet.

1) Walter I. § 262.
2) Ebenso eine Tochter Karls. S. die Stellen bei Waitz a. a. O. S. 202. Auch Ludwig, Böhmer-Mühlbacher N. 500.
3) Beispiele von Karl, Ludwig dem Deutschen und Arnulf bei Waitz IV. S. 220.
4) Nicht nur die b. oblata, wie Waitz IV. S. 229, dessen Auffassung hier leider recht unjuristisch ist.
5) Bei v. Roth, Ben. S. 426.
6) Wie Waitz a. a. O.
7) S. aber oben S. 31. Nicht jede aprisio wird Beneficium.
8) Die Belege reichen von a. 812 bis a. 875.
9) Außer romanischen, biblischen und andern frommen Namen (z. B. Homo-Dei), auch einem arabischen (Zoleiman) begegnen die echt gotischen: Kindila (Quintila), Egila, Ofilo, Atila, Fredemir, Hilperich (Elpericus), Ardarich, Wistlo, Witerich, Ranolb (Ran: oin = vin? oder vib?), Sunilfrid, Zato (s. oben S. 44), Odisnib, Walda.

aus grausamer Bedrückung durch die Araber Zuflucht bei Karl dem Großen gefunden, der sie in der hispanischen Mark und in Aquitanien sich ansiedeln ließ, indem er ihnen herrenlos gewordenes Land — häufiger wohl wieder verwildertes als nie zuvor gerodetes zumal von den fränkischen Markgrafen selbst wüst gelegtes[1]) — überließ. Das Eigenthum zwar verbleibt — anders als bei merovingischer Schenkung — der Krone: das Land heißt nach wie vor „Fiscus", der auch die Gewere daran behält[2]): allein, wie die merovingische Schenkung, verpflichtet es nicht zu Zinszahlung. Mit dem Beneficium aber hat die aprisio ferner gemein die ausdrückliche Bindung an die Treuepflicht[3]), das Verbot der Veräußerung, aber die Verstattung der Hingabe zu sub-beneficium[4]) oder als bäuerliche Leihe an Hintersassen. Das so beschränkte Recht ward dann wohl durch Gnade des Königs nachträglich in frei veräußerliches und vererbliches Allod, proprietas, verwandelt[5]).

Karl verfolgte hiebei besondere Zwecke der Ansiedelung und des Markenschutzes durch diese besondere Art von Landgabe in den von den Arabern bedrohten, den Pyrenäen nächsten Gränzlanden[6]).

Die Ansiedler erhielten hier oder nahmen zum Anbau — und offenbar auch zur ersten Vertheidigung[7]) — Land, das bisher im Eigenthum der Krone stand: wahrscheinlich außer den Arabern entrissenen Landstreifen solche Gebiete, die von den Septimaniern wegen der stäten Gefährdung aufgegeben und als herrenlos vom Fiscus angeeignet worden waren.

Hier sollte — ähnlich wie durch die foederati Roms im IV. Jahrhundert und in der österreichischen Militairgränze — eine dichte, gedeihende und widerstandskräftige Markbevölkerung geschaffen werden: deßhalb wurden die Ansiedler hier günstiger gestellt als sonst Empfänger von Königsbeneficien. Sie erhielten zwar zunächst bloßes Beneficialrecht, nicht Eigenthum, allein dies Recht vererbt wie dieses, erlischt weder im

---

1) C. I. 2. p. 261. a. 815.
2) S. Cap. p. 169.
3) Cap. l. c. quoad usque .. fideles nobis aut filiis nostris fuerint.
4) l. c. p. 262.
5) S. oben S. 31 und die Stellen aus Baiffette[2] bei Brunner II. S. 257.
6) S. die Quellenstellen aus Böhmer-Mühlbacher Nr. 319 (a. 795). 539 a. 814). 547 (a. 815), dann C. I. p. 169 (a. 812). p. 261—263 (a. 815—816).
7) S. oben S. 12.

Thronfall[1]) noch im Mannfall. Daß die Vererbung sich auf den Mannsstamm beschränkt[2]), begreift sich bei dem militairisch-politischen[3]) Zweck der Anstellung.

Daraus erklärt sich auch die besondere Einschärfung der Treuepflicht als Voraussetzung des Behaltens und Vererbens. Wird das Beneficium, das nur als sub-beneficium, nicht zu Eigen, weiter gegeben werden kann[4]), vom König als frei veräußerliches und unbeschränkt vererbliches Eigen geschenkt — bis dahin heißt es »fiscus«[5]) —, so wird jene Verpflichtung nicht mehr besonders hervorgehoben. Aber noch a. 844 wird die Veräußerung auf den Kreis der ursprünglichen Einwanderer und ihrer Abkömmlinge begränzt und zwar darf das Gut nur wieder als (ehemalige) „Aprisio" d. h. mit den angegebenen Rechtseigenschaften behaftet veräußert werden. Dieser Name erklärt vielleicht die ursprüngliche Entstehungsweise: jene Flüchtlinge hatten vermuthlich, wie auch sonst bei Rodung von bisherigem Oedland geschah, ohne Weiteres angefangen, urbar zu machen und sich des Bodens bemächtigt: allerdings Karl hieß dann gut, was geschehen war, wie auch sonst bei offener Rodung[6]), und brachte das ganze Wesen in eine seinen Zwecken entsprechende Rechtsform. Dafür spricht die ganz allgemein mit aprisio, aprisionare verbundene Vorstellung der gewaltsamen oder doch eigenmächtigen, erlaubnißlosen Besitzergreifung von Land[7]).

Zwar sagt Karl[8]): „die Spanier haben das Land (den königlichen fiscus, den der König schon vor 30 Jahren besessen) durch unser Geschenk vermöge der von uns ertheilten Erlaubniß aus dem Oedland

---

1) Dem widerspricht nicht die auch sonst behufs stärkerer Sicherung oft nachgesuchte Bestätigung durch den neuen Herrscher. Karl setzt die Fortdauer unter seinen Nachfolgern voraus; Bestätigung, renovatio, erfolgt nur um der Sicherheit willen.
2) Baissette² II. N. 110. C. I. p. 264 spricht nur von posteritas.
3) Allerdings sind auch Priester darunter.
4) C. I. p. 262 (a. 812).
5) Vgl. VII. 2. „Finanz". C. L p. 109 (a. 812).
6) VII. 2. S. 7. Oben S. 31, 33.
7) Du Cange I. p. 335: appendix ad Marcam Hispanicam (a. 632) veniebant pagenses loci illius et volebant aprisiones facere in ipsa ejus termina: aprison i. e. quod ita per vim occupatur; s. oben S. 29; vgl. dann die Cap. Ludwigs I. si quispiam eorum (b. h. jener Spanier) in partem quam ille ad habitandum *sibi occupaverat* alios homines undecumque venientes attraxerit.
8) C. I. p. 169.

gezogen und sie haben villas angelegt, sie sind ad nostram fiduciam, zu unsern Treuen d. h. im Vertrauen auf uns aus Spanien gekommen und haben gemäß unserer gegebenen Erlaubniß sich Oedland zum Bebauen herausgenommen (»propriserant«) und besitzen das Bebaute" — aber keine Steuern und andere Lasten sollen ihnen auferlegt werden, immerhin ist anzunehmen, daß diese Erlaubniß erst nachträglich ertheilt worden ist. Aprisio entspricht dem deutschen „bifang: beifangen" [1]. Auch auf dreißigjährige Verjährung (seit der vestitura) wird dann verwiesen [2]).

f. Gegenstand der Beneficien.

Ganz allgemein und vor allem dient das beneficium dem Unterhalt des Empfängers [3]). Reicht nach der Verleihung das Kirchengut (loci quantitas) nicht mehr aus, so ersetzt den Ausfall der Kirche der königliche Verleiher aus Krongut [4]).

Jener Zweck ist maßgebend für den wirthschaftlichen Werth, die Art, den Gegenstand und den Umfang des gesuchten und ertheilten Beneficiums, selbstverständlich je nach den Ansprüchen der Lebensstellung des Beneficiars und den Mitteln des Verleihers: daneben walten freilich auch politische, kriegerische, Partei-Beweggründe, Ehrgeiz, Herrschsucht und Machtgier.

Gegenstand des Beneficiums sind Grundstücke mit Gebäuden jeder Art (daher auch Kirchen und Klöster), mit ihrer beweglichen Zubehörde von Unfreien und Herden und der unbeweglichen von abhängigen Gütern oder von Immobiliarrechten: aber Immobiliarrechte können auch als Hauptsachen Gegenstand des Beneficiums sein, ebenso alle öffentlich rechtlichen Rechte [5]).

---

1) Vgl. Weigand I. S. 222, Schmeller I. S. 540, Schade S. 60, Grimm, W.-B. II. S. 9 (1. Umhegung, 2. Ackerrain).

2) Vgl. Genaueres „Fränkische Forschungen".

3) Für die „Nothdurft", pro necessitate, zum Trost, consolationem, ad vitam sustentandam Einh. epist. 20. 34; lediglich um der Bereicherung willen erhalten auch die Frauen des Königshauses Klöster als Beneficien, nicht etwa um sie als Aebtissinnen zu leiten, so Judith in Brescia das Christuskloster, s. oben S. 122 (auch Mönchsklöster); s. die Urkunde Ludwigs bei Waitz IV. S. 214.

4) Hinkmar opp. II. p. 609. Bei Du Cange III. p. 69 fehlt unter deportare diese Stelle, wo es „ernähren" bedeutet.

5) Ueber Gerichtsrechte s. aber unten.

Weil Kirchen im Privateigenthum stehen[1]), können sie auch Laien wie Geistlichen als Beneficien gegeben, commendirt werden[2]).

Wird eine Kirche zu beneficium gegeben, so bildet deren Vermögenswerth das Grundeigen der Kirche, das der Empfänger anbauen darf (excolere), und der Inbegriff ihrer Ansprüche von Zins-Gebühr und Frohn[3]), dafür wird an den Verleiher ein Zins (z. B. von 6 solidi) entrichtet: das Kirchenamt z. B. das Pfarramt ist (noch) nicht Gegenstand des Beneficiums.

Auch ganze Pfarreien d. h. Gebiete mit ihren Kirchen bilden den Gegenstand von Kronbeneficien[4]).

Der Umfang der Beneficien ist höchst verschieden: einmal links vom Rhein 15, rechts 5 mansi[5]). Neben ganzen Grafschaften werden auch wohl einmal nur 2 mansi ein Beneficium[6]). Bei den vom König verliehenen Kirchengütern werden auf dem beneficium 20, 30 bis 50 und mehr servi casati[7]) angenommen[8]). Auch nachdem gemäß Karls Erleichterungen der Wehrpflicht nur noch der Besitz von 5 Hufen (Beneficium oder Allod) zum persönlichen Wehrdienst verpflichtet[9]), bleiben alle Kronbeneficiare persönlich wehrpflichtig: es wird also wohl vorausgesetzt, daß das Kronbeneficium soviel umfaßt.

Außer Grundstücken und Immobiliarrechten bilden also den Gegenstand von Beneficialverleihung Zubehörden von beiden: so auf dem Grundstück gewurzelte Rechte (Wald-, Weide-, Jagd-, Fischerei-, Bergbau-, Zehnten-Rechte), ferner bewegliche Zubehörden: Herden, Einzelthiere, Unfreie, aber auch Halbfreie und freie Schutzhörige. So werden Insassen (manentes) mit der Scholle (als Zubehörden) zu Beneficium gegeben[10]), insofern als das Recht auf ihre Leistungen und die Schutzpflicht mit dem Grundeigen, auf dem sie ruhten, mit übertragen wurden.

---

1) VII. 3. S. 314.
2) Ersteres C. I. p. 178, wo Boretius gegen Hefele gewiß mit Recht nicht an „ältere Kirchen", sondern an Seniores der Kirchen denkt. Letzteres Co. Mog. a. 813. c. 30 ecclesia cuiquam presbytero commendata.
3) Histoire de Metz IV. 1. a. 795.
4) C. I. p. 176.
5) Einh. epist. 35.
6) Frothar. epist. c. 9. Bouquet VI. p. 389.
7) Oben S. 33.
8) C. I. p. 50. a. 779.
9) S. unten „Heerbann".
10) Mittheilungen II. S. 283.

So ist das scheinbar Unmögliche zu erklären, daß Freie verkauft, vertauscht werden: nicht sie, das Recht über sie: so ist wohl auch das schwer Erklärliche zu deuten, daß »pagenses« neben den Unfreien und den After-Beneficiaren veräußert werden[1]). Nicht anders ist es gedacht, wenn Mönche sich selbst als Gegenstand eines Beneficiums bezeichnen: das will sagen: ihr Kloster sammt dessen Gewalt über die Mönche[2]).

Bei Grundstücken war von Anfang an der Umfang gleichgültig: zur Zeit Martells, Pippins und Karls geringer, umfaßte er seit Ludwig große Gebiete: später ganze Städte: so Dorstede, das der Däne Rorich a. 850 erhielt[3]).

Aber wie als Zubehörden von Gütern können Nutzungsrechte auch für sich allein Gegenstand eines Beneficiums sein, z. B. Fischereirechte sammt den zu Fischereifrohnden verpflichteten Unfreien[4]), auch Zinse jeder Art, z. B. Honig und Wachs, Zölle, Brückengelder, Forste mit den Thiergärten (broilis) darin, Hafengelder, auch Bruchtheile ($1/2$) der Zölle[5]).

Die gewöhnliche bei allen Geschäften über Grundstücke wiederholte Aufzählung der Zubehörden[6]) ist: quidquid ibidem ad praesens de quolibet adtractu (Erwerbsart) tenere videbatur cum terris, domibus, aedificiis, accolabus, mancipiis (servis), vineis, silvis, campis, pratis, pasquis, aquis, aquarumque decursibus vel omnia ibidem aspicientem[7]), dann auch etwa ad integrum, inexquisitum etc. Die tautologische Erschöpfung (z. B. mancipia, servi, aedificia, domus) will Alles erschöpfen.

Bei zinspflichtigen Beneficien begegnet bereits der Gedanke des späteren „Rutscherzinses"[5]): im ersten Jahr Verdoppelung, im zweiten Verdreifachung des rückständigen Zinses, im dritten „Abmeierung

---

1) Agob. opp. I. p. 135.
2) Ratpertus, Cas. St. Galli c. 8 vobis in beneficium traditi sumus in vestrae dominationis servitute (Dienst, nicht Knechtschaft).
3) Annal. Fuld. a. 850.
4) Piscationem (in der Weser) quae ad jus nostrum pertinebat et comes hactenus in beneficio habebat .. et familias deputatae Wilmans Kaiserurk. I. p. 30. 32, Ludwig.
5) All das in einer Urkunde Ludwigs Bouquet VI. p. 587.
6) Urgesch. III von Sigibert III. an.
7) So Form. Mark. II. 23 und gar oft.
8) Trad. Sangall. N. 91.

(Privation) d. h. Verlust des Gutes, das dem Senior heimfällt[1]): doch kann letztere Wirkung durch Vertrag ausgeschlossen werden, was bei beneficia oblata nicht selten geschah[2]). Kein Rutscherzins, nur einmalige Verdoppelung wird vereinbart für Versäumung des Heimzahlungstages des Darlehens[3]).

So alt wie die beneficia, ist die Gefahr ihrer Allodificirung: der Anerkennungszins sollte ihr begegnen. So bringt Hinkmar sogar dem König gegenüber auf Zahlung des Zinses für ein von Rheims empfangenes Beneficium „auf daß nicht durch sein Schweigen gerade zu seiner Zeit der Zins wegfalle und so die Villa in Allod (des Königs) umgewandelt werde"[4]). Als solchen Anerkennungszins zahlt auch Ludwig jährlich 20 sol. für die Ueberlassung eines Kirchengutes von Noailles in seinen Schutz (und offenbar Nießbrauch wie Besitz), „auf daß es Allen durch diesen Zins offenkundig werde, daß wir nicht um der Lostrennung willen oder der Gier, es für uns zu haben oder einem Andern als beneficium zu geben, dies gethan"[5]). Gegen solche Allodification von Kronbeneficien sollen die missi einschreiten[6]). Höchst plump war das Verfahren, das Beneficium einem Dritten zu veräußern und im nämlichen Ding von ihm als Allod zurück zu erwerben[7])!

Erscheinen Gerichtsrechte in dieser Zeit noch nicht als Sondergegenstand von Beneficien, so erklärt sich das daraus, daß die Kronbeneficiare ganz regelmäßig als Immunitätsherrn ohnehin jene Rechte auf den Beneficien hatten.

Aber auch davon, daß Aemter an sich Gegenstand des Beneficiums werden, finden sich doch erst nach Karl leise und vor Allem unklare Anfänge: nicht eigentlich das Amt, vielmehr die aus ihnen fließenden nutzbringenden Hoheitsrechte z. B. der Anspruch auf ⅓ der Banngelder, Wetten, auf die Naturalleistungen u. s. w. bilden den Gegenstand des Beneficiums, als der freilich auch, aber noch ungenau, das Amt

---

1) Trad. Sangall. N. 91.
2) Beispiele bei Waitz IV. S. 229.
3) Form. Mark. II. 25. 26. Vgl. Brunner, 3. f. Handels-R. XXII. S. 64. 100, verzinsliches Darlehen; der Gläubiger muß bei Zahlung den Schuldschein zurückgeben, auf Quittung wird verzichtet.
4) Flodoard. II. 26. Scr. XIII. p. 539.
5) Böhmer-Mühlbacher 500.
6) C. missor. a. 802. c. 6. S. unten „Königsboten".
7) Capit. Nium. a. 806. c. 7.

selbst bezeichnet wird: erst in der nachkarolingischen Zeit wird das Amt „Lehen"¹). Solche Aemter werden erst später²) als Gegenstand der Beneficien gedacht: und zwar jetzt das Amt selbst, nicht mehr, wie schon merovingisch, ein von Sitte- oder von Rechts-Wegen seit lange mit einem gewissen Amt — als Ersatz von Geldgehalt — verknüpftes Landstück.

Den Uebergang zu dieser Auffassung des Amtes selbst als beneficium bildete aber weniger der Umstand, daß der König seinen Vassallen Aemter gab, oder daß Beamte Vassallen wurden³), als vielmehr das althergkömmliche Amtsbeneficium⁴), das man früher wohlweislich außerhalb des Amtsbezirks gewährt hatte, aber seit a. 614 regelmäßig umgekehrt in diesem gewährt werden mußte: — eine verhängnißvolle Errungenschaft des siegreichen Dienstadels, die neben der damals auch bewilligten Wahl des Grafen aus den Großen der Grafschaft und der nun auch Weltgroßen häufig gewährten Immunität ganz besonders dazu beitrug, diese Beamten allmälig in erbliche Landesgewalthaber zu verwandeln. Bald nach Karls Tod gilt nicht nur das Grafen-Amtsgut, gilt das Grafenamt selbst als Beneficium. Der nächste verderbliche Schritt war dann der, daß das Gebiet der Grafschaft — der Boden — statt als Amtsbezirk eines Beamten als Lehen eines Vassallen gedacht wurde⁵).

Solche Amtslehen genügen zur Erklärung auch der Fälle des Rückfalls der Güter bei Verbrechen⁶); es bedarf also nicht der Annahme⁷)

---

1) Ueber die Bedeutung von »honor« hierbei s. oben S. 118 und „Amtshoheit".

2) Aber noch nicht in der Lex Rhaetica Curiensis VI. 1, 1, wie Waitz IV. S. 217 meint, die dem VIII., nicht dem IX. Jahrhundert angehört; Zeumer, Z. f. R.-G.³ IX. Germ. Abth. 1888. Honor ist hier Amt und beneficium, „Wohlthat". Vgl. 7. l. c. de ortu aut dignitatem (l. dignitate) per principem onoratus. Aber freilich schon Tassilo erhält das Herzogthum Baiern als Beneficium und daneben einige beneficia darin, Divisio a. 806. c. 2. Keineswegs aber ist die Umwandlung der Aemter in beneficia aus dem Langobardischen entlehnt, wie Boulainvilliers I. p. 108 will, das ja vielmehr das eigentliche Beneficialwesen neben und anstatt der Emphyteuse, dem contractus libellarius, der colonia partiaria und Ähnlichem erst aus dem Fränkischen herüber genommen hat.

3) So Brunner II. S. 255.   4) VII. 2. S. 83.

5) Waitz IV. S. 215. v. Roth, Ben. S. 432. Dümmler III. S. 630 f. S. oben S. 97.

6) z. B. Greg. Tur. IX. 35. Urgesch. III. S. 451; hier war der Erblasser in Friedensbruch umgekommen: der Sohn fürchtete wohl Einziehung und erbat daher zur Sicherung vom König Bestätigung des Erbgangs.

7) Brunners II. S. 245.

Dahn, Könige der Germanen. VIII.   9

besonderer Dienstverhältnisse, bei deren Auflösung das vom Schutzherrn
Gegebene anderen heimfiel, was für Franken nicht wie für Westgoten[1])
und Langobarden[2]) bezeugt ist.

g. Pflichten und Rechte der Beneficiare.

Nach mittelalterlichem Lehenrecht schuldet der Senior dem Vassallen
die Lehenhuld, den Lehenschutz, der Vassall dem Senior die Lehentreue,
den Lehendienst, auch wohl den Lehenzins: nicht diese Namen, wohl
aber diese Pflichten und Rechte begegnen bereits bei den karolingischen
Beneficien.

Der Beneficiar schuldet jetzt (seit c. a. 730) vor Allem häufig
dem Senior Waffendienst. Bei der Auswahl der Beneficiare wird daher
zumal auf Waffentüchtigkeit gesehen[3]), schon unter Karl Martell. Daher
kann ein solches beneficium vom Bischof sogar einem Beneficiar entzogen werden, der wegen zunehmender leiblicher Gebrechen weder in
dem Heere noch in den Palast ziehen kann[4]). Solche beneficia heißen
daher geradezu beneficia militiae und „werden dem einst bei den
Römern und bei andern Völkern noch heute üblichen Sold der Krieger
gleichgestellt"[5]). In Italien hat man diese Sätze auch auf die Emphyteuse übertragen[6]). Die Beneficienträger stellen ihrem Senior, z. B.
einem Kloster, als Vergelt für den geschuldeten Schutz (defensio)
Bürgen für ihre Treue[7]). Für einen noch Wehrunfähigen hat der
Altersmuntwalt oder ein zu bestellender Muntwalt den Waffendienst vom
Beneficium zu leisten[8]). Ueber den verschieden gestalteten Waffendienst

---

1) Könige VI.² S. 140. Westg. Stud. „Schenkungen".

2) Ed. Roth. 177 (Aistulf 11) 225.

3) Hinkmar opp. II. p. 325 episcopus .. cum de rebus ecclesiae *propter militiam* beneficium donat, .. talibus dare debet qui idonei sunt reddere Caesari quae sunt Caesaris: also ein Kronbeneficium, das der Bischof gegen Kriegsdienst einem (After-)Beneficiar giebt.

4) Frothar. epist. 9. Bouquet VI. p. 389.

5) Hinkmar opp. II. p. 325 ben. militiae quasi de stipendiis et roga (Du Cange VII. p. 204 Ehrengeschenk) quae .. dabantur militibus de publico.

6) S. Langobarden und einstweilen Waitz IV. S. 598: Zins, Waffendienst und Brückenbau; ob Waitz Brunetti II. N. 386. a. 809 richtig auf beneficium bezieht, steht dahin: erbliche Landleihe gegen Zins (pensio) und Waffendienst: für das Jahr, da Waffendienst zu Pferd und in Kriegsrüstung geleistet wird, fällt der Zins weg.

7) Urkunde bei Waitz IV. S. 223.

8) Epistola Lupi Nr. 119. Das militare obsequium auch der Sohn für den unfähigen Vater Waitz IV. S. 231.

des Beneficiars einerseits, des Vassallen andrerseits s. unten¹): allmälig waren aber fast alle Beneficiare Vassallen und umgekehrt geworden. Die von dem Beneficium geschuldete Diensttreue, fidele servitium, famulatus, umfaßt einmal die Erfüllung der vertragsmäßigen oder herkömmlichen Verpflichtungen: Zins, Frohn, andere neben dem Waffendienst, Unterricht, dann aber Bewahrung der Treugesinnung im Allgemeinen: so in jeder Noth des Seniors: so ist bei Kronbeneficien Ungehorsam gegenüber dem Bann — Hochverrath — auch Bruch der Beneficialtreue²). Ebo von Rheims nimmt Lothar die Beneficien, weil jener sich weigert als Gesandter nach Byzanz zu gehen³).

Da durch die Nahme von Beneficien Abhängigkeit begründet wird, kann man nicht⁴) die Beneficiare und die „eigentlich abhängigen Leute" unterscheiden: auch jene wurden recht eigentlich „abhängige Leute": der zu zahlende oder nicht zu zahlende Zins begründet keinen Unterschied. Für eine als beneficium gegebene Kirche — also nicht nur eine Ackerscholle — ist ein Jahreszins von 6 sol. zu zahlen⁵), nur daß die Beneficiarii häufig statt des Zinses oder neben ihm Waffendienst zu leisten haben. Die scharfe Scheidung⁶) von Beneficium mit Waffendienst und bäuerlicher Leihe mit Zins- und Frohn-Last ist also nicht durchzuführen: nicht nur verlieh die Kirche immer noch »beneficia« nur gegen Zins und Frohn ohne Waffendienst, — es begegnen auch zahlreiche beneficia mit Waffendienst und zugleich mit Zins: Beneficium und Zinsgut sind nicht sich ausschließende Gegensätze. Zahlt doch der König selbst einen Beneficialzins: nur zu seiner Ehrung wird hier (statt solvere) donare (de camera) gesagt⁷). Und sogar bei Kronbeneficien (geringerer Beamter) werden als Entgelt nicht Waffendienst, sondern Frohnden und anderes servitium geschuldet, die durch Vertreter geleistet werden können⁸). Sogar noch Ende des

---

1) S. unten „Vassalität", „Rückblick".

2) Viele Stellen in den Traditionen, z. B. Frising. N. 251 in hoc enim beneficium acceperat, ut fideliter .. in servitio permansisset, noch andere Stellen bei Waitz IV. S. 229; der Dienst, die Treue wird dem „Hause", d. h. der Kirche geschuldet, oder dem König und dessen Söhnen.

3) Das ist sehr bezeichnend. Ich entnehme es Waitz S. 230.

4) Mit Waitz IV. S. 181.

5) Histoire de Metz IV. 1. a. 795.

6) Bei Waitz a. a. O.

7) Böhmer-Mühlbacher N. 500.

8) Cap. de villis c. 10: das pro eo hier kann nur auf Vertretung der Person bezogen werden, nicht auch wie Waitz IV. S. 145, auf das Beneficium.

IX. Jahrhunderts giebt Kloster Sanct Gallen Land zugleich in beneficium et in censum: die Empfänger vererben das Recht am Gut und die Pflicht eines Jahreszinses von „sechs Denaren oder drei Malter Korn" und außerdem haben sie überall Reiterdienst zu thun[1]). Daneben kann es selbstverständlich vorkommen, daß einmal bei beneficium kein Zins entrichtet wird, sondern andre Leistung[2]).

Und auch nur thatsächlich, nicht rechtlich[3]) begründet es einen Unterschied, ob der Empfänger das Gut selbst bebaut oder mit seinen darauf zu setzenden Unfreien oder Halbfreien bewirthschaftet oder ob er — wie es bei bedeutenden[4]), den Reichsgroßen von König oder Kirche verliehenen Beneficien der Fall — die auf dem Gut ansäßigen Freien, Halbfreien, Unfreien einfach übernimmt, so daß sein Vortheil darin besteht, daß diese die bisherigen Zinse und Leistungen nun fortab an ihn, nicht mehr an Krone oder Kirche entrichten[5]).

Das herkömmliche Maß der Leistungen von accolae Eines Senior wird bei Neuverleihungen von beneficia übernommen. Regelmäßige Folge der Saumsal hiebei ist Austreibung (ejectio)[6]). Riga war eine Frohn, auf die auch bei sonstiger Befreiung nicht gern verzichtet ward[7]).

Während das vom Merovingen Geschenkte von dem Beschenkten selbst, weil dieser Eigenthum erworben, einem Dritten ins Eigenthum übertragen werden konnte (nur etwa nach eingeholter Zustimmung des Königs, falls diese ausdrücklich oder gewohnheitsgemäß hiefür vorbehalten war), kann der karolingische Beneficiar Eigenthum nie selbst übertragen, weil er keines hat[8]), sondern nur der Verleiher: und zwar das Eigenthum dieser allein, ohne Befragung des Beneficiars, das

---

1) Trad. Sangall. 562. II. p. 176 res illis in *beneficium et censum* concessimus ipsis et cunctae legitimae procreationi eorum .. ut annis singulis inde censum persolvant .. et equitent ubicumque eis praeceptum fuerit.

2) So in der von Waitz ausgeführten Urkunde aus Baissette[2] IV. S. 182.

3) Das verkennt Waitz IV. S. 181.

4) Ein Beispiel von zwanzig villae in drei verschiedenen Gauen mit einem Zins von 1 Pfund Silber = 240 Denarien, ein andermal von nur sechs bei Waitz S. 182.

5) Dies gegen Waitz a. a. O.

6) Form. Mark. II. 41.

7) Form. Mark. (II nisi »si ita vult«; riga. S. Du Cange. Guérard, Polypt. I. p. 637. Schade S. 713; jede Vertiefung, Graben, Furche.

8) Richtig gegen Waitz IV. S. 210. Brunner, Landschenkungen, Berl. Sitz.-Ber. v. 1885 S. 116. S. oben S. 95.

(spätere) „Untereigenthum" (d. h. Besitz, Verwaltung, Fruchtgenuß des Beneficiars) nur unter dessen Zustimmung, dem nicht ohne seinen Willen ein anderer Gläubiger und Schuldner aufgedrängt werden kann. Dabei kann auch der Verleiher auf sein (Ober-)Eigenthum verzichten, so daß der Erwerber Volleigen erwirkt[1]). Zweifelhaft ist freilich die Sache bei Veräußerung des Volleigens (später Obereigenthum) durch den Verleiher. Folgerichtig kann auch der Beneficiar nicht ohne seinen Willen einen andern Senior erhalten und in manchen Fällen wird diese ertheilt[2]), in andern aber wechselt der Senior ohne Befragung des Beneficiars[3]).

Weil das vom König verliehene beneficium nach wie vor in seinem (d. h. des Fiscus) Eigenthum verbleibt, heißen die zu solchem beneficium gehörigen Unfreien (servi beneficiarii) nach wie vor servi fiscalini, Krontnechte, und sind im Eigenthum des Königs, nicht des Beneficiars[4]).

Eine Mittelstufe zwischen den merovingischen Landschenkungen und den beneficia bilden die[5]) Verleihungen von Land zu lebenslänglichem, also unvererblichem, aber auch unveräußerlichem Eigenthum: der Empfänger kann nur mit Erlaubniß des Königs veräußern; der König kann ein altes beneficium in solche beschränkte »proprietas« verwandeln und selbstverständlich die Beschränkungen durch Verzicht beseitigen.

Bei Leihgut von Kirchen wird einmal freie Uebertragung des Rechtes des Empfängers z. B. Tausch verstattet, vorbehaltlich nur des Eigenthums und der Rechte der Kirche[6]).

h. Dauer, Vererbung, Verlust der Beneficien.

Das beneficium erlischt aus den Gründen, aus denen alle Rechte, zumal vertragsmäßig erworbene, erlöschen: also auch durch Verzicht, auch einseitigen (Dereliction), durch Zeitablauf (5 Jahre ursprünglich), durch Eintritt auflösender Bedingung, durch (später erblosen) Tod, durch

---

1) S. Beläge unter Baiern, Band IX.
2) Beispiel bei Waitz IV. S. 210.
3) Waitz IV. S. 210 vermischt hier unjuristisch die Fälle: ganz anders, wenn der Verleiher die Veräußerung des Beneficiarrechts durch den Beneficiar bestätigt.
4) Cap. I. p. 281. c. 1. Cap. I. p. 293. c. 7. S. unten.
5) Von Brunner Sitz.-Ber. 1885 S. 1200 nachgewiesenen.
6) Form. Andec. 8.

Richterspruch wegen Verwirkung z. B. durch Untreue, aber auch wegen Zinsrückstandes ¹).

Das folgte aus dem Begriff des Beneficiums, bedurfte nicht erst vertragsmäßiger Vereinbarung oder besonderer Androhung ²); letztere erfolgte durch den König bei von ihm verliehenen kirchlichen Beneficien nur zur Verstärkung des ohnehin Geltenden ³).

Die Untreue wirkt aber doch nicht ipso jure wie eine auflösende Bedingung, giebt nur das Recht der Zurücknahme, nöthigenfalls durch Richterspruch.

Infidelitas des Beneficiars verwirkt zumal auch das Kronbeneficium ⁴): das Pfalzgericht spricht es ab: aber auch wegen Bergung von Verbrechern ⁵), Rechtsweigerung ⁶), Weigerung der Hilfe wider Hochverräther ⁷).

Unter diesen Gesichtspunkt der Verwirkung zur Strafe wegen mangelhafter Erfüllung der Treue- und Gehorsams-Pflicht fällt es auch, wenn nicht nur bei vollem Hochverrath, für welchen auch das Allodialvermögen eingezogen werden kann wie in merovingischer Zeit ⁸), die Beneficien verwirkt werden wegen Ungehorsams wider einzelne Banne des Königs ⁹) oder Befehle in seinen Urkunden ¹⁰). Auch anderer Verpflichtungen Nichterfüllung kann zur Absprechung des Beneficiums führen, z. B. der kirchlichen Baulast drei Jahre lang; dazu kommt,

---

1) dreijährigen: Trad. Sangall. N. 91. Schon einmaliger Urk. Karls p. 769; s. aber Waitz S. 230.
2) Wie Waitz IV. S. 229.
3) Waitz a. a. O. verwechselt hier den rechtlich gleichgültigen Beweggrund der Verleihung (z. B. Dank für treue Dienste: famulatus, fidele servitium) mit einer rechtlich wichtigen Voraussetzung, z. B. Verpflichtungsübernahme des Klosters bei beneficia oblata.
4) Waitz IV. S. 229. v. Roth, Feud. S. 50, ebenso Baiern und Burgunden, diese. Decr. Dingolf. c. 8. L. Burg. I. 4. Dahn, Grundriß S. 327, 338.
5) Cap. Harist. v. 779. c. 9. p. 48.
6) l. c. p. 192 (c. 9).
7) l. c. p. 172. c. 20.
8) VII. 1. S. 234.
9) Brunner hebt II. S. 254 hervor, wegen nicht erfüllter Heerbannpflicht ward nur die Bannbuße eingezogen, nicht (regelmäßig) das Beneficium, weil man nicht auf die Dauer auf den Reiterdienst des Säumigen verzichten wollte, oben S. 116. Ausnahmen kommen schon wegen mangelhafter Bepanzerung vor: Cap. Theodon. v. 805. c. 6. p. 123; wegen Feigheit im Heer p. 167. c. 5, schon das Ausbleiben verwirkt Allod wie beneficium l. c. gut. Cap. II. p. 96. c. 4. (v. 866).
10) C. p. 284. c. 16.

daß der Beneficiar sich drei oder gar elf Jahre bei dem Senior nicht sehen läßt[1]). Auch sonst wegen Vertragverletzung, wegen calumnia und Streitlust und hochfahrenden Auftretens gegen den verleihenden Bischof mag ein Abt das Beneficium dem Widerruf aussetzen[2]). Folgerichtig findet Karl in Schädigung oder Allodificirungsversuch am Kron-Beneficium den Thatbestand der infidelitas gegen den Treueeid[3]) und es ist Gnade oder gelinde Auslegung, wird in solchen und ähnlichen Fällen nicht auch das Allod, nur das Beneficium eingezogen[4]).

Eine alte, besonders häufige und gefährliche Pflichtverletzung des Beneficiars war, das Beneficium zu Gunsten des Allods mit Raubbau zu bewirthschaften, z. B. Abholzung des Waldes für Bauten auf dem Allod[5]), jenes zu Gunsten dieses zu vernachlässigen (deserere)[6]) etwa gar es in Allod verwandeln zu wollen. Wer binnen eines Jahres nach Mahnung durch die Königsbeamten das nicht ändert, soll das Beneficium verwirkt haben[7]).

Der Versuch, Beneficium in Eigen zu verwandeln war so häufig, daß die Formeln technische Ausdrücke dafür führen: teram revellare et ad proprietate sacire, neufranz. saisir: der Versuch scheitert an der Wachsamkeit des Seniors und seiner „Agentes": der Beneficiar wird hinaus gejagt (ejecti sumus), erhält aber — aus Gnade — das Gut zurück und unterwirft sich nur bei Saumsal in Entrichtung der herkömmlichen Leistungen der sofortigen Austreibung[8]).

Vielmehr soll das Gut nicht nur „in Bau", auch „in Besserung" soll es gehalten werden. Diese im Mittelalter bis in unser Jahr-

---

1) Ich entnehme die Stellen aus Hinkmar (ecce per annos undecim huc illucque pro suo libitu deambulans ad me nec semel venire dignatus est) v. Roth, Fenb. 189 und Waitz IV. S. 330.
2) Trad. Fris. IV. 121.
3) C. missor. a. 802. c. 6.
4) Wie auch schon früher VII. 1. S. 234 Fälle, unter Ludwig Annal. a. 831, 834, 839, wo beides oder nur das Beneficium genommen oder wo beides belassen wird, bei Waitz IV. S. 233; beide letztere enthalten Begnadigungen.
5) C. missor. gen. a. 802. c. 6. p. 193. C. Niumag. a. 806. c. 131. 146, ebenso in Baiern, s. diese.
6) Deserere, desertare C. missor. a. 802. c. 6 meist verlassen, Du Cange III. p. 78, hier wohl mehr vernachlässigen, verderben.
7) C. a. 818/19. c. 3 quicumque suum beneficium occasione (d. h. commodo) proprii (d. h. allodii) desertum (nicht verlassen) habuerit; sonst verfügt bei rein kirchlichen der Kirchenvogt (defensor) frei darüber Trad. Fris. 259.
8) Form. Mark. II. 41.

hundert fortgeführte Verpflichtung bedeutet, der Besitzer (Pächter u. s. w.) soll das fremde Gut ebenso „bessern", wie ein ordentlicher Landwirth sein Eigen zu „bessern" trachten wird¹).

Ein stehender Satz in den Capitularien ist de beneficiis destructis (conductis) et alodis restauratis²).

Die Vererblichkeit der beneficia ist in dieser Zeit noch nicht Rechtssatz, wenn auch thatsächlich aus naheliegenden Gründen — der Erhaltung der Reiterstärke des Heeres — schon seit Karl Martell wenigstens im Mannfall dem waffenfähigen und waffenwilligen Sohn oder Enkel oder Neffen des Beneficiars das Beneficium belassen oder vielmehr wieder verliehen wurde³). Karl II. setzt den Uebergang auf den Sohn bereits als die Regel voraus: von Karl dem Großen bis auf seine Tage hatten aus Spanien Geflüchtete⁴) in Aquitanien Beneficien in ihrem Geschlecht vererbt und dies ward nun als Recht anerkannt⁵). Die Verleihung erfolgt jetzt meist auf Lebenszeit⁶), oder auf Lebenszeit des Empfängers und seines Sohnes⁷) oder des Mannes und der Frau⁸). Wie im Thronfall erlischt also das Beneficium regelmäßig im Mannfall⁹): doch kann wie im Thronfall Anderes wirksam beredet werden, falls nicht die Satzung des Klosters das verbietet¹⁰). Am Häufigsten begegnet vereinbarte Vererbung bei den Kirchen (oder auch dem Fiscus) aufgelassenen und als Zinsbeneficium (daher jetzt terra censualis) zurückempfangenen Gütern (beneficia oblata, s. unten) zu Gunsten der Nachkommen in bestimmten (z. B. vier) Generationen¹¹),

---

1) C. Aquit. a. 768. c. 5 bene ibi laboret et condirgat, s. Du Cange II. p. 487, = condirigere, in Stand halten, bewirthschaften; sie sollen es inmeliorare C. Aquisgr. c. 4. p. 171 in omni re; so bei Kron- und vom König vergabten Kirchen-Beneficien C. a. 818/819. c. 3.

2) C. I. p. 153 und gar oft.

3) Ein Beispiel von c. a. 730—620 bei v. Roth, Ben. S. 424.

4) Oben S. 31.

5) Pertz, Legg. I. p. 542. Bouquet VIII. p. 440. Andere Belage a. 677 bei Brunner II. S. 256.

6) dum advivo: Mittelrhein. Urkunden-Buch I. p. 26.

7) tibi et filio tuo ad dies vitae vestrae Trad. Laur. I. 35. p. 71.

8) Einhard, Lokeren, p. 18 alodem per beneficium nostrum tibi et uxorem tuam praestitissemus.

9) C. Compend. a. 757. c. Theod. a. 821. c. 9; ein schöner Beleg aus Frother bei Waitz IV. S. 223; der Bischof will aus Gnade dem Knäblein des Verstorbenen einen Theil des Beneficiums gönnen.

10) Urkunde bei Waitz a. a. O.

11) v. Roth, Feud. S. 184.

nur ausnahmsweise unbegränzt¹). In Kronbeneficien pflegten die Söhne thatsächlich sehr häufig zu folgen, obzwar nicht Kraft eines Rechts²); fernere dürftige Abkömmlinge erhalten einen Theil des Beneficiums als eine Art Almosen³).

Römischer Einfluß ist es, wird⁴) eine Art Anwachsungsrecht der Mitbeneficiare anerkannt: stirbt der Eine Mitbeneficiar ohne nahe Bluterben und Testament, soll dem Ueberlebenden dessen Hälfte anwachsen. Hier wird also Erblichkeit der Beneficien schon im VIII. Jahrhundert⁵) anerkannt, wie auch sogar⁶) der Anspruch auf das versprochene, aber noch nicht verliehene Beneficium auf den Erben übergeht. Allein das ist, wie gesagt, römisch: im Nordosten des Reichs ist noch c. a. 850 die Erblichkeit zwar häufig, aber nicht Rechtens⁷). Hinkmar⁸) läßt im Mannfall dem Bischof die Wahl zwischen den Söhnen und andern idonei⁹). Eine „Lehenware" (laudemium) d. h. eine von dem Erben für die Wiederverleihung dem Senior zu entrichtende Gabe ist noch nicht Rechtens und kommt auch thatsächlich sehr selten vor¹⁰).

---

1) Andere Beispiele für beides bei Waitz a. a. O. S. 224.
2) v. Roth, Ben. S. 425.
3. Cap. a. 816/19. c. 4 erga hunc misericorditer agendum est, ne ex toto despoliatus in aegestatem incidat. Vgl. Eichhorn, Z. f. Gesch. R. W. I. Ueber die Vererbung auf die Söhne des hochverdienten tapfern Grafen Hajo unter Karl f. Waitz IV. S. 226, der mit Recht babei beneficia voraussetzt: per nostram auctoritatem — ex nostra *indulgentia*, nicht testamenti factio betreffs Allob; die Bedingung der Treue ist eine conditio necessaria. In der folgenden Urkunde bei Waitz ist nicht mit Du Cange für »in fressum« zu lesen »in *feudum*«, was unter Ludwig noch nicht begegnet: Waitz weiß keine Besserung: es ist aber offenbar verdorben aus in fescum (wie auch Lex Rhaet. Cur. X. 6 in fescum statt in fiscum steht; f. oben S. 129) im Gegensatz zu Allob, legitima hereditas.
4) In der Lex Rhaet. Cur. X. 6. 1.
5) Zeumer, f. oben gegen Waitz und Andere.
6) I. 2. 2.
7) Mehr beweisen auch nicht die Stellen bei Waitz IV. S. 227.
8) Opp. II. p. 234.
9) Das sogenannte Cap. Carisiac. vom 14. VI. a. 877 (f. aber Krause C. II. 2. p. 355. c. 9) wird wohl mit Recht allgemein auch auf die Beneficien und das Folgerecht der Söhne in diese bezogen, obwohl nur von comitatus und vassalli die Rede ist: damals hatten fast alle Vassallen Beneficia.
10) Ein Fall unter Karl Acta ep. Cenoman. c. 17. p. 289 (f. oben und Waitz IV. S. 190), den Waitz IV. S. 228 anführt, gehört nicht hierher: es handelt sich dort nicht um Erben; die Stellen aus Hinkmar daselbst zeigen, daß solche »exenia« verkamen; (über »scaz« f. Du Cange VII. p. 343, es ist neuhochdeutsch

Als um die Wende des Jahrhunderts die Vererbung auf die Söhne Rechtens geworden, ist dies ein Kennzeichen, daß an Stelle des alten fränkischen Stats ein Feudalstat getreten ist.

Ausdrücklich vereinbart wird das Erlöschen durch den Herrnfall selten¹). Aber allgemein vorausgesetzt bei Beneficien, die Bischöfe, doch auch Könige verleihen²). Die Nachfolger der Bischöfe oder Aebte sollen an die Vergabungen ihrer Vorgänger nicht gebunden sein, wenn diese »inrationabiliter« geschehen sind³). Ob dies nur „widergesetzlich" oder auch „unzweckmäßig" heißt, ist bestritten⁴): allein die Unverbindlichkeit von widergesetzlichen verstand sich von selbst, bedurfte nicht der ausdrücklichen Erklärung⁵). Die »utilitas« genügt also zum Widerruf aller früheren Verleihungen einer Kirche⁶). Auch die von den Vorgängern den Nachfolgern für Entziehung der Beneficien auferlegten Vertragsstrafen sind nicht nothwendig verfallen⁷). Die Regel war die Neuverleihung, die doch mehr war als Bestätigung der alten⁸). Völlig mißverstanden hat man⁹) die Fälle, in denen der bisherige Besitzer dem neuen Herrn das „Gut in die Hand" giebt (in manum reddit): das ist nicht Auflassung zu Eigenthum¹⁰), nur Zurückgabe des Besitzes, worauf der neue Herr Besitz und Beneficialrecht

---

„Schatz", aber im Sinne von Entgelt, vgl. Schade S. 783), ohne doch auch für Geistliche, wie Waitz meint, gerade als unanständig zu gelten: es wird neben Vergabung an Günstlinge oder Verwandte gestellt. Die Kirche nahm ja bei den beneficia oblata stets eine Gegenleistung vor der Verleibung.

1) Ein Beispiel von Ludwig sogar einem Kloster gegenüber bei Waitz IV. S. 221.
2) Viele Belege bei v. Roth, Ben. S. 418, Feud. S. 180. Zu Unrecht bestreitet Waitz, Hister. Zeitschr. XIII. S. 107 hierbei den (ursprünglichen) Unterschied von den Precarien; später freilich werden Beneficien und Precarien als Eins angesehen.
3) Cap. Olonn. a. 625. c. 10.
4) Zwischen v. Roth, Feud. S. 166 und Waitz IV. S. 222.
5) Vgl. a. 822/23. p. 316. C. Olonn., wo nicht nur an rechtswidrige gedacht ist.
6) Urkunde Ludwigs II. für Lucca Waitz IV. S. 161.
7) l. c. a. 822/23. a. 825.
8) Wie Waitz meint IV. S. 222; blieb diese gültig, bedurfte sie keiner Bestätigung, ward sie ungültig, konnte die erloschne durch „Bestätigung" nicht erhalten oder aufrecht werden.
9) Waitz IV. S. 222, besser v. Roth, Feud. S. 156; über baierische Urkunden f. Baiern.
10) Wie bei den beneficia oblata; denn er hat ja kein Eigenthum und das Beneficialrecht (das spätere „Untereigenthum") ist erloschen.

neu verleihen kann¹), aber durchaus nicht muß²). Begreiflicherweise haben von allen Seniores die Könige am kräftigsten das Recht bei Thronfall gewahrt, sehr mit Recht, ob auch gegen die Klagen der Beneficiare³). Selbstverständlich konnte von jeher der Verleiher das Recht über seine Lebenszeit hinaus auf die des Verleihers oder erblich, unbeschränkt (selten) oder beschränkt (z. B. auf die Söhne) übertragen⁴).

1. Arten der Beneficien.

a. Beneficia oblata.

Der Eigenthümer läßt dem Kloster⁵) sein Allod, hereditas (ganz oder theilweise) auf und erhält es, meist mit Zins beschwert, zurück: manchmal nur theilweise, dagegen manchmal daneben noch andres Gut, das dann zuweilen besonders beneficium d. h. Wohlthat heißt⁶): aber technisch »beneficium« heißt auch das Zurückempfangene⁷). Aehnlich liegt der Fall, nimmt ein Vater von seinen Söhnen deren Muttererbe — der Frau weiland von ihm zur »dos« gegeben — zu Beneficium⁸). Usus und beneficium werden gehäuft vorbehalten (sub usu beneficio) bei Schenkung an eine Kirche⁹).

Auch dem König werden villae zu Eigen aufgelassen durch laiso verpire: der bisherige Eigner erhält sie als beneficia auf Lebenszeit zurück, bei seinem Tod ein Andrer, jetzt schon Bestimmter, dieser aber als frei veräußerliches und vererbliches Eigen¹⁰).

---

1) So Waitz S. 222.
2) Wie v. Roth, Ben. S. 421 zeigt.
3) Bei dem Streit zwischen Waitz IV. S. 223 und v. Roth, Ben. S. 422 ward verkannt, daß Aemter (und folgeweise auch Amtsbeneficien) zwar zunächst als auf unbestimmte, auf Lebenszeit, übertragen galten, aber vom Nachfolger wie vom Verleiher einseitig entzogen werden konnten — damals noch!
4) Beispiele aller Fälle bei Waitz a. a. O., der mit Recht hervorhebt, daß zumal bei beneficia oblata an Kirchen erbliches Recht des früheren Volleigenthümers oft vertragen wird.
5) Oder dem Heiligen: ein ben. oblatum Martins von Tours Form. Tur. 1 b.
6) Waitz, Vassall. S. 39.
7) Beide heißen b. Trad. Sangall. N. 257, bei Waitz IV. S. 229; auch Colonen sitzen auf solchen ben. obl. S. oben „Colonen".
8) ad usum beneficii Mark. Form. II. 9.
9) Form. Mark. II. 6. 7, anders 9: auf Lebzeiten ad usum beneficii, dabei wird Veräußerung ausdrücklich ausgeschlossen, l. c. 8. 9.
10) Form. Mark. I. 13 suis posteris aut cui voluerit ad possedendum relinquat; über diese scotatio in laisum (leuso-verpire) s. J. Grimm, Vorrede

Daß sie gar oft der Armuth der früheren Eigner — nicht der Frömmigkeit — Entstehung verdanken, sagt manche Stelle¹).

Oft wird dabei erinnert, daß der Zins auf Vertrag, nicht etwa auf Unfreiheit beruht, ferner wird die Vererbung anerkannt und erst nach Aussterben vieler oder aller Nachkommen fällt Besitz und Nutzung des Gutes dem Kloster heim²).

Häufig klagten freilich die Erben, durch solche Geschäfte enterbt zu sein (exheredati). Die Kirche erwidert dann sofort, die Schenker pflegen mehr (als beneficium) zurück zu erhalten als sie an Allod gespendet, (z. B. das Doppelte; das Dreifache soll³) das Höchste sein), und ebenso diejenigen ihrer Erben, für die sie das vertragsmäßig bedungen: andere Erben, die durch diesen Vertrag ausgeschlossen sind, sollen das freilich nur dann erhalten, wenn sie sich der Kirche (in das Vassaticum) commendiren⁴).

Hierher gehört auch viel Aehnliches: ein Ehepaar erhält auf Lebzeiten beider Gatten an die Kirche von einem Dritten zu Eigen geschenktes Gut als Beneficium, läßt der Kirche sein bisheriges Eigengut auf und erhält es auf Lebenszeit zu Nießbrauch zurück: unter Rückfall beider Güter an die Kirche beim Tode des Zweitversterbenden, unter Verzicht auf die übliche (ut mos est inter ceteros) fünfjährige Erneuerung des Precariebriefs⁵), Drohung mit dem jüngsten Gericht und Geldbuße für Anfechtung⁶).

Ein beneficium oblatum wird erst nach der (einfachen) Schen-

---

zu Merkel, L. Sal. p. 7. Müllenhoff bei Waitz, das alte Recht S. 287. Waitz S. 147. Kern, Glossen S. 134. Beseler, Erbvertr. I. S. 97.

1) C. Olonn. a. 825. c. 2.

2) Trad. Sangall. p. 521 sequuntur nomina eorum qui traditis bonis suis monasterio .. eisdemque iterum ad se receptis ad dies vitae suae vel filiorum suorum annuum censum de eis solvebant donec eisdem extinctis bona omnia ad monasterium devolverentur.

3) Cc. Tur. a. 813. c. 51. Mansi XIV. p. 91.

4) Cc. Tur. a. 813. c. 51. Mansi XIV. p. 91. Selbstverständlich beweist hier das »vindicare« nicht Eigenthum am Beneficium: es ist in Anspruch nehmen.

5) Vgl. Form. Mark. II. 41.

6) Form. Mark. II. 39. Aehnlich die epistola praestatoria 40, nur soll die Kirche das geschenkte Gut erst bei dem Tode des Zweitversterbenden zu eigen erhalten. Noch verwickelter Form. Tur. 6 (»oblegatio«): drei Geschäfte: Hingabe zu Eigen Eines Gutes A, Rückempfang als Beneficium, dafür Hingabe eines zweiten B, Rückempfang auch dieses als lebenslängliches Beneficium; hier wird auch die Ueberlassung des Besitzes u. s. w. an Andere ausgeschlossen; über die Verfügungsclausel zu Gunsten des Seniors bei ben. obl. Form. Tur. 1 b.

tung zurückerbeten¹), zugleich erhält der Beneficiar ein anderes Gut des Klosters, das früher ein Andrer per beneficium hatte, in usum beneficium²). Dafür ein Jahreszins in Geld, bei Saumsal aber nicht wie sonst Abmeierung, nur fides facta für Buße, eine Handschrift fügt ausdrücklich bei: „die Sachen aber soll ich nicht verwirken!" Jede Veräußerung oder Gefährdung (naufragium) wird ausgeschlossen, Bau und Besserung (ameliorare) versprochen, nach dem Tode des Precaristen folgt ein Sohn, nach dessen Tod fällt das Gut von selbst mit seinen Besserungen an das Kloster zurück: alle 5 Jahre Erneuerung der Precarie-Urkunde.

Großes Gewicht wird darauf gelegt, daß bei dem Tod des Rückempfängers das Beneficium von Rechtswegen, ohne Uebergabe durch die Erben oder Richterspruch, in Besitz und Genuß des Klosters, des Eigenthümers, übergehe³). Der Zins wird oft nur zum Zweck der Anerkennung des Eigenthums der Kirche in geringfügigem Betrag („Recognitionszins" damals schon) auferlegt: beneficia heißen diese beneficia oblata nicht minder⁴) als die beneficia data d. h. die nicht früher dem Empfänger als Allod gehörigen. Zweitens wird bedungen, daß bei später Anfechtung des Beneficiums — von irgend welcher Seite — das Gut wieder allodiales Eigenthum des Auflassers und seiner Nachkommen werden soll⁵).

Auch wohl nach vorbehaltloser reiner Schenkung erbitten sich die schenkenden Gatten das Gut nachträglich auf ihrer beider Lebenszeit zurück ad beneficium usufructuario jure excolendum, stellen einen Precariebrief aus und versprechen den Rückfall bei des letzt versterbenden Tod mit aller einstweiligen Mehrung, so als ob der Brief alle fünf Jahre erneut worden wäre⁶).

1) per beneficium (Wohlthat) usufructuario praestitistis habere, Form. Sal. Lindenbr. 3.
2) l. usum et ben. oder usum beneficii.
3) Form. Tur. 1. 6. absque ullius exspectata traditione vel judicum consignatione; mit Verfügungsclausel und Anfechtungsbuße von 1500 sol.
4) Anders vielleicht vorübergehend bei den Alamannen, s. diese.
5) Acta Palatina VI. p. 292. Verwickelte Verhältnisse zeigt Bouquet V. p. 708. a. 768: ein Laie Wido hat große Güter Fulrad für St. Denis geschenkt (tradidit), aber, wie es scheint, als Precarie zurück erhalten: quidquid per ipsius Fulrado (l. Fulradi) precaria praedictus Wido possidere videtur; das Eigenthum daran hatte das Kloster behalten und Fulrab in schwerer Krankheit Pippin geschenkt, der es nun nach Fulrabs Genesung dem Kloster zurückschenkt und gegen Wido's Erben zu schützen verspricht.
6) Form. Mark. II. 5.

β. Afterbeneficia. Theilbeneficia.

Das After=Beneficium ist, wenn auch nicht so häufig verbreitet wie später das Afterlehen[1]), das im Mittelalter die mittleren und kleinen Vassallen durch die Großen hindurch mit dem König verknüpfte, doch allgemein anerkannt und nicht selten. Wenn nicht ausdrücklich verboten[2]), ist es erlaubt[3]). Ein Afterbeneficium kann auch dadurch entstehen, daß eine bisher unmittelbar bewirthschaftete Kronvilla, nachdem ihr (d. h. für den Fiscus) ein Allod aufgelassen und von ihr als beneficium dem früheren Eigner zurückverliehen war, nunmehr selbst einem Dritten zu beneficium gegeben wird[4]).

Heißt es von Klosterbrüdern, sie sind vom König oder von dessen Grafen oder Vassen verliehen, so ist bei letzteren an Afterbeneficien zu denken[5]). Wie Afterbeneficien kamen auch damals schon Theilbeneficien[6]) vor, bei denen Nießbrauch, Besitz und Verwaltung mehreren gemein war, aber ohne eine Spur von sogenanntem „Gesammteigenthum", vielmehr hat die römische Quelle[7]) die Theilung rein römisch (pro partibus indivisis, nach Bruchtheilen) gedacht[8]) und ein römisches Anwachsungsrecht der Getheilen in Ermangelung eines Testaments, oder nahen Familienerben angewendet.

γ. Kirchenbeneficien.

Seltsam war es und nur durch die wechselnden Zeitverhältnisse zu erklären, daß der Stat in denselben Jahren, in denen er Kirchen ihre Güter behufs Verleihung an Laien nahm, Geistlichen (oder auch Kirchen und Klöstern) Güter zu Beneficien gab: die dem Geistlichen oder Kloster von Rechtswegen gehörigen waren vom Stat Andern — Laien — verliehen und nicht verfügbar. Cellae und Klöster werden umgekehrt Geistlichen, die nicht die berechtigten Vorstände sind, verliehen[9]).

---

1) Dahn, Grundriß S. 331.
2) S. Baiern.
3) Mehrere Beläge bei Waitz IV. S. 211, den fünften giebt er selbst wieder auf, aber auch der dritte und vierte sind zweifelhaft: das müssen nicht Krongüter sein.
4) C. a. 818/819, ebenso bei Kirchen.
5) Urk. Ludw. VI. p. 493.
6) S. oben S. 121.
7) Lex Rhaet. Cur. X. 6, 1 ad ambos commune de fesco rex dedit.
8) portionem mortui recipiat.
9) Sogar so wichtige wie Luxeuil: ad regendum beneficii jure; aber auch niedern Geistlichen geringere beneficia Waitz IV. S. 212.

Zahlreiche Verleihungen von Kirchengut und ganzen Klöstern[1] noch lange nach Karl Martell sind bezeugt: wie von Pippin von Karl und Ludwig[2]. Aber Bischöfe trieben es zuweilen so arg wie der Stat: Bischof Gauzolen von Le Mans fand 36 von Geistlichen und Mönchen geleitete Klöster vor in seinem Sprengel, bei seinem Tode waren fast alle den Geistlichen von ihm selbst entrissen und Laien zu Beneficium gegeben[3]. So häufig waren diese Mißbräuche, daß man Formeln für die Beschwerden beim König darüber errichtete: „seit ihr uns jenem zu Beneficium gegeben und aus euer Mundeburd entlassen, haben wir weder Kleider noch Schuhe noch Salbe noch Seife noch Speise, wie früher Gewohnheit gewesen, erhalten"[4]. Pippin von Italien verbot wenigstens, daß die Klöster an Grafen zu Eigen geschenkt würden, nur als Beneficium sollen sie verliehen werden, aber das Eigenthum daran steht nicht mehr den Kirchen, steht dem König zu[5].

Sehr bezeichnend werden vom König verliehene (auch kirchliche) Beneficien als res publicae des Trägers von dessen res privatae (d. h. Allod) unterschieden[6]: blieben jene doch im Eigenthum des States (oder der Kirche). Die Beamten und Kronvasen entreißen auch noch unter Karl den Kirchen die diesen von beneficia gebührenden zwei Zehntel und andere Zinse und nehmen nicht wie[7] geboten die Kirchengüter nur als Precarien in Anspruch[8], unter Erneuerung der Precarie-Urkunden.

Der Streit, ob bei vom König zu Beneficium gegebenen Kirchengütern eine Commendation nur in das Vassaticum des Königs[9] oder nur in das der Kirche oder in beider statt fand, ist dahin zu entscheiden, daß Anfangs (unter Karl Martell und seinen Söhnen) eine Commendation an die Kirche nicht begegnet, wohl aber später eine solche an

---

1) De monasteriis in beneficium datis, Muratori Antiq. V. p. 300 seq.
2) S. oben S. 101.
3) Waitz a. a. O.
4) Form. Merkel 61.
5) Pippin C. 6. c. a. 790 monasteria et senodochia (l. xenod.) qui per diversos comites (nicht comitatus esse videntur, ut regales sint et quicumque eas habere voluerint, per beneficium regis habeant. Richtig gegen v. Sickel, Beitr. V. S. 6 liest und deutet die Stelle Waitz a. a. O.
6) Annal. Fuld. a. 831.
7) C. Heristal. a. 779. c. 13.
8) So ist wohl C. I. p. 203 (für Italien) in precariis renovandis neglegens zu deuten.
9) Näheres f. unten „Kronvasallen".

beide, eine nur an die Kirche gar nie, wohl aber auch später eine nur an den König. Die Empfänger solcher Güter heißen Vassali des Königs[1]: sollen die Söhne erben, müssen auch sie dem König commendirt werden, sonst fallen, wie wenn Söhne ganz fehlen, die Güter bei dem Tode des Vaters an die Kirche zurück[2]. Oft überläßt der Bischof das Gut dem König zu beneficium[3] behufs alleiniger Weiter-Verleihung, so daß der König sein unmittelbarer, der Dritte sein Aftervassall[4] wird. Oder umgekehrt: der König commendirt seine Vassallen dem Bischof als Aftervassallen und reicht nach Verleihung des Kirchenbeneficiums das Verbleibende nicht mehr zum Unterhalt der Kirche aus, so ersetzt er es aus Krongut[5]).

In solchen Fällen der Ueberlastung des Kirchenguts durch Vassallen trachtet ein Bischof wohl „mit Anstand und Klugheit" (decenter atque prudenter) ihrer ledig zu werden[6]).

Oft bestand der Vortheil für den Stat darin, daß von dem durch ihn verliehenen Kirchengut ihm Waffen- und Hof-Dienst geschuldet wird: bei Unfähigkeit zieht dann die Kirche — nicht der Stat — die Beneficien ein. Eine merkwürdige Rechtsverquickung![7]) Aehnlich verfügt der Bischof über die Stellvertretung im Amts-[8]) und Waffen-Dienst, der von einem Kirchenbeneficium geschuldet wird. Ein vom Kaiser verliehenes Beneficium einer Kirche ist es wohl, dessen Wiederverleihung beim Kaiser unter Umgehung des Bischofs erschlichen werden soll[9]). Kirchenbeneficiare trifft, wie Bischöfe und Aebte, die kirchliche Baulast[10]).

Karl ließ a. 812 wie alle Krongüter in unmittelbarer Bewirthschaftung, so die sämmtlichen Kronbeneficia der Bischöfe, Aebte, Aebtissinnen, Grafen und (andern) Vassallen je nach Missatica aufzeichnen[11]), diese hochwichtigen Verhältnisse außer Streit und Zweifel zu setzen.

---

1) Urk. Ludwigs p. 636 quae vassalli *nostri* de ratione .. *ecclesiae* per nostrae largitionis beneficium habuerant.
2) Urk. Karls p. 757.
3) Nicht gerade als beneficium vielleicht Hinkmar opp. II. p. 690.
4) Hinkmar opp. p. 603.
5) Hinkmar Opp. II. p. 609.
6) S. die Stelle bei Walt IV. S. 260.
7) Froth. epist. 9. Bouquet VI. p. 389.
8) Hinkmar II. p. 325: schwerlich doch geht palatium auf den bischöflichen: wenigstens wird neben der Kirche auch rei publicae ac militiae gedient.
9) Bouquet VI. p. 392.
10) Das onus fabricae C. I. p. 175. Vgl. I. p. 42.
11) C. de justitiis faciendis c. 7.

d. Kronbeneficien.

Seit Karl Martell werden nun die vom Stat, dann von den arnulfingischen Königen verliehenen Beneficien — aus Kirchen- oder Kron-Gut — immer häufiger[1]: bei Bischöfen, Aebten, Grafen wird vorausgesetzt, daß sie Kronbeneficien haben[2]; sie nehmen in ihrer rechtlichen Ausgestaltung völlig die viel älteren Formen der kirchlichen Beneficien herüber[3].

Der Hauptunterschied von den merovingischen Landschenkungen besteht darin, daß diese wenigstens regelmäßig[4] unbeschränktes, unwiderrufliches, vererbliches Eigenthum übertrugen, während die arnulfingischen Kronbeneficia wie die anderer Verleiher im Thronfall und im Lehenfall in Ermangelung von Erneuerung erlöschen. Nicht Eigenthum, nur Besitz, Verwaltung und Fruchtgenuß geht auf den Empfänger über, der ganz regelmäßig eine Gegenleistung: Waffendienst (gesteigerten, über die gemeine Heerbannpflicht hinaus), andere Dienste, Zins übernimmt[5]. Sogar wenn das Beneficium durch Verzicht des Königs in Eigenthum übergeht, wird dies zuweilen nur auf Lebenszeit gewährt[6], aber auch ausdrücklich erblich; die Androhung des Heimfalles wegen Untreue[7] ist überflüssig, weil der Heimfall alsdann selbstverständlich[8]; auch einfache Schenkung auf Lebenszeit begegnet[9]. Das Nebeneinander von Eigenthum und Nießbrauch in manchen Stellen[10] bezeugt wohl eine gewisse Unklarheit der Begriffe, meist aber wohl vor allem Eigenthum und zwar nicht nur nuda proprietas, auch das praktisch Wichtigste, den Fruchtgenuß umfassend: und in andern Fällen

---

1) Mittelrh. Urk.-B. I. N. 27, von Pippin Trad. Laur. N. 548.
2) C. a. 818.819. c. 26. p. 201.
3) Hierin ist Waitz, histor. Z. XIII. S. 106 f., völlig im Recht gegen v. Roth, Feud. S. 193, der umgekehrt die kirchlichen aus den arnulfingischen beneficia herleitet.
4) Ueber die Ausnahmen s. VII. 1. S. 202 f. und oben S. 97.
5) Ausdrücklich nur Nießbrauch in den Stellen bei Waitz IV. S. 205: wie andere sich ihres Eigenthums, möge das Kloster sich des Nießbrauchs, usufructuario, erfreuen: „ewig", weil hier kein Lehenfall eintreten kann; dagegen auf Lebenszeit bei Laienbeneficiaren ebenda: jure beneficiario et usufructuario.
6) Beispiele unter Ludwig und Lothar bei Waitz a. a. O.
7) Belüge bei Waitz a. a. O. S. 206.
8) Daher auch bei Schenkung vererblichen Eigenthums, vgl. VII. 2. S. 230; bei infidelitas ward ja alles Vermögen eingezogen, auch ererbtes.
9) a. a. O.
10) Waitz a. a. O.

ist offenbar der Grund des gewählten Ausdrucks, daß nur auf Lebenszeit — wie beim Nießbrauch — das Eigenthum gegeben wird¹).

Werden Güter im Besitz von Privaten als »fisci« von ihrem Aller
unterschieden, so sind das zuweilen Kronbeneficien, zuweilen aber Allod
gewordene Güter, bei denen nur noch der Erwerbtitel — königliche
Schenkung oder lästiger Erwerb aus dem Fiscus — im Gedächtniß
blieb, wie etwa heute ein Gutsbesitzer eine gekaufte Domäne immer
noch die „Domäne" — neben seinem Erbgut — nennen mag²). Der
König kann auch ein Beneficium aus Kirchengut dem Empfänger auf
Lebenszeit als Eigenthum zuwenden: dann erlischt der Zins an die
Kirche: aber seine Erben haben wieder für das Gut als beneficium
zu zinsen³).

Wird für Kronbeneficien nicht gezinst, so liegt die Gegenleistung
in dem Waffendienst. Uebrigens konnten, wie dem Fiscus, der camera,
auch einzelnen Königsvillae Güter aufgelassen und von diesen zu Nießbrauch den früheren Eignern gegen Zins zurückverliehen werden: die
villa erscheint dann nicht als „juristische Person", sondern als Organ
und Vertreterin des Reichsfiscus, wie heute eine Domäne oder eine
Casse des Staates. Ward diese villa verliehen oder veräußert, so ging
auf den neuen Besitzer oder Eigner das Recht auf jenen Zins über⁴).
Von beneficium ist für das zinspflichtige Grundstück keine Rede; doch
möglicherweise für die villa. Ein Theil oder eine Zubehörde einer
Königsvilla kann aber gegen Zins als beneficium gegeben werden.
Der Zins wird pro vestitura entrichtet⁵). Ob die von Ludwig in
Aquitanien vergabten, von Karl zurückgenommenen villae⁶) zu Eigen
geschenkt oder nur zu beneficium verliehen waren, ist nicht deutlich.
Der Umfang der Kronbeneficien war wie der der übrigen sehr ver-

---

1) So erkläre ich in proprietatem concederemus .. sub usufructuario
teneat: sub usufructuario in proprietatem concedimus. Beides hat Waitz
a. a. O. verkannt.

2) Irrig Waitz S. 207, besser Jacobs, Géographie de Grégoire de Tours
p. 28 un bien de donation royale possédé par .. un particulier; es muß nur
nicht gerade Schenkung sein.

3) S. die Stelle bei Waitz a. a. O.

4) Dies merkwürdige Rechtsverhältniß erhellt ganz klar aus C. 818/19. c. 4.
p. 267 terram censalem ad aliquam villam nostram (daheim) .. nullatenus
tenere potest (der ursprüngliche Eigenthümer) nisi ille voluerit ad cujus potestatem .. illa villa pertinet.

5) S. die Stelle bei Waitz S. 208.

6) Vita Hlud. c. 6.

schieden, aber doch meist erheblich: auch nach der Erleichterung der Wehrlast wegen Hungersnoth (a. 807) werden doch alle Kronbeneficiare aufgeboten¹): sie hatten wohl alle mehr als fünf mansi²).

Entsprechend seiner gesteigerten Wehr-, Dienst-, allgemeinen Treuepflicht erfreut sich der Kronbeneficiar auch erheblicher theils gesetzlicher, viel häufiger aber besonders mit dem beneficium zugleich verliehener Vorrechte, zu welchen in den meisten Fällen jetzt — bei der regelmäßigen Verbindung beider Institute — auch die des Kronvassallen³) traten: wenigstens der Vermuthung nach genießt⁴) der Kronbeneficiar erhöhten Frieden, Immunität für sein Beneficium, gefreiten Gerichtsstand im ersten oder zweiten Rechtsgang vor dem König: ob dies in allen Fällen nur Ausfluß des Eigenthums des Königs an dem Gute war⁵) oder zuweilen auch des besonderen Königsschutzes für die Person, kann doch zweifelhaft oft da scheinen, wo dies Schutzverhältniß bezeugt ist: oft ist das Vorrecht nicht auf das Königsland des Beneficiars beschränkt: andrerseits stand keineswegs jeder Königs-Beneficiar als solcher im besonderen Königsschutz.

Die Kronbeneficien erlöschen aus den allen Beneficien gemeinsamen Gründen⁶) und aus ihnen besonders anhaftenden, die sämmtlich auf die Verpflichtung gesteigerter fidelitas gegen den König zurückzuführen sind: so genügt schon Ungehorsam gegen einzelne Verfügungen des Königs, ja sogar schon Verweigerung der von einem andern Kronbeneficiar (par suus) angerufenen Waffenhilfe wider gewaltsamen Angriff⁷).

k. Andere Arten der Landleihe.

Neben den beneficia bestehen die merovingischen Formen der Landleihe⁸) und darauf ruhenden Abhängigkeitsverhältnisse, zumal der

---

1) C. I. p. 134.

2) Die Voraussetzung, daß die Kronbeneficien stets fünf mansi erreichen, erhellt auch C. I. p. 137 qui *vel beneficia vel talia propria* habent, ut ex eis (secundum jussionem c. 1) in hostem bene pergere possunt (c. 5).

3) S. unten S. 151 f.

4) Brunner II. S. 254 meint, nothwendig.

5) So Brunner a. a. O.

6) Oben S. 69.

7) C. I. p. 172. Verwirkung wegen Mißwirthschaft C. I. p. 43. S. oben S. 128.

8) VII. 1. S. 212 f. Ueber den Colonat s. v. Savigny, Z. f. gesch. R.-W. VI. Zumpt, über den römischen Colonat 1849. Ueber die langobardischen Aldionen und libellarii s. Langobarden, Band X.

Zins- und Frohn-Lasten fort[1]): seltner sind wohl die alten Precarien[2]) geworden, verdrängt durch und verschmolzen mit Beneficien, aber keineswegs verschwunden. Precaria bedeutet auch oft noch wie früher epistola, nicht terra[3]). Selten ist neben Precarie und Beneficium die gewöhnliche Pacht[4]), häufig bei Kirchen, zumal in Italien, die Emphyteuse.

Dem Rechte nach sollte immer noch der Precariebrief alle fünf Jahre erneuert werden: aber oft unterblieb das und man verzichtete auch wohl ausdrücklich darauf bei der ersten Ausstellung[5]). Keineswegs sind nur Unfreie[6]) zinspflichtig: es werden servitus und violentia census (nicht aber census selbst) gleich gestellt[7]). Vom Joche der Knechtschaft Gelöste werden zu Zinspflichtigen gemacht[8]).

Das Germanische für tributarius ist, genau entsprechend, gilstrio, von gotisch gilstr, Zins, gildan, gelten d. h. zahlen, gilstra-meleins, Schätzung[9]). Tributarii (vel censuales) heißen solche zinspflichtige (nicht etwa grundsteuerpflichtige Freie: das sind publici homines) Abhängige[10]): die Rechte und Pflichten bezüglich ihrer werden mit der ihrem Schutzherrn gehörigen Scholle an Andere abgetreten, (nicht ihre Personen, denn sie sind frei)[11]), zumal auch das Recht auf ihre Zinsleistung[12]).

---

1) Ueber solche Frohnden für Private Meitzen II. S. 595.
2) VII. 1. S. 215.
3) Form. Mark. II. 5.
4) Irrig steht conducta Form. Andec. 4.
5) Form. Mark. II. 5 ac si semper per quinquennium renovata fuisset.
6) censualia *mancipia* Mittelrhein. Urk.-B. I. p. 126.
7) Trad. Sangall. II. p. 84. Aehnlich Conc. Silvac. a. 853. c. 9 inservire nec censum aut tributum exigere.
8) Mittelrh. Ur.-B. I. 83 sind die censuales proprii monasterii Trad. Sangall. p. 521 nothwendig Unfreie?
9) S. die Stellen VI². S. 36; dazu Trad. Sangall. II. 449 quibusdam gilstrionibus nostris und Neugart, Cod. dipl. Alam. I. p. 294 (a. 856) curtis, quam a quibusdam gilstrionibus nostris .. emerat; irrig setzt Neugart gilstrio = gillonarius L. Visig. II. 4, 4; ebenso irrig Pantinus = puerorum praefecti von einem angeblichen gothischen „geil", lascivus: vielmehr ist gillonarius = buticularius, von gillo, Thongefäß.
10) Form. imper. 18. S. unten „Finanz, tributum".
11) Von den mancipia werden sie unterschieden: mancipia .. atque censuales (= tributarios et cerarios tributales regis) Statut. Rhisp. c. 30; censati Wirt. Urk.-B. I. p. 142.
12) Form. imper. c. 40.

Der Streit über ihre Freizügigkeit¹) ist wohl dahin zu entscheiden, daß nur die alten römischen coloni glebae adscripti verblieben waren, wo sie sich — in Südgallien und in Italien — überhaupt erhalten hatten: dagegen die übrigen konnten, falls sie nicht Schützlinge oder Vassallen waren, das Verhältniß lösen und die Scholle verlassen²). Auch bei diesem privaten Zins besteht kein Unterschied zwischen census und tributum³).

Die Abhängigen eines Klosters heißen deservientes qui sunt intra agros vel vincas seu super terras commanentes, Grundholden⁴). Aber nicht blos bäuerische Grundholden, auch Händler, negociantes, waren Abhängige von Klöstern (St. Denis)⁵). Bebauer fremder Höfe sind die »curtiferi«⁶); baccalarii sind Colonen, die auf einer baccalaria siedeln (es gab aber auch indominicatae, auf denen der Gutsherr selbst wohnte und wirthschaftete): sie umfaßte stets mehrere mansi, den Mansus zu 12 Joch gerechnet⁷). Die hagastaldi, haistaldi, haestoldi, hestaldi⁸) stehen als abgabenpflichtig (censales) neben den mansionarii⁹). Auf den (italischen) massae wohnende Grundholden heißen massarii¹⁰).

Die Zinse bestehen meist in Naturalien, eben einem Theil der Früchte des Leihgutes, zuweilen in Geld, oft in beidem¹¹).

---

1) Zwischen v. Roth, Ben. und Waitz IV. S. 336.
2) Die Divisio a. 806. c. 8 verbietet nur das Verlassen der Könige, die Ueberwanderung in ein anderes Theilreich. So richtig (gegen v. Roth) Waitz a. a. O.
3) Conc. Silvac. a. 853. c. 9; s. unten „Finanz".
4) Bouquet V. p. 720. a. 770.
5) Bouquet V. p. 730. a. 775.
6) Die bei Du Cange fehlen; s. Friedländer, Traditionen S. 6.
7) Zu frühest unter Karl dem Kahlen? S. die vielen Stellen bei Du Cange I. p. 509. 510; vgl. Waitz, Götting. gel. Anz. 1860. S. 1460.
8) S. viele Stellen bei Waitz IV. S. 342.
9) Nach Cäsarius, dem Waitz folgt, agricolae liberi qui non tenent a curia hereditatem, nur einen Antheil an Wasser und Weide des Klosters haben in Glossen mercenarii, also (nach Waitz) freie Taglöhner mit eignem kleinem Landbesitz (Junggeselle, Hof-los). Ueber das Sprachliche J. Grimm. D. Gramm. I². S. 1074 f. II. 226, 414, 457, 527. R. A. S. 313, besonders S. 484. Wigand I. S. 752. Dies, W.-B. II.³ S. 344. Schade S. 363. Brunner I. S. 142. II. 267. Nicht Eins mit den langobardischen austaldi. s. Langobarden und einstweilen Waitz IV. S. 342.
10) Bei Pavia Bouquet V. p. 725. a. 774, in Benetien massaritii p. 736. a. 776.
11) Geld (32 Denare) neben einer guten Kuh, und sechs Böden Waitz IV. S. 345; genaueres s. unten „Krongüter".

So ist medietarius eine Colone, der den halben Gutsertrag dem Gutsherrn abzugeben hat, sehr häufig in Frankreich, neufranz. métayer, auch in Italien eine Art der colonia partiaria[1]).

Die Bienenzüchter, Imker, Zeidler, cidlarii[2]), mit ihren Abgaben von Honig und Wachs kommen so häufig vor, daß sie, wohl meist Eins mit den Wachszinsigen, oft in einer Reihe mit anderen Zinspflichtigen genannt werden[3]). Die Bienenzucht hatte bis zur Einführung des Zuckers und der Herstellung besserer Beleuchtungsmittel viel höhere Bedeutung: Pechfackeln und Kienspähne wurden in den zahllosen Kirchen und von den Vornehmen ungern verwendet und der Honig war unentbehrlich für Herstellung des so viel begehrten Methes, für Süßung der Speisen und für Trinkbarmachung des roh behandelten und sauren Weines, der ja sogar (später) in Westpreußen gebaut wurde! — Ein von allen Ahnen her freies Geschlecht ergiebt sich mit allen Nachkommen als wachszinsig an Sanct Severin[4]). Gleichbedeutend mit cerae censuales steht luminarii[5]), weil das Wachs für Kerzen verwendet ward[6]).

Auch andere Abhängige heißen nach dem Gegenstand ihrer Zinspflicht; oder nach der sie begründenden Gewohnheit: consuetudinarii[7]). Die Nöthigung Freier zur Zinsung wird neben ihrer Verknechtung verboten[8]). Solche Zinspflicht beruht oft auf Vorbehalt bei der Freilassung[9]).

1) S. viele Stellen bei Du Cange V. p. 326 von Karl an; griechisch γεωργὸς μορτίτης; solche medietarii waren die colonarii von Tours: ad medietatem collaborare. Auch die spebatici, spicii heißen coloni Mohr I. p. 13: aber was bedeutet das Wort? Es fehlt bei Du Cange.
2) Der Name kömmt nicht vom lateinischen mellicida, s. Schmeller II. S. 1086 (unrichtig die Anführung bei Waitz IV. S. 342), nicht aus dem Keltischen, wie Leo in Haupts Z. V. S. 510; Wiegand II. S. 1165 und Schade 1255 leiten es aus dem slavischen vcedlari Biene, zumal es erst im X. Jahrhundert in den den Slaven nächsten Marken begegne: aber das lateinische cidalarius am Rhein schon im IX. spricht doch entschieden gegen slavischen Ursprung! Zweifelnd auch Kluge S. 383. Gar nichts bietet Du Cange II. p. 326.
3) Trad. Lunaelac. 38. 39.
4) Lacomblet I. 15. cerarios Quix, Aachen p. 3 (Lothar): sie stehen neben den Freigelaßnen, die ja auch oft zinsen C. a. 779. c. 15.
5) Du Cange V. p. 152.
6) Ueber andere luminaria (nicht luminarii) s. „Kirchenvermögen".
7) Gregor. M. epistol. XII. 12.   8) Conc. Silv. a. 853. c. 9.
9) Mittelrhein. Urk.-B. I. 63 a jugo servitutis solutos .. censuales, andere Stellen bei Waitz IV. S. 340.

Aber nur zu oft gelang es, abhängig z. B. schutzbefohlen Gewordene in Unfreiheit herabzudrücken, die vertragsmäßigen oder gewohnheitsrechtlichen Lasten einseitig zu erhöhen[1]).

3. **Abhängigkeit auf Grund persönlicher Verhältnisse: Vassallität und Verwandtes.**

a. **Entstehung der Vassallität[2]), Ueberblick.**

Die Vassallen sind nicht auf die altgermanischen Gefolgen, die merovingischen Antrustionen, zurückzuführen, so daß sie unter den Karolingern nur eine jüngere Schicht der „königlichen Gefolgschaft" waren[3]). Zwischen beiden Einrichtungen bestand neben (rein thatsächlicher) Aehnlichkeit lediglich der (rein thatsächliche) Zusammenhang, daß bei dem Verschwinden[4]) der Antrustionen noch in merovingischer Zeit gar manche von ihnen Vassallen geworden sein mögen.

Gegen diese Zurückführung der Vassallität auf die königlichen Antrustionen[5]) muß man doch die Frage richten: „und bei den Vassallen anderer Senioren?" Haben doch nur König und Königin Antrustionen gehabt: die (keltische) Vassallität ist aber viel älter in Gallien als das merovingische Königthum: lange vor a. 450 hatten gallische Bischöfe

---

1) Tiraboschi p. 52 (Ludwig II.) unusquisque maneat in suo ordine, liber in libertate, servus in servitute.

2) Kortüm, Königthum, Dienstmannschaft, Landestheilung. 1822. Wachter, Gefolgschaft. Encycl. v. Ersch u. Gruber I. 27. S. 50. Waitz, über die Anfänge der Vassallität. 1856. — Die Anfänge des Lehnwesens. Hist. Z. 1865.
Faugèron, les bénéfices et la vassallité au IXe siècle. 1868.
Die Entstehung der Vassallität, Jahrbücher für National-Oekonomie XXIII. XXV.
Waitz, s. die drei Abhandlungen über Vassallität und Lehnwesen jetzt in den gesammelten Abhandlungen ed. Zeumer I. 1896. S. 178, 301, 318.
Gegen die Entstehung der Vassallität aus der Gefolgschaft treffend v. Roth, Ben. S. 32; über die karolingische Entwickelung der Vassallität S. 369 f.; über die Entwickelung des Seniorats Feudal. S. 208 f.
Ehrenberg, die Handreichung und die Gabe bei der Commendation; Commend. S. 22—66, die Huldigung bei der Commendation, Commend. S. 104, Treue S. 105—115, Commend. und Huldigung ebenda S. 131—141.

3) Wie Brunner II. S. 100, 266.

4) S. unten und Brunner II. S. 263.

5) Brunner II. S. 258 f.; s. D. G. II. S. 453, Könige VII. 1. S. 209.

und Vornehme Vassallen und unter den Merovingen hatten ja doch keineswegs **nur König und Königin** Vassallen.

Gasindi sind nicht Gefolgen im engern Sinn, antrustiones, sondern Diener überhaupt[1]): denn auch die Königin, die doch wohl nicht an der Spitze eines berittenen Waffengefolges stand, hat gasindos[2]. Eben deßhalb können später auch Vassallen gasindi heißen: gasindus ist der weitere Begriff, der, wie homines, amici, clientes auch die Vassallen und Beneficiare[3]) umfaßt: damit ist aber keineswegs bewiesen, daß die ursprünglich doch zweifellos keltischen, nicht germanischen Vassallen — unfreie Hausdiener — eine Spielart oder eine Fortbildung der germanischen Gefolgschaft geworden seien[4]): ungermanisch ist wie dem Namen so dem Wesen nach der Vassus und ungermanisch, vielmehr ursprünglich kanonisch und römisch, ebenso das beneficium, das später nothwendig, früher nur thatsächlich häufig, der Vassallität sich verband. Damit ist nicht ausgeschlossen, daß ursprünglich auch Antrustionen Beneficien erhielten und, wie gasindi, auch wohl vassali genannt wurden: als aber die vassi bedeutsam wurden, waren die alten Antrustionen schon verschwunden. Die „Abschichtung"[5]) der vornehmeren Antrustionen mit Ersetzung im Hofdienst durch Vassallen ermangelt der Beweise.

Abgesehen von einer ungefähren Aehnlichkeit haben die **Vassi** und **Buccellarii**[6]) mit germanischer Gefolgschaft gar nichts gemein[7]): sie sind im ost- und im west-römischen Reiche viel früher bezeugt als von germanischem Einfluß hier — in Kleinasien! — irgend die Rede sein kann. Nicht vom „Militairzwieback"[8]) heißt der buccellarius, sondern von dem „Bissen" Brod, den ihm sein Brodherr gewährt, der ja ein Privater ist und nicht über „Militairzwieback" verfügt. Später verlor sich das Merkmal der Unfreiheit bei dem Vassus, aber bezeich-

---

1) Ueber die gasindii = amici, clientes s. VII. 1. S. 203, z. B. C. I. p. 192; s. Langobarden; man fürchtet Parteilichkeit des Richters für seine gasindi, s. unten.

2) Anders Brunner II. S. 259.

3) Ein gasindus Pippins erhält von diesem als Beneficium eine St. Denis gehörige villa. Bouquet V. p. 701. a. 754.

4) Brunner II. S. 201, 262.

5) Brunner II. S. 262.

6) VI². S. 133.

7) A. M. Brunner II. S. 262.

8) Brunner a. a. O.

nendermaßen früher rechts vom Rhein bei Alamannen und Baiern¹) als im Südwesten, als in Gallien, der Wiege der Vassallität, wo die Erinnerung an das Keltische fortdauerte und wo die germanische Gefolgschaft gewiß nie und am Wenigsten noch im VIII. Jahrhundert — unter Karl Martell und dessen Söhnen! — auf die Vassi Einfluß übte²). Der wirkliche Gefolgsdienst der Antrustionen am Hof ehrte ja, wie jede enge Verbindung mit der Person des Königs: die Antrustionen waren also nicht zu vornehm hierfür geworden"³), sondern verschwunden waren sie⁴), weil der König keine Antrustionen, sondern statt deren Gasindi, Domestici, Vassi bestellte. Die angelsächsische Gleichung: gesid: thegn: cniht = antrustio: vassus: ministerialis kann doch für das Frankenreich nichts beweisen.

Die Aehnlichkeiten zwischen Antrustionat und Vassallität gehen nicht weiter als sich unter zwei Arten von Treue- und Schutz-Verhältnissen von selbst ergiebt. Und jene Aehnlichkeiten bestehen ganz ebenso zwischen Vassallität und allen andern Arten der Abhängigkeits- und Schutz-Verhältnisse: so der Schutz, den der Herr schuldet⁵), so vielleicht das erhöhte Wergeld des Königsvassallen wie des Antrustio: es kam bei Königsschutz häufig vor, muß also nicht das Wergeld der Antrustionen sein: und daß es wie dieses das Dreifache war⁶), ist nicht nachweisbar. Dazu kommt, daß manche dieser Rechte und Pflichten von Senior (Recht auf Wergeld, Pflicht der Fehde, Mithio) und Vassall durchaus nicht auf den König und seine Vassallen beschränkt waren, während doch nur der König Antrustionen hatte. Recht und Pflicht des Seniors, das Wergeld des Vassallen zu beziehen oder Blutrache für ihn im Fehdegang zu nehmen, ihn vor Gericht zu vertreten⁷), findet sich wie bei Vassallität auch bei andern Treueverhältnissen: und es ist doch sehr zweifelhaft, ob auch der Gefolgsherr früher die Wergeldforderung und die gerichtliche Vertretung für den Gefolgen gehabt hatte: jedesfalles ist es unbezeugt.

Die Waffenpflicht des Vassallen war ursprünglich durchaus nicht,

---

1) S. beide. L. A. 36, 3. L. B. II. 14.
2) Anders Brunner a. a. O. S. 262.
3) Brunner a. a. O.
4) Nicht auf das Land hinaus als „Antrustionen a. D.", ein erblicher Stand von Rittergutsbesitzern geworden.
5) Form. Mark. I. 18.
6) Brunner II. S. 263. Waitz II a. S. 251.
7) Brunner, Mithio S. 9.

wie die des Gefolgen¹), etwas der Vassallität besonders eigenartiges, sondern lediglich ein Ausfluß seiner allgemeinen Verpflichtung, dem Herrn in Gefahr — z. B. auch Wasser- und Feuer-Noth — zu helfen: erst die planmäßige Verwerthung von Vassallität und Beneficium unter Karl Martell und dessen Söhnen machte den Reiterdienst zur Hauptpflicht des Vassallen und Beneficiars. Auch Frauen haben Vassallen, Gattinnen und Töchter von Königen: ein Weib konnte aber nie Gefolgsherr, »princeps« sein²).

Weiter: die Zahl der Gefolgen — als Tafelgenossen — hat wohl nie viel über hundert betragen³): die Menge der über das ganze Reich in den verschiedensten Verwendungen⁴) verstreuten Kron-Vassallen ist „unzählbar"⁵).

Daher rührt es — und nicht aus dem Ursprung von der Gefolgschaft! — daß der Vassall jetzt — früher unbezeugt — Waffen und — sehr begreiflich: — Rosse vom Senior empfängt⁶), ebenso der westgothische buccellarius, der doch gewiß nie antrustio⁷) war. Und das Lehengesetz Konrads II.⁸) geht doch (a. 1038!) sicher nicht auf altgermanische Gefolgschaft zurück!

Daß der Senior dem Vassallen von Anbeginn Unterhalt (wie Ausrüstung) schuldete, folgt nicht aus dem Ursprung aus der Gefolgschaft⁹), sondern ganz einfach aus der Unfreiheit ursprünglich aller Vassallen. Unfreie jeder Art hat der Herr zu ernähren und — für ihre Dienste — auszurüsten. Als später freie Vassallen aufkamen, lebten auch diese theils in und von dem Haushalt des Herrn, theils von den Beneficien, die seit c. a. 730—740 regelmäßig an Vassallen gegeben wurden: denn thatsächlich tritt seit Karl Martells Saecularisationen diese Verbindung von Vassallität und Beneficium regelmäßig ein¹⁰). Und der jetzt verfolgte Zweck — Bildung von Reitergeschwadern — erklärt

---

1) Tacitus Germ. c. 13.
2) C. a. 808. c. 13 de hominibus filiorum ac filiarum nostrarum p. 155. c. 5 homo .. filiarum imperatoris; eine Aebtissin bei Waitz IV. S. 253; allgemein C. a. 819. c. 27 vassi .. abbatum abbatissarum et comitum.
3) D. G. I a. S. 225. Dahn-Wietersheim S. 68, 168.
4) S. unten.
5) Dronke p. 226 innumerabilibus vassalis dominicis.
6) Fredig. cont. c. 45, 128.
7) Könige VI.² »buccellarius«.
8) Brunner II. S. 267.
9) Anders Brunner II. S. 266.
10) Brunner selbst führt a. a. O. die frühesten Beläge von a. 728 und 740 an.

vollgenügend, daß jetzt ein solcher Vassall ganz regelmäßig Roß und Waffen erhält¹); an die alte Hausgenossenschaft der Gefolgen oder keltischen Vassi ist damals schon lange nicht mehr zu denken²), und die Strafe des Fastens, die Karl der Große gegen Ende seines Lebens³) saumseligen Vassallen auferlegt, ist nur eine Anwendung jener Verquickung von Geistlichem und Weltlichem, die ihn je später je mehr beherrschte: schwerlich doch ließ der heidnische Gefolgsherr seine Gefolgen in der Heidenzeit zur Strafe „fasten"⁴), wenn sie auch etwa von der ehrenden Tischgenossenschaft (auf Zeit) ausgeschlossen wurden. Die Pflichten des Vassallen, so der Waffendienst, ähneln freilich nun — nach Aufkommen der Vassallengeschwader — denen der lang verschwundenen Gefolgen: vorher hatte der Vassall als solcher nicht mehr Waffenpflicht gehabt als jeder Unfreie und homo: also gerade als Gefolgen und Vassallen noch nebeneinander standen, unterschieden sie sich eben hierin. Auch den Treueeid leisteten — wie Gefolgen und später Vassen — ebenso andere homines und Schützlinge: und die Pflicht, dem Ruf des Herrn in dessen Haus zu folgen (die viel spätere feudale „Hoffahrtpflicht"), ebenfalls eine allgemeine Pflicht aller Abhängigen, geht um so weniger auf die alte Heergenossenschaft der Gefolgen zurück, als diese ja ohnehin nach Tacitus in dem Hause des Gefolgsherrn, nicht aber⁵) fern von ihm auf Höfen lebten.

Daß der Heliand den Gefolgen »Hagustalt« nennt, wie auch solche „Grundbesitzlose" [d. h. jüngere Söhne] hießen, die keinen Hof zu Begründung eignen Haushalts, nur ein eingehegt Stück Feld besaßen (»hag« und »gastaldjan«, „besitzen", über etwas walten) und Waffendienste zu leisten pflegten, und daß andrerseits ein „grundbesitzloser" Vassall austald⁶) heißt, kann wahrlich nichts für Entstehung der Vassallen aus den Gefolgen beweisen: denn das beiden Gemeinsame ist nur — der Mangel eines eignen Hofes⁷).

Die kriegerische Dienstpflicht ward freilich Schwerpunkt der Vassallität: aber erst seit etwa a. 740⁸), war es nicht von Anfang an⁹):

---

1) S. die Beläge bei Brunner: Tassilo III, der Däne Harald.
2) Anders Brunner II. S. 267.
3) Cap. Bonon. v. 811. c. 3. p. 106.   4) Anders Brunner a. a. O.
5) Wie freilich Brunner meint.
6) Vgl. Grimm, W. IV. 2. S. 157. S. oben S. 149 und „Langobarden".
7) Dies gegen Brunner II. S. 267.
8) Capit. de rebus exercitalibus von a. 811. c. 7. p. 165.
9) Nur ausnahmsweise heißen sie satellites, s. unten.

dadurch ist die spätere Ausbildung und Verbreitung der ganzen Einrichtung sattsam erklärt¹).

Noch zu Anfang des IX. Jahrhunderts²) wird von den Kirchen sogar verlangt, daß sie selbst ihre Vassallen mit den der Kirche gehörigen Brünnen ausrüsten sollen: so unmittelbar gelten also die Kirchen selbst als belastet mit der Stellung von Panzerreitern.

Denn außer der Heerfahrt für den Senior hat der freie Vassall selbstverständlich den Dienst im Heerbann zu leisten, ursprünglich jeder, später, seit Karls Erleichterungen, wer das Mindestmaß von Allod oder — das war sehr einschneidend! — auch nur an Beneficien erreichte: diese wurden dem Allod gleichgestellt, da ja die „Saecularisation" Karl Martells und seiner Söhne gerade zum Zweck der Vermehrung der als Reiter dienenden Wehrleute erfolgt war. Es ist bezeichnend, daß Karl überall voraussetzt, die Vassallen erreichen jenes Mindestmaß wenigstens an Lehen: und zwar in solcher Uebersteigung, daß sie meist als Reiter dienen.

Dies gilt nicht nur von den großen Vassallen der Krone, ebenso von den kleinen Aftervassallen: denn bei der Verleihung an jene Großen wurden diese — offenbar — durch Vertrag verpflichtet, soviel an Land an Kleinvassallen auszuleihen, daß diese fähig und verpflichtet wurden, das Kriegsroß, die Reiterbrünne und die andern Reiterwaffen zu halten³).

Die Noth der Zeit erheischte so bringend diese Verstärkung der Geschwader, daß sie sogar einen Grundstein germanischer Rechtsauffassung aufhob: den Ausschluß der Unfreien von Waffen-Recht und -Pflicht: wie die Kriegsnoth schon vor Jahrhunderten bei Langobarden das Gleiche erzwungen hatte⁴): auch unfreie Vassallen wurden jetzt, wie gegenüber ihren Herren, so gegenüber dem König wehrpflichtig, falls sie jenes Mindestmaß an Lehenland erreichten oder den Reiterdienst auf Befehl ihres Herrn zu leisten hatten.

Nicht mehr als in jener Uebereinstimmung zweier Arten von Treue- und Dienst-Verhältniß nothwendig gegeben ist, erscheint auch Aehnlichkeit bei Begründung der beiden, nicht eine „nachweisbare

---

1) Dies gegen Waitz IV. S. 276 und Beaudouin, la recommendation p. 20 einerseits, gegen Brunner II. S. 268 andrerseits.
2) C. I. p. 167 (a. 811).
3) Cap. Bon. v. 811. c. 10. p. 167.
4) Urgesch. IV. S. 193—195.

Verwandtschaft"¹): ein Vertrag ist — selbstverständlich — bei beiden unentbehrlich, der Treueeid liegt nahe: aber wir wissen durchaus nicht, daß der Gefolgsherr dem antrustio dabei eine Gabe reichte, wie der Senior (oft) dem Vassallen, und ebenso wenig, daß der Gefolge in den Formen der Handreichung aufgenommen ward, die übrigens bei Eingehung der verschiedensten, durchaus unverwandten Abhängigkeitsverhältnisse angewandt wurde.

Wenig anzufangen ist auch bei dem Vassaticum mit dem Ausdruck: »se commendare«. Denn dies wird nicht nur schon römisch für das sich Befehlen in Schutz einer Person (mundeburdis, mithio) oder Gewalt jeder Art eines Andern (patronus, senior) gebraucht²) — die „Handreichung" wird bei der commendatio nie, so wenig wie bei der alten Gefolgschaft erwähnt — auch jede Besitzübertragung von Sachen bei Leihe, Miethe, Pacht, Auftrag, Hinterlegung, Faustpfand, heißt commendare³). Bei Abschluß des Vassallitätsvertrages wurde damals schwerlich schon eines der späteren lehenrechtlichen Wahrzeichen übergeben, vielmehr scheint eher ein solidus (oder auch — jetzt! — allerdings eine Waffe) als arrha gegeben. Aber diese Waffengabe bei der Vassallität rührt keineswegs von der alten Gefolgschaft her: denn die Schenkung von Waffen an den Gefolgen ist durchaus nicht Form für Eingehung der Gefolgschaft⁴), sondern nachdem der Mann Gefolge geworden, erwartet er von der Freigebigkeit des Gefolgsherrn das Geschenk von framea oder Streitroß⁵), was nur Belohnung von seinen nach dem Eintritt in die Gefolgschaft geleisteten Diensten sein kann, aber keineswegs Wesensform für Begründung des Verhältnisses ist. Auch von Darreichung einer wadia durch den Herrn an den Gefolgen oder später an den Vassallen begegnet keine Spur⁶) und werden viel später Speer, Fahne, Helm, Schild bei der Investitur gegeben, so sind sie gewiß nicht als Nachfolger der alten wadia verwendet, — diese konnte ja aus ganz andern Dingen bestehen — sondern Sinnbilder der Verpflichtung zur Heerfahrt⁷).

---

1) Wie Brunner II. S. 270.
2) L. Rib. 31 (37), z. B. s. unten.
3) Westg. Studien S. 104.
4) Wie Brunner II. S. 272.
5) Könige I., »princeps«, »comites«.
6) Anders Brunner II. S. 273.
7) Anders Brunner a. a. O.

Wer Vassall werden soll, commendirt sich in die Hände des künftigen Seniors[1]), der ihm, unter Auflage der Rückgabe bei Lösung des Verhältnisses, eine Gabe zu schenken, später ein Beneficium zu leihen pflegt.

Die sinnbildliche Form der Commendatio ist die der deditio: der Mann legt, — später wenigstens — vor dem Senior knieend, beide gefaltete Hände in die im Schoße ruhenden offenen Hände des Herrn: zahlreiche Bilder des Mittelalters[2]) stellen die Handlung dar, die wie der entsprechende Ausdruck manibus se tradere auch für viele andere Arten der Begebung in Schutz oder Gewalt gebraucht wurde: so bei der Ergebung in Kriegsgefangenschaft (manus dare), in Knechtschaft[3]), ja sogar bei dem Eintritt in das Kloster, der doch gewiß nicht aus germanischem, aus der heidnischen Gefolgschaft herrührte[4]).

Ein Unfreier commendirt sich in das patrocinium eines dux[5]), ein Freier begiebt sich in das obsequium eines Andern[6]); ebenso commendirt sich der westgotische buccellarius seinem Patron[7]): doch war bei der Commendatio, die nicht in das Vassaticum geschah, die manus deditio nicht üblich, wohl aber die Ausstellung einer Urkunde, eines Schutzbriefes häufig[8]), nicht nur bei Königsschutz. Die Hingebung der Hände muß durchaus nicht aus dem Germanischen stammen[9]), denn sie ist gemein arisch. Am Wenigsten beweist sie Entstehung der Vassallität aus der Gefolgschaft[10]): denn bei dieser ist sie ganz unbezeugt, wie überhaupt jede Form, abgesehen vom Eide[11]): sie kann vielmehr recht wohl keltisch sein, und ist es vermuthlich, wie der Name Vassus selbst[12]). Daß der Treueeid des Vassallen[13]) gerade aus

---

1) Auch in den Schutz der Vassen des Königs oder der Vassen der Grafen commendirt man sich. So die aufgenommenen Spanier 816. C. 2. p. 263.
2) v. Roth, Feudalität S. 270. Th. v. Sickel, Beiträge III. S. 96 f. Ehrenberg, Commendation S. 24 f.
3) Belege bei Grimm, Rechtsalterthümer.
4) Regestum Farfense N. 165 (s. Langobarden) junctis manibus se contradere manibus abbatis (a. 801).
5) Vgl. Greg. Tur. IV. 1. 46. Urgesch. III. S. 153.
6) L. Rib. 31 (37).
7) Könige VI.² S. 133.
8) Vergl. Form. Arvern. 5 »patrocinalis carta« Turon. 43.
9) Wie Brunner a. a. O. 272.
10) Wie Brunner a. a. O.
11) Tac. Germ. c. 13.
12) Anders Brunner a. a. O.
13) Ut nulli alteri per sacramentum fidelitas promittatur nisi nobis et unicuique seniori ad nostram utilitatem et sui senioris Cap. Theodon.

ter Gefolgschaft stammen müsse¹), überhaupt aus dem Germanischen, ist um so weniger anzunehmen, als es allgemein gebräuchlich war, auch andere Schutz- und Treueverhältnisse als die Vassallität durch Eid zu bekräftigen, was Karl erst im Jahre 805 für die Zukunft verbietet.

Ebensowenig ist anzunehmen, daß die aus rein römisch-byzantinischer Wurzel erwachsene Einrichtung der Lanzenträger kaiserlicher Feldherrn — besoldete Leibwächter, δορυφόροι²) — den Eid gegenüber dem Feldherrn³), der auch dem Kaiser geschworen ward, aus der germanischen Gefolgschaft entlehnte⁴).

Den erörterten unvermeidlichen wirklichen und scheinbaren Aehnlichkeiten stehen doch ebenso wesentliche Unterschiede gegenüber. Der Gefolge ist nach Tacitus nur in steter nächster Umgebung des Gefolgsherrn, als sein Hallen- und Bank-Genoß (Beowulflied!) zu denken: wenn⁵) Antrustionen auch fern vom Königshof vorkommen auf Provincialbeneficien, so gehört dies der Zeit ihres Untergangs, ihres — thatsächlichen, nicht rechtlichen — Uebergangs in Beneficientträger und Vassallen an: für die »per bella ac raptus« zu erhaltende Gefolgschaft war in dem Paris, Metz, Orléans der Merovingen wirklich keine Lebensmöglichkeit. Dagegen finden wir — sehr begreiflich! — Vassallen von Anfang an zahlreicher noch als am Hofe der Könige draußen in den Provinzen, zumal gefährdeten, in den Marken auch als Besatzung von Festungen, ohne jeden Zusammenhang mit dem Hause des Königs.

---

v. 805. c. 9. p. 124; senior bezeichnet übrigens nicht immer, wenn auch wohl hier, den Senior eines Vassallen.

1) Wie Brunner II. S. 212.
2) Vgl. Dahn, Prokop S. 423.
3) Prokop, b. Vand. II. 18.
4) Wie Brunner II. S. 272; allzuviel beweist Brunner hier aus nordgermanischen, angelsächsischen, spätmittelalterlichen deutschen (unter Konrad II.) und niederländischen Quellen; ich muß dem ausgezeichneten Werke, dem ich so viel Anregung und reiche Belehrung verdanke, hier häufiger als auf andern Gebieten widersprechen: hier und auch sonst am Häufigsten da, wo es ausschließlich Germanisches findet, wo ich Römisches als Ursprung oder doch als Beimischung annehme. Und zumal jene Methode, stammfremd- oder zeitferne Quellen heranzuziehen, widerspricht von jeher meiner Grundauffassung; vgl. Vorwort zu Band I dieses Werkes (1861).
5) Nach Brunners Annahme II. S. 266.

Ein Gefolge aber, der nicht mehr bei dem Gefolgsherrn lebt, ein „abgeschichteter" [1], ist kein Gefolge, kein »conviva regis« mehr [2])!

Vassallen finden wir zwar auch unter den domestici, d. h. den im Palatium im Dienst des Königs Lebenden: dabei können sie aber auch Beneficien draußen in den Provinzen haben und selbst bewirthschaften oder von Andern, z. B. Aftervassallen, bewirthschaften lassen [3]); bleibt der König bei einem Feldzug zu Hause, bleiben sie bei ihm, zieht er aus, ziehn sie (in der Regel) mit. Meist scheinen sie allerdings Beneficia in der Provinz erst erhalten zu haben, wann sie aus dem Palaste nach längerem Dienste schieden [4]): das erklärt sich aber nicht aus der längst verschwundenen Gefolgschaft, sondern aus der jetzt wesentlich kriegerisch gewordenen Natur dieser späteren Vassallität.

Ganz besonders bediente man sich der Vassen, fern von Person und Palast des Königs, in neuerworbenen Provinzen, die Gränzen zu sichern, auch die Krongüter zu verwalten [5]), in Aquitanien ähnlich in Italien und Sachsen.

Ferner: die Antrustionen sind regelmäßig frei, die Vassallen sind ursprünglich ausschließlich unfrei. Folgerichtig, aber ganz falsch läßt man denn auch die Vassallen aus „unfreien Kriegern" hervorgehen [6]): Hausdiener waren sie.

Die absichtliche Einführung der Vassallität durch die Arnulfingen, um etwas den merovingischen Gefolgen Aehnliches zu gewinnen, ist reine Einbildung [7]): jeder, also auch die Arnulfingen durften Gefolgen halten: aber deren Zeit war nicht mehr [8]).

Unfreie Gefolgen mag es — ausnahmsweise — gegeben haben, aber freie Vassen gab es — sehr lange Zeit — überhaupt nicht [9]):

---

1) Brunner a. a. O.   2) Vgl. Tac. Germ. c. 13.

3) C. p. 167 (811) vassis dominicis qui *adhuc* intra casam serviunt et *tamen* beneficia habere noscuntur.

4) Argum. *adhuc - tamen.*

5) Vita Hlud. c. 3. p. 88 (Karl) ordinavit .. plurimos .. vassos .. eisque commisit .. tutamen finium villarumque regiarum ruralem provisionem.

6) Faugèron p. 194.

7) von Daniels S. 428.

8) Kaufmann S. 124 will die Arnulfingen ihre „Privatvassallen" den merovingischen Antrustionen gleich stellen lassen: aber a. 680 gab es keine Antrustionen mehr, die etwas bedeuteten: damals waren in Paris noch mehr als in Ripuarien bereits die Vassallen die wichtigsten Leute.

9) Zumal die Beneficien tragenden Vassallen: nichts beweist, daß diese alle früher am Hofe gelebt, wie freilich die Gefolgen.

erst seit a. 740, seit der Verknüpfung von Vassallität mit Beneficien, also drei Jahrhunderte, nachdem die Franken die Vassallität in Gallien kennen gelernt.

Umgekehrt kommen auch nach a. 740 noch sehr zahlreich unfreie Vassallen vor als **Hausdiener** des **Herrn**[1]) oder auch als **Grundholden**: und zwar nicht auf Beneficien: einmal bestand die Vassallität im alten Sinn — ohne Beneficien — fort, andrerseits stand nichts im Wege, Unfreie zu Vassallen im neueren Sinn und zu Beneficienträgern zu machen: daher Unfreie in vassatico vorausgesetzt werden **neben** solchen, die »beneficia habent«, die durch vassaticum oder beneficia (oder selbstverständlich durch beides) geehrt sind (honorati)[2]).

Der Vassall muß (später) beneficium haben: das fehlt bei dem Gefolgen: der Vassall lebt von seinem beneficium, der Gefolge von der Tafel des Königs: die Vorrechte des Vassallen sind andere, als die des Gefolgen; die Gefolgen sind hochgeehrte Helden, die Vassallen können ärmliche Kleinbauern sein, auch im Palast leben arme Vassallen[3]). Ja sogar Aehnlichkeiten beider Einrichtungen — der Eid (der erst spät und nicht nothwendig bei den Vassallen vorkommt) und die Geschenke[4]) — können zwar, aber müssen durchaus nicht auf Entlehnung beruhen, so nahe liegen sie bei den Treue-Verhältnissen. Die Vassallität bestand in Gallien bereits lange ehe die Merovingen dorthin Antrustionen mitbrachten: jene Aehnlichkeiten können also von Anbeginn ohne Entlehnung entstanden sein[5]).

Da schon die Anfänge der Vassallität, wie dargewiesen[6]), nicht aus der Gefolgschaft erwachsen sind, kann bei deren Weiterbildung um so weniger davon die Rede sein, als es zur Zeit dieser Weiterbildung schon längst gar keine Gefolgschaft mehr gab[7]).

---

1) C. (a. 789) p. 60. c. 4 servi qui in vassatico honorati sunt. C. Comp. (a. 757) c. 9. p. 38.
2) C. p. 66. (a. 792 oder 786). Pardessus II (a. 710) p. 254, dazu Weißenburger Urkunden N. 17. (a. 739).
3) Annal. Laureshom. a. 802 pauperiores vassallos de palatio.
4) Beispiele bei Waitz: Remistan, Tassilo, Harald; aber diese (Armring, Waffen, Rosse) tauschten Fürsten auch sonst »francisco more veterno (ut solet)«.
5) Anders Waitz IV. S. 249, der aber mit Recht hervorhebt (S. 251), daß in seiner Bearbeitung älterer Gesetze antrustio durch vassus ersetzt wird.
6) Oben S. 151 f.
7) Gegen v. Roth schon Waitz, Vassallität: Walter § 78 kann man nur zu geben, daß manche (merovingische) Antrustionen zugleich Vassallen wurden; durch-

Wie in der Merovingenzeit[1]) unterscheiden beide sich in der Form der Begründung, der Rechtswirkung und dem Umfang; die Wesensform der Begründung der Vassallität, die Handreichung, fehlt bei der Gefolgschaft, dem Vassallen fehlt das wichtigste Recht des Gefolgen, das verdreifachte Wergeld[2]).

Während ferner der ordentliche Gerichtsstand des antrustio vor dem Palastgericht gewesen war, da er ja dort seinen Wohnsitz hatte, steht dem Senior über den Vassallen Gerichtsbarkeit durchaus nicht zu (wie im Mittelalter in causae feudales, curias)[3]). Auch die vornehmsten Königsvassallen gehören vor das Grafengericht[4]). Erst gegen Ende der Karolingerzeit und nur in Frankreich und Italien wird der Kläger gegen den Vassallen zunächst an dessen Senior behufs Vermittelung, später auch Stellung vor Gericht verwiesen[5]).

Es gilt aber für sie (regelmäßig) kein gefreiter Gerichtsstand, sondern der ordentliche vor dem Grafen[6]). Manche Vorrechte im Verfahren[7]), später Berufung an den König, die Vertretung[8]) — auch im Eide — durch Andre, z. B. die eignen Vassallen, das Gehör vor dem König in schweren Strafsachen oder doch dessen Zustimmung zur districtio des Vassallen durch den ordentlichen Richter theilen die Vassallen des Königs mit andern Königsschützlingen oder Weltgroßen und sind durchaus nicht als Vorrechte der Antrustionen nachweisbar: vielmehr können diese die Berufung an den König gar nicht gehabt

---

aus falsch Zöpfl S. 58—60 die Gefolgschaft eine Art der Commendation! Tacitus ist doch erheblich älter als das Frankenreich.

1) VII. 1. S. „Abhängige".
2) So mit Recht Waitz IV. S. 251 gegen v. Roth, Feud. S. 220, Zöpfl S. 68, auch Th. v. Sickel, Beitr. III. S. 101; daß der homo Francus bei den Chamaven kein Vassus, ward VII. 1. »homines« gezeigt; C. I. 1. p. 160. c. 1 will (Gleichstellung der vassi mit den missi) nicht jene mit diesen gleichstellen, sondern nur jener Verletzung mit der Verletzung dieser und jedesfalls ja nicht im Wergeld; v. Roth S. 223 muß letzteres selbst einräumen.
3) Wie Brunner a. a. O. zugeben muß, der selbst die Strafgerichtsbarkeit des nordgermanischen Gefolgsherrn über die Gefolgen anführt.
4) C. I. p. 191. a. 781.
5) So Brunner selbst II. S. 266.
6) So noch Cap. Mantuan. p. 191. c. 30. a. 782—786.
7) Die Brunner II. S. 264 anführt: so der gefreite Gerichtsstand vor dem König in Strafsachen, vgl. VII. 1. „Gerichtshoheit". C. II. p. 13 (a. 829). I. p. 326 (a. 825) Zehentstrafsachen.
8) Cap. Ital. p. 210. c. 10.

haben, da sie schon im ersten Rechtsgang ihr Gericht vor dem König im Palatium hatten.

Auch das Urtheilfindenhelfen der Königsvassallen im Königsgericht oder in dem seines Sendboten ist nicht[1]) aus einer solchen Verpflichtung der Antrustionen abzuleiten.

Denn einmal hatten damals die Antrustionen nicht als solche diese Pflicht gehabt, sondern als Genossen des Palatiums wie alle andern hier lebenden Vornehmen.

Zweitens kann die Verpflichtung des Vassallen, dem Ruf des Königs an den Hof zur Abhaltung des Hofgerichts im Sinne der späteren lehenrechtlichen Hoffahrtspflicht[2]) zu folgen, deßhalb nicht von den Antrustionen herrühren, weil diese der König nicht erst an den Hof zu rufen brauchte: sie wohnten und lebten ohnehin dort.

Drittens hatten ja jetzt keineswegs nur die Königsvassallen — also die angeblichen Antrustionen — diese Pflicht, sondern die Vassallen aller Seniores, auch bei Alamannen und Baiern[3]).

Und endlich aber erscheint dies Urtheilfindenhelfen[4]) durchaus nicht als eine besondere etwa der späteren Lehenhaftpflicht (officium curiae feudalis) entsprechende Vassallenpflicht, sondern lediglich eine Folge der allgemeinen Beistandspflicht[5]) in allen Bedürfnißfällen[6]) und Geschäften des Seniors — wie dieser ihnen, wie übrigens auch seinen andern homines, auch andere Aufträge geben mag, z. B. Reisebegleitung, Botenfahrt[7]), Prozeßvertretung, Eidleistung für den Herrn, Uebertragung eines Amtes (auch abgesehen von dem ihm zu Beneficium gegebenen Amt) —, welche die Grundlage des ganzen Verhältnisses bildet.

Weil diese Dingpflicht nicht Pflicht aller Unterthanen, sondern nur der homines und deßhalb auch der vassalli war, müssen auch nach Erleichterung der Dingpflicht für die Kleinfreien doch, wie die Schöffen, so die homines, deßhalb auch die Vassen des Grafen (nicht des Königs!) auch die placita minora ihres Grafen, d. h. Senior, besuchen[8]).

---

1) Mit Brunner II. S. 269.
2) Brunner II. S. 268.
3) L. A. 363. L. B. II. 14, s. Band IX.
4) C. p. 148 (a. 808).
5) obsequium, servitium Waitz IV. S. 271 f., ministerium.
6) Vgl. oben S. 155, z. B. in Wasser- oder Feuer- oder Räuber-Noth.
7) Beim König als Königsboten v. Roth, Feud. S. 216.
8) Cap. Aquisgran. v. 809. c. 5. p. 148.

Von solchen außerordentlichen Aufträgen sind zu unterscheiden die ordentlichen Leistungen an Reiterdienst[1]), auch wohl an Zins, — die durch den Vassallitätsvertrag oder wohl auch durch das landschaftliche Gewohnheitsrecht oder durch das bei dem betreffenden Herrn als Gepflogenheit übliche Maß bestimmt sind. So sagt Ludwig I. einmal, die (spanischen) Vassallen im Vassaticum der Grafen sollen ihrem Senior solch obsequium leisten, wie die Königsvassallen von solchen (ähnlichen) Beneficien ihrem Herrn zu leisten pflegen[2]).

Fraglich ist, wiefern der Senior für Vergehen des Vassallen haftet: diese Haftung, sofern sie stattfindet, ist gewiß nicht auf Haftung des Königs für die Antrustionen zurückzuführen, die nirgends bezeugt ist. Man[3]) behauptet die Haftung des Wirthes für (grundbesitzlose) Gäste[4]) beruhe auf gemeingermanischer Verpflichtung des Hausherrn: allein ursprünglich beruhte das auf der Rechtlosigkeit des Fremden, der, wenn er überhaupt geschützt werden sollte, in der Volksversammlung durch einen Wirth vertreten werden mußte: in karolingischer Zeit wird das wohl aus (Fremden- und Sicherheits-) polizeilichen Erwägungen verlangt. So haftet[5]) der Wirth doch nur dann für die ohne Grundeigen im Reich umherschweifenden (und so den Grafengerichten sich entziehenden) Gäste, wenn sie diese nicht vor den Richter stellen. Und Ludwig I. vollends war bei seinem Capitular über die Pfalzzucht durch ganz besondere eingerißne Uebelstände zu einer Polizei-Maßregel gegen Pfalzgäste veranlaßt, die mit einem solchen altgermanischen Grundsatz gewiß nichts zu thun hatte[6]). Auf ganz anderen Grundlagen beruht und

---

1) So ist der Streit zwischen Waitz IV. S. 276 und Brunner II. S. 268 zu entscheiden: mit Unrecht leugnet jener die Reiterdienstpflicht auch für a. 740, mit Unrecht findet dieser darin von Anfang an den „Schwerpunkt" der Vassallität. Noch a. 816 giebt es Vassalli von minores und inferiores, die, ohne jeden Kriegsdienst für den Senior, nur den Acker für ihn bauen. C. p. 263.

2) C. p. 262. c. 6 (a. 815) Noverint .. iidem Hispani sibi licentiam a nobis esse concessam, ut se in vassaticum comitibus nostris more solito commendent et si beneficium aliquod quisquam eorum ab eo cui se commendavit fuerit consecutus, sciat se de illo *tale obsequium* seniori suo exhibere debere quale nostrates homines *de simili beneficio* senioribus suis exhibere solent.

3) Brunner II. S. 276.

4) Brunner II. S. 276.

5) Nach C. I. p. 218 (a. ?).

6) z. B. Dirnen, Verbrecher; anders Brunner II. S. 276.

ganz andere Wirkungen hat das legitimum mithium[1]). — Aus demselben Grunde — der Hausgemeinschaft — hat in der Lex Romana Curiensis[2]) der »princeps« (= senior) Gerichtsbarkeit über die „im täglichen Dienst" (qui cotidie in servitio principis adstat), also in seinem Hause lebenden (milites, nicht gerade nur vassi), aber nicht einmal der König über seine freien Vassallen, weil sie eben durchaus nicht, wie weiland die Antrustionen, »convivae in domo regis« waren oder doch nicht sein mußten. — Immerhin wird jetzt solche Haftung für Hausgenossen und Gewalt über Hausgenossen häufiger angenommen, aber nicht für und über freie Vassallen, die nicht Hausgenossen sind.

Für unfreie Vassallen haftet der Herr wie für andre Unfreie. Daß man bei Forderungen gegen freie Vassallen vor der Klagestellung bei dem Grafen zunächst den Herrn um Vermittelung anging, war wohl nur Gepflogenheit, nicht Rechtsgebot[3]). Lehengerichtshöfe gehören erst viel späteren Jahrhunderten an.

Von der Gefolgschaft schied die Vassallität sehr scharf[4]) die Unkündbarkeit auf Seite des Vassallen, die offenbar aus der keltischen Wurzel — der Unfreiheit des Vassus — (dies genügt doch völlig zur Erklärung), erwachsen ist. Der altgermanische Gefolge, der Edeling z. B., verblieb offenbar meist, Ausnahmen vorbehalten, nur einige Jugend-Jahre in der Gefolgschaft, um später in seinem Heimathgau zu walten. Daher tritt auch der freie Uferfranke nur auf Zeit, kündbar, in das obsequium eines Andern[5]). Aber Stellen aus dem Edict Rothari's[6]) (anno 643) und der romanisirten Antiqua[7]) (von a. 470 oder 590) oder Gesetze des Angelsachsen Ine[8]) († 726) auf altgermanische Gefolgschaft zu beziehen[9]), ist nicht angängig.

Die Vassallität kann durch Kündung des Vassallen gar nicht, nur durch Richterspruch (abgesehen von Uebereinkunft) gelöst werden, und

---

1) VII. 1. S. 244 und besonders die ausgezeichnete Darlegung bei Brunner, Mithio.
2) II. 1. 2.
3) Form. Marc. I. 27.
4) Wie auch Brunner II. S. 273 einräumen muß.
5) L. R. 31, 1. Beaubouin p. 43.
6) 177.
7) 310.
8) 63.
9) Wie Brunner S. 273.

dieser darf nur aus erschöpfend gesetzlich aufgezählten Gründen erfolgen[1]): Geschlechtsverbrechen mit oder gegen Frau oder Tochter des Vassallen, Lebensbedrohung, Verknechtung, Prügel, Nicht-Erfüllung der Schutzpflicht. Dagegen jene der Vassallität ähnlichen Abhängigkeiten von Freien dieser Jahrhunderte, des buccellarius[2]), des gasindus, amicus, cliens, homo ingenuus in obsequio[3]) sind einseitig vom Abhängigen kündbar: es erklärt sich aber die Unkündbarkeit der Vassallität ohne „Einwirkung gallo-römischer Patronatverhältnisse"[4]), wie gesagt, sehr einfach aus der ursprünglichen Unfreiheit der vassi, von der diese Nachwirkung den freien vassi verblieb.

Man[5]) meint, es wollte die Statsgewalt aus militairischen Gründen das Band der Vassallität festigen: im Allgemeinen sehr wahrscheinlich. Aber die Capitularien[6]) führen nirgends die Unkündbarkeit als ein Neues ein, setzen sie vorher als zu Recht bestehend voraus und bestrafen die rechtswidrige Kündung.

Am allerwenigsten aber darf man[7]) die im XII. und XIII. Jahrhundert in Italien und in Deutschland eingeführte Kündbarkeit durch den Vassallen als Rückkehr zu den Grundsätzen des germanischen Gefolgswesens erklären: die waren damals doch seit sieben Jahrhunderten vergessen. In Frankreich, der Heimath der (unfreien keltischen) vassi, verblieb es bei der Unkündbarkeit, abgesehen von Klage und Richterspruch. Und in allen drei Reichen sind es alsbann — im Mittelalter — merkwürdigerweise genau die gleichen Gründe, die den Vassallen zur Klage auf Aufhebung berechtigen, die jene Capitularien (oben Anm. 1) aufstellen: also wird der Ursprung hier, nicht in der Taciteischen Gefolgschaft oder dem merovingischen Antrustionat, die um elfhundert oder siebenhundert Jahre zurückliegen, zu suchen sein.

Später haben umgekehrt deutsche Könige die Erblichkeit der kleinen Lehen gerade deßhalb eingeführt, um die kleinen Vassallen ihren Seniores gegenüber unabhängiger zu stellen: Rückkehr zu dem germanischen alt-

---

[1] Cap. Aquisgran. a. 801—813. c. 16. p. 172. Cap. Francica (von a. 810?) c. 8. p. 215. Vgl. Cap. Pipp. Papien. a. 787. c. 5. p. 199; s. unten „Beendigung".
[2] VI.² „Abhängige".
[3] L. Rib. 31, 1.
[4] Brunner II. S. 279.
[5] Brunner II. S. 273.
[6] S. oben und p. 199 (a. 787), II. p. 71 (a. 847).
[7] Mit Brunner II. S. 274.

heidnischen Gefolgswesen lag auch hier gewiß nicht vor. Die ursprüngliche Unfreiheit der Vassallen wirkte aber nach in den Ministerialen, die Vassallen wurden. Und die Umwandelung des Amtes selbst, ja des Amtsgebiets in ein Lehen[1]) geht offenbar aus von den schon merovingischen Amts-Lehen[2]), d. h. Gütern, die an Gehaltes Statt durch Gewohnheit mit einem bestimmten Amt verknüpft waren.

Neben den Vassallen begegnen auch jetzt noch[3]) andere Arten von Schützlingen und Treuepflichtigen: so die gasindi[4]), auch ihnen werden beneficia gegeben[5]): so von Karl Martell in Burgund; auch in Aquitanien dienen solche dem Herzog[6]), wie anderwärts dem König Pippin. Gasindus ist aber durchaus nicht ohne Weiteres = vassallus[7]), mochten auch seit a. 740 gar viele gasindi Beneficien erhalten, Vassallen werden, Reiterdienst leisten[8]).

Aehnliches wie gasindus bedeutet amicus[9]): es ist eine ehrendere Bezeichnung und mag meist[10]) einen freien Diener bezeichnen. Der Ausdruck stammt wohl aus dem Römischen, wie das Clientel-Wesen. Aber daß die Verwendung im römischen Kriegswesen[11]) auf Entlehnung aus der germanischen Gefolgschaft beruht (die Gefolgen, »wini«, sollen in amici übersetzt sein) ist nicht wohl[12]) anzunehmen.

Allmälig trat seit a. 800 und a. 814 die besondere Treuepflicht des Vassus immer vordringlicher vor die allgemeine Unterthanen-Treuepflicht. Bezeichnend ist, daß schon a. 814 der beargwöhnte Wala, Vetter Karls, sich Ludwig commendirt „nach der Gewohnheit der Franken", jeden Zweifel zu zerstreuen: die Pflicht der Unterthanentreue sollte dadurch gesteigert übernommen werden[13]).

In der Zeit vor a. 814 und a. 840 konnte noch der Widerstreit zwischen Unterthanenpflicht und Vassallenpflicht nicht vorkommen, der

---

1) Oben S. 129.
2) Anders Brunner II. S. 274.
3) Wie VII. 1. „Abhängige".
4) S. unten. Vgl. Schade S. 268. Du Cange IV. S. 39.
5) Vgl. Brunner Z.³ f. R.-G. IX. S. 216.
6) Böhmer-Mühlbacher N. 74. a. 754.
7) Wie v. Roth, Ben. S. 368, Waitz IV. S. 206.
8) So viel ist Brunner Z.² f. R.-G. IX. 215 f. zuzugeben.
9) z. B. Greg. Tur. III. 35. Marc. Form. I. 23. 24. 32.
10) Nach W. Sickel, Götting. gel. Anz. 1897 S. 822 f. immer.
11) Mommsen XXIV. S. 236 f.
12) Mit Brunner II. S. 261.
13) Vita Hlud. c. 29.

seit dem Zerfall des Reiches in Oftfranken, Lothringen, Weftfrancien, Italien häufig genug ward: es ist bezeichnend für den vollen Sieg des privatrechtlichen Lehengedankens des Mittelalters über den öffentlich rechtlichen Statsgedanken des altgermanischen und auch noch des karolingischen States, daß schon Mitte des IX. Jahrhunderts der Lehensherr dem Landesherrn vorgeht: das heißt ein Freier, der Unterthan des oftfränkischen, aber Vassall des weftfränkischen Königs ist, muß bei Krieg zwischen beiden letzterem Waffendienst leisten[1]. Gerade die Treuepflicht der Vassallen ward aber seit dem Beginn der Kämpfe der Söhne mit Ludwig und der Brüder untereinander unaufhörlich und schamlos durch den Abfall von dem Senior und Herrscher verletzt[2]. Doch ergab sich auch schon unter Karl dem Großen der Widerstreit zwischen den Pflichten des Vassallen gegenüber dem nicht ins Feld ziehenden Senior und der Wehrpflicht gegenüber dem Stat: noch ging letztere vor: die schlaue Berechnung, sich einem Senior zu commendiren, von dessen Zuhausebleiben man sich vorher überzeugt hatte, wird hiedurch vereitelt: sie behaupten, die Dienstpflicht gegen ihren Herrn, z. B. auch die Königssöhne Pippin und Ludwig, gehe vor — nur durfte der Herr in solchem Fall einzelne seiner Vassen zu seiner Bedienung zu Hause behalten[3], während die andern pagenses ins Feld ziehen. — Ein andermal verstattete Karl den Vassen seiner nicht aufgebotenen Großen das zu Hause Bleiben ausdrücklich[4]: also verstand sich das keineswegs von selbst.

b. Allgemeines. Die Namen.

Die Abstufungen der Abhängigen reichten so hoch und stiegen so tief, daß man sie einerseits amici[5] und nobiliores[6], andrerseits pauperes und servientes nannte und doch zusammenfaßte[7]. Familia[8] umfaßt alle Abhängigen, z. B. der Kirchen in Istrien,

---

1) S. Einleitung.
2) S. Einleitung.
3) Cap. de exercit. a. 811. c. 7. p. 165 (.. sunt vero) qui ideo se commendant ad aliquos seniores, quos sciunt in hostem non profecturos.
4) Cap. de exerc. promov. a. 808. c. 9. p. 138.
5) Einleitung.
6) Oben S. 64.
7) Pérard p. 26.
8) Unten: „Unfreie".

Unfreie, Freigelaßne, freie homines¹). Der häufigste, unbestimmteste, deßhalb im Einzelfall am Schwersten zu deutende Ausdruck ist homo, homines.

Homines sind Abhängige überhaupt (nicht nur Vassalli), sie können servi²), coloni, ingenui sein³). Homines herimanni einer Kirche⁴) sind wehrpflichtige Abhängige, zumal, aber nicht nur Vassallen. Homines sind einmal nur Heerleute⁵), andre Male die Abhängigen im weitesten Sinne: so die homines comitum⁶): Unterbeamte, Vassallen, Schützlinge, Abhängige aus irgend einem Grund, zuweilen — so die homines neuangesiedelter Spanier⁷), — wohl Grundholden, aber keineswegs immer. Abhängige jedes Grades heißen homines loci ipsius aspicientes⁸).

Homo bezeichnet sehr oft, aber keineswegs allein, wie den Vassus so den Beneficiar, den Commendirten eines senior, dominus, daher homo dominicus⁹). Die Vassi zumal zählen zu den homines, deren es viele Gradabstufungen giebt¹⁰): unter diesen ragen 20 und mehr homines nobiles = vassali nobiles¹¹) aus den inferioris conditionis hervor¹²). Einen Maßstab für die Abstufungen gewährt das Verhältniß von 200 : 100 : 50¹³), entsprechend den Ausdrücken fortior (= major), mediocris, minor¹⁴).

Die Reichstheilung von a. 806 verbietet jedem Bruder, Unter-

---

1) Plac. Riz. l. c. p. 5 vestra familia faciat … adjutorium.
2) So in der Urkunde bei K. Pertz, D. N. 48.
3) Bouquet VIII. p. 513.
4) Ughelli II. p. 252.
5) Migne 98. p. 1448; dann C. de exerc. promov. c. 7. p. 138.
6) Const. pro Hisp. c. 5. p. 262 homines nostri, dagegen forenses (?) C. de vill. c. 11, f. Guérard; der homo eines Beamten Form. Aug. 7. p. 368; oft zweifelhaft, ob alle Unterthanen oder nur die Vassen des Königs C. a. 818/819. c. 8; ebenso C. Worm. a. 829. c. 11 homines cujuscunque conditionis.
7) Urk. Karls p. 778.
8) Wilmans Kaiser-Urk. I. p. 144.
9) Pipp. C. Pap. a. 787. c. 5 de illos homines qui .. intra Italiam eorum dimittunt, ut nullus eos debeat recipere in vassatico sine comeatu senioris sui; dominici homines Gesta abbat. Fontanell. c. 10.
10) Wilmans K.-U. I. p. 197 homines (abbatis Corveiensis) cujuscumque conditionis.
11) l. c. p. 209 (Arnulf).
12) Also nicht nur Kronvassallen sind v. nobiles, wie Manche wollen.
13) casatae S. 33 und unten „Unfreie".
14) C. p. 34. (anno?).

thanen (Vassallen? homines) eines Andern, die zu jenem flüchten oder
diesen verlassen wollen, aufzunehmen und sich für sie zu verwenden —
denn das war ein gefährlicher und häufiger Anlaß zum Streit!¹). Die
Grafen haben homines — das wird vorausgesetzt — d. h. Vassallen.
Ebenso die Bischöfe²). Ob ein homo der Judith bei Verleihung eines
Kirchenbeneficiums durch Ludwig³) auch homo (vassallus) der Kirche
wird, ist nicht zu erkennen. Homines heißen auch die Afterbeneficiare⁴).
Aber auch in anderen Abhängigkeitsverhältnissen heißt der Schützling
homo commendatus⁵).

So unbestimmt ist der Sinn auch von ministerialis, daß man
häufig schwanken mag, ob sie unter die Abhängigen oder unter die
Beamten zu rechnen sind: oft sind sie beides: sie stehen neben den
coloni, leti(?), servientes, sind servitores, leisten dem Kloster Dienste
für Land, das sie geliehen erhalten, aber andere auch ohne das: »pro
ratione capitis«⁶). Oft erhielten sie beneficia, zinsten und frohnten
dafür. Andremale sind sie Beamte, zumal niedere Beamte wie der
Krone⁷), so der Grafen (ministeriales comitis) oder der Kirchen;
freie wie unfreie ministeriales sind bezeugt.

Da ministerialis jeden Dienenden, Abhängigen bezeichnen kann,
mag es auch beneficia ministerialia geben⁸). Der vassus heißt
auch miles⁹): militares eines Abtes sind Abhängige (Vassallen), die
heerbannpflichtig¹⁰). Der Schutz heißt mundeburdium, tutela, defensio, verbum, sermo, der Schützer muntporo, tutor, defensor,

---

1) I. p. 128: Karls Enkel, zumal Lothar, machten aber gar gern den Brüdern
die Vassen abspänstig; s. oben VIII. 1. S. 90. Ueber homo = leudes VII. 1.
S. 188, 191.
2) C. a. 804—813. p. 180.
3) In der Stelle bei Waitz IV. p. 269.
4) Urk.-Buch d. Landes ob der Enns II. p. 50.
5) Gleichbedeutend: richtig v. Roth, Ben. S. 384; die Unterscheidung bei
v. Daniels S. 436 vassalli = Königsvassi ohne Untervasallen = vassi ist ganz
haltlos. Waitz IV. S. 242, Vassall. S. 5.
6) So ist wohl Frothar und das colonice de ministeriales (ohne Land)
und c. in beneficio bei Waitz IV. S. 345 zu verstehen.
7) Belege für beides: C. de exerc. promov. a. 808. c. 56.
8) Friedländer, Traditionen a. 851. p. 6.
9) Waitz IV. S. 241.
10) S. Waitz IV. S. 584; über satelles VII. 1. „Hof"; über drudi, drudes
(epistola episcoporum ad Ludov. Walter III. p. 81) s. Du Cange III. p. 197,
wo aber statt des Richtigen trucht (Schar VII. 1. „Antrustionen") auch „Treue"
und drohtin, Herr, herangezogen werden.

mundeburdus, patronus¹), senior, auch dominus: beim König oft verbunden dominus et seniorissa Abbatissa²), senior meus Charolus rex³). Aber auch senior allein bezeichnet den König⁴).

c. Begründung der Vassallität. Commendation.

Wie früher geschieht die Begründung durch Commendation und auch noch in den früheren Formen⁵). Also mit deditio in manus⁶). Daher wohl se commendavit in manus nostras, manibus nostris⁷). Doch ist die Handreichung nicht Wesensform, wenigstens wird sie nicht immer erwähnt⁸). Sehr zweifelhaft erscheint, ob einmal tradere ad procerem⁹) soviel als tradere se vassallum bedeuten soll.

Auf die Handreichung pflegt¹⁰) zu folgen das eidliche Gelöbniß der Treue, das dem König gegenüber eine Wiederholung und Steigerung

---

1) L. Rhaet. Cur. XXIII. 7 rex vel alter patronus.
2) Waitz IV. S. 244.
3) a. a. O.
4) S. unten „Gesammtcharakter", „Titel".
5) Ehrenberg, Commendation und Huldigung. 1877 (dazu Sohm, Jenaer Lit.-Zeit. 1870). Dippe, Gefolgschaft und Huldigung im Reiche der Merovinger. 1889. Menzel, Entstehung des Lehnswesens. 1890. Kaufmann II. S. 215, 263; die Entstehung der Vassallität, Conrads Jahrbücher 23, S. 105. — Ueber den keltischen Ursprung der commendatio s. VII. 1. S. 206; dagegen mit Recht Garsonnet, la recommendation et les bénéfices à l'époque franque. Nouvelle Revue historique de droit II. p. 443 f. Boutaric, Revue des questions historiques XXXVI. p. 340 gegen Courson, histoire des peuples Bretonnes 1846. I. p. 70. II. p. 40; bezüglich der buccellarii hat Waitz IV. S. 234 einen früheren Irrthum (Vassallität S. 64) nach Könige VI. S. 134, Westgot. Stud. S. 26 berichtigt.
6) Ermold. Nigell. IV. p. 605 Caesar at ipse manus manibus suscepit honestis; per epistolam Marca p. 803: wohl nicht nur die Ausübung, das Recht selbst überträgt der König. VII. 1. S. 206 per manus acceptionem Vita St. Reinberti c. 21 in manus .. te commendavit Mabillon Acta IV. 1. p. 750.
7) Urk. Pippins p. 698, Ludwigs p. 485; gegen Ehrenberg, Commendatio S. 74 richtig Waitz IV. S. 238. War es gemeingermanisch oder bei Sachsen und Langobarden erst durch die Franken eingeführt? Es heißt freilich more Francico, consuetudo Francorum Waitz IV. S. 246; s. aber daselbst langobardische Fälle, die schwerlich auf Nachbildung beruhen.
8) S. die Stellen bei Waitz IV. S. 240, 246; ob dabei beneficium oblatum und Dienstübernahme vorkömmt, scheint ohne Bedeutung, anders Waitz S. 246.
9) Thegan. c. 13; eine andere Handschr. liest ad obsequium.
10) Mehr kann man nicht sagen.

des allgemeinen Unterthaneneides ist¹), andern gegenüber selbstverständlich nicht. Eben die Vassallen haben diesen Eid zu leisten²). Karl gebietet, daß keinem geschworen werden dürfe als ihm und (von dem Vassallen) je des Schwörenden Senior³): die Stelle zeigt, daß der dem privaten Senior zu schwörende dem dem Herrscher zu leistenden Eid nachgebildet ist⁴).

Wohl begegnen auch schon früher allerlei Eide verschiedenen Inhalts⁵) Privaten — Bischöfen — geschworen, aber nicht einmal bei der Commendation sogar dem König gegenüber wird immer geeibet⁶); wie andrerseits Geistliche, zumal Bischöfe, dem König schwören (nicht den allgemeinen Unterthaneneid), wenn sie sich ihm zu Dienst commendiren, ohne doch Vassallen zu werden⁷).

Erst sehr allmälig wird in karolingischer Zeit der Treueeid Wesensform, und zwar nicht für jede Commendation, nur für die in das Vassaticum⁸). Ist doch sogar im späten Mittelalter noch (bei den Handlehen) der Eid durch Handschlag ersetzt⁹). Der Grund jenes Verbotes Karls war, daß die Vassallität der Kronvassallen — wie etwa das Amt¹⁰) — nur eine Steigerung des Treue- und Schutz-Verbandes sein sollte, wie er zwischen dem König und jedem Unterthan bestand: deßhalb

---

1) Irrig Ehrenberg, Commend. S. 133; s. gegen ihn Sohm, Jenaer Lit.-Zeit. 1879 S. 298, der aber irrig Unterwerfung in die hausherrliche Gewalt annimmt; ähnlich Brunner, während doch der Vassall sehr oft nicht bei dem Senior wohnt. S. oben S. 161.

2) V. Walae II. 17 mei vassalli estis mihique cum juramento fidem firmastis.

3) Cap. Theod. a. 805. c. 9 ad nostram utilitatem et sui senioris.

4) Der Streit zwischen Waitz IV. S. 247 und v. Roth, Ben. S. 390 ist wohl dahin zu schlichten, daß früher auch andre als Vassallen vereidet wurden und das jetzt verboten wird; zumal auch die beschwornen Verbrüderungen, die bei Hochverrath und bei heidnischen Gebräuchen eine Rolle spielten, werden untersagt.

5) Viele Beispiele bei Gregor. Tur. und Urgesch. III.

6) So richtig Waitz IV. S. 247 und über Form. Turon. 43 besonders treffend Kaufmann a. a. O. S. 120 f.

7) So richtig Waitz a. a. O.; s. daselbst den clericus von a. 859; aber bei den Bischöfen von a. 877, die ihre Kirchen commendiren, muß das profiteri kein Eid sein (wie Waitz meint), der ja schon a. 858 den Bischöfen nach der Ordination verboten ward: hier ist nicht nur die Handreichung (wie Waitz), geradezu der Eid ist verboten: abominabile est, ut manus chrismate sacro peruncta .. seculare tangat ullo *sacramento*, Epistola episcopor. ad Ludov. Walter III. p. 94.

8) Dies hat schon v. Roth, Ben. und Feud. verdienstlich dargethan; einverstanden Sohm a. a. O. S. 300.

9) Dahn, Grundriß S. 321. 10) S. unten „Amtswesen".

ward diese Formel bei Aufnahme von Vassallen durch Private nicht angewandt: und wie der König neben dem allgemein geschuldeten Königsschutz Einzelne noch in seinen Sonderschutz nehmen mochte, so konnte Sonderschutz mit Sondertreue durch die Commendation begründet werden. Jetzt ergab sich freilich, daß der Unterthan versprach, treu zu sein, „wie wenn er Vassall wäre", „wie ein Vassall seinem (auch privaten) Senior soll" und, falls er nun Vassall wurde, eben als Vassall seinem Senior d. h. dem König. Denn auch das wirkt nun ein, daß der König als solcher jetzt Senior heißt auch seiner nichtvassallitischen Unterthanen[1]).

Der Kuß als Form der Commendatio begegnet noch nicht[2]). Mit Unrecht hat man als Wesensform der Commendation die Reichung einer wirthschaftlich werthvollen oder auch nur einer sinnbildlichen Gabe des Herrn an den Commendirten angenommen[3]). Das Capitular von a. 813(?)[4]) behandelt ein Geschenk vom Mindestwerth Eines solidus nur als bestätigendes Darangeld.

Mit Recht wird die bunteste Mannichfaltigkeit der unter Commendatio, Mundeburdis zusammengefaßten Verhältnisse behauptet: keineswegs ward damals schon Vassallus nur für Vornehmere gebraucht[5]). Kleine Unfreie auf der Scholle des Herrn, Herzoge und Erzbischöfe, Markgrafen, kriegerische Palatine, alle heißen Vassalli, auch fremde, dem Reiche nicht angehörige Fürsten: in Spanien, bei den Slaven[6]). Wie früher[7]) commendirte man sich auch häufig in den Schutz eines geistlichen (oder weltlichen) Großen oder einer Kirche, eines Klosters, verschieden von der Person des Bischofs oder Abtes[8]): eben dem

---

1) S. oben S. 171 und unten „Titel"; so richtig auch Waitz IV. S. 285, der aber mit Unrecht den Fall v. Hlud. c. 21 hieher stellt, daß nach Verzeihung des Bruches der Unterthanentreue der Reuige sich nun commendirt als Vassall, vgl. C. a. 865. c. 4.

2) Die Stelle bei Waitz IV. a. a. O. aus dem Gedicht über Tassilo Poet. Carol. I (übrigens nicht 199, sondern 399 v. 99) entspricht wörtlich der Stelle des Hibernicus exul l. c. p. 3770. v. 459, wo von Commendatio (zwischen Pabst Leo und Karl!) keine Rede, und beide sind abgeschrieben aus Vergils Aeneis I. v. 256.

3) Ehrenberg S. 50, Sohm a. a. O. S. 298, f. dagegen Waitz IV. S. 248.

4) C. I. p. 112. c. 16.

5) Wie Waitz IV. S. 242.

6) S. unten „Rückblick".

7) VII. 1. „Commendation".

8) Fälle beider Art bei Waitz IV. S. 240: *ecclesiae* civitatis *et in manus episcopi, monasterium* (habet mundium) — *episcopo perpetuo* (d. h. allen Bischöfen von Straßburg) — *praefata sedes* (habeat mundeburdium).

„Heiligen der Kirche", wie man den meist noch fehlenden Begriff der juristischen Person ersetzte. Ebenso kann ein Abt für seine Person oder auch für seine Mönchlein[1]) den Schutz nur durch Commendation erwerben. Ein — selbstständiges — Kloster, Anisola, — Sanct Carilefs — commendirt sich in das mundeburdium des Königs (Pippin) mit allen seinen Schutzbefohlenen[2]) und homines: gefreites Gericht und freie Abtwahl werden gewährt[3]). Die Commendatio kann aber auch der Schutzverleihung vorhergehn; zuerst commendirt sich und sein Kloster der Abt, dann erst (postea) nimmt es der König in seine mundeburdis mit Reclamationsrecht[4]). Die Freiheit wird dadurch nicht aufgegeben, nur beschränkt durch die Dienst- und Treue-Pflicht[5]). Es giebt ingenui sub defensione ecclesiae, ingenui commendati et servi[6]).

Bei der commendatio in den Schutz der Kirche wird zuweilen die Freiheit ausdrücklich gewahrt[7]). In dem Streit[8]) über die abgeschloßne Eigenartigkeit oder das Schwankende der Vassallität ist zu unterscheiden: die Form der Commendation war einerseits von Anfang an eigenartig[9]), aber die Wirkung, der Inhalt des durch sie hergestellten Verhältnisses ähnelte gar manchen andern Schutz- und Treue-

---

1) Una cum suis monachulis l. c.
2) Denn Commendirte haben ihrerseits Schützlinge: homines qui per eos legibus sperare videntur Form. imp. 55; dieser Ausdruck (vgl. Bouquet V. p. 730. a. 775 qui per casam St. Dionysii sporare (negociantes) videntur) hat sich wie mithio VII. 1. »mithio« erhalten, s. oben S. 165 l. c. p. 698 miteo potestatis monasterii nec hominibus qui per ipsos legibus sperare videntur: ebenso in den nächsten Urkunden.
3) Bouquet V. p. 695. a. 752.
4) Form. Mark. Suppl. p. 111.
5) Mehr besagt auch nicht Trad. Wisenburg. 51: me .. ex libertate (d. h. plena) trado ad muntburgium. Die Commendatio in die Hände des Königs mindert nicht die Ehre Form. imp. 55. Auf Empfehlungsbrief Ludwigs nimmt Karl einen Tapfern als commendatus an und bestätigt, sie mehrend, Ludwigs Schenkungen Bouquet V. p. 778. a. 793. Ein dem König Commendirter soll nicht um der Commendation willen angefochten werden Form. imp. 32.
6) Bouquet VIII. p. 429.
7) Urkunde Ludwigs II. bei Waitz IV. S. 341 perpetuis temporibus, salva sua libertate, sint sub defensione .. ecclesiae liberi homines qui commendationem habent d. h. commendati sunt C. Mantuan. (a. ?) c. 15. Die Spanier sub defensione nostra in libertate conservare decrevimus Const. pro Hisp. C. p. 261.
8) Zwischen v. Roth, Feud. S. 207 und Waitz IV. S. 249.
9) Richtig v. Roth.

Verbänden¹): z. B. durch Beneficienleihe, durch Begründung von Schutzgewalt in anderer Form als durch Commendation: mit Recht sagt
man, die Vassallität Taſſilo's²) und die eines Gutsbauern iſt nicht die
gleiche. Dazu kam, daß die Vaſſallität an Ehren, Pflichten und
Rechten ja nicht unverändert blieb, vielmehr zumal durch die urſprüng-
liche zufällige, ſpäter rechtsnothwendige Verbindung mit einem Beneficium
in mancfaltigen Übergängen ſich umwandelte, mit den Pflichten (und
Rechten) aus der Beneficialität verſchmolz.

Die Pflichten des Schützers blieben dieſelben wie früher³) und
ſo wenig die allgemeine Schutzpflicht des Königs über alle Unterthanen
gar nichts Beſtimmtes enthielt⁴), war dies beſondere mundium ganz
unbeſtimmten Inhalts: mit Fug iſt bemerkt⁵), daß man alsdann doch
nicht ſo allgemein von der Ergebung in den Schutz hätte ſprechen
können: freilich aber konnten im Einzelfall beſondere Wirkungen eintreten: ſo nur bei dem Königsſchutz gefreites Gericht, erhöhtes Wergeld,
Schutz durch Königsbann.

Umgekehrt beſtimmt der Vertrag auch die Pflichten des Commendirten. Commendatio heißt auch der Inhalt des Begebungsvertrages,
daher amplior commendatio d. h. die Ergebung mit Übernahme ſchwererer
als der geſetzlichen Laſten⁶). Einen andern commendiren kann nur,
wer hiezu beſondern Rechtstitel hat: Vater, Muntwalt, Biſchof, Abt⁷),
ſeine Geiſtlichen und Mönche, der bisherige Senior, — hier ſcheint es
nur mit Zuſtimmung des Vaſſallen⁸), — dagegen der König Kron-
vaſſallen, z. B. ſeinen Sohn, einſeitig handelnd⁹).

Verboten iſt, daß dem König geſtellte und auf den Krongütern
untergebrachte Geiſeln ſich den Kronmaiern commendiren¹⁰). Einmal wird

---

1) Richtig Waitz.
2) Oder, füge ich bei, des Dänen Harald oder Remiſtans des Angelſachſen.
3) VII. 1. „Königsſchutz".
4) Wie Rive I. p. 11. S. 223 und Ehrenberg S. 67 meinen.
5) Waitz IV. S. 241.
6) Cc. Meldens. a. 845. c. 62. Mansi XIV. p. 833.
7) Auch der Kloſtergründer das Kloſter ſammt dem Abt, in den Formeln.
8) Daß dieſe auch bei Verfügung des Biſchofs erforderlich war (Waitz
a. a. O.), wird wenigſtens durch die einmal erwähnte Bitte des Geiſtlichen nicht
erwieſen.
9) Auch einem Biſchof, dann dem Pabſt, Geiſtliche wie Laien: der Pabſt
macht einen ſolchen zum comes. Waitz IV. S. 263.
10) C. de vill. 84. c. 12.

den Unterthanen — von Beamten — ohne Recht — verboten, freie homines in commendatio zu nehmen[1]): der Grund oder Vorwand des Verbots scheint die Besorgniß gewesen zu sein, daß sie dann ihre Dienstpflicht gegen den Kaiser nicht gehörig erfüllen möchten.

Aus politischen Gründen wird in Italien in den unruhigen Zeiten von a. 781 die Aufnahme von homines Langobardisci in das vassaticum oder in das Haus an vorgängige Untersuchung geknüpft[2]).

d. Pflichten und Rechte der Seniores und der Vassallen.

Ohne Zweifel ist die Vassallität eine Sonderart der Schutzverhältnisse[3]). Die merovingischen Grundlagen der Schutzgewalt des Seniors über den homo, auch den vassus[4]), blieben unverändert wie die Namen. Mundeburdium ist die Schutzgewalt, mundeburdus = tutor, defensor, der Schützer, mundbordalis der Schützling[5]). Mundeburdis bezeichnet aber auch die Schutzgewalt des Königs oder des privaten Schutzherrn oder des Sippemuntwalts[6]) oder der Kirche über den Freigelaßnen[7]). Gleichbedeutend mit defensio, tuitio[8]) steht sermo = verbum: daher heißt der des Schutzes des Königs wegen Missethat Verlustige extra sermonem regis positus[9]), sermo tuitionis et defensionis[10]).

---

1) Plac. Riz. ed. Carli.
2) C. I. p. 191.
3) S. unten i. Richtig hierin Waitz, Vassallität S. 58 und IV. S. 245 gegen v. Roth, Feud. S. 206; das tradere findet sich auch neben commendare ins muntburgium; der Schutz ward nur durch eine gewisse Unterordnung erkauft. — Kaufmann, Entstehung der Vassallität, Jahrb. d. Nationalökonomie 1574 S. 127 sieht in der Vassallität eine Fortbildung des mitium: sie war allerdings vielfach ein Ersatz dieses älteren Begriffs, enthielt aber viel mehr als (wie dies) nur die Vertretung vor Gericht.
4) VII. 1. a. a. O.
5) Viele Belege in den Traditionen; über den Königsschutz f. „Gesammtcharakter".
6) S. „Sippe".
7) VII. 3. „Abhängige". Waitz II. 1. S. 255.
8) Ostgotisch III. und Westgotisch VI.² »tuitio«.
9) VII. 3. „Königsschutz".
10) Form. imper. 32; v. Sickel III. S. 102 findet in Zusätzen wie plenissima etc. einen rechtsbegrifflichen Unterschied; schwerlich mit Recht; anders freilich tuitio »specialis«; sub nomine Ludwig p. 465 ist gewiß verschrieben für munimine, wie in der zu Grunde liegenden Form. imper. 28 richtig steht. Ebenso ist selbstverständlich Form. Sangall. 16. p. 406 *municipatum* (et tutelam) verschrieben

Der Schützling commendirte oft wie seine Person sein Vermögen in die mundeburdis des Seniors, ohne daß dieser doch nun nothwendig daran den muntschaftlichen Nießbrauch des germanischen Rechtes gewann[1]).

Das spätere lehenrechtliche Rechtssprichwort: „getreuer Herr, getreuer Knecht" galt auch damals schon: d. h. nicht nur der Vassall schuldet Treue, auch der Senior Schutz, bei dessen Versagung jener ihn verlassen darf[2]). Dieser Schutz erheischt auch die Vertretung vor Gericht: der Kläger oder Ankläger muß sich (später, s. oben S. 162) zunächst an den Senior halten: ein senior wendet sich in Sachen seines homo an den senior des beschuldigten vassus[3]). Kann der senior seinen räuberischen Vassallen nicht vor den König stellen, muß er an dessen Statt Wette und Buße zahlen[4]). Ganz allgemein verweist (später) das Gesetz die Kläger zunächst an die seniores, ihnen Recht zu schaffen, erst bei deren Weigerung sollen die vassi zum Rechtgeben gezwungen werden[5]). Der senior hat potestas über die Person des Vassallen und dessen beneficium[6]): dieser steht in seiner dominatio[7]). Ambasciatae sind Dienstaufträge jeder Art, die ein Abhängiger (hier Precarist) übernimmt, besonders auch, aber nicht allein, Botendienste[8]). Die Dienste der Vassallen (wie der Muntmannen)

---

für mundeburdium (et tutelam) und Zöpfl, Heidelb. Jahrb. 1859 hätte darin nicht die älteste Spur des „Ortsbürgerrechts" (municipalitas!!!) finden sollen. Ueber den Ausdruck sub.. immunitatis defensione s. unten „Immunität".

1) S. die Stelle bei Waitz IV. S. 237.

2) S. unten „Dauer", S. 185.

3) Form. Senon. 27.

4) C. a. 883. c. 3.

5) So versteht Waitz IV. S. 270 wohl richtig C. p. 321. c. 3. Aber er vermengt nun Königsmüntlinge mit Kronvassallen, was sich doch nicht deckt: nicht alle Müntlinge sind Vassallen; über jener Vorrechte s. „Königsschutz". Nach L. Rhaet. Cur. IX. 30. 2 soll der Richter wenigstens nicht über den homo richten, bevor er dessen Senior (von der erhobnen Klage) Mittheilung gemacht, — offenbar behufs der Vertretung.

6) Alkuin. epist. 107 in tua enim potestate est vel ille vel beneficia quae habet.

7) Urk. Karls d. Kahlen p. 473, wo nicht die Unterthanschaft gemeint ist. Auch ein Schutzjude kann im Palast fideliter deservire Form. imper. 31. 52.

8) L. Sal. I. 14. Du Cange s. h. v. Dietz I. s. h. v. Waitz, d. alte R. S. 279. v. Roth, Ben. S. 374. Form. Bitur. 2.

waren durch Vertrag oder durch Gewohnheitsrecht geregelt[1]), selbstverständlich verschieden[2]) in verschiednen Herrenhöfen: so gab es »dies mundbordales«[3]) für St. Bertin verschieden von andern Diensten. Kriegsdienste leistet ein Herzogssohn, der sich miles commendatus vester nennt[4]). Wegen der Vassallendienste kann sogar Tassilo's Vassallität eine servitus genannt werden[5]). Doch nur ausnahmsweise erhält der senior Strafgewalt über den Vassallen[6]), vor Allem wegen des Heerfriedens im Kriege: der senior, der seinen diesen Frieden störenden Vassallen nicht zum Rechtsgehorsam zwingt (constringit), wird gestraft[7]). Abgesehen hievon aber giebt es keine besonderen Lehengerichte für Lehensachen wie im Mittelalter[8]). Die Seniores in jeder Landschaft sollen — auch deßhalb — von Beauftragten verzeichnet und besonders als Zeugen vor Gericht herangezogen werden[9]).

Die Hauptverpflichtung des Vassallen ist die Treue: die Treugesinnung soll den ganzen Menschen ergreifen: nicht nur in tüchtiger Leistung der ausdrücklich übernommenen Dienste, sondern im Gesammtverhalten gegen den Herrn, dessen Freunde und Feinde sich äußern, wie etwa heute die Officiers- und sonstige Beamten-Treue. Sehr schön stellt diese sittliche Seite des Verhältnisses, zumal auch in der Art, die Dienste zu leisten, dar das Schreiben der Dobana an ihren Sohn Wilhelm, Enkel des auch in der Sage gefeierten[10]) Grafen Wilhelm

---

1) Ganz willkürlich scheidet Zöpfl II. S. 57 Commendation ohne alle Verpflichtung (gab es nicht! „Treue" war wesentlich), mit Verpflichtung zu Leistungen und Diensten ohne Treueversprechen (gab es nicht!) oder mit Treueversprechen.

2) So ist Waitz IV. S. 235 zu ergänzen.

3) Nullum alium servitium, Chart. de Bertin. p. 94.

4) Waitz IV. S. 241.

5) Freilich in Versen Poet. Carol. I. p. 399.

6) Nicht hieher gehört das von Waitz IV. S. 462 hier angeführte Conc. gener. a. 825. p. 321: hier hat nur der senior bei Klagen Fremder gegen Commendirte zunächst die Gerichtsbarkeit.

7) Admon. gener. 823/825. c. 17. p. 305.

8) Irrig v. Maurer, Gerichtsverfass. S. 65: die Vassen haben nicht deßhalb wie die Schöffen im Gericht zu erscheinen, sondern um ihrer Pflicht willen, die königlichen Hoheitsrechte ausüben zu helfen, aber nicht als eine Art Büttel, wie v. Dönniges S. 27.

9) C. I. p. 208.

10) Th. Dahn, Karl und seine Paladine, S. 465.

von Orange¹). Der Vassall darf nicht Freund, zumal nicht Tisch-
genoß — wohl eine Erinnerung an die verschwundene Gefolgschaft,
die also keineswegs nur der König hatte²) — der Feinde seines Seniors
sein: das ist Verletzung der Treue³). Zu ehrerbietigem Betragen
gegen den Senior und dessen Fideles war der Vassall allerdings verpflichtet: doch war die Verletzung dieser Pflicht, die »deshonorantia«⁴),
noch durchaus nicht⁵) ein Rechtsbegriff wie die spätere der »reverentia
specialis«⁶). Die Treue verpflichtet nun auch, abgesehen von bestimmten
vertragsmäßigen Diensten, die nur von dem Beneficiar, nicht von
dem Vassallen als solchem⁷), geschuldet werden⁸), zu Handlungen, die
den Schutz, die Begleitung, auch wohl den Glanz des Herrn bezwecken⁹):
diese schuldet der Vassall als solcher, auch ohne beneficium. Dahin
zählt die Verpflichtung der (nöthigenfalls gewaffneten) Begleitung des
Seniors daheim oder auch auf Reisen¹⁰). Sorgsam muß er neben
dem senior schreiten¹¹). Dauernd in des Herrn Hause mit ihm zu

---

1) Mabillon Acta I. p. 754 non ita serviens, ut tantum placeas oculis sed etiam sensui .. capax .. ad corpus et animam puram et certam illi in omnibus tuae (l. vielleicht suae?) utilitatis fidem; auch jedem Glied der Sippe des Seniors (Karls) gilt diese Treuepflicht.

2) S. Band I »comites, principes«, S. 67—74. VII. 1, S. 151 „Gefolgschaft".

3) Agobard, Op. I. 63, ich entnehme dies Waitz IV. S. 273. Das Wort Felonie begegnet noch nicht, dafür fidem mentiri = frangere Capit. Vermer. c. 9; ebenso übrigens von den Empörungen der Sachsen, s. diese.

4) S. zwei Stellen bei Waitz a. a. O. Infidelitas regis bedeutet vielmehr infidelitas contra regem. Vgl. das folgende deshonorantia sua (= regis, contra regem).

5) Wie Phillips, D. G. II. S. 463 meint.   6) Zweifelnd Waitz a. a. O.

7) Es ist freilich oft nicht zu erkennen, ob der fidelis auch Beneficium hat, z. B. Einh. epist. 32; Reisen, Botschaften; Trad. Frising. 492. p. 260 omni tempore quando extra provinciam aut in hoste aut in aliqua legatione pergere debuerat: der Mann ist Vassall, hat aber Allod (hereditatem), freilich vielleicht daneben auch Beneficium. v. Roth will stets die Vassallität allein für dienst-
begründend ansehn: s. aber mit Recht Waitz a. a. O.; das obsequium der Spanier folgt Constit. p. H. a. 6 nicht aus der commendatio, nur aus dem beneficium (»si beneficium acceperit«).

8) S. „Beneficium" und „Finanz, Natural-Leistungen und Frohnden".

9) So sind wohl die Zweifel bei Waitz IV. S. 274 zu lösen.

10) Ueber die Heerfahrtpflicht s. unten S. 181 und „Kriegswesen".

11) Hinkmar, opp. II. p. 183 sollicite sicut homo .. vadit cum seniore suo; die Stellen bei Waitz IV. S. 274, wo der Senior den Vassus (einmal zugleich Beneficiar) mit sich fortführt, dieser ihm folgt, beziehen sich keineswegs nur auf Feldzüge.

leben und zu dienen war keineswegs eine Pflicht des Vassallen als solchen wie weiland der Gefolgen (s. oben 155 f.): wo es begegnet¹), beruht es auf besonderer Beredung. Wohnen sie doch meist fern draußen auf ihren Beneficien: so gerade sehr viele Kronvassallen in den Marken. Wohl aber bestand auch für die Vassallen wie für die Beneficiare²) etwas Aehnliches wie die spätere Hoffahrtpflicht, d. h. sie hatten auf den Ruf des Seniors in dessen Haus zu erscheinen oder auch, ungerufen, zu vereinbarten Zeiten, so die der Bischöfe und Grafen auf den von jenen gehaltenen placita³).

Wie schon früher umgaben sich die Könige und die Großen mit gewaffneten Begleitern und unter diesen waren wie Abhängige jeder anderen Art z. B. auch Unfreie. Daher die wechselnden und oft unbestimmten Namen: alle die früheren Namen⁴) treten auch jetzt auf: comitatus, comes, homo, puer, clieus, satelles, miles⁵), selbstverständlich darunter auch Vassallen: aber während bei dem nach der Saecularisation allgemein verbreiteten Beneficialwesen der Waffendienst zunächst im Krieg, doch auch sonst bei Bedarf des Herrn die Hauptverpflichtung des Beneficiars war, ist der Vassallität der Waffendienst unwesentlich; sofern er nicht in Ausnahmsfällen von der Treuepflicht⁶) verlangt oder⁷) besonders beredet wird, findet er nicht statt⁸). Der Vassall muß seinem Senior in andre ducatus oder provinciae folgen, er darf ihm nicht fidem mentiri⁹).

---

1) z. B. Cap. Ticin. a. 876. c. 13 comites in suis ministeriis commorantes in suis consistant domibus cum suis vassallis; über die Kronvassallen s. „Palatium".

2) S. diese oben S. 96 f.

3) Hinkmar klagt II. p. 611, ein Vassall sei nie zu den placita de consideratione mearum necessitatum, wie doch die Andern, erschienen; freilich wird das sonst oft, wie Waitz, dem ich dies entnehme, selbst bemerkt, aus dem Beneficium abgeleitet, s. oben S. 130 f.

4) Aus VII. 1. „Abhängige" und oben S. 168 f.

5) S. die Belege bei Waitz IV. S. 275, sie wären leicht zu mehren; Alkuin klagt, ein Priester (freilich ein Angelsachse) habe in seinem Gefolge (comitatu) eine große Zahl milites, und auch gregarios id est ignobiles milites mehr als sich (für einen Priester) ziemt. Epist. 174. p. 623.

6) Oben S. 179.

7) Z. B. bei Kronvassallen, s. unten „Palast", »satellites«.

8) So richtig Waitz IV. S. 276.

9) S. oben S. 179. C. I. p. 41. 67. Warum hat der Senior den Vassus »melius«, wenn er ihm eine Ehefrau giebt de »beneficio«, d. h. die dort wohnt, dazu gehört? C. I. p. 38. a. 757.

Das Recht des Seniors auf Verbleiben des homo ist so stark wie das des Herrn über den Unfreien: auch der entlaufene homo wird unter Bannstrafe des Hehlers zu dem Senior zurück geschafft¹). Das Band zwischen senior und vassus ist so eng, daß man fürchtet, jener werde wie ein Gesippe auch den in Nothwehr getödteten vassus rächen²). Ja, Blutrache zu nehmen im Fehdegang oder Buße im Rechtsgang scheint nicht nur Recht, auch Pflicht des Seniors: wenigstens wird er hiebei mit dem Gesippen des Verletzten ganz auf eine Stufe gestellt³).

Also nicht die Vassallität als solche⁴), das beneficium verpflichtet zum Waffendienst.

Abhängige Vassallen, Beneficienträger⁵), aber auch andere, die ein Pferd haben und dann zu Pferd Botendienste, zumal aber auch Kriegsdienst leisten müssen, heißen caballarii, equizarii⁶). Die Waffen-(Reiter-)Dienst schuldenden Vassi heißen equites im Unterschied von den pagenses⁷). Der senior wird auch darin jetzt dem Grafen

---

1) C. a. 808. c. 6 de fugitivis *hominibus*, nicht servis.

2. C. I. p. 217; ob echt?

3) C. Langob. c. 7. p. 217. (a.?) verbietet ausnahmsweise faida oder commotio dem senior und dem propinquus; ebenso C. Ticin. a. 850. c. 6; Fälle der Klage für den Vassus auch Form. Senon. 27. Aber der Kronvassall muß bei ungehorsamem Ausbleiben vor dem ordentlichen Richter sich auch (unter Bürgenzwang) vor dem König stellen, wie ein andrer Senior in solchem Fall seinen homo vor den König führen muß. C. Silvat. a. 853. c. 4; ich entnehme dies Waitz IV. S. 269.

4) Unrichtig führt Waitz IV. S. 597 hiefür an Hinkmar, opp. II. p. 336: nicht die Vassallität verpflichtet hier — von ihr ist gar nicht die Rede! — sondern das Beneficium: non recognosco me alicui als ein parentum meorum velut sargae (unsäglgem Stümper Du Cange VII. p. 311) *dedisse beneficium*: vielmehr habe dieser Beneficiar fortab wie der Kirche so im Heere (expedibile augmentum) dem State zu dienen.

5) Cart. de St. Bertin. p. 97 quae .. cavallariis erant beneficiatae.

6) Viele Stellen bei Du Cange II. p. 2; III. p. 284 aber equitarius, in anderer Bedeutung; gegen Nitzsch, Ministerialität, richtig Waitz, Götting. gel. Anz. 1859. S. 1729; die von Waitz bezweifelte Urkunde mit tam de equestri quam de pedestri *ordine* halte ich für späte Fälschung, unerachtet der Einen echten Stelle mit equester ordo ebenda. Die cocciones, die Hink. opp. II. p. 144 den caballariis entgegengestellt, sind Spitzbuben, Markt- und Kneipen-Diebe, neufranz. coquins Du Cange II. p. 324: nicht nur die caballarii rauben in den villae, sogar die cocciones.

7) Urkunde von a. 635 Gallia Christiana I. p. 74 mansi equitum et pagensium.

gleichgestellt, daß er seine homines aufzubieten und für jeden nicht Aufgebotnen dessen Heerbannbuße zu zahlen hat¹).

Gefährdung des Heerbanns durch die engere Verpflichtung — oder doch deren Vorwand — der Vassallen blieb nicht aus: die Vassen der eignen Söhne Karls — Ludwigs und Pippins — erklären, sie müssen zu ihren Seniores, während die übrigen Gauleute zu Felde ziehen; bleibt der Senior zu Hause, erklärt der Vassall, auch zu Hause bleiben zu müssen, abwartend, wohin ihn der Herr Kaiser mit dem Senior schicken „werde", ja, sie commendiren sich solchen Seniores, deren Entbindung von der Wehrpflicht sie kennen²).

Wie bei dem Ausdruck ministerialis³) macht es auch sonst oft große Schwierigkeiten, zumal seit a. 814 und a. 840, das Verhältniß von Vassallität und Amt zu unterscheiden: in vielen Fällen ist nicht ersichtlich, ob die Quellen das Eine oder das Andere oder beides — in Personal-Union — meinen: letzteres ist häufig, da eben jetzt fast alle (zumal höhere) Beamte Vassallen geworden waren, andrerseits der König heimgefallene Aemter am Liebsten Vassallen gab und beiden — auch abgesehen von den herkömmlichen Amtsbeneficien — heimgefallene Beneficien. Dazu kam, daß die Vassallen, auch wenn sie nicht Beamte sind, ganz ähnliche Pflichten, Rechte, Vorzüge haben. Es wird vorausgesetzt, daß Bischöfe, sogar Priester, nicht nur Aebte und Grafen, Vassallen sind⁴): daneben werden selbstverständlich auch wieder Bischöfe, Aebte, Grafen und Kronvassallen neben einander gestellt, grade um Allen, auch falls sie nicht Vassallen sind, gleiche Pflichten, z. B. Eide, aufzulegen⁵). Ferner beginnt das Wort honor⁶), früher nur für Amt gebraucht, allmälig auch beneficium zu bedeuten, so daß nunmehr auch alle die Stellen, in denen honores übertragen oder verwirkt werden, mehr Schwierigkeit als Klarheit darüber gewähren, ob Amt oder beneficium oder beides, zumal ob das Amt selbst als beneficium

---

1) C. Bonon. a. 611. c. 9. C. de exerc. promov. c. 3.
2) C. I. p. 165.
3) Oben S. 170.
4) Annal. Laureshem. a. 77 fideles suos, id est episcopos, presbyteros, comites *et alios vassallos*; ebenso Mon. Sangall. I. 13. S. oben.
5) Annal. Bertin. a. 837; hier geht das in memoratis locis beneficia habentes wohl nur auf die vassalli dominici, die vorher genannten Beamten; zweifelnd Waitz IV. S. 282.
6) Oben S. 118 und unten „Aemter, Namen".

gemeint fei¹). Daß damals schon jeder Beamte Vassall werden mußte²), ist nicht anzunehmen³), wohl aber war das längst Regel, wenn er dabei ein Amtsbeneficium (oder ein anderes) empfing. Das Amt selbst galt regelmäßig noch nicht als Gegenstand des Beneficiums. Geschah das früh bei Abteien⁴), so erklärt es sich aus der „Saecularisation", bei der Klöster, wie zuerst Laien, später (bei Heimfall) auch den eignen Aebten zu beneficium gegeben wurden, wie aus den so häufigen Kronklöstern⁵) erhellt. Auch Bischöfe werden, wie wir sahen⁶), oft Vassallen: doch findet sich hiewider eine Gegenströmung⁷) und dementsprechend wird auch der Amtseid (nicht der allgemeine Unterthaneneid, den sie wohl meist schon früher geschworen) anders gefaßt als der Vassalleneid der Laien: sehr bezeichnend wird dabei gesagt: „gemäß meinem Amt, wie ein homo seinem senior (aber nicht als homo) und ein Bischof treu sein soll"⁸). Auch werden die Bischöfe allen andern, auch den Aebten entgegengestellt: von diesen heißt es regi se commendaverunt et sacramentis secundum morem fidelitatem promiserunt, von den Bischöfen heißt es abweichend: sie commentiren sich und ihre Kirchen in den geschuldeten (Königs-) Schutz und behufs Vertheidigung ihrer kanonischen Privilegien⁹): sie werden hier nicht Vassallen. Ein vassallus des Bischofs kann de casa sein, aber sine ministerio, oder ein Unter-

---

1) So Nithard III. 2. p. 662 Bernhardus .. filium (ad Karolum Calvum) direxit et si »honores«, quos idem in Burgundia habuit, eidem donare vellet, ut se illi commendaret, praecepit, wo Waitz, Vassall. S. 25 und IV. S. 282 an Aemter denkt, aber wohl (wie in gleichzeitigen und auch schon älteren Stellen, s. »honor«) Beneficien anzunehmen sind. Häufiger sind es auch später noch (wie früher allein) die Aemter denn die beneficia. So Div. a. 817. c. 3, wo die honores neben den Bisthümern und Abteien stehen.

2) Wie Waitz a. a. O.

3) Und wird durch Annal. Bertin. a. 837 jedenfalls nicht bewiesen.

4) Waitz IV. S. 283.

5) Beides fehlt bei Waitz, der dagegen zu Unrecht die übliche Commendation der Klöster in den Königsschutz als Commendation in Vassallität ansieht, die freilich auch hier häufig vorkam.

6) Oben S. 182. Annal. Lauresh. a. 799 episcopos .. et alios vassos suos.

7) So a. 858, Waitz S. 269; s. unten „Bischöfe".

8) Annal. Bertin. a. 870. Aehnlich a. 877 secundum .. meum ministerium sicut episcopus seniori suo debitor est: hier steht senior aber im Sinne von rex, das übersieht Waitz IV. S. 283. S. unten „Königs-Titel".

9) Wie Waitz verdienstlich hervorhebt.

beamter, der aber honoratus ist: dieser kann nur durch Vassallität oder durch Beneficium honoratus sein[1]).

Die Undurchsichtigkeit der Verhältnisse wird nun aber noch gesteigert, seit Karl die Formel des Vassalleneides als Formel des Unterthaneneides einführt[2]). Jetzt ist sehr oft nicht zu entscheiden, welcher Eid gemeint ist: z. B. bei unterworfenen fremden Fürsten[3]): daß nun bei dem Unterthaneneid die Form der (knieenden) Handreichung allgemein geworden sei, ist aber nicht anzunehmen[4]). Gar nicht daran zu denken ist bei solchen Anschluß- und Unterwerfungs-Erklärungen, wie sie ganze Bevölkerungen aus der Ferne durch Gesandte oder Briefe, z. B. die Spoletiner und Beneventaner durch Pabst Stephan, schicken[5]).

Wie man (früher) ohne Vassallität von mehreren Eigenthümern neben einander beneficia erhalten konnte[6]), mochte jetzt derselbe Mann Vassall (und Beneficiar) mehrerer Seniores sein, so des Königs und eines Privaten. Dabei kann er das Beneficium seines früheren Herrn mit dessen Einwilligung selbstverständlich vorläufig behalten, später ein anderes empfangen. Allein der neue Senior muß einwilligen[7]). Karl verbot dann aber[8]), daß derselbe Mann Vassall oder Unterthan zweier Theilkönige oder Vassall des Einen, Unterthan des Andern werde. Doch ward dies nach Ludwig bei Zustimmung der beiden betheiligten Herrscher gestattet[9]). Nicht das Unterthanenverhältniß, — dies ward durch allodiales Landeigen und Wohnsitz bestimmt — nur die Vassalli-

---

1) Cap. Rem. c. 3, jenachdem si vassallus auch zu junior in ministerio gezogen wird oder nicht.
2) S. "Unterthaneneid"; vgl. Waitz III. S. 298, IV. S. 284.
3) S. "Vertretungshoheit".
4) Waitz IV. S. 284 läßt es unentschieden, aber in all den elf von ihm angeführten Stellen begegnet nur einmal (a. 884) per manus.
5) Fälle, die Waitz gewiß mit Unrecht heranzieht. Urgesch. III. S. 911 f. Cod. Carol. 11. 93.
6) Oben S. 120.
7) S. den lehrreichen Fall zwischen Einhard epist. 20 und Lothar; ferner epist. 22, wo der Zweifel von Waitz IV. S. 261 gewiß dahin zu entscheiden ist, daß der ehemalige Vassall Einhards der Bestätigung seines Beneficiums durch den Kaiser bedarf, weil er dessen Vassall geworden. Aber der König kann auch Vassallen Anderer (ohne deren Zustimmung) Beneficium geben, wodurch sie — jetzt regelmäßig — Kronvassallen werden. v. Roth, Feud. S. 430.
8) Divisio a. 806; wiederholt a. 817 von Ludwig.
9) Zwei Belege aus Einhard bei Waitz IV. S. 262 (Lothar und Ludwig der Deutsche).

tät konnte wohl der Einzelne — unter jener Zustimmung — wählen¹). Den Spaniern wird ausdrücklich verstattet, sich, obwohl sie im Königsschutz stehen, dortigen Grafen (als Vassallen?) zu commendiren²).

e. Dauer. Beendigung.

Selbstverständlich ward die Vassallität — als ein Vertragsverhältniß — durch gegenseitige Einwilligung wie begründet so aufgehoben³). Auch der Frau des Seniors kann für den Fall seines Vorversterbens der Dienst der Vassalli durch Vertrag gesichert werden⁴). Einseitige Kündigung stand dem Senior wohl nur zu, wenn der Vassall durch Untreue u. s. w. das Beneficium verwirkt hatte: willkürlich konnte ihm Schutz (und Beneficium) nicht entzogen werden⁵). Einseitiger Rücktritt des Vassallen scheint (später) vorgekommen zu sein⁶), selbstverständlich unter Rückgabe des Beneficiums⁷). Unter Karl beginnt das Gesetz⁸) die Gründe fest zu legen, aus denen der Vassall den Senior gegen dessen Willen verlassen darf⁹).

Es ist merkwürdig, diese Gründe bis ins späte Mittelalter hinein beibehalten zu sehen: Lebensnachstellung, Stockschläge, Verführung der Frau oder Tochter, Versuch, ihm das Allod (hereditatem, nicht das Beneficium) zu entziehen oder ihn zu verknechten¹⁰), Weigerung des

---

1) Die Divisio von a. 817. c. 9 spricht nur vom senior, nicht vom rex; anders Waitz a. a. O.; aber senior steht freilich auch oft für rex.
2) So gewiß richtig Th. v. Sickel IV. S. 69, zweifelnd Waitz IV. S. 261.
3) S. die Briefe Einhards bei Waitz IV. S. 264, der gewiß richtig vestro statt, wie Jaffé, uno liest; aber die hier genannten commendatoriae litterae haben mit der commendatio in die Vassallität nichts zu thun: diese hatte nicht Schriftform: es sind „Empfehlungsbriefe".
4) Trad. Sang. 368. II. p. 7.
5) So auch Waitz a. a. O.
6) C. Comp. a. 757. c. 9 freilich Rücktritt unter die Erben eines früheren Herrn.
7) Wie bei den westgotischen Buccellarien andrer Gaben des patronus, VI.², S. 133, »buccellarius«.
8) Wohl im Anschluß an ältere consuetudo. S. Conv. Marsn. a. 847. c. 3. S. oben S. 134 f.
9) So ist wohl der Streit zwischen v. Roth, Feud. S. 211 und Waitz IV. S. 265 zu entscheiden; v. Roth nimmt zu früh feste Regelung an, jene consuetudo, von der Karl der Kahle a. 847 spricht.
10) Es sind ungefähr die gleichen, welche die Lösung des Beneficialverhältnisses rechtfertigen.

(möglichen) Schutzes¹). Für Italien wird dann verboten, einen Unbekannten oder grundlos seinen Herrn Verlassenden zum Vassallen oder in das Haus (also in andrer Abhängigkeitsform) aufzunehmen: im Zweifel soll der König oder sein missus den Fall prüfen²). Dagegen werden die Uebelthaten (die Fälle der späteren „Felonie") des Vassallen, um deren Willen der Senior ihn verstoßen und des Beneficiums entkleiden darf, noch nicht aufgezählt³). In den Wirren seit ca. a. 830 trachteten freilich die hadernden Herrscher um die Wette, sich gegenseitig ihre Vassallen abspänstig zu machen⁴): zumal Lothar war Meister dieser Kunst⁵), aber auch Karl der Kahle stellt⁶), im Widerspruch mit seinem Gesetz von a. 847, den Wechsel der Seniores in die Willkür der Vassallen.

Die Vassallität (wie das Beneficialrecht, s. oben S. 136) erlosch im Herren-Fall und im Mann-Fall. Doch konnten die Söhne oder Einer von ihnen neben, mit dem Vater Vassall werden und gemeinschaftlich mit ihm Ein Beneficium erhalten: alsdann blieb der überlebende Sohn Vassall und erwarb das Beneficium ungetheilt. Anternfalls mußten die Söhne bei dem Tod des Vaters die Aufnahme in die Vassallität und die Neuverleihung des Beneficiums nachsuchen, — die spätere „Muthung" — die beide oft gewährt, aber auch wohl verweigert wurden.

---

1) C. a. 813. c. 16, jünger p. 215, zum Theil wörtliche Wiederholung, p. 172 neben der heimlichen Lebensnachstellung Anfall mit gezücktem Schwert, s. oben „Ueberblick", S. 87 f.

2) S. die beiden Stellen bei Waitz IV. S. 266. Karl der Kahle wiederholt das a. 847; die consuetudo antecessorum nostrorum muß nicht älter sein als ca. a. 800.

3) Syn. Pistens. a. 862. c. 2, wo zumal auch der Fall angenommen wird, daß der Vassall aus Furcht wegen solcher Uebelthaten vom Herrn hinweg flieht.

4) Kam schon unter Karl häufig vor oder doch die leichtsinnige Aufnahme abgefallner Vassallen: sie wird schon a. 787 mit Königsbann bedroht C. I. p. 199 (für Italien).

5) S. oben S. 69 f.

6) C. Caris. a. 856. c. 13 si aliquis .. talis est, cui suus senioratus non placet et illi simulat(!) ut ad alium seniorem melius .. acceptare possit, veniat ad illum (d. h. zum neuen) et ipse (d. h. der bisherige) tranquillo et pacifico animo donat ille commeatum! Allein auch schon früher bestand keineswegs Lebenslänglichkeit des Verhältnisses, so richtig Waitz IV. S. 267 gegen v. Roth, Feud. S. 11. S. oben die Briefe Einhards und für Hinkmars Zeit dessen Briefe bei Waitz S. 267.

Im Herrenfall¹) erloschen also meist Vassallität und Beneficium: der bisherige (freie) Vassall soll sich nach Karls Theilungsgesetz von a. 806²) einem beliebigen der drei Theilkönige commendiren dürfen, der ihn annehmen will: die Commendation (und der Empfang des Beneficiums) müssen erneut werden: wie im Mittelalter muß der neue Vassall, ohne daß doch schon eine Muthungsfrist bestünde, sich, sobald er kann, bei dem Senior einfinden und die Commendation bewirken: einstweilen behält er nur thatsächlich die Innehabung, hat noch nicht das Recht am Beneficium³). Es kann freilich vereinbart werden, daß nach dem Tode des Seniors die Vassallen dessen Gattin und nach deren Tod den Aebten (von Sanct Gallen) dienen und daß diese verpflichtet sein sollen, im Mannfall den Söhnen und weiteren Abkömmlingen der ursprünglichen Vassallen die Beneficien wieder zu verleihen⁴).

f. Aftervassallen.

Wie Afterbeneficien (oben S. 142) sind Aftervassallen sehr häufig⁵): erst ihrer beider zunehmende Zahl, ja Verallgemeinerung ermöglichte am Schluß der Karolingerzeit den Uebergang in den Feudalstat. Und sofort taucht auch die Gefahr auf, daß diese kleineren Freien durch ihre Seniores vom Zusammenhang mit dem Herrscher und dem Stat abgeschnitten, daß sie — thatsächlich — „mediatisirt" werden. Zunächst schien es freilich bequem, wie die Kronvassallen⁶) so die Vassallen der Grafen und Bischöfe fast ganz wie die Reichsbeamten zur Verrichtung von allerlei Statsgeschäften⁷) heranzuziehen: die erforderliche Zustimmung

---

1) D. h. bei jeder Aenderung in der Person des Herrschers, nicht blos durch Tod, z. B. durch Einsetzung eines Sohnes als König, z. B. Karls des Kahlen durch Ludwig a. 837 Annal. Bertin.
2) c. 10.
3) z. B. nach Erholung von einer Krankheit Einh. epist. 1. p. 440 ut permittat (imperator) se *habere* (d. h. detinere) beneficium, quod avus .. concessit et pater habere permisit (Wiederverleihung) quousque *viribus receptis* ad ejus praesentiam venerit ac se sollemni more commendaverit, wörtlich ebenso 2.
4) So der lehrreiche Fall aus den Trad. Sangall. 386. II. 17 bei Waitz IV. S. 268, oben S. 185.
5) C. Bonon. a. 811. c. 7 vassalli dominici vassallos casatos suos secum non retineant.
6) S. diese unten S. 188.
7) Schutz des Landfriedens C. a. 819. c. 27, Verfolgung von Räubern C. Ticin. a. 850. c. 1 wird ganz wie den Grafen und Schuldheißen den Bischofsvassallen

ihrer Seniores ward auf den Reichstagen diesen Capitularien gern
ertheilt: erlangten diese Seniores dadurch doch noch weiteren Einfluß
auf die Geschäfte¹).

Die Kronvassallen haben so häufig Vassallen, daß dieser Verbreitung der Aftervassallen der Krone ganz regelmäßig neben jenen
gedacht wird²).

Abgesehen von den Vorzügen der Kronvassallen (s. diese) bestand noch
keine Anschauung, wie sie der mittelalterlichen Abstufung der „Heer-
schilde" zu Grunde lag: z. B. die eingewanderten Spanier, die sich den
Kronvassallen oder den aquitanischen Grafen oder ihres „Gleichen",
— auch sonst begegnet dieser Ausdruck — d. h. früher eingewanderten
Spaniern oder Vassallen der Grafen commendiren, stehen einander in
Rang und Rechten völlig gleich³). Auch werden die Mit-Vassallen
des nämlichen Seniors socii und commilitones genannt⁴).

Die homines der Grafen und Bischöfe werden wie die Kronvassallen von den missi gegen Räuber aufgeboten⁵). Die homines
der bei dem König im Palaste bleibenden Kronvassallen brauchen ebenfalls nicht auszuziehen⁶).

g. Kronvassallen.

Kronvassallen leben und dienen im Palast zum Theil ständig⁷),
zum Theil, abwechselnd, einige Zeit.

---

aufgetragen; die Grafen-Vassen sind, wie die Schöffen, dingpflichtig, auch bei den
placita minora C. Aquisgr. a. 809. c. 5; die vassalli des im Felde stehenden
Grafen haben dessen ganzes Amt und den Königsdienst, ejus ministerium et
nostrum servitium, wahrzunehmen C. a. 808. c. 4.

1) Das ist, soweit ich sehe, noch nicht beachtet: es wog etliche wirthschaftliche
Nachtheile reichlich auf!

2) Grandidier p. 258 fideles nostros fideliumque nostrorum homines.

3) C. pro Hispan. c. 6 comitibus sive vassos vestros (beides fiel meist
zusammen), p. 263 ad comites sive vassos nostros vel etiam ad vassos, p. 264
qui autem postea venerunt et se aut comitibus aut vassis nostris aut paribus
suis se commendaverunt. So sagt Herzog Grimoald von Benevent: wer mein
homo werden will, ein großer oder ein kleinerer, kann das ebenso gut wie irgend
eines Andern homo werden Cod. Carol. 87.

4) Mon. St. Gall. II. 10.

5) C. a. 804—813. p. 180.

6) C. I. p. 138.

7) C. de exerc. promovendo c. 9. Auch in Italien Ed. de Exped. Corsicana c. 3. Auch unter den satellites im Palast sind jetzt vielleicht Kronvassallen;

Schlimme vassi harren aber unterwegs auf den König, statt in den Palast zu ziehen, und treiben da Räuberei: fallen sie dabei, soll weder Senior noch Gesippe sie rächen dürfen: wer es thut, gilt „als unser und unsres Volkes Feind"[1]).

Die Kronvassen, „die noch im Palaste dienen", — das war also der Anfang der Laufbahn — aber (doch) schon Beneficien und auf diesen angesiedelte Vasallen selbst haben, dürfen, falls sie selbst bei dem Kaiser zu Hause bleiben, diese ihre Vasallen nicht bei sich zurückhalten, sondern müssen sie ausrücken lassen mit dem Grafen, dessen Gauleute sie sind: — hier wird noch der alte Heerbann gegenüber dem Vasallenverband aufrecht erhalten und kraftvoll durchgeführt[2]).

Im Palast Dienende sind so bedeutend, daß sie — so wird vorausgesetzt — selbst wieder Seniores von Vassen sind[3]). Aber wie im Palast werden sie auch sehr häufig draußen in den Provinzen, zumal in den Marken, verwendet: sie leben hier auf ihren Beneficien und dienen als Krieger und Beamte. Wie irrig es ist, sie nur im Palast zu suchen, ihre Auszeichnung nur auf den Hofdienst zurückzuführen, erhellt daraus, daß die meisten ihrer Bezeichnungen ausdrücklich auch auf fern vom Hof Wohnende angewendet werden, wie das Folgende zeigen wird.

Ganz regelmäßig leben die (Kronvassallen und) Beneficiare fern von König und Palast[4]). Den Kronvassallen werden in unruhigen oder gefährdeten Provinzen, z. B. Aquitanien, die Grenzen zur Vertheidigung und villae zu beneficia, zur Verwaltung überwiesen[5]). Sie werden als Königsboten in ferne Provinzen verschickt[6]), zumal Steuern einzutreiben und überhaupt Fiscalrechte zu wahren[7]), dauernd an den

---

solche im Palast Dienende sind dann vom Heerdienst befreit: sie sind der comitatus des Herrschers Waitz IV. S. 609, aber nicht mehr Gefolgen, antrustiones. Vgl. oben syntellites.

1) C. I. p. 217; von sehr zweifelhafter Echtheit.
2) C. I. p. 167.
3) C. Bonon. a. 811. c. 7.
4) C. de exped. Corsicana a. 825. c. 1 illi qui nostra beneficia habent et foris manent.
5) V. Hlud. c. 3 ... vassos .. ex gente Francorum ordinavit per totam Aquitaniam eisque (neben Grafen und Aebten) commisit curam regni .. finium tutamen villarumque regiarum ruralem provisionem.
6) Bis a. 802 auch ärmere, Annal. Laur.
7) Bouquet VI. p. 652, s. missi.

Marken zur Gränzwehr aufgestellt [1]), nach Aquitanien, Baiern, Sachsen zur Sicherung der Neuerwerbungen entsandt und dort auf eingezogenen Ländereien als Beneficien angesiedelt [2]), dann auch in ihrer Heimath zur Unterstützung der missi: diese sollen sich in jedem Gebiet (ministerium, Grafschaft, wohl nicht missaticum) Einen hiefür wählen [3]) und zumal im Heer neben den duces und Grafen [4]). Daher richten sich Capitularien jedes Inhalts wie an die Statsbeamten an die Kronvassallen, gleich hinter den Grafen, vor den Vicarii und Centenaren [5]). Es ist wohl nur Zufall, wird ministerium von solchen Diensten des Vassus nie gesagt; sie leisten ministeria [6]).

Verwendungsart und Dienste der Vassallen waren also sehr mannichfaltig: außer dem Waffendienst, der Heerfahrt (s. unten) und der Dingpflicht sowie sonstigen Besuchs- und dauernden oder wechselnden Dienst-Pflicht am Hofe des Herrn (Hoffahrt) werden sie verwendet zur Beaufsichtigung des Gesindes, Beschützung von Weib und Haus des (im Feldzug etwa) abwesenden Herrn, überhaupt zum Schutz des Friedens, zur Ueberwachung oder Besorgung der Aernbte, zur Aufnahme von Königsboten (zu diesen Zwecken darf der ins Feld ziehende Herr einige zu Hause lassen) [7]): aber auch solche im Herrenhaus (auch capellani z. B. im Kloster) dienende [8]) erhalten behufs ihres Unterhalts Land, sogar ein ostiarius des Bischofs heißt vassallus [9]). Andre sind auch hier in der Ferne auf Beneficien angesiedelt [10]). Selbstverständlich können freie Vassallen für sich, unfreie für ihren Herrn auch allodiales Eigenthum erwerben [11]).

In dem Streit [12]), ob die Kronvassallen, die ihrerseits Seniores von Vassallen und andern Abhängigen [13]) waren, anfingen, einen eignen

---

1) C. a. 821. c. 4 vassis nostris, qui ad marcam nostram constituti sunt custodiendam.
2) Urgesch. III. (König Pippin und Karl).   3) C. a. 807. c. 3.
4) Karol. epist. ad Fastradam. Jaffé IV. p. 350.
5) Karol. epist. p. 203.
6) Anders Waitz IV. S. 255 gegen v. Roth, Feud. S. 213.
7) C. a. 819. c. 27.
8) In nostra mansiuncula militantes Waitz IV. S. 253 aus Albrichs Testament.
9) Mon. Sangall. I. 18.
10) Vassalli casati, s. oben „Land" und „Abhängige".
11) Belege bei Waitz, Vassallität S. 15 und IV. S. 254.
12) Zwischen v. Roth, Ben. S. 382 und Waitz IV. S. 328.
13) v. Roth a. a. O. spricht freilich irrig noch von „Gefolgsherrn".

Stand zu bilden, ist zu unterscheiden zwischen hoher politischer Bedeutung dieser Leute, die schon als Einheit, als eine Classe Gegenstand besonderer Gesetzgebung geworden sind — insofern sind sie ein „Stand" schon geworden —, und juristischer Organisation der Mitglieder, die freilich, z. B. Genossengericht, noch fehlt.

Die Kronvassallen sind unter einander — den conpares, pares — wie mit dem König durch ein Band der Treue, der Freundschaft und Ehre verbunden — ähnlich den alten Gefolgen, aber nicht vermöge Entlehnung oder gar Wesenseinheit oder auch nur Ursprung aus der Gefolgschaft[1]). Sie sollen einander bei Gefährdung durch den Kriegs- oder den innern Feind auch mit den Waffen beistehen bei Verlust des Beneficiums[2]). Freilich führten diese „Conpares" oft unter einander Fehde!

Hier liegen also wenigstens leise Anfänge einer gewissen genossenschaftlichen Verbindung aller Vassallen Eines Seniors, wie sie im Lehnrecht so reiche Ausgestaltung finden sollte. Werden später die Vassallen der Königsfrauen und Königskinder geradezu für Kronvassallen erklärt[3]), so geht das wohl vor Allem auf die Gleichstellung in den Ehren: schwerlich doch galten auch die ihnen von den Frauen und Söhnen aus deren Allod gegebenen Beneficien zugleich als vom König gegebene. Sie haben mancherlei Vorrechte: ähnlich wie Geistliche und Mönche, zuweilen brauchen sie nicht selbst gerichtliche Eide zu leisten[4]). Dagegen ist es ziemlich allgemein gehalten[5]), wenn wiederholt gesagt wird, sie sollen Ehre haben und bei uns und unsern Söhnen „obenan stehen"[6]), sie sollen überall in Gerichtsversammlungen und sonst den Andern vorangehen, voranstehen, den Vortritt haben[7]).

---

1) S. oben S. 161.
2) C. I. p. 172. Aquisgr. c. 20 bei pugna aut aliquod certamen contra adversarium (Fehde, gerichtlicher Kampf) darf er seine conpares zu adjutorium anrufen: das verwirkte Beneficium wird dem gegeben, der in Stäte und Treue verblieb, d. h. einem, der dem Hilferuf Folge leistete?
3) Edict. Pistens. a. 864.
4) Quia contra divinam credimus esse legem, d. h. das biblische Schwurverbot, das freilich auch für Laien galt. Muratori, Scr. I. 2. p. 37. Bei Waitz IV. p. 271.
5) Etwa wie die Bundesacte von den Standesherrn sagte: „den privilegirtesten Stand bilden".
6) C. Ingelh. a. 807. c. 9 caput teneant, so gewiß richtig Waitz IV. S. 271. Ganz unmöglich Zöpfl S. 67 eine besondere Art der „Belehnung"(!!).
7) Const. a. 823. c. 3.

Mit Recht bemerkt man¹), diese wiederholte Einschärfung läßt vermuthen, daß Manche, z. B. hohe Beamte, reiche allodiale Grundeigner, alte Adelsgeschlechter in dem Vassallendienst eine Minderung der Freiheit erblickten²): gab es doch auch unfreie Kronvassallen, die freilich von den freien Großen nicht als gleichstehend angesehen werden mochten³) wohl gerade für diese Ehrenrechte⁴).

Solche Ausdrücke, wie servire, servitium⁵), dominatio, dominus, famulus⁶), puer⁷), sowie eben die Aufnahme von Unfreien unter die Kronvassallen erklären, daß diesen nicht von Allen so viel Hochwerthung zugewendet wurde, als die Könige wünschten und daher wiederholt einschärften⁸).

Zu den Vorrechten der Kronvassallen zählt aber nicht gefreiter Gerichtsstand vor dem König, vielmehr werden sie wiederholt als Kläger und als Beklagte an das ordentliche Gericht des Grafen verwiesen⁹). Die scheinbaren Ausnahmen beruhen auf besonderer Verleihung an solche, die zugleich Königsschützlinge und mit diesem Vorrecht versehen sind. Sie zählen zu den wenigen Personen, die sich vor Gericht¹⁰) vertreten lassen dürfen, wohl wegen ihrer Unentbehrlichkeit in Kriegs-, Wacht- und andrem Königs-Dienst.

Es ist schon hervorgehoben¹¹), daß die Königsvassallen, aber auch die mächtigeren (fortiores)¹²) der Grafen, zwar nicht als solche Beamte sind, aber ganz ähnlich angesehen werden und im Guten wie in Mißbräuchen¹³) auftreten und handeln. So sind wohl auch die

---

1) v. Göhrum I. S. 58 und Waitz a. a. O.
2) S. unten „Dienste" und die Ausdrücke puer, famulus.
3) S. oben über die Commendatio Freier, die (auch) nicht schaden soll.
4) Edict. Pist. a. 864. c. 5.
5) Beläge bei Waitz IV. S. 272. Tassilo sagt von sich: servitium vobis per saecula solvo Poet. Carol. I. p. 399 Gott und dein Vater haben dir Karl ad serviendum gewählt: jugum famulantis obsequium in der lehrreichen Stelle bei Waitz a. a. O.
6) S. Beläge für famulus Waitz IV. S. 273 vassi famulantes nobis, ad famulatum servire, assiduum famulatum et obsequium.
7) Tassilo heißt so Poet. Carol. I. p. 399, das kann (a. 787) nicht Knabe bedeuten: er war 32 Jahre alt.
8) S. oben Anm. 4.
9) C. Mantuan. (a. ?). c. 13. Olonn. a. 825. c. 1.
10) Z. B. vor dem Grafen C. Langob. c. 10. 16. p. 210. 211. S. oben im Civ.
11) Waitz III. a. a. O.
12) C. p. 52.
13) C. Mant. p. 197. c. 6.

homines der Grafen sowohl deren Unterbeamte als Vassallen¹). Daher bedeutet honorem perdere (zur Strafe wegen Ungehorsams wider einen Königsbefehl)²) Verlust von Amt³) und Königsbeneficium, d. h. zwiefache Vassallenehrenstellung.

Es ist höchst bezeichnend für ihre gesteigerte Unterthanenpflicht, daß sie jetzt so oft neben den Grafen, Centenaren aufgerufen werden, statliche Zwecke zu fördern, z. B. die Königsboten zu unterstützen⁴). Auch bei ihnen wird vorausgesetzt, daß sie zu richten haben, wie der Graf, und bei Nichterfüllung werden sie wie dieser durch Einquartierung⁵) des missus auf ihre Kosten gestraft. Auch in Italien werden die Kronvassallen zwischen den Grafen, Richtern, Vicaren, Centenaren „und all unsern missi und agentes" aufgezählt und wie diese zum Gehorsam gegen die Bischöfe vermahnt⁶).

Da also Vassallen oft wie Beamte Hoheitsrechte für den Stat auszuüben haben, wenden sich hierauf bezügliche Erlasse, z. B. Immunitätsverleihungen, wie an die Grafen und juniores an die Kronvassallen⁷). Ganz allgemein werden sie wie die Statsbeamten (die ministri publici) herangezogen, Schäden im Stat zu bekämpfen⁸); sie sind nicht (als solche) Beamte, aber sie werden wie Beamte verwendet. Dagegen nicht Gleichstellung des vassus mit den Statsbeamten, sondern mit den Immunitäts-Herrn und -Beamten liegt vor⁹), wo der vassus wie diese mit Verlust von Beneficium und honor (Amt? oder nochmal Beneficium?) bedroht wird.

Den Kronvassallen und Kronbeneficiaren können im Wege der Verordnung besondere Verpflichtungen¹⁰) auferlegt werden, die insofern als vertragsmäßig übernommen erscheinen, als der Vassall bei Weigerung das Beneficium aufgeben müßte; das Gegentheil durfte aber wohl immer vorausgesetzt werden. Die Kronvassallen stehen auch da-

---

1) Const. pro Hisp. c. 5. p. 262.
2) Z. B. Cap. leg. addend. a. 817. c. 16.
3) S. oben S. 118.
4) C. a.? p. 213 comites seu vassi nostri.
5) soniare, neufr. soigner C. I. p. 51. a. 779.
6) C. I. p. 263.
7) Form. imper. 43 omnibus praelatis ecclesiarum sive comitibus aut vassallis nostris vel junioribus.
8) C. Caris. a. 857 gegen Räuberei.
9) C. a. 779. c. 9.
10) Z. B. in Armenpflege. C. Nium. a. 806. c. 5. C. p. 52.

rin den duces und Grafen gleich, daß sie wie diese bei Palast- und Kirchen-Bauten und Armenpflege zu Beiträgen herangezogen werden¹).

Der Kronvassus hat auch sonst ganz ähnliche Pflichten wie der Beamte: stellt er nicht Räuber aus seinen Gütern vor Gericht, verwirkt er honor et beneficium²). Kronvassen und Kronbeneficienträger sind auch später — nach Karls Erleichterungen — als solche waffenpflichtig ohne Rücksicht auf die Größe ihres Grundbesitzes³) und Beneficium und Allod werden einander bei der Belastung gleich gestellt.

Die Kronvassallen haben, wie die Beamten, die Königsbotenversammlungen, zumal auch deren Dinge zu suchen⁴). Einem Kronvassallen, der nicht Recht gewährt, entzieht so lange der Richter das Beneficium⁵). Sie sind so mächtig, daß man unter Verschmähung der ordentlichen einheimischen Richter vor ihnen, wenn sie im Gefolge der Herrscher im Land erscheinen, Rechtsstreite entscheiden lassen will: — ein streng geahndeter Rechtsverstoß⁶).

b. Verbindung von Beneficien mit Vassallität. Schlußbetrachtung.

α. Verbindung von Beneficium und Vassallität.

Die durch Beneficium und Vassallität begründeten Abhängigkeitsverhältnisse haben in dieser Zeit nicht mehr wie früher⁷) die gleiche Bedeutung wie die andern; sie erscheinen jetzt unter den Gesichtspunkten einerseits der Beschränkung, andrerseits der Verschärfung der königlichen Macht, zumal aber unter dem der Weiterbildung des alten, auf dem Unterthanenverband beruhenden fränkischen Staates in den werdenden Feudalstat in Frankreich, Italien und Deutschland und sind daher als Abschluß des Karolingerreichs aufzufassen.

Das der Wirkung nach Wichtigste in der Umgestaltung der beiden Rechtsgebilde in der karolingischen Zeit ist die allmälig als rechtsnothwendig vorgestellte Verbindung beider: kein Beneficium ohne Vassallität, kein Vassall ohne Beneficium⁸).

---

1) Mon. Sang. I. 30. C. I. p. 52.
2) C. a. 779. c. 9.
3) Edict. de exped. Corsicana a. 819. c. 1.
4) Baluze II. p. 1394.
5) C. I. p. 192 für Italien.
6) L. Rom. Rhaet. Cur. II. 1, 9.
7) VII. 1. „Abhängige".
8) In den Streitfragen über die Verbindung von Vassallität und Beneficium muß ich unter Festhaltung meiner Abweichungen VII. 3. a. a. O und oben S. 95

Jetzt wird als Regel vorausgesetzt, daß der Vassall Beneficienträger und umgekehrt der (frühere) Beneficiar auch Vassall ist. Aber die Rechtsnothwendigkeit[1] dieses Zusammentreffens gehört doch erst ganz dem Ausgang dieser Periode an[2]. Auch ohne Vassallität begründet Kronbeneficium wie besondere, über die allgemeine Unterthanenpflicht hinaus gesteigerte Treuepflicht gegen den König, so auch einzelne Leistungen und ein besonderes persönliches Abhängigkeits-, Schutz- und Pietäts-Verhältniß, wie schon in merovingischer Zeit[3]. Doch wird noch a. 779 ein Kronvassall für möglich gehalten, der kein Beneficium hat[4]. Andrerseits haben selbstverständlich auch jetzt noch andre Leute als Vassallen, z. B. Frauen[5], Beneficien[6].

Es wird aber schon unter Karl und Ludwig vermuthet, daß der Vassall bei der Commendation Beneficium, Land (terras) erhalte[7]. Hinkmar setzt voraus, jeder Vassall erhält Beneficium: denn „jeder neue Vassall des Bischofs mehrt die Wehrkraft des Reichs"[8]: aber doch nicht die Vassallität als solche, nur das Beneficium begründet die Waffenpflicht[9]. Commendation (als Vassall) ist nach Karl Voraussetzung für Erwerb von Beneficium[10]. Gleichwohl fehlt sie zuweilen: am Häufigsten unterblieb die Commendation in das Vassaticum bei beneficia oblata[11] und in niedrigeren bäuerlichen Verhältnissen —

Waitz IV. S. 362 f. gegen Ehrenberg S. 65 durchaus, gegen Faugeron p. 78, 133 meist und auch gegen v. Roth, Feud. S. 204 vielfach beipflichten.

1) Anders und irrig Waitz IV. S. 234. „Das Charakteristische" bei der Begründung der Treuepflicht des Beneficiars soll die Commendation in die Vassallität sein: aber jene besteht auch jetzt noch, wie sie früher immer bestand, ohne diese.

2) Noch unter Ludwig Constit. pro Hispan. c. 6 wird angenommen, daß ein als Vassall Commendirter nicht beneficium von seinem Senior erhielt, erst später empfing: si beneficium .. ab eo cui se commendavit fuerit consecutus.

3) Richtig Waitz IV. S. 233 (gegen Faugeron p. 145 und v. Roth, Ben. S. 429), der nur zu viel Gewicht auf die früher hiebei ganz unerhebliche commendatio legt.

4) C. I. p. 48, wohl aber ein Amt, honor.

5) S. oben S. 119; Mittelrhein. Urk.-B. I. 14 filiae als Folgerinnen.

6) Calmet[2] II. p. 138 vasallus aut aliqua persona qui beneficia .. habet. Ein gasindus, nicht vassus, erhält a. 754 von Pippin ein Beneficium Bouquet V. p. 101.

7) C. pro Hispan. c. 6. p. 267.

8) Opp. II. p. 336.

9) Oben S. 130 f.

10) Einh. epist. 35.

11) S. 139; das scheint Cc. Tur. a. 813. c. 51. Mansi XIV. p. 91 zu beweisen; vgl. Waitz IV. S. 258.

meist bei den oblata der Fall — blieb sie auch jetzt noch häufiger fort, als bei nobiliores, equites¹). Wird das Beneficium nicht gewährt, verläßt der Vassall den Senior²).

Jetzt — nach Karl — gilt es als undankbar und ungehörig, erhält ein wackerer, tüchtiger Vassall aus edlem Haus nach treuem Dienst kein Beneficium³). Früher war dem Kronvassallen oft erst nach längerem Dienst im Palast Beneficium gegeben worden⁴). Doch auch unter Ludwig haben nicht alle commendirten Spanier Beneficium erhalten⁵). Mit Unrecht unterscheidet man⁶) die Commendatio in die Vassallität von der des Beneficiars für diese Zeit⁷); früher fand commendatio des Beneficiars in den Schutz ohne Vassallität statt. Der⁸) hier schon verwerthete homo ligius erscheint⁹) erst viel später, wann er dann einen Vassallen bedeutet, der gegen jeden Feind seines Senior kämpfen muß als Ledigmann¹⁰).

Vassallen und Beneficiare werden als dieselben Personen voraus-

---

1) S. die Stellen bei Waitz IV. S. 259; noch galt nicht das Wort (aus dem XIII. Jahrhundert: »quidquid homo non suscepit per hominium, non judicetur esse beneficium.«

2) S. den Fall bei Hinkmar opp. II. p. 610; der Vater commendirt ihm seinen Sohn, daß der an seiner Statt diene, giebt ihm aber nichts von dem Beneficium: Hinkmar kann ihm kein anderes geben, da verläßt ihn der Sohn (der übrigens schon homo eines andern war!); ein andermal dankt er, daß jemand einen von H. Abfallenden nicht ohne H.s Zustimmung als Vassallen aufgenommen; der sei, was ihm bisher Keiner angethan, unehrerbietig, ohne Verstattung, davon gezogen, unerachtet gütiger Verpflegung und vieler Wohlthaten.

3) Monach. Sangall. I. 26 hic habuit unum vassallum, non ignobilem civium suorum, valde strenuum et industrium, cui tamen ille non dicam aliquod beneficium, sed nec ullum quidem aliquando blandum sermonem impendit.

4) C. Bonon. a. 811. c. 7.

5) Const. pro Hispan. c. 6.

6) Zöpfl a. a. O. und v. Roth, Ben. S. 386.

7) Diese Beschränkung fehlt bei Waitz, Vassall. S. 25 und IV. S. 257.

8) Von Franzosen; s. Waitz a. a. O.

9) Nach Du Cange V. p. 104.

10) Anders Waitz IV. S. 257 und VI. S. 42, der aber mit Recht die Erklärung Boudouins Nouvelle Revue historique de droit VII. p. 664 aus legitimus(!) zurückweist: das Wort ist deutlich: ledig der Kampfpflicht für einen andern Senior, daher gegen jedermann dem Einen Senior kampfpflichtig. S. Grandgagnage s. v. lige bei Diez, W.-B. p. 626; ganz falsch die Ableitung aus romanisch liga, aber auch aus altnordisch lidi, Gefährte.

gesetzt und Vassallenland als Beneficialland¹). Daß auch damals noch Vassallen und Beneficiare gelegentlich²) unterschieden werden, hebt die Regel nicht auf und erfordert nicht³), Kirchenbeneficien anzunehmen. Eine — soweit ich sehe — ganz unbeachtete Vorschrift Karls aus den Jahren a. 781—810 spricht bereits aus, daß alle Kronvassallen ein Beneficium von Karl oder Pippin von Italien haben sollen⁴); das ist von tief greifender Bedeutung.

Versteht man unter „Lehen" die thatsächlich häufige Verbindung von Vassallität und Beneficium⁵), so sind schon unter Karl Martell die Lehen entstanden, verlangt man dazu die rechtsnothwendige Verbindung beider, so gehören sie erst dem Ende des IX. und dem X. Jahrhundert an; in Westfrancien sind sie erheblich älter als rechts vom Rhein.

§. Schlußbetrachtung.

So wichtig und so häufig sind Ende des IX. Jahrhunderts diese Verhältnisse geworden, daß, wenn vermögliche Männer einer Grafschaft verlangt werden, nicht mehr wie in den Volksrechten Allod in der Grafschaft, sondern statt dessen auch beneficia vorausgesetzt werden⁶). Es wird vorausgesetzt, alle Grafen und Bischöfe haben Vassallen oder andere homines⁷). Es wird vorausgesetzt, daß adventicii in ihrem Heimathgau seniores haben⁸). Wie verbreitet der Seniorat über geringere Leute war, zeigt, daß vorausgesetzt wird, wer sich mit Viehhandel befaßt, steht unter einem Senior⁹). Der Grund der Verbreitung der Vassallität über alle Beneficienträger war das Vorbild der Könige, die seit a. 740 beides fast immer ver-

---

1) S. die Stellen bei Waitz, Vassallität S. 23—28; aber Beamte als Beneficiare können Amtsbeneficia tragen und fideles sind alle Unterthanen; anders Waitz a. a. O.

2) S. die Stelle aus Calmet bei Waitz S. 257.

3) Wie Waitz meint.

4) C. I. p. 207 de vassis regalibus ut honorem habeant (hier = beneficium) et per se aut ad nos aut ad filium nostrum caput teneant. Ueber caput = beneficium s. Du Cange II. p. 154.

5) So treffend Brunner II. S. 274.

6) C. Pistoj. a. 864. c. 14 hominibus qui in ... comitatu res et mancipia *vel beneficia* habeant.

7) Vita Hlud. c. 53.

8) C. a. 806. c. 4.

9) C. I. p. 157. c. 3 (hier noch nicht „König").

stanben¹). Man wird Unterſchiede zwiſchen der Treue- und Dienſtpflicht der Beneficiare²) und der der Vaſſallen bis zum Verſchmelzen beider nicht aufſtellen können.

Vermehrten die Könige — und auch die Großen — eifrig die Zahl ihrer Vaſſallen, um ſie ſo zu Stärkung ihrer Macht wie ganz abhängige Beamte zu verwenden, ſo ſuchten andrerſeits gar viele Männer die Vaſſallität der Krone oder eines Großen, weil dies nunmehr die nicht nur thatſächlich, häufig die rechtlich faſt ausnahmsloſe Bedingung für den Erwerb von Beneficien ward³). Seltene Ausnahmen kommen allerdings immer noch vor⁴): es werden aber eher Vaſſallen vorausgeſetzt, die kein Beneficium haben⁵), als Beneficiare, die nicht Vaſſallen ſind: ſo wird wohl vom Geſetz angenommen, daß es Vaſſallen giebt, die nicht beneficia haben⁶), dagegen haben auch ſogar Vaſſallen, obwohl ſie im Hauſe des Herrn dienen, draußen beneficia⁷), die neben der Tafel des Herrn ihren Unterhalt tragen⁸).

Dem Inhalt, der Wirkung, vor Allem der Art der Dienſte nach unterſcheiden ſich vielfach die Vaſſallitäts- und Beneficial-Verhältniſſe der nobiliores personae beneficia habentes und der bloßen tributarii⁹): die geringeren werden auch jetzt weder Vaſſallen, noch heißen ihre Leihgüter beneficia¹⁰). Man wird zu dem Ergebniß kommen

---

1) Constit. pro Hispanis 6 si beneficium aliquod .. ab eo cui se commendavit fuerit consecutus, sciat se de illo tale obsequium seniori suo exhibere debere quale nostrates homines (d. h. die bisherigen Unterthanen, die Beneficienträger und Vaſſallen) de simili beneficio (es gab alſo Unterſchiede in Dienſt wie Gut) senioribus suis exhibere solent. S. Boutaric, Revue des questions historiques XXXVI. p. 350.
2) Bezeichnende Ausdrücke hiefür in den Stellen bei Waitz IV. S. 233 beneficiavit illi, dum fidelis et amicus illi fuisset, ea .. conditione ut .. nostro profecto et utilitate secundum suam promissionem prout melius potuerit deceret. Ein andrer verſpricht, ſtetig daſſelbe zu wollen, was ſein donator, und ſein Leben nach beſſen Rath einzurichten. Mit Unrecht behauptet v. Roth, Ben. S. 429, das ſeien Ausnahmsfälle oder nicht im Beneficium, nur in der Vaſſallität begründet; ſ. VII. 2.
3) S. oben S. 59 f.
4) Auch noch nach Karl Waitz IV. S. 256.   5) So C. a. 779. c. 9.
6) a. 807; C. Aquense c. 3.   7) C. Bonon. a. 811. c. 7.
8) Abweichend v. Roth, Feud. S. 219, Boutaric p. 349.
9) Urkunde Ludwigs bei Waitz IV. S. 259.
10) Super terras commanentes neben beneficia habentes a. a. O. Aber casati bezeichnet nicht im Gegenſatz zu vassi Geringere, Waitz a. a. O.: es giebt auch vassi casati und ſehr ärmliche, niedrige vassi. S. oben 33.

müssen: der Vassall schuldet dem Senior Hilfe in jeder Noth, also auch wie in Feuer- und Wasser- in Kriegs-Noth: aber durchaus nicht besonders in solcher: der Beneficiar schuldet dem Verleiher vor Allem Kriegshilfe, (also auch, wenn er nicht Vassall, was aber selten noch vorkam), der Kronbeneficiar unmittelbar der Krone, der Afterbeneficiar der Krone seinem Verleiher und zugleich der Krone, sofern sein Verleiher das Gut zur Weiterverleihung unter dieser Auflage erhalten hatte[1]. Jetzt war freilich die alte keltische Wurzel der unfreien Vassallität völlig vergessen: die Einrichtung hieß fränkischer Rechtsbrauch[2]; und hat sich aus Gallien erst über den Rhein und über die Alpen nach Italien verbreitet, ältere Formen der Abhängigkeit, der Schutzverhältnisse, auch der Landleihe, z. B. den contractus libellarius bei den Langobarden, verdrängend. Immer höher stieg Glanz, Ehre, Macht der Vassallen, zumal eben der Kronvassallen. Aber auch die Vassallen der Prinzen und Prinzessinnen (Karls) erfreuen sich solchen Ansehens und Schutzes, daß die Grafen und sogar die missi nicht gegen sie einzuschreiten wagen[3].

Schon findet sich auch eine ähnliche Vorstellung, wie die später im Mittelalter in dem Rechtssprichwort ausgedrückte: „Lehen ehrt", weßhalb Ehrlose lehenunfähig waren[4]. Eine überraschend früh hochgesteigerte Machtstellung der großen Kronvassallen würde die **Lex Romana Rhaetica Curiensis** (früher Lex R. Utinensis benannt) beweisen, falls die hier[5] genannten principes die Grafen[6] oder die sonstigen Großen wären[7].

---

1. So sind wohl die Stellen bei Waitz IV. S. 605 zu erklären, der mit Recht bemerkt, daß sie das thatsächliche Zusammentreffen von Vassallität und Beneficiat voraussetzen, z. B. a. 850. Conv. Masn. c. 5, aber den so häufigen Fall der Afterbeneficiare nicht genug berücksichtigt und abermals nur den Grundbesitzer für wehrpflichtig hält; s. auch Götting. gel. Anz. 1866 St. 34, hierin unrichtig gegen Faugeron, les bénéfices p. 177.

2) More Francorum, socundum consuetudinem Francorum Vita Hlud. c. 21.

3) C. I. p. 139.

4) Lex Rom. Rhaet. Cur. VI. 1. 1 dignitas est illorum qui beneficium principes (l. principis) aliquid habere merentur.

5) VI. 1.

6 Wie Stobbe, L. R. Ut. S. 33, und die Meisten.

7) Zeumer hat in der Abhandlung Z. f. R.-G.² IX. Germ. Abth. 1988 und in der Ausgabe in den Monumenta gegen v. Savigny, Stobbe, Waitz, Brunner, v. Schupfer und Andere dargethan, daß die Lex zwar schon dem VIII. Jahrhundert angehört, aber ihre principes, wie schon Waitz erkannte, die Könige (oder in deren

Allein es ward dargewiesen¹), daß diese principes die Hausmeier und Könige sind.

Der Seniorat des Königs über die Kronvassallen ist von solcher Wichtigkeit geworden, daß jetzt der Herrscher geradezu „der Senior" κατ' ἐξοχήν heißt, oder zusammen senior noster dominus rex²). Im Jahre 840 nennen die Großen (primores) Ludwigs des Deutschen und Karls II. beide nicht ihre reges, sondern ihre seniores³). Seit Ludwig werden auch wohl die Söhne oder Neffen des Kaisers als dessen Vassallen für ihre Theilreiche gefaßt. Noch nicht Pippin, Karls Sohn, für Italien oder Ludwig für Aquitanien, auch noch nicht in der Divisio von a. 806, vielleicht aber Bernhard von Italien gegenüber Ludwig⁴), der⁵) zu seinen Söhnen spricht: „gedenket, daß ihr meine Vassallen seid und mir (a. 817) die Treue eidlich bekräftigt habt." Nicht zu verwerthen ist dagegen⁶) die Äußerung Ludwigs des Deutschen gegen Ludwig beim sagenreichen Mönch von Sanct Gallen⁷): „als ich noch euer Vassall war, stand ich, wie sich's gebührt, hinter euch neben meinen Waffengefährten (commilitones), jetzt aber euer Gefährte und Waffengenoß, stelle ich mich euch nicht mit Unrecht gleich", weil nämlich der Vater ihn dem Großvater Karl geschenkt, sei er dadurch

---

Vertretung die Hausmeier sind. Das beweist c. 7: quicumque .. de qualecumque *actu* (= actio = Amt) aut *dignitatem per principem* onoratus: Grafen verleihen nicht Aemter; ferner entspricht I. 2. 2 quicumque homo beneficio a l principem (recepit) .. heredes beneficio per principem habere liceat genau X. 6, 1, wo statt princeps rex und fiscus steht, was bisher ganz übersehen ist.

1) Oben S. 194.
2) Martene, Thesaurus I. p. 39 (Karl). S. unten „Gesammtcharakter", „Titel".
3) So Hinkmar opp. II. p. 180 wiederholt. Weitere Belege für die Gleichung senior = rex, auch über nichtvassallitische Unterthanen (schon a. 783) bringt Waitz IV. S. 244: aber eine der Urkunden ist mehr als zweifelhaft, in den andern ist der Unterthan zugleich Vassall des Königs und in den Stellen S. 265 ist dies wenigstens durchaus nicht ausgeschlossen, z. B. dominus *et* senior, honor *regali* dignitati competens *et* .. obtemperantia *seniori* debita; beweiskräftig sind nur Stellen, wo Vassallität ausgeschlossen ist, und diese gehören alle erst dem Ende der Karolingenzeit an.
4) Thegan. c. 13. Oben S. 66; doch könnten die Ausdrücke tradidit semet ad procerem (al. obsequium) und der Treueeid auch bloße Unterthanenschaft bedeuten; tradere ad *procerem* statt hominem begegnet sonst nicht.
5) Nach Wala II. c. 17.
6) Mit Waitz IV. S. 282.
7) II. 10.

wie der Vater des Großvaters Vassall geworden: aber Ludwig I. heißt nie Karls Vassall.

Von den Fällen, die man als Beispiele der Vassallität fremder Fürsten anführt, sind nur einige zweifellos[1]): das bloße se tradere genügt nicht, eher se commendare manibus, zumal mit Eidschwur, der aber für sich allein nicht Vassallität beweist, auch Unterthaneneid sein kann; dagegen heißt der Abodrite Witzen[2]) vassus, das wird auch der Däne Harald, der Baier Tassilo[3]).

So sehen wir durch die Vermehrung der Vassallen, durch den Glanz der Kronvassallen, durch die Anwendung der Vassallität und des Beneficialwesens auf die höchsten Würden im Stat, z. B. auf die Herzoge von Baiern, von Aquitanien, und ausländische Fürsten und Könige, durch die (spätere) Auffassung des Amtes als Beneficium, durch die die Heerbannpflicht des einzelnen Kleinfreien unübersehbar überragende Dienstpflicht der großen Beneficiare mit gewaltigen Scharen von After-Vassallen der Krone die Grundlagen des alten fränkischen States von Chlodovech bis auf Pippin den Mittleren ganz wesentlich geändert[4]). Das altgermanische Königthum war unter den Merovingen, mancher römischen Einwirkung unerachtet, Grundlage des fränkischen States gewesen: zu Ende der karolingischen Zeit wird es verdrängt durch den Feudalstat.

Dawider wollte es wenig fruchten[5]), mußte (selbstverständlich) jeder (freie) Vassall eines Privaten dem König den allgemeinen Treueid schwören[6]): so auch die der Söhne Ludwigs, der Könige, dem Kaiser: und doch haben diese Königsvassallen den Kaiser Jahrzehnte lang bekämpft, ihn absetzen, verrathen und gefangen nehmen, entthronen lassen, ja

---

1) S. das Genauere „Vertretungshoheit".
2) Annal. Lauresh. a. 795.
3) S. Urgesch. III. S. 1043.
4) Ganz anders Waitz IV. S. 277; aber das Bestreben der Arnulfingen, das Neue „den alten Ordnungen einzufügen" mußte wegen grundsätzlicher Widersprüche scheitern: ist das Amt beneficium, ist es nicht mehr officium wie unter den Merovingen, wird die Heerbannbuße des Aftervassallen dessen Senior, nicht mehr dem König, bezahlt, so ist der Waffendienst dem Senior, nicht mehr dem König zu leisten; die Arnulfingen haben dem Beneficialwesen und der Vassallität, sie in jeder Weise fördernd, erst ihre weltgeschichtliche Bedeutung gegeben.
5) Anders Waitz IV. S. 278.
6) C. a. 502. c. 2 wiederholt Carisiac. a. 873. c. 6; die Grafen haben dafür zu sorgen.

helfen!¹). Schon diese wiederholte Einschärfung beweist, daß keineswegs der dem Senior geleistete Eid sich stets zugleich auf den König mit erstrecke, oder gar²) zunächst für den König, nur untergeordnet für den Senior geschworen worden sei³). Aber wenn auch keineswegs ein Gesetz Karls des Kahlen⁴) befohlen, daß jeder Freie den König oder einen Kronvassallen zum Senior haben müsse, vielmehr nur das alte Recht der freien Wahl des Seniors bestätigt hat⁵), so haben doch unzweifelhaft wenigstens Ludwigs Söhne ganz planmäßig die Zahl ihrer Vassallen zu mehren getrachtet⁶).

Wissen wir doch ganz bestimmt, wie Lothar immer wieder seiner Brüder, seines Vaters Vassallen sogar diesen abspänstig und zu seinen Vassallen machte⁷): — sehr begreiflich, weil schon damals die Machtstellung von der Zahl der Vassallen abhing: so hat er gewiß auch bisher Unabhängige zu Vassallen zu machen getrachtet; wenn auch nicht gerade nachweisbar ist, daß⁸) besonders Vassallen mit zahlreichen Aftervassallen gewonnen wurden, — erwünscht waren solche gewiß mehr als Einzel-Vassallen.

Ist nun auch erst nach Karl die Bedeutung der Vassallität und der Beneficia rasch zur höchsten Stärke empor gestiegen, so hat doch schon Karl Martell vorzugsweise gerade diese Abhängigen zur Sicherung unruhiger (Burgund) oder neu gewonnener (Aquitanien) Länder verwendet und schon Pippin hat aquitanische Fürsten und Tassilo gerade in diesen⁹) Verband gezogen.

Die Arnulfingen haben Beneficialwesen und Vassallität ganz gewaltig benützt durch Anwendung in zahlreichsten Richtungen: die Gefahr, daß dadurch der statsrechtliche Verband des Reiches durch einen privatrechtlichen verdrängt werde, daß die Aftervassallen durch die unmittelbaren Kronvassallen vom Zusammenhang mit dem König

---

1) VIII. 1. S. 70 f.
2) Wie von Daniels S. 254.
3) Richtig hierin Waitz a. a. O.
4) C. Maran. a. 847. c. 2.
5) Hierin richtig Waitz a. a. O. und Vassall. S. 10.
6) Unbegreiflich der Widerspruch bei Waitz IV. S. 278.
7) Oben 1. S. 68 f.
8) Wie v. Roth, Ben. S. 385 meint.
9) S. oben S. 201, was doch nicht bedeutungslos, wie Waitz IV. S. 279; ditionis facere beweist freilich nur Unterwerfung, der Treueeid ist wohl der Unterthaneneid und Geschenke beweisen hiebei gar nichts (s. unten „Ausgaben"), anders Waitz IV. S. 280.

allmälig ganz abgeschnitten würden, haben sie nicht erkannt oder, sofern sie dem begegnen wollten, unzureichende Mittel angewendet[1]. Als Grundsatz wird das Recht jedes Freien, der noch nicht Vassall ist, anerkannt, sich jedem Beliebigen zu commendiren, „vorbehaltlich daß er seinem Grafen leistet, was er von Rechtswegen schuldig ist"[2]. Aber dem Vassallen war sein Senior viel wichtiger — und näher! — für Wohl und Wehe als sein Graf und sein König: bei den Westgoten mußte man den ungefähr ähnlichen buccellarius — wie einen Unfreien — durch Befehl des Herrn bei Begehung eines Verbrechens für straflos erklären. Und commendirte sich der Mann seinem Grafen selbst[3], so war das noch gefährlicher: denn nun floß das dem Grafen d. h. dem Stat Geschuldete mit dem privaten Dienst des Seniors zusammen. Schon a. 804 taucht der Gedanke auf, Freie, die sich einem Privaten commendiren, möchten den Dienst des Kaisers vernachlässigen: sie sollen sich nur commendiren, sofern sie in allen Stücken dem Kaiser dienen[4].

Karl erkannte klar wenigstens die Gefahren des Widerstreits zwischen der Beneficien-Nahme von mehreren Königen: er verbietet in der Reichstheilung von a. 806, daß der »homo« des Einen Bruders Beneficien im Reich eines Anderen erhalte, „auf daß nicht dadurch ein Aergerniß (Streit), scandalum erwachse": Allobien darf man in allen drei Reichen eignen und nach dem Tod des einen Herrn sich jedem der drei Könige commendiren: ebenso, wer noch keinem commendirt ist[5]. Die begrifflich unklare Einkleidung statsrechtlicher Verhältnisse in privatrechtliche Formen, die in dem Feudalstat des Mittelalters so verhängnißvoll werden sollte, begegnet bereits unter Pippin und Karl bei der Behandlung Tassilos[6], nicht erst[7] bei den Ansiedelungen der Normannen[8].

---

1) Die Waitz IV. S. 277 sehr überschätzt, wie der Erfolg gelehrt hat.
2) Pippin. Cap. Pap. 787 in tantum quod suo comiti faciat rationabiliter quod debet; übrigens wird dieses Recht als altlangobardisches bezeichnet.
3) So die Spanier, Constit. pro Hisp. c. 6.
4) Plac. Riz. ed. Carli.
5) C. I. p. 128. Letzteres zeigt, daß unter homo nicht Unterthan, nur Vassall zu verstehen ist: bei dem Widerstreit zwischen Unterthanenverband und Beneficialwesen ging später wenigstens dieses vor, oben I a. E.: ob auch schon a. 806?
6) Urgesch. III. Waitz IV. S. 219 bezweifelt das mit Unrecht. Außer dem Herzogthum d. h. dem Amt hatte er in dem Herzogthum belegne villas bei Ingolstadt erhalten Divisio a. 806. c. 2: also unterschied man beides.
7) Wie Waitz IV. S. 217.
8) Annal. Bertin. Annal. Fuld. a. 841. a. 850

Ohne Zweifel hat das „Lehenwesen", wie wir, etwas vorgreifend, Vassallität und Beneficialwesen zusammenfassend nennen mögen, mit Nothwendigkeit, gleichsam dem Gesetz der Schwere folgend, einen Zug zur Allodification: der Vassall, im ausschließenden und vererblichen Besitz und Verwaltungsrecht und Fruchtgenuß des Gutes erscheint thatsächlich als Eigenthümer, während in der Hand des Obereigenthümers das selten hervortretende Eigenthum sich zu bloßem Schein verflüchtigt[1]): so alt wie die Lehen sind auch die Allodificationsstrebungen der Vassallen und diese erweisen sich als stärker denn alle Vorsichtseinrichtungen dawider: auch in Deutschland hat diese Entwickelung zweimal im Großen und im Kleinen mit dem vollen Sieg der Vassallen geendet: wie die deutschen Fürsten im Jahre 1806 gegenüber dem Kaiser haben die deutschen Bauern im Jahre 1848 das Obereigenthum beseitigt, ihr Untereigen zum Volleigen erhoben. In ähnlicher Weise hat in dem karolingischen Reiche schon unter Ludwig I. das „Lehenwesen" die Macht und bald auch das Recht der Krone unterwühlt und ausgehöhlt und zwar ganz folgerichtig im Westen und Süden viel früher als in Austrasien, weil dort das Lehenwesen viel früher, reich überwuchernd, empor gewachsen war[2]).

E. Die Halbfreien.

1. Allgemeines. Die Namen.

Leider muß man zugeben, daß zumal bei Kron- und Kirchengrundholden die Quellen oft nicht genug zwischen freien Colonen und unfreien Knechten in den Ausdrücken und auch in den Rechtsfolgen unterscheiden: immerhin werden freie Colonen nicht grundsätzlich Knechten

---

1) Ueber die schädliche Wirkung des Lehenwesens zum Nachtheil der Krone vgl. besonders auch Brunner II. S. 11.
2) Durchaus verkehrt die Sache in das falsche Gegentheil Arnold II. 2. S. 220, der, anstatt die Auflösung des einfachen, aber echt statsrechtlich gedachten altgermanischen States durch die rein privatrechtlichen Vorstellungen des Feudalstates zu erkennen, lehrt: „das Lehenprincip hat den Statsgedanken mit persönlichem Leben und sittlicher Wärme erfüllt"!). Aufgelöst hat es den altgermanischen und den rückweise herübergenommenen römischen Statsgedanken, aufgelöst das unter Karl so gewaltige Frankenreich und die „sittliche Wärme" erscheint darin, daß die Geschichte dieses Lehenprincips von 814—843 und von 910—1806 zugleich die Geschichte der chronischen, ununterbrochenen Felonie ist.

gleich behandelt[1]), nur daß beide im Wege der Vergünstigung zuweilen den Leten und manchen Freigelaßnen gleichgestellt werden. Die auf den Gütern des Fiscus wohnenden unfreien Knechte und freien Colonen heißen beide fiscalini[2]). Die Coloni sind auch jetzt als frei anerkannt[3]), sie werden oft den Freigelaßnen gleichgestellt. Ein von solchen bebautes Gebiet heißt colonia[4]) (daher auch colonarii). Die Coloni sind — wie die altrömischen — persönlich frei: »liberi coloni«: oft sind es freigelaßne Knechte[5]). Sie können ohne eignes Recht auf der Scholle des Herrn sitzen oder auf beneficia oblata[6]), d. h. ihrem ehemaligen Eigen, das sie der Kirche (Gott und den Heiligen) zu Eigen geschenkt und von ihr als Beneficium — zu Nießbrauch — zurück erhalten haben[7]).

Im Süden mag sich von dem römischen Colonen-Recht manches erhalten haben: sie leben um Tours »colonario ordine«[8]). Der Ausdruck servitus beweist nicht nothwendig Unfreiheit: er gilt auch den langobardischen Aldionen, die nicht unfrei waren[9]).

---

1) Wie Waitz IV. S. 352.

2) Richtig sieht Waitz IV. S. 347 in C. p. 143. c. 3 homines fiscalini, sive coloni aut servi nur zwei Classen, die beide zu den h. f. gehören; anderwärts a. 803. c. 10 ist der fiscalinus = servus dem colonus entgegengestellt; servus fiscalis, servi ex fisco nostro bei Waitz; freie Förster werden den servi forestarii tam ecclesiastici quam fiscalini entgegengestellt Form. imper. 43.

3) Vivant ut alii liberi coloni, Urkunde bei Waitz a. a. O.

4) Trad. Fris. bei Waitz S. 348, der mit v. Reth, Ben. S. 376 die coloni im Wesentlichen als Unfreie behandeln läßt: aber es gab doch wesentliche Unterschiede; daß das Kind eines Unfreien und einer colona unfrei ist, versteht sich und beweist nichts, da das Kind der ärgeren Hand folgt.

5) Martene Thes. I. p. 21.

6) S. 139.

7) Dronke p. 249. Den Unterschied zwischen Unfreien und Halbfreien (Hörigen) scheinen v. Reth, Ben. a. a. O., und Waitz IV. 348, 354 zu unterschätzen; richtig bemerkt auch Waitz IV. S. 354, daß servitium keineswegs nothwendig Unfreiheit bedeutet, aber die französische Lehre von esclavage und servage ist zu verwerfen, f. Bausteine II. S. 1 f.; über mansi ingenuiles, lidiles und serviles, später nicht mehr nach dem Stand des jetzigen, sondern des ursprünglichen Besitzers und der entsprechenden Belastung VII. 1.

8) Waitz IV. S. 348.

9) S. Langobarden und C. Ital. a. 801. c. 6 aldiones .. ad jus publicum pertinentes (d. h. fiscalini) ea lege vivant in Italia in servitute (Dienst) dominorum suorum qua fiscales vel lites (nicht unfrei) vivunt in Francia.

Accolae stehen hinter ministeriales, liti, servientes (die auch nicht nothwendig servi sein müssen)¹). Bei der Aufzählung von ingenui, liberti, liti, mancipia, accolae können letztere unfrei, vielleicht auch frei sein²): denn wie servi und coloni können auch liberi als Beneficiare oder in andrer Rechtsform³) auf fremder Scholle sitzen und dann sind sie accolae.

Casati sind Abhängige, meist Unfreie, die in einer casa des Herrn wohnen⁴). Paulus Diaconus heißt des Königs familiaris clientulus, vertrauter Schützling: aber förmliche Aufnahme in den Königsschutz ist doch kaum anzunehmen⁵). Commanentes vel consistentes⁶) neben Beneficiaten sind vermöge andrer Landleiheform auf fremder Scholle Sitzende⁷): verschieben aber auch von coloni (= aut) wie servi, zumal auch advenae, Neusiedler⁸). Familia umfaßt auch freie Grundholden z. B. auf den Krongütern: denn auch Geistliche können de familia nostra sein⁹). Famuli neben homines sind einmal niedre Beamte eines Klosters¹⁰). Auch mitium und sperantes begegnen noch¹¹). Provendati sind von der Kirche Ernährte¹²). Tributarii, censuales heißen besonders, aber nicht ausschließlich, die Zurückempfänger von bona oblata, weil hier der census, das tributum Regel¹³).

Die tributales des Königs sind dessen „Zugehörige": die Bischöfe und Aebte dürfen sich ohne des Königs Bestimmung nicht anmaßen, deren Basiliken zu weihen: sie wohnen also zuweilen so zahlreich zusammen, daß sie besondere Kirchsprengel bildeten¹⁴). Alle Abhängigen,

---

1) Bouquet V. p. 716 (Karlmann II).
2) Bouquet V. p. 724.
3) l. c. VI. p. 564 die Landsassen des Sachsenspiegels.
4) C. a. 779. c. 13.
5) C. I. p. 81. Langob. Stud. I.
6) Bouquet VIII. p. 429.
7) Liberi qui beneficia exinde habere vel super ejus terras commanere noscuntur. Urk. Ludw. p. 562.
8) Gegenüber den antiquitus sub defensione consistentes Bouquet l. c.
9) C. de vill. c. 6.
10) Antana, Urk. Ludwigs p. 526.
11) Vgl. VII. 1. »mithio«. Bouquet V. p. 698. a. 752. Karl bei Wartmann 65. I. p. 64 ein presbyter hat mitio et homines, qui per eum sperare noscuntur.
12) C. I. p. 253 (72 Köpfe, bis Johannis versorgt durch 30 Wagenladungen).
13) Neugart p. 331.
14) C. I. p. 229. a. 799.

zumal, aber nicht nur, Grundholden z. B. der Bischöfe umfaßt subjecti¹). Enger ist auch hier familia, oft nur die Unfreien (z. B. familia monasterii)²), weiter dagegen wieder servientes³).. ecclesiae. Lehrreich sind die Stellen, die (bei den Immunitäten) alle denkbaren Arten von Abhängigen aufzuzählen bestrebt sind⁴).

2. Die Freigelaßnen⁵).

Nach dem Grundsatz der persönlichen Rechte erfolgt die Freilassung nach dem Recht des Freilassers in den römischen oder in den germanischen Formen und mit den entsprechenden Rechtswirkungen⁶). Die kanonische Form der Freilassung coram episcopo in ecclesia galt für alle Christen ohne Unterschied⁷),.

Eine nach der Lex Romana⁸) freigelaßne ancilla wird zur Latina (dolitia d. h. dedititia) und civis Romana: wie alle cives Romani sollen sie und ihre Kinder Testamente machen, Zeugniß leisten,

---

1) Cap. Olonn. a. ? c. 3.
2) Bouquet VI. p. 568; anders C. Nium. a. 806. c. 5.
3) Böhmer-Mühlbacher N. 310.
4) Bouquet V. p. 716. VIII. p. 428 homines, ministeriales licitus ??: liti?) aut servientes vel accolonos; liberi, coloni, servi (Muratori II. p. 21).
5) Ueber die Freigelaßnen Eichhorn § 51.
Havet, l'affranchissement per handradam. Revue historique de droit français et étranger. 1877. 1878.
Guillard, recherches sur les colliberts. Bulletin de la société des antiquaires de la Normandie. 1879.
Fournier, les affranchissements du V au XIII siècle. Influence de l'église, de la royauté et des particuliers sur la condition des affranchis. Revue historique XXII.
Grégoire, de la condition civile et politique des descendants des affranchis. Revue de législation et de jurisprudence XXXV.
Winogradoff, die Freilassung zu voller Unabhängigkeit in den Deutschen Volksrechten. F. z. D. G. XVI. S. 600.
Stock, die Freilassungen im Zeitalter der Volksrechte. 1881.
v. Amira² S. 86.
Zeumer, die Beerbung der Freigelassenen durch den Fiscus nach fränkischem Recht. F. z. D. G. XXIII. S. 190.
6) Daher römische Freilassung zum römischen Bürger Form. Arvern. 4.
7) Freilassung in publico, nam non in secreto in der Kirche ante cornu altaris vor vielen Geistlichen und Laien, die dann die Urkunde unterschreiben. Form. Arvern. 3.
8) d. h. Visigotorum Lib. Gaj. 1.

Veräußerungen vornehmen, ohne irgend jemand litimonium zu schulden, bei offenen Thüren (portas apertas) hingehen, wohin sie wollen, sich eine Kirche oder gottesfürchtige Männer zu Schützern wählen, ihre Kinder sollen Freigeborne sein¹). In den Freilassungsformeln wird ausdrücklich gesagt: „Du sollst so frei sein, als ob du von freigebornen Aeltern stammtest." Auch das obsequium gegenüber dem freilassenden Ehepaar und dessen Erben wird oft erlassen, das peculium belassen: gegen Anfechtung der Freiheit soll — ohne Minderung der Freiheitsrechte — der Schutz der Kirche (in der freigelassen war oder auch andrer?) oder eines Andern angerufen werden; Anfechtung wird mit der Rache Gottes, der Excommunication und Geldbuße bedroht. Auch etwa den Schutz eines der Erben des Freilassers darf der Freigelaßne wählen²): testamenti factio, freie Wahl der mundeburdis von Kirchen oder boni homines wird gewährt, für Anfechtung Buße an den Freigelaßnen und an den Fiscus gedroht³).

Der chartularius (per chartam ingenuus) steht dem freigebornen Chamaven in Allem gleich⁴). Daher wird, wie wir sahen (oben S. 75), zwischen ingenuus und libertus oft gar nicht mehr unterschieden. Aber doch zuweilen, so werden geringere Zinse von Freigebornen als von Andern erhoben⁵). Freigeborne im Gegensatz zu Freigelaßnen heißen homines naturaliter liberi⁶).

Die epistolarii⁷) sind die tabellarii⁸) und cartularii⁹) anderer

---

1) F. Arvern. 3.
2) Form. Mark. II. 32. 34.
3) Carta Senon. 1, diese Urkunde enthält sehr vollständig, was in andern oft nur einzeln auftritt.
4) L. Cham. c. 13.
5) Form. Mark. II. 29 reditus terrae ut mos est pro ingenuis solvant ... liberti et beneficia ingenuorum. Dagegen sagt Einhard von einem Freigelaßnen ut ab hodierno die .. bene(!) ingenuus atque ab annis servitutis vinculo securus permaneat, tamquam si ab ingenuis fuisset parentibus procreatus Form. imp. 35, ebenso 33.
6) Form. imp. 38.
7) Trad. Wizzenb. 165.
8) Grandidier p. 258; ich entnehme dies Waitz IV. S. 340. Freilassung in der Kirche ante sacri altaris cornu in conspectu cleri et plebis (Gemeinde) frequentia und zugleich durch carta manumissionis Zeumer I. p. 328; ebenso durch den Abt bei offnen Thüren (habens ad hoc portas apertas) vor geistlichen und weltlichen (nobiles) Zeugen und durch Freibrief Form. imp. 33. 35 „nach canonischem und kaiserlichem Recht".
9) C. a. 779. c. 15.

Stellen: sie stehen neben den censuales, tributarii, cerarii[1]) und zinsen oft wie sie, können daher auch censuales 2c. heißen. Da die Kirche nach römischem Recht lebt, wird ein von ihr Freigelaßner »civis Romanus«[2]).

Nach bisher unbeachtetem Frankenrecht[3]) fällt der Nachlaß von Freigelaßnen (nicht etwa nur ehemaliger Kronknechte), auch wenn sie Kinder hinterlassen, sammt dem von ihnen nach der Freilassung erworbenen Vermögen an den Fiscus: unter Lebenden und auch auf den Todesfall können sie aber darüber verfügen: meist sind letztere Verfügungen Fideicommisse zu Gunsten von Kindern oder Kirchen. Ludwig verleiht einem Kron-Freigelaßnen hiegegen einen Schutzbrief[4]). Sterben durch Brief Freigelaßne vor der thatsächlichen Infreiheitssetzung, fällt ihr Erbe an den Fiscus und ist vom Grafen oder Vicar einzusenden[5]).

Der durch Freibrief[6]) Freigelaßne weist den ihn als Knecht in Anspruch Nehmenden durch die Urkunde ab, worauf dieser die darin angedrohte Geldstrafe zu zahlen hat: hier wird also ausdrücklich vom Stat die Klagbarkeit solcher von Privaten aufgestellten Bußen anerkannt, anders bei andern Fällen[7]). Hat der Kläger den Freibrief zerstört, hat er das Wergeld des Freigelaßnen zu zahlen, ²/₃ diesem, ¹/₃ dem König, der nun einen neuen Freibrief ausstellt[8]).

Die Freilassung durch Schatzwurf[9]) geschah früher durch den König oder den Herrn, später (nach Ludwig) nur noch durch den König[10]). Sie macht zum »ingenuus«[11]). Der durch Schatzwurf, wie der durch Freibrief Freigelaßne (homo dinarialis [l. denar.], homo cartularius)

---

1) S. oben S. 206.

2) Form. imp. 33. 35.

3) Zeumer hat zuerst darauf hingewiesen Form. imp. 38. Vgl. C. Aquisgr. a. 801—813. c. 6. C. leg. Rib. addend. c. 9. 10; anders früher L. Rib. 57, 4; 61, 1.

4) Ueber die Zeit Böhmer-Mühlbacher 790, a. 814—825.

5) Ad opus nostrum C. I. p. 171.

6) Carta ingenuitatis, richtiger libertatis, aber man nannte eben jetzt auch Freigelaßne ingenui.

7) VII. 3. „Kirchenvermögen".

8) C. I. p. 114.

9) Brunner, Aufsätze für Waitz 1886.

10) Vgl. Zeumer zu Form. imp. 1. Formel für Schatzwurf (nicht durch den, nur vor dem König) Form. Mark. I. 22: der Freigelaßne war mansuarius gewesen.

11) Form. Mark. I. 22. Sal. Bign. 1. S. oben S. 75.

vererbt sein Vermögen dem König (als Freilasser), erst der Urenkel an seine Sippe¹). Die durch Schatzwurf Freigelaßnen werden oft mansuarii, d. h. sie erhalten einen mansus oder behalten den früher als peculium empfangenen²). Das Erbe von Freigelaßnen auf Krongütern verfällt immer dem Fiscus³).

Ueber Ehe des Cartellarius mit einer Unfreien⁴) f. diese unten.

Wegen der Leistungen der Freigelaßnen mindern Rechts ist es eine Schädigung, werden die Freigelaßnen den Freilassern von Beamten weggenommen⁵). Wie weit damals schon der Gutverleiher auch für freie (und freigelaßne) Grundholden haftete ist zweifelig⁶). Er kann — und in gewissen Fällen muß — sich der Haftung durch Gestellung des Abhängigen vor dem Richter befreien. Erst gegen Ende der Karolingenzeit (a. 859) wird verordnet, daß der Richter freie Grundholden nicht unmittelbar, nur durch den Senior laden darf⁷). Zuweilen werden die Freigelaßnen im Strafrecht ebenso ungünstig behandelt, wie die Unfreien⁸). Es war mehr Willkür als Berufung auf ein Recht der Krone, nahm ein dux den Istriern ihre Freigelaßnen weg: er verspricht, sie zurückzugeben „nach dem Recht eurer Ahnen", d. h. also nach römischem Recht, zur Leistung des obsequium⁹). Im Uebrigen kam thatsächlich viel an auf die Stellung und Macht des Freilassers. Freigelaßne Kronknechte wurden sogar zu Grafen bestellt¹⁰). Gegenüber den Versuchen der Kirche, ihre alten Ansprüche bezüglich der Freigelaßnen zu erneuen, — bei den Alamannen war es ihr zum Theil geglückt¹¹) —, hielten die Karolingen bei aller Frömmigkeit das unter Clothachar II. a. 614 und später¹²) gewahrte Recht der Krone

---

1) Ad terciam generationem C. I. p. 118 zu L. Rib. 57. 63.
2) Form. Sal. Bign.
3) C. I. p. 171. c. 6.
4) C. I. p. 41. 43 (758—768).
5) Plac. Riz. ed. Carli l. c.
6) Vgl. Brunner II. S. 261.
7) S. unten „Gerichtsbarkeit". Gerichtsbarkeit des Grundherrn über freie Grundholden als solche — ohne besondere Gründe — ist in der Karolingenzeit noch nicht entwickelt; über die kirchlichen f. VII. 3. „Kirchenvermögen".
8) C. I. p. 31. c. 754/5.
9) Plac. Riz. ed. Carli.
10) Adrevaldi Floriacensis miracula sancti Benedicti Scr. XVI. 1. p. 486. Vgl. schon Tacitus, Germania c. 25.
11) S. diese und VII. „Freigelaßne".
12) S. oben VII. „Freigelaßne".

auf Wergeld und Erbe wenigstens der cartularii kräftig aufrecht¹). Wenn dem gegenüber die Kirche die Form der Freilassung per cartam mittelbar, aber sehr wirkungsvoll dadurch bekämpfte, daß sie nur die in der Kirche vorgenommene, das Schutzrecht (und die daraus fließenden Vermögensrechte) der Kirche verleihende Freilassung als Gott wohlgefällig und zum Heile der Seele diensam erklärte, so wird die gewinnsüchtige Absicht nicht zu bestreiten sein²), obgleich die Kirche dabei doch auch wohl das geistliche und sittliche Wohl der Freigelaßnen unter ihrem Schutz für besser gesichert erachtete. Unfreie, die Geistliche werden sollten, mußten vorher (in der Kirche) freigelassen sein³). Die Freilassung galt auch sonst als ein Gott wohlgefälliges, frommes Werk⁴), so sehr, daß zur Feier der Geburt eines Königssohnes, „auf daß Gott ihm das Leben lasse", „ihn besser erhalte", der König in jeder villa des Reiches drei Knechte und drei Mägde freizulassen befiehlt⁵). Daß reiche Leute „für ihr Seelenheil" Freilassungen vornehmen, wird geradezu vorausgesetzt.

Die Freigelaßnen schulden den Kindern der Freilasser obsequium und haben zuweilen, wie ihre Nachkommen, die fromme Pflege der Gräber ihrer Freilasser gemäß den Auflagen in den Freibriefen zu verrichten⁶). Ebenso gilt als Gott wohlgefällig der Verzicht des Herrn auf das Recht der ärgeren Hand⁷).

---

1) Legi Rib. add. v. 803. c. 10. I. p. 118. L. Chamav. c. 12. Cap. Aquisgran. v. 801—813. c. 6. p. 171. Form. imperial. N. 38.

2) So Brunner.

3) Eine Urkunde Einharbs, in der er einen Unfreien (famulus) des Klosters Meginfrid behufs der Weihung freiläßt Form. imp. 35. a. 819—821, vgl. 33: werden nur Kirchenfreigelaßne vorausgesetzt: ex familia propria. Vgl. Regino von Prüm, de synodalibus causis et disciplinis ecclesiasticis, ed. Wasserschleben I. c. 416 (allerdings erst aus dem Jahre 906, Wattenbach I. S. 244, allein hierin Canones des IX. Jahrhunderts verarbeitend) sagt: non solum autem qui ad clericatus ordinem promovendi sunt, in ecclesia manumittendi sunt, verum etiam hi quos quisque pro remedio animae suae emancipare vult, secundum legem mundanam (das ist die alte Constitution Constantins) in ecclesia absolvi debent et ejusdem ecclesiae patrocinio commendari.

4) Klar über diese Gottwohlgefälligkeit Form. Mark. II. 32 qui debitum sibi nexum relaxat servitium, mercedem in futurum apud Dominum sibi retribuere confidat. Freilassungen a jugo servitutis geschehen pro mercede animarum Form. Mark. II. 3.

5) Form. Mark. II. 39. 52.

6) Form. Mark. II. 17; f. solche Auflagen II. 34.

7) S. unten „Unfreiheit". Form. Mark. II. 29.

Die Freilassung wird bald sofort, bald erst nach dem Tode des Herrn wirksam[1]). Belassung des peculium bei der Freilassung wird meist vorausgesetzt[2]). Zuweilen wird aber die Wirkung der Freilassung beschränkt. So im Testament Widerads von Flavigny[3]) dadurch, daß die Freigelaßnen die Scholle eines bedachten Klosters, d. h. das ihnen belaßne peculium nicht verlassen, nicht den Schutz anderer als des Klosters — so nicht der Erben des Testators — aufsuchen, dies peculium nicht veräußern dürfen, sondern bei ihrem Tod dem Kloster zufallen lassen müssen[4]). Selten werden als Zubehörden der geschenkten Grundstücke neben den accolae auch die liberti genannt[5]).

3. Die Leten[6]).

Das Verhältniß der drei Stände drückt die Abstufung einer Geldstrafe von 20:15:10 aus[7]).

Einmal steht litus[5]) neben ministeriales aut servientes vel accolonos (accolas). Die Leten sind nicht wehrpflichtig[9]), ausgenommen die sächsischen, die, offenbar durch die Einwanderer besiegte Thüringe, den Freien überhaupt näher stehen als andere[10]). Nur zur Vertheidigung der Seeküste wurden sie auch anderwärts (wie auch die Unfreien) unter einer Wette von 15 sol. aufgeboten[11]). Bei Sachsen und Friesen[12]) hat Zahl und Bedeutung der Leten nicht abgenommen; sie sind hier zahlreich; sie haben immer noch das halbe Wergeld der

---

1) Form. Mark. II. 32. 33.
2) Form. Mark. II. 32. 33. 34.
3) Pardessus II. N. 514.
4) v. Roth, Feud. S. 297.
5) Coll. Flav. 43. l. c. 7 acolabus, merita acolanorum, d. h. deren Leistungen.
6) VII. 1. Meitzen I. S. 309. Brunner II. S. 238. 246. Schröder² S. 104. 217; von Wietersheim-Dahn, I. „Leten".
7) C. missor. a. 802. c. 136.
8) Denn so ist statt licitos zu lesen Bouquet V. p. 716. a. 769.
9) Richtig v. Roth, Ben. S. 404; zweifelhaft, ob die den Leten vielfach nahe stehenden Aldionen der Langobarden, s. diese.
10) S. „Sachsen" und „Thüringe".
11) Cap. missor. a. 802. c. 136.
12) S. beide: vertragsmäßige Ergebung als Lete L. Fris. XI. 1; über die Sachsen L. Sax. c. 16. C. Sax. c. 3. 5.

Freien¹). Ob noch gewisse Freilassungsformen zum Liten machten, steht dahin²). Wie die Knechte sind auch die Leten des Königs bevorrechtet: sie können auch freie Mädchen heirathen. Aber diese treten doch dann in jenen Stand³); das Verbot des Verkaufs der Frau bezweckt wohl besonders Bekämpfung von Heidenthum. Der Herr hat seine Liten vor das Grafengericht zu stellen⁴).

Der Befehl des Herrn macht sie wie Unfreie straffrei⁵), andrerseits muß der Schutzherr den Schützling vor Gericht vertreten. Dagegen ist nicht⁶) anzunehmen, der Hausherr habe für die in seinem Hause lebenden (unverwandten) Freien als Hausherr einzustehen: wo dies der Fall ist, bestehen besondere Gründe, z. B. das Mithium, das sich nicht von selbst versteht für die Hausgenossen: die Namen: »gasindus«, »vasallus«, »amicus«, »susceptus«⁷) sind dabei nicht entscheidend. Mag susceptus römisch den Vertretnen als solchen bedeuten, westgotisch und fränkisch ist es der „Aufgenommene" d. h. Schützling, zumeist auf der Scholle aufgenommen⁸).

Die allmälige Gleichstellung der Leten mit den Kronknechten beruht nicht auf einem Sinken jener, sondern auf Hebung dieser⁹).

F. Die Unfreien¹⁰).

1. Namen.

Servus (gleichbedeutend mancipium) ist das häufigste Wort für den Unfreien: aber servus ausnahmslos als Unfreien aufzufassen,

---

1) L. Fris. I. 1—3.
2) Dafür Walter §§ 411, 415; dagegen Waitz IV. S. 353; bei Sachsen und Friesen und bis nach a. 850 bei Franken ist es wohl anzunehmen.
3) L. Sax. c. 65.
4) L. Chamav. c. 44. Sax. 18. 50.
5) VI.² „Halbfreie". Westgot. Studien „Strafrecht".
6) Mit Brunner II. S. 280.
7) S. oben S. 80 f.
8) Anders Brunner II. S. 280.
9) C. I. 205.
10) Eichhorn § 49.
Wallon, histoire de l'esclavage dans l'antiquité I—III. 1847.
Levasseur, histoire des classes ouvrières en France I. 1859.
Du Ceillier, histoire des classes laborieuses en France. 1860.
Sugenheim, Geschichte der Aufhebung der Leibeigenschaft und Hörigkeit in Europa 1861.

warnen doch manche Stellen¹). Gleichbedeutend mit servus steht serviens²) und servitores³). Manchmal wird das servus noch durch ein proprius verstärkt⁴). Allein auch in dem stärksten Ausdruck für Unfreiheit: »nostri proprii«, ist keineswegs immer wirklich Unfreiheit und Eigenthum des Gebieters gemeint. So nicht, wenn es von einem dem König geschenkten Kloster heißt: „so daß die Mönche und die zum Kloster gehörigen Sachen unser eigen seien"⁵).

Neben den mancipia stehen coloni, inquilini, accolae, liberti. Servi casati gelten als Zubehörden von Liegenschaften, selbst als unbewegliche Sachen, wie etwa zugehörige Gerechtsame, non casati als Fahrhabe. Der Ausdruck servi jam casati läßt vermuthen⁶), daß erst nach einiger Zeit die Unfreien casas erhielten, worin also wohl eine Vergünstigung erblickt wurde⁷). Jedoch auch homines casati der Grafen begegnen, die wohl nicht Unfreie, sondern (wehr-

---

von Schele, über die Freiheit und Unfreiheit der Ministerialen des Mittelalters. 1869.
Jastrow, zur strafrechtlichen Stellung der Sklaven bei Deutschen und Angelsachsen, Gierkes Untersuchungen II. 1878. — Ueber das Eigenthum an und von Sklaven nach den Deutschen Volksrechten, F. z. D. G. XIX.
Köhne, Geschlechtsverbindungen der Unfreien im fränkischen Recht, Gierke's Untersuch. XIII.
Larroque, de l'esclavage chez les nations chrétiennes. 1864. — Dahn, Leibeigenschaft, Bausteine II. 1884. — Siegel S. 266.
Lescur, les conséquences du délit de l'esclave dans les leges barbarorum et dans les capitulaires. Revue historique de droit français. 1886.
(Georg) Meyer, die Gerichtsbarkeit über Unfreie und Hintersassen. Z. f. R.-G.² XV. XVI. — Brunner S. 231; Schröter² S. 215; von Amira² S. 88.

1) So Trad. Lunaelac. 38 cidlarios (Zeidler) meos duos servos, unus est liber et alter est servus. Form. Mark. II. 36 servus aut gasindus unterscheidet den unfreien und den freien Diener, deßhalb jus proprietarium oder »si ita convenit« in der Formel: »sub reditus terrae«.

2) Bouquet V. p. 722. a. 772 tam ingenuos quam servientes.

3) Murat. Antiq. II. p. 21; auch servientes (immer?): z. B. Bouquet V. p. 716 liti aut servientes vel accolae?

4) C. Theod. a. 805. c. 11 de servis propriis aut ancillis.

5) Marca p. 768 (ut) ita monachi vel res ibidem pertinentes nostri proprii essent, sicut caetera monasteria infra Septimaniam nostra esse constant .. ita ut nostrum proprium esse cognoscant: die Mönche werden doch nicht Eigen des Königs!

6) Vgl. auch oben „Vassallität".

7) C. I. p. 129.

pflichtige) freie Vassallen sind¹). Servi beneficarii²) (statt beneficiarii) sind Unfreie, die zu einem Beneficium gehören³). Auch der famulus kann frei wie unfrei⁴) sein.

Familia ist der Inbegriff der unfreien und auch wohl der halbfreien Besiedler der Kron- oder Kirchen-Güter⁵), meist doch Unfreie einer Kirche⁶). Aber familia (monasterii) umfaßt auch die freien Schützlinge des Klosters⁷). Die Zahl der Unfreien nahm — unerachtet aller Bemühungen Karls — unaufhaltbar zu. Ganze familiae von Unfreien sind einem Beneficiar überwiesen, z. B. behufs Fischereifrohnden⁸). Unfreie zumeist, aber auch wohl abhängige Freie und Halbfreie wurden nach ihrer Frohnpflicht genannt (z. B. jumentarii, Zugvieh-Züchter und -Treiber, porcarii, Schweine-Züchter und -Hirten) und als Zubehörden von Gütern abgetreten⁹), sie zinsen aber nicht Thiere, sondern Honig und Wachs. Unter den Unfreien werden auf der villa geborene oder anderswie erworbene, ferner ländliche und städtische unterschieden¹⁰).

Ministerialis behält seine dem Wortsinn entsprechende Bedeutung bei; jeder Diener, auch der freie, auch der nicht im Hause des Herrn beschäftigte, mag so heißen; ja, auch Freie in einem Statsamt, dann ländliche Unfreie auf einem vom Herrn nicht bewohnten Gut, besonders freilich auch hier die ein bestimmtes Dienstamt (officium eines decanus, cellerarius) bekleiden¹¹). Besonders aber allerdings bezeichnet nunmehr ministerialis, was ehedem vassus: einen unfreien, aber, weil ein Hausamt bekleidenden, geradezu hochangesehenen Diener, so

---

1) C. I. p. 137. Sind castitiae = casatae? So scheint es nach den vielen Stellen bei Du Cange II. p. 210: jedenfalls von casa, es sind wohl Nebengebäude, von Abhängigen bewohnt (Du Cange I. Ausg. III. p. 616 mansiones dominicales [der Herrschaft] cum castitia et omnibus appenditiis et haistaldis 20).

2) C. 818/19. c. 1.

3) S. oben „Beneficialwesen".

4) So Form. imp. 35.

5) C. I. p. 83, z. B. ex familia monasterii oriundus wird freigelassen. S. oben S. 62 f.

6) Z. B. ecclesiae Urk. Ludw. p. 524, daneben freilich *alii* liberi homines, aber das alii heißt hier: andere Leute: freie.

7) Familiaritatem habeamus Trad. Sangall. 537. II. p. 150, d. h. ad familiam pertineamus.

8) Von Ludwig. Wilmans I. p. 30.

9) Urk. Ludwigs bei Du Cange IV. p. 447.

10) Bouquet V. p. 701. a. 754.

11) Ueber miles = officialis Brunner, Urkunde S. 257.

daß im Mittelalter die Ministerialen ein unfreier Adel wurden. Sie sind (später) einem der vier großen Hausämter (siehe „Aemter") zugetheilt, bekleiden auch wohl selbst diese, die aber am königlichen Hof, ob zwar auch unter dem Namen ministerialis, doch besonders auch vornehmen Freien verliehen werden. Wachszinsige sind wohl seltener unfrei: sie stehen neben den Freigelaßnen höheren Rechts[1]).

In Baiern, wo massenhaft gefangene oder (in der Ostmark) halbfreie Slaven angesiedelt waren, unterscheidet man „Freie" und „Slaven"[2]).

Der Ausdruck der Quellen könnte manchmal verleiten, alle Unfreien als Zubehörden als unter das Liegenschaftsrecht gezogen anzusehen; denn er unterscheidet meistens nicht: allein es werden stets daneben Liegenschaften erwähnt und die Unfreien als »servi casati« vorausgesetzt; sehr lehrreich unterscheidet Karl in der Reichstheilung von a. 806 beide Arten: hier wird jedem der Brüder verboten, im Reiche eines andern Bruders zu erwerben res immobiles d. h. Ländereien, Weinberge, Wälder und Unfreie, welche bereits „behofte" sind (servorumque qui jam casati sunt): — anders aber Gold, Silber, Edelsteine, Waffen, Gewänder und nicht behofte Unfreie (mancipiis non casatis) sowie Handelswaren[3]).

Einen rechtswidrig zum Knecht machen heißt inservire, das Gegentheil, sich als Freien geltend machen, ist se ingenuare[4]). Wie servus regelmäßig den unfreien Knecht bezeichnet, bezeichnet ancilla regelmäßig die unfreie Magd.

Ancilla vestra kann sich aber auch eine freie Unterthanin des Königs nennen[5]). Ancilla vestra nennt sich auch die Ehefrau gegenüber dem Mann und die Arbeit in der Ehe servitium[6]). Auch verna wird nicht im strengen Sinne gebraucht: es ist einmal eine (freie) Dienerin der Kaiserin; sie wird als frei anerkannt durch Urkunde[7]). Der angekaufte vernacula wird den andern mancipia gleichgestellt[8]). Heirathen Kronmägde — auch königlicher Kirchen — Fremde, was ja

---

1) C. I. p. 50. a. 779 de cerariis et tabulariis atque cartolariis.
2) Mon. Boica XXVIII. 1. c. 46.
3) c. 11. Cap. p. 129.
4) Convent. Silvan. a. 853. c. 9.
5) S. die Stelle bei Waitz IV. S. 237.
6) Form. Mark. II. 17.
7) Form. imp. 51.
8) Form. Andec. 9.

nur mit königlicher Verstattung geschehen kann, soll die Krone nicht das Mundium über sie haben¹). Die Mägde wurden in genetia, verderbt aus γυναικεῖον, beisammen gehalten zu Handarbeiten, wie Spinnen u. s. w.²) Auch die Frauen der Unfreien außerhalb solcher Häuser liefern Hemden und Tücher³).

2. Entstehung der Unfreiheit.

Die früheren Entstehungsursachen⁴) bestehen fort: so Abstammung von auch nur Einem unfreien Erzeuger⁵): so Verheirathung mit Unfreien eines fremden Herrn⁶). Doch soll eine unter Erlaubniß beider Herren geschloßne Ehe durch Veräußerung eines der Gatten nicht getrennt werden⁷). Bei Ehen zwischen Unfreien und Freien folgt das Kind der ärgeren Hand, wird das nicht durch Verzicht des Herrn des Unfreien abgewendet. Auch die wissentlich fremden Knecht heirathende Freie wird dem Herrn jenes verknechtet⁸). Daß der Freie sich mit Weib und Kind und Enkeln als Knecht verkaufte oder dahin gab, kam, ein schlimmes Zeugniß für die Noth der Zeit, häufig genug vor⁹). Fand man es doch nöthig, Formeln für diese cartulae obligationis aufzustellen! Sehr schwankend verhielt sich dazu die Gesetzgebung: in einzelnen Fällen¹⁰), zuweilen auch allgemeiner¹¹), erklärt sie das Geschäft für nichtig, aber in anderen muß sie es anerkennen¹²).

---

1) C. I. p. 201.

2) C. de vill. c. 31. 43. Urgesch. III. S. 128 f. 221. C. Aquisgr. a. 813. c. 19. Auf den Krongütern unter Oberaufsicht der Königin. Genaueres über die Mägde in den Kronvillen s. unter „Domänen".

3) Ein Mägdehaus auch in Staffelsee C. I. p. 252.

4) VII. 1. S. 273.

5) Ein Unfreier ex beneficio ecclesiae ejusque familia ortus Zeumer I. p. 329.

6) Cap. L. Sal. add. a. 819. c. 3, wie früher VII. 1. S. 274 f.

7) Cap. Ital. anno? p. 218. c. 12 wörtlich fast aus Cc. Cabil. a. 813. c. 30; strenger das Westgotenrecht, Westgotische Studien S. 120.

8) Form. Mark. II. 29.   9) S. Anm. 11.

10) So Karl bei Verknechtung wegen Unfähigkeit, die Diebsbuße zu zahlen C. Aquisgr. a. 601—813. c. 15. p. 172. Einen andern Einzelfall aus der L. Rhaet. Cur. s. bei Waitz IV. S. 329.

11) Für Italien Karl (nicht Ludwig), Waitz IV. S. 339 verwechselt diesen mit Lothar, a. 776 oder 781. C. I. p. 166.

12) So gerade, wenn es aus Hungersnoth geschah. S. die Stellen bei Waitz IV. S. 339.

Ein Freier hat durch Ungericht sein Leben verwirkt, das er nur durch (sein Wergeld oder andere) schwere Geldleistungen lösen kann, er vermag dem Darleiher den vorgeschossenen Betrag nicht zu ersetzen und begiebt sich nun für immerdar in dessen Knechtschaft¹). Für den Fall der Entziehung aus der Knechtschaft oder Aufsuchung eines andern Herrn unterwirft er sich jeder Züchtigung, Veräußerung oder beliebiger Behandlung²). Dahin gehört der Selbstverkauf des Diebes, der die Diebesbuße nicht zahlen kann, in das Eigenthum des Bestohlenen unter Geldbuße an diesen und den Fiscus für Anfechtung³). Aber auch der wegen mehrerer Missethaten Gefolterte, auf der Folter Geständige verkauft sich in das Eigenthum dessen, der ihn von der Todesstrafe loskaufte, als mancipium originarium⁴). Dahin gehört auch die Schuldhaft, aus der man durch Zahlung eines Andern gelöst wird unter Begebung in dessen Knechtschaft⁵).

Ein Darlehnsempfänger verpflichtet sich durch Schuldschein im Auftrag des Gläubigers, jede von diesem auferlegte Arbeit zu verrichten bis zur Zahlung der Schuld⁶). Dagegen begiebt sich ein Andrer in schwerer Noth⁷) in wirkliche Knechtschaft ohne Erwähnung der Lösung durch Zahlung⁸). Unterschieden zwar werden mancipia originaria und sich in Knechtschaft Verkaufende, aber dann absichtlich gleich gestellt⁹). Nicht Selbstverknechtung, aber ein — unter Wahrung der

---

1) Form. Mark. II. 28 in casus graves cecidi, unde mortis periculum incurrere potueram, sed .. me jam morte adjudicatum de pecunia vestra me redemistis et ego .. unde vestra beneficia rependere debuissem, non habeo: ideo pro hoc statum ingenuitatis meae vobis visus sum obnoxiasse, ita ut ab hac die de vestro servitio paenitus non discedam, sed quidquid reliqui servi vestri faciunt de vestro aut agentum vestrorum imperio facere spondeo.

2) l. c.   3) Form. Andeo. 2.

4) l. c.; ich folge in der Auslegung von in esceno positus = scamno = escano, Folterschemel, und eulogias (Geständniß) Zeumer l. c. gegen Rozière; über eulogiae in anderm Sinn s. „Ehrengeschenke".

5) Form. Arvern. 5.

6) Cart. Sen. 3; bei Ungehorsam oder gerichtlicher Anfechtung poena dupli ohne Richterspruch.

7) nata, nicht aus nassa, wie Rozière I. p. 72, sondern wohl wie Lindenbr. und Zeumer anathe, Sorge, s. Du Cange I. p. 239 von „ahnden", strafen.

8) l. c. 4.

9) Form. Andecav. 3 quidquid de metipso facere volueritis sicut et de reliqua (Cart. Sen. 4) mancipia vestra originaria. Dasselbe Arv. 3 ancilla, quam de alode visi sumus habere.

Freiheit — ähnliches Geschäft ist es, verpflichtet sich der Darlehns-
schuldner (offenbar, statt der sonst¹) üblichen Form, eine Art Ver-
zinsung) bis zur Zahlung der Schuld jede Woche einen Tag den vom
Gläubiger oder dessen Vertretern (agentes) ihm auferlegten Dienst zu
verrichten, indem sich der Schuldner für Saumsal hierbei der körper-
lichen Züchtigung, „wie euere übrigen servientes" (= Unfreien)
unterwirft: — auch ein Zeichen der Noth der Zeit und der Armuth²).

Ein zahlungsunfähiger Schuldner wird von seinem Gläubiger in
Schuldhaft gebracht (in custodia positus), ein Dritter löst ihn
aus gegen Selbstverknechtung des Schuldners³), von Abarbeitung oder
Loskauf durch Zahlung ist, wohl weil hoffnungslos, keine Rede. Doch
wird jetzt⁴) zuweilen wenigstens die Schuldknechtschaft gegenüber einer
Kirche auf die Zeit bis zur Abverdienung des Betrages beschränkt:
leider wird nicht gesagt, wie hoch die Arbeit Eines Tages zu rechnen
ist⁵). Anderwärts wird Ein Tag Arbeit auf Einen Denar geschätzt.
Auch werden die Verwandten eines Verknechteten in ihrer Freiheit
geschützt, der Verkauf über die Grenze hinaus wird verboten⁶) und
„Lohnarbeit", wie sie in dieser Zeit einzeln vorkommt⁷), „soll nicht zur
Knechtschaft führen"⁸). Man kann sich aber auch in Unfreiheit „commendiren"⁹). Wer eine Schuld nicht zahlen kann, giebt sich in Selbstverpfändung (wadium) dem Gläubiger als Schuldknecht hin. Begeht
er als solcher ein „Unrecht", muß der Gläubiger die verwirkte Buße
zahlen, oder jenen — unter Verlust seiner Forderung — vor Gericht
frei geben behufs Bezahlung. Uebrigens hat die Selbstverknechtung
keine Wirkung auf die Freiheit früher geborner Kinder und deren
ihnen vorher geschenktes Eigenthum¹⁰).

Die armen Franken, die den Heerbann nicht zahlen können, wer-

---

1) Mark. II. 26.
2) l. c. 27.
3) Form. Arvern. 5 »redemturia«; eine carta patrocinalis erhält der neue Herr, der Unfreie in servitio steht den übrigen Unfreien gleich.
4) Zuerst? a. 818/819. C. leg. add. c. 2.
5) Garnier p. 313; ich entnehme dies Waitz IV. S. 340.
6) S. „Handel" und „Theokratie".
7) Aber selten; f. „Handwerk". v. Inama-Sternegg I. S. 236.
8) Waitz IV. S. 339 eine Stelle von a. 853.
9) Si se commendaverit et dixerit: »pro servo tibi volo esse«, was nur in Einem Fall verboten wird von L. Rhaet. Cur. V. 1, 4.
10. Form. imp. 45. C. I. p. 114.

ten dem König verknechtet, bis er bezahlt ist¹). Sterben sie in der Unfreiheit, verlieren die Erben weder das Land noch die Freiheit und haften auch nicht für die Heerbannschuld²). Wer die verwirkten (andern) Banne nicht zahlen kann, wird als Unfreier dem Grafen als Pfand (in wadio) so lange verknechtet, bis er sie zahlen kann³). Dieses Recht, sich loszukaufen, war freilich nicht folgestreng: war doch Alles, was der Unfreie erwarb, Eigenthum des Herrn⁴). Auch bei der Selbstverpfändung wegen Zahlungsunfähigkeit (bei einer Geld-strafe) und Bürgenmangels wird keine Abarbeitung oder Frist aus-gesprochen; „bis die geschuldete Strafe irgendwie gezahlt ist", währt das wadium⁵).

3. Rechtsstellung.

a. Im Allgemeinen.

Ein wirkliches Wergeld können sie nicht haben, doch wird ihr (etwa gesetzlich geregelter) Werthbetrag so genannt: z. B. muß der Dritte bei Tödtung des Unfreien dessen „Wergeld" — in Wahrheit Werth-Geld — dem Herrn zahlen, nicht der Sippe: — er darbt deren⁶).

Die Unfreien, regelmäßig nicht wehrpflichtig, werden nur aus-nahmsweise zur Vertheidigung der Küsten (gegen die Normannen) aufge-boten⁷). Ebenso zur Vertheidigung ihrer befestigten Klöster⁸) werden auch sie aufgeboten.

Wie sich Unfreie betrüglich für Freie ausgeben (se ingenuare), verlassen Freie das Heer unter Beihilfe des Vogtes, indem sie sich zu Unfreien (des Vogtes) machen wollen⁹). Sie unterliegen der Veräu-ßerung (Kauf, Schenkung), auch Verpfändung mit der oder ohne die Scholle. Häufig ist der Tausch der Unfreien zweier Herren¹⁰).

---

1) Conv. Maran. a. 847 Anmerk. C. II. 1. p. 68.
2) C. Bonon. a. 811. c. 1.
3) C. I. p. 51. a. 779. An Abarbeiten ist hier nicht gedacht.
4) Ein Beispiel Trad. Sangall. 645. II. p. 251 gegen eine Hufe und zehn mancipia: freilich behauptet die sich so lösende ihre Freiheit, aber gegen certissima testimonia.
5) C. I. p. 117.
6) C. I. p. 139. c. 2. a. 808.
7) C. missor. a. 802. c. 13 b.
8) Urk. Ludw. p. 564.
9) Beide Fälle C. I. p. 185.
10) D. (K. Pertz) N. 48 concambium de homine.

Wie mit einem Wald unfreie Förster¹), werden mit Herden unfreie Hirten verschenkt²). Das Verbot, Unfreie aus dem Reich hinaus³) zu verkaufen, bezweckt wohl den Schutz ihres Christenthums⁴), aber auch Erhaltung der Arbeitskräfte⁵). Der Verkauf im Inland ist an Zeugenform (Bischof, Graf, Archidiakon, Centenar, Vicedominus, andre glaubwürdige Zeugen)⁶) gebunden, wohl um zu verhüten, daß der Knecht eines Dritten oder gar ein Freier⁷) rechtswidrig veräußert wird⁸). Im Freiheitsprozeß haben nicht die Unfreien für ihre Freilassungs-Urkunden von den Schöffen das Urtheil zu erwirken, daß sie echt sind, sondern die klagenden Herrn haben die Unechtheit jener Urkunden zu beweisen⁹).

Die Kirche hat den Unfreien die nach Volksrecht unmögliche¹⁰) Ehefreiheit gegeben: günstiger als das Westgoten-¹¹) ist hierin das fränkische Recht¹²). Bei Eheschließung mit Unfreien wird jetzt, in Milderung des älteren Rechts¹³), zwischen bewußter und unbewußter geschieden: bei letzterer kann von dem freien Gatten Trennung verlangt und eine andere Ehe geschlossen werden: die Verknechtung des freien Gatten an den Herrn des Unfreien wird später nicht mehr gedroht¹⁴). Hat aber ein Gatte sich aus Noth in Unfreiheit verkauft unter Zustimmung des Andern, kann dieser, der von dem Kaufpreis lebt, nicht Trennung ver-

---

1) Bouquet V. p. 707. a. 768. Form. Mark. II. 4.
2) l. c. p. 721. a. 771. p. 760. a. 799.
3) Nicht aus der Hundertschaft oder der Dorfmark, so richtig gegen Leibniz und Luden Waitz IV. S. 355.
4) Merkel, L. Alam. Hloth. XXXVII. 1. 2 erinnert an ein ähnliches Verbot im alten Testament.
5) C. Mantuan. c. 7. p. 190 (Harist. a. 799. c. 19) wird auch solcher Verkauf von Heiden verboten und ebenso der von Waffen und Hengsten.
6) C. I. p. 211 (für Italien).
7) Beispiele bei Waitz IV. S. 355.
8) Wie Waitz a. a. O. gewiß richtig vermuthet. Vgl. C. a. 779. c. 19; er weist mit Recht Janoski's, de l'abolition de l'esclavage p. 71, Behauptungen zurück, der Verkauf von Unfreien sei überhaupt verboten worden und seit c. a. 870 seien alle Unfreien unbewegliche Sachen, soll heißen deren Zubehörden, geworden.
9) C. I. p. 145.
10) Bausteine II. S. 5.
11) S. Westgothische Studien S. 118 f.
12) C. I. p. 40.
13) VII. 1. S. 271.
14) C. I. p. 38. a. 757. p. 41 nach a. 758.

langen¹). Unfreie und eine Freie, die ihn wissentlich geheirathet, werden dem Fiscus verknechtet. Lothar verzichtete hierauf zu Gunsten des Herrn des Unfreien²), falls sie ein Jahr unbeanstandet gelebt. Aehnlich verbietet die Kirche im Westgotenrecht die Trennung der Ehe der Unfreien verschiedener Herren nach Jahresfrist, falls die Herren eingewilligt hatten³).

Haben Unfreie unter Zustimmung ihrer beiden Herren eine gültige Ehe geschlossen, deren sie nun nach Kirchenrecht fähig sind, so sollen sie ihrem Herrn dienen, aber nicht getrennt werden⁴): — ein erheblicher Fortschritt, hier einmal wirklich unter segensreichem Einfluß des Christenthums. Doch kann auch hier die Kirche nicht hindern, daß die Gatten durch Verkauf getrennt werden: sie werden nur „angepredigt", nicht wieder zu heirathen⁵).

Hat ein Unfreier eine Magd, so steht diese nicht in seinem, nur in seines Herrn Eigenthum und nur im Besitz des Unfreien, der sie aber zur Concubine nehmen⁶), dann entlassen und eine Unfreie seines Herrn zur Gattin nehmen kann. Bei Mischehen zwischen colona und Knecht verschiedener Herren folgt das Kind der ärgeren Hand⁷). Hat ein Unfreier eine Freie (Franca femina, oben S. 49 f.) geheirathet und später der Herr Urkunden ausgestellt, wonach deren Kinder frei sein sollen, so soll dies gelten, falls der Herr sie diesen Kindern selbst zugestellt hat, nicht aber, falls die Urkunden vor der Geburt der Kinder ausgestellt oder die Kinder erst nach dem Tode des Herrn geboren werden⁸). Unfreie dürfen nur nach unwiderrufbarer Freilassung und Uebergabe durch den Herrn an den Bischof geweiht⁹), dürfen nicht ohne Erlaubniß des Herrn in den geistlichen oder Mönchs-Stand verlockt werden¹⁰).

Recht viel machten — begreiflichermaßen! — flüchtige Unfreie zu schaffen¹¹): der nach Langobardenrecht¹²) gewährte Ergreifungslohn

---

1) l. c. p. 40 nam qui de pretio paris sui de tali necessitate liberatus fuerit in tali conjugio debent permanere et non separari.
2) Lothar C. I. 2. p. 320.
3) VI.² 1. „Unfreie".
4) C. I. p. 218 mit Berufung auf Matth. 19, 6. Marc. 10, 9.
5) C. I. p. 41.   6) C. I. p. 40.
7) C. I. p. 145 quia non est amplius quam liber et servus.
6) l. c. 146.
9) C. I. p. 133. 229. (a. 799). p. 232.
10) C. I. p. 55. a. 769.
11) Diese Stellen bei Waitz IV. S. 356. a. 794—821.
12) Roth. 264. Liutp. 44.

(forcopium) wird von Karl und Pippin aufgehoben[1]). Sie werden oft wissentlich gekauft und in die Ferne verkauft. Sie werden wie entlaufene Hausthiere vindicirt. Niemand darf sie hausen, hofen, herbergen[2]). Auch die villici der Güter des Königs müssen sie herausgeben. Ihr Eintritt in den geistlichen Stand ward beschränkt, nur mit Maßen geduldet, „auf daß die villae nicht entvölkert werden"[3]), — so oft also ward dies Mittel ergriffen. Sie sollen vorher freigelassen werden, was also Zustimmung des Herrn voraussetzt[4]), aber nicht eingehalten ward[5]).

Unfreie müssen in Hungersnoth von ihren Herrn versorgt werden, zumal von den Kronvassallen[6]), aber auch ganz allgemein[7]). Wie die römischen treiben die fränkischen Unfreien selbst Geschäfte, — jure peculii[8]) — natürlich für den Herrn, der ihnen nur etwa einen Theil des Gewinnes, wie bei Ueberweisung einer Scholle einen Theil der Früchte[9]), beläßt, den Rest führen sie als Zins (census) an den Herrn ab. Ein solcher servus casatus gilt als Zubehör der Scholle[10]), daher — wie diese — als unbewegliche Sache[11]) und wird mit ihr veräußert. Fast will es scheinen, daß Unfreie (abgesehen von erblichen Verhältnissen) erst nach einiger Zeit und Bewährung casas erhielten[12]). Dazu tritt Frohnarbeit auf den von den Herrn selbst bewirthschafteten Gütern (sala dominica, mansi indominicati), im Herrenhaus, auf der Jagd u. s. w.

Ursprünglich konnte der Herr das Maß von Zins und Frohn beliebig steigern, da ja die Scholle und der ganze Fruchtertrag sein Eigenthum war und er über die ganze Arbeitskraft des Knechts ver-

---

1) C. I. p. 193. 209.
2) Ueber Herausgabe flüchtiger Unfreier C. a. 819. p. 275.
3) C. Theod. a. 805. c. 11.
4) S. oben S. 207; C. eccles. a. 818/19.
5) S. einen clericus als servus legitimus bei Waitz a. a. O. Vgl. über die Frage Rettberg II. S. 650.
6) C. I. p. 74. a. 794.
7) Cc. Francof. a. 794. c. 4.
8) C. I. p. 74. a. 794 servilis conditionis persona, si suum est illud negotium proprium.
9) Schon zur Zeit des Tacitus, Germania c. 25.
10) Ganz regelmäßig, vgl. Form. imp. 34.
11) Divisio a. 806. c. 11 rerum immobilium: terrarum servorumque qui jam casati sunt.
12) Servi *jam* casati — dagegen mancipia non casata l. c.

fügte. Allein es scheint, daß sehr frühe — thatsächlich wenigstens — willkürliche Steigerung der Leistungen von einer gewohnheitsmäßig Knechten überwiesenen Scholle nicht vorkam; später ward dann durch das Hofrecht das Maß der Leistungen von jedem mansus servilis festgelegt und der einseitigen Steigerung durch den Herrn entzogen. Werth und wirthschaftliche Bedeutung dieser Arbeitskräfte erhellen daraus, daß das Verfahren über ihre Herausgabe wie über die von Grundstücken dem Centenar entzogen und dem Grafengericht vorbehalten wird[1]). Selbstverständlich waren Unfreie als Sachen auch nicht steuerpflichtig: besaßen und verwalteten sie aber thatsächlich Land ihrer Herrn, so hielten sich die exactores, d. h. Steuereinheischer des States, in erster Reihe an sie, nicht an den Eigenthümer, z. B. an die Kirche von Comacino[2]).

Wie immer und überall[3]) war für die rechtliche, mehr noch die thatsächliche Lage der Abhängigen aller Art, auch der freien, wichtig die Stellung ihres Herrn: die Kronknechte, Kirchenknechte, Kronvassallen bilden besonders bevorrechtete, zum Theil auch besonders verpflichtete Schichten[4]). Auch innerhalb desselben Standes (der ecclesiastici) wird zwischen bona und minor persona (mit und ohne Beneficium) in dem Strafmaß unterschieden[5]).

Unfreie können Beamte werden, z. B. Förster, auch königliche[6]). Auch Vassallität können Unfreie erlangen[7]). Freie und unfreie Vasallen nebeneinander werden vorausgesetzt[8]). Da nunmehr auch Unfreie, wenn Vassallen, zum Wehrdienst herangezogen werden, haben

---

1) C. I. p. 176.
2) Karl III. bei Lupi I. p. 957.
3) Könige VI².
4) S. unten.
5) C. Pipp. c. 3. p. 31.
6) Form. imper. 43 tam liberi forestarii quam servi, ecclesiastici aut fiscalini. Bouquet V. p. 707. a. 768.
7) Aus C. I. 1. p. 106. c. 1 folgt weder für die Freiheit noch für die Unfreiheit der vassi etwas: die servi könnten auch die vorhergenannten vassi sein; doch eher nicht. Entgegengestellt werden sich vassalli und servi Form. Sangall. 34, dagegen servi, gewöhnliche wie fiscalini, coloni und ecclesiastici als durch beneficia, ministeria (Aemter) oder vassallaticum honorati vorausgesetzt C. missor. c. 4, wohl nicht blos für Italien, zweifelnd Boretius l. c. In Chur hat es zweifelos bischöfliche (dominei) unfreie Vassallen gegeben: bles hat gegen v. Roth, Ben. S. 371, dargethan Waitz IV. S. 253 aus Cap. Rem. c. 3.
8) Divisio von a. 806. c. 30.

auch sie den Treueeid zu leisten¹). Schärfer konnte die Umwandlung der altgermanischen Grundlagen des Statswesens nicht ausgedrückt werden: die Kriegsbedürfnisse haben sie erzwungen.

Die Kirche begünstigte die Freilassungen als gottgefällig²), wußte aber freilich ihren Vortheil hiebei und auch die Abhängigkeit der Freigelassenen recht wirksam zu wahren. Jedoch erst spät und wenig hat sie die Behandlung der Unfreien mildern können³): mehr Schutz gewährte das allmälig aufkommende Hofrecht. Es begreift sich daher, daß neben der so häufigen Flucht gelegentlich auch gewaltsame Erhebung der Unfreien⁴) geplant wird⁵).

b. Die Unfreien vor Gericht.⁶⁾

Die Gerichtsbarkeit des Herrn über seine Unfreien folgt aus dem Eigenthum, beruht nicht auf Immunität, wie die über freie Grundholden⁷). Mit Unrecht bestreitet man⁸) den gerichtlichen Charakter der Strafgewalt des Herrn über Unfreie: sie wird mit ganz den gleichen Ausdrücken wie die statliche bezeichnet: justitiam facere⁹).

Unermittelbar bleibt, seit wann an Stelle des unbeschränkten Züchtigungsrechts — bis zur Tödtung — des Herrn das durch die

---

1) C. I. p. 67 (a. 786, a. 792?) servi qui honorati beneficia et ministeria tenent vel in vassalatico honorati sunt.

2) Anders Brunner; s. oben VII. 1. „Unfreie", und Fournier, Revue historique XXI.

3. Waitz, der Janoski mit Recht bekämpft, neigt dann doch dessen Ansichten zu: es hat aber noch im spätesten Mittelalter Unfreie gegeben, die nicht auf einer Scholle saßen und Sachen waren wie die Hausthiere.

4) Wie der Leten, s. oben S. 212.

5) S. die Stellen und ihre vorsichtige Kritik (gegen v. Roth, Ben. S. 378) bei Waitz IV. S. 337; manche dieser conjurationes sind lediglich eidliche Verbindungen zu Fortführung heidnischer Gebräuche, zumal mit dem Schwur, gegenüber der Kirche und dem missus zu schweigen und nicht Zeugniß abzugeben.

6) VII. 1. S. 290.

7) Urk. Karlmanns III. Muratori Ant. I. p. 930.

8) Waitz IV. S. 460.

9) C. de latron. c. 7 liceat unicuique de suo servo potestatem habere *justitiam faciendi*, ebenso oft von den statlichen Richtern c. 9 si servi invicem inter se furtum fecerint et in una fuerint potestate, domini eorum habeant licentiam faciendi justitiam: schwer begreiflich ist, daß Waitz diese Stellen und zwei andere noch stärker sprechende a. 861. a. 861 gegen die Gerichtsgewalt des Herrn anführt: erwuchs doch damals schon der Anfang des hofrechtlichen Strafrechts; s. unten. Richtig Brunner II. S. 279.

Hofgenossen nach dem Strafrecht des Hofes gefundene Urtheil trat; fest steht nur, daß in karolingischer Zeit das Einschreiten der Herrn nicht mehr als Ausübung des jus vitae ac necis, wie an einem bösartigen Hausthier, erscheint, sondern als eine der Rechtspflege nach Volksrecht nachgebildete Rechtspflege nach Hofrecht. Ohne Zweifel wurden Hofgericht und Verfahren vor Hofgericht ganz ähnlich den Grundsätzen von Genossengericht und Genossenrecht ausgebildet¹). Bei Verbrechen von Unfreien kann sich der Herr nicht durch dessen Entlassung befreien, muß vielmehr den Schaden ersetzen oder den Unfreien zur Sühne oder Bestrafung anbieten und²), falls der entflohen, seine Unschuld bezüglich der That beschwören.

Unfreie sollen für Vergehen nicht zur Rechenschaft gezogen werden durch die königlichen Beamten, sondern diese sich an jener Herrn oder Vögte halten, die Herrn dann mögen ihre Unfreien zur Verantwortung ziehen³). Die Fälle, in denen der Herr den Unfreien wegen Missethat vor den Richter stellen muß, nicht selbst strafen oder durch Buße und Wette lösen kann, werden jetzt, bei Erstarkung des Statsgedankens, häufiger. Vielleicht gilt dies nun sogar in allen Fällen des amtlichen Einschreitens der Statsgewalt⁴). Bei Weigerung der Stellung ergreift den Herrn Statszwang durch alle Zwangsmittel der Statsgewalt. Wo der Herr den Unfreien auch nur rückfällig werden läßt in Geschlechtsvergehen, nicht anstiftet, muß er dem König den Bann bezahlen⁵). Unfreie unterliegen der Geißelung, falls der Herr die von ihnen verwirkte Geldstrafe nicht zahlt⁶).

Bei Vergehen der Unfreien werden unterschieden »negligentiae«, leichtere Verfehlungen: diese, auch Entwendung zwischen zwei seiner Unfreien, ahndet der Herr — wohl mit Geißel und Block —; bei Diebstahl oder Raub gegenüber Fremden aber nimmt der Richter für sich, was der in handhafter That Ergriffene bei sich trägt, auch die Kleider⁷). Die Deube erhält der Bestohlene zurück, das übrige peculium verbleibt dem Herrn. Den Schadenersatz hat der Herr des

---

1) D. G. Ib. „Gerichtswesen".
2) C. I. l. p. 118.
3) C. I. l. p. 211 (für Italien).
4) S. Brunner II. S. 278.
5) C. I. l. p. 30 (a. 754/5).
6) Ansigis. III. 60.
7) Begegnet auch sonst, z. B. bei Ausfuhrverbot. Ueber die Formel: „wie ihn der Gürtel befängt", s. die schöne Ausführung bei Brunner II. S. 278.

Unfreien zu leisten oder zur Todesstrafe ihn auszuliefern[1]). Solche Fälle kann der Herr nicht außergerichtlich mit dem Geschädigten beilegen.

Wie früher[2]) und überall[3]) werden Unfreie schwerer gestraft: so an Leib und Leben, wo Freie nur am Vermögen[4]). Raubt ein Unfreier eine Freie und zwingt sie zur Ehe, so droht ihm der Tod[5]). Außerdem hat der Herr das alte Züchtigungsrecht behalten — bei eigner Verantwortung — und beliebig streng soll er es üben[6]). Das Hofrecht beginnt erst dem Schranken zu ziehen[7]). Ein plündernder Unfreier im Heere hat dreifache compositio zu leisten und wird gegeißelt, während der Freie nur den Bann zahlt[8]). Der Herr des raubenden Knechtes hat beim ersten und zweiten Raub den Schaden zu ersetzen, beim dritten Raub schließt die Hinrichtung des Unfreien den Ersatzanspruch aus[9]).

Wo der Freie mit Geld oder Gefängniß büßt, erhält der Unfreie „viele" Streiche[10]): durch die Einsperrung des Unfreien hätte man ja den Herrn geschädigt. Wo der Freie mit 15 solidi Wette abkommt, erhält der Unfreie 120 Hiebe[11]): „er büßt mit dem Rücken"[12]). Auch der Königsbann wird bei Unfreien, will ihn der Herr nicht zahlen, durch Geißelung ersetzt[13]). Die von ihnen verwirkte Wette (von 10 sol.) muß wohl der Herr für sie zahlen[14]). Allein der Grundsatz der Vermögenslosigkeit wegen Vermögensunfähigkeit ließ sich nicht durchführen, wenn sie, wie so häufig, thatsächlich ein peculium, d. h. Vermögen des Herrn, in Besitz und Genuß hatten: aus diesem pecu-

---

1) C. Ribuar. a. 803. c. 5. C. I. p. 181; mit c. 6 stimmt nicht c. 9, das den *missus* bei Raub des Unfreien gegenüber Fremden zuständig nennt.
2) VII. 1. S. 273 f.
3) S. Westgot. Studien S. 155.
4) S. unten „Gericht, Strafrecht".
5) Form. Mark. I. 29.
6) Pippin. C. Ital. c. 10. p. 211: ut domini ipsi amant.
7) C. Francof. a. 794. c. 4.
8) C. a. 810/11 (?). c. 4. p. 160.
9) C. 1. p. 49. a. 779.
10) C. I. p. 31. (a. 754/5).
11) C. a. 809. Aquisgr. c. 3.
12) »Dorso componat«, vgl. C. I. p. 160, aber welche compositio secundum suam legem zahlt der Unfreie daneben? Inwiefern hat der Unfreie eine lex? Die lex des Verletzten kann nicht gemeint sein. Sein (sogenanntes) Wergeld (richtiger Werthgeld)? So wohl nach c. 2 und 4.
13) Ansegis. III. 66.
14) C. missor. a. 802. c. 13 b.

lium offenbar haben sie¹) Bann²), dreifache compositio³), andere Geldstrafen zu zahlen: — freilich zum Schaden ihrer Herren. Häufig sind fürbittende Verwendungen für zugelaufene Unfreie bei deren Herren, wie Capitularien⁴) und Formeln⁵) zeigen.

4. Kirchenknechte⁶).

Den servi und coloni fiscalini am Nächsten stehen die servi und coloni ecclesiastici⁷). Diese Gleichstellung⁸) geht so auffallend weit, daß Karl für sie auf ihre Beschwerde hin wie für seine Kronknechte die Leistungen an die Kirche, wie dort an die Krone regelt⁹); sie wurden wie die fiscalini bei Besuchen des Königs geladen¹⁰). Auch hier sind Unfreie¹¹) und (Halb-) Freie, coloni, zu unterscheiden¹²). Die Halbfreien¹³) stehen den Leten und gewissen Arten von Freigelaßnen gleich. Wenn ganz allgemein¹⁴) Güter und mancipia der Kirchen den fiscalischen gleich gestellt, wenn den Freigebornen servi vel ecclesiastici entgegengesetzt werden¹⁵), so ist wohl an unfreie Kirchenknechte zu denken, aber leider einzuräumen, daß der Sprachgebrauch der Quellen hierin durchaus nicht logisch ist, alle ecclesiastici gelegentlich den Freien entgegengestellt sind¹⁶). Der Kirchenknecht steht so hoch über dem gewöhnlichen eines Privaten, daß sogar einmal geschieden wird: ingenuus aut servus aut ecclesiasticus¹⁷). Auch in Italien werden die ecclesiastici (scil. homines) dem übrigen Volk besonders

---

1) Manchmal, s. aber oben S. 227 Anm. 12.
2) C. Theod. a. 805. c. 5.
3) C. a. 810/11(?). c. 4. p. 160.
4) a. 807. c. 7. Div. imper. a. 830. c. 3.
5) Nach C. Carol. 3. 6. Antwort hierauf 7(?) Rozière p. 732.
6) Brunner I. S. 237. II. S. 283.
7) Belege bei Waitz IV. S. 347.
8) C. I. p. 32. a. 754/55 tam publici quam ecclesiastici (sc. servi).
9) Durch Capitular von a. 800 für Le Mans C. I. p. 81; aber es handelt sich um Kirchen im Eigenthum des Königs.
10) l. c. bei Königskirchen.
11) mancipia ecclesiarum C. Caris. a. 873. c. 8.
12) Das unbestimmte „Hörige" bei Waitz IV. S. 352 ist besser zu meiden.
13) Nicht alle ecclesiastici, wie Waitz.
14) C. Caris. l. c.
15) Cap. Compend. c. 6 ingenuo aut servo vel ecclesiastico.
16) S. die andern Stellen bei Waitz.
17) C. I. p. 38. a. 757.

entgegen¹) und den Kronknechten gleichgestellt²). Kirchenleute sollen in erstem Rechtsgang ihren Senior angehen, wenden sie sich mit dessen Umgehung sogleich an den König, sollen sie³) gegeißelt werden⁴). Uebrigens bestanden auch unter diesen Kirchenleuten Abstufungen, ähnlich wie unter Freien: es gab auch hier bonae personae und minores: jene sollen bei dem gleichen Vergehen honor verlieren, (was hier eher Beneficium als Amt ist), während der minor gegeißelt und eingekerkert wird⁵). Es ist dabei wohl kaum nur oder auch nur vor Allem an coloni im Gegensatz zu Unfreien zu denken.

Später⁶) hat dann die Kirche verlangt, daß ihre Leute bei Veräußerung nicht nur die bisherigen Vorzugsrechte behielten, sondern die Vollfreiheit erlangten (während die von der Kirche Eingetauschten unfrei blieben), was für den andern Vertragenden wenig verlockend war. Unfreie sind neben Grundstücken die wichtigsten Bestandtheile auch des Kirchenvermögens⁷), wie eines Nachlasses⁸). Aber wie auf den Krongütern erscheinen auch auf den Kirchengütern neben den ecclesiastici auch »Franci«, zwar pauperiores, aber Freie⁹). Und wie Krongüter können Kirchengüter mit den zugehörigen ecclesiastici einem Senior verliehen sein, über den sich die ecclesiastici beim König beschweren¹⁰).

5. Kronknechte¹¹).

Die Kronknechte, regii fisci familiae¹²), heißen auch servi originales¹³), wenn sie ihre origo auf Krongütern haben. Neben den

---

1) C. I. p. 195 seq. 197.   2) C. I. p. 206.
3) Wie auch sonst minores personae Pipp. Cap. c. 7. p. 31.
4) l. c. Mit Recht sieht Waitz IV. S. 474 in diesen ecclesiastici nicht Geistliche und überträgt das super eorum seniore mit: Uebergehung ihres Seniors.
5) Pippin. Cap. c. 3.
6) Conc. Suess. a. 853. c. 12.
7) Muratori Antiq. I. p. 460; ebenso Hinkmar opp. II. p. 328 res ao mancipia ecclesiarum.
8) C. Aquisgr. c. 7. p. 171. (a. ?)
9) Karl, Mittelrhein. Urk.-B. I. 28 super terras ipsius monasterii tam Franci quam ecclesiastici (commanentes). Das servientes bei Ludwig 57. p. 63 bedeutet nicht Unfreiheit jener Franken. Walter III. p. 92. c. 4. (a. 858). S. oben „Franci".
10) Cap. Pippin. c. 7. p. 32; über die hier genannten publici f. „Fiscus".
11) Brunner I. S. 236.
12) Brief Karls an Pabst Nikolaus Bouquet VII. p. 557.
13) Thegan. c. 44.

Kirchenknechten die oberste Schicht ihres Standes sehen sie ihre Sprößlinge zu hohen geistlichen¹) und weltlichen Würden aufsteigen. Die »servi vestri«, deren Häuser und Urkunden der Feind verbrannt²), sind Kronknechte, nicht Freie. Unfreie der Kirche (aecclesiastici), des Hofes (Palastes) und des übrigen Volkes (vel populo) werden scharf unterschieden³). Unfreie und Colonen auf den Königsgütern zusammen bezeichnet »fiscalinus«. Ihr Stand vererbt sich, sie können innerhalb des Güterverbandes an die Standesgenossen veräußern⁴). Daß es auch freie fiscalini (coloni) gab, erhellt daraus, daß sie (neben Kronbeneficien) auch allodiales Grundeigen haben können⁵). Dagegen umfaßt servus fiscalis, s. fiscalinus, s. fisci nicht alle Unfreien des Königs, sondern nur⁶) die an Königsland untrennbar gebundenen: von ihnen haben eben Urkunden und Capitularien zumeist zu handeln Anlaß⁷). Die fiscalini, auch wenn servi, werden den coloni (und den servi ecclesiastici) an die Seite gestellt: sie können durch beneficia, Aemter und Vassallität geehrt werden (honorati)⁸). Solche Kron- (oder Kirchen-)Leute, die mit einem beneficium einem Vassallen gegeben worden, heißen beneficiarii servi, sie sind daneben fiscalini oder ecclesiastici⁹). Ihre Stellung war so günstig geworden, daß die Gesetze zwischen ihnen und den (doch halbfreien) Leten keinen Unterschied mehr machen: die Kronaldionen beider Geschlechter in Italien sollen fortab im Dienste ihrer Herren, in gleichem Rechte leben wie die fiscalini oder (vel) lites in Francia¹⁰).

---

1) S. Bischöfe, Ebo von Rheims.
2) Form. Mark. I. 34.
3) C. I. p. 193.
4) Nur nicht »foras mitio« Capit. missor. v. 803. c. 10. I. p. 115.
5) l. c. c. 50 fiscalini qui mansos (im Gegensatz zu beneficia c. 10) habent, inde vivant.
6) Richtig Waitz IV. S. 350 und Brunner I. S. 237.
7) Zweifelhaft ist manchmal publicus: es bedeutet zuweilen den dem Stat (publicum, s. unten „Gesammtcharakter") Angehörigen d. h. den Freien, aber zuweilen den dem fiscus publicus gehörigen, also fiscalinus C. Pippin. c. 7. p. 32 jedesfalls im Gegensatz zu ecclesiastici, Kirchenknechten.
8) C. missor. c. 4.
9) Servi ecclesiastici aut vassallorum nostrorum: aber nur auf Krongütern Bened. Additam. IV. c. 110; anders Waitz IV. S. 353?
10) Die ecclesiastici werden hier nicht (vielleicht nur aus Versehen?) mit genannt. C. I. p. 205 Aldiones vel aldianae ad jus publicum pertinentes, (also Kron-Aldionen) ea lege vivant in Italia in servitute dominorum suorum (servitus, hier also nicht „Knechtschaft", nur Dienst: es ist an Kronbeneficien zu

Erscheint der König auf solchen Krongütern, werden die fiscalini vor ihn gerufen[1]) und bitter beschweren sie sich, unterbleibt dies: denn dabei bringen sie ihre Klagen und Wünsche vor. Karl holt auf diese gewaltige reclamatio das bei einem Besuche zu Le Mans Versäumte nach: in dem Capitular für den Gau von Le Mans von a. 800[2]). Zweifelhaft ist, ob der Unterschied von potentiores und mediocres auch unter fiscalini gemacht wird[3]): alsdann sind wohl nicht Unfreie, sondern freie Grundholden und andere vom Fiscus Abhängige gemeint. Die Vorzugsrechte dieser fiscalini (beider Arten) werden oft als dem König geltende Ehrung aufgefaßt: so wenn bei Ehen mit (unfreien) Kronknechten der oder die Freie nicht wie sonst die Freiheitsrechte verliert, sondern Erbrecht, Klagrecht, Zeugnißrecht vor Gericht behält: „in solchem Fall soll auch uns die gleiche Ehre gewährt werden, wie sie den Königen und Kaisern, unsern Vorgängern, gewährt worden ist"[4]). Der fiscalinus hat (wie der freie römische Grundeigner) ein Wergeld von 100 sol., gleich dem homo regius und dem litus. Auch bei Veräußerungen wahrte die Krone zuweilen wie den Namen so die Rechte des (ehemaligen) fiscalinus. So kann ein Jude servos fiscales haben[5]) und Karl wahrt seinen veräußerten Fiscalinen alle Rechte der noch verbleibenden Fiscalinen, die — wie wir hier lernen — in den verschiedenen Gauen nach dem Herkommen verschieden waren[6]).

Sie haben meist Kronland zur Bewirthschaftung und dann, wie alle Grundholden, Leistungen an Zins und Frohn[7]) zu entrichten, die

---

denken, die mit den Ablonen, Kronvassallen, verliehen sind: diesen gegenüber sollen sie fortab nur belastet sein wie Kronknechte und Leten im Norden der Alpen (gegenüber der Krone oder den Kronbeneficiaren)', qua fiscalini vel lites vivunt in Francia.

1) adjurnati, neufranz. adjournés.
2) C. I. p. 61.
3) Cap. de villis c. 60.
4) C. Theodonis Vill. I. p. 126. a. 805. c. 22: hatten die römischen Kaiser für ihre Sclaven solche Vorrechte?
5) Amulo contra Judaeos ed. Migne CXVI. c. 44.
6) Mittelrh. U.-B. I. 29 sicut reliqui infra regna nostra habuerint (legem et consuetudinem) fiscalini et antea in unumquemque pago habuerunt consuetudinem; hervorgehoben wird die Selbstvertretung vor Gericht (de causas eorum in responsis).
7) Ueber die wirthschaftliche Arbeit der Unfreien — Knechte und Mägde — auf den Krongütern s. C. de vill. I. p. 83, dann I. p. 172 und unten „Finanz".

meist auf Herkommen[1]), auch auf Vertrag, später auf gesetzlicher Bestimmung[2]) beruhen. Schon beginnt also auch hier eine Art Hofrecht, das, für die verschiedenen Gaue[3]) und Villae verschieden, wie später ausführlich diese Verpflichtungen regelt. So soll im Gau von Le Mans der fiscalinus, der den vierten Theil eines factus[4]) besitzt, wöchentlich Einen Tag mit seinem Pflug und Gespann auf dem Acker der Herrschaft pflügen und sonst keine Handfrohn leisten; schwächer bespannte sollen die Pflugarbeit in zwei Tagen leisten, wer nur vier Zugthiere hat, Einen Tag pflügen, Einen Tag Handfrohn, wer gar keine hat, drei Tage Handfrohn leisten. Geschuldet wird die Frohn dem Senior: das ist schwerlich der König, sondern das Krongut (campus dominicus) ist einem Vassallen[5]) zu beneficium gegeben und dieser ist nun der Senior des fiscalinus, der nicht aufhört, so zu heißen und zu sein. Die Ungleichheit, daß bisher der Eine die ganze, der Andre die halbe Woche, der Dritte nur zwei Tage frohnte, wird beseitigt. Wer jenes Landmaß nicht erreicht, frohnt je nach der Schätzung seiner Scholle. Man sieht, daß die Belastung wenigstens dieser Meistbegünstigten nicht schwer war.

Und ganz wie in späteren Hofrechten wird wenigstens für fiscalini und für Albionen willkürliche Steigerung der herkömmlichen Last verboten[6]). So bildeten die servi fiscalini zu Worms eine Genossenschaft (societas parafridorum consocii), die verpflichtet war, dem König (fiscus dominicus) bei Heerzügen Pferde[7]) zu stellen[8]). Einen „privatrechtlichen Charakter"[9]) hat diese Leistung nur, sofern sie Aus-

---

[1] Daher Verbot einer nova conditio imposita, s. unten.
[2] Mit Unrecht behauptet v. Roth, Ben. S. 377, daß erst im VIII. und IX. Jahrhundert diese Leistungen geregelt worden und dadurch die Knechte den Hörigen (= Halbfreien) nahe gebracht seien: wie sagt schon Tacitus? Germ. c. 25 *frumenti modum* dominus aut *pecoris* aut *vestis* (servo) ut colono injungit et servus *hactenus* paret. Genau dasselbe geschieht durch Karl.
[3] Consuetudinem in unumquemque pago Mittelrhein. Urk.=Buch I. 29.
[4] Ueber factus vgl. Du Cange III. p. 393; nicht ein besondres Landmaß wie Boretius C. I. p. 81, denn es entspricht dem mansus: ein bebautes, bestelltes, eingerichtetes Gut im Gegensatz zu mansus absus scheint es zu bedeuten J. Grimm, R. A. S. 538.
[5] Wie Boretius meint, dem Pfalzgrafen Adalhard, an den das Capitular sich richtet(??), auch *aliis* fidelibus nostris.
[6] Nova conditio non imponatur. C. (ed. Pertz) Legg. I. p. 37.
[7] Aber auch »cetera utensilia«.
[8] Schannat p. 14 (Urkunde Arnulfs).
[9] Waitz IV. S. 17.

fluß des Eigenthums an den Unfreien ist, nicht aber beruht sie etwa auf Vertrag[1]. Daher ist die Verpflichtung erblich[2]. Selbstverständlich können sie Fiscaleigen nicht veräußern ohne Auftrag: solche Geschäfte werden, wenn nicht nachträglich von der Krone genehmigt, für nichtig erklärt[3], abgesehen wohl von Veräußerungen im Wirthschaftsbetrieb: zu solchen gelten sie als bevollmächtigt[4]. Dagegen dürfen freie fiscalini (Colonen) ihr Eigen veräußern und können Eigen für sich erwerben: unfreie haben kein Eigen (sie erwerben nur für die Krone), können daher keines übertragen[5]. Und ausdrücklich wird wie den Colonen so den Unfreien des Fiscus die Veräußerung an andere des gleichen Kron- und Schutz-Gebietes verstattet, wodurch das Recht des Fiscus ja nicht verändert wurde[6].

Die freien fiscalini können Allod haben und vererben, freie und unfreie vererben das Nutzungsrecht an ihnen verliehenem Kronland[7]. Den Mainwenden[8], die coloni, nicht Unfreie, wird ausdrücklich Allod zuerkannt, andres Gut, das sie zur Strafe verwirken[9], ist aber wohl (meist: Leihgut[10]. Den Treueeid leisten freie und halbfreie Fiscalinen, Unfreie wohl nur als Beneficientträger[11]. Priester und Aebte konnten wohl unfrei Geborene werden (und wurden es gar oft), aber nur nach Freilassung[12]. Wie früher[13] konnte der König Unfreie — und

---

1) pars quae .. fiscus ab eis exigere *solitus est* — parafridos reddere consueverunt.

2) l. c. cum omni progenie und in der Bestätigung durch Ludwig das Kind omnis familia (d. h. Unfreie) *utriusque sexus.*

3) Beispiele von Beidem Waitz IV. S. 350.

4) Hieher Karlmann p. 726 und Karl bei Waitz; absentorum neben fiscalium ist wohl verschrieben: es fehlt bei Du Cange.

5) So sind die abweichenden Stellen bei Waitz a. a. O. zu unterscheiden und zu erklären.

6) C. a. 803. c. 10 ut nec colonus nec fiscalinus (= servus) foras mitio (f. VII. 1. »mitio«) possint aliubi traditiones facere.

7) So Edict. Pistoj. a. 864, wo nur von *coloni* tam fiscales quam de casis die Rede; mansa quae tenent können aber auch Leihgut sein.

8) Dove, Z. f. D. R. XIX. 3.

9) Confiscari, in dominicam redigi potestatem.

10) Z. f. D. R. XIX. S. 385 und eine Stelle aus Bouquet bei Waitz IV. S. 350.

11) Anders, scheint es, Waitz a. a. O.

12) So läßt sich die erste Stelle bei Waitz erklären, freilich anders die zweite fidelem nostrum presbiterum (manu mittimus); heißen doch ehemalige fiscales immer noch fiscales, so wohl in der dritten Stelle.

13) VII. 1. S. 282 und Urgesch. III. S. 221 (häufig bei Greg. Tur.).

kann gewiß meist fiscalini¹) — zu wichtigen, z. B. Grafen-Aemtern, befördern: aber jetzt doch wohl erst nach Freilassung. Auffällt, daß Kron- unc Kirchen-Knechte das gleiche Wergeld wie der doch freie litus erhalten²). Wiederholt werden auch im Strafverfahren Kron- unb Kirchen-Knechte den Freien ausdrücklich gleich gestellt: auch letztere sollen nur durch freie tüchtige glaubhafte Zeugen (oder Gottesurtheil) überführt werden können³). Kronknechten (juniores) wird zur leichten Strafe das Getränk (außer Wasser) und das Fleisch entzogen⁴): aber dann vielleicht auch noch Strafe »in dorso«.

In niedrigere Aemter wurden Kronknechte häufig eingesetzt: z. B. als Förster⁵). Aus denen werden oft (zweifelhaft, ob ausschließlich?) die majores der Kronvillen genommen⁶). Alle Kronknechte (juniores) stehen nach Handwerk und Beschäftigung gegliedert je unter einem dem Amtmann ebenfalls untergeordneten Meister (magister)⁷). Solche magistri sind die Braumeister, die, wann das Krongut die Dienstzeit (servitium) am Hofe trifft, mit dem zu liefernden Malz den Hof aufsuchen und dort selbst Bier brauen⁸). Kronknechte haben zum Theil, — nicht Alle, — mansos des Kronguts, wovon sie leben: andere beziehen Naturalverpflegung von dem Krongut⁹).

Die Kronknechte besitzen selbst Unfreie, die sie aber nicht veräußern dürfen, auch nicht den vicarii und Centenaren¹⁰). Kronknechte (mancipia), die zu einer Saline gehören, ad hoc opus deputata, werden sammt dieser verschenkt¹¹). Behufs Erhaltung ihrer Zahl sollen sie bei Vergehen gegen Andere zwar Schadenersatz leisten, nicht aber fredus zahlen und bei Zahlungsunfähigkeit nicht verknechtet, sondern statt dessen gegeißelt werden¹²). Wegen ihres Werthes

---

1) So mit Recht Waitz IV. S. 351.
2) C. I. p. 117. a. 803.
3) C. I. p. 180 de liberis hominibus et ecclesiasticis aut fiscalinis.
4) C. de vill. c. 16.
5) Form. imper. 43 *liberos* forestarios, also werden auch unfreie vorausgesetzt.
6) Mittelrhein. Urk.-Buch I. 62. p. 569; vgl. C. de villis c. 60.
7) C. de vill. c. 57.
8) C. de vill. c. 61. Genaueres über diese magistri s. unten „Amtshoheit" und „Finanz, Krongüter".
9) C. de vill. c. 50.
10) C. I. p. 171.
11) Urk. Karls bei Dronke p. 44, aber ob echt? S. unten „Finanz, Salzrecht".
12) C. I. p. 83.

kann nicht geduldet werden, daß die unfreien (servi) fiscalini se ingenuant, sich widerrechtlich die Freiheit anmaßen¹).

Neben Unfreien und Colonen wohnten aber auch Freigeborne, Vollfreie, ingenui auf Krongütern²), sie können Kronbeneficien oder (als Enclaven) Allod haben³); diese genossen dann — später — auch der Vortheile der Immunität des Kronguts. Diese Freien werden den fiscalini und den ecclesiastici dann oft entgegengesetzt als pagenses, liberi, ingenui⁴).

Wuchsen so auch in den Anfängen der Karolingenzeit die merovingischen Grundlagen der Stände selbstverständlich unmerkbar hinüber, so haben doch gerade diese Verhältnisse etwa seit Karl Martell, dann noch rascher und stärker nach Karls des Großen Tod die bedeutsamsten Aenderungen erfahren, und zwar durch die Weiterbildung von drei ebenfalls schon merovingischen Einrichtungen: Beneficialwesen, Vassallität und Immunität und durch deren nun immer inniger werdende Verbindung untereinander⁵).

---

1) C. a. 802. c. 4. Entlaufene fiscalini, coloni oder Unfreie, Kronknechte werden an ihren Herrn und Wohnort zurückgeliefert. C. I. p. 92. 143.
2) C. de villis c. 52 ingenui, qui per ... villas nostras commanent.
3) l. c. c. 50 liberi, qui beneficia habent.
4) Richtig gegen Walter § 402 und Wyß, Z. f. Schw. R.-G. XVII. S. 6 Waitz IV. S. 349, daß die Quellen nicht servi fiscalini und (freie) fiscalini unterscheiden; über den merovingischen homo regius VII. 1. „Abhängige". Name und Recht wird jetzt auf den fiscalinus übertragen C. a. 803. c. 2. p. 117 homo regius id est fiscalinus.
5) v. Inama-Sternegg, D. W. G. I. S. 226 betont auch die Ausbildung größerer Grundherrschaften; nicht mit Unrecht, s. seine Sonderschrift: allein einmal hatte es deren schon in frühester merovingischer d. h. römischer Zeit gegeben (vgl. die regna Aviti Könige, VI. und VII.) mit damals anderen Wirkungen und andrerseits war die Neubildung solcher nur möglich durch die jetzt mächtigen Einflüsse jener drei Einrichtungen seit c. a. 730.

III. Die Sippe[1]).

So stark ist immer noch der Sippenverband, daß wiederholt gewarnt wird, um ihrerwillen die Pflichten gegen den Stat zu verletzen[2]).

Gesippenmord wird mit dem Tode bestraft und mit Verknechtung der Kinder des Schuldigen, aber nur, wenn dessen Unfreiheit bewiesen ist[3]).

Die freien (ehelichen) Mädchen und Wittwen werden vor Gericht — auch in freiwilliger Gerichtsbarkeit — durch den nächsten wehrfähigen ebenbürtigen Schwertmag, Ehefrauen in echter Ehe durch den ehelichen Muntwalt vertreten; in deren Ermangelung bestellt der König oder Graf den Muntwalt[4]).

Die Rechte der Sippe an ihren Frauen und Mädchen werden noch scharf gewahrt: durch Frauenraub gilt offenbar die Sippe ebenfalls schwer gekränkt.

---

1) Schäffner I. S. 249 f.
Rechte der Gesippen am Grundeigen Eichhorn § 57.
Waitz, über die Bedeutung des mundium im Deutschen Recht. Berl. Sitz.-Ber. 1856.
Weinhold, Wesen und Recht der altdeutschen Familie. Z. f. D. Culturgeschichte. N. F. 1875.
Frauenstädt, Blutrache und Todtschlagsühne (im Deutschen Mittelalter, s. aber S. 1—6). 1881.
Siegel S. 416.
Lamprecht, Sippe und Familie nach den fränkischen Volksrechten. 1889. (Festgaben für Hanßen.)
Brunner, Sippe und Wergeld. Z. f. R. G.² III. XVI. XVII. Oben VII. 1. S. 290.
v. Amira² S. 105.
Ausführlich über das Privat-, zumal das Familienrecht in der fränkischen Zeit werden handeln die „Fränkischen Forschungen".
2) C. Silvan. a. 864. c. 4 nec pro amicitia vel propinquitate.
3) C. I. p. 113.
4) Den furi-skozeo Trad. Sangall. 300, vgl. „Gerichtswesen": das Wort kommt nicht von schieben (wie Schade S. 233), sondern von schützen.

Auf Entführung auch der Braut durch den Bräutigam mit zusammengerotteter Schar[1]) steht noch immer der Tod: die Bischöfe und boni homines vermitteln bei darauf folgender Ehe Loskauf durch reiche Brautgabe[2]).

Die Ehegewalt des Mannes ist streng; die Frau nennt sich seine Magd (ancilla), ihn ihren Herrn und Gemahl (domine ac jogalis), und das von beiden in der Ehe Errungene „in deinem Dienst errungen", (in tuo servitio).

Ein Ehemann bedroht seine Wittwe für Wiederverheirathung mit Verwirkung des ihr im Testament zugewendeten: es soll sofort an seine Familien-Erben fallen: er fügt der Verrückung des Wittwenstuhles bei „was Dir Gott nicht verstatten möge[3]).

Zwölfjährige Knaben sind schwurfähig, wenigstens für den Treueeid[4]).

Die Gesippen sind auch ganz regelmäßig die Bürgen, die für das Erscheinen vor dem Gericht, zumal auch des Königs[5]), gestellt werden müssen.

Man fürchtet Blutrache der Sippe auch für den bei einem Verbrechen getödteten Gesippen[6]).

Bischöfe und Vornehme (magnifici viri) vermitteln zwischen dem Todtschläger und dessen Bruder: jener verspricht mittelst wadia die Zahlung vereinbarten Betrages — nicht gerade des Wergeldes —: damit gilt die Zahlung als gesichert und sofern als geschehen[7]): darauf verzichtet der Bruder (per festucam werpire) auf weiteren Anspruch und stellt jenem einen Sicherheitsbrief (epistulam securitatis) aus, wonach weder er noch seine Erben noch irgend ein Gericht den Todtschläger weiter behelligen dürfen, bei Meidung eines Strafgeldes

---

1) cothurno statt contubernio L. sal. 13.
2) tanodonum Form. Mark. II. 16.
3) Form. Mark. II. 17 quod tibi Deus non permittat, diese Lesung bei Zeumer ist wohl — nach der folgenden Drohung! — vorzuziehen der andern quod tibi Deus permittet.
4) C. I. p. 67. a. 786 oder 792.
5) C. Worm. a. 829. c. 4.
6) C. I. p. 217 (ob echt?).
7) Form. Mark. II. 18 solidus tantus in pagalia (als Zahlung) mihi dare debueras, quos et in praesenti per wadio tuo visimus transsolsisse (sic, solsere damals häufig für solvere, Zeumer l. c.).

(aber nicht des Gerichts) vom doppelten Betrag des Empfangenen, zumal auch falls der Bruder jenen dagegen nicht vertheidigt¹).

Die Sippe wird auch wohl vom Stat zum Verzicht auf Blutrache gezwungen, erhält aber bei Blutschande die Schuldige in Gewahrsam bis zu des Königs Entscheidung²).

Lehrreich ist es, zu verfolgen, wie schon im fränkischen Reich aus Einfluß des römischen und kanonischen Rechts und zum Vortheil vor Allem der Kirche die ausschließlich familienrechtliche Grundlage alles germanischen Erbrechts allmälig verlassen wird, das ja lediglich ein auf den Todesfall angewendetes Familienrecht gewesen war: es werden nun schon (in allerdings beschränkter) Weise letztwillige Verfügungen zugelassen (auch über Grundeigen), das Beispruchsrecht der Erben muß zumal hinter die Sorge für die Seele zurücktreten. Kinderlose Gatten schenken sich gegenseitig ihr Grundeigen, der Ueberlebende vereint beider Güter, darf auch aus beiden Gütermassen Seelgeräthe d. h. Geschenke an Kirchen errichten, aber was bei dem Tode des Zweitversterbenden noch übrig, soll an die Familienerben beider Gatten fallen³).

Seelgeräthe (pro mercede animae) unter den Lebenden und auf den Todesfall werden als den Nachlaß mindernd vorausgesetzt⁴), ihr Vorbehalt bei Schenkungen des ganzen Vermögens wird in den Formeln aufgenommen⁵).

Daß ein reicher Mann Vassen hat und mit letztwilligen Zuwendungen bedenkt, wird formelhaft vorausgesetzt⁶).

Auch das ausschließende Erbrecht des innerhalb der Parentel näheren Grades kann bereits durch letztwillige Verfügung durchbrochen werden: bei dem Tode des Großvaters (A) würden die Kinder (E und F) seiner verstorbenen Tochter (B) durch ihre Oheime (C und D) aus-

---

1) Zeumer verweist sehr treffend auf L. Rom. Cur. XXIV. 2.
2) C. I. p. 97. Ausführliche Darstellung zumal der Pflichten und Rechte der Gesippen, besonders auch des Erbrechts und des allmäligen Eindringens immer freierer letztwilliger Verfügung, da andrerseits die Pflichten der Gesippen erheblich geringer werden, s. in den „Fränkischen Forschungen".
3) Form. Mark. II. 7: post tuum discessum intestatum: d. h. aber doch wohl nur, was nach jenen Seelgeräthen übrig bleibt; Testamente über beide Gütermassen sind ausgeschlossen.
4) In vielen Formeln Form. Mark. II. 17 und oft.
5) Form. Mark. II. 7.
6) Form. Mark. II. 17. Ueber die uns erhaltenen merovingischen und karolingischen Testamente s. „Fränkische Forschungen".

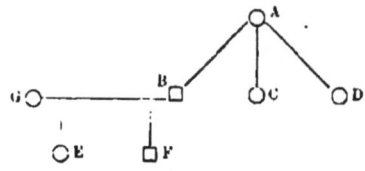

geschlossen werden, da jener Grundsatz ein Repräsentationsrecht nicht zulassen kann[1]). Markulf[2]) läßt aber den Großvater den Enkeln jenen Theil seines Nachlasses zuwenden, den deren Mutter neben ihren Brüdern aus seinem Nachlaß geerbt haben würde: nur müssen sie einwerfen, was die Tochter bei der Verheirathung vom Vater an Fahrhabe (auch Unfreien) erhalten hatte.

Hochbedeutsam aber ist, daß damals auch schon der Ausschluß der Tochter durch die Söhne im Grundeigenerbe als ungerecht empfunden und deren Gleichstellung durch letztwillige Verfügung für zulässig erachtet wurde, — eine frühe Verrömerung, die dann nach Auflösung des Frankenreichs wenigstens rechts vom Rhein wieder völlig ausgeschieden ward[3]).

Unter der Fahrhabe werden oft formelhaft[4]) hervorgehoben drappae et fabricaturae[5]), Tuche und Gold- und Silber-Geräthe.

Unterhaltspflichtig bleiben die Söhne, wie sie es ja auch nach römischen Rechte sind, auch die Wahlsöhne: Armuth und Schwäche eines Kinderlosen führt zur Annahme eines solchen, dem dann die Verpflegung (zum Ueberfluß?) noch besonders durch Verpfründe-Vertrag auferlegt wird[6]).

---

1) Dahn, Grundriß S. 278.
2) II. 10—11. Verfügungsklausel und Buße für die Anfechtung durch die Enkel.
3) Form. Mark. II. 12 carta ut filia cum fratre in paterna succedat alode. *Diuturna sed impia inter nos consuetudo tenetur, ut de terra paterna sorores cum fratribus porcionem non habeant.* (Bis auf Chilperich I. hatten in Ermangelung von Söhnen sogar die Nachbarn die Töchter ausgeschlossen. Sed ego perpendens hanc inpietate *sicut mihi a Deo equales donati* estis filii ita et a me setis (sic) aequaliter diligendi et de res meas post meum discessum aequaliter gratuletis, ideoque per hanc epistolam, te, dulcissima filia contra germanos tuos in omne hereditate mea aequalem et legitimam esse constituo heredem etc.
4) Form. Mark. II. 10 und oft.
5) Du Cange III. 193 und 386.
6) Form. Mark. II. 13.

IV. Die Fremden. Die Juden.

1. Die Fremden.

Bei den mannichfaltigen Verordnungen, die Schutz, Schonung, Gastfreundschaft gegenüber den Reisenden einschärfen, ist nicht immer deutlich zu erkennen, ob Pilger gemeint sind, die nach Rom oder andern heiligen Stätten wallfahrten, oder auch Reisende weltlicher Zwecke, ferner ob Reichsfremde gemeint sind oder auch, was wohl meist anzunehmen, Reisende aus einem andern Gau oder einer andern Provinz des Reiches: warum sollte ein Alamanne, der in Aquitanien reiste, weniger günstig daran sein als etwa ein Angelsachse?

Die Fremden sind meist Pilger oder Händler[1]), die vagi peregrini[2]) können daher Kaufleute oder Pilger sein: auch die Pilger fielen gar oft lästig. Wohl meist fromme Pilger sind es, die von den Klöstern neben den Armen aus den vom Fiscus abgetretenen Einkünsten verpflegt werden sollen[3]). Fromme Pilger sollen nicht Brücken-, Schleusen-, Schiffs-Gebühren bezahlen, auch nicht Zoll von ihrer Fahrhabe, der Scrippa, Schirpa der (frommen) Pilger[4]): sie ist deren Mantelsack, dann deren Fahrhabe überhaupt[5]). Oft aber geben sich Kaufleute als Pilger aus, heimlich d. h. nicht auf den Märkten Handel zu treiben und sich so dem Zoll zu entziehen[6]). Fremde, auch Pilger

---

1) So sagt Conc. Ticin. a. 850. c. 4 qui .. huc veniunt sive orationis seu negotiandi gratia.
2) C. a. 809. c. 6. (oder de *navigiis* peregrinis?).
3) Bouquet V. p. 714. a. 769.
4) Pipp. Cap. I. l. c. 4. p. 32. C. Vernon. a. 755. c. 22.
5) So gewiß richtig Waitz, Götting. gel. Anz. 1860 S. 1509, IV. S. 63 gegen Perh (pera) und Pastoret, les besaces, f. Du Cange VII. p. 367 scrippa (scirpa) und pera. Was ist rafica? Du Cange VII. p. 367. Bouquet VI. p. 607 ½ pulveratici ex rafica; über portaticus Thorgeld, oder Hafengeld, f. VII. „Gebühren".
6) Jaffé VI. p. 287 Karls Beschwerde bei König Offa.

sind daher zu vernehmen, „auf daß wir wissen, wer und woher sie sind" [1]).

Der Fremde heißt warg(g)angus, „Wolfsgänger" [2]), ganz wie bei den Langobarden [3]). Völlig falsch sieht man [4]) darin den Antrustio oder [5]) den Heermann in hoste. Das dreifache Wergeld steht ihm zu, weil und sofern er im Schutz des Königs steht [6]).

Fremde (hospites), Pilger (peregrini) und Arme sollen in besonderen Verpflegungshäusern (wohl der Bischöfe) aufgenommen werden [7]). Klöstern wird hierfür die Regel Benedicts [8]) eingeschärft [9]). Geistliche sollen Erlaubniß- und Empfehlungs-Brief ihres Bischofs mit führen [10]).

Tödtung von (frommen) Pilgern wird mit dem Königsbann und dem Wergeld des Getödteten gebüßt [11]).

Zugewanderte, advenae, die schon länger wohnhaft sind, sollen ohne ihr Verschulden nicht ausgewiesen werden von den missi, denen die Ueberwachung der (mark=)gräflichen Fremdenpolizei obliegt [12]).

Ehemalige Fremde, aber durch verstattete Ansiedlung und Aufnahme Reichsangehörige geworden, sind die unter Karl in Aquitanien eingewanderten Spanier — Goten und Römer —: ihnen [13]) ganz ähnlich stehen die im Osten im Donauland aufgenommenen Slaven: sie siedelten oft auf Krongütern und standen dann unter deren actores [14]).

1) C. I. p. 115.
2) L. Fr. Chamavor. c. 9. Ueber den halb mythologischen Grund dieser Bezeichnung s. Dahn, das Tragische in der germanischen Mythologie, Bausteine II.
3) S. diese.
4) Pertz, Xantener Gaurecht S. 418.
5) Gaupp, L. Cham. S. 61.
6) So richtig Sohm a. a. O.
7) C. I. p. 60. a. 789. Eine Stiftung für die pauperes et peregrini euntes et redeuntes zu Händen des Klosters Novalese Bouquet V. p. 770. c. a. 805; xenodochia pauperum mit Klöstern verbunden Form. Mark. II. 1; s. unten „Klosterwesen und Kirchenvermögen".
8) c. 53.
9) l. c. p. 63.
10) De litteris peregrinorum et clericis sine litteris (Empfehlungen des Bischofs) ambulantibus C. I. p. 133.
11) C. I. p. 193 für Italien: (advenae et peregrini) qui in Dei servitio Roma vel per alia sanctorum festinant corpora.
12) C. I. p. 131.
13) Oben S. 31 und 155.
14) Mon. B. XXVIII. 1. p. 97 f. Urkunde Karls, Urk.=Buch d. Landes ob der Enns II. p. 5: sie sind (räumlich) getheilt in decaniae.

Eine decania in der Ostmark an der Enns, von solchen aufgenommenen Slaven bewohnt, begegnet unter Karl[1]).

Allen Reisenden gebührt Obdach, Feuer und Pferdefutter[2]).

Die Fremden, an sich im Lande rechtlos[3]) (abgesehen von fremden Gesandten), sind ebendeßhalb den minus potentes gleich und ebendeßhalb wie diese unter Sonderschutz des Königs gestellt[4]). Ungeschützte Fremde unterliegen der Verknechtung durch Bemächtigung wie herrenlose Thiere[5]).

Dagegen ist es durchaus nicht Schutz gegen Strandrecht[6]), wenn einheimische Schiffer gegen Raub und Beschädigung oder Erpressung der einheimischen[7]) Anwohner von Doubs, Saône und Rhone geschützt werden: Strandrecht beruht auf der Rechtlosigkeit der Fremden[8]) und diese wird nur durch Verleihung des Königsschutzes[9]) ausgeschlossen.

Der Angelsachse Alkuin wird erst auf Antrag des Königs in die Genossenschaft (Consortium und das Gebet) der Frankfurter Versammlung von a. 794 aufgenommen[10]).

Der König hat aber kein ausschließendes Recht auf den Fremdenschutz: er ist nur, wenn er will, allgemeiner Schützer für jene, die eines andern Schutzes darben: ob er wenigstens ein Vorrecht hatte? Ein Fremder im Schutz eines Unterthans — der[11]) Schützer heißt sein Senior — muß dem Königsboten angemeldet werden und dieser ein Verzeichniß aller adventitii in seinem Sendgebiet führen.

---

1) Urk.-B. d. Landes ob der Enns II. p. 5.
2) I. p. 144. 196.   3) VII. 1. S. 300.
4) C. missor. a. 802. c. 5.
5) Translatio St. Alexandri, Meginhart ed. Pertz scr. II. p. 675. c. 13 quaedam mulier .. nata .. in Fresia mansit exul in vicinitate loci illius (Wildeshausen) cum alia muliere. quae cum cogitasset, quomodo illam peregrinam vendidisset, eo quod peregrina esset et patronum non habuisset. Das gilt auch von den Schiffbrüchigen: das Strandrecht ergreift sie wie Schiff oder Wrack und andres Angespül der See. Bausteine I. S. 50.
6) Wie Waitz IV. S. 45 — unjuristisch — denkt.
7) Bouquet V (oder VI?) p. 483.
8) S. den ältesten germanischen Fall Urgesch. III. S. 701 (unter König Dagobert II.).
9) S. unten „Gesammtcharakter".
10) C. I. p. 78.
11) Cap. II. p. 447. c. 2 de adventitiis ut cum missi nostri ad placitum venerint habeant scriptum quanti adventitii sunt in illorum missatico aut de quo pago sunt (hiernach ist auch an Reichsangehörige anderer Gaue zu denken) et nomina eorum et qui sunt eorum seniores.

Verleiht der König Fremden seinen Schutz, so leben diese wie im Langobardenreich nach dem Recht des Königs. So die Schotten in Kloster Hohenau (Honau)¹).

Der Fremde unter Königsschutz hat ein erhöhtes Wergeld von 600 sol., es gebührt dem König im vollen Betrag²).

Der König beerbt den fremden Königsschützling jedesfalls³) in Ermangelung von Ehekindern, vielleicht sogar vor solchen⁴): im späteren französischen Recht tritt das droit d'aubaine allerdings nur in Ermangelung von Kindern ein⁵).

2. Die Juden⁶).

Seit der Merovingenzeit⁷) hat sich die Stellung der Juden⁸) bestimmter ausgebildet⁹). Nur in rein jüdischen Civilrechts-Fällen

---

1) Urkunde Karls von a. 773. Böhmer-Mühlbacher, Regesten N. 152. Brunner, Zeugen- und Inquisitionsbeweis S. 82.

2) Lex Chamav. c. 9.

3) Wie im Langobardenrecht, s. diese.

4) Karl für Hohenau, Böhmer-Mühlbacher l. c. res peregrinorum propriae sunt regis.

5) Was sind forenses (wie Guérard, capit. de villis c. 11 statt forestes liest: im Gegensatz zu homines nostri?

6) Braunschweiger, Geschichte der Juden zur Zeit des Mittelalters (a. 700 —1200). 1865.
Stobbe, die Juden in Deutschland während des Mittelalters. 1866.
Weyden, Geschichte der Juden in Köln von der Römerzeit. 1867.
Levi, Cristiani od Ebrei nel medio evo. 1867.
Graetz, Geschichte der Juden. II. 1876.
Jost, Geschichte der Israeliten. VI.
Enge, de Agobardi Lugdunensis contra Judaeos contentione. 1888. — W. Sickel, Beitr. III. S. 14.
Aronius, Regesten zur Geschichte der Juden im fränkischen und deutschen Reiche. Mittheilungen aus der historischen Literatur 1889.
Saige, les Juifs du Languedoc, Bibliothèque de l'école des chartes, Volumes 39. 40.
Stern, Quellenkunde zur Geschichte der deutschen Juden. I. 1592. — Geschichte der deutschen Juden von den ältesten Zeiten bis zum Ausgang des XII. Jahrhunderts. Magazin für die Wissenschaft des Judenthums. XVII.

7) VII. S. 306 „Die Fremden".

8) Simson, Ludwig I. S. 392. Stobbe, die Juden in D. S. 5, 197. Brunner, Zeugenbeweis S. 109. Jost, Geschichte der Israeliten VI. S. 45. Saige, a. a. O.

9) Ludwig I. verspricht christlichen Kaufleuten den gleichen Schutz, wie er die Juden schirme. Form. imper. 32. 37 liceat eis sicut Judaeis partibus palatii

leben sie nach jüdischem Recht (sua lege), in gemischten und im Strafrecht nach den »leges nostrae« d. h. nach den im Frankenreich überhaupt geltenden leges loci: dem römischen oder einem germanischen[1]). Der Jude gilt durchaus nicht als Römer, wird vielmehr dem Römer entgegengesetzt[2]). Die karolingischen Formeln gewähren es den kaiserlichen Schutzjuden vielmehr als **ausnahmsweise** verliehenes Recht, in rein jüdischen Civil-Fällen nach Judenrecht zu leben[3]).

Durchaus keine Vergünstigung war es, wenn im Strafverfahren die Juden nach der lex loci (s. VII. 2.), also wo germanisches Recht galt, dem Kesselfang und dem Feuerurtheil unterworfen wurden: das war ja der Ehrlosen, Fremden und Unfreien Los statt des Unschuldseides oder Kampfes des freien unbescholtenenen Franken[4]). Ebendeßhalb unterlagen sie wie Unfreie der Geißelung als einer Art Folter, um Geständniß zu erwirken. Den kaiserlichen Schutzjuden wird ausnahmsweise Befreiung hiervon gewährt[5]).

Auch als Strafe traf die Juden, wie sonst nur die Unfreien, Geißelung: Ludwig I. beschränkte dies auf gewisse Fälle. Ein verlorenes Capitular Ludwigs zählte die Vergehen auf, für welche Juden gegeißelt

---

nostri fideliter deservire, 32 liceat .. illi quieto ordine vivere .. sicut ipsi Judaei, vgl. Th. v. Sickel, Beiträge III. S. 80, daraus erhellt, daß allmälig ein gewisses Maß von Recht und Schutz für sie aufgekommen war. Die Schutzjuden leisten aber für den gewährten Schutz »servitium«, d. h. Zahlungen an den Fiscus. Stobbe, Juden S. 200.

1) Epitome Monachi Interpret. zu Cod. Theod. II. 1. 10. Lex Romana Curiensis. II. 1, 10.

2) L. Rom. Cur. II. 1, 10 Judaei qui apud Romanos conversant in habitandum; v. Salis, Z. f. R. G. VI. S. 143.

3) Form. Imperialis 30. 31. 52. Aber C. I. p. 259. c. 6 ist zweifellos kein Capitular Karls und daher nicht heran zu ziehen; anders, scheint es, Brunner I. S. 276. Es lautet: Si Judeus contra Judeum aliquod negocium habuerit, per legem suam se defendat; dasselbe — nur Juden als Betheiligte — ist vorauszusetzen in Ludwigs Form. imper. N. 30 liceat .. eis secundum legem eorum vivere; für Mischfälle wird nur die Zuziehung (dreier) christlicher Beweiszeugen angeordnet. Vgl. 31 l. c. comes faciat (Christianum aut Judeum) secundum legem suam veritatem dicere; ebenso N. 51 in Befolgung des Capit. Aquisgran. alterum a. 809. c. 13.

4) Erst später werden sie von diesen Gottesurtheilen, weil dem Recht der Juden fremd, befreit. S. S. 250.

5) S. Bausteine II. S. 55, Form. imper. 30.

werden sollten, zumal falls sie die für sie besonders erlassenen Vorschriften verletzten[1]).

Der Haß zwischen Christen und Juden war, wie schon hieraus erhellt, so lebhaft, daß besondere Maßregeln für den vorausgesetzten Fall getroffen werden, daß der Christ dem Juden das Zeugniß gegen Christen und umgekehrt verweigert[2]): alsdann sollte »inquisitio« von Amtswegen Platz greifen.

Der jüdische Kläger gegen einen Christen muß drei glaubhafte christliche Zeugen haben und je nach dem Werth 4, 7, 9 (jüdische?) Zeugen: dem Christen genügen gegenüber dem Juden 3 glaubhafte christliche (oder jüdische) Zeugen[3]).

Von wann ab den Schutzjuden regelmäßige Zahlungen an die Kammer auferlegt werden, ist nicht genau festzustellen: ganz spät erst begegnet der Name, daher rührend, „kaiserliche Kammerknechte"[4]): früher ersetzte wohl ungeregelte Plünderung durch den Schutzherrn, der ja stets den Schutz zurücknehmen oder von Zahlungen abhängig machen konnte, solche regelmäßige Besteuerung.

In drei Formeln[5]) nimmt Ludwig den Rabbi Domatus (al. Dematus) und dessen Neffen[6]) sowie zu Lyon David und Josef und Abraham zu Saragossa in seinen besonderen Schutz (defensio et mundeburdis tuitio): ihre Person und Habe soll nicht verletzt werden von Beamten und Andern, sie erhalten Freiung von Zöllen und Gebühren aller Art[7]), Verkehrsfreiheit in Handel und Wandel, auch dürfen sie Christen als Arbeiter miethen, ausgenommen an Fest- und Sonntagen[8]). Sie dürfen ferner Unfreie (Heiden) im Ausland kaufen und im Inland verkaufen: — aber offenbar nicht umgekehrt. Verboten wird

---

1) Form. imp. 31 (si) probati fuerint .. eos capitula (d. h. eben ein Capitulare) quae a nobis eis observanda promulgata sunt, violasse atque irrita fecisse, in quibus similiter definitum est, pro quibus culpis flagellis sint coercendi.

2) Ich entnehme dies Brunner, Zeugen ꝛc. S. 110.

3) C. missor. a. 809. I. p. 152.

4) Stobbe a. a. O. S. 200.

5) Form. Imper. N. 30, 31, 52.

6) Gegen die Bezeichnung nunnus 31 mit Recht Zeumer l. c. Gewöhnlicher nonnus = avus Du Cange V. p. 606.

7) Vgl. VII. 2. „Gebühren"; ferner unten „Finanz".

8) In Befolgung des Capitul. Aquisgr. alterum 809. c. 13, wo für Verletzung dieses Verbots Verwirkung des Miethlohnes und Verhaftung des Christen gedroht wird.

den Christen, unchristliche Unfreie der Juden gegen deren Willen zu taufen, wodurch nach altem Verbot, daß Juden christliche Unfreie halten, die Getauften ihren Herren entzogen werden. Ludwig sagt sogar, die Canones verbieten das bei Strafe des Anathems: aber schwerlich gab es solche Canones und Agobard von Lyon eifert gegen dies gottlose Gebot [1]).

Mord und Mordversuch gegen die Schützlinge werden mit einer Wette von 10 Pfund Gold bestraft und sie sollen zu keinem Gottesurtheil weder des Feuers noch des Kesselfangs (noch auch zur Geißelung) gezwungen werden, sondern nach ihrem Recht leben dürfen, wie am Schluß wiederholt wird: das Judenrecht kannte aber jene Gottesurtheile nicht [2]): die Formel 52 wiederholt 31 meist wörtlich, beschränkt aber das Verbot der Wegtaufung auf die aus dem Ausland eingeführten Unfreien und läßt die Geißelung zu, wenn die Juden mit den Beweismitteln ihrer lex (secundum legem eorum) überführt sind, die Capitularien Ludwigs verletzt zu haben, die das Judenrecht regeln und insbesondere auch die Fälle aufzählen, in denen sie doch gegeißelt werden dürfen: diese auch von Agobard [3]) erwähnten Capitularien sind uns, wie gesagt [4]), verloren. Die hier gemeinte Lex ist nur dann die lex Romana, wenn ihnen besonders verstattet war, hienach zu leben, was sich keineswegs von selbst verstand [5]).

In Fällen, die in der Provinz nicht wohl zu entscheiden sind, sollen sie vor das Hofgericht gestellt werden wie andere Königsschützlinge [6]).

Ludwig befreite seine Schutzjuden auch von Einquartierung, mansionaticum, und Pferdebestellung [7]).

Juden, denen der Königsschutz nicht ausdrücklich oder doch stillschweigend ertheilt war, waren schutzlos, der allgemeine [8]) Königsfriede schützte sie nicht. War die Schutzurkunde verloren, ward sie erneut [9]).

---

1) Vgl. Zeumer I. p. 309.
2) Nur das des Wassers der Eifersucht V. Buch Moses C. 5. B. 12. Dahn, Gottesurtheile. Bausteine II. S. 12.
3) De insolentia Judaeorum c. 2.
4) Oben S. 245.
5) VII. 1. „Juden", anders Löning II. S. 51.
6) So Nr. 31 und 32.
7) Form. imper. N. 30. 31. 52.
8) So ist wohl der Zweifel bei Waitz IV. S. 343 zu lösen.
9) Ein Beispiel unter Ludwig bei Waitz a. a. O.

Trotz mancher Unterdrückung zeigten sie vielfach eine »insolentia«, die einen der gescheutesten und aufgeklärtesten Zeitgenossen geärgert, jenen Agobard von Lyon, der z. B. den Hexenglauben, aber auch die Gottesurtheile als Aberglauben verwarf: er eiferte nicht nur gegen den Mißbrauch ihres Reichthumes und ihrer Verbindungen am Hof, — dessen Vornehme ihnen wohl oft tief verschuldet waren — auch gegen ihre Verlockung von Christen zum Judenthum[1]) und klagt, daß man ihrem „Sabbatismus" zu lieb die Markttage vom Sonnabend hinweg verlegt und ihrer Wahl überlassen habe[2]).

Uebrigens leben sie (abgesehen von Ausnahmegesetzen) nach ihrer eigenen lex, vielleicht nur, wo sie strenger ist als das römische oder germanische[3]).

Wie schon früher[4]), sind sie vor Allem Händler. Auf Handelsschiffen im Mittelmeer vermuthet man Juden, Afrikaner oder Bretonen[5]). Als Kaufleute erscheinen sie in den Schutzbriefen Ludwigs[6]).

Der Schutz wird „so wie den Juden" entsprechend auch andern (Händlern) zugesichert in Italien oder Romanien[7]). „Juden und andere Händler" berühmen sich, aus den Kirchenschätzen Alles, was ihnen beliebt, kaufen zu können[8]).

Bei Erwähnung wird von Händlern fast immer gesagt: sowohl jüdische wie christliche[9]). Sie erhalten häufig Zoll- und Gebühren-Befreiung für ihre Waaren, Wagen, Schiffe[10]). Aber sie sind auch Grundeigner wie in Italien[11]).

---

1) S. W. Sickel, D. Biographie S. 146. Dahn, Bausteine II. S. 56. Vgl. Amulo, contra Judaeos, Migne CXVI, wonach sie servos fiscales christianos haben: d. h. Diener, vielleicht sogar Unfreie (was ihnen anderwärts verboten war, VI. 2. „Juden"; auf ehemals fiscalischen Gütern?

2) Insol. Jud. Opp. I. p. 64.

3) Merkwürdig C. de Judeis c. 2 der Jude soll einen ihm vergeiselten Christen herausgeben secundum suam legem et debitum et wadium *simul* perdat.

4) Urgesch. III. (Guntchramn). Dahn, Handel und Handelsrecht der Westgoten, Bausteine II S. 301.

5) Mon. Sang. II. 30. ob. C. a. 809. c. 6.

6) Form. imper. 30. 31. 37; dann C. de disc. pal. c. 2.

7) Form. imp. 32.

8) C. I. p. 131.

9) C. I. 2. a. 814. p. 298.

10) Form. Imp. 30. 37.

11) So in Gallien, f. Waitz a. a. O. S. die Klage Stephans III. über diese praecepta regum Francorum bei Waitz IV. S. 344.

Zahlreich waren die Juden, wohl meist in besonderen Königsschutz genommene, unter den Kaufleuten zu Aachen, wo sie neben den Christen auf offenem Markt (in mercato) und anderwärts Handel trieben. Der unter Ludwig bestellte Judenmeister, magister Judaeorum, hatte wie Schutz so Aufsicht über sie nicht nur in Aachen, im ganzen Reich[1].

Wie bei allen Geldgeschäften fanden sie sich auch bei Erhebung der Zölle ein, ließen sich — gegen das Gesetz — zu Zollbeamten ernennen und trieben die Gefälle scharf ein[2].

Karl und Ludwig begünstigten manche Juden. Karl schickte a. 797 mit zwei Franken einen Juden Isaac als Gesandten an den Kalifen[3]. Und Agobard klagte bitter über Begünstigung von Juden durch Ludwig: „sie weisen Schutzgebote (praecepta) in eurem Namen verfaßt mit goldenen Sigeln auf und mit, wie wir glauben, unwahren Worten, sie zeigen Frauenkleider, ihren Weibern als von eueren Verwandten oder den Matronen der Palatine geschenkt, sie bauen gegen die Gesetze (?) neue Synagogen"[4].

Einen Vorsteher (antistes) der Judenschaft zu Lyon und ein dieser gewährtes Privileg vermuthet man[5]. Für Tödtung eines Schutzjuden — ein Wergeld können sie nicht haben — sind 10 Pfund Gold an den Fiscus zu zahlen. Wie alle Schützlinge haben sie in schwierigen Fällen gefreiten Gerichtsstand vor dem König[6]. Agobard klagt, daß man (jüdische und) heidnische peregrini d. h. im Ausland gekaufte Knechte nur mit Erlaubniß des jüdischen Herrn taufen darf[7]. Ludwig hatte das unter Berufung auf einen wahrscheinlich nie ergangenen Concilsbeschluß verordnet[8]. Agobard bekämpft diese „gottlose" Verordnung[9].

---

1) So vermuthet gewiß richtig Waitz III. S. 344. 549: denn Agobard sagt opp. I. p. 101, thäte der seine Schuldigkeit, gäbe es wegen der Juden überhaupt nicht Streit und Zwiespalt: Agobard aber denkt nicht nur an die Juden zu Aachen.
2) Amulo contra Judaeos c. 42. p. 170 beschuldigt sie, gelinder gegen die zu verfahren, die Christus verleugneten, woraus aber nicht mit Jost. Geschichte der Juden VI. S. 70 gefolgert werden darf, daß sie Zollpächter waren.
3) Annal. R. Fr. a. 801. Urgesch. III. S. 1059.
4) Agobard. opp. p. 64.
5) Zeumer Form. imp. 31 »pares corum«.
6) Form. imp. 30. 31.
7) De insolentia Judaeorum c. 5. Opp. ed. Baluze I. p. 64.
8) Form. imp. 30.
9) contra praeceptum impium l. c. p. 193. Vgl. Baluze II. Notae p. 74.

Unter Ludwigs Nachfolgern wurden sie härter behandelt und a. 855 zum 1. October sämmtlich aus Italien ausgewiesen¹): das ward aber schwerlich durchgeführt, jedesfalls nicht auf die Dauer.

Vielleicht dieser Zeit Karls des Kahlen gehören an die sechs viel judenfeindlicheren Verordnungen²), die früher irrig Karl zugeschrieben wurden.

Danach sollen sie von Kirchen oder Christen kein Pfand irgend welcher Art (wadium, in auro neque in ceteris rebus) nehmen bei Einziehung alles Vermögens und Verlust der rechten Hand, zumal keinen Christen als verpfändeten Schuldknecht bei Verlust der Hauptforderung und der Pfänder, sie dürfen (vielleicht) nicht Münzmeister werden, jedesfalles in ihrem Hause keine moneta haben³) und („in ihrem Hause", muß man hinzudenken) weder Wein noch Getreide noch irgend etwas verkaufen (sondern nur öffentlich), bei Meidung der Einziehung des ganzen Vermögens.

Zweifelhaft oft, ob nur andere Lebensmittel⁴) oder überhaupt Verkauf im Hause gemeint ist; gegen letzteres spricht⁵), daß ihnen nicht nur auf dem Markt, sondern auch anderwärts (aliubi) der Handel verstattet wird⁶).

Ferner sollen sie nicht geweihte Geräthe erwerben, daher der Kirche gehörige Gold, Silber, Edelsteine, Gefäße oder andere Sachen nicht als Pfand (in wadio) oder an Zahlungsstatt nehmen: sie hatten sich gerühmt, alles ihnen Beliebige derart kaufen zu können⁷). Der Judeneid wird geschworen, indem der Jude zweimal von einer Decke

---

1) C. Ticin. c. 4. Waitz IV. S. 344. Jost S. 70.
2) C. I. p. 259.
3) Ob ihnen verboten wird, Münzmeister zu werden oder nur, eine Münze im eignen Hause zu haben, erhellt nicht klar aus C. de Judaeis c. 3 ut nemo Judaeus monetam in domo suo (sic) habeat, doch eher das Erstere, da allen Münzern überhaupt geboten ist, öffentlich zu münzen. Zweifelnd Waitz IV. S. 99, der aber gewiß unrichtig bei »moneta« auch an ein „Wechselgeschäft" denkt.
4 So Waitz IV. S. 40.
5) Trotz des Ausdruckes res.
6) C. de desc. pal. c. 2. a. 814.
7) C. Nium. a. 807. c. 4. Bischöfe, Aebte, Aebtissinnen werden verwarnt C. de Judaeis c. 1. Mit Recht gegen Walter § 431, der hier ein allgemeines Verbot der Leihe auf Pfand findet Waitz IV. S. 46; richtig Stobbe, Juden S. 7 über c. 2. Kein Christ soll einem Juden als Geisel (Schuldknecht, wadium) gegeben werden: »ne deterior fiat«, zumal das Proselytenmachen und die Beschneidung ward besorgt.

(rumice)¹) bis um die Füße herum verhüllt steht, den Pentateuch hebräisch, im Nothfall lateinisch in der Rechten: „so helfe mir Gott, jener Gott, der Moses das Gesetz gab auf dem Berge Sinai, und so wahr der Aussatz Neaman des Syrers nicht über mich kommen soll, wie über jenen, und so wahr mich die Erde nicht verschlingen soll, wie sie verschlang Dathan und Abiran, — so wahr hab' ich in dieser Sache kein Unrecht wider dich"²): Das zweifellos falsche³) Judenrecht (c. 6) bestimmt in rein jüdischen Fällen: (der Christ reinigt sich durch Eid oder Feuerurtheil): dem schwörenden Juden wird ein Reif⁴) um den Hals gelegt, dem stehenden wird eine Ruthe (ex rubo, wohl geschärft, fünf Ellen lang) nach dem Eide unter den Hüften durchgezogen: bleibt er unverletzt, ist er durch ein neu ersonnenes Gottesurtheil entlastet. Wegen Verbrechens gegen die Christenlehre oder einen Christen wird der Jude verbrannt oder in dem Sack der Vatermörder⁵) in tiefer Fluth ersäuft: schon dies verräth die Erfindung eines Privaten: im Frankenreich gab es doch nicht die mit in den Sack gehörigen Affen⁶).

---

1) Fehlt bei Du Cange.
2) Buch der Könige II. c. 5. Numeri c. 16 etwas abweichend: c. 95 (Zusätze) „bei dem heiligen Abonai und dem Vertrag Abrahams, den Gott den Kindern Israels gegeben ... und bei dem Bogen des Bundes, der erschien vom Himmel her den Söhnen des Menschen, und bei dem heiligen Ort, auf dem Moses stand, — ich bin in dieser Sache nicht schuldig".
3) Vgl. Zeumer.
4) ex rubo, Du Cange VII. p. 231 erklärt nichts.
5) Culleo paricidali, Cicero pro Roscio Amer. c. 11. 25.
6) C. I. p. 258. c. 4. 5; vgl. Müllenhoff und Scherer, Denkmäler deutscher Poesie und Prosa S. 625.

I. Anhang.

Literatur zu I. A. das Land und B. 1. die Nationen[1]).

I. Allgemeines.

(Baron de) Walkenaer, géographie ancienne historique et comparée des Gaules cisalpine et transalpine. I—III. 1839. —

Waitz, über die Gründung des Deutschen Reiches durch den Vertrag von Verdun. 1843. —

Wurm, der Vertrag von Verdun. 1843. —

Perréciot, de l'état civil des personnes et de la condition des terres dans les Gaules de les temps celtiques jusqu' à la réduction des coutumes I. II. 1845. —

Michel, histoire des races maudites en France. 1847. —

Guérard, du nom de France et des différents pays auxquels il fut appliqué; Annuaire historique. 1849. —

Wachsmuth, Geschichte deutscher Nationalität. 1860. —

Brachmann, das Wergeld nach den Leges Barbarorum. 1863. —

Littré, études sur les barbares et le moyen âge. 1868. —

Weissmann, de primordiis Francorum. 1868. —

Bröder, Frankreich in den Kämpfen der Romanen, Germanen und des Christenthums. 1872. —

Léotard, essai sur la condition des barbares établis dans l'empire romain au IV siècle. 1873. —

Scheel, fünfhundert germanische Sprachstämme in der französischen Sprache. 1875. —

(von) Specht, das Festland Asien-Europa und seine Völkerstämme, deren Verbreitung und der Gang ihrer Cultur-Entwickelung mit besonderer Berücksichtigung der religiösen Ideen. 1879. —

(W.) Sickel, die Reiche der Völkerwanderung. Westdeutsche Zeitschrift für Geschichte und Kunst IX. S. 246. —

(Richard) Schröder, die Franken und ihr Recht. Z. f. R.-G.² N. F. II. 1. — Die Ausbreitung der salischen Franken. F. z. D. G. XIX. — Die Herkunft der Franken. Histor. Z. N. F. VII.

Jacobs, die Stellung der Landessprachen im Reiche der Karolinger. F. z. D. G. III. S. 363. —

Lamprecht, fränkische Wanderungen und Ansiedelungen. Z. d. Aachener Geschichtsvereins IV. —

---

[1]) Die bekanntesten früher angeführten Werke werden hier nicht wiederholt.

Kubitschek, imperium Romanum tributim descriptum. 1889.
Lecoy de la Marche, la fondation de la France du IV au VI siècle. 1893. —
Wittich, die wirthschaftliche Cultur der Deutschen zur Zeit Caesars. Histor. Z. B. 79.
Mortillet, la formation de la nation française. Bibliothèque scientifique internationale. 1897. —
Prou, la Gaule mérovingienne. 1897.

II. Francien. Neustrien. Austrasien. Ripuarien.

Bourquelot, sens des mots »France« et »Neustrie« dans le règne mérovingien. Bibliothèque de l'école des chartes VI Série. 1. p. 568. —
Eckert, die Ausdehnung des fränkischen Ripuarlandes auf der linken Rheinseite. 1854. Programm von Köln. —
Huguenin, histoire du royaume mérovingien d'Austrasie. 1857. 1862. —
Digot, histoire du royaume d'Austrasie. I—IV. 1863. —
Schliephake, Geschichte von Nassau von den ältesten Zeiten bis auf die Gegenwart, fortgesetzt von K. Menzel. I—IX. 1864—80. —
Mabille, notice sur les divisions territoriales de la Touraine. 1866. —
Gérard, histoire des Francs d'Austrasie. 1866. —
Drapeyron, organisation de l'Austrasie et création de l'Allemagne. 1869. —
Leonardy, Geschichte des Trierer Landes und Volkes. 1870. —
Ueber die unter dem Franken-Namen vereinten germanischen Völkerschaften s. D. G. Ib.; dann Lebebur, Land und Volk der Brukterer. 1827. — Wormstall, über die Tungern. 1868 (dazu Bausteine II. 1880); — über die Wanderung der Bataver nach den Niederlanden. 1872; — die Wohnsitze der Marsen, Amsivarier und Hattuarier; — über die Chamaver, Brukterer und Angrivarier; Programme von Münster. 1880. 1885. —
Witte, Deutsche und Kelto-Romanen in Lothringen nach der Völkerwanderung. Beiträge zur Landes- und Volkskunde in Elsaß-Lothringen XV. 1891. —
Wolf, die Stadt Köln von ihrer Gründung bis an die Frankenzeit. 1897. —
Schiber, die fränkischen und alamannischen Siedelungen in Gallien. 1894. (Dazu Dahn, Schlesische Zeitung, Juni 1894.) — Schiber, die Ortsnamen des Metzer Landes und ihre geschichtliche und ethnographische Bedeutung. Jahrbücher der Gesellschaft für lothringische Geschichte und Alterthumskunde IX. 1898. —
Wolfram, der Landkreis Metz, ein Territorium aus römischer Zeit. Münchener Allgem. Z. 1897. Nr. 118.

III. Thüringen. Franken. Hessen.

Knochenhauer, Geschichte Thüringens in der karolingischen und sächsischen Zeit. 1863. —
Reserstein, die Abstammung der Thüringer. 1879. —
Kirchhoff, Thüringen doch Hermundurenland. 1882.
Seelmann, Nordthüringen, die Ortsnamen-Endung „leben". Jahrbücher des Vereins für niederdeutsche Sprachforschung XI. 1886. —

Wenck, hessische Landesgeschichte I. 1786. —
Thudichum, Rechtsgeschichte der Wetterau. 1867. —
Stein, Geschichte Frankens I. II. 1883—86.

IV. Alamannen.

(Fr. von) Stälin, württembergische Geschichte I. 1841. — (P. Fr.) Stälin, Geschichte Württembergs I. 1. 1882.
Vierordt, badische Geschichte bis zum Ende des Mittelalters. 1865.
Wohlwill, Geschichte des Elsasses. 1870. —
(von) Juvalt, die Feudalzeit im curischen Rätien. 1871. —
Douglaß, die Römer in Vorarlberg. 1872. —
(von) Schubert, die Unterwerfung der Alamannen durch die Franken. 1884. —
(von) Weech, badische Geschichte I. 1890. —
(Ottokar) Lorenz und Scherer, Geschichte des Elsasses. 3. Aufl. 1890. —
Pfister, le duché mérovingien d'Alsace et la légende de St. Odile. 1892. —
Witte, das deutsche Sprachgebiet in Elsaß-Lothringen. Münchener Allgem. 3. 1894. Nr. 244. — Zur Geschichte des Deutschthums im Elsaß und Vogesengebiet, in Kirchhoffs Forsch. z. d. Landes- und Volkskunde X. 4. 1897.

V. Baiern. Oesterreich. Ostmark.

Pritz, Geschichte des Landes ob der Enns. I. II. 1846. 1847. —
(de) Ring, sur les établissements des Romains du Rhin et du Danube. I. II. 1852. 1853. —
Steub, zur rhätischen Ethnologie. 1854. — Die romanischen Ortsnamen im Lande Salzburg. Mittheil. d. Gesellsch. f. Salzburger Landeskunde. 1884. — Zur Namen- und Landeskunde der deutschen Alpen. 1885. —
Büdinger, österreichische Geschichte I. 1858.
Krones, Ritter von Marchland, die deutsche Besiedelung der östlichen Alpenlande, insbesondere Steiermarks, Kärntens und Krains nach ihren geschichtlichen und örtlichen Verhältnissen. Fortsetzungen zur deutschen Landes- und Volkskunde von R. Lehmann und A. Kirchhoff. I—III. 1859. —
Chabert, Stats- und Rechts-Geschichte des deutsch-österreichischen Landes. Denkschriften der Wiener Akademie. III. IV. (s. 788, Istrien). —
Felicetti von Liebenfels, Steiermark im Zeitraum vom VIII.—XII. Jahrhundert I. 1872. Beiträge zur Kunde steiermärkischer Geschichtsquellen IX. —
Dimitz, Geschichte Krains I. 1874. —
Jung, die romanischen Landschaften des römischen Reiches. 1877. — Römer und Romanen in den Donauländern. 1877. —
Kämmel, Anfänge des deutschen Lebens in Oesterreich bis zum Ausgange der Karolingerzeit. 1879. — Entstehung des österreichischen Deutschthums I. 1879. —
Luschin von Ebengreut, Geschichte des ältesten Gerichtswesens in Oesterreich über und unter der Enns. 1879. — Derselbe, österreichische Reichs-Geschichte I. 1895. —
(E.) Richter, Untersuchungen zur historischen Geographie des ehemaligen Hochstifts Salzburg und seiner Nachbargebiete. Mittheil. b. Instituts für österreich. Geschichtsforsch. Ergänzungsband I. 1885.—

(von) Pichl, kritische Abhandlungen über die älteste Geschichte Salzburgs. 1889. —
Urban, das alte Rhätien und die römischen Inschriften. 1889. —
Eberl, Studien zur Geschichte der beiden letzten Agilolfinger. 1864. Programm von Neuburg an der Donau. — Studien zur Geschichte der Karolinger in Baiern. 1891. Programm von Straubing. —
Riezler, Naims von Baiern und Ogier der Däne. Sitz.-Ber. d. Münchener Akad. 1893. IV. S. 713. —
Kuinigg, die Römer im Gebiete der heutigen österreichisch-ungarischen Monarchie. Mittheilungen des k. und k. Kriegsarchivs. Neue Folge IV. —
Stralosch-Graßmann, Geschichte der Deutschen in Oesterreich-Ungarn I. 1895.

VI. Niederlande. Belgien.

Wauters, table chronologique des chartes et diplomes concernant l'histoire de la Belgique I. 1836. —
Duvivier, la forêt Charbonnière. Revue historique et d'archéologie. 1861. —
Piot, les pays de la Belgique et leur subdivisions pendant le moyen âge. Mémoire couronné de l'académie de Belgique. 39. 1. 1878. —
Schayes, la Belgique et les Pays-Bas avant et durant la domination Romaine. I—IV. 2. édit. 1878. —
Wenzelburger, Geschichte der Niederlande I. 1878. —
Schottner, Geschichte des Luxemburger Landes. Herausgegeben und fortgesetzt von Herchen und von Werwele. I. 1882. —
Wauters, les origines de la population Flamande de la Belgique. Bulletins de l'académie royale de Belgique LV. 1885. 1886. —
(van der) Kindere, les origines de la population Flamande. 1885—86. — Introduction à l'histoire des institutions de la Belgique au moyen âge jusqu' au traité de Verdun. 1890. —
Knapp, Geschichte der Teutschen am Niederrhein. 1854.

VII. Sachsen. (Wilzen.) Friesen.

Schlosser, über die Unterwerfung der Sachsen durch Karl den Großen, in seinem und Berchts Archiv IV. S. 284. —
Funk, die Unterwerfung der Sachsen durch Karl den Großen. Archiv von Schlosser und Bercht IV. —
Lebebur, kritische Beleuchtung einiger Punkte in den Feldzügen Karls des Großen gegen die Sachsen und Slaven. 1829. —
Schaumann, Geschichte des niedersächsischen Volkes bis 1180. 1839. —
(R.) Meyer, die Schlacht an der Hase (a. 783). Mittheil. d. histor. Vereins zu Osnabrück III. 1853. —
Seibertz, Landes- und Rechts-Geschichte des Herzogthums Westfalen I. 1860. —
Bolze, die Sachsen vor Karl dem Großen. 1861. Berliner Programm. —
de Geer, de Saksers voor en onder Karel den Groten. 1861. —
(R.) Wilmans, die Kaiserurkunden der Provinz Westfalen I. a. 777—1313 (durch Philippi). 1867—70. —
Krosch, Karls Sachsenkrieg von a. 779. Jahrb. d. Ver. v. Alterth.fr. im Rheinland III. —

Simson, der Friede von Salz. F. z. b. G. I. —
Wiegand, Karls Sachsenkrieg von a. 782. Archiv für Geschichte und Alterthums-
kunde Westfalens I. S. 36. —
Fiebler, Karls Sachsenkriege. Jahrb. d. Ver. von Alterth.-Freunden im Rheinland
IV. —
Kentzler, Karls des Großen Sachsenzüge (von a. 776—786). F. z. d. G. XI; von
772—775 ebenda XII. —
Keferstein, die Bildung des States der Saxen (sic). 1882. —
Winkelmann, Geschichte der Angelsachsen (Oncken, Allgem. Weltgesch.). 1883. —
Seelmann, zur Geschichte der deutschen Volksstämme Nordbeutschlands und Däne-
marks im Alterthum und Mittelalter. Jahrbücher des Vereins für nieder-
deutsche Sprachforschung XII. 1887. —
Weiland, die Angeln (Festgabe für Hanßen). 1889. —
Witzschel, der Ausgang der Sachsenkriege Karls des Großen. 1891. —
Wehrmann, Karl der Große und die Wilzen. Monatsblätter der Gesellschaft für
Pommersche Geschichte XI. —
Wiarda, ostfriesische Geschichte I. 1791. — Heck, die altfriesische Gerichtsverfassung.
Mit sprachwissenschaftlichen Beiträgen von Siebs. 1894. —
Vollmar, zur Stammes- und Sagen-Geschichte der Friesen und Chauken. 1869.

VIII. Bretagne. Burgunden. Südfrankreich. Spanien.

Karl Meyer, die noch lebenden keltischen Völkerschaften. 1869. —
Le Moyne de la Borderie, histoire de la Bretagne I. 1697. —
Le Duc, le régime de l'hospitalité chez les Burgondes. Nouvelle Revue
de droit français et étranger XII. —
Drapeyron, de Burgundiae historia et ratione politica Merovingorum aetate.
1869. —
Saleilles, de l'établissement des Burgondes sur les domaines des Gallo-
Romains. 1891. —
Cénac Moncaut, histoire des Pyrénées et des rapports internationaux de la
France avec l'Espagne depuis les temps les plus reculés jusqu' à nos
jours I. 1853. —
Wurstemberger, Geschichte der alten Landschaft Bern. I. II. 1861. 1862. —
Vaissette, histoire du Langue d'oc 1730—1745. —
Fauriel, histoire de la Gaule méridionale sous la domination des conquérants
Germains. I—IV. 1836. —
Chamard, l'Aquitaine sous les derniers Mérovingiens. Revue des questions
historiques XXXV. —
Perroud, les origines du premier duché d'Aquitaine. 1883. —
Robert, histoire de Languedoc (nouvelle édition). —
Lagrèze, histoire du droit dans les Pyrénées. 1867. —
Zotenberg, les invasions des Visigoths et des Arabes en France, suivie
d'une étude sur les invasions des Sarasins dans le Languedoc, d'après
les manuscrits musulmans. 1872.

II. Anhang.

Excurs zu II. D. 2. a. die Saecularisationen.

Nicht erst die Söhne Karl Martells, schon er selbst griff der maurischen Gefahr gegenüber — sie war a. 731 brennender als a. 741 — zur Verwendung von Kirchengut für Kriegsrüstungen, nur daß er ziemlich systemlos verfuhr.

Uebrigens hatten schon viel früher Merovingen, ohne Entschuldigung durch solche Gefahr, ganz ähnlich gehandelt: die Concilien setzen solches gar oft voraus und verbieten es für die Zukunft. Bereits Chlothachar I. nahm einmal ein Drittel aller Einkünfte der Kirchen für sich in Anspruch[1]) und nur einer seiner Bischöfe widersprach[2]).

Die so unter Karl Martell und seinen Söhnen aus Kirchengut zugeschnittenen Beneficien waren oft sehr umfangreich: zuweilen Güter von 20—50 mansi[3]).

Die Söhne Karls gaben den Klagen und Forderungen der Besserungsstrebungen in der Kirche Gehör: die entfremdeten Güter wurden wenigstens theilweise zurückgegeben: die Geistlichen selbst mußten anerkennen, daß die fortdauernden Bedürfnisse des Reiches für das Heer die völlige Herausgabe unmöglich machten. Die Gefahren im Südwesten waren aber viel dringender als die im Nordosten: daher konnte Karlmann mehr bewilligen als Pippin. In Austrasien entwickelt sich deßhalb denn auch am Ende des IX. Jahrhunderts das Lehenwesen viel später und langsamer als im Süden und Westen des Reiches.

Karlmann gab grundsätzlich bereits im Jahre 742[4]) das Eigenthum an den vertheilten Gütern zurück: die Rückgabe aber

---

1) Greg. Tur. IV. 2. Urgesch. III. S. 100.
2) Brunner II. S. 247 verweist auf die Imperatoren, die von den mit Fiscalgütern Beschenkten bei Reichsgefahr ebenfalls außerordentliche Abgaben erhoben Cod. Theod. XI. 20. 4.
3) Cap. Haristall. v. 779. c. 13. Cap. p. 50.
4) Capit. Karlm. v. 742. c. 1. l. c. p. 25.

auch des Besitzes geschah nur ausnahmsweise schon jetzt: auf dem Reichstag zu Estinnes ward dann im folgenden Jahre (743) mit Einwilligung der Geistlichen ausdrücklich anerkannt, daß ein Theil jener Güter als »precarium« im Besitz der Laien für einige Zeit bleiben solle, jedoch gegen einen der Kirche zu entrichtenden Jahreszins von Einem Solidus (= 12 Denaren) für jede »casata«: d. h. von einem Wohnhaus und dem dazu gehörigen zur Ernährung Einer Familie ausreichenden Land[1]).

Daher findet sich auch später sehr häufig ein genau ebenso berechneter Zins an Kirchen und Klöster: Pabst Zacharias weist Bonifatius a. 751 in diesem Sinne an[2]: denn das „für einige Zeit" Belaßne blieb dauernd den Laien: auch wandte wohl die Kirche bei neuen Verleihungen von Zinsgütern jenes Maß von a. 743 an.

Viel weniger konnte Pippin in dem schwer bedrohten Neustrien zurück erstatten: der Reichstag zu Soissons versprach nur die Rückgabe des zum Unterhalt der Mönche oder Nonnen Unentbehrlichen und einen (ähnlichen?) Jahreszins von dem den Laien Verbleibenden[3]).

Allein die Noth der Zeit verhinderte nicht nur die umfassende Erfüllung dieser Versprechungen, sie drängte zu neuen Verwendungen von Kirchengütern für Kriegszwecke. Pippin, seit a. 747 Alleinherrscher[4]), trachtete wenigstens nach einer billig ausgleichenden Vertheilung dieser Belastung der Kirchen und Klöster: früher hatten einzelne Alles, Andere gar nichts hergeben müssen: er ließ nun (a. 750/751) ein Inventar (descriptio) alles liegenden Kirchenvermögens im ganzen Reiche aufzeichnen und nahm auf dieser Grundlage eine neue Vertheilung (divisio) der Belastungen vor, indem manche Kirchen einen Theil zurück erhielten, andre zuerst oder wiederholt in Anspruch genommen wurden: das reichere und stärker gefährdete Neustrien hatte dabei

---

1) S. Du Cange II. p. 201. Cap. Liptin. c. 2. l. c. 28 cum consilio servorum Dei .. propter imminentia bella ... sub *precario et censu* aliquam partem ecclesialis pecuniae (= fortunae) in *adjutorium exercitus* nostri aliquanto tempore retineamus ea conditione ut annis singulis de unaquaque casata solidus .. ad ecclesiam vel ad monasterium reddatur.

2) Epistol. Merow. et Caroliniaevi ed. Dümmler M. G. h. 1892 p. 372 (also nur an Klöster, nicht an andre Kirchen). Bonifatius scheint Bedenken getragen zu haben: nullam habeas esitationem, da das Geld ja frommen Zwecken dienen solle, schreibt der Pabst.

3) Cap. Sucssion. c. 3. l. c. 29.

4) Urgesch. III. S. 850.

ungleich mehr zu leisten als Austrasien; das Versprechen, bereinst Alles zurück zu geben, konnte nie erfüllt werden¹).

Einen der Anlässe des Kampfes Pippins mit Waifar²) war dessen Weigerung, neustrischen Kirchen Güter in Aquitanien zurück zu geben, die er oder seine Vorgänger in ganz ähnlicher Weise wie Karl Martell Laien zu Kriegszwecken gegeben hatte. Nach der Eroberung Aquitaniens gab Pippin diese Güter — doch auch nur theilweise — den Kirchen zurück: einen Theil verlieh er seinen Anhängern im Lande³).

Wegen der kanonischen Unveräußerlichkeit des Kirchenguts konnten die aus diesem gespendeten Ländereien nicht als in das Eigenthum der Beschenkten übergegangen bezeichnet werden, wenigstens nicht von Karlmann und Pippin, die im besten Einvernehmen mit der Kirche bleiben wollten: — ihr Vater hatte rücksichtslos auch Eigenthum genommen und verschenkt: — daher wurden diese Güter nun precaria oder beneficia genannt, wie von jeher die von der Kirche selbst verliehenen Grundstücke⁴).

Der an die Kirche zu zahlende Jahreszins (oben S. 91) ward von Karl dem Großen geändert: ob erhöht oder gemindert, hing im Einzelfall von der Zahl der bisher zinsenden casatae ab: er ward jetzt vom Rohertrag erhoben und betrug neben dem allgemein geschuldeten Kirchenzehnt noch ein Zehntel: also zusammen zwei Zehntel, decimas et nonas, also ein Fünftel, zwanzig vom Hundert. Allein daneben⁵) wird noch ein weiterer census erwähnt: wo dieser als der „herkömmliche" bezeichnet wird, ist er vielleicht der von a. 743: bei neu Belasteten scheint er nur um der Anerkennung des Obereigenthums der Kirche willen eingeführt zu sein⁶).

Ja, damals wurde auch noch die Kirchenbaulast (für Arbeit an bereits bestehenden Kirchen) neben decimae, nonae und census den Besitzern

---

1) Annales Bertin. ad a. 750 P. monente st. Bonifacio quibusdam episcopatibus vel medietates vel tertias rerum reddidit promittens in posterum omnia restiturum. — Annal. Alamann. ad a. 751. Scr. I. p. 27 res ecclesiarum descriptas atque divisas.
2) Urgesch. III. S. 919. 921.
3) Cap. Pipp. Aquitan. v. 768. c. 1—5. Urgesch. III. S. 947.
4) S. VII. „Beneficialwesen".
5) Form. imper. von a. 830. N. 21.
6) Cap. Haristall. v. 779. c. 13. l. c. 50.

von Kirchengut auferlegt¹); später ersetzen, scheint es, die decimae et nonae die Baulast.

Uebrigens hatten Karl und seine Folger immer wieder²) die Entrichtung des Doppelzehnten einzuschärfen: fand doch schon der einfache Kirchenzehnt heftigen Widerstand, nicht nur bei den neubekehrten Sachsen.

Ursprünglich war die statliche Verleihung von Kirchengut wohl nur für das Leben des Empfängers berechnet: allein der kriegerische Zweck schloß vermuthlich gleich von Anfang den Heimfall an die Kirchen im Mannfall aus, wenn nur der Sohn oder andere Erbe fähig und gewillt war, den vom Verstorbenen übernommenen Reiterdienst fortzusetzen: Karlmann behält zu Estinnes a. 743 die Wiederverleihung im Mannfall ausdrücklich vor, was schwerlich eine Neuerung war³), und Karl läßt a. 779⁴) das Gut nur bei ausdrücklicher Rückgabe durch den König an die Kirche zurückkommen.

Die Verleihung geschah in der Form, daß auf Befehl des Königs (verbo dominico, verbo regis) der Bischof oder Abt im Namen von Kirche oder Kloster den Leih-Brief (precaria) ausstellte, der bei Tod des Empfängers und Weiterverleihung (meist an dessen Sohn oder andern Erben) zu dessen Gunsten erneuert ward⁵).

Diese auf Königsgebot von der Kirche verliehenen Güter werden durch jene Ausdrücke (verbo regis) scharf unterschieden von den freiwillig von der Kirche gegebenen beneficia.

Nun, nach diesen massenhaften Vergabungen von beneficia, die nicht in das Eigenthum des Empfängers übergingen, — jetzt erst — läßt man auch bei den Verleihungen aus Krongut nicht mehr Eigenthum übergehen wie bei den merovingischen Schenkungen, sondern nennt auch diese jetzt beneficia⁶).

Uebrigens finden sich Beneficiare, beneficia — Sache und Namen — auch schon in den späteren Jahren Karl Martells; und zwar nicht

---

1) Form. imp. l. c.; aber die Urkunde Ludwig I. für Rheims von c. a. 820. N. 777 bei Mühlbacher halte ich gerade auch in der die dec. et non. neben der Kirchenbaulast nennenden Stelle für verfälscht (von Hinkmar?).

2) S. die zahlreichen Stellen bei Brunner II. S. 249.

3) Oben S. 91 f.

4) Cap. Haristall. c. 14. l. c.

5) Cap. Liptin. c. 2. l. c. p. 28. Pippini Aquitan. l. c. p. 43. Haristall. v. 779. l. c. p. 50.

6) Dies dargewiesen zu haben bleibt — bei Irrthümern im Einzelnen — das große Verdienst Pauls von Roth.

nur der Stat und die Kirchen, auch weltliche Grundeigner verliehen damals bereits beneficia[1]).

Daß aber die königlichen beneficia nie precaria genannt wurden, ist[2]) nicht richtig[3]). Man unterscheidet auch bei Kirchengütern nicht beneficium und precarium, und noch nicht dieser Zeit, erst dem Ende der Karolinger, gehört die nothwendige Verbindung der Heerfahrtpflicht des berittenen Vassallen mit dem Begriff des Beneficiums an[4]). Manchmal[5]) werden auch schon a. 810 precariae neben beneficia genannt. Man setzt die Umwandlung des Volksheeres in ein berittenes Vassallenheer zu früh an: erst c. a. 850 beginnt sie. Wohl aber konnte und sollte schon unter Karl Martell der Empfänger von Kirchengut aus der Hand des States Anderen sub-beneficia davon leihen gegen Kriegsdienste, und allerdings werden schon damals die gewöhnlichen gegen Zins an bäuerliche Grundholden verliehenen Krongüter thatsächlich und rechtlich von den zu Kriegsdienst verpflichtenden unterschieden, wie beide selbstverständlich von den unmittelbar von Kronknechten bewirthschafteten. Aber der Name »beneficium« oder »vasallus« oder gar „Lehen" im Gegensatz zu „Allod" ist damals noch nicht technisch[6]) für Leihe gegen Kriegsgut. Allod bedeutet ursprünglich Erbgut, — im Gegensatz zu Errungenem — nicht Eigenthum, im Unterschied von Leihegut. Erst in späteren Jahren Karls wird zwischen fiscus regis (d. h. Thronlehen) und allaudum, beneficium und allaudum unterschieden[7]). Und erst unter Ludwig I. beginnt allmälig die später allerdings voll durchgeführte Unterscheidung der waffenpflichtigen reiterhaften Beneficienträger und der zinspflichtigen bäuerlichen Grundholden.

Bezeichnend ist, daß erst eine jüngere Urkunde Ludwig I. von a. 834 die Waffenpflicht auf die Beneficienträger (die »nobiliores« wie die »caeteri beneficiati«) des Klosters Kempten beschränkt, die gewöhnlichen Zinsbauern (tributarii)[8]) von dieser Pflicht befreit,

---

1) S. die Stellen bei v. Roth, Feudal. S. 130 und bei Mühlbacher N. 74, 252.
2) v. Roth, Feud. S. 175. Brunner I. S. 212. II. S. 251.
3) Chron. Fontan. c. 17. Scr. II. p. 293 Ansegisus .. a Carolo in precarium accepit. Auch noch aus dem Ende des IX. Jahrhunderts Stellen.
4) Anders v. Roth, Feud. S. 142. Waitz IV. S. 160. Brunner II. S. 251.
5) Cap. I. p. 152.
6) S. oben S. 29 f. Anders Brunner II. S. 252.
7) Cap. de causis diversis c. 4. p. 136. Cap. miss. v. 802. c. c. 10. p. 100.
8) Böhmer-Mühlbacher N. 900.

die eine nur drei Jahre ältere Urkunde von a. 831[1]) ebenfalls als waffenpflichtig voraussetzte. Erst jetzt[2]) werden die (später) ritterlichen Beneficiati und die (später) bäuerlichen Grundholden regelmäßig scharf geschieden.

Während die merovingischen Landschenkungen sich vererbten, erlischt in Ermangelung anderer Beredung das karolingische Beneficium im Mannfall wie im Herrenfall, so daß bei dem Tode des Verleihers dessen Nachfolger es einziehen kann und nicht dem früher Beliehenen wieder verleihen muß, bei dem Tode des Empfängers der Verleiher es einziehen kann und nicht dem Erben des ersten Empfängers wieder verleihen muß. Der Herrenfall (ist der Herr der König, spricht man [später] von Thronfall) scheint früher nur bei Amtsbeneficien für Beamte und bei Beneficien von Vassallen vorgekommen zu sein: erstere mußten ja auch bei Amtsverlust des lebenden Beamten erlöschen, letztere bei Lösung der Vassallität auch unter Lebenden: aber auch der Nachfolger des Königs war an die von diesem verliehenen Aemter und begründeten Senioratverhältnisse gegenüber Vassallen nicht gebunden: also mußten sie zunächst auch beim Thronfall erlöschen — vorbehaltlich anderer Beredung[3]). Der Mannfall dagegen verstand sich gerade bei den kirchlichen Beneficien (ursprünglich nur auf fünf Jahre verliehen) von jeher von selbst.

Nach Karl erlischt das Amt als Lehen — abgesehen von Verwirkung wegen Felonie — im Thronfall und im Lehenfall, wird aber in beiden Fällen häufig ausdrücklich oder stillschweigend verlängert; Absetzung und Versetzung (ohne Einvernehmen) wird seltener und begegnet Widerstand.

---

1 l. c. N. 870.
2) Verfrüht scheint mir das bei Waitz IV. 181. S. 221. v. Roth, Feud. S. 183, und Brunner II. S. 252.
3) So mit Recht Brunner II. S. 252. Urkunde I. S. 267; aber schon vor a. 742 wie Menzel S. 60. Vgl. v. Roth, Feud. S. 183; Waitz IV. S. 221 f.

III. Anhang.

Excurs zu D. 2. b. Die merovingischen Landschenkungen und die karolingischen Landleihen.

Die merovingischen Landschenkungen übertrugen in der Regel volles, frei veräußerliches und vererbliches Eigenthum[1]: aber man hält die beschränkten „germanischen" Schenkungen, welche die Uebertragung des Eigenthums durch den Beschenkten an einen Dritten ausschließen, an besondere Erlaubniß des Schenkers knüpfen, für die Hauptmasse der Schenkungen an Laien. Es ist meines Erachtens bewiesen[2], daß solche beschränkte Schenkungen sehr häufig vorkamen, nicht aber, daß jene Beschränkung der germanischen Schenkung wesentlich oder auch nur vorausgesetzte, (in allen Fällen) „im Zweifel" vermuthete Eigenschaft war; nur die besonderen Umstände der Fälle mochten in gewissen Kreisen, z. B. bei den Agilolfingen, oder bei besonderen Zwecken, z. B. Treubelehnung, solche Vermuthung begründen: sonst mußte die Beschränkung ausdrücklich ausgesprochen werden. Allerdings fällt unter jenen Voraussetzungen die Schenkung zuweilen bei unbeerbtem Tode, ja auch schon bei Erlöschen des Mannesstammes des Beschenkten heim; andrerseits findet der Heimfall nicht statt, falls der Schenker vor dem Beschenkten stirbt, die Beschränkung erlischt also.

Wohl begegnen Schenkungen, in denen das Veräußerungsrecht ausdrücklich, z. B. vom König, verliehen wird in der Schenkungsurkunde: daraus folgt aber nicht, daß dies wesentlich war: die Urkunden bekräftigen — der Sicherheit wegen — gar oft Selbstverständliches. Daher beweist es auch nichts, daß die Veräußerung nicht einfach aus dem Eigenthum, sondern aus der Verstattung des Königs erklärt wird, zumal es ja Königsschenkungen mit Ausschluß der Veräußerung gab. Der Streit dreht sich also blos darum, ob die Beschränkung oder

---

[1] So muß auch Brunner II. S. 244 anerkennen.
[2] Von Brunner in der Abhandlung „die Landschenkungen der Merovinger und der Agilolfinger", Berliner Sitz.-Ber. 1885. S. 175.

Nicht-Beschränkung naturale negotii war¹). Wird z. B. in der Schenkung Childebert I.²) ausdrücklich beigefügt, der Beschenkte „soll freie Gewalt haben, damit zu thun, was er will", so erklärt sich das sehr einfach aus der römischen Schenkungsformel, die man nachahmte³).

Daß das Recht der Veräußerung auch unter Lebenden die Regel bildete, erhellt doch wohl andrerseits daraus, daß in einzelnen Fällen, in welchen der König zwar die freie Vererbung — wie gewöhnlich — voraussetzt, er jedoch die Veräußerung an Nicht-Erben ausdrücklich verbietet: solches Verbot hatte keinen Sinn, verstand sich die Unveräußerlichkeit von selbst.

Wird bei Schenkungen an Bischöfe und Aebte ganz regelmäßig⁴) beigefügt, die Güter sollen auch auf die „geistlichen Nachfolger" übergehen, so ist darin nicht⁵) ein Veräußerverbot zu erblicken: ein solches bestand durchaus für alles Kirchengut nach kanonischem Recht ohnehin: der König verzichtet nur auf den Herrenfall, seine Nachfolger sollen nicht widerrufen können und vor Allem wird der fromme Zweck gewahrt, daß auch die späteren Bischöfe und Priester für das Seelenheil des Schenkers beten.

Daß die ausdrückliche Ermächtigung des Königs, Königsschenkungen zu vererben, nur überflüssigerweise und zur Sicherung ertheilt wird, erhellt daraus, daß dieselbe Ermächtigung auch für anderweitig erworbenes Land, ja sogar für anderweitig erworbene Fahrhabe ertheilt wird, wo sie doch sicher nicht nothwendig war⁶). Soll einmal eine Schenkung nur auf die (ehelichen) Nachkommen (gamaldiones) vererben, wird dies ausdrücklich gesagt⁷).

Ward bei Veräußerungen zuweilen vermerkt, der König habe zugestimmt, daß dieses von Königen geschenkte Gut veräußert werde, so geschah das um der Sicherheit willen, da ja zuweilen diese Zustimmung — ausdrücklich oder stillschweigend — vorbehalten war: ließ man doch um solcher Sicherheit willen, wie gesagt, Veräußerungen auch ander-

---

1) Form. Mark. I. 14—17. 30.
2) Von a. 528 D. N. 3 quicquid exinde elegerit, facere voluerit, liberam habeat potestatem.
3) Ebenso Chilberich II. a. 661. N. 25 und die von Chlothachar III. c. 685. v. 35.
4) Die acht Beispiele bei Brunner II. S. 244 ließen sich leicht noch mehren
5) Mit Brunner a. a. O.
6) Marc. I. 14. Beschränkung auf Vererbung auf Abkömmlinge kann ich nicht mit Brunner II. S. 244 in den posteris finden: posteri steht wohl für heredes.
7) Urkunde König Pippins bei Mühlbacher N. 123.

weitig erworbener Güter durch den König bestätigen: daher ließ man auch gleich bei Empfang der Güter den königlichen Schenker die freie Veräußerung ausdrücklich gewähren: daß ohne solche die Veräußerung stets unstatthaft war, ist nirgend gesagt: es war eine Frage der Auslegung des Willens, ohne Vermuthung für die Unveräußerlichkeit[1]). So wenig sind solche Verbote den Königsschenkungen eigen, daß auch Private bei Schenkungen an Klöster das gleiche Verbot erlassen, z. B. Sancta Radegundis[2]).

Da bei diesen Schenkungen durchaus nicht blos ein Recht an fremder Sache, ein Nießbrauch bestellt, sondern Eigenthum übertragen wurde, ist es auch sehr begreiflich, daß das Recht des Beschenkten proprietas, dominium genannt wird.

Wohl begegnet zuweilen auch der Ausdruck beneficium: so bei den Agilolfingen[3]): allein nur, wie etwa auch »munificentia«, »largitas« gebraucht werden[4]), um die Freigebigkeit des Schenkers, den Beweggrund des Geschäfts zu bezeichnen, oder wie ein ehemaliges Krongut auch heute noch nach der Veräußerung (ehemaliges) „Krongut" heißt, damals fiscus hieß[5]).

Die bei Thronwechseln, aber auch sonst bei Friedensverträgen unter den Theilreichen, z. B. zu Andelot[6]), gewährten Bestätigungen der Landschenkungen der Vorgänger beweisen schon deßhalb nicht für Erlöschen der Schenkung durch Thronfall in Ermangelung solcher Bestätigung, weil dabei auch die eigenen Schenkungen des Bestätigers bekräftigt werden: man suchte in jenen unsicheren Zeiten wie im ganzen Mittelalter immer wieder urkundliche Bestätigung auch der unzweifelhaftesten Rechte. Daher ist es wohl unnöthig, Nachahmung römischer Sitte bei beneficia der Imperatoren[7]) hiebei anzunehmen[8]).

---

1) D. N. 15. v. 635 stellt nicht für Königsgeschenk Besonderes auf, wie Brunner II. S. 245 annimmt, vielmehr anderweitigen Erwerb dem Königsgeschenk gleich, auch bei Einschärfung des kanonischen Veräußerungsverbots durch Königsgebot.
2) Greg. Tur. IX. 42.
3) S. Brunner, Sitz.-Ber. 1885. S. 1185.
4) Waitz II a. S. 310.
5) S. „Finanzhoheit".
6) Greg. Tur. in Urgesch. III. S. 424. Praec. Chloth. c. 12. Cap. l. c. 19
7) Cod. Theod. IX. 20, 4. 5. X. 10, 6.
8) Mit Brunner II. S. 246.

Erst allmälig verschmilzt Beneficialwesen und Vassallität zu Einem Abhängigkeitsverhältniß: zuerst bei den Beamten, weil, auch abgesehen von den Amtslehen[1]), alle höheren Beamten Vassallen wurden und andrerseits die größeren Vassallen vorzugsweise zu höheren Aemtern berufen wurden. So setzte schon Karl Martell seine Vassallen in die burgundischen Aemter, sich Burgunds zu versichern[2]). Aehnlich suchte man Baiern durch die Vassallität Tassilos zu sichern.

---

1) Das früheste merovingische Grafen-Amts-Beneficium ist bezeugt Codex Lauresham. I. 16.
2) Fredig. Cont. 14. 18. Z.² f. R.-G. VIII. S. 35.

Nachwort.

Ueber die Anführung der Capitularien s. VIII. 1. p. IV; im Verlauf der Arbeit erschien genauere Angabe, zumal auch der Entstehungszeit, erwünscht und nicht allzu viel Raum mehr erfordernd: daher die Abweichungen in der Art der Anführung.